BORN TO RUN

DAS ULTIMATIVE TRAININGS-BUCH

Von Christopher McDougall bei Penguin Random House erschienen:

Born to Run – Ein vergessenes Volk und das Geheimnis der besten und glücklichsten Läufer der Welt

Handbuch des Helden – Auf der Suche nach den Geheimnissen von Kraft und Ausdauer

CHRISTOPHER McDOUGALL
& ERIC ORTON

BORN TO RUN

DAS ULTIMATIVE TRAININGS-BUCH

Aus dem Englischen
von Max Limper

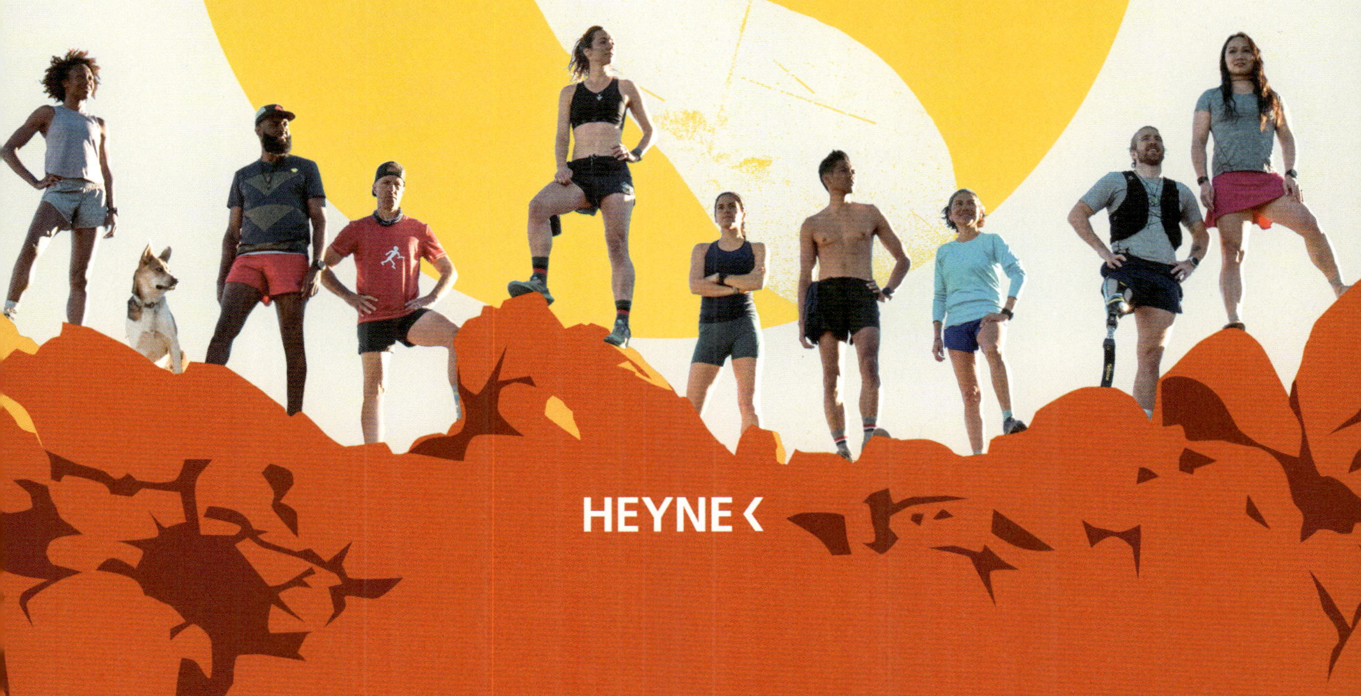

HEYNE <

INHALT

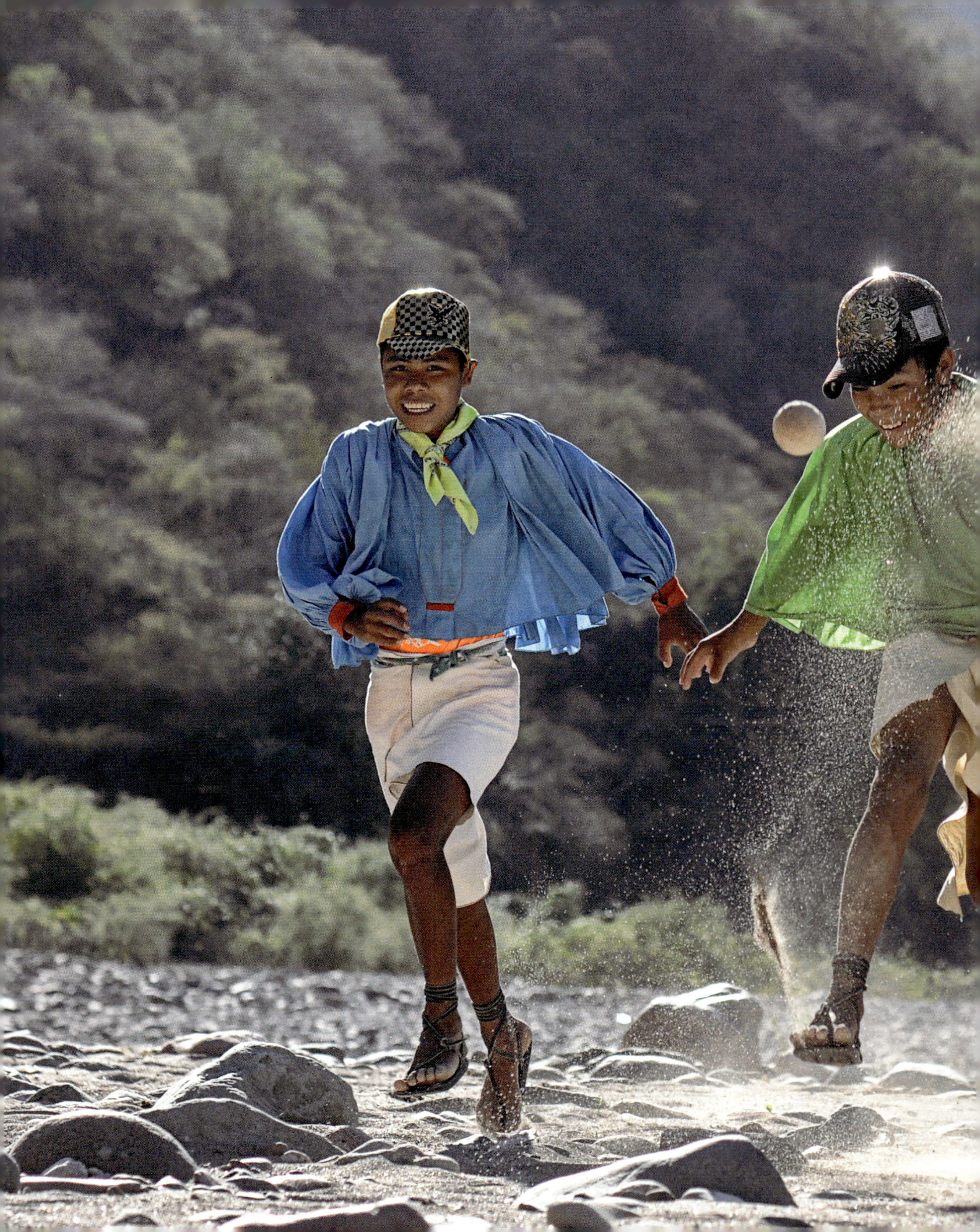

1. Teil: BORN TO RUN

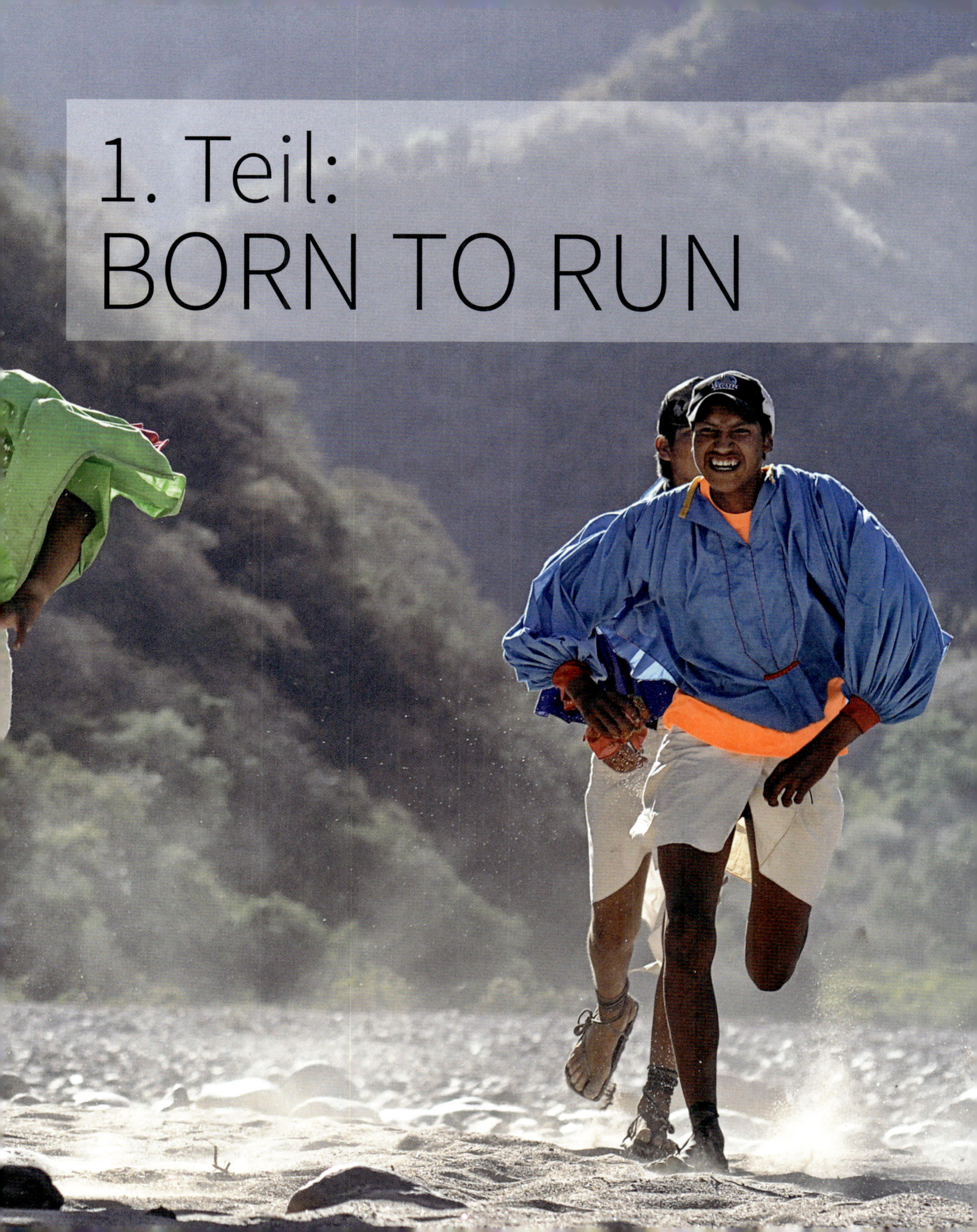

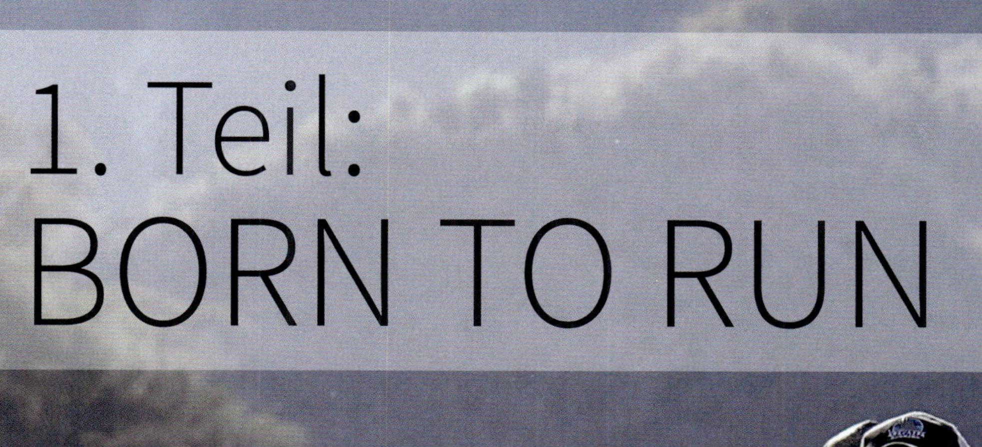

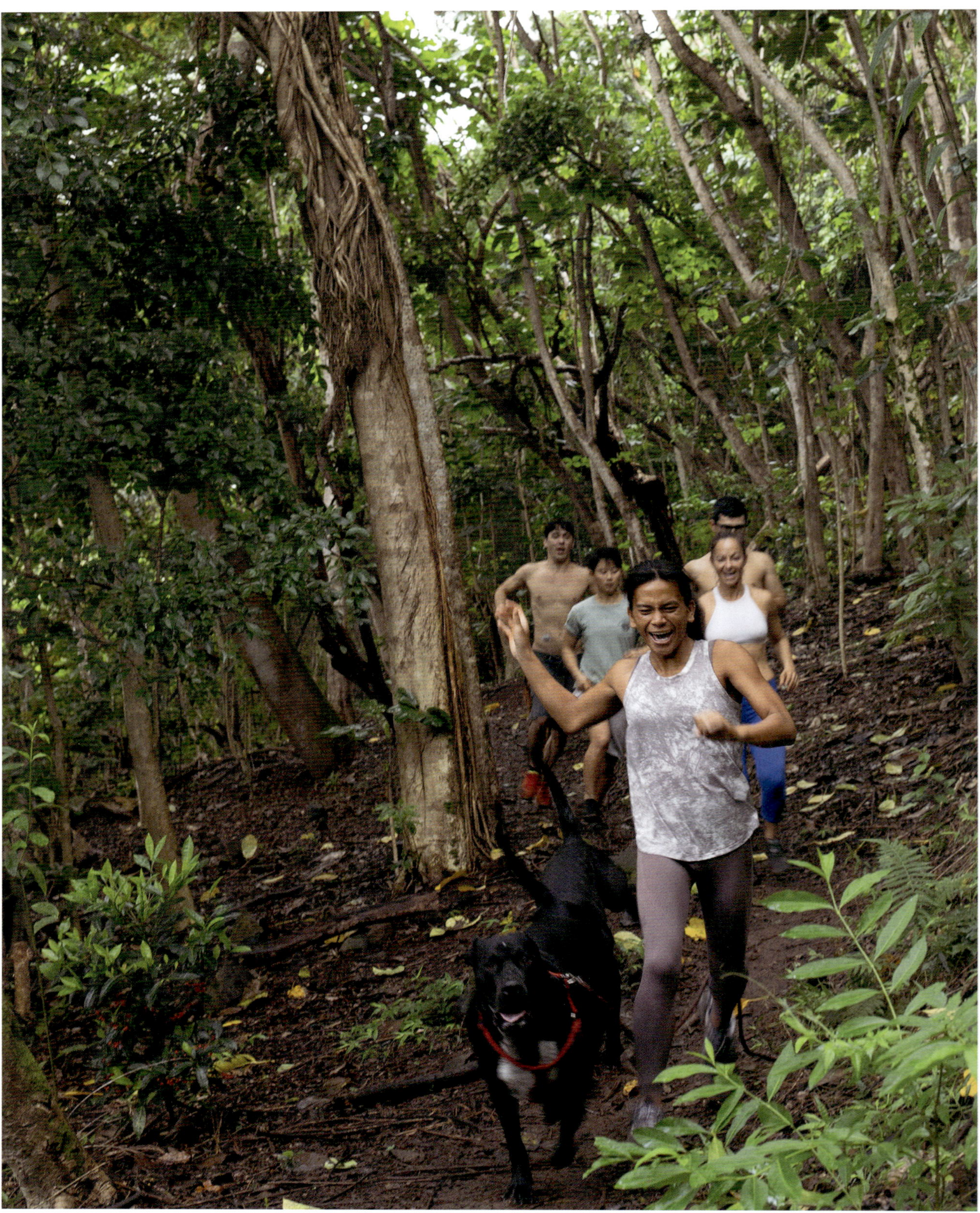

1. Run Free

Seit dem Erscheinen von *Born to Run* habe ich Zuschriften aus aller Welt erhalten, in denen immer wieder das Gleiche zu lesen ist:

»Danke, Chris! Du hast mein Leben verändert.«

Darauf antworte ich: »Ich weiß genau, was du meinst.«

Weil ich in den gleichen Fußstapfen stehe. Ich stehe immer noch in den gleichen Fußstapfen wie meine Leser:innen. *Born to Run* mag wie eine irre Abenteuerstory rüberkommen, denn – seien wir ehrlich – es ist schon abenteuerlich, wenn ein mysteriöser Einzelgänger namens *Caballo Blanco*, »Weißes Pferd«, einen 80 km langen Wettlauf gegen einen legendären indigenen Stamm veranstaltet, und zwar genau vor der Nase zweier mörderischer Drogenkartelle.

Aber im Kern ist *Born to Run* eine ganz andere Geschichte. Es ist die Geschichte einer Verwandlung, eines Aufstiegs vom Scheitern zur Hoffnung und schließlich zur Kraft. Zu einer echten, lebensverändernden Kraft. Zu der Kraft, rauszugehen und die Welt auf eigenen Füßen zu erkunden und zu laufen: wo man will, so lange man will, wann immer man Lust hat.

Was für eine Superkraft das Laufen ist, begreift man vor allem dann, wenn man sie entweder zum ersten Mal kennenlernt oder auf einmal verliert. Von diesen Leuten höre ich am meisten: von Ex-Läufer:innen, die überglücklich sind, dass sie eine neue Chance bekommen, und von Anfänger:innen, die die nötige Inspiration erhalten haben, um endlich loszulegen.

Mit seiner eigentümlichen Wildheit zeigt *Born to Run* auch: Egal wie alt oder wie unfit du bist, egal welche Verletzungen und Misserfolge dich ausgebremst haben, deine besten Lauftage liegen vor dir. »Man hört nicht mit dem Laufen auf, weil man alt wird«, sagte Jack Kirk, der 94-jährige Trailrunner namens *Dipsea Demon*, gerne. »Man wird alt, weil man mit dem Laufen aufhört.«

Aber niemand wird von selbst zum 94-jährigen Läuferdämon. Laufen ist ein Tanz, und man braucht eine Weile, um die Schritte zu lernen. Deshalb enden viele der Dankesbriefe, die ich erhalte, mit einer Bitte:

»Ich kann es kaum erwarten zu laufen. Aber wie fange ich an?«

Darauf hatte ich keine Antwort. Jahrelang war ich mir über die nächsten Schritte nicht im Klaren, weil ich selber gerade dabei war, sie herauszufinden. Ich fühlte mich, als hätte ich im Lotto gewonnen, konnte aber nicht glauben, dass das Geld wirklich mir gehörte. Zu diesem Zeitpunkt war es mehr als ein Jahrzehnt her, dass Eric Orton mich für mein mexikanisches Laufabenteuer trainiert hatte, aus dem dann mein erstes Buch *Born to Run* wurde. Das Buch hatte gleich drei weltweite Trends angestoßen: Barfußlaufen, Ultramarathons sowie Chiasamen als Superfood.

Ich sah das als Hinweis dafür, dass wir etwas Wichtigem auf der Spur waren. Die Leute wollten nicht nur laufen, sie wollten *gerne* laufen. Sie wollten die gleiche Freude erleben, die wir *Más Locos* bei unserem langen, gefährlichen Rennen unter brennender Sonne verspürt hatten.

Run free, erklärte Caballo gern, »Lauf dich frei!«. Dieser knappe Schlachtruf bringt es auf den Punkt. »Frei« bedeutet nicht dasselbe wie »wild«, auch wenn es nah dran ist. Caballo Blanco meinte damit: frei von Verletzung. Frei von Stress. Frei von überteuerten Schuhen und Ausrüstung und Startgebühren. Laufe frei wie ein Kind, das zur großen Pause aus der Schultür stürmt – oder wie ein mürrischer Einzelgänger, der die Zivilisation gegen eine winzige Hütte getauscht und bei

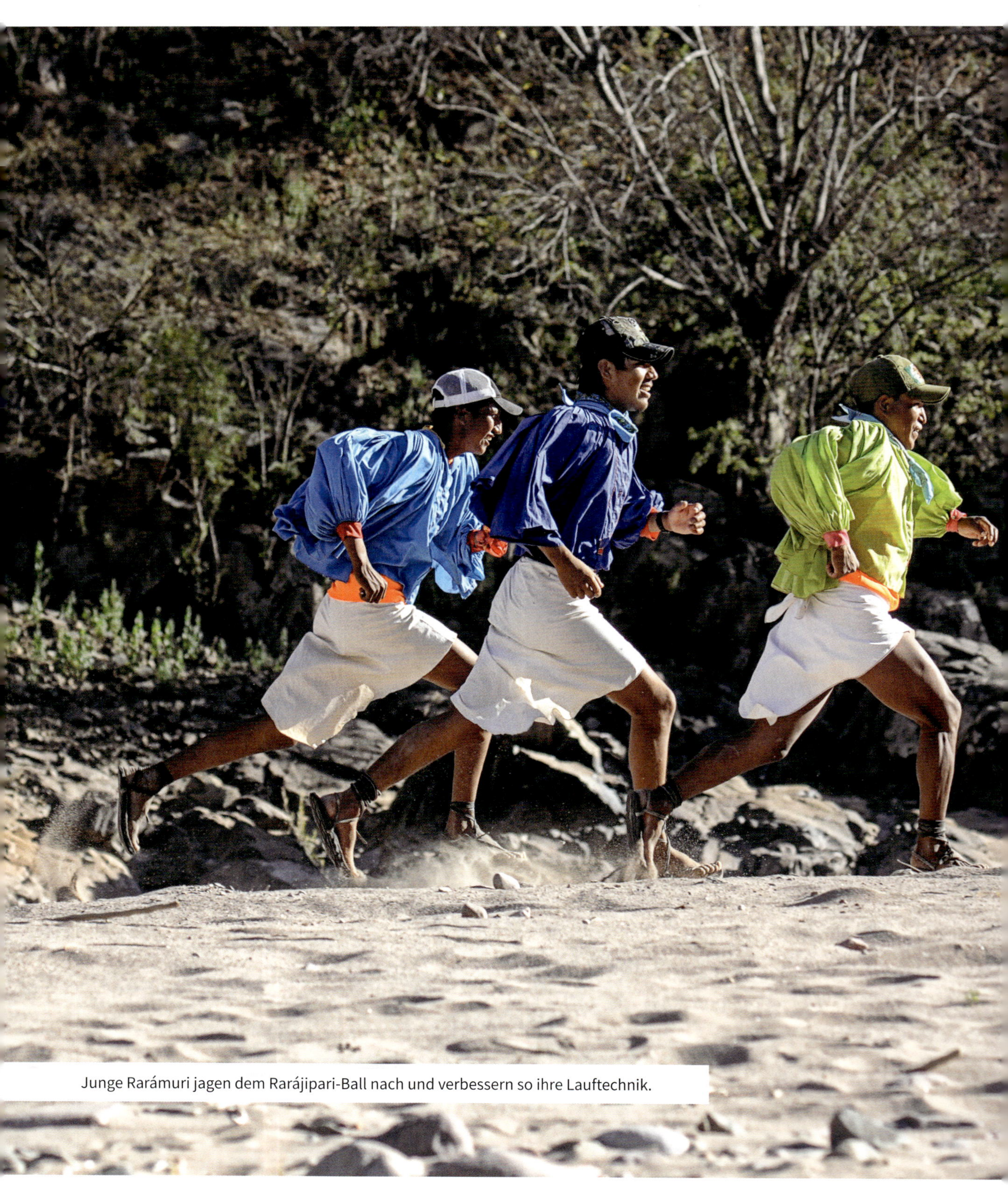

Junge Rarámuri jagen dem Rarájipari-Ball nach und verbessern so ihre Lauftechnik.

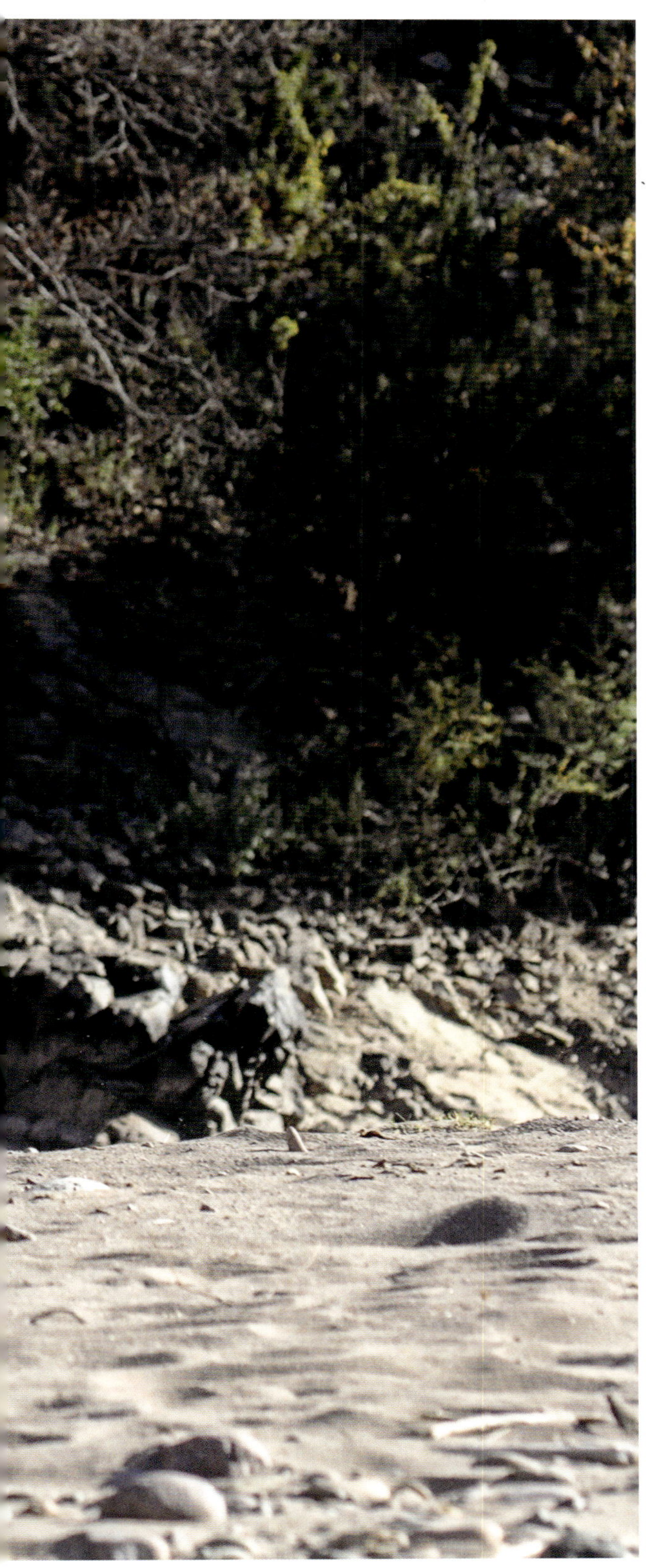

den Rarámuri eine fremde, aber liebevolle Familie gefunden hat.

Aber ob ich selbst diese Freiheit gefunden hatte?

Ich hatte volles Vertrauen in Erics Methode: Seine Version des Run-Free-Systems hatte mich nie im Stich gelassen, Rennen um Rennen, Jahr um Jahr, Abenteuer um Abenteuer. Was ich nicht hatte, war Vertrauen in mich selbst. Im Hinterkopf hörte ich immer noch die Ärzte mit ihrer Mahnung, Laufen sei schlecht für den menschlichen Körper, besonders für einen Körper wie den meinen. Ich wurde das Gefühl nicht los, dass Laufen nichts für jemanden wie mich war. Vielleicht kam ich jetzt noch damit durch, aber eines Tages würde ich den Preis zahlen.

Und dann, an einem überraschend heißen Morgen Ende September, kam die Wende. Ich war bei meinem Lieblingsrennen, dem *Bird-in-Hand Half Marathon*, den meine amischen Nachbarn jedes Jahr hier vor Ort veranstalten, um Geld für die Feuerwehrleute und Ersthelfer zu sammeln, die bei dem Massaker an einer amischen Schule im Jahr 2006 zur Rettung der Kinder gekommen waren.

Die Bird-in-Hand-Strecke ist atemberaubend und sehr beschaulich. Da dröhnt keine Musik, nur bei Kilometer 3 singt leise eine Mennonitenfamilie auf ihrer Veranda. An den Verpflegungsstationen vor den Farmen bieten amische Kinder Becher mit Getränken an und rufen auf Pennsylvania-Deutsch: »Vater! Vater! Vater!« Die Laufstrecke schlängelt sich durch die grünen Hänge des *Valley of No Wires*, das so heißt, weil keines der Häuser dort Telefon oder Strom hat.

Aber einer der Anstiege, nämlich der *Red Lane Hill*, ist ein ausgesprochenes Biest. Jedes Jahr weiß ich, dass er kommt, und jedes Jahr ist er schlimmer, als ich es in Erinnerung hatte. Zunächst einmal ist er einfach gemein. Er erwischt einen kurz nach Kilometer 16, wenn man sich schon auf der Zielgeraden glaubt. Und er ist tückisch. Man blickt auf lauter sanfte Biegungen, und im nächsten Moment knickt die Strecke seitwärts auf einen versteckten Feldweg ab, der durch ein Maisfeld steil himmelan führt. Außerdem ist es heiß, heiß, heiß. Kein Baum weit und breit, also die volle Vormittagssonne im Gesicht.

Und schließlich ist Red Lane Hill für uns Barfußlaufende ein Ort, der uns wieder einmal lehrt, wie viele spitze Steinchen sich in einem Feldweg verstecken. Als ich oben ankam, blieb vor mir ein älterer Typ wie angewurzelt stehen. Er schwitzte und schnaufte wie eine verreckende Lokomotive. Plötzlich schmiss er die Arme in die Luft, als hätte er gerade olympisches Gold gewonnen.

» ICH HATTE VOLLES VERTRAUEN IN ERICS METHODE: SEINE VERSION DES RUN-FREE-SYSTEMS HATTE MICH NIE IM STICH GELASSEN, RENNEN UM RENNEN, JAHR UM JAHR, ABENTEUER UM ABENTEUER. «

»Juhu!«, keuchte er. »Was für ein Glück!«

Auf der Liste meiner Wahrnehmungen in diesem Moment – Durst, Müdigkeit, Überdruss, wunde Füße – stand nichts von »Glück«. Jedenfalls nicht, bevor ich anhielt und mich umsah und verstand, was er meinte. An diesem Morgen hatten wir uns alle auf einer Wiese versammelt, um den Sonnenaufgang zu betrachten. Dann waren wir auf unseren eigenen zwei Beinen losgestürmt, um so schnell und weit und so frei zu laufen, wie wir wollten. Wir hatten aus eigener Kraft diesen Hügel erklommen und waren kurz davor, den Rausch des Hinablaufens zu erleben.

Was für ein erstaunliches Geschenk! Was für eine Superkraft! Das war es, was mir Eric angeboten hatte, als wir uns das erste Mal in einem Park mitten in Denver trafen. Es hatte viele Meilen gedauert, bis meine Zweifel verstummt waren, aber als ich oben auf dem Red Lane Hill stand, kapierte ich endlich. Eric hatte mich nie für irgendein Rennen trainieren wollen. Er trainierte mich für das Leben.

Anfangs war ich ein durchschnittlicher Jogger, der so oft verletzt war, dass mir ärztlicherseits mehrfach gesagt wurde, ich könnte mich auf schicke Knieprothesen freuen, wenn ich weiter laufen würde.

Als ich in die Barrancas del Cobre reiste, hatte ich es aufgegeben, nach neuen Lösungen für ein altes Problem zu suchen. Ich war ohnehin nie ein großer Läufer gewesen. Ab und an versuchte ich, meine täglichen paar Meilen in Richtung Halbmarathon zu steigern, aber schaffte kein halbes Jahr ohne Verletzung. Als ich einen führenden Sportmediziner fragte, warum ich ständig verletzt sei, blickte er mich an, als wäre ich hirntot. »Haben wir das nicht besprochen?«, fragte er, während er mir zum dritten Mal in diesem Jahr Kortison in den Fuß spritzte. Die Stoßbelastung sei schlecht für den Körper, vor allem für einen Körper wie den von Shrek, sagte er für den Fall, dass ich vergessen hatte, dass ich 1,93 Meter groß und 110 Kilo schwer war.

Aber was sollte ich machen? Man soll laufen, um in Form zu kommen. Außer wenn man nicht in Form ist, dann soll man nicht laufen. Und so geht es nicht nur mir, sondern uns allen. Die Verletzungsquote unter Läufern ist irrsinnig hoch, irgendwo bei über 70 Prozent pro Jahr, und das schon seit Jahrzehnten. Ständig kommen neue Schuhmodelle auf den Markt, und kein einziges hat jemals nachweisbar Verletzungen reduziert.

Ironischerweise schrieb ich damals für die *Runner's World*, da mangelte es mir keineswegs an Expertenwissen zur Verletzungsprävention und zum Training. Ich hatte jeden Tipp ausprobiert, den die Laufzeitschrift zu bieten hatte: Stretching, Cross-Training, thermisch angepasste Einlegesohlen, Eisbäder, alle vier Monate ein neues Paar 150-Dollar-Schuhe. Aber egal was ich tat, es war nur eine Frage von Monaten, bis aus meinen Fersen, Oberschenkeln oder Achillessehnen wieder feurige Stiche schossen. Das Einzige, was ich noch nicht versucht hatte, war, meine Lauftechnik zu ändern, denn warum sollte ich das tun? Ich war ja nicht verrückt.

An der Technik soll man nie herumfrickeln. Nie nie nie. Laufexperten sind sich über kaum etwas einig, aber bei dieser Frage sind sie der reinste Kirchenchor. »Jeder Mensch hat einen einzigartigen Laufstil«, behauptet Dr. Reed Ferber, Leiter der Klinik für Laufverletzungen an der University of Calgary. »Es gibt weder eine richtige Art zu laufen noch eine falsche.« Die Autoren des sehr beliebten Handbuchs *Advanced Marathoning Guide* stimmen ihm zu: »Da jeder Mensch eine einzigartige Anatomie hat, gibt es keine ideale oder perfekte Lauftechnik.« Amby Burfoot, der langjährige Redakteur und Kolumnist von *Runner's World*, wiederholt gern ein Zitat von Dr. George Sheehan, einem anderen Laufsportwissenschaftler: »Jeder Mensch ist ein Experiment mit nur einem Teilnehmer.«

Aber steht das nicht im Widerspruch zur Wissenschaft? Nach diesem Denken wäre das Laufen als einzige Aktivität nicht den Gesetzen der Physik unterworfen. Tanzen, Schwimmen, Tennis, Gitarre klimpern, mit Stäbchen essen – jede andere Bewegung, die der Körper ausführen kann, hat verschiedene Stile, die man durch Übung verbessern kann.

Aber Laufen nicht. Die Laufindustrie möchte uns einreden, dass es kein Richtig oder Falsch gibt – außer beim Schuh-

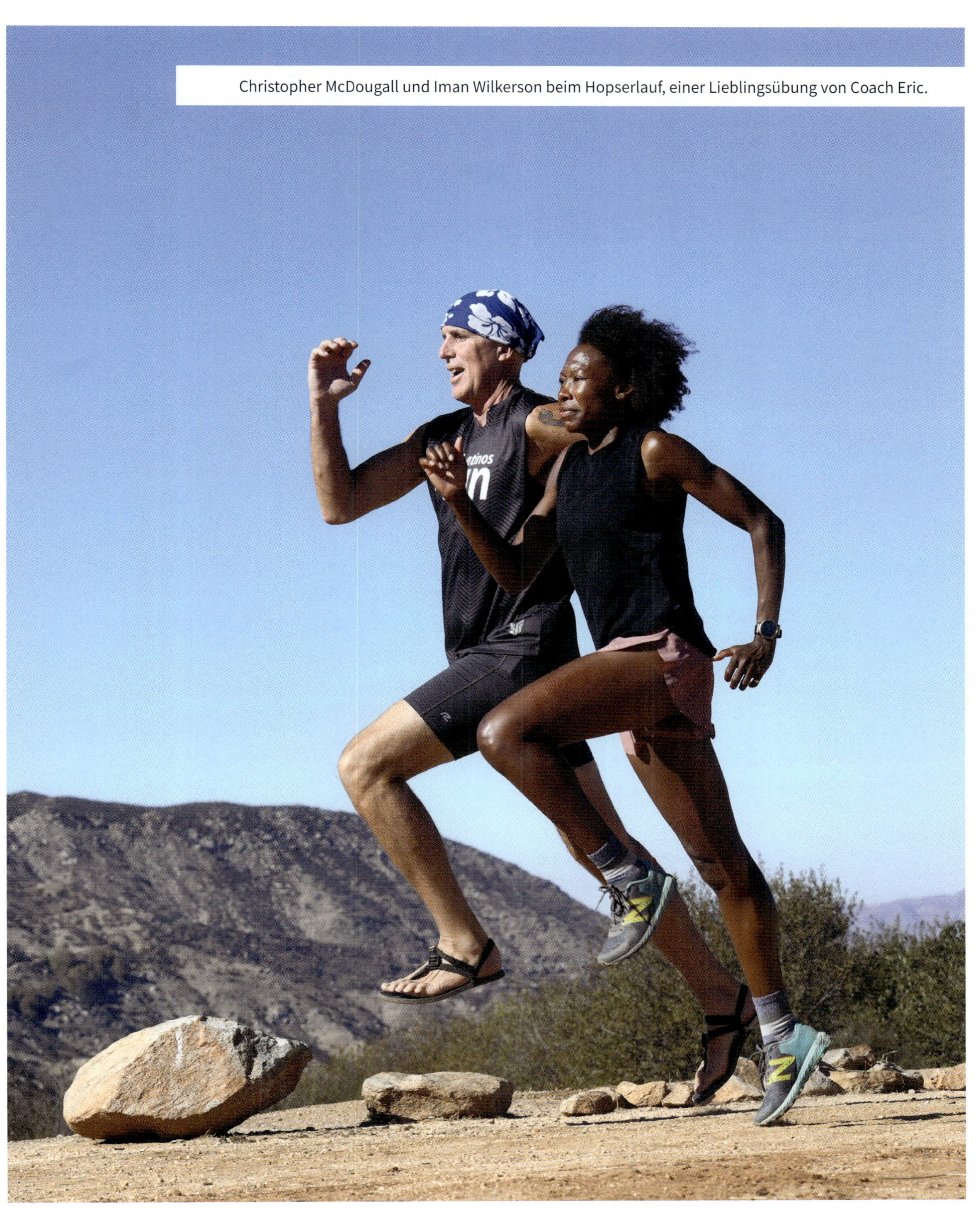

Christopher McDougall und Iman Wilkerson beim Hopserlauf, einer Lieblingsübung von Coach Eric.

werk, ihrem Allheilmittel mit 130 Milliarden Dollar Jahresumsatz. Denn die Schuhe sind es, die wir angeblich ändern sollen. Nicht unsere Technik, nur unsere Schuhe. Also: Nicht lernen, kaufen!

Dann öffnete mir ein Einsiedler die Augen. Wenn du *Born to Run* gelesen hast, erinnerst du dich bestimmt an meine lange Suche in den mexikanischen Barrancas del Cobre (»Kupfer-Canyons«) und an den Moment, als ich endlich den argwöhnischen, hungrigen, sonnenverbrannten Herumtreiber namens *Caballo Blanco* stellte. Er bot einen seltsamen Anblick, ganz staubig vom Laufen. Er trug ausgelatschte Sandalen und einen Cowboyhut aus Stroh, aber bei näherer Betrachtung hatten wir mehr gemeinsam, als ich dachte. Caballo war so groß und alt wie ich und hatte die gleiche Schuhgröße, als er genau wie ich zum ersten Mal nach Mexiko aufbrach, um das Geheimnis der legendären Rarámuri-Langstreckenläufer zu lüften.

Caballo hatte Mitte der 1990er-Jahre in Leadville, Colorado, miterlebt, wie eine Gruppe von Rarámuri am Start des Leadville Trail 100 – einem 100-Meilen-Rennen über die Gipfel der Rockies – auftauchten, das Feld hinter sich ließen und acht der ersten zehn Plätze ergatterten. Im folgenden Jahr wiederholten die Rarámuri ihre erstaunliche Leistung, verschwanden dann wieder in ihren Schluchten und kehrten nie wieder.

Caballo folgte ihnen, um zu erfahren, wie die Rarámuri nur mit einfachsten Sandalen und bis ins hohe Alter Langstrecken laufen konnten, ohne all die Verletzungen, Entmutigungen und Verschleißerscheinungen zu erleiden, die uns plagten. Wenn Laufen schlecht für die Knie ist, fragte er sich, warum war es dann nicht schlecht für *ihre* Knie? Wieso brauchten die Rarámuri keine teuren Schuhe und Einlagen?

Ich glaubte, die Antwort auf diese Frage bereits zu erahnen, wollte aber, dass Caballo meine Ahnung bestätigte. Als ich ihn fand, lebte er schon seit mehr als einem Jahrzehnt in den Barrancas. Die kleine Hütte, die er dort bewohnte, hatte er selbst aus Steinen gebaut, die er mit bloßen Händen aus dem Fluss getragen hatte.

Er hörte mich an und schüttelte dann den Kopf.

Ich würde nie die richtige Antwort bekommen, sagte er, weil ich die falsche Frage stellte. Ich solle nicht fragen, warum die Rarámuri so anders sind als wir, erklärte er, sondern lieber, warum sie einander so ähnlich sind.

Das war der Moment, in dem ich das, was ich gesehen hatte, endlich verstand. Ein paar Tage zuvor hatte ich eine Gruppe

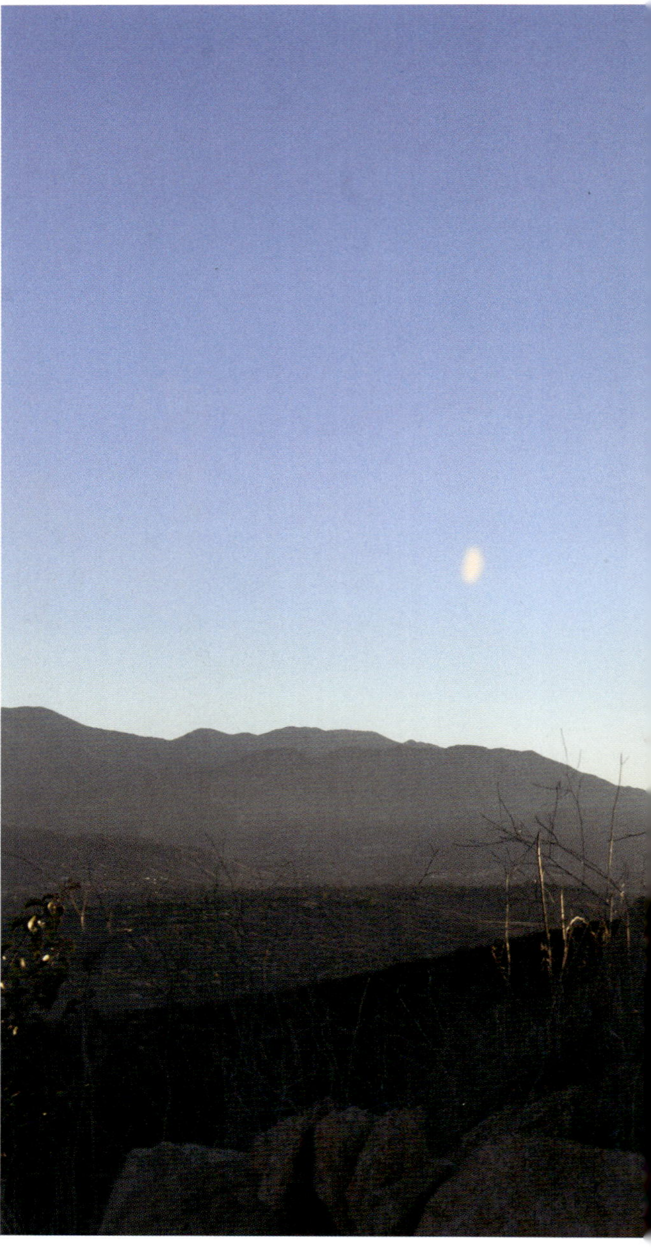

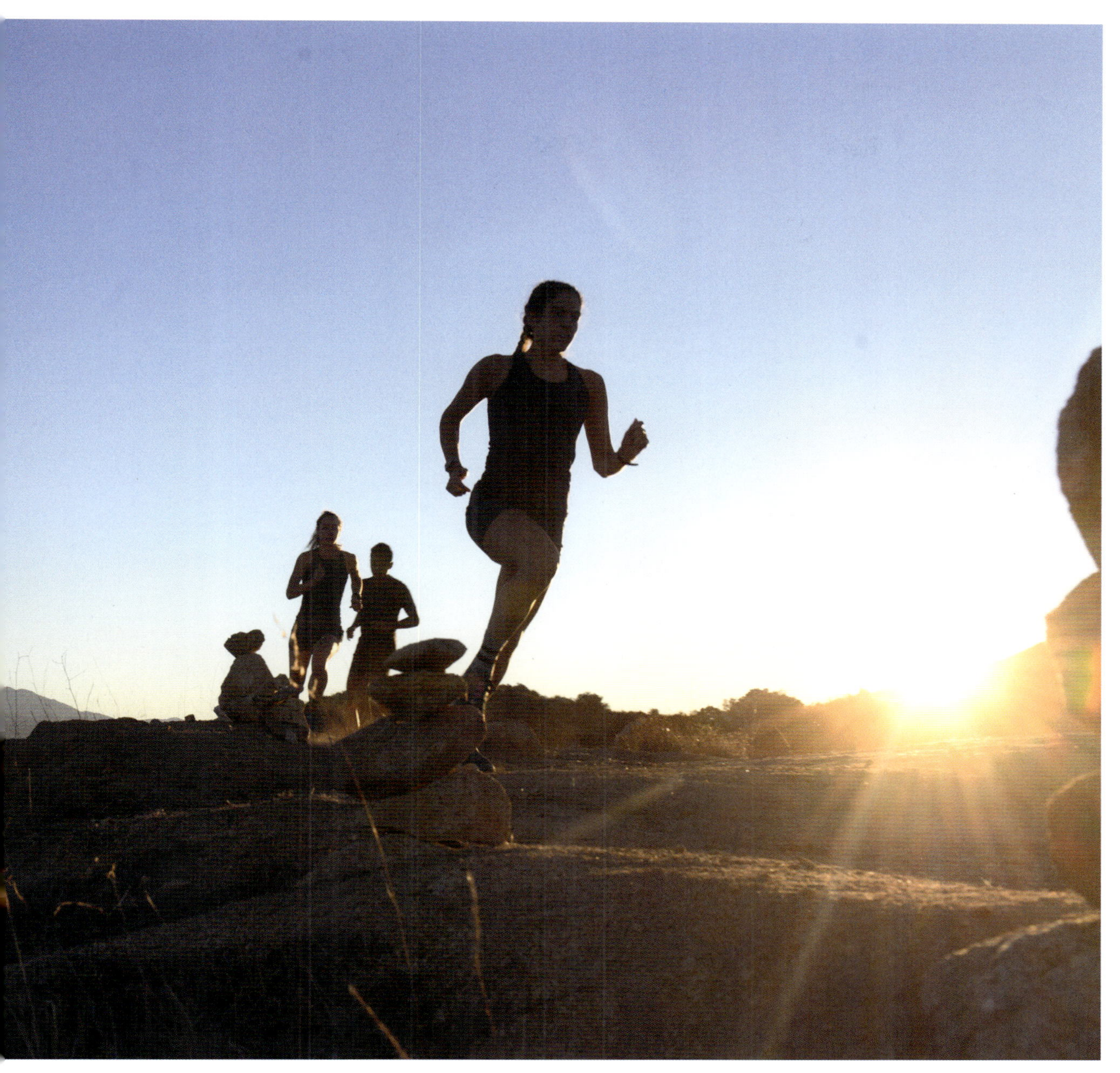

» DIE BIRD-IN-HAND-STRECKE IST ATEMBERAUBEND UND SEHR BESCHAULICH. DA DRÖHNT KEINE MUSIK, NUR BEI KILOMETER 3 SINGT LEISE EINE MENNONITENFAMILIE AUF IHRER VERANDA. «

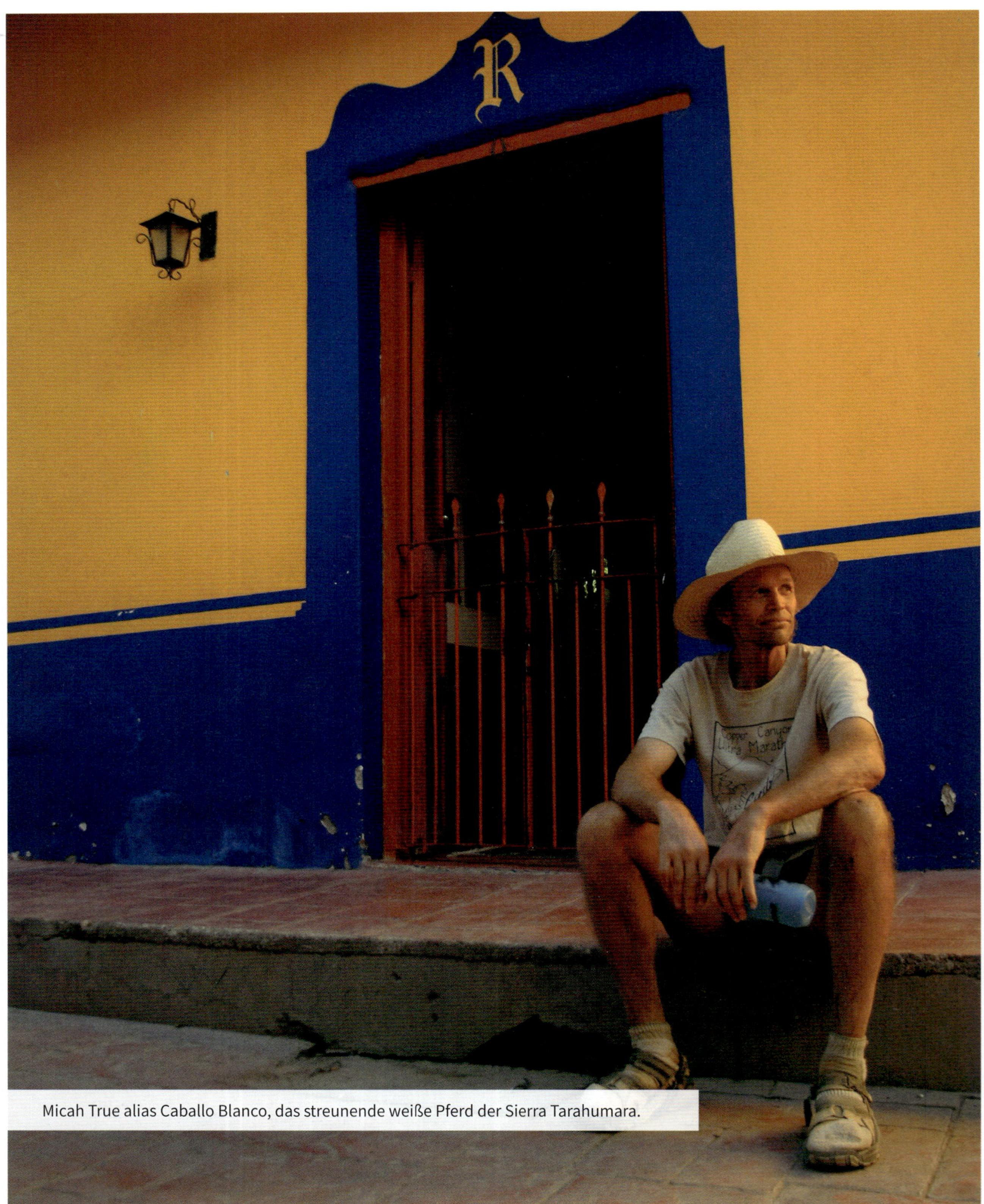

Micah True alias Caballo Blanco, das streunende weiße Pferd der Sierra Tarahumara.

von Rarámuri-Kindern beobachtet, die auf einem Feldweg hin und her rannten und sich mit der Sandalenspitze gegenseitig einen Holzball zukickten. Mir war ein merkwürdiges Detail aufgefallen:

Die Kinder liefen alle gleich.

Manche waren schneller, andere langsamer, aber in Sachen Lauftechnik waren die Rarámuri-Kinder fast identisch. Wer meint, das sei keine große Sache, sollte sich mal den nächstbesten Volkslauf anschauen. Von hundert vorbeiströmenden Läufer:innen bekommt man garantiert hundert verschiedene Ausdruckstänze zu sehen: Manche Läufer landen auf den Fersen, andere auf den Zehen, viele laufen nach vorne gebeugt, manche kerzengerade, und alle Arme, Beine und Köpfe schaukeln in einem ganz eigenen Rhythmus. Wer lauter Experimente mit nur einem Teilnehmer sehen möchte, findet sie beim durchschnittlichen Stadtmarathon.

»Vielleicht machen diese Kinder irgendwas richtig«, dachte ich mir, als ich ihnen beim Laufen zusah. Meine Vermutung bestätigte sich später an diesem Vormittag, als erwachsene Rarámuri auf dem Pfad auftauchten, alle mit dem gleichen leichtfüßigen, kniebetonten Laufstil wie die Kinder.

Das war das Geheimnis, das Caballo angelockt hatte. »Willst du's lernen?«, grunzte er schließlich. »Ich zeig's dir.«

Als der nächste Morgen dämmerte, führte Caballo mich zu einem Pfad, der sich in den Kiefernwald schlängelte. Während ich hinter ihm herlief, sprach er die sieben Worte, die mein Leben auf den Kopf stellen sollten:

»Bleib dran. Mach es so wie ich.«

Er verfiel in einen Trab. Ich fiel ein paar Meter zurück.

»Näher«, befahl er.

Ich holte so dicht auf, dass seine Fersen fast gegen meine Knie traten.

»Genau so«, sagte er.

Für einen großen Mann war sein Schritt seltsam kurz und fast federnd, irgendwie hüpfend. Er setzte so sanft wie ein Tänzer auf, was auch nötig war, denn statt gepolsterter Laufschuhe trug er abgelatschte Teva-Sandalen.

»Jetzt denk dir ›locker‹«, rief Caballo nach hinten. »Mit ›locker‹ fängst du an, denn wenn das alles ist, was du schaffst, ist das gar nicht übel. Dann versuchst du es mit ›leicht‹. Lass es mühelos sein, als wäre es dir scheißegal, wie hoch der Anstieg ist oder wie weit du noch laufen musst. Wenn du das so lange geübt hast, dass du gar nicht mehr merkst, dass du übst, dann mach es ganz ›sanft‹. Aber darum kümmerst du dich jetzt noch nicht. Übe die drei Wörter, und du wirst schnell.«

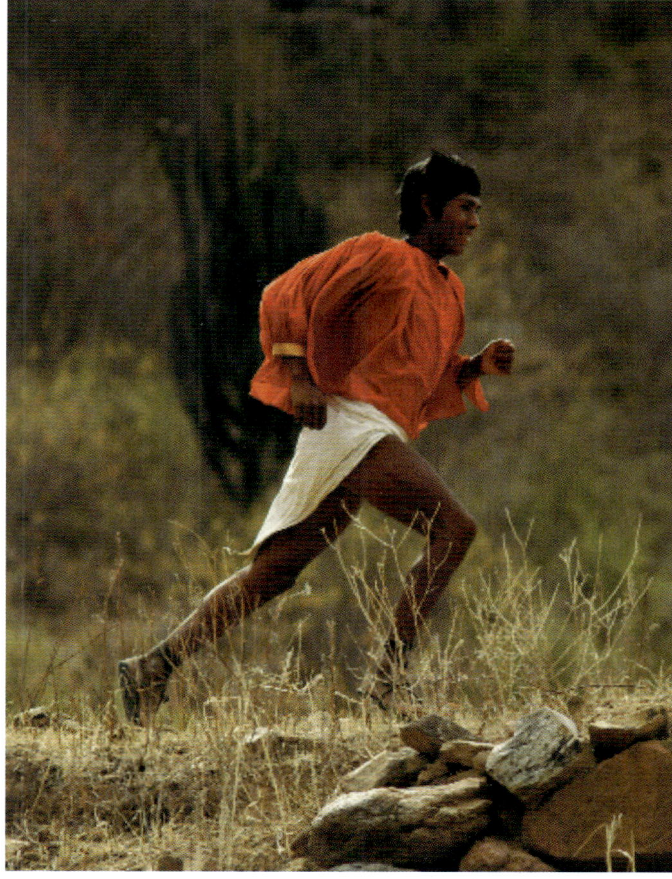

Ich behielt Caballo im Auge und versuchte, seine Trippelschritte nachzuahmen, seinen geraden Rücken, seine treibenden Knie. Ich beobachtete ihn so aufmerksam, dass ich gar nicht merkte, wie wir den Wald verließen.

»Wow!«, rief ich aus.

Die Sonne ging gerade über den Sierras auf. Weit vor uns ragten riesige Findlinge aus dem Boden der Hochebene wie die Statuen der Osterinsel. Im Hintergrund standen schneebedeckte Berge. »Wie weit sind wir gelaufen?«, fragte ich atemlos, aber verzückt.

»Ungefähr vier Meilen.«

Das konnte ich nicht glauben.

»Wirklich? Es war so ...«

»Leicht?«

»Ja, genau.«

»Hab ich doch gesagt«, grinste Caballo.

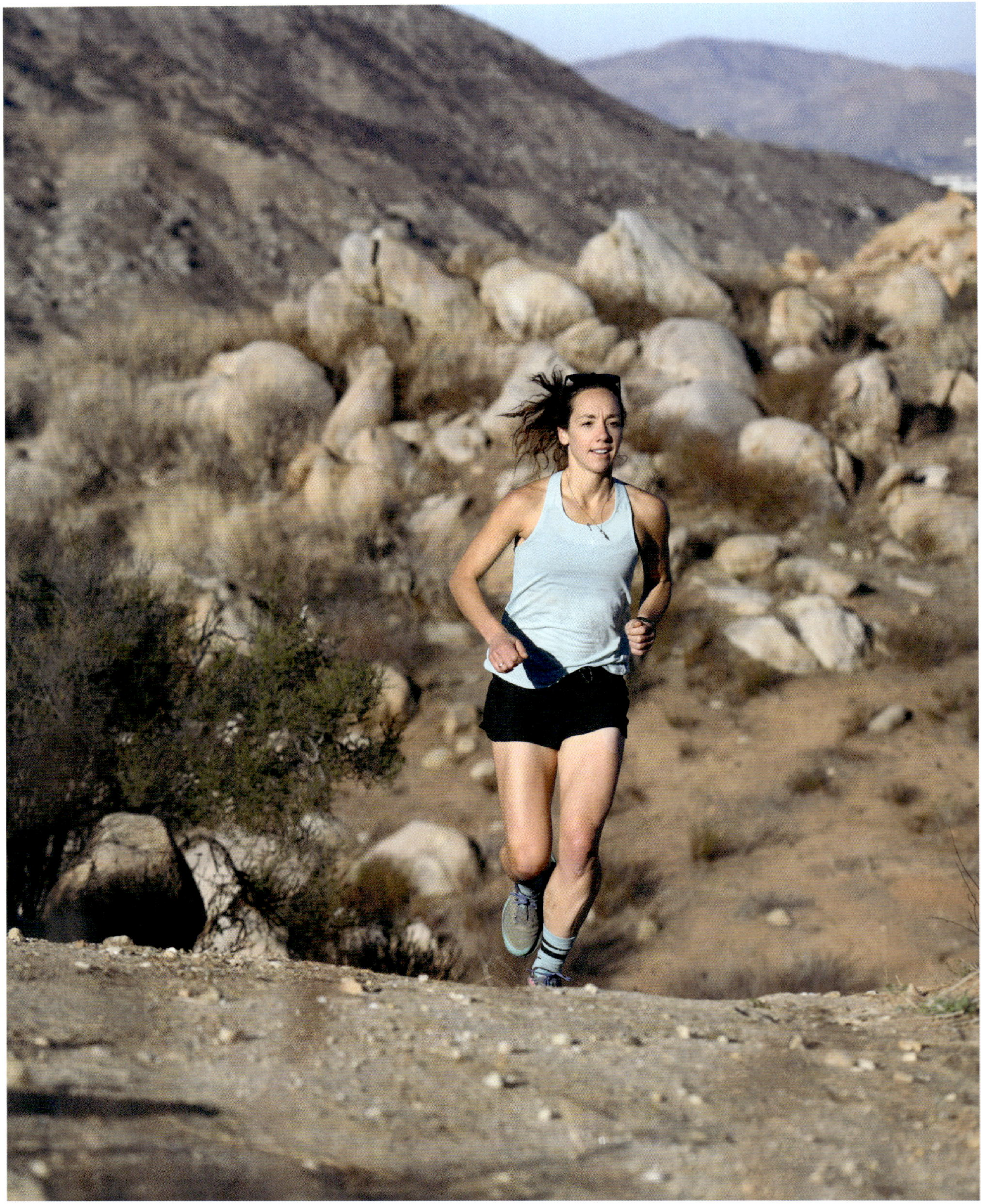

Wackler jagen

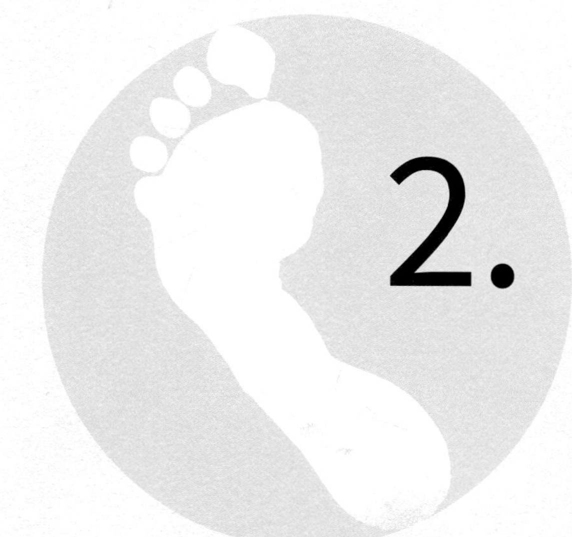

Wie finden wir also zurück zum Gefühl des freien Laufens? Zum Glück ist es einfacher, schneller und spaßiger, als du denkst. Du musst dazu nicht den Caballo machen und am Grund einer Schlucht von Bohnen und Chia leben. Du musst nicht einmal mit Sandalen laufen. Aber wie bei jedem anderen Rätsel bekommt man erst dann den Durchblick, wenn man sich den Überblick verschafft hat. Wenn man nicht weiß, wohin, muss man genau darauf achten, wie.

»Von den 28 Millionen Läuferinnen und Läufern in den USA laufen 27 Komma soundso einfach *irgendwie*«, sagt Eric. Wir alle setzen gerne auf unsere Stärken und ignorieren unsere Schwächen. Einige Körperteile werden stärker, dadurch werden die schwächeren Teile stärker belastet.

Bis …

»Komm her!«, ruft Eric. »Schnell.«

Ich eile dorthin, wo Challis Popkey unter Erics Anleitung eine einbeinige Kniebeuge an der Wand ausführt. Eric und ich haben ein Dutzend Läufer:innen – darunter auch Abenteuerhündin Batman – an einem Freitagnachmittag im November 2021 in einem Park im kalifornischen Colton versammelt. Wir haben vor, ein paar Lauffotos zu machen. Aber unser Plan ändert sich schnell, als wir sehen, was vor sich geht.

Challis ist das Inbild einer perfekten Athletin. Sie ist stark und schnell und erreicht mit ihren 29 Jahren gerade erst ihre Leistungsspitze. Kürzlich hat sie ein 100-km-Bergrennen komplett zerstört, indem sie den Mann auf dem zweiten Platz um atemberaubende 90 Minuten schlug. Challis hat eine großartige Einstellung, einen großartigen Trainer und ein außergewöhnliches Talent.

Aber momentan hat sie die Hand auf der Hüfte.

»Siehst du das?«, fragt Eric.

Challis nimmt schnell die Hand weg. »Ist das so schlimm?«

Eric lässt sie die Übung wiederholen. Challis stemmt die rechte Hand gegen die Wand und hebt den rechten Fuß vom Boden. Als sie mit dem linken Bein in die Kniebeuge geht, flitzt ihre linke Hand sofort zurück zur Hüfte.

»Wow«, sage ich.

»Mache ich was falsch?«, fragt Challis.

»Jep«, sagt Eric. »Aber das ist gut. Wenn du es falsch machst, machst du es richtig.«

Das Lustige an diesen Übungen ist, wie einfach sie zu erlernen sind. Das Erstaunliche daran ist, was sie alles offenbaren. Nehmen wir Challis als Beispiel: Auf den ersten Blick könnte man meinen, dass sie ohne Schwitzen 50 dieser Kniebeugen schafft. Und das schafft sie auch – nur dass ihre Hand dabei immer wieder hochkommt, um die Hüfte zu stützen. Ein paar Minuten zuvor beim Beinheben seitwärts: Iman und Jenna plaudern entspannt, während direkt neben ihnen Emmanuel – den ich so hoch wie ein Autodach springen gesehen habe – vor Schmerzen das Gesicht verzieht. Drei gleich fitte Sportler:innen, eine einfache Übung – zwei völlig unterschiedliche Reaktionen.

»Wo du was spürst«, sagt Eric, »da brauchst du was.«

Und jeder hier braucht irgendetwas, außer vielleicht Hündin Batman, die mit einer Selbstverständlichkeit zu laufen

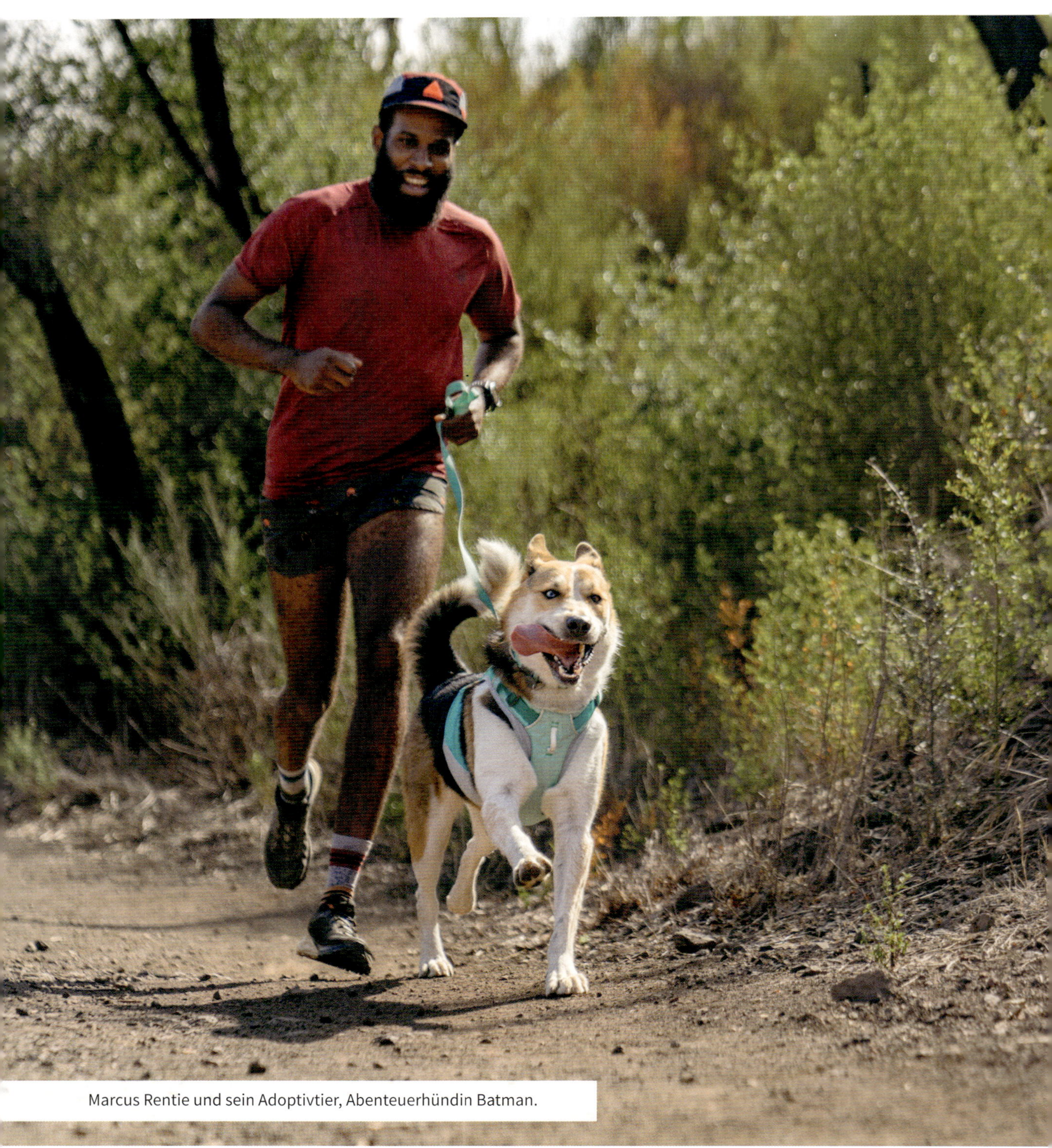
Marcus Rentie und sein Adoptivtier, Abenteuerhündin Batman.

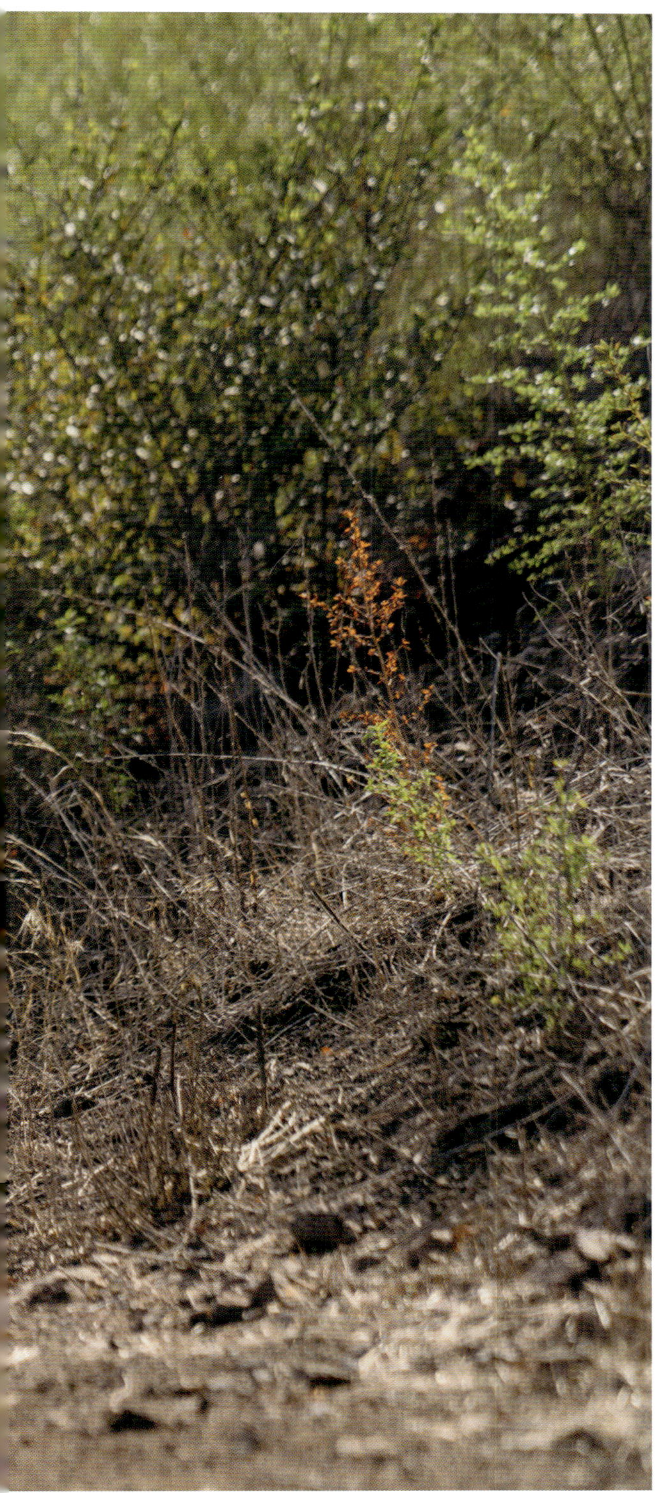

versteht, wie wir sie nur in unseren Träumen erreichen. Aber wir anderen entdecken verborgene Schwachstellen, von denen wir nie vermutet hätten, dass wir sie haben.

Eric ist der Einzige, der nicht überrascht ist. Er beobachtet seit Jahren, wie dieser Schreck des Entdeckens über die Gesichter von Sportler:innen jeden Alters und jeder Leistungsstufe huscht. »Stärken machen Spaß«, erklärt er. »Sie fühlen sich gut an und können lange Zeit alle schwachen Glieder unserer Kette kompensieren. Aber in der Sekunde, in der so eine heimliche Schwäche überlastet wird, reißt – zack! – die ganze Kette auseinander.«

Margot Watters war sich ziemlich sicher, dass ihre Kette zu 100 Prozent aus Adamantium bestand. Nachdem sie sich im College als Feldhockey- und Lacrosse-Spielerin hervorgetan hatte, wandte sie sich vom Sport ab, als sie heiratete und das erste ihrer fünf Kinder bekam. Sie war ziemlich glücklich mit ihrem Leben – bis sie es plötzlich und auf gefährliche Weise nicht mehr war. Margot versank in eine derart schwere Wochenbettdepression, dass ihr ärztlicherseits zu sofortiger Medikation geraten wurde. Margot entschied sich für einen anderen Weg.

»Wumms!«, sagt sie. »Ich fing an zu laufen, und das hat mich gerettet.« Da Margot immer ein Ziel braucht, verschrieb sie sich der Wohltätigkeit und machte beispielsweise Spendenläufe für den an Leukämie erkrankten Sohn einer Freundin. So eskalierte sie schnell von der gelegentlichen Joggerin zur Ironwoman mit Mission. Selbst in ihren Vierzigern blieb Margot auf Asphalt eine schnelle Wettkämpferin, gewann 10-km-Rennen in ihrer Altersklasse und bestieg bei Triathlons das Siegertreppchen. Aber gleich bei den ersten Geländeläufen schlug ihre Achillessehne Alarm. Trotz ärztlicher Hilfe wurden die Schmerzen über zwei Jahre immer schlimmer.

Schließlich entdeckte Eric etwas, das die Ärzte übersehen hatten.

»Eric ließ mich auf einem Balancetrainer stehen und sah, wie ich mit dem Gleichgewicht kämpfte«, erzählt mir Margot. »Er sagte: ›Ich glaube nicht, dass es deine Achillessehne ist. Ich glaube, es ist weiter unten in der Kette.‹« Nun ergab ein gezieltes MRT, dass in Margots Fußgelenk immer noch Bänderrisse von einer Verletzung vorlagen, die sie sich zwanzig Jahre zuvor beim Hockey zugezogen hatte.

Die Bänder wurden operativ wieder befestigt, und dann übernahm Eric das Steuer. »Sie trug zwei Monate lang einen Gips, das war eine Chance, bei null anzufangen«, sagt er. Weil Margot normalerweise nicht zu bremsen ist, nutzte Eric ihre Genesungszeit für einen kompletten Neustart nach Run-

» STATT AUF LANGE STRECKEN SETZTEN SIE AUF FEINJUSTIERUNGEN. UNSER KARATE KID MUSSTE JETZT ERST MAL ZÄUNE STREICHEN. «

Free-Prinzipien. Statt auf lange Strecken setzten sie auf Feinjustierungen. Unser Karate Kid musste jetzt erst mal Zäune streichen.

»Vor Eric trug ich die typischen dicksohligen Laufschuhe mit Einlagen«, sagt Margot. »Aber weil alles Vorherige nicht funktioniert hat, habe ich ihm vertraut.«

Eric überzeugte Margot, nicht mehr daran zu denken, wie viel und wie schnell sie laufen konnte, sondern nur daran, wie *gut* sie lief.

Wie leicht war die Landung?

Wie ausbalanciert war ihr Körper?

Wie rhythmisch war ihre Kadenz?

Weg mit der Farbrolle und her mit dem Pinsel! Laufen war jetzt Kalligrafie, eine Reihe präziser und feiner Pinselstriche.

Schön und gut – solange man nichts dagegen hat, die Letzte zu sein. Aber Margot war an Medaillen gewöhnt und konnte das Gefühl nicht abschütteln, dass Erics ästhetischer Ansatz sie zwar gut aussehen, aber schlecht abschneiden lassen würde. Dennoch trat sie innerhalb von sechs Monaten, nachdem ihr Gips abgenommen worden war, bei den Triathlon-Weltmeisterschaften für die USA an.

»Wir konnten alle möglichen Dysbalancen beheben und ihre Lauftechnik auf echte Kraft und Effizienz umstellen«, sagt Eric. »Die ganzen lahmgelegten Muskeln, die sie ignoriert hatte, waren jetzt in Bewegung.«

Und Margots Kopf auch.

Ihr wackliges Fußgelenk war für Margot der Aha-Moment, den ich in den Barrancas del Cobre hatte. Jahrelang hatte sie nur Gas gegeben und nichts davon gemerkt. Sie hatte immer geglaubt, sie würde nicht hart genug trainieren, dabei bestand das eigentliche Problem darin, dass ihr Schritt wegen der lange verdrängten Schwachstelle wackelig war.

»Ich bin damit lange durchgekommen, weil Straßen so glatt und fest sind«, erklärt Margot. »Aber sobald ich ins Gelände kam, geriet mein Fußgelenk völlig durcheinander.«

»Sie hatte überhaupt keine seitliche Stabilität«, stimmt Eric zu. »Es war, als würde sie auf einem Bein laufen.« Seit Margots Neustart sind zehn Jahre vergangen. Seitdem hat sich viel verändert. Sie ist Großmutter geworden. Sie hat sieben Ironman-Triathlons absolviert und an zwei Weltmeisterschaften teilgenommen. Und auf den Trails, die ihr so zu schaffen machten, verbreitet sie inzwischen Angst und Schrecken. Bei über 300 km langen Ultra-Ultramarathons hat sie Läufer:innen überholt, die halb so alt waren wie sie.

Unvorstellbar: Margot schafft jetzt mehr als sieben Marathons am Stück, einen nach dem anderen, auf wackelfreien Beinen, die einfach nicht alt werden.

»Nichts geht über starke Füße«, sagt Margot.

Mit Wacklern ist es so: Sie kommen nicht immer aus den Füßen. Oder aus den Beinen. Oder überhaupt aus dem Körper.

Wackler müssen nicht gleich als Verletzung auftauchen – noch nicht. Aber sie sind damit verwandt. Sie verstricken Läufer:innen in einen Kreislauf aus latenter Frustration und quälenden Schmerzen und hindern sie daran, ihre Gesundheits- und Leistungsziele zu erreichen. Wenn die Füße morgens beim Aufstehen schmerzen, wenn der Rücken wehtut, wenn sich jeder Lauf wie eine Plackerei anfühlt und man nie fitter oder schneller zu werden scheint, weiß man, was Sache ist:

Man hat einen Wackler.

Wackler sind schwer zu erkennen, da sie von überallher kommen können. Die Schuhe können schuld sein oder das Essen oder die Art und Weise, wie man den Laufkinderwagen schiebt, den Hund führt oder mit anderen zusammen läuft. Wackler sind wie Meisterdiebe, denn solange man nicht weiß, wonach man suchen muss, bleiben sie unsichtbar. Das macht sie so tückisch.

Aber zum Glück hinterlassen Wackler immer eine Spur. Meine hat Caballo Blanco gefunden und mir gleich bei unserem ersten gemeinsamen Lauf eingebläut: Dein Laufstil sollte sich *locker*, *leicht*, *sanft* und an schnellen Tagen *schnell* anfühlen.

Und wenn es nicht so ist, muss man unter die Motorhaube schauen.

Eric muss nicht einmal nach dem nächsten Wackler suchen. Dieses Mal springt er ihm ins Auge.

Das Seltsame ist, dass Eric und ich unsere zwölf Läufer:innen gar nicht deshalb in diesem Park versammelt haben, weil wir glaubten, sie hätten Probleme. Wir haben sie rekrutiert, weil wir eine wirklich diverse Gruppe haben wollten,

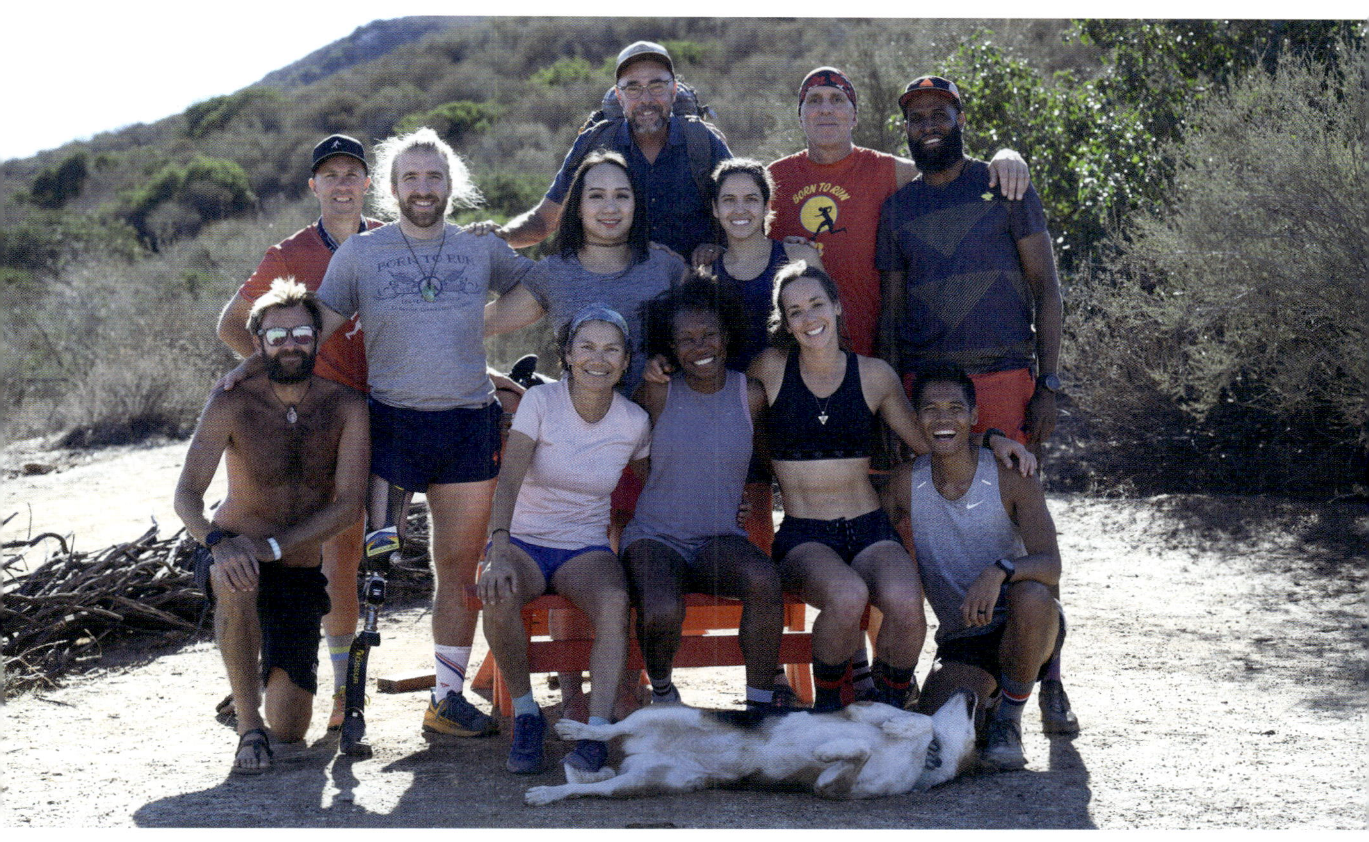

Die »Originalbesetzung« des Buchs.
Oben: Luis Escobar.
Mittlere Reihe v. l. n. r.: Eric Orton, Zach Friedley, Karma Park, Jenna Crawford, Christopher McDougall, Marcus Rentie.
Vorne v. l. n. r.: Patrick Sweeney, Alejandra Santos, Iman Wilkerson, Challis Popkey, Emmanuel Runes.
Quer: Batman der Abenteuerhund.

einen Regenbogen aus Körpertypen und Herkünften. Aber es stellte sich heraus, dass nicht nur das Laufen der gemeinsame Nenner ist, sondern auch das Wackeln.

»Das musst du sehen«, ruft Eric und winkt mich erneut zu sich. Er steht neben Jenna Crawford, einer 30-jährigen Marathon- und Geländeläuferin, die mehr als 3000 Trainingskilometer pro Jahr zurücklegt. Jenna ist so fit, dass sie schon für Nike, New Balance und Asics gemodelt hat, und so schnell, dass sie keine zwei Monate nach unserem Treffen im Park einen Halbmarathon in Pasadena gewinnen wird.

»Sie ist wahrscheinlich die stabilste Läuferin hier«, bemerkt Eric. »Guter Fußaufsatz, gute Beinstreckung, wirklich entspannt mit guter Armarbeit. Sehr gut abgestimmt auf alles, das belegen auch die Entwicklung ihrer Rennleistung und die Steigerung der Distanzen.«

Aber als sie in die gleiche Kniebeuge geht, mit der schon Challis zu kämpfen hatte, zittert Jennas linker Gesäßmuskel auf einmal wie ein Farbmischer.

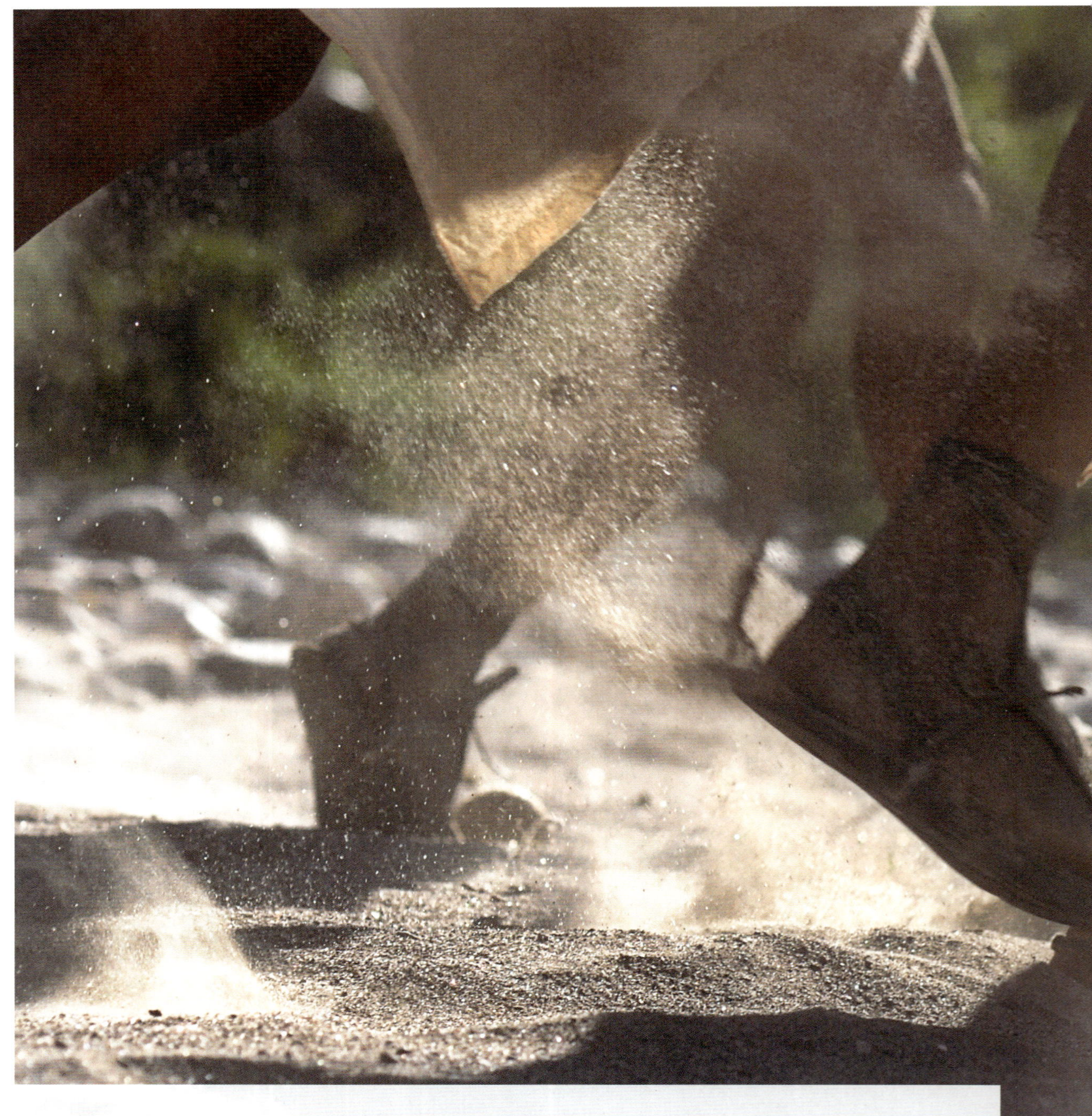

» WENN DU AN EINEM SOMMERTAG KNACKIGE 10 KM BEWÄLTIGEN KANNST, DANN BIST DU EINE TÖDLICHE BEDROHUNG FÜR DAS TIERREICH. «

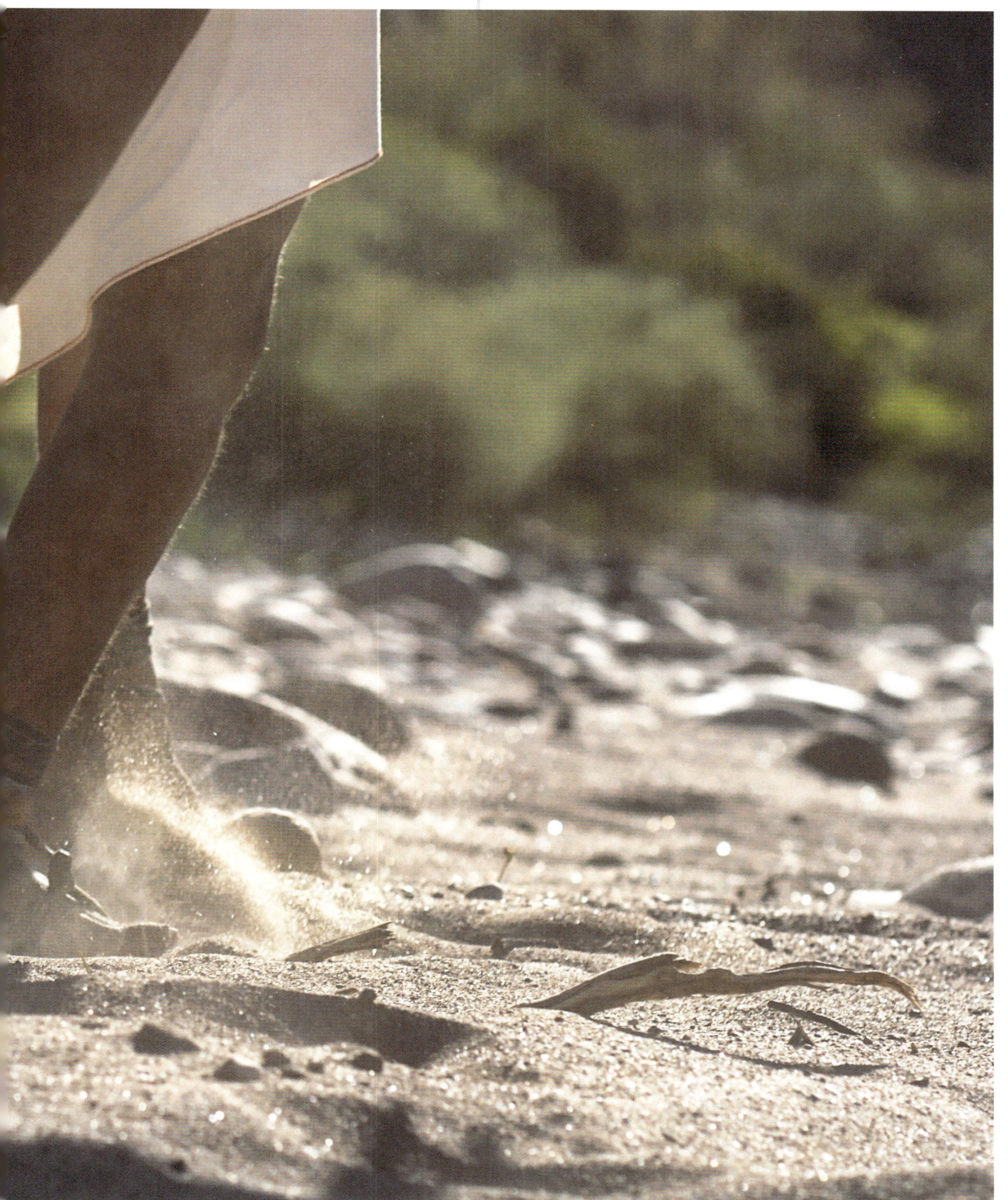

»Das ist kein Kraftmangel«, erklärt Eric. »Das ist neuromuskulär, eine unterbrochene Verbindung zwischen Gehirn und Körper. Jenna hat viel Kraft, aber die wird nicht abgerufen. Dieses Zucken ist übrigens ein gutes Zeichen. Es zeigt, dass die Muskelfasern jetzt anfangen zu feuern.«

Eric arbeitet sich weiter durch die Gruppe, und nach und nach entdecken alle Läufer:innen ihre Einschränkungen. Niemand ist immun: nicht Zach Friedley, der wegen seiner Beinprothese extrem auf Gleichgewicht und Technik achtet. Auch nicht Karma Park, die *seit sieben Jahren* jeden Tag ausschließlich in Sandalen nach Rarámuri-Art läuft. Oder Marcus Rentie, ein ehemaliger Rollerblade-Stuntman, der mit seiner Hündin Batman durch die Wälder tollt.

»Was ist mit Batman?«, frage ich. »Wie macht sich das Hündchen?«

»Batman ist so was von eingestellt«, stellt Eric mit ebenso viel Neid wie Bewunderung fest. »Dank ihres perfekten Pfotenaufsatzes kann sie ihr natürliches elastisches Energie- und Spannungssystem nutzen. Vorder- und Hinterbeine arbeiten wunderbar im Einklang, sodass ihr ganzer Körper eine Einheit bilden kann ...«

»Moment mal«, werfe ich ein. »Wie kommt es, dass sie hier die Einzige ohne Wackler ist?«

Klar, Batman ist eine Hündin. Aber biologisch gesehen sind Menschen doch auch Tiere. Wenn wir alle biomechanische Probleme haben, warum nicht auch sie? Wir Menschen haben uns evolutionär nicht nur dazu entwickelt, mit Hunden zu laufen, sondern dazu, *besser* als sie zu laufen. Menschen sind die besten Langstreckenläufer der Erde. Wir haben zwei besondere Eigenschaften, mit denen kein anderes Säugetier konkurrieren kann, kein Hund, kein Pferd, kein Gepard:

Wir sind nackt, und wir schwitzen.

Menschen geben Wärme durch Schwitzen ab, nicht durch Atmung. Wir müssen nicht hecheln, um uns abzukühlen. An heißen Tagen können wir daher atmen *und* unsere Temperatur niedrig halten. Wenn Batman an einem Augustnachmittag versucht, mit Marcus Schritt zu halten, muss sie Pausen machen, um überschüssige Körperwärme auszuatmen, sonst kippt sie um.

Wenn ich also frage, was an Batman so besonders ist, lege ich die Messlatte nicht zu hoch an. Eher zu tief. Genetisch stehen wir unseren wilden Vorfahren genauso nahe wie Batman den ihren. Wir stammen von Läufer:innen ab, die mehr als nur gut zu Fuß waren: Sie waren unschlagbar.

Es gibt allerlei Sagen, in denen der Held oder die Heldin ein Tier im Lauf erjagt. Aber so sagenhaft ist das gar nicht. Solche Legenden tauchen in allen Kulturen der Welt auf, in den Märchen der amerikanischen Ureinwohner:innen, in nordischen Mythen, bei den Hadza in Tansania, in der griechischen Götterwelt und in der Traumzeit der australischen Aborigines. Das ist kein Zufall. Es ist unsere gemeinsame Geschichte.

Allerdings lief kein einsamer Held, sondern die gesamte Sippe: Männer und Frauen, Alt und Jung schwärmten gemeinsam als Jagdrudel aus, und alle brachten ihre individuellen Fähigkeiten ein – eifrige Jugendliche führten die Jagd an, erfahrene Alte prüften die Hufspuren, und die stärksten Erwachsenen hielten sich bereit. Zusammen trieben sie ihre Beute durch die Savanne, bis diese irgendwann überhitzt zusammenbrach.

Und das dauerte gar nicht so lange.

Die San, eine indigene Ethnie, beheimatet im südlichen Afrika, betreiben noch heute Ausdauerjagden. An warmen Vormittagen traben sie hinter ihrer Beute her und bleiben gerade dicht genug dran, um sie in Bewegung zu halten. Nach 10 bis 15 km ununterbrochenen Laufens wird der Kudu erst langsamer, dann taumelt er und ... kollabiert. Das heißt: Wenn du an einem Sommertag knackige 10 km bewältigen kannst, dann bist du – ja, du – eine tödliche Bedrohung für das Tierreich.

»Wenn wir also zum Laufen geboren sind«, frage ich, »warum sind wir dann so schlecht darin?«

Adressat dieser Frage ist der weltweit qualifizierteste Mensch, um sie zu beantworten: Dr. Dennis Bramble, jener Biologe an der University of Utah, der zusammen mit seinem jungen Kollegen Dr. David Carrier entdeckt hat, dass unsere Lauffähigkeit der wichtigste Faktor in der menschlichen Evolution war. Lange bevor wir Schusswaffen entwickelten, überlebten wir, indem wir mithilfe unserer außergewöhnlichen Ausdauer unsere Beutetiere bis zur Erschöpfung und Überhitzung jagten.

Was ist seitdem schiefgelaufen?

»Sie und ich wissen, wie gut sich Laufen anfühlt, weil wir es uns angewöhnt haben«, antwortet Dr. Bramble. Aber wenn man es sich abgewöhnt hat, wird der uralte Überlebensinstinkt, der uns Menschen zur Entspannung anhält, zur lautesten Stimme im inneren Ohr. Das ist die bittere Ironie: Ausdauer verschaffte unserem Gehirn die Nahrung, die es

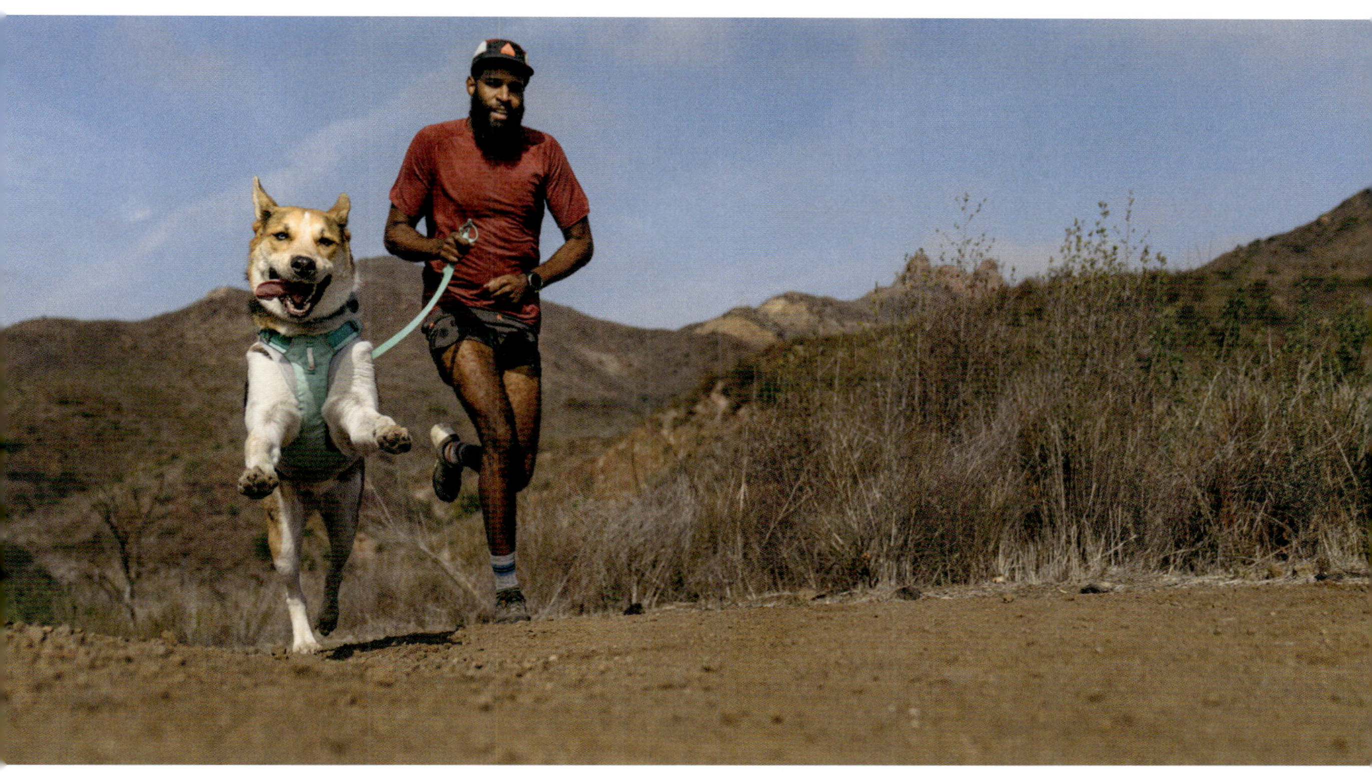

» DEIN LAUFSTIL SOLLTE SICH LOCKER, LEICHT, SANFT UND AN SCHNELLEN TAGEN SCHNELL ANFÜHLEN. «

brauchte, um fantastische Technologien zu entwickeln, aber jetzt untergraben diese Technologien unsere Ausdauer.

»Wir leben in einer Kultur, die extreme Anstrengung für verrückt hält«, sagt Dr. Bramble, »denn unser Gehirn sagt uns: ›Wozu die Maschine anwerfen, wenn es nicht sein muss?‹«

Batmans Gehirn dagegen ist mehr als bereit, Batmans Maschine zu starten. Hunde sind die lebende Widerlegung von Abraham Lincolns Aussage, dass er, hätte er sechs Stunden Zeit, einen Baum zu fällen, die ersten vier Stunden mit dem Schärfen der Axt verbringen würde. Unser Gehirn ist ständig fieberhaft auf der Suche nach energiesparenden Abkürzungen. So sind wir verdrahtet. Ein Hund würde noch eben pinkeln und dann einfach draufloshacken.

Batman käme nicht auf die Idee, spätabends auf einen Bildschirm zu starren, statt einzuschlafen, oder den ganzen Nachmittag lang anderen beim Spielen zuzusehen, statt selber mitzumischen. Steckte man Batmans Pfoten in gepolsterte Schuhe, um sie zu schonen, würde sie sich daraus ihr Mittagessen bereiten.

Es ist nicht ganz klar, welche Wörter Batman versteht, aber »Mal halblang« und »Heute Ruhetag« gehören definitiv nicht dazu. Wirft man einen Stock, dann erklärt sie dir nicht, warum Cardio laut dem und dem Podcast schädlich ist. Batmans Gehirn ist im Gegensatz zu unserem nicht in die moderne Zeit vorausgerast, bevor ihr Körper aufholen konnte. Wenn du das nächste Mal einen Hund durch den Park flitzen siehst, dann denke daran:

Alles, was man über das Laufen wissen muss, wurde vor 10 000 Jahren entdeckt. Und der Weg dorthin zurück ist viel kürzer, als man denkt.

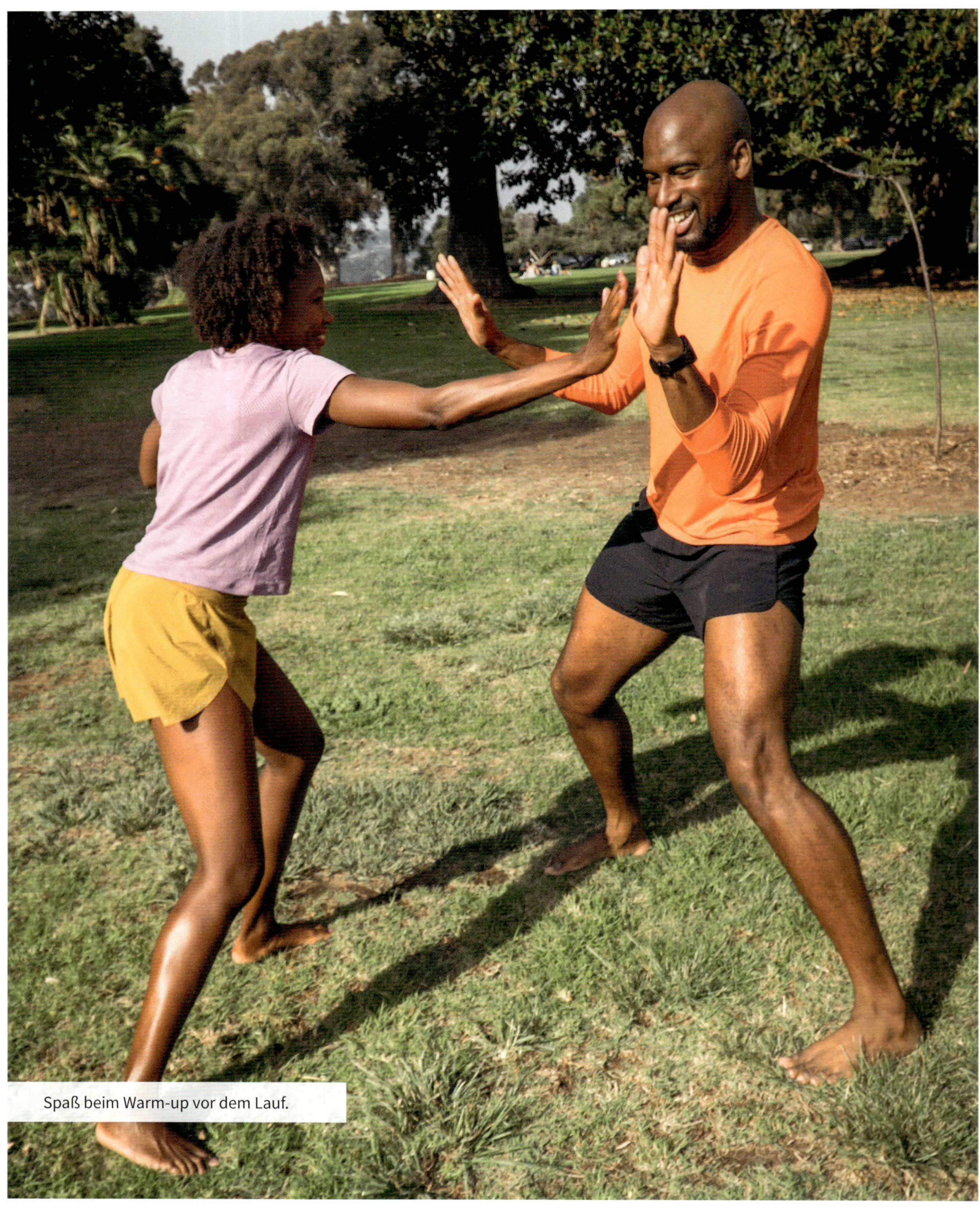

Spaß beim Warm-up vor dem Lauf.

3.

Zurück zum Ursprung – in 10 Minuten

Das Einfachste am gesamten Run-Free-Programm ist ausgerechnet das, worüber sich die Leute am meisten Sorgen machen: Veränderung.

Wir sind darauf konditioniert zu glauben, dass das Ändern von Gewohnheiten so schmerzhaft und mühsam ist wie das Wiedererlernen des Gehens nach einem Beinbruch. Aber mit dem Laufen ist es so: Wenn es jemals schwierig und kompliziert gewesen wäre, wären wir längst ausgestorben. Als überlebensnotwendige Fähigkeit musste das Laufen für Kleinkinder erlernbar und für Senioren praktikabel sein. Beim Laufen musste man so viel Freude und Befreiung empfinden wie ein Fisch, der wieder ins Wasser gelassen wird.

Wenn du also glaubst, dass es schwer wird, dann hab Mut. Für deinen Neustart in den Fußstapfen von Caballo Blanco musst du nur drei Dinge ändern:

- Sohle minimieren
- Kadenz beschleunigen
- Freund:in finden

Klingt nach einem Trick? Du findest, das kann nicht so einfach sein? Dann lege los und probier's aus. Als Vorgeschmack auf das, was dir noch bevorsteht, sollst du nun erfahren, wie schwer es ist, die Run-Free-Lauftechnik zu erlernen. Zuerst musst du deinen Terminkalender freiräumen, denn es erfordert einen Zeitaufwand von ungefähr … zehn Minuten.

So gehst du vor:

1. Such dir »Rock Lobster« von den B-52s raus.
2. Stell dich mit einem Schritt Abstand rücklings vor eine Wand.
3. Spiel das Lied bei voller Lautstärke!
4. Lauf im Takt auf der Stelle.

Das ist alles. Mehr ist nicht nötig, um die perfekte Lauftechnik zu erlernen. Beim Auf-der-Stelle-Laufen kannst du nicht mit der Ferse aufsetzen oder zu weite Schritte machen. Solange du mit dem Rücken zur Wand stehst, kannst du nicht nach hinten treten oder das Gleichgewicht verlieren. Und dank der B-52s musst du nicht raten, wie viele Schritte pro Minute du machst.

Körperhaltung, Fußaufsatz, Kadenz: Das sind die drei Zutaten der perfekten Lauftechnik. Leicht zu lernen und kaum falsch zu machen.

Sie zu meistern, ist eine andere Sache, macht aber erst recht Spaß. Jedes Mal, wenn du rausgehst, spürst du sofort die Freude darüber, dass du es genau richtig machst. Wenn präzise Dreipunktwürfe oder druckvolle Rückhandschläge einfach wären, blieben die Basketball- und Tennisplätze leer. Was uns dorthin zieht, ist die Herausforderung und die Möglichkeit, Träume zu verwirklichen und unsere Bewegungen mit unseren Vorstellungen in Einklang zu bringen.

Das erfordert Übung, denn Übung ist das, woraus wahres Können besteht. Aber das Lernen? Das ist der einfache Teil.

Selbst jetzt, nach über einem Jahrzehnt, bin ich immer noch ein wenig verblüfft davon, wie schnell Eric Orton mich verwandelte und nicht nur meine Geschwindigkeit und Laufleistung, sondern auch mein Selbstvertrauen aufbaute. Innerhalb weniger Wochen nach meinem ersten Run-Free-Training schickte mich Eric auf zweistündige Lauftouren, die so weit über meine gefühlten Grenzen hinausgingen, dass ich mich wie auf einer bemannten Marsmission fühlte. Ein paar Monate später saß ich neben Caballo Blanco und dem Rest der Más-Loco-Truppe im hinteren Teil eines Busses und fuhr zum Rennen meines Lebens auf dem Grund eines Canyons.

Mir ist klar geworden, dass Erics Methode deshalb so gut funktionierte, weil zwei ihrer Hauptzutaten sie idiotensicher machen.

Zutat Nr. 1 ist *Fühlen*:

Eric bringt einem nicht bei, was man machen muss, sondern er lehrt, wie es sich anfühlen sollte. Das ist das Schöne an der zehnminütigen Lauftechnik-Übung mit »Rock Lobster«. Man muss sich nicht selbst filmen. Man muss keine YouTube-Videos studieren und sich keinen Fitness-Tracker besorgen. Nach fünf Minuten New-Wave-Rock erkennt man sofort den Unterschied zwischen guter und schlechter Lauftechnik.

Bei jedem anderen Element des Run-Free-Programms, egal ob Ernährung oder Fitness, ist es genauso: Man lernt, den eigenen Körper zu lesen. Man lernt, Ernährung, Technik, allgemeine Fitness und optimale Trittfrequenz ohne Brustgurt oder Fitbit einzustellen. Man wird zum Feinmechaniker des eigenen Körpers. Wenn dann ein Wackler auftritt, weiß man, wie man ihn behebt und vermeidet.

Zutat Nr. 2 ist *The Free Seven*: die sieben Urpfeiler lebenslanger Sportlichkeit.

Laufen war früher eine Alltagstätigkeit. Heute ist es eine Freizeitbeschäftigung. Statt es in alle Bestandteile unseres Lebens einzuweben, quetschen wir es in ein Stündchen Fitness. Das ist auch absolut sinnvoll, weil wir unsere Zeit nicht mehr damit verbringen, buchstäblich um unser Leben zu rennen.

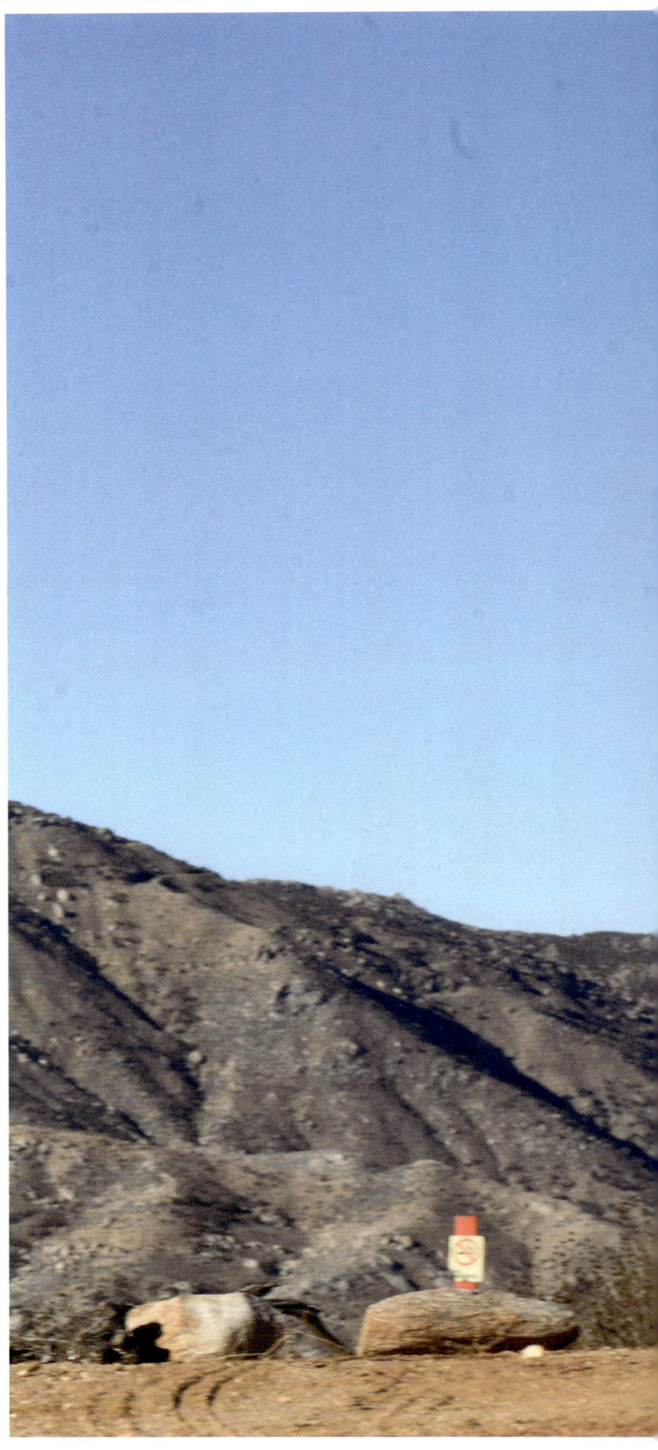

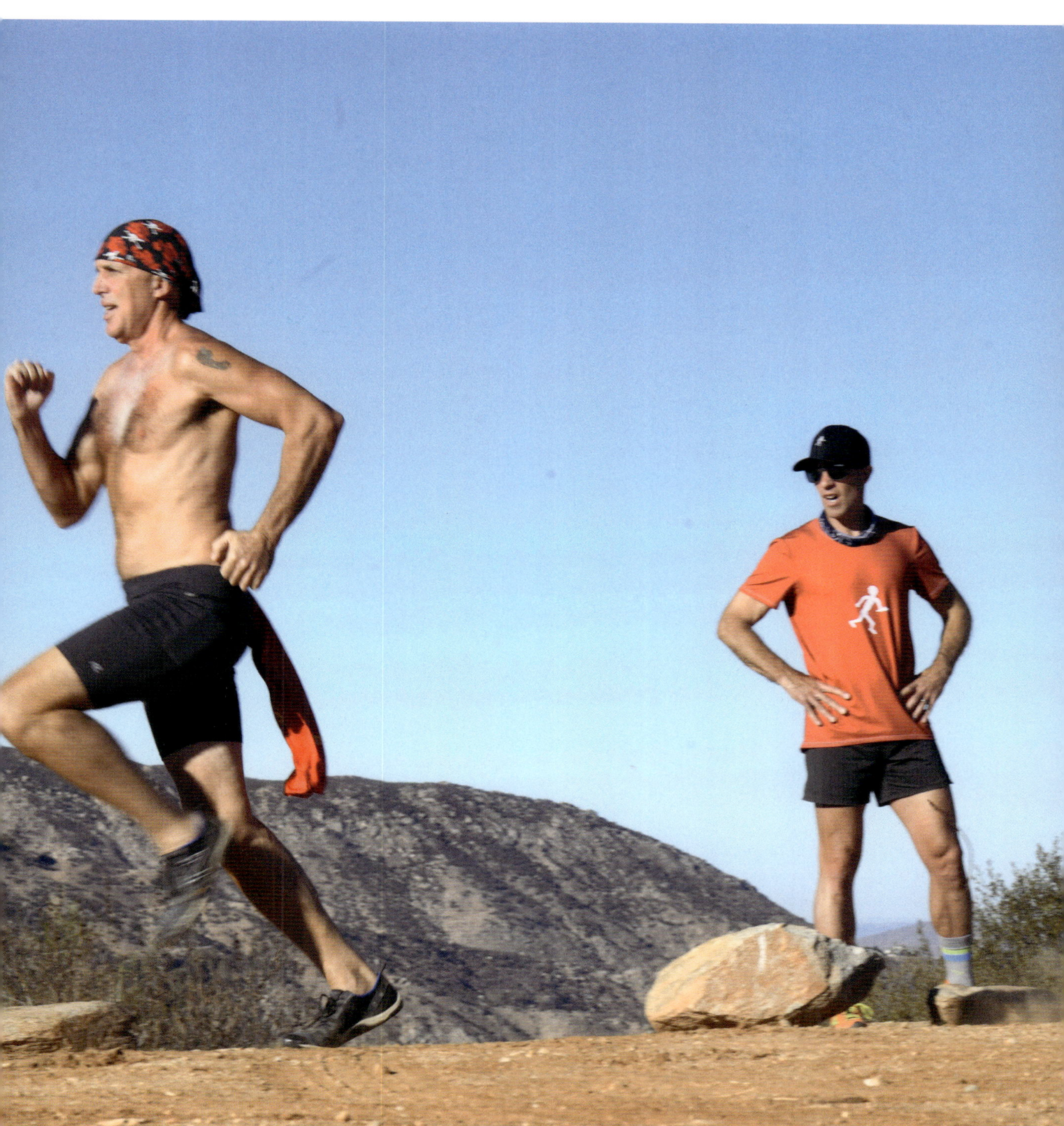

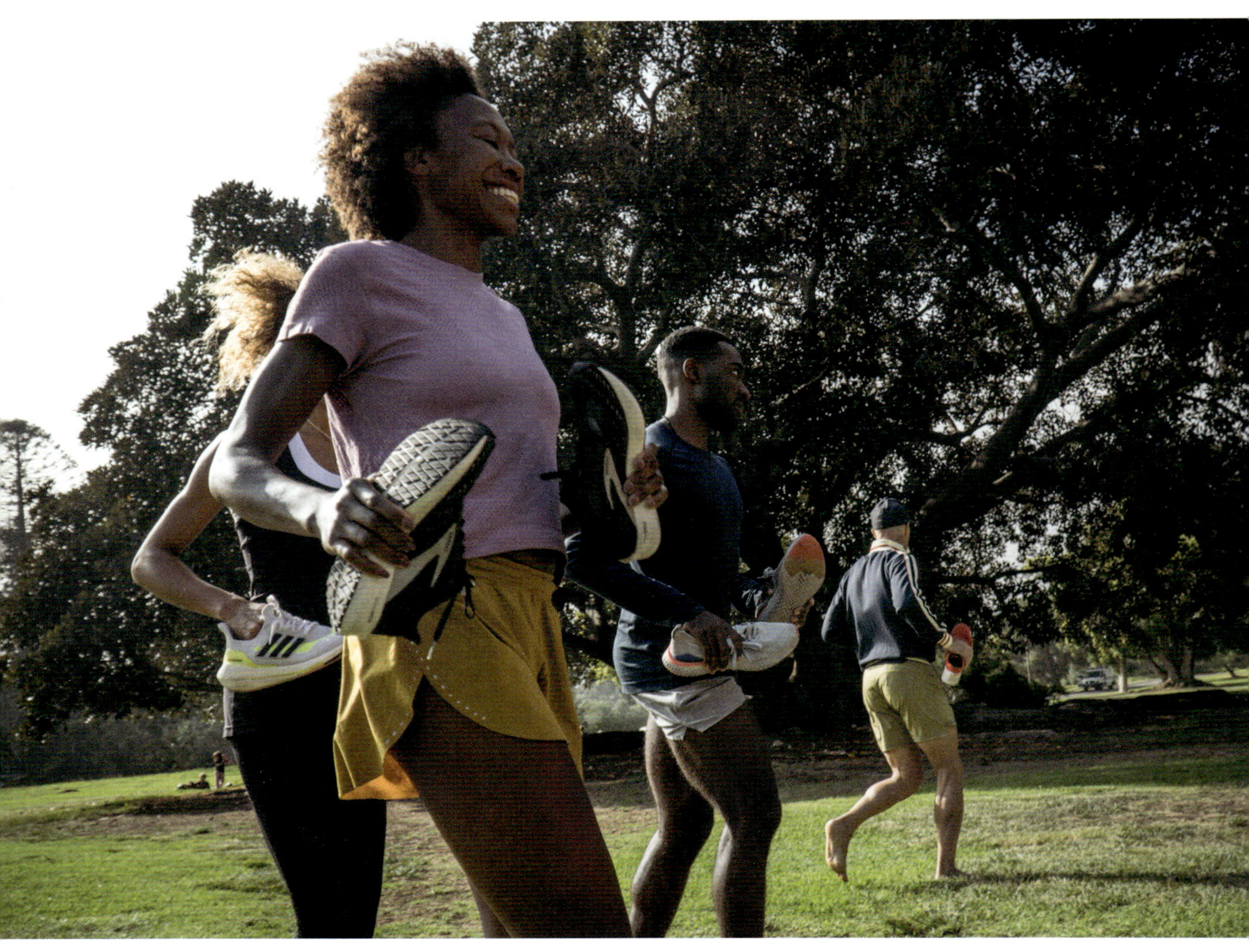

Nur … hat das niemand unserem Körper gesagt.

Unser Körper glaubt, er steckt immer noch tief in der afrikanischen Savanne, muss dort dem Abendessen hinterherrennen, bevor es am Horizont verschwindet, und gleichzeitig aufpassen, dass die Kinder auch Schritt halten. Unser Körper glaubt immer noch, er muss jeden Tag laufen, um Partner oder Partnerin, frisches Wasser oder ein sicheres Versteck für die Familie zu finden, bevor leuchtende Augen aus der Dunkelheit auftauchen. Und weil es beim Laufen oft um Leben und Tod ging, konnte man sich nicht auf nur einen Motor verlassen. Man musste mehrere Brennstoffzellen haben, die dafür sorgten, dass der Körper jederzeit genug Energie hatte, um starten zu können. Was man isst, mit wem man sich anfreundet, was einem ein Lächeln aufs Gesicht zaubert – all diese Urelemente der Existenz sind auch Energiequellen:

Richtige Technik = elastisches Zurückfedern = freie Energie
Gemeinsames Laufen = geteilte Anstrengung = freie Energie
Richtiges Schuhwerk = gute, steife Landung = freie Energie

Trennt man diese Urelemente voneinander ab, wird das gesamte System geschwächt. Kombiniert man sie dagegen mit den Free Seven, dann wird der Laufstil locker, leicht, sanft und schnell.

FREE SEVEN

1. Ernährung: Der Lauf beginnt auf dem Löffel

Du kannst einer schlechten Ernährung nicht davonlaufen. Egal wie viele Kilometer du runterreißt, du wirst weiterhin Körperfett speichern, solange du mit Essen deinen Blutzucker in die Höhe treibst. Aus diesem Grund besteht Schritt Nr. 1 beim Run-Free-Neustart darin, deinen Ernährungsansatz umzustellen – nicht um Pfunde wegzuhungern, sondern um deinen Appetit einzuhegen und die Energie pro Bissen zu maximieren.

2. Fitness: Grobmotorik und Feinmechanik

Die urzeitliche Notwendigkeit, auf den eigenen Beinen überleben zu können, hat uns die außergewöhnliche Fähigkeit beschert, uns von Haltungsfehlern zu erholen. Du wirst lernen, strukturelle Schwächen einzuschätzen – so wie Challis und Jenna gelernt haben, ihre lahmgelegten Gesäßmuskeln zu reaktivieren. Dann behebst du diese Schwächen durch kräftigende Übungen, die so einfach sind, dass du sie morgens in der Küche beim Kaffeekochen hinkriegst.

3. Technik: Die Kunst der Leichtigkeit

Zu viele Läufer:innen glauben irrigerweise, dass sie ihre durch weiche Sohlen ruinierte Lauftechnik mit minimalistischem Schuhwerk reparieren können. Aber der Schuhwechsel allein ändert nichts, davon zeugen bald die verspannten Waden und schmerzenden Fersen.

Was funktioniert, ist ein Viererpack unglaublich einfacher Übungen. Sobald du diese mit auf die Straße nimmst, wirst du spüren, wie die jahrzehntealte schlechte Technik aus deinen Füßen verschwindet.

4. Tempo: Schneller, weiter, immer

»Hör auf deinen Körper« ist vielleicht der einzige Fitnessratschlag, der noch nutzloser ist als »Wir sind alle ein Experiment mit einem Teilnehmer«. Du und dein Körper sprecht nicht dieselbe Sprache. Ihr habt keine Ahnung, was der andere sagt. Vergiss nicht, deine Instinkte wurden in einer Zeit geprägt, als Nahrung knapp war, als körperliche Energie um jeden Preis gespart werden musste und als mieses Wetter dich nicht nur nervte, sondern möglicherweise zum Fossil machte. Alle natürlichen, ererbten Impulse halten dich von jeder Bewegung ab, die nicht dein Überleben sichert.

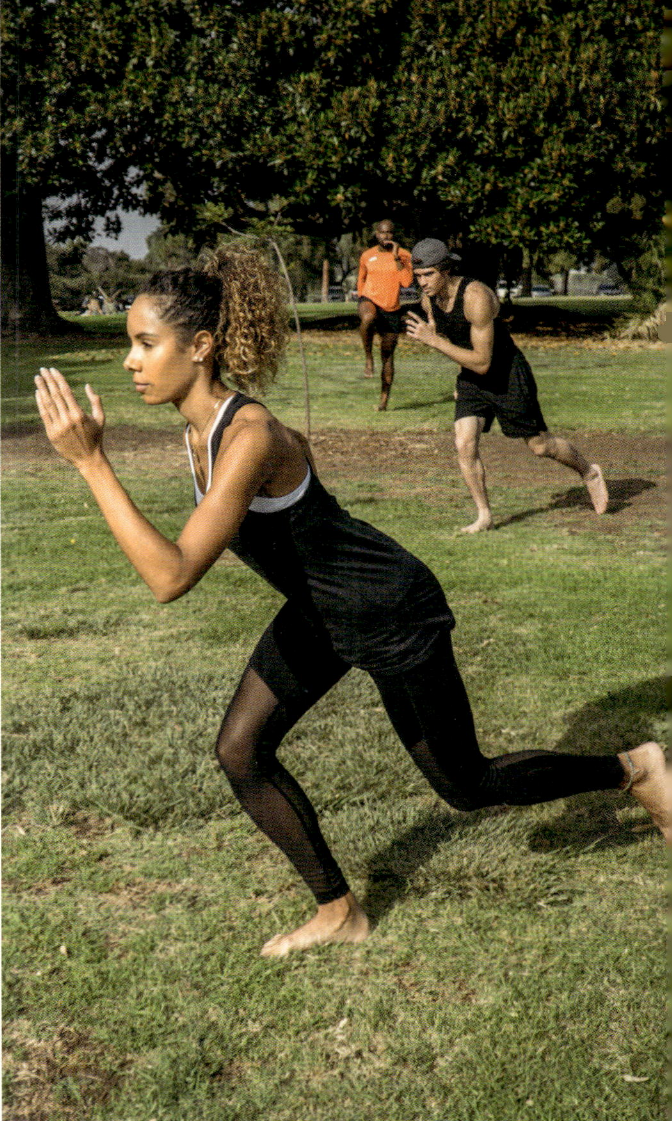

Verloren haben wir auch die Fähigkeit, zwischen schwer und leicht, schnell und langsam umzuschalten. Anstatt alle unsere Gänge zu nutzen, wursteln wir meistens in der Mitte vor uns hin und versauen uns dadurch das Getriebe. Glücklicherweise haben die Soldaten des antiken Roms einen einfachen Trick herausgefunden, mit dem du das ideale Tempo für jede Aufgabe findest. So ist dein großer, starker Run-Free-Motor immer im richtigen Gang.

5. Schuhwerk: Lieber minimalinvasiv

Laufschuhe verbessern deine Technik nicht, aber sie können sie erheblich verschlechtern. Je mehr Schaumgummi unter den Füßen, desto weniger spürt man den Boden. Dämpfung ist ein Narkotikum, ein Betäubungsmittel. Die Füße werden gegenüber den Empfindungen abgedämpft, die sie besser und gesünder laufen lassen. Stell dir vor, du betäubst deine Hand und haust dann mit dem Hammer darauf. So ähnlich ist es, wenn du auf weichen Sohlen läufst. Und wenn du glaubst, dass irgendeine »Laufanalyse« Abhilfe schafft, dann irrst du dich: Studien zufolge haben Läufer:innen, die anhand einer Laufanalyse ihre Schuhe aussuchen, ein bis zu *fünfmal* höheres Verletzungsrisiko.

6. Spaß: Wenn es Mühe macht, machst du dir zu viel Mühe

»Ich interessiere mich nicht für die Grenzen des Ertragbaren«, sagt mir mein Laufkumpel Barefoot Ted auf die Frage, wie er mit nur 40 Trainingskilometern pro Woche 100-Meilen-Rennen schafft. »Ich will an die Grenzen des *Vergnüglichen*.«

Wissenschaftlich gesehen ergibt Barefoot Teds Lustprinzip absolut Sinn. Die Evolution belohnt Schmerz nicht, sie belohnt Freude. Leiden mindert das Erlebnis, anstatt es zu bereichern. Es erzeugt Tunnelblick, Dissoziation, Selbstbezogenheit und Fehler. Der Kopf ist gesenkt, das Gehirn hungert nach Sauerstoff, der Stresslevel ist hoch. Jede Zelle im Körper meldet, dass das alles nicht gut sein kann. Man blendet es aus, drückt es weg.

Freude fördert hingegen die Aufmerksamkeit, das Selbstvertrauen, den Stressabbau und die Kompetenz. Wer Spaß hat, ist konzentriert. Wieso? Weil der Körper mehr zulässt und mehr will. Der Kopf ist erhoben, die Atmung ist tief, Sichtfeld und Bewegungsradius sind maximiert. Das Urhirn lässt den Korken einer Magnumflasche Endorphine knallen und macht Mut zum Weitermachen. Man ist im Flow-Zustand.

» FREUDE FÖRDERT DIE AUFMERKSAMKEIT, DAS SELBSTVERTRAUEN, DEN STRESSABBAU UND DIE KOMPETENZ. «

7. Familie: Gemeinsam schwitzen, gemeinsam schweben

Wir sind evolutionär dazu gemacht, uns gegenseitig zu ermutigen und zu unterstützen, denn der gemeinsamen Erfolg des Rudels entschied über Leben oder Sterben. Je vielfältiger die mentalen und körperlichen Fähigkeiten, desto größer die Erfolgsaussichten. Laufen in Gemeinschaft bietet mit die besten Chancen auf Verbesserung, denn wir sind soziale Tiere, und viele unserer unsichtbaren Mechanismen laufen synchron: Ohne dass ein Wort gesprochen wird, können Laufpartner:innen den Herzschlag zentrieren, die Trittfrequenz straffen und die Technik präzisieren.

Und als Bonus:

Verletzungen: Pannenhilfe

Es gibt fast keine Funktionsstörung, die nicht mit etwas mehr Funktion behoben werden kann. Wer mit Plantarfasziitis, Sehnenentzündungen, schmerzenden Iliotibialbändern oder störrischen Hüftbeugern zu kämpfen hat, lernt in diesem Buch Mobilitäts- und Kräftigungsübungen, die solche Blockaden beseitigen und neue Bewegungsmuster eintrainieren.

Betrachte die Free Seven als komplette Mahlzeit, nicht als Büfett. Da jeder einzelne Punkt mit den anderen verknüpft ist, solltest du der Versuchung widerstehen, dir einzelne herauszupicken und die anderen wegzulassen. Zusammen bieten sie alles, was du brauchst, um deine Wackler zu lokalisieren, sie zu korrigieren und an Kraft und Geschmeidigkeit zu gewinnen. Dazu durchläufst du am besten das **90-tägige Run-Free-Programm** am Ende des Buches.

In den folgenden Kapiteln erfährst du, wie die Free Seven funktionieren und warum sie voneinander abhängen. Du lernst neue Methoden wie die Movement Snacks, den 2-Wochen-Test und die 100 Up. Du entdeckst einen 2000 Jahre alten Trick zur Einschätzung der Herzfrequenzzone und erfährst, wie man die richtigen Laufschuhe auswählt (Spoiler: Es hat nichts mit »Laufanalyse« oder »Stabilität« zu tun).

All das kannst du nebenbei einüben. Mach dich mit den Methoden vertraut, damit du sie einsetzen kannst, wenn du mit dem Run-Free-Programm beginnst. Wenn du damit fertig bist, werden deine alten Gewohnheiten verschwunden sein, und die neuen werden sich festigen. Du wirst bereit sein, für jedes Rennen zu trainieren – oder einfach aus purer Lust und Laune loszulaufen, so weit du willst, wann immer du willst, für den Rest deines Lebens.

3.1 CABALLOS GRÖSSTES GEHEIMNIS

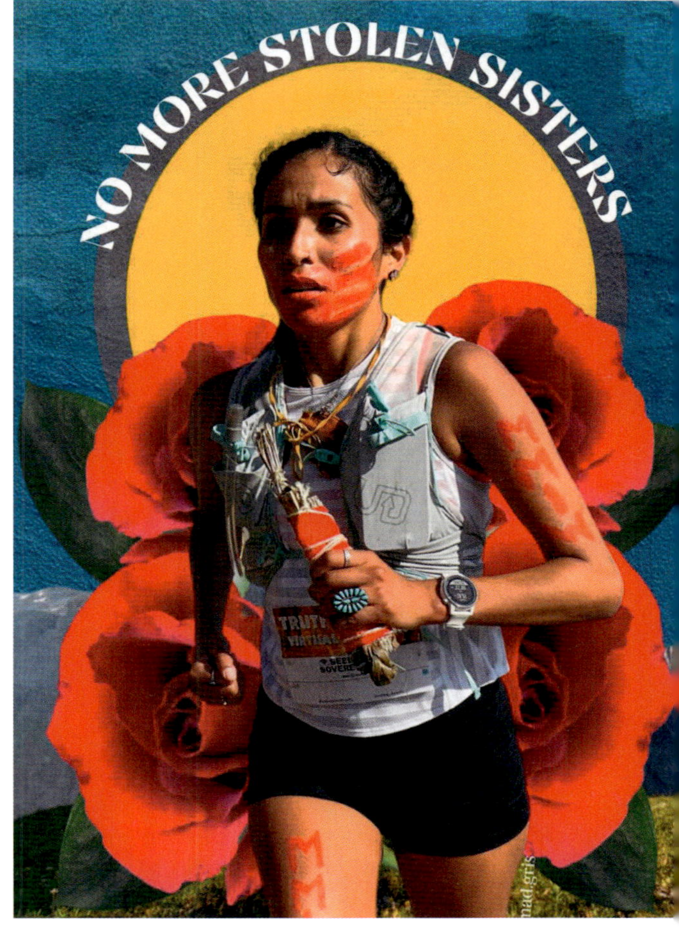

»Ich habe so ein Feuer in mir gespürt, so eine Wut«, erinnert sich Jordan Marie Brings Three White Horses Daniel. Das Feuer brachte den Entschluss. »Ich nahm die rote Schminke und ließ meine Finger sprechen.«

Bis dahin drehte sich Jordans Karriere als Profiläuferin darum, wie sie lief. Jetzt ging es nur noch darum, warum.

Sorgfältig malte sie sich einen blutroten Handabdruck aufs Gesicht: ein Daumen auf der einen Wange, die Finger auf der anderen, die Handfläche über den Lippen. Auf schrecklich lebensechte Art stellte sie damit dar, wie so viele indianische Frauen gestorben sind – eine Hand auf den Mund gepresst, um sie zum Schweigen zu bringen.

Jordan steckte sich ihre Startnummer an und nahm ihren Spitzenplatz an der Startlinie des Boston Marathons von 2019 ein. Sie hielt den Blick nach vorn gerichtet, obwohl einige Zuschauer auf sie zeigten und sie anstarrten. »HEY, HÜBSCHER HANDABDRUCK«, rief jemand. Wie herzlos muss man sein, fragte sie sich, um zu glauben, dass eine blutrote Hand auf dem Mund einer Frau ein Witz war?

»Aber die Indigenen, die mich sahen, haben es verstanden«, sagt Jordan. »Sie wissen von unseren Mädchen.« Unter den Frauen der amerikanischen Ureinwohner ist Mord eine Epidemie. Sie sterben mit zehnfacher Wahrscheinlichkeit durch Gewalt als andere Amerikaner:innen. Sie fallen einer dermaßen grassierenden Brutalität zum Opfer, dass Ermittler von Amnesty International zum Handeln aufgerufen haben. Doch obwohl fast 6000 indigene Frauen als vermisst gelten, sind kaum mehr als hundert in der Datenbank des Justizministeriums dokumentiert. Wer spricht für sie? Warum folgt

» JORDAN STAMMT AUS EINER LAUFDYNASTIE IN SOUTH DAKOTA. IHR GROSSVATER WAR FREUND UND RIVALE DES LEGENDÄREN OLYMPIONIKEN BILLY MILLS, DER IHR MENTOR WURDE. «

auf das Verschwinden einer blonden jungen Frau ein landesweiter Aufschrei, während sich für die Gefährdung indigener Frauen nicht einmal das FBI interessiert?

Die Gefahr bekam Jordan zu spüren, als ihre Mutter sich der Suche nach einer jungen Frau anschloss, die in der Nähe ihres Wohnorts auf Stammesland in South Dakota verschwunden war. Die Leiche der Frau wurde in der Gegend entdeckt, in der Jordan als Heranwachsende oft mit ihrem Großvater gelaufen war. Sie selbst hätte betroffen sein können, dachte Jordan – bis ihr klar wurde, dass sie betroffen war. Zweimal war sie bereits Opfer von Beziehungsgewalt geworden. Als sie ins College-Alter kam, hatte sie bereits mehr als ein Dutzend Beerdigungen von Verwandten und Freundinnen erlebt, die auf tragische Weise ums Leben gekommen waren.

Jordan hatte Glück gehabt. Ihre Beine gaben ihr eine Chance, die andere Frauen nicht hatten. Jordan stammt aus einer Laufdynastie in South Dakota. Ihr Großvater war Freund und Rivale des legendären Olympioniken Billy Mills, der ihr Mentor wurde. Jordans Mutter hatte als Sprinterin die Olympischen Spiele 1988 angestrebt, bekam aber stattdessen Jordan. Jordan selbst glänzte im Laufteam der University of Maine, bevor sie ihre Profikarriere für New Balance und Altra startete.

»Das Laufen war für mich immer eine Superkraft«, sagt sie. Aber eine Superkraft, die nicht für das Gute kämpft, ist nutzlos. Sie muss verwendet, vollzogen und als Kraft der Veränderung eingesetzt werden. All die Rennen, die Jordan bis dahin absolviert hatte, all ihre Siege und Medaillen und Sponsorengelder stauten nur ihre Superkraft. Es war Zeit, sie einzusetzen.

Vor dem Startschuss in Boston malte sich Jordan noch vier rote Buchstaben auf die Beine: »MMNW« für *Missing and Murdered Native Women* – »Vermisste und ermordete indigene Frauen«. Auf jeder Meile wollte sie für eine Frau beten, und es war erschreckend einfach gewesen, auf 26 Namen für die 26 Meilen des Marathons zu kommen. »Ich wollte diesen Lauf unseren gestohlenen Schwestern widmen«, sagt Jordan. »Das war meine Art, diesen Frauen eine Plattform zu geben, damit sie gesehen, gehört und erinnert werden.«

Mit ihrem Gebetslauf über die Straßen von Massachusetts wurde Jordan zu einem Blitzableiter, zu einem Energiekanal, der eine mächtige Tradition aus der Vergangenheit in die Gegenwart leitete und einem höheren Zweck zuführte. Seit diesem Tag versteht sie sich als Anwältin der Ureinwohner, und das verschafft ihr ein Sendungsbewusstsein, das sie nie zuvor verspürt hat.

» NUN SAH ER DAS LAUFEN AUF EINE WEISE, WIE ER ES BISHER NICHT GESEHEN HATTE. NICHT ALS HOBBY ODER SPORT, SONDERN ALS KRAFT. ALS SUPERKRAFT. «

»Ich wollte das Laufen immer für mich behalten, für meinen eigenen Ehrgeiz«, sagt sie. »Weil es meine Identität war, wollte ich keinen Druck von außen hineinbringen. Aber mir wurde klar, dass ich das alles nicht länger trennen konnte. Ich habe so viele andere Minderheiten gesehen, die das Laufen als eine Form der Meinungsäußerung verwenden, und das zu erleben, ist erstaunlich.«

Micah True erlebte eine ähnliche Wiedergeburt, als er zu Caballo Blanco wurde.

Von Haus aus war er ein formidabler Medaillenjäger und solider Ultraläufer, aber Technik war nie seine Stärke gewesen. Er stürmte mit roher Kraft voran und prallte immer wieder frontal gegen eine Mauer aus Überlastungsverletzungen. Tief in den Barrancas del Cobre fand er Umkehr. Jahrelang befasster er sich intensiv mit dem Wie des Laufens. Er lernte, die Serpentinen an den Steilhängen ziegengleich hinunterzutrippeln, und verwandelte seinen ausgreifenden Galoppschritt in die doppelt schnelle Kadenz, die er den flinken Rarámuri-Alten abgeschaut hatte.

Mit Mitte 50 hatte er das Alter erreicht, in dem sich viele Läufer:innen aus seinem früheren Umkreis über schmerzende Knie und knarrende Lendenwirbel beschwerten und das Laufen für immer aufgaben – aber Caballo fing gerade erst an. »Seine Reichweite war riesig«, hat mir Luis Escobar erzählt. Escobar ist selbst ein legendärer Geländeläufer, hat die berühmten Fotos von Caballos erstem Copper-Canyon-Ultramarathon geschossen und blieb seitdem eng mit ihm vertraut. »Wenn ihm danach war, konnte er aus zwölf Meilen dreißig machen.«

Caballo Blanco führte ein gemütliches Einsiedlerleben. Seine Tage verbrachte er damit, über die Mesas zu streifen,

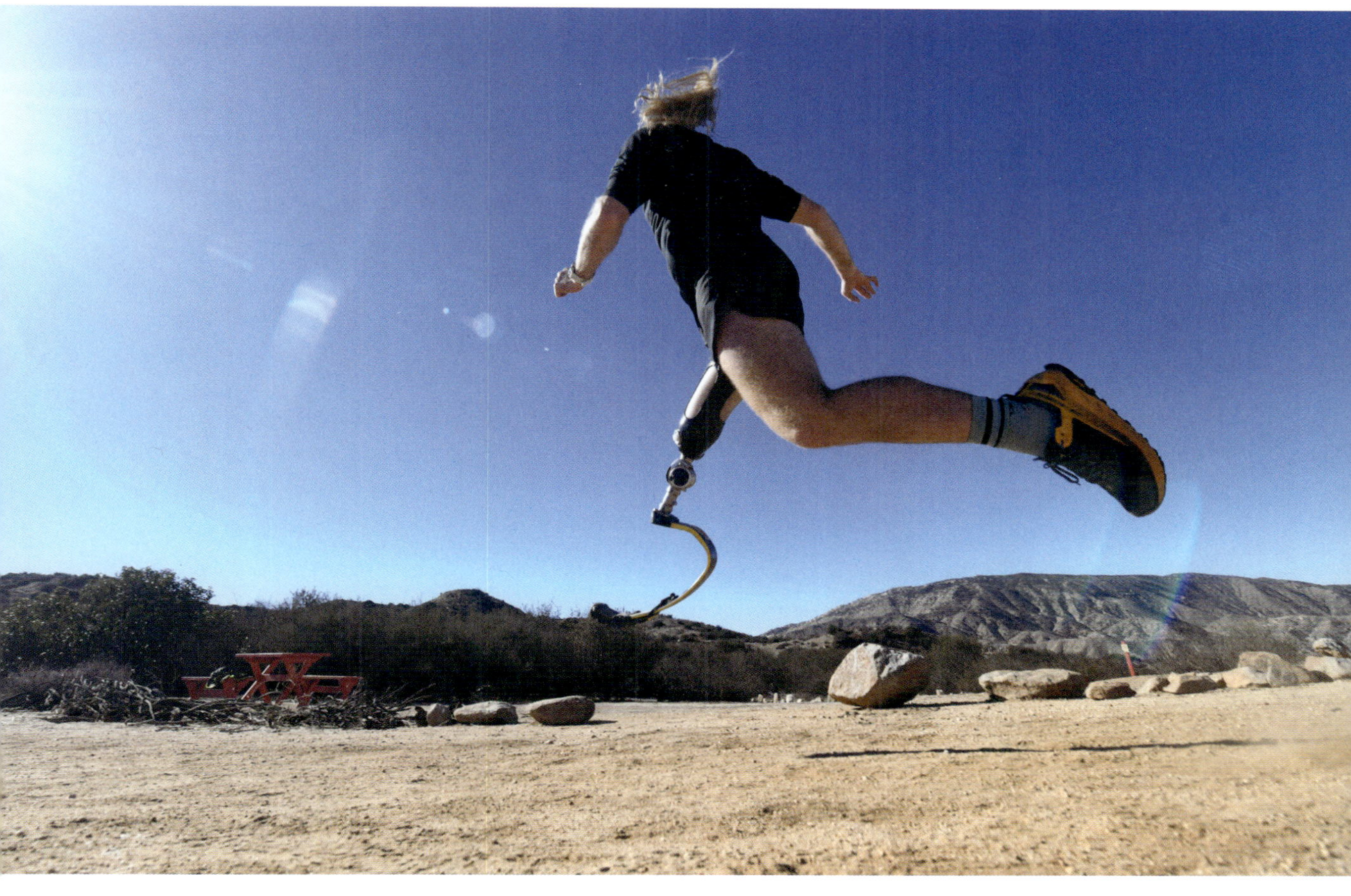

und abends saß er vor seiner kleinen Steinhütte oberhalb des Flusses Batopilas und betrachtete den Sonnenuntergang. Wahrscheinlich hätte er den Rest seiner Jahre so verbracht.

Wäre er nicht so wütend geworden.

Es war nicht ein einzelner Mord, der ihn erzürnte. Schon bevor Schergen eines Drogenkartells den Sohn eines seiner engsten Weggefährten töteten, war er aufgebracht. Er hatte bereits miterlebt, wie Silvino Cubesare, ein guter Freund, von den Kartellen in Schwierigkeiten verwickelt worden war und wie das Eindringen der Außenwelt in die Barrancas die uralte Kunstfertigkeit der Rarámuri-Läufer zersetzte.

Nun sah er das Laufen auf eine Weise, wie er es bisher nicht gesehen hatte. Nicht als Hobby oder Sport, sondern als Kraft. Als Superkraft.

Zu seinem Glück hatte er unter den Rarámuri Freunde gefunden, die diese Kraft mit ihm geteilt hatten, und das hatte sein Leben verändert. Jetzt war er an der Reihe. Wenn seine Geschichte nur bis hierhin gereicht hätte, wenn Micah diese Kraft nur abgespeichert und für sich behalten hätte – niemand hätte jemals von ihm gehört. Stattdessen ging er über das Wie des Laufens hinaus und widmete sich dem Warum. Was er dadurch erschuf, war größer und geschätzter, als er sich je hätte vorstellen können.

Das ist das wahre Vermächtnis von Micah True. Seine Gemeinschaftsfeier der Ultraläufer:innen tief in den Barrancas ist kein Rennen. Sie erinnert daran, wie großartig das Laufen sein kann, wenn es wie seit Anbeginn der Menschheit mit einem Zweck verbunden ist, der über das Ich hinausragt.

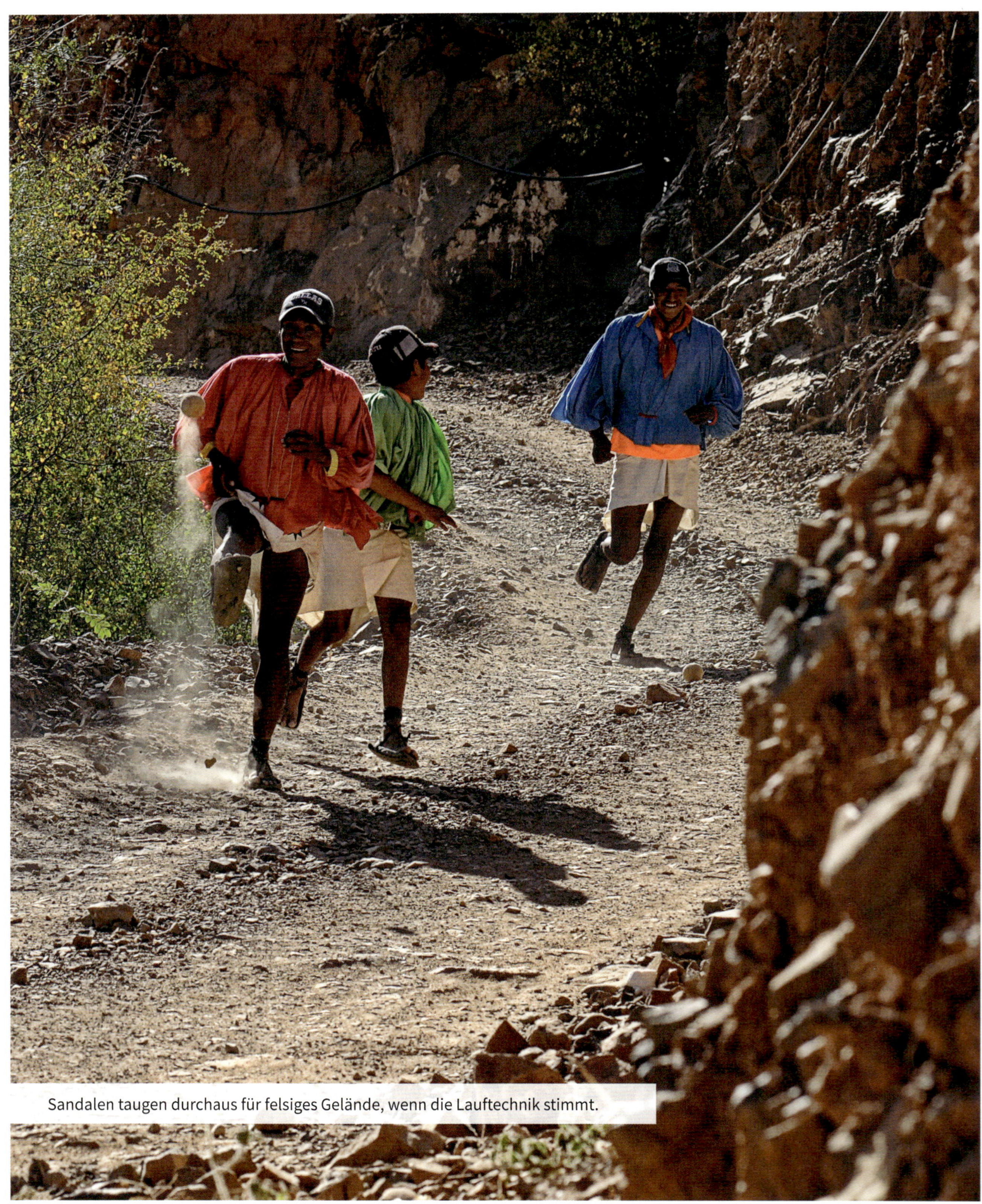

Sandalen taugen durchaus für felsiges Gelände, wenn die Lauftechnik stimmt.

Anfangen

4.

Die meisten von uns lernen das Laufen verkehrt herum. Als Anfänger:innen gehen wir es langsam an. Wir denken, dass wir schneller werden, wenn wir besser werden. Aber damit machen wir es verkehrt herum: Zuerst müssen wir schiere Schnelligkeit entwickelt, denn dadurch gewinnen wir die Kraft und das Können, um länger zu laufen. Schnelles Laufen ist das Geheimnis des lockeren Laufens.

So unterrichten die Rarámuri ihre Kinder. Rarámuri-Schulkinder rennen anfangs in Ballspielen um die Wette, bei denen sie, so schnell sie können, eine kurze Strecke hin- und herrasen. Das Geniale an solchen Ballrennen ist, dass alle als gleichberechtigte Teammitglieder einbezogen werden, vom Ältesten bis zum Jüngsten, vom Schnellsten bis zum Langsamsten. Wenn die Führenden den Wendepunkt erreichen, spielen sie den Ball den Hinterherhinkenden zu, und nun stürmen diese voran, während der Rest des Rudels sprinten muss, um aufzuholen. Rarámuri-Kinder üben nicht langsam. Zuerst rennen sie. Wenn sie dann schnell gut sind, laufen sie weite Strecken.

Schnelligkeit ist ein wunderbarer Lehrer. Schnelligkeit fördert eine gute Lauftechnik: Im Renntempo muss einem niemand erklären, warum man mit dem Vorfuß aufsetzen oder warum man den Fuß wieder vom Boden abheben sollte. Man macht es einfach. Junge Läufer:innen im Rest der Welt verfolgen einen ähnlichen Ansatz wie die Rarámuri: In der Unterstufe beginnt man, für Kurzstrecken zu trainieren, und geht mit zunehmendem Alter zu Langstrecken über. Man entwickelt zuerst ein Fundament aus Schnelligkeit und Kraft und fügt später Ausdauer hinzu.

Aber viele von uns haben diese entscheidende Phase des Schnelligkeits- und Kraftaufbaus verpasst. Wir haben später im Leben mit dem Laufen begonnen, meist aus dem immer gleichen Grund: Wir wollten wieder fit werden und glaubten, dies am besten dadurch zu erreichen, dass wir uns ein großes Ziel setzten, etwa einen Halbmarathon oder Ultra-Geländelauf. Wir haben daran gearbeitet, länger zu laufen, nicht besser – und das verursacht Probleme. Wir haben unser Können auf einem sehr schmalen Fundament aufgebaut und immer mehr Kilometer draufgepackt, ohne Anpassungsfähigkeit und Effizienz zu erlernen. Sobald dann der kleinste Wackler auftritt, sind wir aufgeschmissen.

Mit dem 90-tägigen Run-Free-Neustart kannst du das beheben. Er ist der kleine Schritt zurück, den du für den großen Sprung nach vorne brauchst. Du wirst dadurch schneller, stärker und verletzungsresistenter. Du eignest dir Fähigkeiten an, die das Laufen für den Rest deines Lebens zum Vergnügen machen.

Am Ende jedes Kapitels findest du Aufgaben. Du beginnst mit »Ernährung« und durchläufst die Free Seven bis hin zu »Spaß« und »Familie«. Wenn du dich mit diesen Techniken vertraut gemacht hast, verfügst du über alles, was du an Fähigkeiten benötigst, um mit dem 90-Tage-Programm zu beginnen.

Wann du beginnen sollst? Das hängt davon ab, wo du gerade stehst. Bist du Einsteiger:in? Hobbyläufer:in? Veteran:in? Das folgende Schema hilft dir, deinen Tag eins zu bestimmen:

EINSTEIGER:IN

Vorbereitungsphase vor dem 90-Tage-Programm: 3 – 4 Wochen

- Nutze diese Zeit, um die Technik- und Fitnessübungen und die Movement Snacks zu praktizieren.
- Mache drei bis vier leichte Läufe pro Woche. Bleib locker und höre auf, solange du noch Sprit im Tank hast. Du solltest keinen dieser Läufe mit schmerzenden Muskeln oder Erschöpfung beenden. Das Ziel ist Lockerheit und Regelmäßigkeit.
- Wenn du das Gefühl hast, den 1-Meilen-Test sicher zu bestehen, bist du bereit.

HOBBYLÄUFER:IN

Vorbereitungsphase vor dem 90-Tage-Programm: 2 – 3 Wochen

- Wenn du schon Lauferfahrung hast, aber nicht regelmäßig läufst und manchmal wochen- oder monatelang nicht trainierst, bereitest du dich vor, indem du die Übungen praktizierst und drei- oder viermal pro Woche läufst.
- Wenn du das Gefühl hast, den 1-Meilen-Test sicher zu bestehen, bist du bereit.

VETERAN:IN

Vorbereitungsphase vor dem 90-Tage-Programm: 1 Woche

- Wenn du regelmäßig läufst und eine solide Trainingsgrundlage hast, nimmst du dir am besten eine Woche Erholung, damit sich dein Körper ausruhen kann.
- Nutze diese einwöchige Pause, um die Technik- und Fitnessübungen und die Movement Snacks zu meistern.
- Am Ende der Woche schaffst du sicherlich den 1-Meilen-Test und bist bereit.

VERLETZT

- Wenn dich Schmerzen plagen, die sich anfühlen wie ein Fersen-, Achillessehnen- oder Schienbeinproblem, dann befolge die Genesungstipps am Ende des Buches (siehe »Verletzungen: Pannenhilfe«, Seite 239).
- Funktion und Flexibilität werden wahrscheinlich spürbar zurückkehren, und du wirst dich schnell besser fühlen.
- Wenn nicht, dann hast du möglicherweise eine Verletzung, die ärztliche Hilfe erfordert.
- Sobald du schmerzfrei bist, befolgst du das Hobbyläufer-Schema.

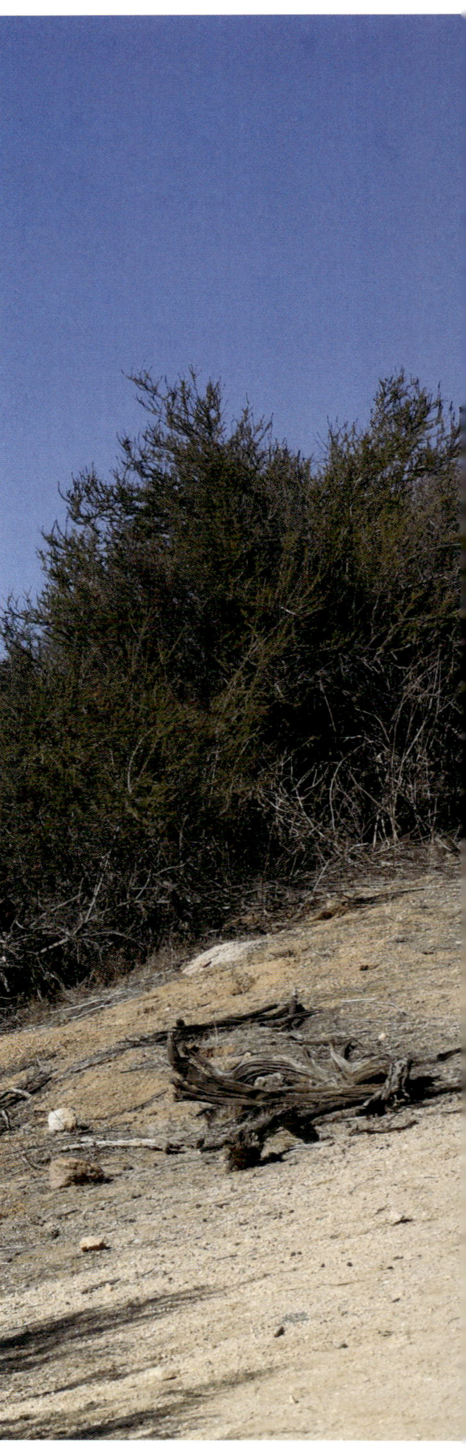

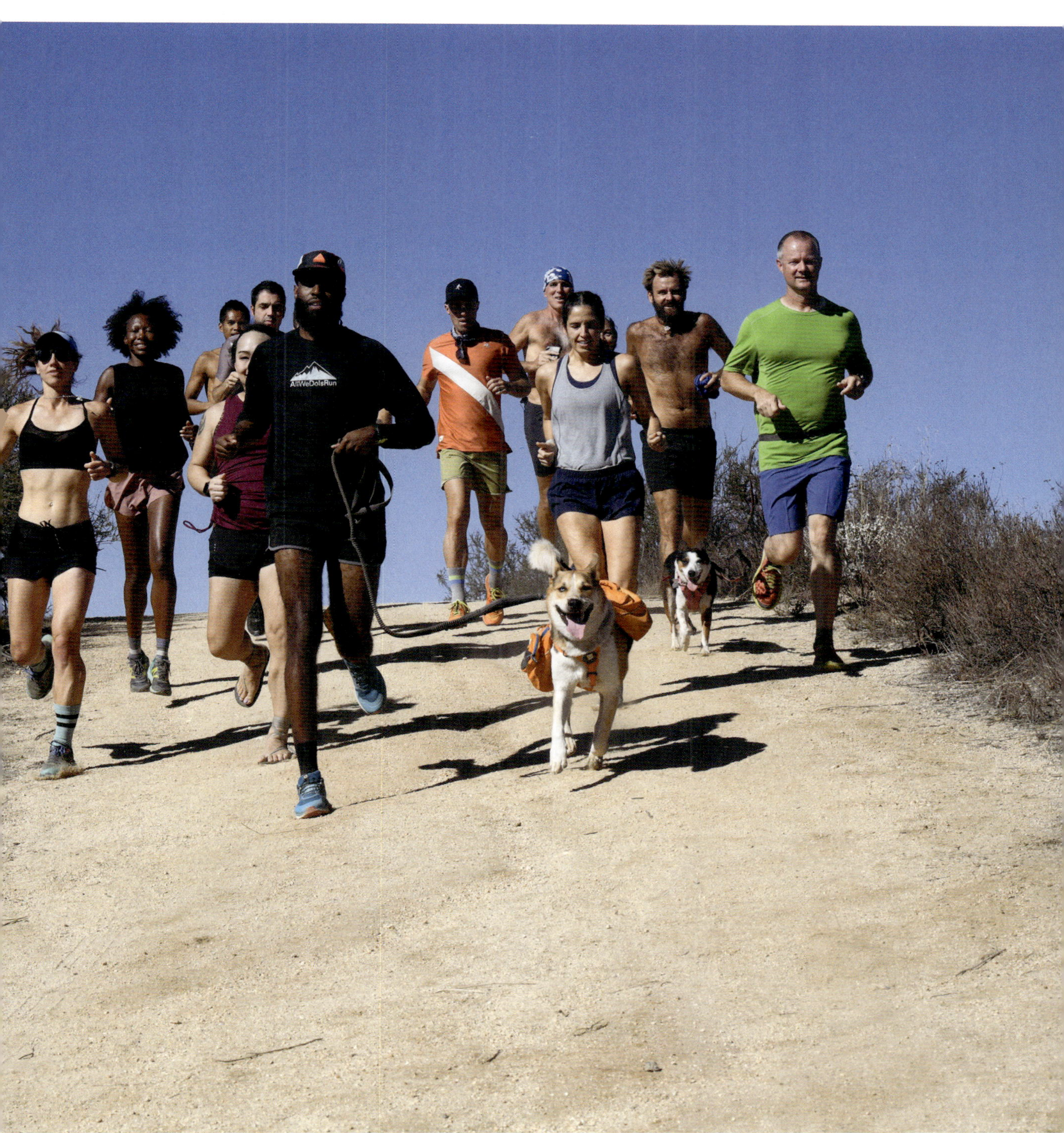
AllWeDoIsRun

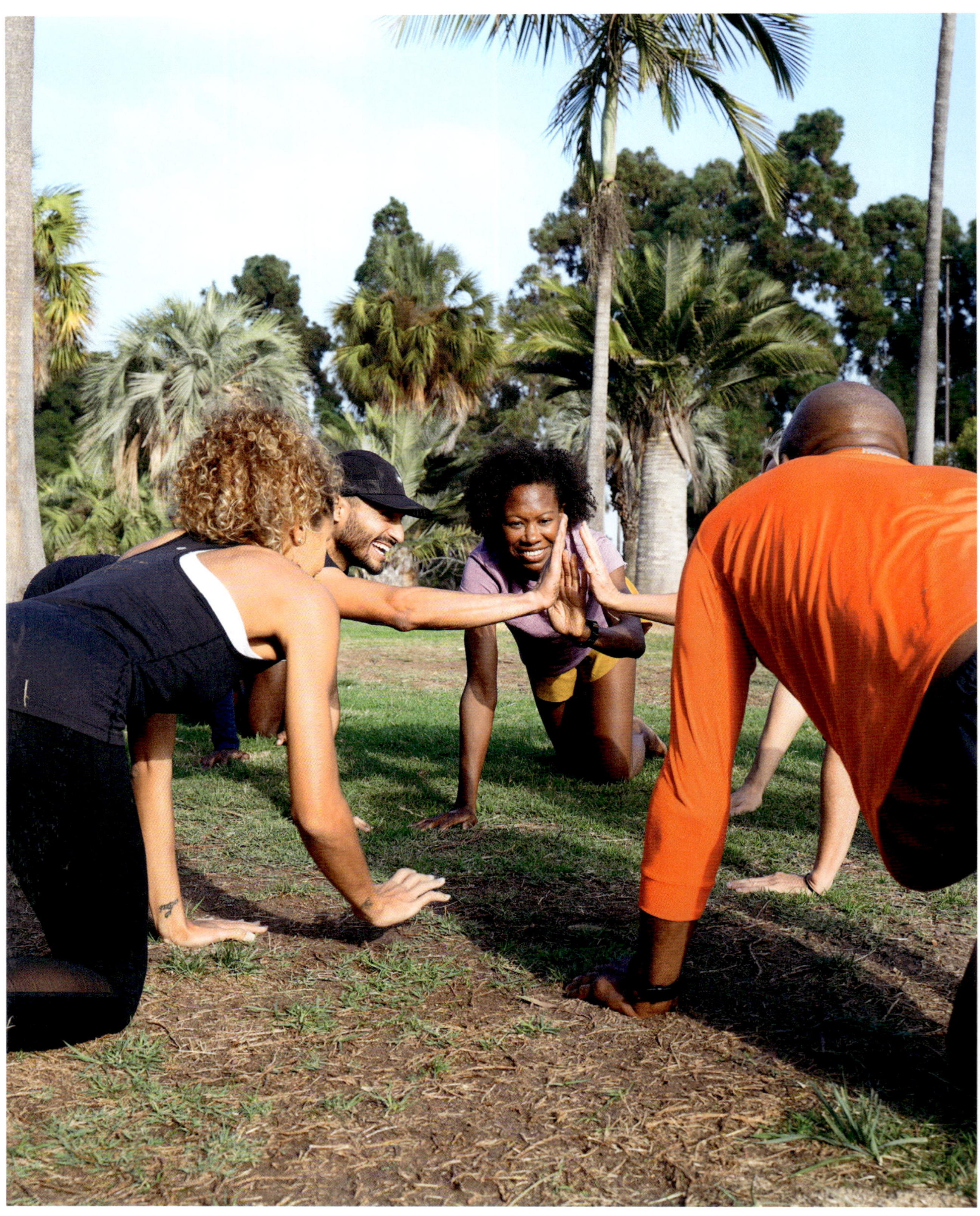

5. Vorbereitung: Movement Snacks

Mach dich darauf gefasst: Es wird eine emotionale Reise.

Zu verändern, wie du läufst, muss nicht schwierig sein, aber dein Gehirn braucht vielleicht etwas Überzeugungsarbeit. Wir schrecken instinktiv vor neuen Bewegungsmustern zurück, weil sich unser steinzeitlicher Überlebensinstinkt gegen alles wehrt, was wir noch nie zuvor versucht haben. Deshalb ist der Sprung vom Dreimeterbrett, von dem wir *wissen*, dass er ungefährlich ist, beim ersten Mal so furchterregend und beim zweiten Mal so leicht.

»Man erleichtert sich diesen Prozess sehr, wenn man zuerst das Nervensystem beruhigt«, sagt die Parkour-Expertin Julie Angel. »Der Körper versucht immer, sich selbst zu schützen. Deshalb verspürt man so eine Euphorie, wenn man etwas Neues vollbringt.«

Um Geist und Körper auf die ungewohnten Run-Free-Bewegungen vorzubereiten, beginnst du daher am besten mit den *Movement Snacks*: einer Reihe von Übungen, die schnell erledigt sind und Laune machen. Sie taugen zum spielerischen Aufwärmen, aber auch zur Einschätzung des Bewegungsumfangs und zur Aufdeckung verborgener Schwachstellen.

Die Movement Snacks haben Julie und ihr Coaching-Partner Jared Tavasolian kreiert. Sie hatten erkannt, dass das größte Hindernis beim Erlernen neuer Fähigkeiten nicht Kraft oder Koordination, sondern Selbstvertrauen war. Wozu gegen diesen Widerstand ankämpfen, wenn man ihn auch entschärfen kann? »Je mehr man sich bewegen kann, desto sicherer fühlt man sich«, erklärt Jared. »Je sicherer man sich fühlt, desto glücklicher und weniger ängstlich wird man.«

»In der heutigen Fitnesswelt herrscht die Vorstellung, es müsse immer total intensiv und schweißtreibend sein, aber wie wäre es denn mit etwas Kleinem?«, fügt Julie hinzu. »Mit etwas, das sich ungefährlich anfühlt, das sich mit dem Nervensystem verbindet, weil es dem Körper das Gefühl gibt, stark zu sein?«

Ich wurde durch Zufall zum Superfan der Movement Snacks, als ich am Stadtrand von London an einer Parkour-Session nur für Frauen teilnahm. Ich war hauptsächlich dort, um zuzusehen, aber als Teamleiterin Shirley Darlington alle zum rituellen Teamgruß zusammenrief, konnte ich mich nirgendwo verstecken. Die Gruppe bildete einen großen Kreis, dann krabbelten alle auf Händen und Füßen zur Mitte hin, streckten die Arme nach vorne und schüttelten einander die Hand. Dann krochen alle auf allen vieren zurück zum Ausgangspunkt.

Auf einer Hand zu balancieren und dabei den Weg durch eine Gruppe zu finden, war für mich und alle um mich herum

» JE MEHR MAN SICH BEWEGEN KANN, DESTO SICHERER FÜHLT MAN SICH. JE SICHERER MAN SICH FÜHLT, DESTO GLÜCKLICHER UND WENIGER ÄNGSTLICH WIRD MAN. «

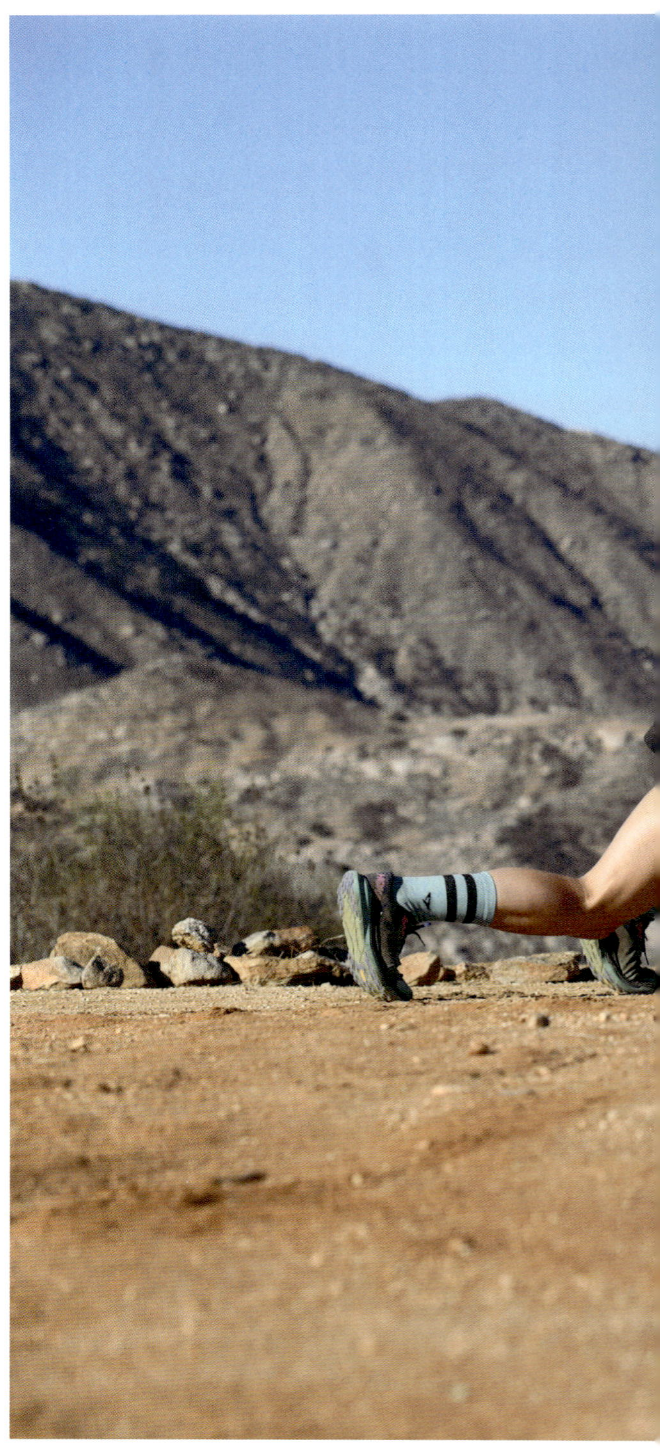

knifflig und brachte Kollisionen mit sich, aber als ich schließlich wieder auf die Beine kam, fühlte ich mich viel besser als noch eine Minute zuvor. Von den Schultern bis zu den Achillessehnen war alles gedehnt und locker, und diese eine alberne Übung hatte lauter Fremde in ein Team verwandelt.

»Wie man sich fühlt, wie man denkt und was man als Nächstes tut, das kann sich durch eine Minute Bewegung ändern«, sagt Julie. »Eine Minute Zeit zum Spielen haben wir alle jeden Tag, und man kann sich darauf verlassen, dass diese eine Minute die Macht hat, Stress und Spannung abzubauen und Energie zurückzubringen.«

Seit meiner ersten Parkour-Begrüßung habe ich fast jedes Mal, wenn ich irgendwo einen Laufclub besuchte oder ein Buch vorstellte, eine Variante der Movement Snacks angewendet. Die Reaktionen sind erstaunlich, was Julie und Jared kein bisschen überrascht.

»Viele glauben, dass Bewegung nur die Muskeln und den Körper betrifft, aber das Denken bewegt sich auch, das Selbst bewegt sich, das Herz bewegt sich«, sagt Julie. »Darüber sprechen die meisten Trainer nie. Bewegung ist immer auch Fortbewegung. So kommen wir durchs Leben. Deshalb sieht man Leute, die beim Laufen buchstäblich gegen den Boden unter sich kämpfen. So wie Bewegung Spaß machen kann, kann sie auch lähmen, wütend machen, ängstlich machen.«

Du kannst mit diesen Movement Snacks für dich alleine spielen, aber die Wirkung knallt erst richtig, wenn du dich mit anderen zusammentust. Für die Bindung innerhalb einer Gruppe sind diese Übungen unschlagbar. Fang gleich damit an. Sie dauern nur ein Minütchen und erfordern kaum Anstrengung, sodass du sie beliebig oft am Tag genießen kannst. Alles, was darauf folgt, wird sich besser und leichter anfühlen.

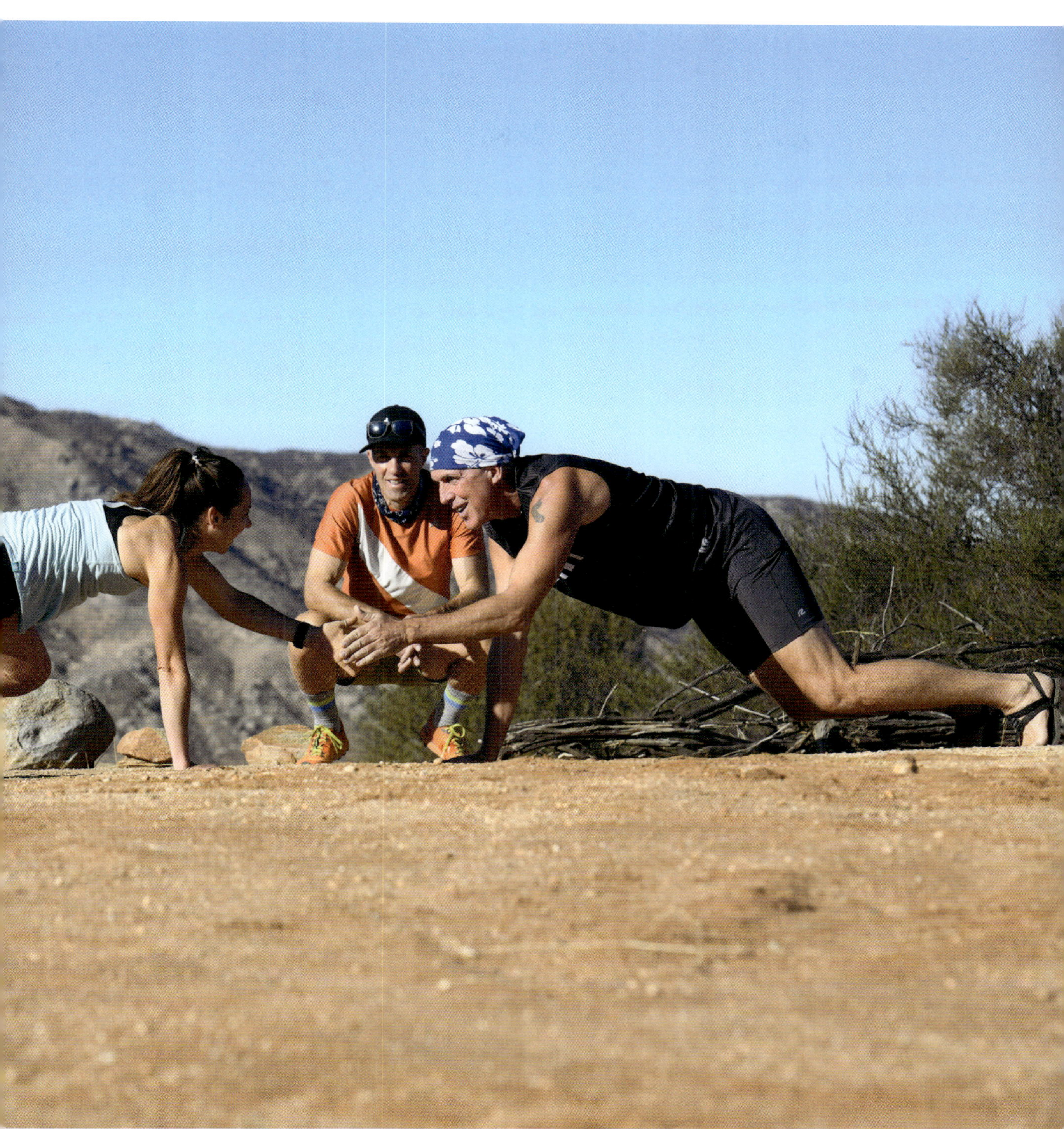

KÄFERATMUNG

So geht's:

- Lege dich auf den Rücken, die Beine in der Luft, die Knie gebeugt, die Unterschenkel parallel zum Boden (oder so parallel wie ohne Anstrengung möglich).
- Strecke die Arme gerade über den Kopf.
- Hebe den Kopf, bis das Kinn auf der Brust liegt und du zwischen die Beine blickst.
- Atme durch die Nase ein und spüre, wie sich der Bauch ausdehnt und der untere Rücken flach gegen den Boden drückt.
- Atme durch die Nase aus und spüre, wie der Bauch weicher wird, während du die Position beibehältst.

So oft: 5 Atemzüge.

Aufgepasst: Kinn an der Brust halten, Blick zwischen die Beine. Zunge gegen den Gaumen drücken (die Position findest du, indem du schluckst), Nasenatmung bei geschlossenem Mund. Darauf achten, dass sich der Bauch ausdehnt und zusammenzieht.

Sinn der Sache: Daran, wie du atmest, erkennt der Körper, ob du gefährdet bist oder nicht. Indem du die Atmung trainierst, kannst du Energie sparen und das Nervensystem beruhigen.

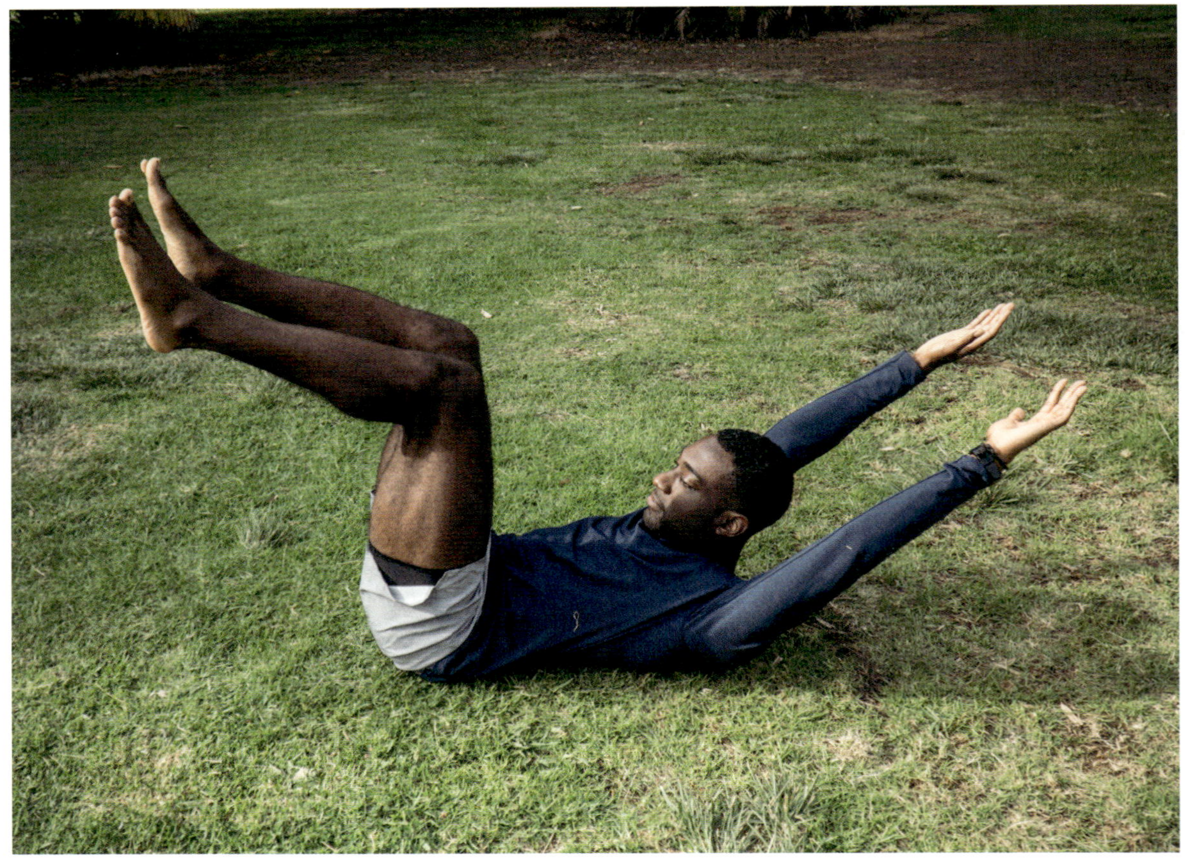

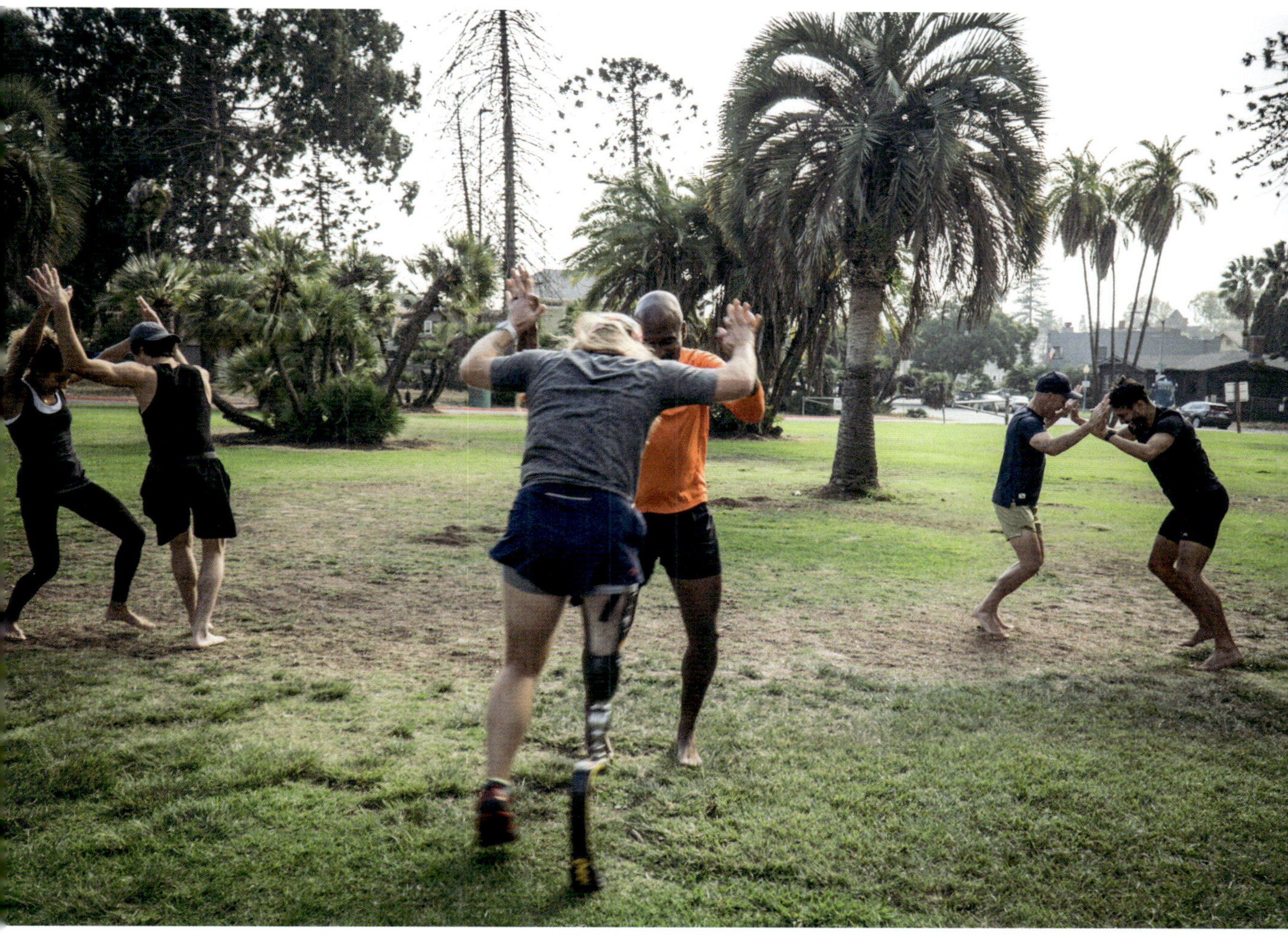

FUSSDUELL

So geht's:

- Stellt euch zu zweit gegenüber und legt die Handflächen gegeneinander.
- Die »führende« Person versucht nun, der »folgenden« auf die Zehen zu treten, ohne den Kontakt mit den Handflächen zu verlieren.
- Die folgende Person weicht tänzelnd aus und tut alles, um Fußkontakt zu vermeiden. Die Handflächen bleiben in Kontakt.
- Seitenwechsel.

So oft: Spielt, solange es Spaß macht, und wechselt mehrmals die Seiten.

Aufgepasst: Nie den Kontakt zwischen den Händen verlieren.

Sinn der Sache: »Fußduell« ist eine lustige Aufwärmübung für Gruppen. Sie bringt die Herzfrequenz in Gang und stimuliert durch schnelle Fußbewegungen in alle Richtungen das Zentralnervensystem.

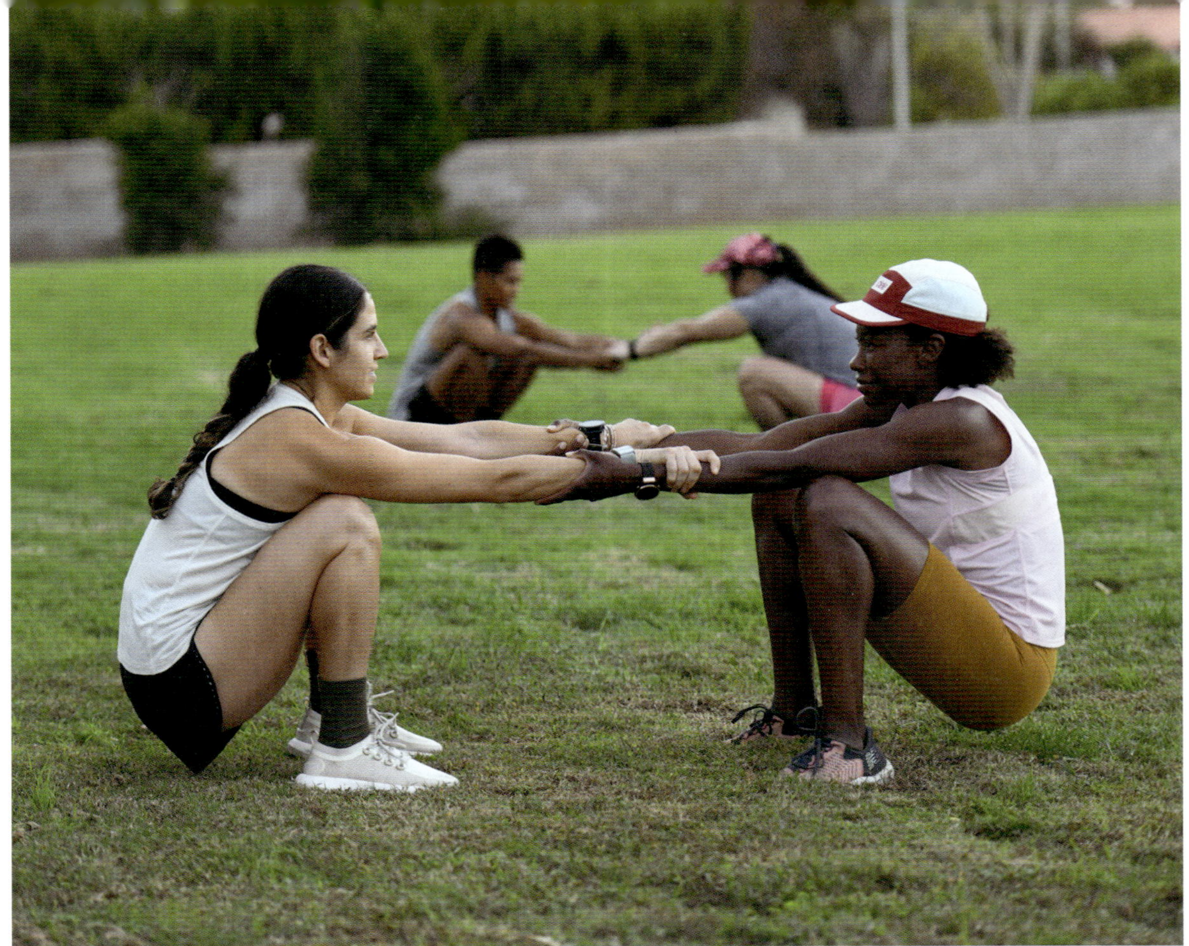

TIEFE KNIEBEUGE (ALLEIN ODER ZU ZWEIT)

So geht's allein:

- Stelle die Füße schulterbreit auseinander und richte die Zehen geradeaus.
- Gehe so tief wie möglich in die Hocke. Halte dabei die Rumpfmuskulatur aktiv, ohne den Körper zu verspannen.
- Als Einsteiger:in kannst du dich gern an einer Sofalehne abstützen, um dich so weit hinabzulassen, wie es dir behagt.
- Bleibe kurz in der Hocke und richte dich dann wieder in die Ausgangsposition auf.

So geht's zu zweit:

- Stellt euch zu zweit gegenüber und fasst euch an den Handgelenken.
- Gebt euch gegenseitig Halt, indem ihr aneinander zieht und gleichzeitig in die Hocke geht.
- Bleibt kurz in der Hocke und zieht euch dann wieder hoch.

So oft: 10 bis 12 Wiederholungen, wobei es nicht ums Tempo geht, sondern um die Ausnutzung des Bewegungsumfangs und die korrekte Ausführung.
Aufgepasst: Gehe bewusst so tief wie möglich in die Hocke, achte auf korrekte Technik und halte die Füße gerade nach vorne gerichtet. Verbessere mit der Zeit die Ausführung.
Sinn der Sache: Tiefe Kniebeugen können den gesamten Bewegungsumfang verbessern, vom Nacken bis zu den Fußsohlen. Steife Hüften und Achillessehnen werden gelockert, Verspannung im unteren Rücken wird gelindert.

90/90-SITZ UND 90/90-WIEGE

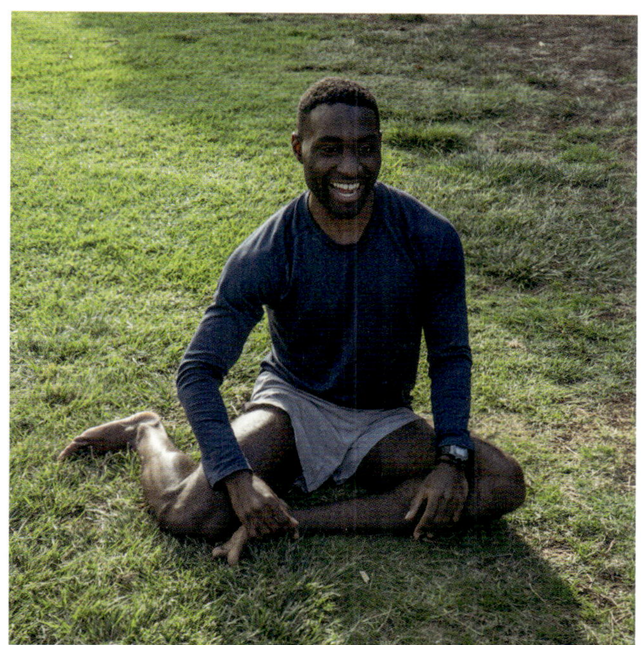

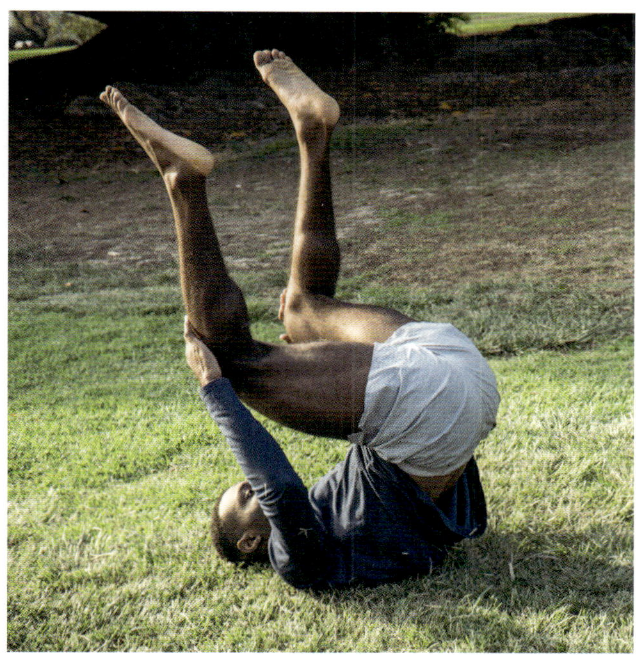

So geht der 90/90-Sitz:

- Nimm den sogenannten 90/90-Sitz ein, indem du auf dem Boden sitzend beide Knie beugst und so nach links kippst, dass die linke Fußsohle am rechten Oberschenkel anliegt. Beide Knie sind etwas mehr als 90 Grad gebeugt. Sitze aufrecht mit dem Blick geradeaus.
- Stütze bei Bedarf die Hände hinter dir auf.
- Blicke nach rechts, drücke beide Füße gegen den Boden und schwenke die Knie nach rechts in den spiegelbildlichen 90/90-Sitz.
- Wiederhole diese Kipp-Bewegung, sodass du abwechselnd im nach links oder rechts gerichteten 90/90-Sitz landest.
- Sobald du dich im 90/90-Sitz wohlfühlst, kannst du die Hände vor dir ablegen und in dieser Position üben.

So geht die 90/90-Wiege:

- Setze dich mit angewinkelten Knien hin, die Füße flach auf dem Boden.
- Lege die linke Hand auf die Außenseite des linken Knies, die rechte Hand auf die Außenseite des rechten Knies.
- Ziehe an den Knien, um den Brustkorb zu strecken und aufrechter zu sitzen.
- Krümme die Wirbelsäule und rolle dich auf den Rücken, bis die Schulterblätter den Boden berühren.
- Rolle dich wieder zurück in eine sitzende Position.
- Rolle dich aus dieser Bewegung heraus auf die rechte Hüfte und schwenke die Füße nach links in den 90/90-Sitz.
- Rolle dich wieder auf den Rücken und gehe beim Hochkommen auf die andere Seite.

So oft: 5 Wiederholungen auf jeder Seite.
Aufgepasst: Beim Zurückwiegen die Augen offen, den Mund geschlossen und die Zunge am Gaumen halten. Sanft durch die Nase ein- und ausatmen. Den Rücken beim Wiegen rund machen, damit die Wiegebewegung sanft und schmerzfrei bleibt.
Sinn der Sache: Erhöht die Beweglichkeit der Wirbelsäule und der Hüftgelenke. Je mehr wir in der Lage sind, Muskeln nach Bedarf anzuspannen und wieder zu lösen, desto geschmeidiger, effizienter und reaktiver werden all unsere Bewegungen.

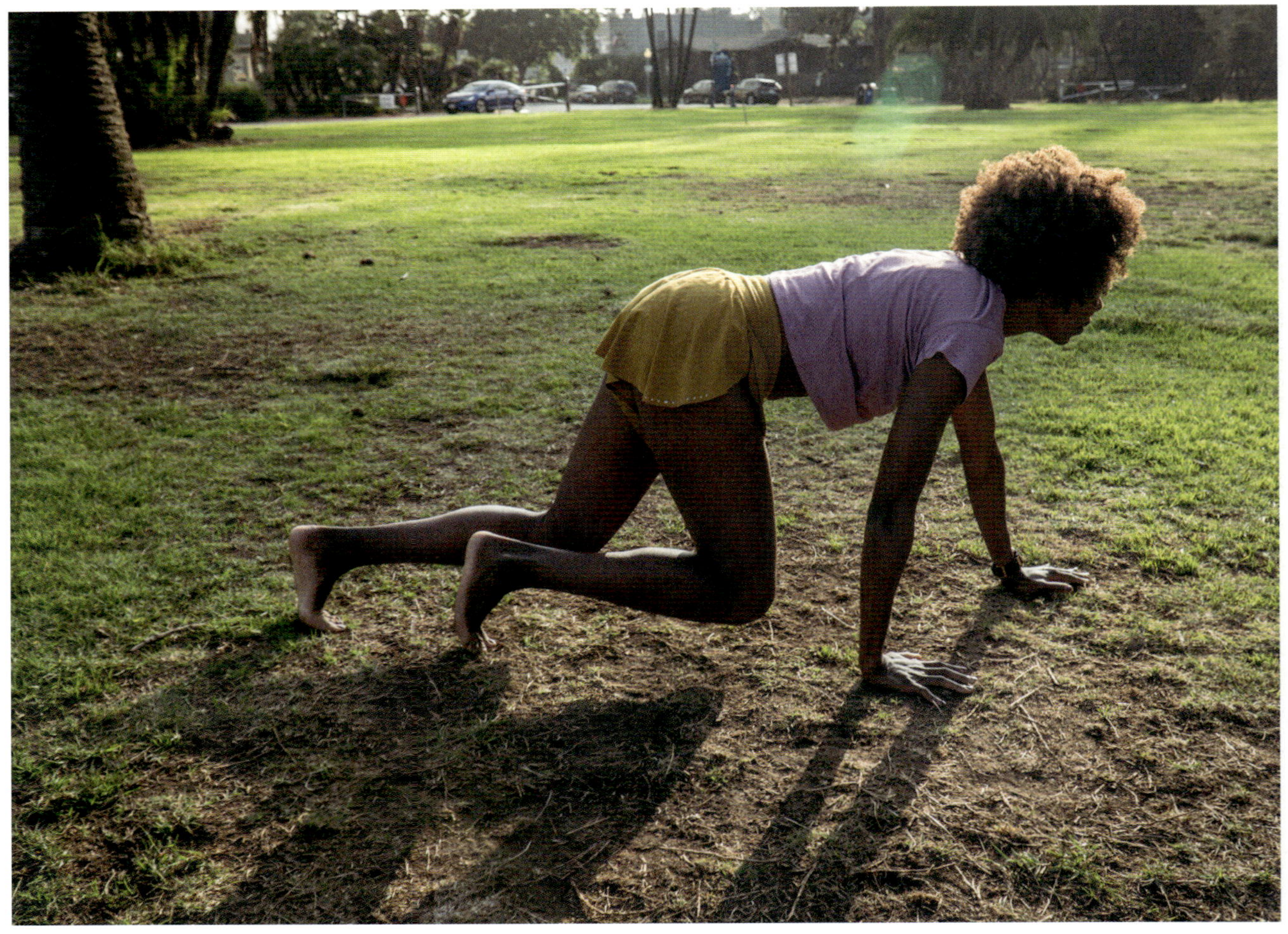

BÄRENGANG

So geht's:

- Beginne auf allen vieren. Die Hände befinden sich senkrecht unter den Schultern, die Knie unter den Hüften. Halte den Kopf in einer bequemen Position und blicke idealerweise geradeaus, mindestens aber auf den Boden 30 cm vor dir.
- Drücke die Handflächen gleichmäßig gegen den Boden, richte die Zehen nach vorne und hebe die Knie knapp vom Boden.
- Drücke den linken Fußballen und die rechte Hand gegen den Boden und mache mit der linken Hand und dem rechten Fuß einen Schritt nach vorn.
- Bewege dich in einer fließenden Bewegung vorwärts, indem du das Muster mit schräg gegenüberliegenden Armen und Beinen wiederholst. Halte dabei das Becken stabil und vermeide übermäßiges Schwanken nach rechts und links. Achte beim Krabbeln darauf, locker durch die Nase zu atmen.

So oft: Zu Anfang 20 Schritte (wobei du jeden Bodenkontakt mit der rechten Hand zählst), dann nach und nach steigern.
Aufgepasst: Die Knie halten 5–8 cm Abstand vom Boden. Halte das Becken möglichst stabil und vermeide es, von einer Seite zur anderen zu schwanken. Mache nach Bedarf Pausen.
Sinn der Sache: Krabbeln kräftigt den ganzen Körper, verbindet Rumpf und Extremitäten und schult die Koordination. Überraschend anstrengend für den Quadrizeps!

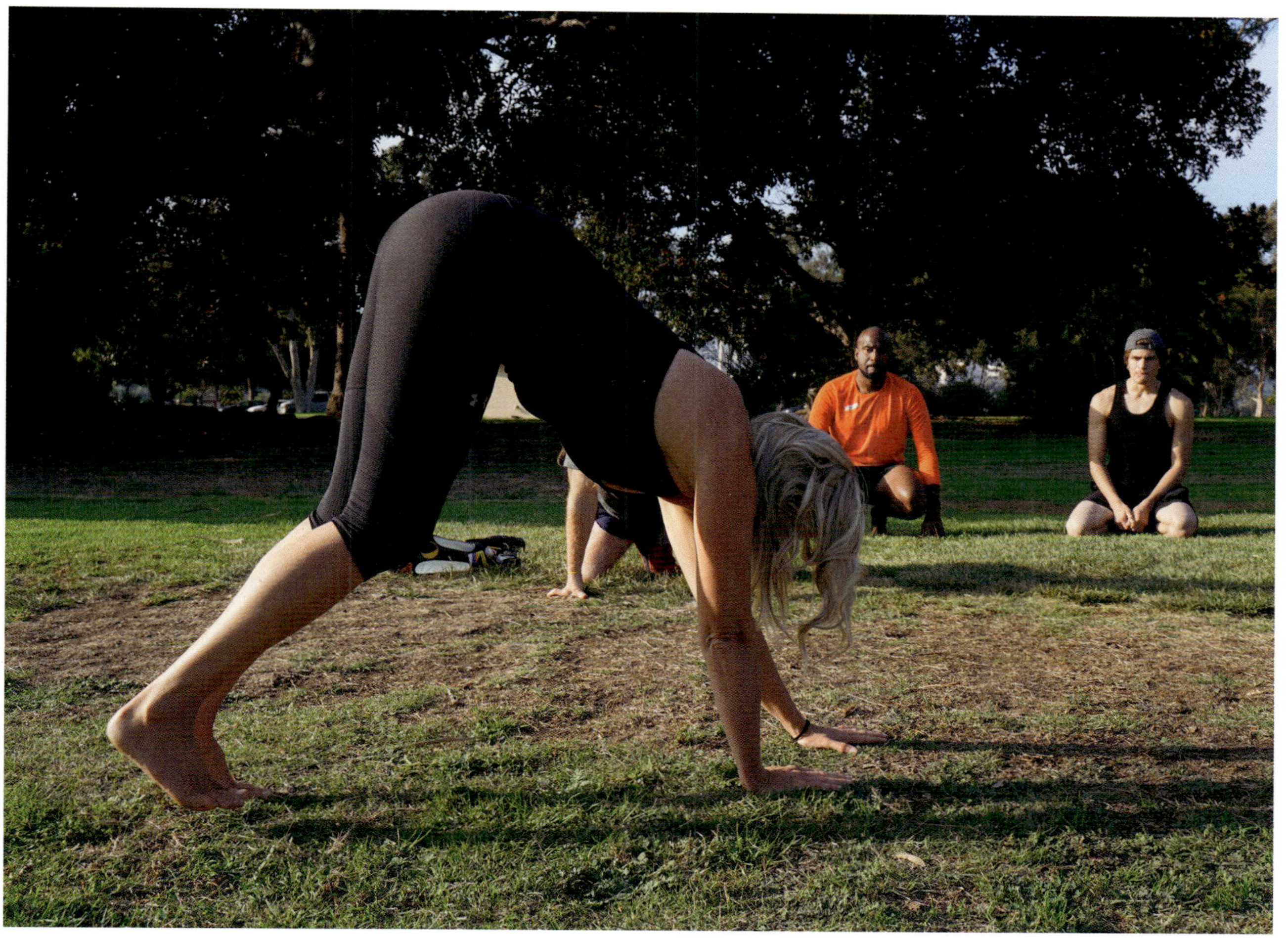

LANGBEINIGER BÄRENGANG

So geht's:

- Beginne auf allen vieren, die Hände unter den Schultern, die Knie unter den Hüften. Hebe das Becken in die Höhe und strecke die Beine.
- Halte Kopf und Nacken in einer bequemen Position. Blicke zwischen den Händen nach unten.
- Drücke die linken Zehen und Fußballen und die rechte Hand gegen den Boden und mache mit der linken Hand und dem rechten Fuß einen Schritt nach vorne.
- Bewege dich in einer fließenden Bewegung vorwärts, indem du abwechselnd die schräg gegenüberliegenden Arme und Beine bewegst. Führe die Bewegung mit der Hand und spiele mit dem gleichzeitigen Heben von Hand und Fuß. Achte beim Krabbeln darauf, locker durch die Nase zu atmen.

So oft: Zu Anfang 20 Schritte (wobei du jeden Bodenkontakt mit der rechten Hand zählst), dann nach und nach steigern.
Aufgepasst: Die Knie weich lassen. Nichts forcieren. Nach Bedarf pausieren.
Sinn der Sache: Dieser Bärengang längt und öffnet die Oberschenkelrückseite und den Schultergürtel – beides Körperregionen, die durch zu langes Sitzen fest werden. Die Übung sorgt für Ausgewogenheit in der kinetischen Kette, die sonst dominante und schwächere Glieder hat. Das ist besonders wichtig für Läufer:innen.

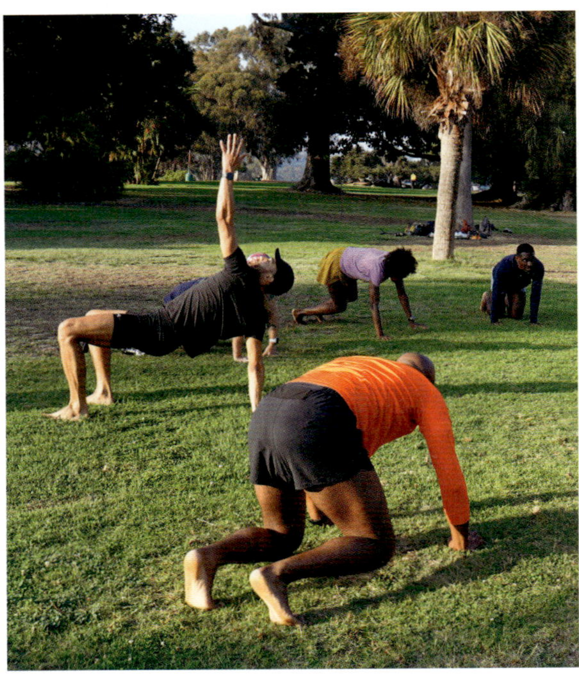

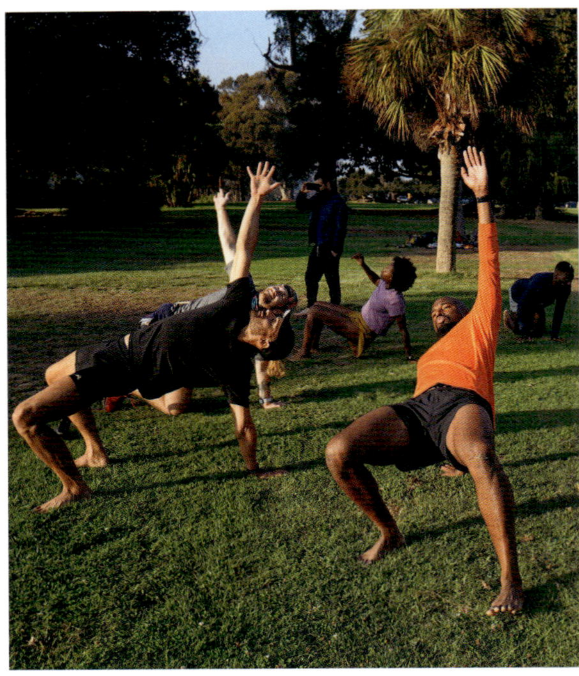

DREIBEINIGE KRABBE

So geht's:

- Beginne auf allen vieren. Die Hände befinden sich senkrecht unter den Schultern, die Knie unter den Hüften (wie beim Bärengang).
- Spreize die Finger. Richte die Zehen nach vorne und hebe die Knie 2 cm vom Boden ab.
- Drücke die rechte Hand und den linken Fuß gegen den Boden, während du die linke Hand in die Höhe hebst und das rechte Knie nach vorne und links unter dem Körper her führst.
- Stelle den rechten Fuß neben dem linken auf den Boden und setze die linke Hand hinter dir ab, sodass du rücklings in der »Krabbenhaltung« landest. Die Brust sollte jetzt himmelwärts zeigen.
- Hebe aus der Krabbenhaltung die rechte Hand in die Höhe. Drücke die linke Hand und beide Füße gegen den Boden, um im Gleichgewicht zu bleiben, kneife den Po zusammen und spanne den Bauch an, um dich zu stabilisieren.
- Schiebe das Becken gerade nach oben, so hoch wie möglich.
- Bleibe einen Atemzug lang nach oben gereckt. Senke dann die Hand und das Becken zurück in die Krabbenhaltung. Seitenwechsel.

So oft: 3 Wiederholungen auf jeder Seite.
Aufgepasst: Unbedingt auf die Handflächen stützen, nicht auf die Fingerspitzen. In der Krabbenhaltung das Kinn auf die stolzgeschwellte Brust ziehen. Nie bis zum Muskelversagen üben, nach Bedarf pausieren.
Sinn der Sache: Öffnet die Brust und kräftigt den oberen Rücken und den Schultergürtel, was erheblich die Atmung erleichtert. Längt verspannte Hüftbeuger, die oft durch langes Sitzen fest werden.

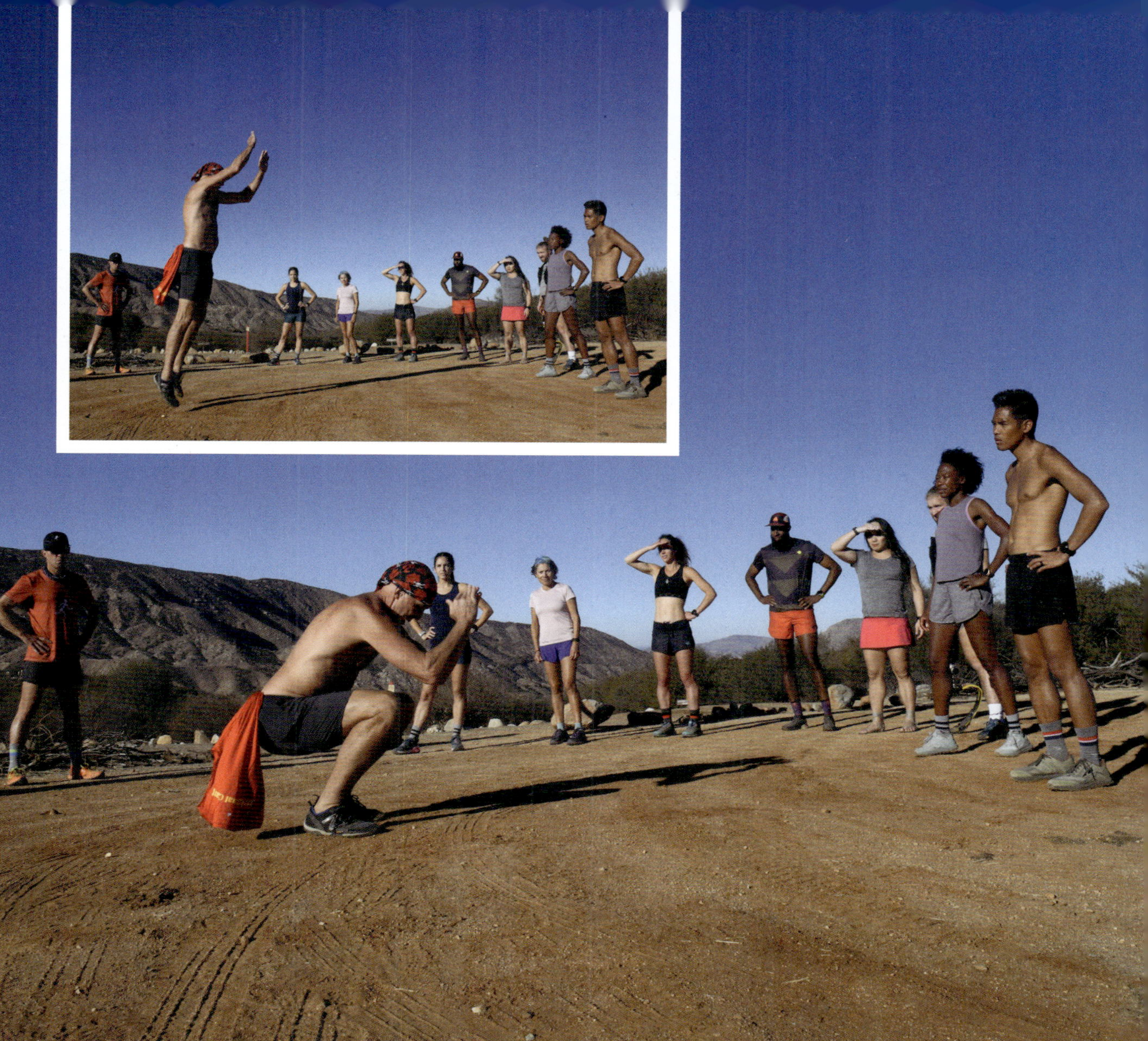

NINJA-SPRUNG

So geht's:

- Gehe in die Hocke und mache einen Satz nach vorne. Lande so sanft und leise wie möglich.
- Achte auf eine präzise Ausführung. Gehe tief in die Kniebeuge, um die richtige Position zu erreichen und die Landung weicher zu machen.

So oft: 5 Sprünge in verschiedene Richtungen.
Aufgepasst: Übe möglichst entspannt, damit du mit weichen Knien landest und mit den Armen für Balance sorgst. Nutze deinen gesamten Bewegungsumfang, um die Landung abzufedern. Arbeite nicht hastig, sondern so effizient, wie du kannst.
Sinn der Sache: Weckt die Explosivkraft und aktiviert die kinetische Kette auf ganzer Linie.

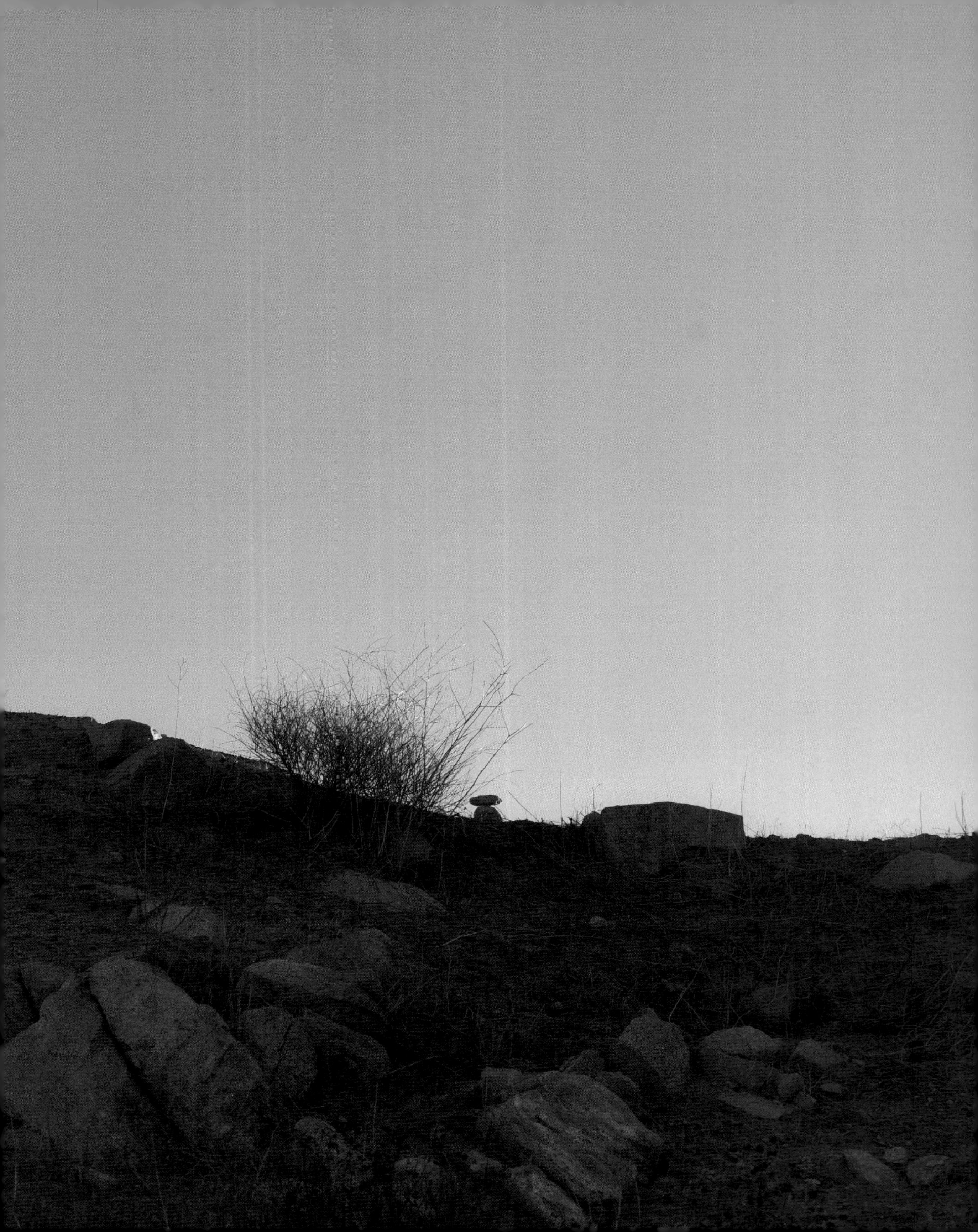

2. Teil:
FREE SEVEN

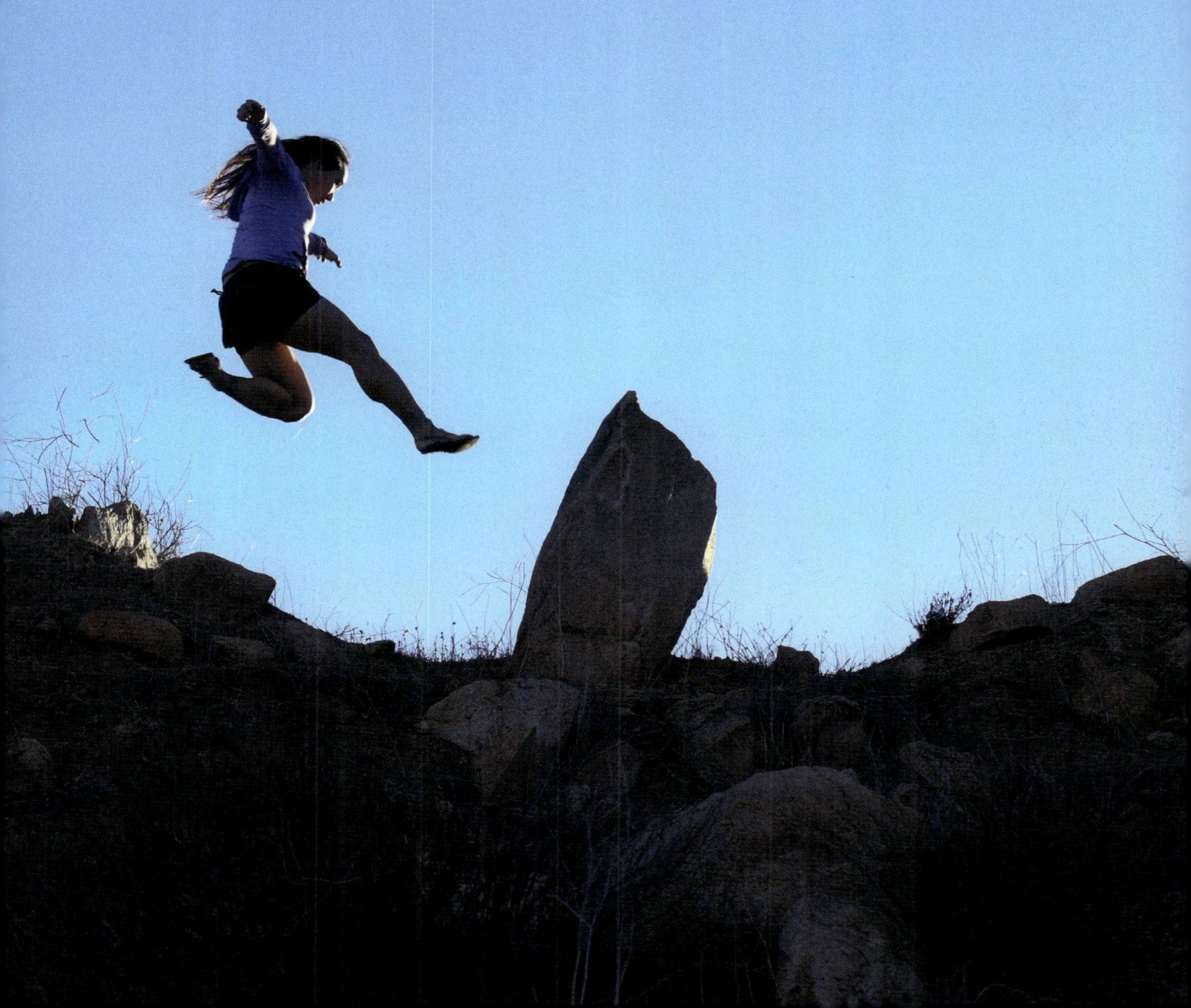

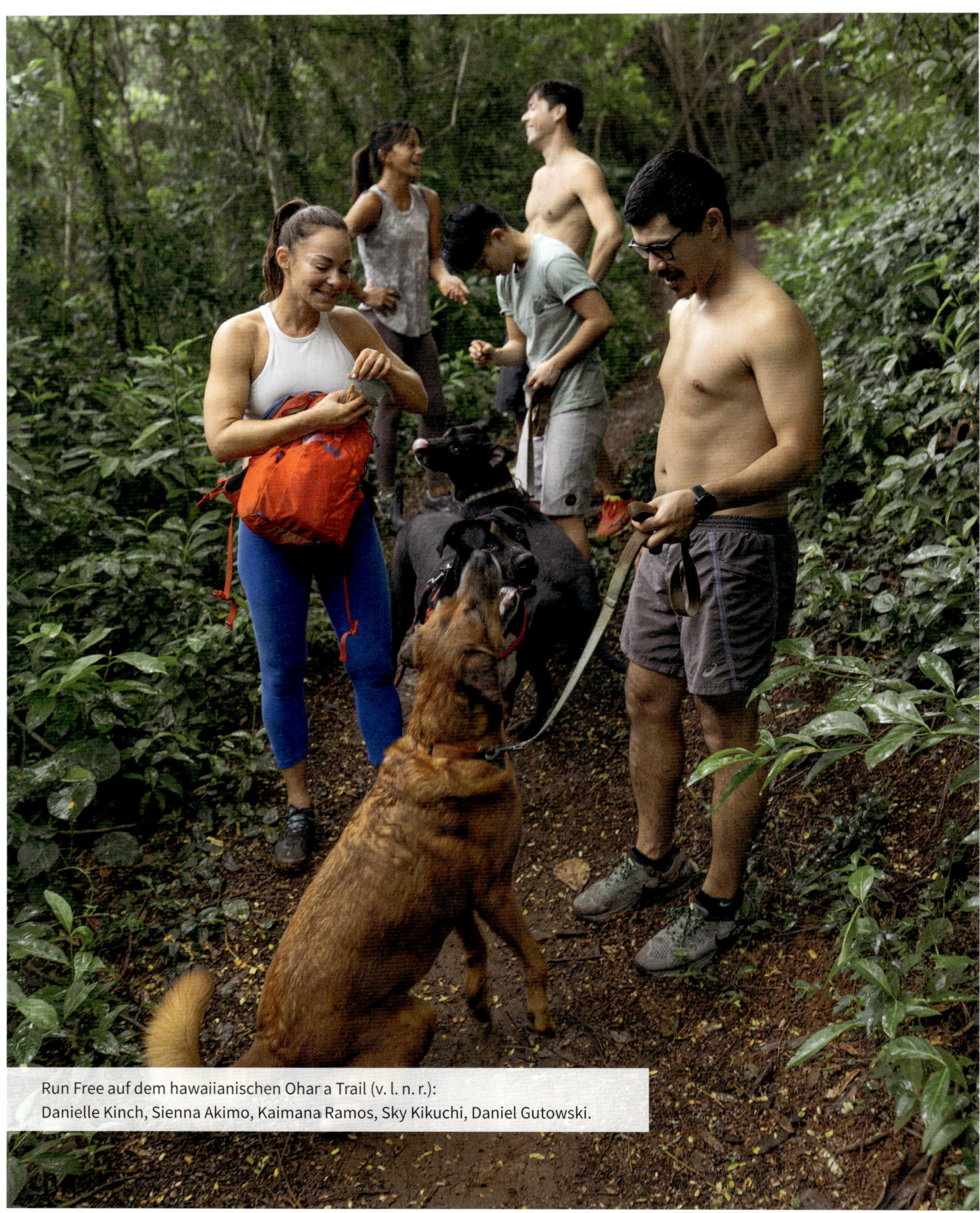

Run Free auf dem hawaiianischen Ohar a Trail (v. l. n. r.):
Danielle Kinch, Sienna Akimo, Kaimana Ramos, Sky Kikuchi, Daniel Gutowski.

6. Ernährung: Der Lauf beginnt mit dem Löffel

»Weißt du, welche die gesündeste Ernährung der Welt ist?«, fragt mich Phil Maffetone.

»Die mediterrane?«, vermute ich.

»Stimmt. Weißt du, woher sie kommt?«

»Aus Griechenland?«

»Ungefähr«, sagt er. »Aus Kreta, um genau zu sein.«

»Wow. Das ist ja …« Ich möchte gerne etwas Klügeres sagen, bin aber ein wenig baff. Kreta war nämlich zufällig auch der Grund, warum ich vor Phils Tür aufgetaucht war. »Wow«, wiederholte ich.

Ich bin bei Phil in Arizona zu Besuch, und sein Wohnort heißt passenderweise Oracle. Wie du dich vielleicht erinnerst, waren die griechischen Orakel Quellen brutalster Wahrheit. Die größten Führungspersönlichkeiten ihrer Zeit suchten ihren Rat, denn dieser entsprang angeblich direkt aus Mutter Erde. Ich will nicht weiter auf dem Griechentum herumreiten, aber es gäbe definitiv keine sinnigere Wirkstätte für einen Leistungssportexperten, dessen seit Urzeiten bewährte Ernährungstipps von Ironman-Champions wie von Rockmusikern befolgt werden.

Bereits in den Anfangstagen des Ultramarathon- und Triathlon-Trends, als die Anforderungen dieser gerade entstehenden Sportarten noch Neuland waren, begann Phil, mit Spitzensportler:innen zusammenzuarbeiten. Damals galt immer noch der Marathon als »die ultimative Herausforderung«, aber plötzlich ging man ins Gebirge und schaffte vier davon in großer Höhe, oder man stellte dem 42,2-km-Lauf noch 3,86 km Freiwasserschwimmen und 180 km Radfahren voran.

Da war es kein Wunder, dass die besten Ironman-Triathlet:innen vom »Mann mit dem Hammer« nicht nur erwischt, sondern plattgeklopft und für Monate aus dem Training gehauen wurden. Ständig schieden Laufsportler:innen aufgrund von Überlastungsfrakturen und Sehnenrissen aus oder scheiterten daran, ihr Energieniveau und ein gesundes Körpergewicht zu halten.

War ein Versagen des Körpers unter solch extremen Belastungen überhaupt vermeidbar? Treibstoffversorgung und Wartung waren die zwei großen Rätsel – bis Phil Maffetone herausfand, dass sie eigentlich ein und dasselbe waren. Was man isst, beeinflusst nicht nur Kraft und Körpergewicht, sondern auch das Verletzungsrisiko, erkannte Phil.

Wie ich später in meinem Buch *Handbuch des Helden* beschrieb, war einer der Ersten, die die Maffetone-Methode anwendeten, der Elite-Ultraläufer Stu Mittleman. Stu besaß außergewöhnliche Ausdauer und Schnelligkeit, solange er

» WAS MAN ISST, BEEINFLUSST NICHT NUR KRAFT UND KÖRPERGEWICHT, SONDERN AUCH DAS VERLETZUNGSRISIKO. «

gesund war, also nie. Er nahm trotzdem an Wettläufen teil, quälte sich durch 24-Stunden-Rennen und merkte erst danach, dass er die ganze Zeit einen ausgerenkten Knochen im Fuß hatte. Bei ihrem ersten Termin renkte Phil Stus Fuß wieder ein, warnte ihn aber, dass ihm weitaus Schlimmeres bevorstünde, wenn er nicht einige Änderungen vornähme. Stu war ganz Ohr.

»Alles klar. Was ist mein Problem? Lauftechnik? Schwache Fußgewölbe?«

»Zucker.«

»Zuck… wie jetzt?«

»Nicht nur Süßigkeiten und Limonade«, erklärte Phil. Auch Nudeln, Powerriegel, Pfannkuchen, Pizza, Orangensaft, Reis, Brot, Cornflakes, Knuspermüsli, Haferflocken – die ganzen Kohlenhydratprodukte, die, wie Stu gelernt hatte, angeblich ideale Läufernahrung waren. Das alles war in Phils Augen nur maskierter Zucker. Menschen sind hervorragende Ausdauersportler, die weiter über diesen Planeten gestreift sind als jede andere Spezies. Das haben wir nicht mit Red Bull und Bagels geschafft. Das haben wir geschafft, indem wir auf einen viel reichhaltigeren und saubereren Brennstoff vertraut haben: unser eigenes Körperfett.

»Das Ziel deines Trainings besteht nicht darin, dass du deine Füße so schnell wie möglich bewegst«, sagte Phil. »Ziel ist, dass dein Körper die Art und Weise ändert, wie er sich Energie verschafft. Du musst ihn mehr Fett verbrennen lassen und weniger Zucker.« Und in seinem jetzigen Zustand war Stus Körper »ein Zucker verfeuerndes, Fett speicherndes Monstrum«. Stu war verblüfft.

»Okay. Aber wie kann das Essen meinem Fuß schaden?«

»Stell dir deinen Körper als Ofen vor«, erklärte Phil. »Wenn du ihn mit langsam brennenden Holzscheiten fütterst, brennt er stundenlang gleichmäßig und stark. Aber wenn du ihn mit Papier und benzingetränkten Lappen vollstopfst, lodert er, dass die Rohre rasseln, und verglüht, ehe du nachlegen kannst. Und genau das hast du getan«, sagte Phil. »Du hast dir eine Verletzung zugezogen, weil du Müll in deinen Ofen gestopft hast. Wenn du gesund bleiben und Bestleistung bringen willst, musst du deinem Körper beibringen, Fett als Brennstoff zu nutzen.«

Phil erläuterte: »Wir speichern nur eine sehr begrenzte Menge an Kohlenhydraten im Körper. Verglichen damit ist unser Vorrat an Fett relativ unbegrenzt.«

Kohlenhydrate in Form von Glykogen sind eine Pfütze; Fett ist der Pazifik. Dem Körper stehen jederzeit etwa 160 000 Kalorien zur Verfügung: 2500 als Glykogen und ungefähr 65 000 als Muskelprotein, aber die Mehrheit – fast 90 000 Kalorien – als Fettspeicher. »Sogar Sportler mit nur 6 Prozent Körperfett haben genug Fett, um viele Stunden lang Sport zu treiben«, fuhr Phil fort. »Wenn du mehr Fett verwendest, erzeugst du mehr Energie und kommst länger mit deinem Kohlenhydratvorrat aus. Indem du deinem Körper beibringst, Fett zu nutzen, senkst du deine Kohlenhydratverbrennung und damit auch deinen Appetit darauf.«

Aber eins lässt sich nicht leugnen: Der Körper liebt sein Fett. Das Körperfett ist ein Schatz, den der Organismus lieber hortet als verbrennt. Wenn er merkt, dass ein anderer Brennstoff zur Hand ist, setzt er diesen zuerst ein und wandelt die Reste in mehr Fett um.

Um sich aus dem Kreislauf der Zuckerverbrennung zu befreien, musste Stu einen kalten Entzug durchstehen: Er durfte sich den ganzen Tag nach Herzenslust vollstopfen, aber nur mit Fleisch, Fisch, Eiern, Avocados, Gemüse und Nüssen. Keine Bohnen, kein Obst, kein Getreide. Kein Soja, kein Wein, kein Bier. Vollmilchprodukte wie saure Sahne und echter Käse waren erlaubt, fettarme Milch nicht.

Was Stu am Ende überzeugte, war ehrlich gesagt nicht Phils Theorie, sondern sein eigener Fuß. Da Schmerzlinderung ein unschlagbares Argument ist, beschloss Stu, der Maffetone-Methode eine Chance zu geben.

Von da an war Stu nicht mehr aufzuhalten. Auf einmal brach er Rekorde derartig kraft- und stilvoll, dass es eher nach Kunst als nach Anstrengung aussah. Ein Journalist sprach von »praktisch makellosem Laufsport«, als Stu in einem Showdown über tausend Meilen den amtierenden Weltmeister besiegte, wobei er die zweite Hälfte der Strecke schneller lief als die erste. Irgendwie wurde er mit zunehmendem Alter immer stärker. Mit Mitte vierzig stellte Stu drei US-amerikanische Rekorde auf, von denen einer bis heute besteht: in fünf Tagen triumphale 929 km.

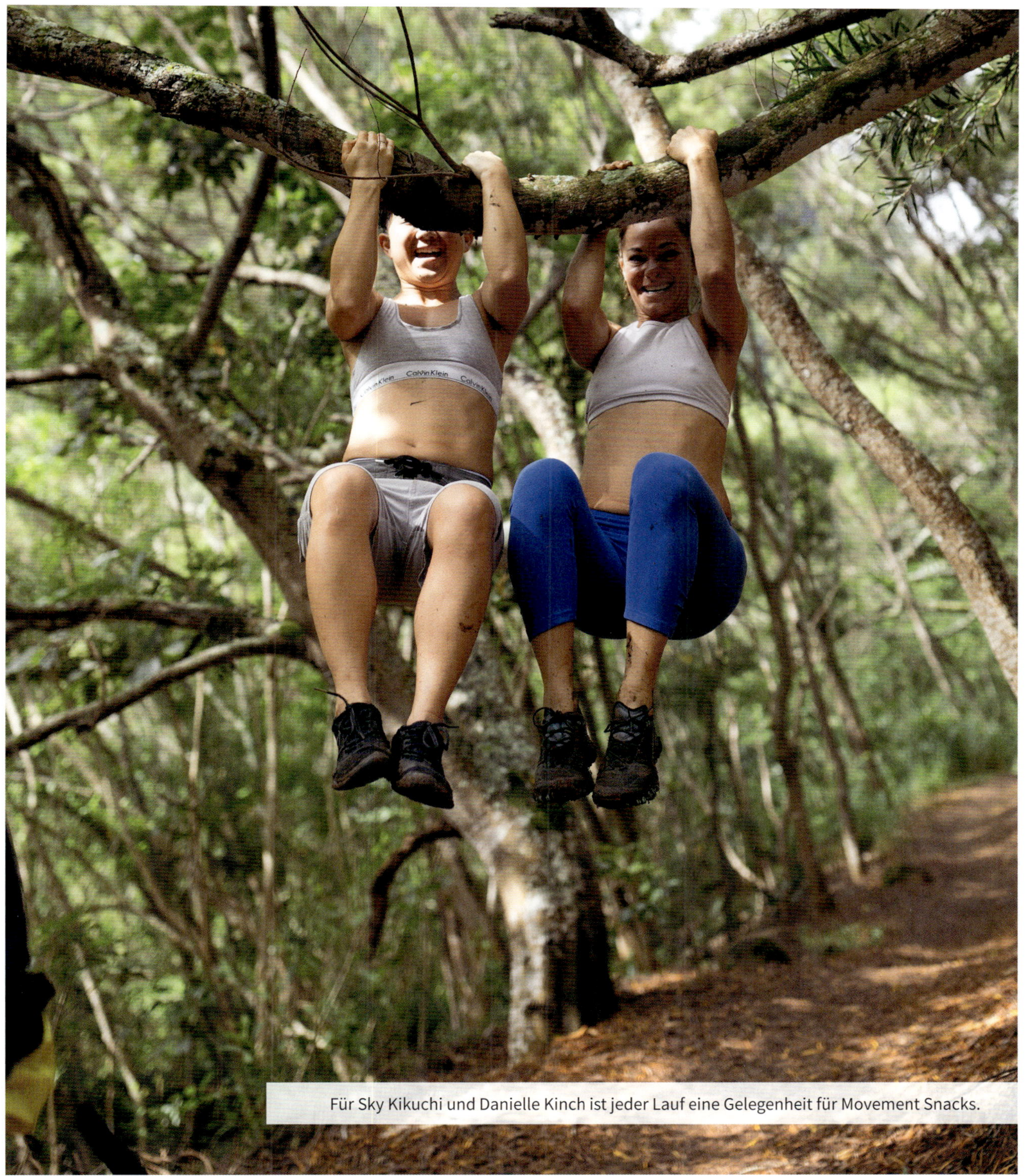

Für Sky Kikuchi und Danielle Kinch ist jeder Lauf eine Gelegenheit für Movement Snacks.

»Kein anderer US-amerikanischer Ultraläufer, egal ob männlich oder weiblich, hat auf so unterschiedlichen Renndistanzen nationale Spitzenleistungen gezeigt«, lautet die Begründung für seine Aufnahme in die American Ultrarunning Hall of Fame.

Und Stu war nicht einmal Phils bester Schüler. Als Mark Allen Ende der 1980er-Jahre zu Phil kam, suchte er gerade einen Ausweg aus einer Serie von Verletzungen und schlechten Ironman-Ergebnissen. Marks Trainingspartner waren überzeugt, dass er verbraucht sei … bis Mark ein paar Monate später an ihnen vorbeizog.

»Ich war zu einer aeroben Maschine geworden!«, jubelt er. »Auf einmal konnte ich Fett so effizient als Brennstoff nutzen, dass ich jetzt ein Tempo hielt, bei dem mir ein Jahr zuvor die Kraft ausgegangen wäre.« Mark legte eine irrsinnige Siegesserie hin: In zwei Jahren verlor er kein einziges Rennen, egal wo, egal über welche Strecke. Unter seinen sechs Siegen beim Ironman war ein atemberaubendes Comeback im Alter von 37 Jahren, bei dem er einen Rekord aufstellte, der noch zwei Jahrzehnte lang hielt.

»Ich hatte nicht mehr das Gefühl, beim nächsten Lauf mit einer Verletzung rechnen zu müssen«, erklärte er. »Und nach dem Training fühlte ich mich frisch anstatt völlig kaputt.«

Der aufstrebende Läufer Mike Pigg war von Marks Comeback so beeindruckt, dass er sich ebenfalls an Phil wandte. »Ich schätze mich sehr glücklich, ihn damals getroffen zu haben«, sagt Mike. Nach seinem Übergang zur Maffetone-Methode gewann Mike vier US-Meisterschaften im Triathlon und nahm fast 25 Jahre lang an Wettkämpfen teil.

Es dauerte nicht lange, bis Popmusik-Superstars von Phils Arbeit erfuhren und ihn anriefen. Die Red Hot Chili Peppers, James Taylor, Johnny Cash – sie alle nutzten die Maffetone-Methode, um sich während anstrengender Studiosessions und Konzerttourneen mit Energie zu versorgen. Im Alter von achtundvierzig Jahren lief der Peppers-Bassist Flea in peitschendem Regen einen Marathon mit einer Zeit von 3:52:59 und gab im folgenden Jahr sogar eine Zugabe, bei der er noch zehn Minuten eher ins Ziel kam.

»Ich habe eine komische Frage«, sagte ich dem Orakel von Oracle. »Es geht um eine ganz andere Art des Laufens.«

Ich war auf die Geschichte eines griechischen Hirten gestoßen, der im Zweiten Weltkrieg auf Kreta als Kurier für den Widerstand gedient hatte.

50 km rannte der Hirte durch die Wälder zu einem Widerstandsnest in den Bergen, übergab seine Nachricht, kehrte um und rannte wieder zurück – all das unterernährt und unter Todesgefahr.

Und er war kein Einzelfall. Je mehr ich mich mit dem Widerstand befasste, desto mehr erstaunliche Geschichten entdeckte ich, beispielsweise über eine Bande von Männern und Frauen, die im Dunkeln eine Bergkette überquerten, einen deutschen Außenposten überrumpelten, Waffen und Vorräte stahlen und dann noch vor Sonnenaufgang mit schwerem Gepäck auf dem Rücken über den Bergkamm verschwanden.

»Wie ist das physikalisch möglich?«, fragte ich Phil Maffetone. »Das waren ganz normale Zivilisten, die unglaubliche Ausdauerleistungen erbrachten. Die laufen einen Gelände-Marathon durch die Berge, kämpfen um ihr Leben und rennen dann mit Rucksäcken bepackt wieder zurück. Das könnten olympische Athleten nicht durchziehen.«

Meine Frage bezog sich nicht auf Mut oder Können, sondern auf die schiere körperliche Leistungsfähigkeit. Die kretischen Widerstandskämpfer waren nicht einmal Soldaten, sondern normale Leute, die nach der deutschen Invasion in die Berge gegangen waren und Guerillabanden gebildet hatten. Sie erklommen Tag für Tag Steilhänge und legten weite Strecken zu Fuß zurück. Sie aßen nur, was sie erbeuteten. Jedes Leistungstief konnte tödlich sein, denn wer bei einer dieser Missionen hinterherhinkte, überlebte nicht lange genug, um aufzuholen.

»Ja, ich bin mir sicher, dass das möglich ist«, sagte Phil.

»Wie denn?«

»So«, sagte er und deutete auf das Mittagessen, das er und seine Frau uns bereitet hatten. Auf dem Tisch stand eine Platte mit blutigem, dünn geschnittenem Steak neben einem gemischten Salat aus zerrupften Blättern, Tomaten, Gurken und hausgemachtem Ziegenmilch-Feta, der vor Olivenöl glänzte und mit frischen Kräutern bestreut war.

Es war zugegebenermaßen ein recht luxuriöses Mahl im Vergleich zu dem, womit die Kreter:innen auskommen mussten: Walnüsse, gedörrtes Hammelfleisch, getrocknete Feigen und gesammelte Wildpflanzen. Aber den rohen Inhaltsstoffen nach war es das gleiche Superfood, das uns Menschen seit jeher hat gedeihen lassen – zumindest bis die Landwirtschaft die Oberhand gewann und modernes, leicht anzubauendes Getreide die traditionelle Ernährung verdrängte.

Jede Kultur auf dem Planeten – von Afrika im Süden bis Island im Norden, von Amerika im Westen bis zur Mongolei im Osten – ist über Jahrhunderte mit der gleichen Ernährung gediehen wie die unbeugsamen kretischen Widerstandskämpfer. Wer nach Ernährungstipps sucht, kann dieses Vorbild nur schwer ignorieren. Körperlich war das Leben unserer Ahnen unendlich viel anstrengender als das unsere. Für ihre täglichen Mahlzeiten gab es daher keine Fehlertoleranz. Massai-Hirten legten täglich Dutzende von Kilometern zu Fuß zurück, Inuit-Stämme jagten tagelang ohne Pause, und Dschingis Khans brutale Krieger durchstreiften in Asien 23 Millionen km^2. Sie alle betankten sich täglich mit ihrer Version des Pemmikans, jenem Energieriegel der amerikanischen Ureinwohner, der zu gleichen Teilen aus tierischem Fett und Räucherfleisch besteht und mit getrockneten Beeren gesüßt ist.

Sogar die großartigen Rarámuri-Läufer:innen, erinnerte ich mich plötzlich, hatten mich vor dem Rennen in den Barrancas del Cobre mit ihrem Frühstück überrascht. Caballo Blanco und wir anderen machten uns über Mamá Titas Pfannkuchen her, aber Arnulfo und Silvino ließen die Kohlenhydrate stehen und füllten ihre Schüsseln mit *pozole*, einem deftigen Eintopf aus Knochenbrühe und fettigem Schweinefleisch. Eigentlich sind die Rarámuri Wüstenbauern, die notgedrungen von robusten alten Maissorten leben, aber wenn sie die Gelegenheit haben, Ziegen- oder Hirschfleisch zu schlemmen, greifen sie zu.

Heutzutage ist jede Unterstützung der kommerziellen Fleischproduktion ethisch unhaltbar. Dass wir um des leckeren Essens willen Tiere quälen, lässt sich nicht rechtfertigen. Andererseits steht ernährungsphysiologisch und menschheitsgeschichtlich außer Frage, welche Nahrung am besten für Kraft und Ausdauer sorgt.

»Die Widerstandskämpfer konnten ihre Kalorien nicht aus Stärke und Zucker gewinnen, weil Kohlenhydrate einfach nicht verfügbar waren«, erklärte Phil. Da sie nur unterwegs essen konnten, brauchten sie Nahrung, die den ganzen Tag über beständige kalorische Energie lieferte. Auf den griechischen Schlachtfeldern gab es keine Versorgungsstände mit isotonischen Getränken und Orangenscheiben. Flüchtende konnten keinen Umweg machen, um zu snacken. Das Überleben hing von zwei Dingen ab: Man musste langsam verbrennende Nährstoffe aufnehmen, und man musste den Körpers an ihre Verwendung anpassen.

»Das Essen an sich ist nur die halbe Miete«, fuhr Phil fort. »Man kann den besten Treibstoff der Welt haben, aber ohne den richtigen Motor ist er nutzlos. Das sind zwei Komponenten. Einmal der Input: was man isst. Und dann der Output: wie das Essen verwertet wird.«

Um Fett in Brennstoff umzuwandeln, muss man vor allem schonend trainieren, damit der Körper nicht das Gefühl hat, angegriffen zu werden. Je sanfter das Grundtraining ist, desto mehr greift der Körper auf die Fettspeicher zu, anstatt in den Notfallmodus zu schalten und mit schnell brennbarem Zucker zu arbeiten.

Schonendes Training ist kinderleicht zu lernen und macht Spaß. Schwieriger ist es, wie wir alle wissen, unseren Umgang mit schnell verbrennenden Nahrungsmitteln zu verändern.

»Aber jetzt kommt das Schöne«, sagte Phil. »Es ist wirklich ganz einfach.«

»Für alle oder nur für erfahrene Sportler?«

»Für alle.«

»Wie lange dauert es, bis man es gelernt hat?«

»Zwei Wochen. Zwei Wochen, dann hast du's drauf. In zwei Wochen läufst du auf Fett, genau wie deine Widerstandskämpfer.«

Ich schob ihm mein Notizbuch hin.

Phil begann, darin herumzukritzeln. Um ihm Zeit zu lassen, stand ich auf und half beim Abräumen. Vielleicht könnte ich ja einen Spaziergang machen, bis er …

»Bitte schön«, sagte Phil und gab mir das Notizbuch zurück. Er konnte nicht mehr als ein Dutzend Sätze geschrieben haben. Ich setzte mich wieder hin und las.

»Wirklich? So einfach ist das?«, fragte ich.

»Na klar«, sagte er. »Gesundheit muss doch einfach sein.«

» DIE RED HOT CHILI PEPPERS, JAMES TAYLOR, JOHNNY CASH – SIE ALLE NUTZTEN DIE MAFFETONE-METHODE, UM SICH WÄHREND ANSTRENGENDER STUDIO-SESSIONS UND KONZERT-TOURNEEN MIT ENERGIE ZU VERSORGEN. «

6.1 DER 2-WOCHEN-TEST

Phil hat das Wort »Test« unterstrichen, damit ich es auch ja begreife: Der 2-Wochen-Test ist ausdrücklich keine Diät.

Diäten sind ein gemeiner Scherz. Sie basieren auf einer Dynamik aus Aufopferung und Schuld, die sich ein ums andere Mal als erfolglos erwiesen hat. Man nimmt nicht zu, weil man faul ist, und man nimmt nicht ab, weil man zäh ist. So funktioniert das Tier namens Mensch nicht, so funktioniert auch kein anderes Tier.

»Schon krass, dass das noch geglaubt wird, aber es wird geglaubt«, sagte Phil. »Obwohl es so eindeutig und offensichtlich gegen die Natur ist.«

Menschen sind Jäger und Sammler. Wir sind dazu geboren, jeden ganzen Tag von morgens bis abends nach Nahrung zu suchen und sie zu verschlingen, sobald wir welche gefunden haben. Essen ist ein intrinsisches Vergnügen: Es fühlt sich gut an, weil es gut *ist*. Fasten ist dagegen extrinsisch: Wir tun es nur, weil wir es angeblich tun sollen. Hungern widerspricht allem, wozu wir uns entwickelt haben, und ist wie alle anderen Versuche, Mutter Natur zu verleugnen, zum Scheitern verurteilt.

Also hau rein! Iss alles, was du willst! Aber setze vorher deinen Appetit auf Werkseinstellung zurück, damit du nach der Nahrung gierst, die Menschen schon immer gejagt und gesammelt haben, und nicht nach dem unechten Essen, das wir kreiert haben. Das ist die Wirkung des 2-Wochen-Tests: Er stellt deinen natürlichen Stoffwechsel wieder her, quasi ein Reset auf die Werkseinstellung. Danach musst du dich nicht mehr fragen, ob etwas gut oder schlecht für dich ist oder »zu viel Kalorien« hat – du wirst es einfach daran erkennen, wie du dich beim Essen fühlst. Du wirst Lust auf besseres Essen haben, weil es dir sofort ein Wohlgefühl vermittelt. So wird gesunde Ernährung wieder zu einem intrinsischen Vergnügen.

Sobald du aus der Stärkespirale ausgebrochen bist und den natürlichen Stoffwechsel deines Körpers wiederhergestellt hast, wirst du Phil zufolge von Fressattacken, nachmittäglichen Zuckertiefs und Mitternachtssnacks befreit. Dafür brauchst du nur 14 Tage, solange du dich an eine Faustregel hältst: Nichts mit hohem glykämischen Index. Also nichts, was deinen Blutzucker in die Höhe treibt und dazu führt, dass das Insulin Fettspeicher anlegt.

Das Schwierige ist das Erkennen. Die meisten Fertigprodukte sind mit Zucker und Pflanzenfett versetzt, um sie schmackhafter, weicher und süßer zu machen. Sogar Nahrungsmittel, die man für unverarbeitet hält, sind oft gezuckert. Und die Subway-Sandwiches, die als gesunde Alternative zu anderen Fast-Food-Produkten angepriesen werden? Die Baguette-Brötchen enthalten so viel Weißmehl und Zucker, dass sie in Irland als Kuchen eingeordnet werden.

Am Ende der zweiwöchigen Testphase müsste ich, glykämisch gesehen, wie neugeboren sein und mich nicht mehr von Zuckerschub zu Zuckerschub hangeln. Nach Bestehen des Tests dürfte ich meinen Mahlzeiten nach und nach wieder verarbeitete Kohlenhydrate zufügen und schauen, was passiert. Wenn ich eine Scheibe Brot esse und mich gut fühle, schön. Aber wenn ich mich danach aufgebläht, träge oder schläfrig fühle, weiß ich, dass es mehr Stärke war, als mein Körper effizient verstoffwechseln kann.

Darum geht es beim 2-Wochen-Test. Er ist dazu da, um deine natürlichen Diagnose-Instrumente zu reaktivieren, sodass du sofortiges, genaues Feedback aus dem eigenen Körper erhältst, statt dir von einem Diätbuch sagen zu lassen, was du essen sollst.

»Du wirst tatsächlich wissen, wie es sich anfühlt, normale Insulinspiegel und optimalen Blutzucker zu haben«, erklärt Phil.

» DU WIRST LUST AUF BESSERES ESSEN HABEN, WEIL ES DIR SOFORT EIN WOHLGEFÜHL VERMITTELT. SO WIRD GESUNDE ERNÄHRUNG WIEDER ZU EINEM INTRINSISCHEN VERGNÜGEN. «

ESSEN BEIM 2-WOCHEN-TEST – JA ODER NEIN?

JA-LEBENSMITTEL

Pflanzliches
Kürbis
Karotten
Tomaten
Blattgemüse
Zitrone und Limette
Brokkoli und Blumenkohl
Nüsse und Nussbutter
Kokosnuss
Senf
Chiasamen
Avocado

Fleisch & Fisch
Rindfleisch
Pute
Lamm
Fisch
Schalentiere

Milch & Ei
Unverarbeiteter Hartkäse
Unverarbeiteter Weichkäse
Sahne
Eier

Flüssiges
Gemüsesaft
Kaffee und Tee
Öle
Essig
Reine Spirituosen
Sprudelwasser
Trockener Rotwein

NEIN-LEBENSMITTEL

Pflanzliches
Alle Zuckerprodukte
Süßigkeiten und Desserts
Alle kalorienfreien Süßstoffe
(natürliche wie künstliche)
Viele Gemüsekonserven und Fertig-Gemüsegerichte
Energie- und Eiweißriegel mit und ohne Zuckerzusatz
Ketchup und andere Saucen
Weißmehl
Kekse
Vollkornbrot
Vollkornnudeln
Mais
Reis
Quinoa
Kartoffeln
Beeren
Süße Zitrusfrüchte
Bananen
Melonen
Honig

Fleisch
Fleischzubereitungen
Viele Fleischkonserven und Fertiggerichte
Räucherfleisch

Milch
Vollmilch
Fettarme Milch
Vollmilchjoghurt
Käsezubereitungen

Flüssiges
Trockener Weißwein
Fruchtsaft
Karottensaft
Alle Limonaden
Alle Diätgetränke
Aromatisiertes oder vitaminisiertes Wasser
Sportgetränke

Als ich von meiner Reise nach Oracle heimkehrte, ging ich erst einmal einkaufen. Ich füllte meinen Wagen mit Steak, Fisch, Brokkoli, Avocados, Tinten- und Thunfischkonserven, Tomatensaft, Romanasalat, Sauerrahm und tütenweise Walnüssen – denn Walnüsse sollten meine Knabbergelüste stillen. Außerdem auf der Ja-Liste: Eier, Käse, Sahne, trockener Rotwein, Scotch und Salsa.

Aber weder Obst, Brot, Reis, Kartoffeln oder Nudeln noch Honig. Keine Bohnen, also auch keinerlei Tofu oder sonstige Sojaprodukte. Keine Pommes, kein Bier, keine Milch und kein Joghurt. Auch kein Aufschnitt, da dieser in den USA oft mit Zucker gepökelt wird. Putenbrust war in Ordnung, solange man sie selbst zubereitete, aber sogar dabei musste man vorsichtig sein. Als ich in der Tiefkühlabteilung auf einen Stapel Putenbrust stieß, glaubte ich, die perfekte Lösung für mehrere Mahlzeiten gefunden zu haben, aber als ich dann doch noch aufs Etikett schaute, las ich dort, dass sie mit Zucker versetzt waren.

»Kichererbsen haben einen einigermaßen niedrigen glykämischen Wert«, schrieb ich Phil per E-Mail, nachdem ich selbst ein wenig recherchiert hatte. »Deshalb würde ich für Hummus plädieren.«

»Regel Nummer eins von Schritt Nummer eins lautet: keine Plädoyers«, war die Antwort.

Da ich unmöglich Phils wissenschaftliche Expertise infrage stellen konnte, wandte ich mich eben hinter seinem Rücken an jemand anderen. Und hatte wieder kein Glück.

Eric Orton steht nicht nur hundertprozentig hinter dem 2-Wochen-Test, sondern auch hinter Phils äußerst unfairem Anti-Hummus-Urteil. »Für mich geht es bei der Ernährungsfrage auch um die Denkweise«, findet er. »Wer sich entschließt, als Sportler zu leben, entschließt sich auch dazu, bewusst zu leben. Dazu gehört das Bewusstsein dafür, was man sich in den Mund steckt. Entscheidend ist, dass man aufhört, halbe Sachen zu machen, dass man es ganz oder gar nicht macht.«

Denn wenn man mit Plädoyers für Kichererbsen und halbe Sachen anfängt, sabotiert man sich selbst. Entweder trainiert man den eigenen Appetit um, oder man lässt es. Es wie bei jedem anderen chemischen Entzug. Wenn man die Sache nicht konsequent durchzieht, ist es so, als hätte man sie gar nicht gemacht.

Was mir wirklich half, war, eine Mahlzeit nach der anderen zu bewältigen. Das Frühstück war einfach: Spontan entdeckte ich, dass sich der Dosen-Tintenfisch aus dem mexikanischen Regal großartig in einem Omelett machte. Also briet ich mir eins, goss Salsa darüber und war für den Rest des Vormittags glücklich und zufrieden. Den Tag über hielt ich Mandeln und pikante Trockenfleisch-Sticks als Snacks bereit und gewöhnte mir an, den Kaffee mit Sahne statt Vollmilch zu trinken. Mittag- und Abendessen arteten nur dann zur Krise aus, wenn ich beschäftigt war und Heißhunger aufkommen ließ, bevor ich mir meine Mahlzeit zusammenstellte.

> » IN DEN ZWEI WOCHEN VERLOR ICH FÜNF KILO UND KAM WIEDER AUF DAS GEWICHT, DAS ICH VOR FAST DREISSIG JAHREN ALS RUDERNDER COLLEGE-STUDENT GEHABT HATTE. ICH FÜHLTE MICH AUCH WIEDER MEHR WIE DIESER JUGENDLICHE SPORTLER: NICHT NUR DÜNNER, SONDERN AUCH SPRUNG- UND LAUFFREUDIGER UND AUSGERUHTER. «

Phil Maffetones Website ist eine großartige Quelle für Rezepte. Dort findet man seinen proteinreichen Frühstücksshake (aus weich gekochten Eiern mit Blattgrün und ein wenig Obst gemixt) und seine Auberginen-Parmigiana ohne Pasta (Tomatensoße, Mozzarella und Hackfleisch zwischen gebratenen Auberginen geschichtet). Am vierten Tag hatte ich mich bereits in eine gemütliche Routine eingegroovt. Ich wusste, was ich wann essen wollte, und blieb problemlos satt und zufrieden. Mir wurde klar, dass die meisten Heißhungerattacken, die ich an den ersten drei Tagen gehabt hatte, mehr mit der Vorstellung als mit dem eigentlichen Essen zu tun hatten. Ich dachte etwa: »Boah, jetzt könnte ich einen Milchshake wegputzen«, und musste dann nur ein oder zwei Augenblicke warten, bis der Impuls nachließ. Tag 14 kam schneller, als ich erwartet hatte. Und die Veränderung auch.

In den zwei Wochen verlor ich fünf Kilo und kam wieder auf das Gewicht, das ich vor fast dreißig Jahren als rudernder College-Student gehabt hatte. Ich fühlte mich auch wieder

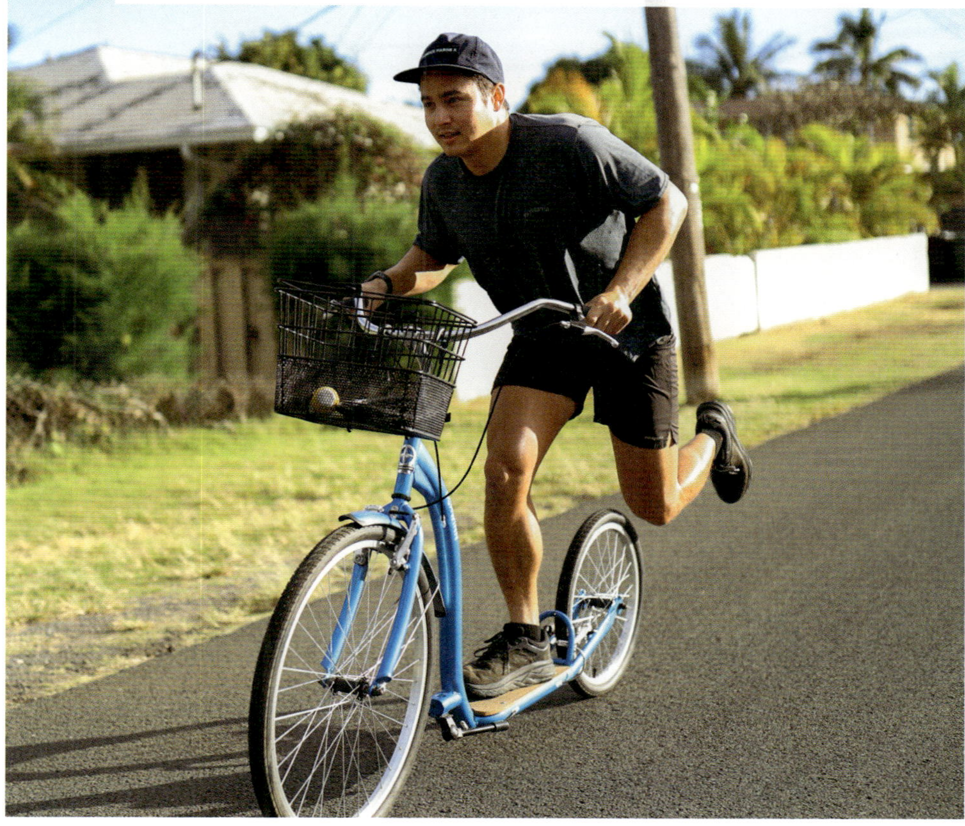
Auf den Straßen seiner Heimatstadt Oahu kombiniert Colin Lee Laufen und Surfen.

mehr wie dieser jugendliche Sportler: nicht nur dünner, sondern auch sprung- und lauffreudiger und ausgeruhter.

Noch überraschender war die Veränderung beim Appetit: Treue alte Lieblinge wie Pizza, Käsesteak oder Donuts wirkten jetzt wenig verlockend und irgendwie ekelhaft. Ungefähr eine Woche nachdem ich den 2-Wochen-Test beendet hatte, unternahm ich anhand eines Roastbeef-Sandwichs meinen eigenen Test. Ich aß die Hälfte, wartete ein paar Minuten und stellte fest: lecker, vielleicht ein bisschen wenig Tomate. Ich brach die andere Hälfte an und …

Da war es. Die Empfindung war altbekannt, aber auch seltsam neu, weil ich zum ersten Mal merkte, woher sie kam. Meine Augenlider wurden schwer, und mich überkam die dem Mittagessen folgende und dem Kaffee vorausgehende Benebeltheit. Mir wurde klar, dass ich sie nicht mehr verspürt hatte, seit ich mit dem 2-Wochen-Test begonnen hatte. Diese zweite Scheibe Toast war der Auslöser gewesen. Mit einer konnte ich problemlos fertigwerden, aber wenn ich eine zweite hinterher aß, ging mein Blutzucker hoch. Es war, wie wenn einem das halbe Leben lang der Fuß wehtut und man dann plötzlich einen Stein im Schuh findet. Man schüttelt ihn heraus, und plötzlich fühlt man sich so gut wie seit Jahren nicht mehr, vielleicht wie noch nie.

Für mich ist es jetzt über fünf Jahre her, dass ich diesen Stein aus dem Schuh entfernt habe. Seitdem ist er mir oft wieder hineingerutscht, aber wenn das passiert, erkenne ich die chemische Reaktion als das, was sie ist. Ich kann die andere Hälfte des Sandwichs essen, aber ich weiß dann, wie ich mich fühlen werde.

Das ist das Ziel des 2-Wochen-Tests: Ich will nicht irgendwelche Nahrungsmittel verbieten oder dich zu einem Eiferer machen, sondern die Verständigung zwischen deinem Hirn und deinem Bauch vereinfachen. Du wirst genau wissen, welche Lebensmittel du essen musst, um deine Ziele zu erreichen. Und wenn du irgendwelche Zweifel hast, wird dein Körper es dir schon nach wenigen Bissen sagen.

6.2 VERPFLEGUNGSSTATION: CALLIES 2-WOCHEN-TEST

Als Callie Vinson ihren eigenen 2-Wochen-Test erfand, war sie 23 Jahre alt, fast 180 Kilo schwer und außer Atem.

Callie wollte sich an diesem Tag in der Nähe ihrer Wohnung in Chicago mit Freundinnen zum Brunch treffen, aber nach ein paar Blocks merkte sie, dass ihr der Fußweg zu viel war. »Ich konnte nicht atmen, meine Füße taten weh, alles tat einfach weh«, erinnert sie sich. »Und ich dachte: Da stimmt was nicht. Ich bin gerade mal in den Zwanzigern und blicke einem frühen Tod entgegen.«

Das Seltsame war, dass alles so schnell gegangen war. In ihrer Highschool in Florida wurde sie aufgrund ihrer Größe für das Ruderteam rekrutiert, erwies sich als Naturtalent und trieb ihr Boot bis zur US-Meisterschaft an. Sie wurde von College-Teams umworben, aber nach vier Jahren Ruderei war sie so ausgebrannt, dass sie den Sport drangab und stattdessen das Savannah College of Art and Design besuchte.

Da Callie einer Familie ohne Geld und mit viel Pech entstammte, musste sie ackern. Ihr Studium finanzierte sie, indem sie in einem Café und einem Restaurant kellnerte. So viel leckeres Essen vor der Nase zu haben, war vielleicht nicht optimal für eine Studentin, die auch gerade mit dem Rauchen und Partymachen angefangen hatte. Als sie ihren Abschluss machte, war sie bereits übergewichtig, und als sie nach Chicago zog und einen Job als Texterin bei einer Werbeagentur antrat, wurde es noch schlimmer. Sie arbeitete lange, hatte aber auch Geld in der Tasche und lauter italienische Sandwich-Läden und edle Hotdog-Buden vor der Tür. Innerhalb von vier Jahren war die US-Meisterin im Rudern um mehr als das Doppelte angewachsen. In Callies Familie gibt es Suchtverhalten, aber auch die Art von Stress und Kummer, die sich gut mit Essen wegtrösten lässt. Callies Mutter war Überlebende eines Gewaltakts in der Familie. Ihr Stiefvater hatte ihre Mutter vor ihren Augen erschossen und sich dann selbst getötet. Callies Mutter musste ihre Geschwister alleine großziehen und wurde selbst alleinerziehende Mutter, nachdem ihr Mann – Callies Vater – in den Alkoholismus abgerutscht war und sie mit zwei Töchtern alleine gelassen hatte. Callies ältere Schwester lief als Teenager von zu Hause weg und geriet irgendwie nach Mexiko. Sie versank in die Meth-Abhängigkeit und starb auf mysteriöse Weise. Sie hinterließ drei Kinder, um die sich Callies Mutter kümmern musste, darunter eines mit Autismus und eines, das von Callies Schwager sexuell missbraucht worden war, der inzwischen im Gefängnis sitzt.

Callie hatte also einiges am Hals. Essen war für sie ein Trost – bis zu dem Morgen, als sie merkte, dass es sie umbrachte. Wie sehr ihre Welt geschrumpft war, begriff sie erst, als sie merkte, dass ein Fußweg zu einem Brunch mit Freundinnen nicht mehr zu schaffen war. Callie wusste, dass sie vor einer ungeheuren Aufgabe stand: 90 Kilo auf sichere und gesunde Weise abzunehmen, das konnte zwei lange Jahre dauern.

Glücklicherweise ist Callie irgendwie genial: Sie löste dieses Problem, indem sie es verdrängte. Natürlich nicht komplett. Nur den Teil mit den zwei langen Jahren.

Callie hat sich ihren eigenen 2-Wochen-Test konstruiert – nicht genau den von Phil Maffetone, aber dafür, dass sie ihn einfach so erfunden hat, ganz schön nah dran. Wenn man etwas 14 Tage lang durchhält, fand sie heraus, dann gibt es eine Art magischen Reset, wie wenn man den Computer für zehn Sekunden ausschaltet.

»Ich beschloss, klein anzufangen«, sagt Callie. »Zuerst packte ich mir jeden Tag ein Mittagessen ein. Das habe ich zwei Wochen lang gemacht, bis es zur Gewohnheit wurde.« Sie bewegte sich im Supermarkt außen entlang, wo die frischen Sachen und echten Lebensmittel sind, und mied die gefährlichen Mittelgänge mit ihren Gläsern und Schachteln. Anfangs hatte sie keinen richtigen Diätplan. Sie machte sich ein-

» ICH TAT SO, ALS HÄTTE ICH MEINE EIGENE KOCHSHOW UND SPRACH LAUT MIT DEM ›PUBLIKUM‹ ÜBER ALL DIE GESUNDEN ZUTATEN, DIE WIR BEIM KOCHEN VERWENDEN. «

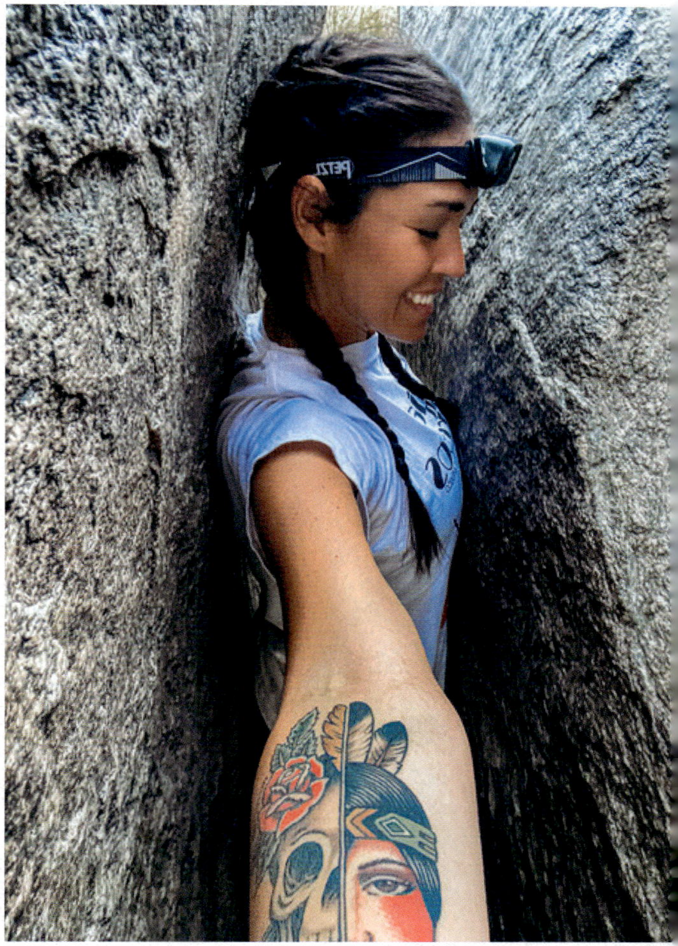

fach große gemischte Salate und aß reichlich Gemüse, sodass auf dem Teller wenig Platz für Reis oder Kartoffeln blieb.

»Dann beschloss ich, abends selber zu kochen.« Sie befasste sich mit Paleo-Ernährung, weil ihr die Idee gefiel, dass man aus nur einer Zutat Vollwertkost zubereitet und sich dem ursprünglichen Produkt annähert. »Ich habe das zwei Wochen lang jeden Tag gemacht, und es wurde zur Gewohnheit. Ich tat so, als hätte ich meine eigene Kochshow, und sprach laut mit dem ›Publikum‹ über all die gesunden Zutaten, die wir beim Kochen verwenden.«

Wie ich schon sagte: irgendwie genial. Callie machte sich zum Laufen bereit, indem sie so tat, als ob sie es bereits wäre. Sie ging an ihre neue Ernährungsweise so heran wie an die ersten Kilometer eines Ultramarathons: langsam loslegen, das Schöne genießen, nur an die nächste Verpflegungsstation denken, nicht an die Ziellinie. Aber was mir an Callies Methode am besten gefiel, war die Art und Weise, wie sie neue Rezepte in ihrer imaginären Grill-den-Henssler-Show durchspielte. So lernte sie sie auswendig und machte sich gleichzeitig Lust aufs Kochen.

»Ich lernte so viel über Ernährung, dass andere mich – die 140-Kilo-Frau – nach Tipps fragten«, wundert sie sich. »Meine Mutter wusste, dass sie eine Tüte Möhren und Mandelbutter im Kühlschrank haben musste, wenn ich zu Besuch kam. Da ist gutes Fett und Protein drin. Ich habe auch herausgefunden, wie man so was wie Pemmikan macht: hauptsächlich Haferflocken, dazu Mandelbutter, geraspelter Ingwer und Kurkuma. *Perfekt!*«

Nachdem Callie einen Monat lang in ihrer Küche laufähnliche Bewegungen simuliert hatte, war sie bereit für die echte Version. Einigermaßen.

»Ich habe erst mit dem Sport angefangen, als ich meine Ernährung geregelt hatte«, sagt sie. »Eine Woche vor meinem ersten Lauf hatte ich solche Angst, dass ich dabei peinlich aussehen würde. *Wie sieht eine richtige Lauftechnik aus, wie schwinge ich die Arme, welche Schuhe sollte ich nehmen …?*« Sie ging zum nächstgelegenen Laufschuhladen und suchte sich, ohne zu überlegen, knallgrüne Nike Pegasus aus, »joggte einmal halbherzig durch den Laden«, wagte sich hinaus und begann ihre Laufkarriere.

»Fortbewegung erzeugt Ideen«, merkte Callie, und ihr nächster Schritt in diesem Abenteuer war genauso brillant wie ihr erster: Sie fand heraus, wie sie ihre Selbstzweifel minimieren und jeden Lauf zu einem sicheren Erfolg machen konnte. Callie ist Choctaw, und ihr fiel ein, dass bei ihrem Volk das Laufen als Gebet und nicht als Strafe gilt.

»Man steht auf und läuft gen Osten, der Sonne entgegen, und genau so habe ich es gemacht«, erklärt mir Callie. Das Laufen bietet Gelegenheit, über das Land nachzudenken, auf dem man sich befindet, und über die Menschen, die zuvor

» ALSO WENN DU JEMALS WAHRE LIEBE IN DEN AUGEN EINES MENSCHEN SEHEN WILLST, DANN MELDE DICH BEI EINEM RENNEN ALS EHRENAMTLICHE. «

hierherkamen, und über das wunderbare Privileg dieses zeitlosen Rituals: auf den eigenen zwei Beinen dem Mittelpunkt der Wärme und des Lichts entgegenzufliegen. Beim frühmorgendlichen Gebetslauf hat Callie Zeit, an die Menschen, die sie liebt, zu denken und an das Leid, das sie ertragen – da schmerzen Seitenstiche gleich viel weniger. Verspannungen und Ängste schwinden, und es ist, als schickte sie mit jedem Lauf durch den frostigen Chicagoer Morgen ein telepathisches Hallo zu ihrer Mutter, zu ihren Neffen und ihrer Nichte in der Heimat.

Nach einem Jahr stetiger Fortschritte hatte Callie das Gefühl, lange genug brav gewesen zu sein. Jetzt war endlich Zeit für Leichtsinn. Sie beschloss, einen Halbmarathon zu laufen, unter der Bedingung, dass niemand anderes dabei sein durfte. Sie war noch nie mit jemand anderem gelaufen, und sie wollte nicht damit beginnen und gleichzeitig eine Distanz in Angriff nehmen, von der sie keine Ahnung hatte, ob sie sie schaffen würde. Also plante sie eine Route und machte sich vor Tagesanbruch auf den Weg, legte einen Kilometer nach dem anderen zurück, in sich versunken, für sich allein. Als sie 21,2 km später vor ihrer Wohnung zum Stehen kam, brach in ihrem Inneren etwas auf. »Ich war so begeistert davon, dass mein Körper endlich mit den Abenteuern in meinem Kopf mithalten konnte«, sagt sie. »Ich habe immer von einem abenteuerlichen Leben geträumt, und jetzt hatte ich einen Körper, der das schaffte. Mein inneres Selbst passte endlich zu meinem äußeren Selbst, und diese Verbindung hat mich einfach so glücklich gemacht.«

Rückblickend scheint es bizarr, dass Callie Vinson die ihr eigene Fröhlichkeit so lange bei einsamen Läufen im Dunkeln verbarg. Heute ist sie eine Sprecherin für Native Women Running, eine Initiative, die indigene Amerikaner:innen dabei unterstützt, ihre uralte Lauftradition wiederzuentdecken. Ihre Arbeit für die Werbeagentur kann sie von unterwegs per Laptop und Hotspot erledigen. Wenn nun also jemand anruft und sie einlädt, nimmt sie ihren selbst gemachten, geländegängigen Körper mit zu allem, was nach einer schlechten Idee klingt:

Kannst du drei Monate lang mein Ein-Frau-Team sein, während ich durch die USA laufe?

Unbedingt.

Willst du einen 100-km-Lauf mitmachen?

Wann ist der?

Dieses Wochenende.

Super. Bin dabei.

Wie wäre es mit einem 240-Meilen-Rennen ein paar Monate später?

Klar.

Und dann noch mal 400 km, dann in Badwater als Team, dann …

Ja, ja, und egal, was das Letzte ist, auch ja.

Irgendwie findet Callie zwischen den Wettläufen immer noch Zeit für ihr neues Hobby: zu Lauf-Events zu kommen, an denen sie gar nicht teilnimmt.

»Also wenn du jemals wahre Liebe in den Augen eines Menschen sehen willst, dann melde dich bei einem Rennen als Ehrenamtliche«, sagt sie. »Ich habe Medaillen vergeben beim Javelina 100, und das war, als würde ich 5000 Menschen hintereinander einen Heiratsantrag machen. Für dieses eine Ziel haben Leute Hunderte und Aberhunderte von Stunden trainiert, und dann überqueren sie gekrümmt vor Erschöpfung die Ziellinie, und wenn sie aufblicken, hast du eine Trophäe für sie. Der Ausdruck in ihren Augen … wow.«

Callie ist nicht eingebildet und keineswegs abergläubisch. Sie ist zufrieden mit dem, was sie erreicht hat. Dass sie 90 Kilo abgespeckt und sich von einer lahmen Ente in eine unaufhaltsame Ultramarathonläuferin verwandelt hat, findet sie »nichts Besonderes«. Dennoch war sie beeindruckt von der seltsamen Schönheit, die sich das Universum ausgedacht hat, um ihr auf die Schulter zu klopfen.

Letzten Winter verließ sie mitten in einem Schneesturm Chicago und zog nach Arizona. In ihrem neuen Zuhause schlief sie ein paar Stunden und stand dann vor Tagesanbruch auf, um die Sonne zu begrüßen. Sie lief gen Osten in die Ausläufer der Berge, und als sie emporstieg, drang ein seltsames Geräusch von weiter oben herab. Sie stieß immer weiter in die Höhe vor und erreichte schließlich einen Gipfel, den sie zuvor nie hätte erreichen können. Dort fand sie einen einsamen Fremden vor, der eine Trommel schlug und ein uraltes Lied sang. Willkommen daheim.

6.3 WEGZEHRUNG

Die eigentliche Gefahrenzone für gesunde Ernährung ist nicht deine Küche, sondern überall sonst.

Frühstück, Mittag- und Abendessen zu planen, ist nicht schwer, erst recht nachdem du den 2-Wochen-Test abgeschlossen hast. Ab jetzt hast du es in der Hand: Du weißt, was du essen sollst und wie du dich fühlst, wenn du es nicht tust. Rezepte für die Hauptmahlzeiten sind leicht zu finden und schnell zu lernen.

Aber wenn du morgens aus der Tür eilst, am Schreibtisch zu Mittag isst oder im Auto auf dem Weg zum Fußballspiel deines Kindes einen schnellen Happen brauchst, dann ist so eine anständige Wegzehrung die Rettung.

Alle diese Rezepte sind einfach zuzubereiten, und viele davon eignen sich perfekt zum Einpacken und Mitnehmen. Sie wurden von Sportler:innen entwickelt, die gelernt haben, dass es nur wenig Mühe macht, sich für lange Arbeitstage und noch längere Läufe mit Snacks zu versorgen, die man nicht bereuen muss.

Hinweis: Einige dieser Rezepte sind für den 2-Wochen-Test nicht geeignet, weil sie Hafer oder Obst enthalten. Aber der 2-Wochen-Test soll dein Ernährungsbewusstsein zurücksetzen und nicht irgendwelche Einschränkungen für immer festsetzen. Wenn der Test vorbei ist, sind diese Wegzehrungs-Rezepte ideal als Zwischenmahlzeit oder als Stärkung während eines Laufs. Fast alle Zutaten haben einen relativ niedrigen glykämischen Wert.

Hinweis: 1 cup = knapp 250 ml. Falls kein Messbecher zur Hand ist, tun's auch ein großer Kaffeebecher oder zwei Kaffeetassen oder zwei Handvoll. Keine Sorge, du bist nicht beim Perfekten Dinner. (Anm. d. Ü.)

Callies Abenteuerbatzen (vegan)

Seit Callie nach Arizona gezogen ist, erkundet sie fast jedes Wochenende die Wüste. Da sie nie weiß, ob sie auf der Fahrt etwas zu essen findet oder wie lange sie zwischen zwei Mahlzeiten laufen wird, füllt sie sich vorsorglich die Taschen mit ihren eigenen, ganz einfach selbst gemachten Energiebatzen.

ZUTATEN

250 ml (1 cup) Haferflocken
125 ml (½ cup) Kokosraspel, ungesüßt
125 ml (½ cup) gemahlene Leinsamen
125 ml (½ cup) grob oder fein gehackte Nüsse
1 EL Chiasamen
125 ml (½ cup) Nussmus
80 ml (⅓ cup) Agavendicksaft
1 TL Vanilleextrakt

ZUBEREITUNG

- Erst alle trockenen Zutaten vermengen, dann die restlichen Zutaten untermischen.
- Masse mit beiden Händen zusammenpressen und zu 3,5 cm dicken Kugeln rollen.
- Bis zu einer Woche im Kühlschrank lagern, bei Bedarf einpacken und mitten im Abenteuer verzehren!

Tipp:
Für zusätzlichen entzündungshemmenden Wumms kannst du ein paar Esslöffel geriebene Kurkuma- oder Ingwerknolle hinzufügen.

SUPERFOOD AUS ALYX' UND BILLYS KÜCHE

Ausgerechnet Billy »Bonehead« Barnett, erst Skateboarder, dann Surfer, dann Ultrarunning-Wildfang und Coverboy von *Born to Run*, entpuppte sich als eine der besten Quellen für Trail-erprobte Rezepte.

In der Rückschau wird mir klar, warum Billy das perfekte Covermodel für *Born to Run* war, von seinem guten Aussehen mal abgesehen. Es war aufregend mitanzusehen, wie Caballo Blanco und Billy Kumpel wurden, obwohl Caballo doppelt so alt war wie er und den Rest von uns kaum ausstehen konnte. Damals dachte ich, dass sie sich deshalb verstünden, weil Caballo Billys Vorbild war, erst später wurde mir klar, dass es umgekehrt war: Caballo hätte gerne alle Menschen so sehr gemocht, wie Billy sie mochte, und alles so sehr genossen, wie Billy alles Verrückte genießt, was ihm zustößt. Erstaunlicherweise ist Billy jetzt schon 37 Jahre alt, aber genauso fit und schnell wie eh und je. Er ist immer noch dick mit Jenn Shelton befreundet, seiner irre schnellen Ex-Freundin, die sowohl im Wettlauf als auch bei der After-Party mit den Rarámuri mithalten konnte. Dass die beiden das Extrem lieben, kann man inzwischen auch an ihren Postleitzahlen ablesen: Jenn lebt mit ihrem neugeborenen Baby in der Wildnis Alaskas, Billy dagegen auf Hawaii mit seiner Frau Alyx, dem einzigen Menschen außer Jenn, der mit ihm Schritt hält.

»Nichts lässt deinen Adrenalinspiegel stärker steigen als die Gewissheit, dass du gleich was auf die Fresse bekommst«, sagt Alyx kurz nach unserem Kennenlernen und erzählt dann von ihrem stürmischen Leben als Kämpferin im MMA-Käfig und US-Meisterin im Reiten, Bodybuilderin auf den Bühnen von Las Vegas, professionelles Fitnessmodel und Ironman-Triathletin. Heute ist sie Naturheilkundlerin und Ausdauertrainerin.

Billy war bereits ein erfahrener Hobbybäcker, als er Alyx heiratete, und zusammen bilden sie ein Traumteam. Ihre Rezepte prüfen sie mit geübtem Gaumen auf ihren Geschmack und in langen Trainingseinheiten auf ihre Eignung als Energielieferant.

Alyx' Chia-Frühstückspudding

Alyx hat dieses Rezept für eine Coaching-Klientin entwickelt, die dreifache Mutter, Schulleiterin in Vollzeit und Gattin eines oft abwesenden Militärangehörigen ist. Da die Klientin auch aufstrebende Triathletin ist und Allergien gegen Gluten und Ei hat, ist es sowohl wichtig als auch schwierig, gesunde Mahlzeiten zu finden, die sie und ihre Kinder mitnehmen können.

»Für Frühstück oder Zwischenimbiss empfehle ich Einmachgläser oder Behälter mit ähnlich weiter Öffnung. Dann kann man das Rezept einmal in der Woche zubereiten und jederzeit zugreifen, wenn man etwas davon braucht«, erklärt Alyx. »Dessert zum Frühstück? Wer kann da Nein sagen?«

ZUTATEN

250 ml (1 cup) Kokos-, Cashew-, Mandel- oder Sojamilch (vollfette Kokosmilch ergibt eine sättigendere, kalorienreichere Mahlzeit)
4 gehäufte EL Chiasamen
Frisches oder gefrorenes Obst
Hübsche Toppings, z. B. frische Beeren, Nüsse, Kokosraspeln oder sogar Knuspermüsli

ZUBEREITUNG

- Milch mit Chiasamen mischen und Chia quellen lassen.
- Nach ein paar Minuten ein zweites Mal umrühren, damit es nicht klumpt.
- Süßungsmittel deiner Wahl hinzufügen. Alyx mag Honig, weil sie Imkerin ist, aber eine gute Wahl sind auch Stevia oder Mönchsfrucht.
- Kühl stellen und eindicken lassen.

Möhrengrün-Pesto

Alyx: »Mit diesem leckeren Rezept kann man hervorragend Lebensmittelmüll vermeiden. Bei uns zu Hause gehört es zu den Lieblingsgerichten. Es lässt sich ohne Probleme wochenlang im Kühlschrank aufbewahren und schmeckt toll in den Wraps, die ich als Langlauf-Proviant mitnehme, und als Topping auf allen Abendgerichten. Das ist eines der ersten Lieblingsessen unseres Sohnes Cosmo.«

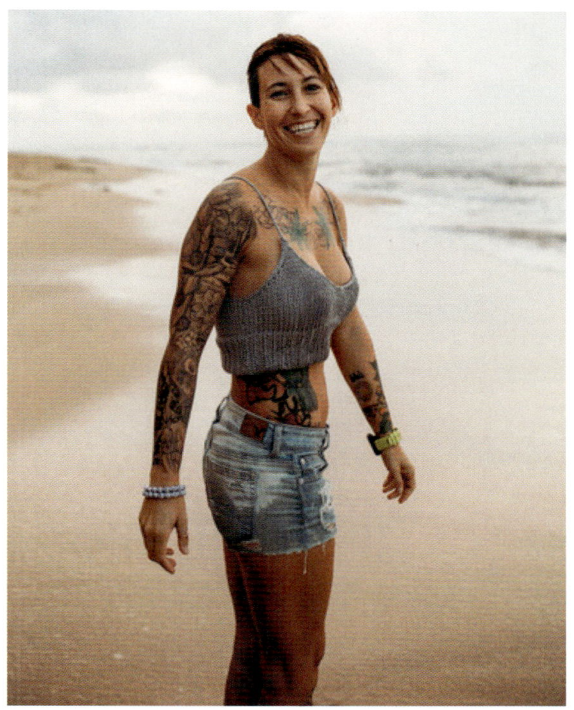

ZUTATEN

1 ganzes Bund Möhrengrün (2 Bund Möhren, wenn das Grün spärlich aussieht)

125 – 250 ml (½ – 1 cup) Zitronensaft oder der Saft einer ganzen Zitrone oder mehr (Menge je nach bevorzugter Textur)

250 ml (1 cup) Walnusskerne oder andere Nüsse (bei uns sind Pinienkerne und Macadamianüsse sehr beliebt)

Ordentlich Knoblauch (»Ich nehme eine Riesenmenge«, sagt Alyx. »Aber empfindlichere Gaumen mögen vielleicht nur ein oder zwei Zehen.«)

2 – 4 EL Olivenöl für die Cremigkeit und als gesundes Fett

Nach Belieben: 1 Handvoll Minzblätter für den Geschmack. Mit Honig oder Stevia ausbalancieren.

Salz und Pfeffer zum Abschmecken

ZUBEREITUNG

- Alles im Mixer pürieren.

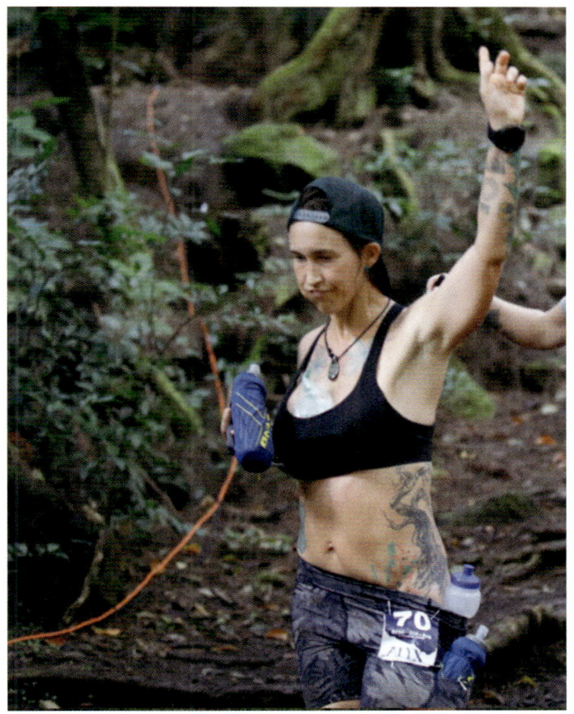

Energy-Gel aus Datteln und Beeren

Perfekt als Stärkung vor dem Lauf oder als Energieschub im Schnelligkeitstraining. Handelsübliche Gels sind dickflüssig und entwässern, aber dieses ist ebenso erfrischend wie leicht verdaulich.

ZUTATEN

10 – 12 Datteln ohne Stein
8 – 10 Erdbeeren oder 20 – 25 Himbeeren
1 EL Chiasamen
1 EL Zitronensaft
Salz nach Belieben (wir verwenden Himalaja-Salz, aber grobes Salz oder Meersalz ist in Ordnung)
3 – 4 EL Wasser (nur gerade so viel, dass der Mixer heil bleibt. Langsam zufügen, bis die gewünschte Konsistenz erreicht ist)
Nach Belieben: Agavendicksaft oder Honig

ZUBEREITUNG

- Chiasamen in 2 – 3 Esslöffeln Wasser quellen lassen.
- Alle Zutaten im Mixer pürieren. Langsam mixen und nach Bedarf Wasser hineinträufeln.
- In wiederverwendbare Geltuben füllen und kalt stellen.

Billys Laufpause-Pancakes

Alyx: »Billy wollte eine Energiequelle mit niedrigerem glykämischen Wert, um sich vor einem langen Trail zu stärken oder um bei Laufpausen einen Snack zu haben. Diese Pancakes halten sich gut in einer Gefriertüte und können den ganzen Tag ohne Kühlung im Auto oder Rucksack aufbewahrt werden.«

ZUTATEN

60 ml (¼ cup) Mandelmehl
2 Eier
2 EL Frischkäse
Nach Belieben: Zimt, Bananenstücke, Beeren oder anderes Obst

ZUBEREITUNG

- Zutaten verrühren.
- Teig in eine leicht mit Kokosöl gefettete Pfanne geben und von beiden Seiten goldbraun braten.
- *Toppings:* Erdnuss- oder Mandelbutter, Honig oder Ahornsirup.

Billys Langstrecken-Muffins

Als wir in den Barrancas del Cobre waren, stellte der erste Lauf in der Wildnis für uns alle eine harte Lektion dar. Nach zwei Stunden stetigen Anstiegs kauerten wir uns unter einen Baum, um zu rasten. Einige von uns waren klug genug, um Müsliriegel mitzubringen. Keiner von uns war so klug wie Scott Jurek, der eine Tasche seines Trinkrucksacks öffnete und Tortilla-Wraps hervorholte, gefüllt mit Hummus und Azukibohnenpaste.
Nach dieser Lektion nahm Billy all seine Kochkunst zusammen und forderte den siebenfachen Sieger des Western States 100 mit seinen eigenen transportablen Trail-Muffins heraus.

ZUTATEN

250 ml (1 cup) Weiß- oder Vollkornmehl
125 ml (½ cup) Haferflocken
Honig nach Belieben
Zimt nach Belieben
¾ TL Backpulver
¼ TL Salz
2 Eier (können durch Joghurt ersetzt werden)
1 große geraspelte Möhre
1 überreife Banane, zermatscht
180 ml (¾ cup) Apfelmus
1 cup Quinoa, gekocht
1 TL Vanille
4 EL Rosinen
4 EL gehackte Nüsse: Cashewnüsse oder Mandeln passen super!
4 EL getrocknete Feigen
Ziegenkäse (optional)

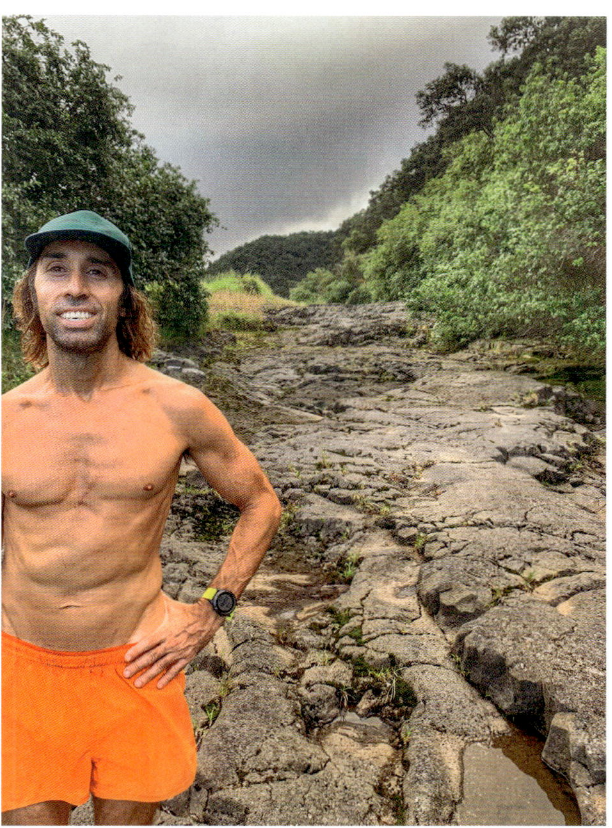

ZUBEREITUNG

- Ofen auf 180 °C vorheizen.
- Eine Muffinform großzügig mit Kochspray einsprühen.
- In einer großen Schüssel die trockenen Zutaten vermengen.
- In einer mittelgroßen Schüssel die nassen Zutaten vermengen.
- Das Nasse ins Trockene gießen und glatt rühren.
- Rosinen, Nüsse und Feigen unterheben.
- Teig in die Muffinform geben.
- Ziegenkäse zu Kügelchen formen und in den Teig drücken, bis der Käse untergetaucht ist.
- Ca. 25 Minuten backen.

Margots Lachs-Jerky

Margot Watters ist nicht nur eine Weltklasse-Ausdauersportlerin, sondern auch eine erfinderische Hobbyköchin, die ihre eigene Sportlernahrung kreiert. Als wir eine schmackhafte Alternative zu den zuckerhaltigen Energieriegeln brauchten, haben wir sie beauftragt, ein Rezept für Jerky (Dörrfleisch) zu kreieren, das leicht zuzubereiten ist. Margot hat ein Meisterwerk geliefert.

ZUTATEN

600 g Lachs mit oder ohne Haut
125 ml (½ cup) Sojasauce
1 TL Melasse oder Zuckerrübensirup
1 EL Zitronensaft (frisch gepresst)
2 TL frisch gemahlener schwarzer Pfeffer
1 TL Flüssigrauch (nur bei Zubereitung im Ofen oder Dörrgerät)
Flüssigrauch (auch: Liquid Smoke) ist in der Grillabteilung einiger Supermärkte zu finden. Zur Herstellung wird der Dampf eines Holzfeuers kondensiert, gefiltert, destilliert und in Fläschchen abgefüllt.

ZUBEREITUNG

- Lachs 30 Minuten lang ins Tiefkühlfach legen, damit er sich leichter schneiden lässt.
- Sojasauce, Melasse, Zitrone, Pfeffer und Flüssigrauch (falls verwendet) in einer Schüssel vermengen und beiseite stellen.
- Lachs aus dem Gefrierfach nehmen und längs in 0,5 cm dicke Streifen schneiden. Dann die Streifen in 8 – 10 cm lange Stücke zerteilen.
- Lachs in eine große Gefriertüte mit Zipper geben und mit der Marinade übergießen.
- Gut vermengen und 4 Stunden lang oder über Nacht kühl stellen.
- Lachs in einem Sieb gut abtropfen lassen und mit Küchenpapier trocken tupfen.

TROCKNUNG

- *Hinweis:* Das Jerky lässt sich im Backofen, Dörrgerät oder Smoker zubereiten, je nachdem, was zur Verfügung steht.
- Bei allen drei Methoden wird der Lachs dehydriert und nicht gegart. Deshalb: Lachsstreifen möglichst mit Abstand auslegen, damit sich die Luft drum herumbewegen kann. Lachs herausnehmen, wenn er trocken und gut kaubar ist, nicht wenn er hart wird. Da bei jeder Trockenmethode die Zeiten anders sind, achtest du am besten genau auf den Trockenfortschritt, damit du keinen ausgetrockneten, knusprigen Dörrfisch bekommst.
- Dörrgerät: 3 – 4 Stunden bei 60 °C (oder nach Herstellerangaben).
- Smoker: Temperatur möglichst bei 90 °C halten, bis der Lachs getrocknet, aber noch kaubar ist. 3 – 4 Stunden räuchern. Die Marinade braucht bei Trocknung im Smoker keinen Flüssigrauch.
- Backofen: Auf niedrigste Stufe (80 – 90 °C) stellen. Lachs auf einem mit Backpapier oder Silikonmatte ausgelegtem Backblech ausbreiten. 3 – 4 Stunden trocknen, zwischendurch einmal wenden.
- Das Jerky ist luftdicht verpackt mehrere Wochen haltbar.

Veganes Pemmikan

Von diesen leckeren Pemmikan-Bällchen solltest du zu Hause wie unterwegs immer einen Vorrat haben. Pack sie dir bei Langstreckenläufen als Proviant ein.

ZUTATEN

125 ml (½ cup) Mandelmehl oder Maismehl
30 ml (⅛ cup) gemahlene Leinsaat
125 ml (½ cup) Haferflocken
60 ml (¼ cup) Trockenfrüchte (z. B. Heidelbeeren, Feigen, Kirschen, Preiselbeeren, Rosinen. Experimentiere mit deiner eigenen Mischung.)
1 Ei
3 EL erwärmtes Kokosöl
2 EL flüssiges Süßungsmittel: Honig, Agavendicksaft, Ahornsirup

ZUBEREITUNG

- Ofen auf 165 °C vorheizen.
- Zutaten vermengen.
- Muffinförmchen bis zur Hälfte füllen.
- Bei 165 °C 15 bis 20 Minuten backen.

Hinweis:
Keine Sorge, wenn das frisch gebackene Pemmikan krümelig wirkt. Beim Abkühlen wird es noch fester.

Margots Dattel-Bomben

Die »Frucht der Könige« ist reich an Ballaststoffen und enthält doppelt so viel Kalium wie die Banane. Ihr hoher Fruchtzuckergehalt macht sie zu einem idealen Energie-Booster in einer intensiven Trainingseinheit. Auf langen Trailläufen liefert die Walnussfüllung so mehr Omega-3-Fettsäuren, als man in jeder anderen Nussschale findet.

ZUTATEN

Ganze Datteln
Walnusshälften

ZUBEREITUNG

- Datteln an einer Seite längs aufschneiden.
- Je ein Walnussstück hineinstecken.
- In Plastiktüte verstauen.

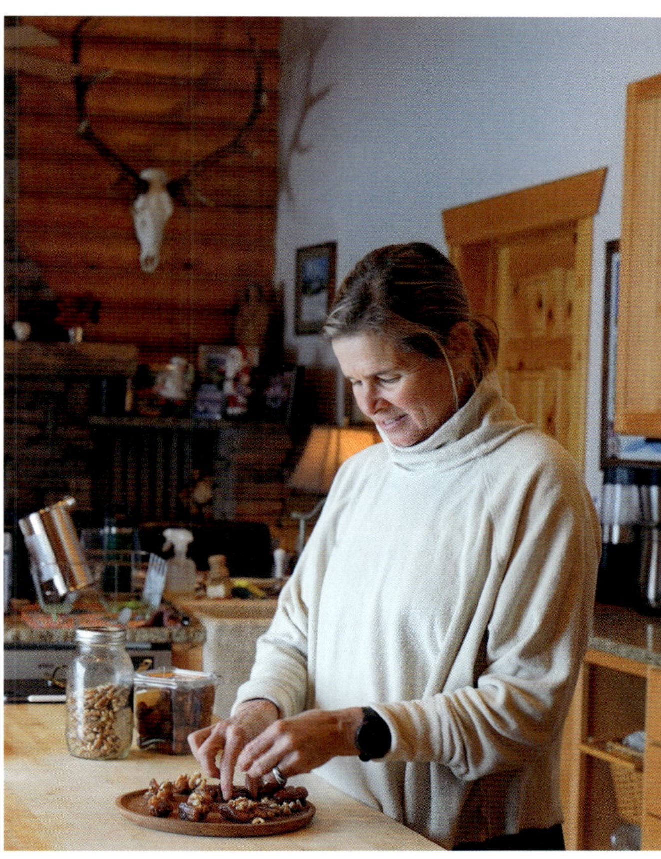

LUCY BARTHOLOMEW UND DIE KAMMER DER SPEISEN

Die Australierin Lucy Bartholomew begann im irrwitzig frühen Alter von 15 Jahren mit dem Ultralauf, vor allem, weil sie es leid war, auf ihren Vater zu warten. Lucy half beim ersten 100-km-Lauf ihres Vaters, aber statt sich im Auto von einer Verpflegungsstation zur anderen mitnehmen zu lassen, rannte sie los und schlug sich durch die Wälder, um ihm voraus zu sein.

»Ich hatte alles für ihn bereitgelegt, und dann kam er an und sagte: ›Oh, Luce, da war so ein Hügel und so eine Treppe‹«, erinnert sie sich. »Und ich hab gesagt: ›Ja, da bin ich eben auch hoch.‹« Währenddessen fragte der Rennleiter herum: »Wer ist denn dieses blonde Mädchen, das hier überall auftaucht?«

Lucy stieg rasch in die Reihen der weltbesten Ultraläuferinnen auf, bekam schon als Teenager einen Sponsorenvertrag mit Salomon und belegte bei ihrer ersten Teilnahme beim Kronjuwel aller Wettläufe, dem Western States 100, den dritten Platz. Aber insgeheim forderten Ruhm und Ehrgeiz ihren Tribut. Lucys Antritt beim Western States lockte Legionen neuer Fans an. Viele von ihnen meinten, Lucy wissen lassen zu müssen, was sie von ihrem Körper hielten. Sie wussten ja nicht, dass ihr Idol im Alter von zwölf Jahren unter einer Essstörung gelitten hatte und dass sie mit ihrem Trommelfeuer aus kritischer Online-Aufmerksamkeit eine weitere Episode mit auslösten.

»Wenn du eine Sportlerin mit einem gefährlich niedrigen Gewicht bist, kommen Leute und sagen: ›Du siehst toll aus!‹«, erzählt mir Lucy. »Plötzlich sind da 50 000 Menschen, die über dich schreiben, die *dir* schreiben, die dein Aussehen kommentieren, die dich pummeliger als vorher finden, die einen Zusammenhang zwischen deinen Zeiten und deinem Gewicht herstellen, die dir sagen, was du essen und wie du aussehen sollst.«

Lucy befand sich in einer gefährlichen Spirale, aus der sie erst ausbrach, als sie sich versehentlich für ein fünftägiges Retreat in Nepal anmeldete, ohne zu wissen, dass es ein Schweige-Retreat war. »Typisch Lucy«, meint sie. »Ich dachte, ich würde lustig durch den Himalaja rennen, aber kaum war ich angekommen, haben sie mir meine Ausrüstung abgenommen, mir so ein buddhistisches Gewand verpasst und mich auf eine Matte gesetzt.«

Dazusitzen, ganz allein mit ihren Gedanken, war brutal. »Dein Verstand denkt sich alle möglichen Geschichten darüber aus, wer du bist, das ist genauso schlimm wie Online-Kommentare lesen.«

Aber allmählich sah sie auch eine andere Seite. »Mir ist klar geworden, dass ich mehr bin als nur das Laufen«, sagt sie. »Bei Ultraläufen lernen wir zu lächeln und uns nichts anmerken zu lassen, solange es irgendwie geht. Aber dieser Ansatz hat mir einen schlechten Gesundheitszustand beschert. Alle haben mir gesagt: ›Du lebst doch deinen Traum!‹ Na ja, wisst ihr überhaupt, was mein Traum ist …?«

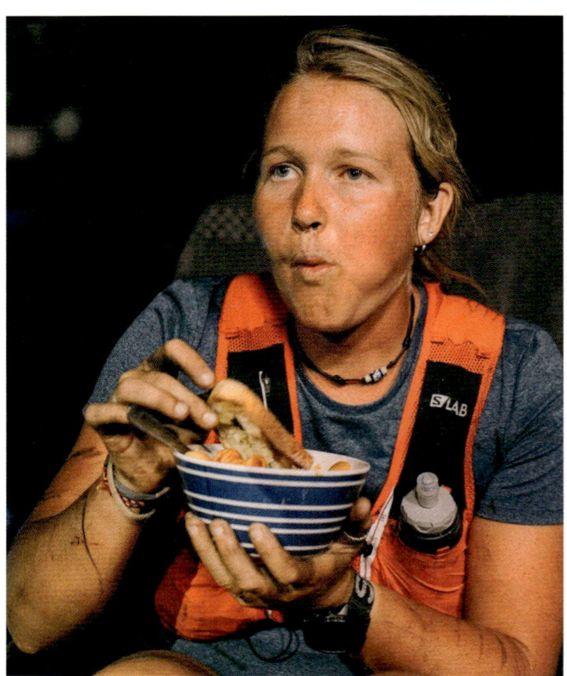

Bei Ultramarathons isst Lucy Bartholomew lieber was Richtiges statt zuckriger Gels.

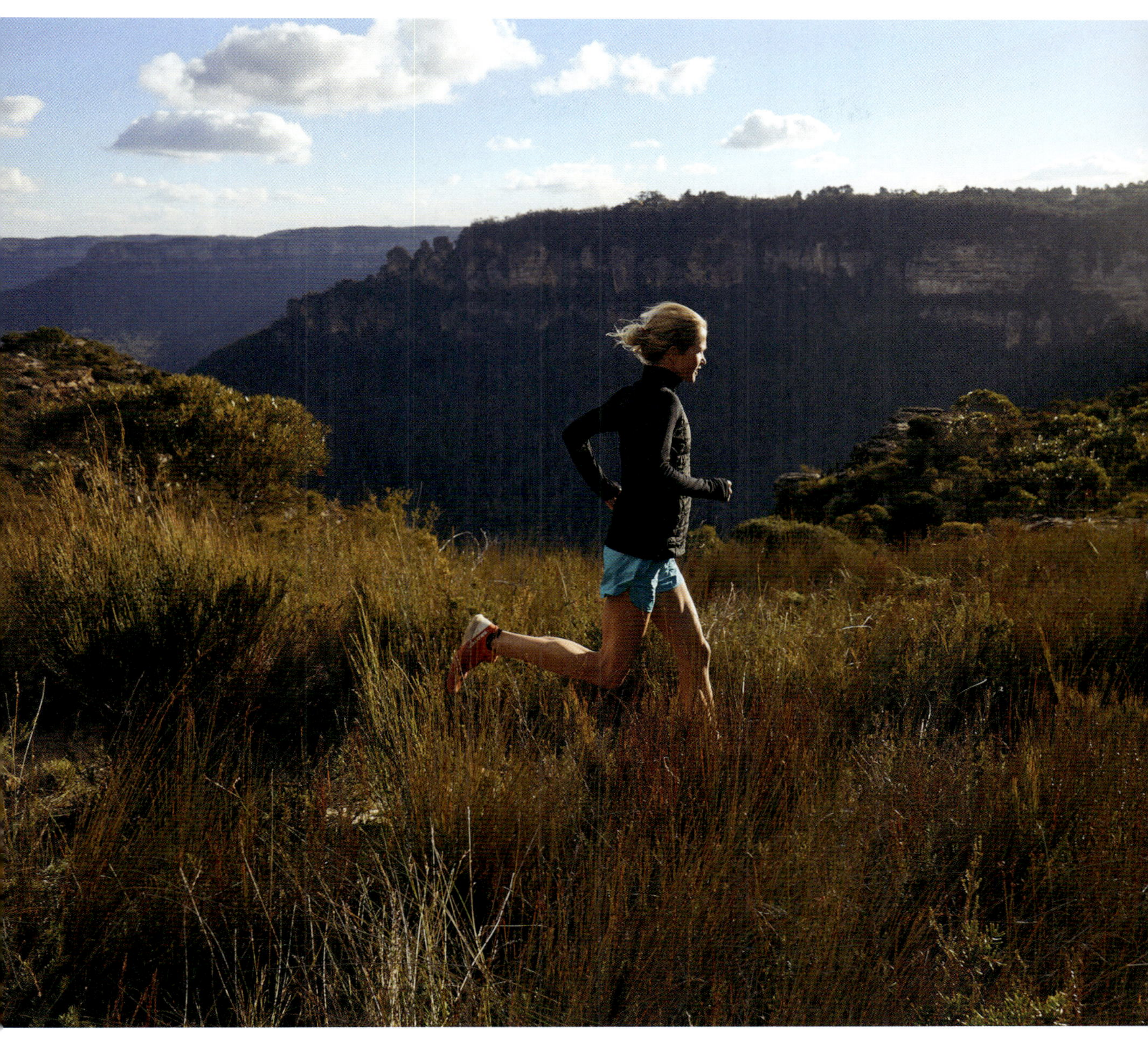

Heute betrachtet Lucy Essen als eine Kraftquelle. Wenn sie in ihren Vorratsschrank schaut, sieht sie Potenzial, denn je besser man isst, desto mehr kann man schaffen und desto weiter kommt man. Lucy betrachtet jetzt kochen als Vergnügen und essen als Abenteuer. Ihre Rezepte hat sie in einem Kochbuch mit dem Titel *Sustain Your Ability* gesammelt, das man herunterladen kann. Sie selbst ist Veganerin, aber allen, die nach Lucy-Art kochen – und leben – wollen, rät sie:

»Ich möchte, dass ihr erfolgreich und glücklich lebt. Wenn ihr noch Zutaten ergänzen möchtet, dann macht das so, wie es für euch stimmt. Das kann ich nicht oft genug sagen.«

Süßkartoffel-Dattel-Schnitten

»Das ist der erste Trail-Snack, den ich je gemacht habe«, sagt Lucy. »Ich mag, dass sie nicht wahnsinnig süß sind, sondern mit ihren Süßkartoffeln, Nüssen und Saaten einfach sättigend. Kurkuma ist super bei Entzündungen und wird zusammen mit schwarzem Pfeffer noch besser aufgenommen, und der Ingwer beruhigt beim Laufen den Magen.«

ZUTATEN

½ mittelgroße Süßkartoffel, gedämpft und geschält
125 ml (½ cup) Cashewnüsse
125 ml (½ cup) Mandeln
4 Datteln
60 ml (¼ cup) gehackte Trockenfrüchte
(Lucy: »Am liebsten Cranberries und getrocknete Ingwerstücke.«)
1 TL Salz
2 EL erwärmtes Kokosöl
2 EL Kakaopulver
2 EL Chiasamen, weich gequollen
2 TL gemahlener Ingwer und/oder Zimt
1 TL Kurkumapulver
Schwarzer Pfeffer, frisch gemahlen

ZUBEREITUNG

- Alle Zutaten im Mixer gründlich pürieren.
- Ein Backblech mit Backpapier auslegen und die Mischung darauf glatt streichen.
- Bis zu 12 Stunden ins Tiefkühlfach stellen.
- In Stücke schneiden und einzeln in Gefriertüten mit Zipper einpacken.

Hinweis:
Die Schnitten schmecken am besten gekühlt. Wenn du bei wärmerem Wetter damit laufen gehst, schmilzt das Kokosöl, und die Schnitten werden zu einem köstlichen Brei.

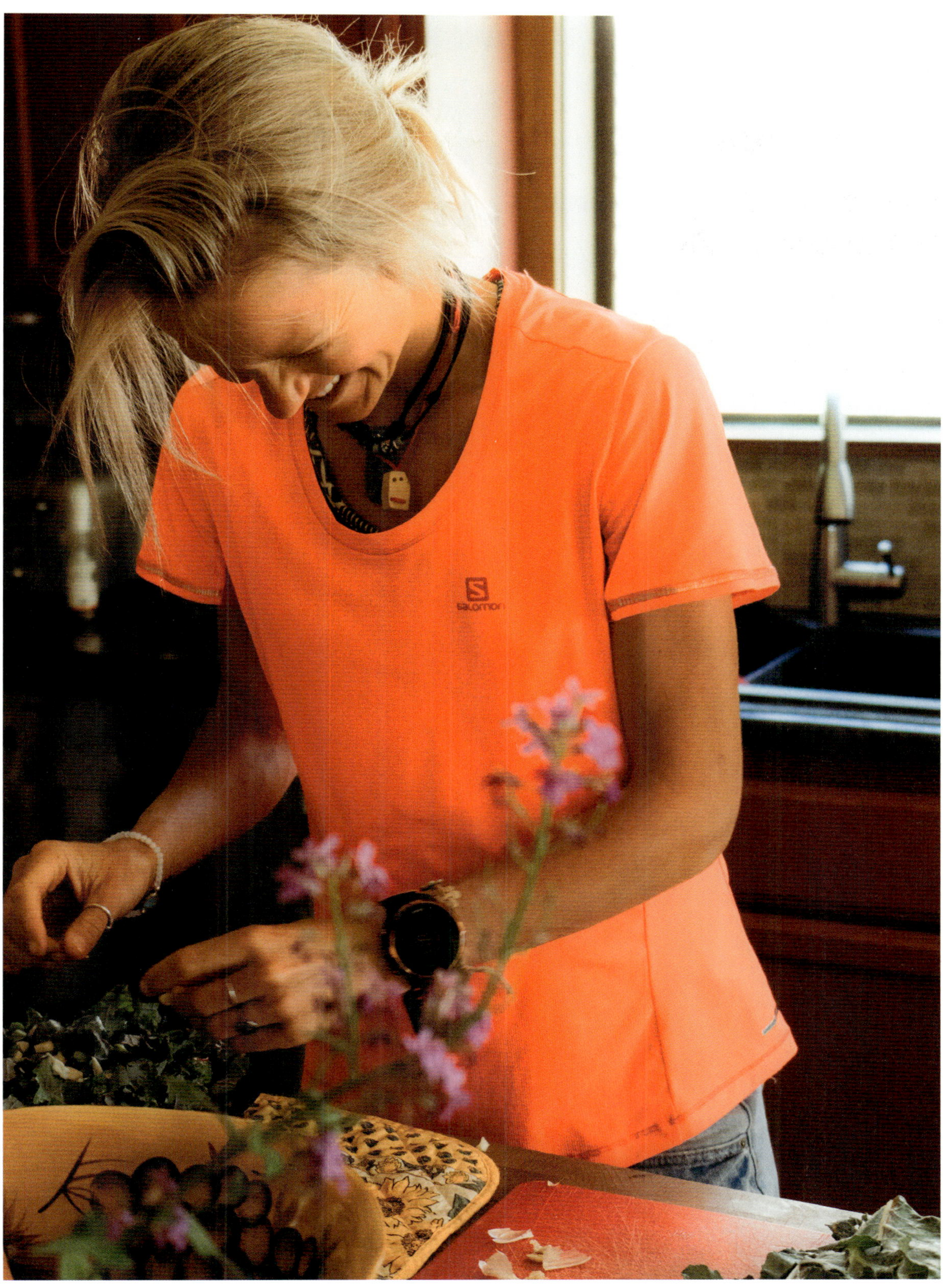
salomon

Kürbis-Mandel-Brownies

»In meinem Kochbuch stehen einige große Gerichte mit Kürbis. Ich liebe Kürbis. Er ist das Gemüse, das sich auf dem Küchentisch am schönsten macht. Oft habe ich eine Menge davon übrig. Dieses Rezept ist perfekt, um gegarten Kürbis zu verwerten.«

ZUTATEN

Pulpe von »hausgemachter Mandelmylch«
(siehe Rezept auf S. 81)
125 ml (½ cup) Kürbis, geschält, entkernt, gedämpft und püriert ODER Kürbispüree aus der Dose
1 TL Salz
60 ml (¼ cup) Ahornsirup
125 ml (½ cup) Kakaopulver
3 gehäufte TL gemahlene Leinsaat
250 ml (1 cup) Mandelmilch
125 ml (½ cup) Datteln, 10 Minuten in heißem Wasser eingeweicht
125 ml (½ cup) Dattel-Einweichwasser
2 TL Zimt
250 ml (1 cup) Hafermehl
2 TL Backpulver
Nach Belieben: gehackte Nüsse, Schoko-Tropfen, Kokosraspeln, entweder untergemischt oder als Topping

ZUBEREITUNG

- Backofen auf 180 °C vorheizen.
- Alle Zutaten fein pürieren.
- Teig in ein gefettetes Brownie-Blech füllen.
- Optionale Zutaten einrühren oder darüberstreuen.
- 30 Minuten backen. Etwas länger, wenn es fester werden soll.
- Ein Messer hineinstechen. Wenn es sauber herauskommt, sind die Brownies fertig.
- 10 Minuten im Blech abkühlen lassen.
- Zerschneiden und genießen.

Lucys Lamington-Leckerlis

»Der Lamington ist ein mit Schokoladenguss und Kokosraspeln glasierter Biskuitkuchen. Wir Australier sind mit Neuseeland uneins darüber, wer dieses köstliche Meisterwerk geschaffen hat. Jedenfalls haben diese Leckerlis die gleiche Schoko-Kokos-Qualität und sind bei uns im Haus äußerst beliebt!«

ZUTATEN

500 ml (2 cups) Datteln, 10 Minuten lang in heißem Wasser eingeweicht und abgetropft
125 ml (½ cup) Kakaopulver
1 TL Salz
Pulpe von »hausgemachter Mandelmylch«
2 TL Zimt
250 ml (1 cup) Haferflocken
125 ml (½ cup) gehackte Mandeln
125 ml (½ cup) Kokosraspeln zum Darin-Rollen

ZUBEREITUNG

- Alle Zutaten außer Mandeln und Kokosraspeln in den Mixer geben und fein mixen. Wenn die Mischung noch feucht ist, weitere 60 ml (¼ cup) Haferflocken hinzufügen.
- Masse in eine Rührschüssel geben und die gehackten Mandeln unterrühren.
- 1 EL Masse abnehmen und mit feuchten Händen zu einer Kugel rollen. Dann in den Kokosraspeln rollen, bis sie gleichmäßig beschichtet ist.
- In einen luftdichten Behälter packen und im Tiefkühlschrank aufbewahren. Mindestens 10 Minuten vor dem Essen auftauen.

Lucys hausgemachte Mandelmylch

Wenn du fertige Mandelmilch kaufst, entgeht dir das Beste daran. »Die dicke Paste, die nach dem Sieben der Milch übrig bleibt, nennt sich Pulpe und hat viele Gutes und Nahrhaftes«, sagt Lucy. »Nicht wegwerfen! Man kann sie einfrieren, wenn man sie nicht gleich verwendet. Mit der Paste kann man tolle Trail-Snacks backen.«

ZUTATEN

250 ml (1 cup) rohe Mandeln, über Nacht eingeweicht
750 ml (3 cups) Wasser
1 Prise Salz
1 Dattel, entsteint (optional)

ZUBEREITUNG

- Alle Zutaten in den Mixer geben und 2 Minuten auf höchster Stufe mixen.
- Durch ein sauberes Tuch in eine große Schüssel abseihen.
- Die Milch in ein Weckglas gießen.
- Pulpe separat aufbewahren.

Arnulfos stärkende *Pozole* mit gegrilltem Grünkohl

Tragischerweise brachte ich nur Mamá Titas Pfannkuchenrezept aus den Barrancas del Cobre mit nach Hause, dabei hätte ich mich lieber für ihre *Pozole* interessieren sollen. Nachdem ich ein paar Jahre lang versuchte, das Gericht aus dem Gedächtnis zu rekonstruieren, bin ich auf diese Version gekommen, die zumindest ein würdiger Ersatz ist. Ein perfektes Schmorgericht, das du am besten am Sonntagvormittag zubereitest, sodass es dich erwartet, wenn du von einem langen Sonntagnachmittagslauf zurückkehrst.

Eine fleischlose Variante bekommst du, indem du statt Rindfleisch gegrillte Auberginen und/oder Champignons und statt Rinderbrühe Gemüsebrühe verwendest.

ZUTATEN

2,3 kg Schweinenacken mit Knochen
Chipotle-Schoten in Adobo-Sauce
350 ml dunkles Bier oder billiger Rotwein
1 große Dose Tomatenstücke
1 Gemüsezwiebel, gehackt
Ordentlich gehackter Knoblauch
350 ml Rinderbrühe
Salz und Pfeffer zum Abschmecken
Später:
Zuckerfreie BBQ-Sauce, fertig gekauft oder selbst gemacht
1 Dose mexikanischer Mais (»Maiz blanco« oder »Maiz pozolero«. Zur Not auch normaler Dosenmais.)
Zerkleinerter Grünkohl
Nach Belieben: Limette, Koriander, Sauerrahm

MIT FLEISCH IM SLOW COOKER

- Lege den Schweinenacken in den größten Slow Cooker, den du in die Finger kriegen kannst.
- Füge alle anderen Zutaten außer dem Mais hinzu.
- Stelle den Slow Cooker auf HIGH und lasse ihn 3 Stunden oder so lange garen, bis sich das Fleisch leicht vom Knochen lösen lässt.
- Das Fleisch aus der Brühe nehmen und in eine große Schüssel geben. Mit zwei Gabeln den Knochen auslösen und entsorgen.
- Das Fleisch zerkleinern. Hebe die Schüssel über den Cooker, drücke mithilfe eines Schaumlöffels so viel Saft wie möglich aus dem Fleisch und lasse ihn in den Cooker tropfen.
- Heize den Ofengrill auf höchster Stufe vor.
- Vermenge das zerkleinerte Schweinefleisch mit BBQ-Sauce.
- Verteile das Fleisch auf einem Backblech und schiebe es etwa 5 Minuten lang unter den Grill, bis es ein wenig ansengt.
- Während das Schweinefleisch knusprig geröstet wird, gibst du den Mais in den Slow Cooker und rührst gut um.
- Drehe den Slow Cooker auf LOW herunter.
- Schau nach dem Fleisch. Wenn du das Gefühl hast, dass es ein wenig angesengt, aber nicht vertrocknet ist, nimm es aus dem Grill heraus, *aber lass den Grill an*.
- Fleisch zurück in den Slow Cooker geben.
- Weitere 30 Minuten lang oder bis zum Essen köcheln lassen.
- Grünkohl auf dem gleichen Backblech verteilen und in 2 – 4 Minuten lang unter dem Grill knusprig rösten.
- Grünkohl herausnehmen und in einer Schüssel beiseite stellen.
- Pozole in Schüsseln füllen und mit einer beliebigen Kombination aus Limette, Koriander, Sauerrahm und gegrilltem Grünkohl garnieren.

OHNE FLEISCH IM SLOW COOKER

- Einen großen Slow Cooker zur Hälfte mit allen Zutaten außer dem Fleisch und dem Mais füllen. Statt Fleischbrühe Gemüsebrühe verwenden.
- Slow Cooker auf HIGH stellen und den Eintopf garen lassen.
- Den Ofen auf 200 °C vorheizen.
- Zwei kleine oder eine große Aubergine in Stücke schneiden und mit einer Packung Champignons auf einem oder zwei Backblechen verteilen.
- Gemüse etwa 15 Minuten lang backen.
- Aus dem Ofen nehmen und in den Slow Cooker geben.
- Mais einrühren, weitere 30 Minuten köcheln lassen.

- Auf demselben Backblech den zerkleinerten Grünkohl verteilen und 2 – 4 Minuten unter dem Grill knusprig rösten.
- Grünkohl aus dem Ofen holen und in einer Schüssel bereit stellen.
- Pozole in Schüsseln füllen und mit einer beliebigen Kombination aus Limette, Koriander, Sauerrahm und gegrilltem Grünkohl garnieren.

ZUBEREITUNG OHNE SLOW COOKER

- Falls kein Slow Cooker zur Hand ist, nimmst du einfach einen großen Bräter oder Topf mit Deckel und bereitest die Pozole auf dem Herd zu. Du musst dazu nur herausfinden, auf welcher Stufe die Brühe ganz sachte köchelt und wie lange das Fleisch garen muss, das ist von Herd zu Herd und von Topf zu Topf verschieden. (Anm. d. Ü.)

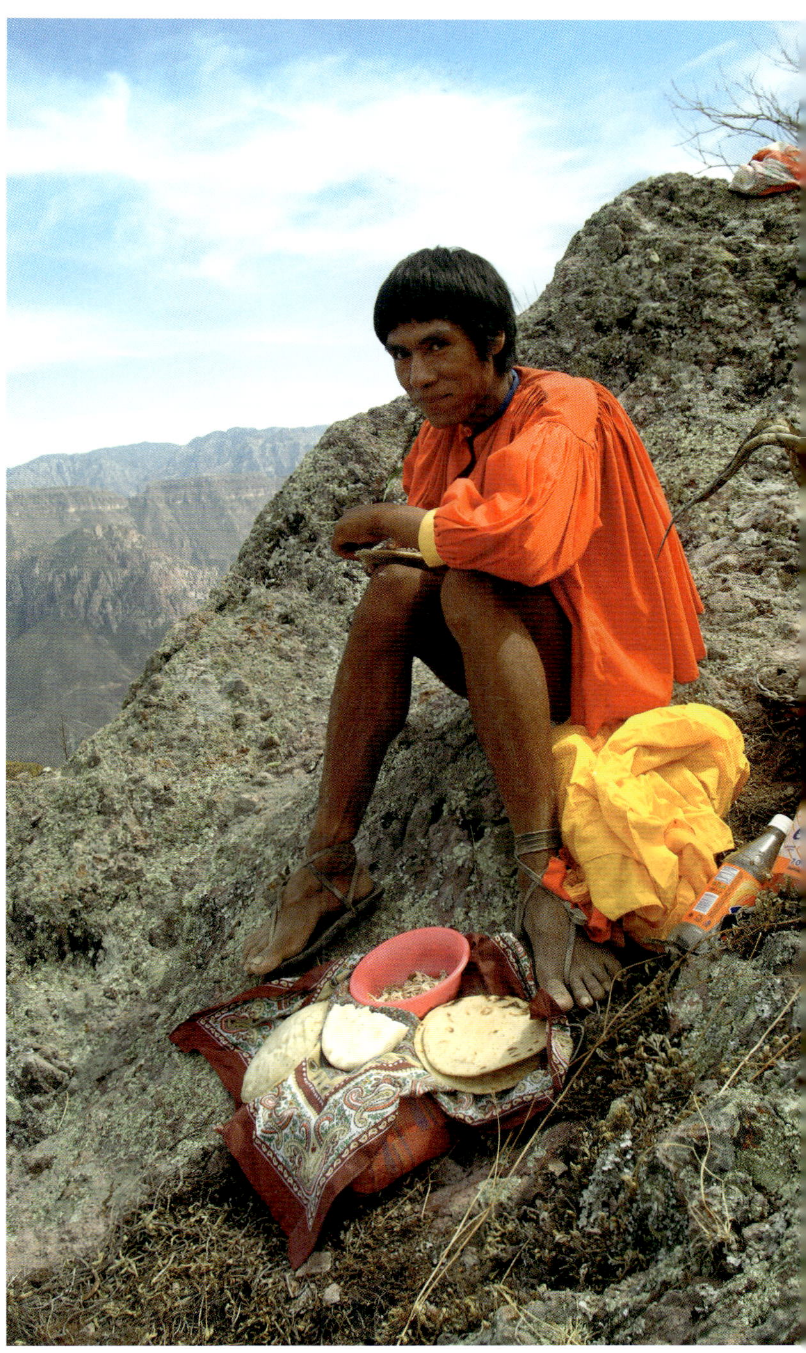

Pinole-Energieriegel

Als ich bei Arnulfos Haus am Grund des Canyons ankam, bot er mir eine Tasse milchigen Gebräus an, das er aus einem 10-l-Farbeimer geschöpft hatte. Ich hatte keine Ahnung, was das war. Es dauerte ein paar Schlucke, bis mir klar wurde, dass es sich um Pinole handelte, das traditionelle Maisgetränk, das den Rarámuri seit Jahrhunderten Flügel verleiht.

Caballo Blanco war bereits ein Fan davon, bevor er in die Barrancas kam, denn beim Leadville Trail 100 im Jahr 1994 hatte er völlig baff mitangesehen, wie die Rarámuri-Läufer durch die Rockies stürmten und sich dabei mit einer Handvoll Pinole aus der Gürteltasche stärkten. Nachdem Caballo in die Heimat der Rarámuri gezogen war, folgte er ihrem Beispiel und steckte sich vor jedem seiner epischen Streifzüge durch die Schluchten eine Tüte Pinole in die Tasche.

Was hat es nun mit Pinole auf sich? Es ist im Grunde nur geröstetes Maismehl, aber mit einer Besonderheit: Wenn es aus alten Sorten mit niedrigem glykämischen Index hergestellt wird, liefert Pinole eine komplexe Kohlenhydrat-Kombination, die den idealen Mix zwischen schnell und langsam verbrennenden Nährstoffen bietet. Unsere erste Wahl ist Pinole Blue, weil es aus traditionellen Sorten hergestellt wird, die so gesund sind wie Blaubeeren, aber auch weil Gründer Eddie Sandoval mit Pinole aufgewachsen ist. Sein Vater war nämlich ein mexikanischer Straßenarbeiter in Kansas. Seinen ersten Sack mit blauem Mais bekam Eddie von einem Cousin aus Chihuahua herangekarrt.

Unser Rezept für diesen fantastischen Energieriegel basiert auf einem Rezept von Andrew Olson, einem Trailrunner, der als *The One Ingredient Chef* bekannt ist.

ZUTATEN

2 TL Chiasamen, in 4 TL Wasser eingeweicht
320 g (2 cups) Original Blue Corn Pinole (Andrew macht sein Pinole am liebsten selbst, indem er Maismehl – *masa harina* – in der Pfanne röstet)
115 g (½ cup) gehackte Datteln
125 ml (½ Tasse) Wasser
3 EL Honig (Andrew bevorzugt braunen Reissirup)
1 Prise Zimt

ZUBEREITUNG

- Backofen auf 180 °C vorheizen.
- Chiasamen einige Minuten einweichen. Sobald sie weich sind, alle Zutaten in die Küchenmaschine oder den Mixer geben.
- Zu einer dicken Paste pürieren. Bei Bedarf Wasser oder Pinole zufügen.
- Teig zu 4 – 5 Keksen formen.
- Auf einem beschichteten Blech oder Backpapier ca. 10 – 12 Minuten oder so lange backen, bis sich außen eine knusprige, braune Kruste bildet.
- Herausnehmen und abkühlen lassen.
- Andrew: »Ich schneide sie gerne in zwei Halbmonde und esse die eine Hälfte vor dem Lauf und die andere, wenn ich nach Hause komme. Bei langen Läufen wickle ich die zweite Hälfte in Folie ein und esse sie unterwegs. Für den Verzehr zu Hause empfehle ich dringend Erdnussbutter als Belag, dann wird's extra lecker.«

Atole de Pinole zum Auftanken nach dem Lauf

Ernährungswissenschaftler haben vor Kurzem erst bewiesen, was mexikanische Bäuerinnen und französische Radfahrer schon seit Langem wissen: Kaffee hilft bei der Muskelregeneration. Aus diesem Grund beendet man jede Etappe eines mehrtägigen Radrennens mit einem dampfenden, gut gezuckerten Café au Lait: Die Bioaktivstoffe im Kaffee kurbeln den Glukosestoffwechsel an und füllen die Treibstoffspeicher für das Training am nächsten Tag. In Chihuahua ist das Getränk der Wahl vor und nach harten Arbeitstagen *Atole*, ein Gebräu aus Pinole, das sowohl eisgekühlt als auch heiß schmeckt. Traditionell wird Atole mit löslichem Kaffee und Kondensmilch hergestellt, in unserer Version kommen dafür Espresso, Kurkuma, Honig und Mandelmilch zum Einsatz. Das Ergebnis enthält weniger Zucker, hemmt Entzündungen und ergänzt wunderbar den nussigen Pinole-Geschmack.

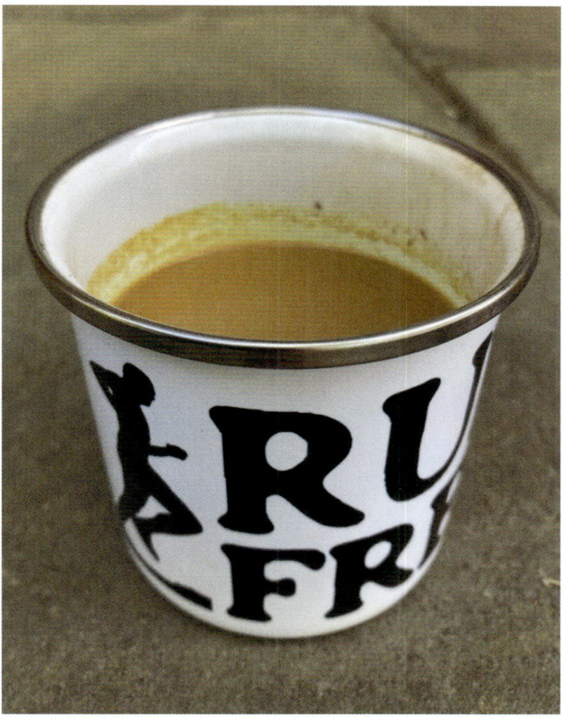

ZUTATEN

500 ml (2 cups) Wasser
2 TL Original Blue Corn Pinole (oder ein beliebiges Pinole)
1 TL Kurkuma-Pulver
Honig nach Belieben
250 ml (1 cup) Mandelmilch
(siehe Lucys Mandelmylch, S. 81)
2 Espressi (oder anderen Kaffee)

ZUBEREITUNG

- Wasser in einem mittelgroßen Topf erhitzen.
- Pinole in einer Schüssel mit etwas kaltem Wasser vermengen und zu einer glatten Paste verquirlen.
- Pinole-Paste in das kochende Wasser geben und gut verquirlen.
- Auf ein Köcheln herunterschalten. Weiter quirlen, bis sich das Pinole größtenteils aufgelöst hat und das Wasser um die Hälfte reduziert ist.
- Unter ständigem Rühren Kurkuma und Honig hinzufügen, dann Mandelmilch und Espresso.
- Kurz köcheln lassen, bis alles vermischt ist.
- In einen Becher oder auf Eis gießen und genießen.

Iskiate

Zum ersten Mal wurde mir *Iskiate* oder *Chia fresca* im Schulhaus der Rarámuri angeboten, kurz bevor wir unseren langen, heißen Aufstieg aus dem Canyon begannen. Insgeheim hatte ich vor, den verbeulten Blechbecher, der mir gereicht wurde, bei der ersten Gelegenheit hinter einen Kaktus zu kippen, denn diesen dubios aussehenden Schleim würde ich auf keinen Fall trinken.

Damals kannte man Chiasamen in der Außenwelt nur als Verlegenheitsgeschenk, das man bekam, wenn unter fünf Dollar gewichtelt wurde. Niemand verzehrte sie – außer den Rarámuri, die sie seit Jahrhunderten zur Herstellung ihres eigenen Wundertrunks verwendeten. Was für einen Schatz ich in der Hand hielt, merkte ich glücklicherweise, bevor ich den Becher fallen ließ.

Ich erinnerte mich, dass sich im 19. Jahrhundert ein Abenteurer namens Carl Lumholtz in derselben Situation befand wie ich. »Ich erreichte eines späten Nachmittags eine Höhle, in der eine Frau gerade selbiges Getränk zubereitete«, schreibt Lumholtz. »Ich wusste vor lauter Erschöpfung nicht, wie ich noch den Berghang zu meinem Lager emporsteigen sollte, das etwa 2000 Fuß über mir lag. Aber nachdem ich Hunger und Durst mit etwas *Iskiate* gestillt hatte«, fährt er fort, »verspürte ich sofort neue Kraft und erklomm zu meinem eigenen Erstaunen ohne große Anstrengung die enorme Höhe. Fortan fand ich in *Iskiate* immer einen Helfer in der Not, so stärkend und erfrischend, dass ich es beinahe als Entdeckung bezeichnen mag.«

So winzig Chiasamen auch sind, stecken sie doch voller nahrhafter Aminosäuren und Antioxidantien. Aztekische Läufer kippten einst eine Portion Chia, bevor sie in die Schlacht zogen, ebenso wie die Hopis, wenn sie zu sagenhaften Läufen von Arizona bis zum Pazifik aufbrachen. Nichts tankt dich mit so wenig Aufwand besser auf als ein zitrusfrischer Becher *Iskiate*.

ZUTATEN

2 EL Chiasamen
500 ml (2 cups) Wasser
Limettensaft
1 EL Honig

ZUBEREITUNG

- Chiasamen ein paar Minuten einweichen.
- Wasser zugeben und mit einem ordentlichen Spritzer Limette und einem Tropfen Honig versetzen.
- Umrühren, kühl stellen und genießen.
- Perfekt für befüllbare Geltuben.

Switchel, das amische Sportgetränk

Nicht ohne Lokalstolz habe ich vernommen, dass Scott Jurek bei seinem Rekordlauf über den Appalachian Trail kurz hinter der Grenze zu meinem Heimatstaat Pennsylvania von einem alten Farmer am Streckenposten begrüßt wurde. Der Alte reichte ihm einen merkwürdigen Krug mit Selbstgebrautem und hieß ihn austrinken.

Scott hatte noch nie von Switchel gehört, wie fast jeder, der Strom und Reißverschlüsse benutzt. Meine amischen Nachbarn in Peach Bottom trinken diesen Trunk seit Jahrhunderten, um ihren Durst zu stillen und bei der Feldarbeit munter zu bleiben. Scott fand es »krass waghalsig«, irgendein Zeug aus einem Gefäß ohne Etikett zu trinken, das ihm ein Fremder im Wald reichte. Aber er, als Kind des Mittleren Westens, konnte unmöglich einen alten Farmer enttäuschen, nippte einmal aus Höflichkeit – und war begeistert.

»Der Switchel schmeckte wahnsinnig lecker nach Ingwer und Essig, und nach einem langen, heißen Tag war er genau das Richtige«, schwärmt Scott. Er schätzte das kräftige Aroma, wusste aber auch, dass Ingwerwurzel und Apfelessig hervorragende Entzündungshemmer sind. Allerdings kannte er den feurigen Cousin des Switchels noch nicht, das sogenannte Super Tonic, mit dem die Amischen alle möglichen Beschwerden entlang des gesamten Verdauungstraktes behandeln, von Halsschmerzen bis hin zu Darmproblemen. Ich habe an beidem oft gelitten, und obwohl ich Switchel viel lieber genieße, entfaltet ein Schuss Supertonikum bei solchen Wehwehchen eine zweifellos vulkanische Wirkung.

ZUTATEN

1 Handvoll geriebener Ingwer
250 ml (1 cup) Apfelessig
2 l (8 cups) Wasser
2 EL Honig
Moderne Zugabe nach Belieben:
1 ordentlicher Spritzer Zitrone

ZUBEREITUNG

- Wasser und Ingwer in einen Topf geben und leicht aufwallen lassen. Auf ein Köcheln herunterschalten und den Honig hinzufügen.
- Umrühren und 2 – 3 Minuten köcheln lassen, dann vom Herd nehmen und abkühlen lassen. Ingwer-Honig-Wasser in einen Glaskrug geben.
- Apfelessig und gegebenenfalls Zitronensaft hinzufügen.
- Krug mit Wasser auffüllen.
- Kühl stellen und kalt genießen.

Amisches Supertonikum

ZUTATEN

1 l (4 cups) Wasser
Apfelessig
2 – 3 gehackte Knoblauchzehen
1 gehackte Zwiebel
1 Esslöffel gemahlener roter Pfeffer oder frische Chilischoten
250 ml (1 cup) geriebener Ingwer
250 ml (1 cup) geriebener Meerrettich

ZUBEREITUNG

- Wasser und Ingwer in einen Topf geben. Leicht aufwallen lassen, dann herunterschalten und 2 – 3 Minuten köcheln lassen.
- Ingwerwasser in ein 2-Liter-Weckglas gießen. Knoblauch, Zwiebel, Meerrettich und Paprika hinzufügen. Glas bis zum Rand mit Apfelessig auffüllen.
- Gut umrühren und an einem kühlen, dunklen Ort aufbewahren.
- Sud während der Reifezeit einmal täglich umrühren.
- Nach 2 Wochen ist das Tonikum fertig. In ein sauberes Glas abseihen und, na ja … genießen.

6.4 VERPFLEGUNGSSTATION: GEFAHR IM BLUT

Wenn du das nächste Mal in einer Gruppe läufst, weißt du: Einer oder eine von euch steht, ohne es zu wissen, am Rande einer tödlichen Krankheit, die mit einem Tropfen Blut vereitelt werden kann.

Das ist das russische Roulette, mit dem wir es zu tun haben: Bei einem von drei Menschen wird in den USA Prädiabetes diagnostiziert (in Deutschland geht man von einem von fünf Erwachsenen aus; Anm. d. Ü.), aber die meisten (80 Prozent!) merken das erst, wenn es zu spät ist. Da die Gefahr einer ausgewachsenen Diabeteserkrankung allgegenwärtig ist, solltest du vor Beginn deines 2-Wochen-Tests deinen Langzeit-Blutzucker (HbA1c) entweder hausärztlich bestimmen lassen oder mit einem Selbsttest zu Hause überprüfen.

Wenn man Diabetes rechtzeitig entdeckt, ist er sehr gut behandelbar. Typ 1, auch Jugenddiabetes, genannt, ist ein Gendefekt, der sich typischerweise früh im Leben zeigt. Aber wir interessieren uns für Typ 2, der ernährungsbedingt ist und sich im Laufe der Zeit entwickelt. Bei beiden Krankheitstypen produziert die Bauchspeicheldrüse nicht die zur Verarbeitung des Blutzuckers nötige Insulinmenge. Deshalb müssen viele Diabetiker:innen Insulin spritzen – und Prädiabetiker:innen müssen die Gefahr, in der sie sich befinden, erkennen und etwas dagegen unternehmen.

Da der Langzeitzuckerwert den durchschnittlichen Blutzuckerspiegel eines Zeitraums von drei Monaten anzeigt, eignet er sich perfekt für das 90-Tage-Programm. Zwei Faktoren beeinflussen den Blutzucker: Nahrung mit hohem glykämischen Wert und Bewegung. Beide Faktoren wollen wir mit dem Run-Free-Programm neu einstellen. Mit dem Blutzuckertest bewirkst du zweierlei: Du erfährst dein Risiko für Prädiabetes und legst einen Blutzuckerwert als Basis fest, anhand der du deinen Fortschritt messen kannst. Am Ende deiner 90 Tage hast du dich drei Monate lang gesünder ernährt, hast an deinen Wacklern gearbeitet und bist so viel und intensiv gelaufen wie seit Langem nicht mehr. Der HbA1c-Test danach dürfte für dich ein Spaziergang sein.

Aber ich will ehrlich sein: Meinen eigenen Blutzucker habe ich seit Jahren nicht überprüft, und ich habe gar keine Lust dazu. Ich habe mir vor drei Tagen einen Test aus der Apotheke geholt, und seitdem graut es mir davor. Irgendwie fürchte ich das Ergebnis, weil ich meine Ernährung dieses Jahr habe schleifen lassen. Andererseits ertrage ich den Anblick dieser weißen Schachtel auf meinem Schreibtisch nicht mehr, die mich die ganze Zeit daran erinnert, wie lebensgefährlich harmlose Zimtschnecken sein können.

Ich habe also Verständnis. Wenn ich am Ende dieses Kapitels angelangt bin, höre ich mit der Zögerei auf und verpasse mir den Piks. Denn dafür gibt es vier dringende Gründe:

1. Wenn du dich fragst, wer von euch in der Laufgruppe die Zielscheibe auf dem Rücken hat, dann frage dich: *Bin ich ein Mann? Über 45? Ein bisschen dick? Trainiere ich weniger als dreimal die Woche?* Wenn ja, dann hast du wahrscheinlich schon die Antwort.
2. Hast du Covid gehabt? Wegen der Wirkung des Virus auf die Zellen der Bauchspeicheldrüse steigt damit dein Diabetes-Risiko um 40 Prozent. Das umgekehrte Szenario ist noch schlimmer: Erkrankst du an Diabetes und bekommst dann Covid, ist die Wahrscheinlichkeit größer, dass du schwere Komplikationen erleidest.
3. Viele von uns haben ein erhöhtes Risiko. Wenn du schwarz, latino oder indigen bist, von einer Pazifikinsel stammst oder irgendwo Diabetes in der Familie hast, stehen die Chancen schlechter.

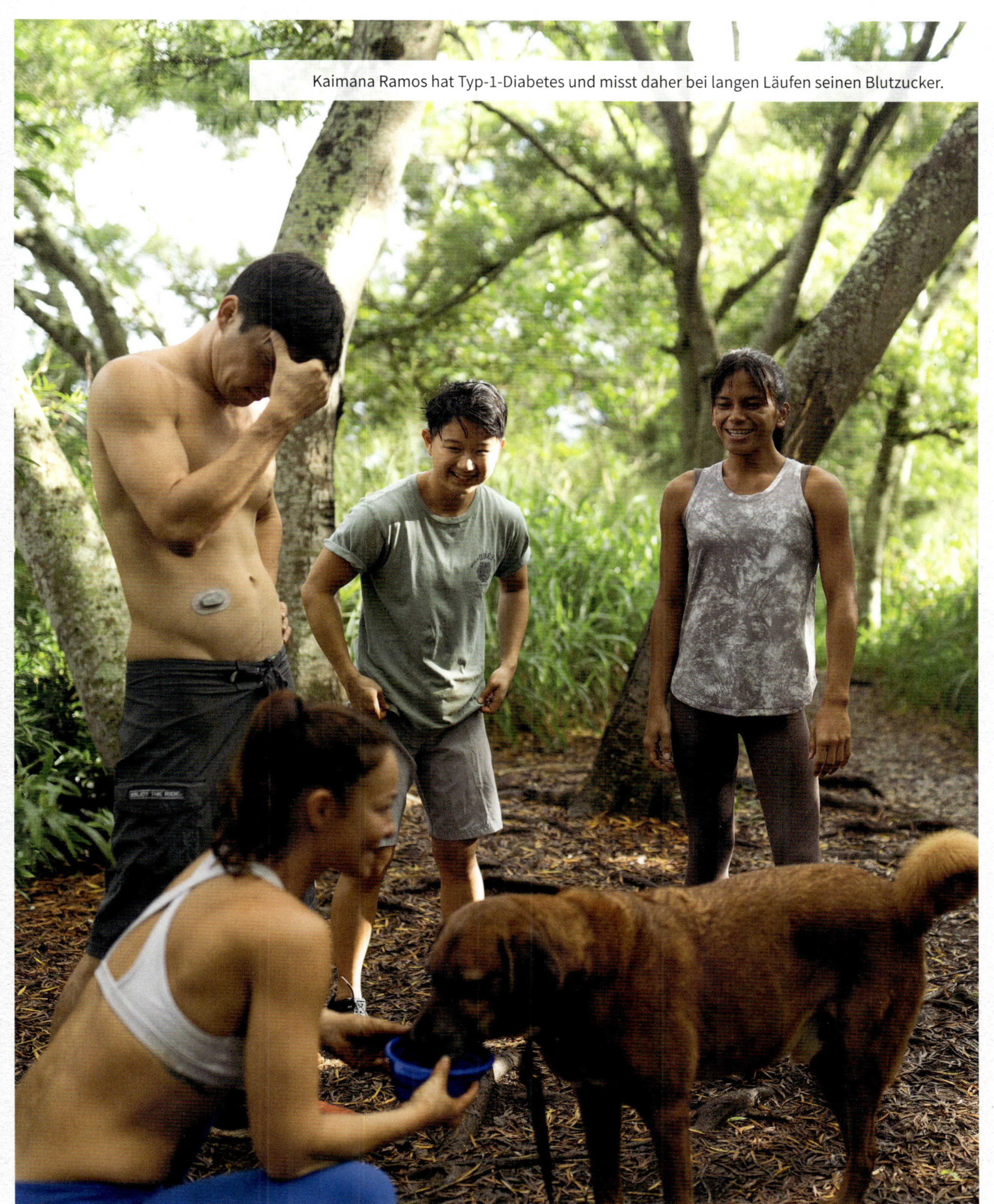

Kaimana Ramos hat Typ-1-Diabetes und misst daher bei langen Läufen seinen Blutzucker.

4. Mach dir nichts vor: Wenn du es ohne Test zu wissen glaubst, liegst du falsch. Weil Prädiabetes-Symptome meist unsichtbar sind, haben unter denjenigen, die bereits in der Gefahrenzone sind, acht von zehn keine Ahnung.

Deshalb begann Thosh Collins, sich selbst zu testen. Wer Thosh sieht, würde seine Lebenserwartung auf rund 250 Jahre schätzen. Er trainiert hart und isst extrem gesund. Als wir uns das erste Mal zum Gespräch trafen, erntete er draußen wilde Kaktusknospen fürs Abendessen. Er ist Experte für die traditionelle Heilkunde und Wellness der amerikanischen Ureinwohner. Aber er weiß, dass er gefährdet ist.

»Als indigener Mann um die vierzig, in dessen Umfeld Diabetes verbreitet ist, würde ich normalerweise der Hochrisikogruppe zugeteilt werden, was bei Lichte betrachtet ganz schön verrückt ist«, sagt Thosh. »Wer heutzutage keine Daten über die eigenen Biomarker hat, geht in der Gesundheitsvorsorge ein Risiko ein. Nur wer Blutzuckerprobleme sehr früh erkennt, kann Maßnahmen ergreifen, um die Entwicklung eines Typ-2-Diabetes zu verhindern.«

Deshalb hat Thosh in den letzten fünf Jahren regelmäßig einen Langzeit-Blutzuckertest gemacht. Dass er seine Ergebnisse auf Instagram öffentlich machte, hat mich dazu angespornt, mit dem Trödeln aufzuhören.

Die in den USA erhältlichen HbA1c-Testsets bestehen im Wesentlichen aus drei Teilen: einer Lanzette, einem Teststreifen und einem Lesegerät. (Falls es in deinem Land keine Tests mit Lesegerät zu kaufen gibt, schickst du die Blutprobe einfach an ein Labor. Anm. d. Ü.)

Als Erstes steche ich mir mit der Lanzette in den Finger, das geht immer leichter als vermutet. Dann tippe ich einen Tropfen Blut ins Auffangröhrchen und schüttle es. Sobald das Blut vermischt ist, stecke ich den Teststreifen ins Lesegerät. Letzter Schritt: Ich stecke das Blutröhrchen ins Lesegerät und warte gespannt, bis der Fünf-Minuten-Timer heruntertickt und die Ergebnisse aufleuchten. Meine Ergebnisse dürften irgendwo auf dieser Skala liegen:

Normaler HbA1c-Gehalt: unter 5,7 Prozent
Prädiabetes: 5,7 bis 6,4 Prozent
Diabetes: 6,5 Prozent oder mehr

Mein Ergebnis: 5,2 Prozent.

Um sicherzugehen, warte ich fünfzehn Minuten, bis das Lesegerät neu gestartet ist, und teste mich erneut. Diesmal: 5,4. Ich gehe davon aus, dass der höhere Wert korrekt ist, weil ich beim ersten Test die Ergebnisse durch Ungeschicklichkeit verfälscht haben könnte. Damit liege ich 0,3 Prozent über Thosh. Nicht schlecht, wenn man bedenkt, dass er unerhört fit ist. Aber auch nicht toll, denn nur 0,3 Prozent liegen zwischen mir und der Problemzone. Was mich aber am meisten ärgert, ist meine Nervosität vor dem Test. Ich freue mich auf die Rennen, auf die ich hintrainiert habe, denn bei aller Anspannung weiß ich, dass ich bereit bin. Aber wenn ich beim Essen geschummelt habe, steht drei Tage lang eine weiße Schachtel dräuend auf meinem Schreibtisch.

Gestern war mein Trainingsziel also der in fünf Monaten anstehende »Bird-in-Hand«-Halbmarathon. Ab heute ist es der in drei Monaten anstehende nächste Blutzuckertest. Halbmarathon-Bestzeiten kommen und gehen, aber mit Thoshs Blutzuckerspiegel gleichzuziehen, das ist ein echter Triumph.

» ICH FREUE MICH AUF DIE RENNEN, AUF DIE ICH HINTRAINIERT HABE, DENN BEI ALLER ANSPANNUNG WEISS ICH, DASS ICH BEREIT BIN. «

6.5 ERNÄHRUNG: WAS TUN?

1. Präge dir in Vorbereitung auf den 2-Wochen-Test die »Ja«- und »Nein«-Nahrungsmittel ein.
2. Sammle Rezepte für Gerichte mit niedrigem glykämischen Index. Jede Menge stehen auf der Website von Phil Maffetone, aber wenn du im Internet nach »Essen mit niedrigem GI« suchst, findest du Tausende.
3. Lege dir einen Vorrat aus Snacks mit niedrigem glykämischen Index an. Nimm sie in deinen Speiseplan auf, damit sie zu deinem Lieblingsessen werden.
4. Mache einen HbA1c-Blutzuckertest.
5. Übe weiterhin die Movement Snacks (S. 43).

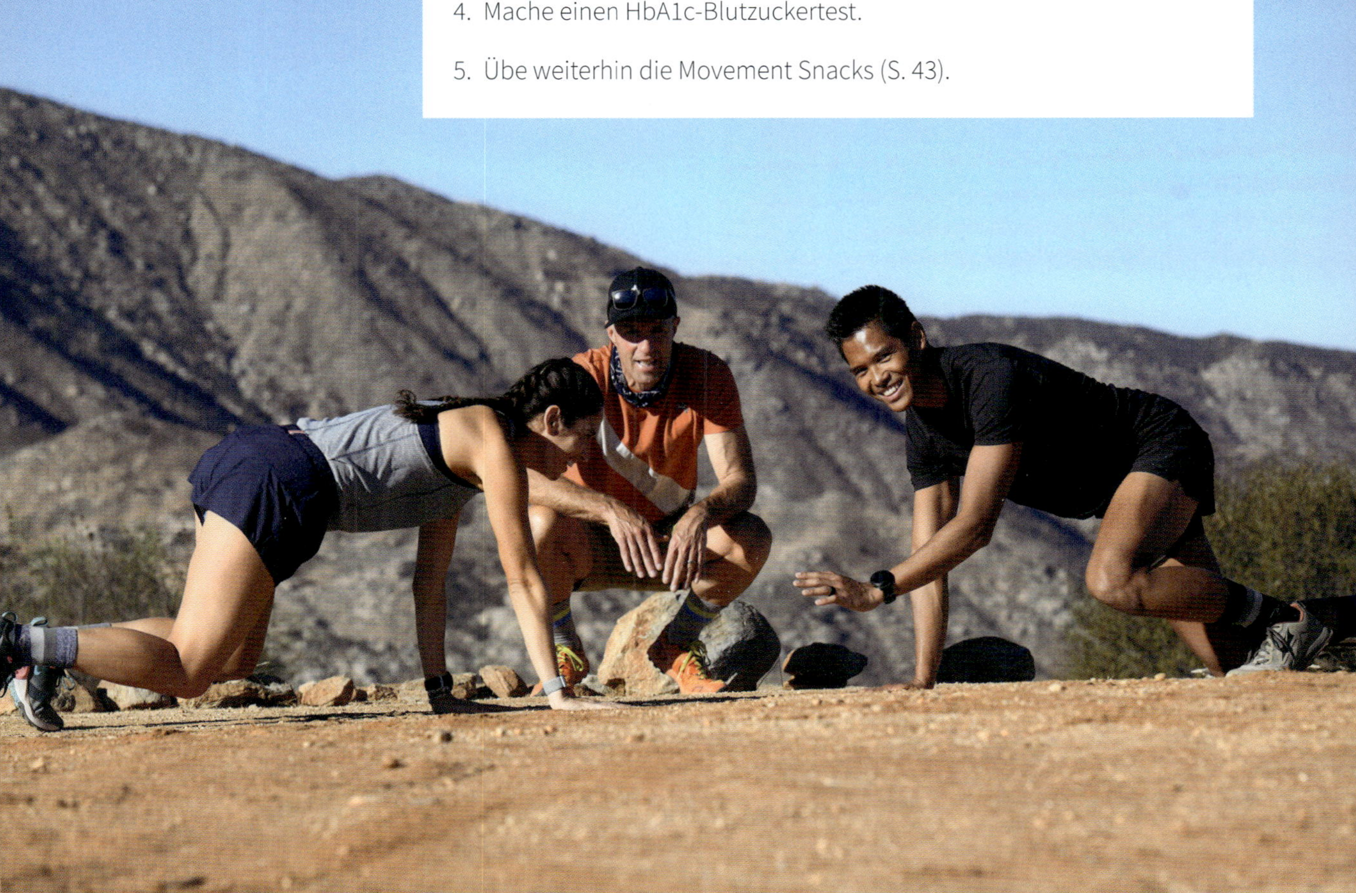

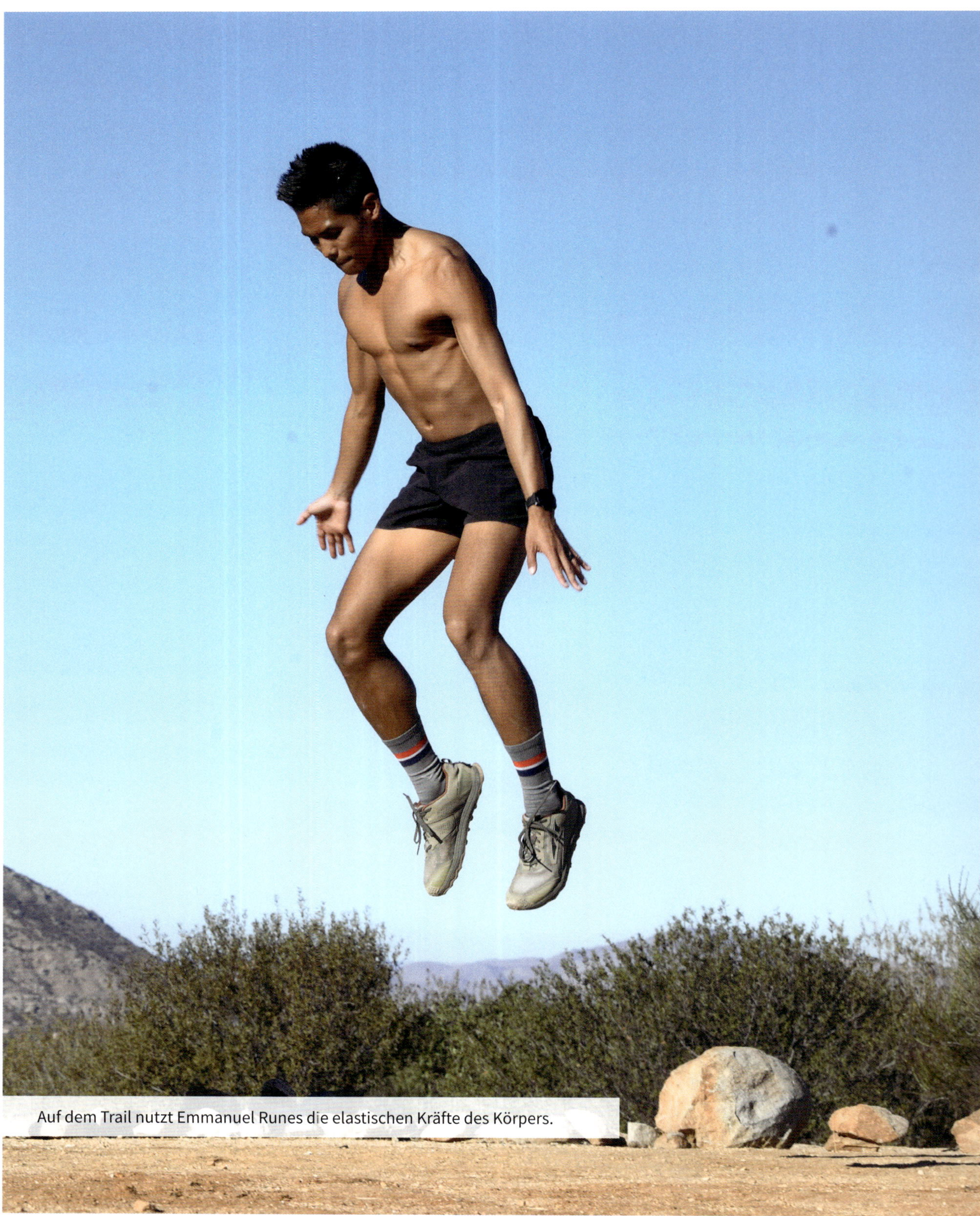

Auf dem Trail nutzt Emmanuel Runes die elastischen Kräfte des Körpers.

7.

Fitness: Grobmotorik und Feinmechanik

Anno 1878 hatte ein schwächlicher Jüngling namens Walter George eine Offenbarung, die bis heute der Goldstandard der Laufweisheit geblieben ist. Wegen seines Asthmas und seiner 14-Stunden-Schichten als Apothekerlehrling konnte Walter damals nicht viel laufen, war aber dennoch fest davon überzeugt, den Weltrekord im Meilenlauf brechen zu können.

Warum er sich so sicher war? Die 100 Up. Walter erfand die 100 Up aus Not und Erfindungsgeist gleichermaßen. Da er von morgens bis abends hinter dem Tresen feststeckte und Kunden bediente, brauchte er eine einfache Übung, die er schnell drinnen machen konnte. Aber das eigentlich Originelle daran war sein Verständnis für die schiere Mechanik des Laufens. Wie alle anderen hatte auch Walter das Laufen immer als Vorwärtsbewegung begriffen: Man gelangt von Punkt A nach Punkt B, je schneller, desto besser.

Aber was, wenn das falsch war? Was wäre, wenn es beim Laufen nicht darum ginge, von Punkt A nach Punkt B zu gelangen, sondern von Punkt A nach Punkt A? Denn bei genauem Hinsehen springt man dabei mit einem Fuß ab und landet auf dem anderen. Walter entschied, das Vorankommen zunächst zu vernachlässigen und sich nur um das Auf und Ab zu kümmern.

Und so begann Walter George an Ort und Stelle, während seiner langen Arbeitstage in der Apotheke, mit einer Übung zu experimentieren, die alle Elemente des Laufens – das stoßende Knie, der gerade Rücken, das Schwingen der Arme, das Aufsetzen mit dem Mittelfuß – vereinte und ins Senkrechte statt ins Waagerechte kehrte. Nach einigem Ausprobieren hatte Walter eine Übung entwickelt, die nach nichts aussah, aber alles bewirkte.

Er nannte sie 100 Up, »100-mal hoch«, weil sie genau daraus bestand: jeden Fuß hundertmal hochzuheben. Die 100 Up hat nur drei Regeln, aber bei deren Einhaltung kannte Walter kein Erbarmen. »Dem Schüler ist die Notwendigkeit einzuprägen, bei jeder Übung auf durchweg *perfekte Ausführung* zu achten«, betont er. »Wird von der perfekten Ausführung abgewichen, ist die Übung sofort zu unterbrechen.«

Für perfekte 100 Up musst du nur:

Zwei Linien in schulterbreitem Abstand auf dem Boden markieren.

Einen Fuß auf jede Linie stellen.

Den Rücken gerade halten und das eine Knie auf Hüfthöhe heben. Wieder absetzen. Das Gleiche mit dem anderen Bein.

Man marschiert also auf der Stelle. Kinderleicht, oder?

Aber wenn du glaubst, dass du das wuppst, kommt der Geist von Walter George und wischt dir dein übermütiges Grinsen von der Backe. »Die Übung scheint auf den ersten Blick so leicht zu meistern zu sein, dass man meinen mag, gleich *tausend* vollbringen zu können«, warnt er. »Dies aber kann nur denken, wer die Knie nicht auf die vorgeschriebene Höhe anhebt – der Hauptpunkt der Übung – oder in falscher Ausführung durch eine kurze Bewegungsfolge ›galoppiert‹.«

Das Geniale an den *100 Up* ist die eingebaute Diagnosefunktion – in Form der beiden Markierungen auf dem Boden. Sie sind die heimlichen Helden der Übung, denn sie haben den Zweck, alle verborgenen Wackler aufzudecken, die möglicherweise in dir schlummern. Du befindest dich mitten in den 100 Up und bemühst dich, jedes Knie bis auf Hüfthöhe zu reißen, da blickst du plötzlich nach unten und merkst, dass du durch irgendeine Dysbalance 30 Zentimeter von den Markierungen abgedriftet bist. Falls du eine verspannte linke Hüfte hast oder dich wegen fauler Rumpfmuskulatur ein wenig nach vorne neigst, kommt das durch die 100 Up ans Licht.

Aus diesem Grund rät Walter, mit nur 20 oder 30 Ups zu beginnen und sich dabei beobachten zu lassen, um »Mängel in der Beinbewegung oder Körperhaltung zu korrigieren«. Wenn du auf jedem Bein 100 perfekte Wiederholungen schaffst, bist du bereit, von der *Minor* zur *Major* zu wechseln, zur »größeren« Übungsvariante: Anstatt zu marschieren, gehst du zum Laufen auf der Stelle über. Du beginnst in der Karate-Kid-Haltung: auf einem Fuß balancierend, Fußballen am Boden, Ferse abgehoben, während das andere Bein mit dem Knie auf Hüfthöhe angewinkelt schwebt. Dann trittst du in Aktion: Du springst vom Standfuß ab, landest leicht und präzise auf dem anderen und schwingst dabei die Arme so, wie du es beim Laufen tun würdest.

Funktioniert das Ganze denn? Lohnt sich das Herumhüpfen?

Heiliger Bimbam, für Walter George hat es sich so was von gelohnt. Ein Jahr lang machte er fast nichts als die 100 Up, und als er endlich die Chance bekam, an Wettläufen teilzunehmen, stellte er fest, dass er sein Asthma im Griff und *irre* schnelle Beine hatte. An seinem 21. Geburtstag war der Apothekerlehrling ein internationaler Superstar, der auf jeder Distanz zwischen 800 Metern und 16 Kilometern Rekorde brach. Sein größter Streich war, dass er einmal nach 24-stündiger Sauftour an der Startlinie erschien und das vollbesetzte Stadion verblüffte, indem er eine Meile in 4:12 Minuten runterriss und damit einen Weltrekord aufstellte, der 30 Jahre lang unangetastet blieb.

»Allein durch stetiges Üben und regelmäßige Anwendung«, sagt Walter George über die 100 Up, »habe ich selbst etliche Rekorde auf der Aschenbahn aufgestellt und so viele Amateur-Wettläufe gewonnen wie vor mir noch niemand.«

Man könnte meinen, dass irgendjemand heutzutage, wo so viel Sponsorengeld und Nanotechnologie darauf verwendet werden, stärkere, schnellere Superathleten zu kreieren, irgendein besseres Trainingsmittel entwickelt haben müsste, aber die 100 Up rangieren immer noch neben der Mausefalle unter den bewährtesten Erfindungen der Menschheit: Beide wurden im 19. Jahrhundert erfunden, beide stellen die einfachste mechanische Lösung für ein biologisches Problem dar, und beide sind für jedermann leicht zu handhaben.

Das Beste an der Geschichte von Walter George ist die Ironie: Wenn der arme Kerl nicht den ganzen Tag in der Apotheke festgesessen hätte, wäre er nicht so schnell geworden. Seine geniale Entdeckung war, dass das Geheimnis des Laufens in der Kraft liegt, nicht in der Geschwindigkeit. Indem er eine solide Grundlage aufbaute, bevor er überhaupt einen Fuß auf die Bahn setzte, machte Walter seinen Körper so robust, dass er jahrelang hart trainieren konnte. Mehr als ein Jahrzehnt nach seinem spektakulären Debüt besiegte er immer noch alle Herausforderer und stellte als großartigster Läufer der Welt Rekorde auf.

Aber leider lernen nur wenige von uns jemals die Lektion des Apothekerlehrlings. Wir sind so versessen darauf, weiter zu kommen und schneller zu werden, dass wir nie gut darin werden, an Ort und Stelle zu bleiben. Wir fangen zu laufen an, um in Form zu kommen, und kommen nicht auf die Idee, dass wir in Form kommen müssten, um mit dem Laufen anzufangen. Und dazu kommt, dass wir es sogar noch schlimmer haben als Walter. In Sachen Fitness haben wir mit Hürden zu kämpfen, denen er nie gegenüberstand. Als da wären Autos. Und Lieferdienste. Und weiches Schuhwerk, Streamingdienste und Jobs, die uns den ganzen Tag an den Stuhl fesseln.

Um also in Walters Fußstapfen zu treten, reichen die 100 Up nicht. Wir müssen aufholen. Wir müssen unsere Beine neu beleben, indem wir unsere Gelenke wieder erwecken und ihre Mechanismen wieder in Gang bringen. Lass dich nicht entmutigen! Das alles ist so einfach zu erlernen wie die 100 Up und genauso effektiv bei der Verletzungsprävention. Du bist dabei, deine Zukunft in die Hand zu nehmen und zum Feinmechaniker deines eigenen Körpers zu werden.

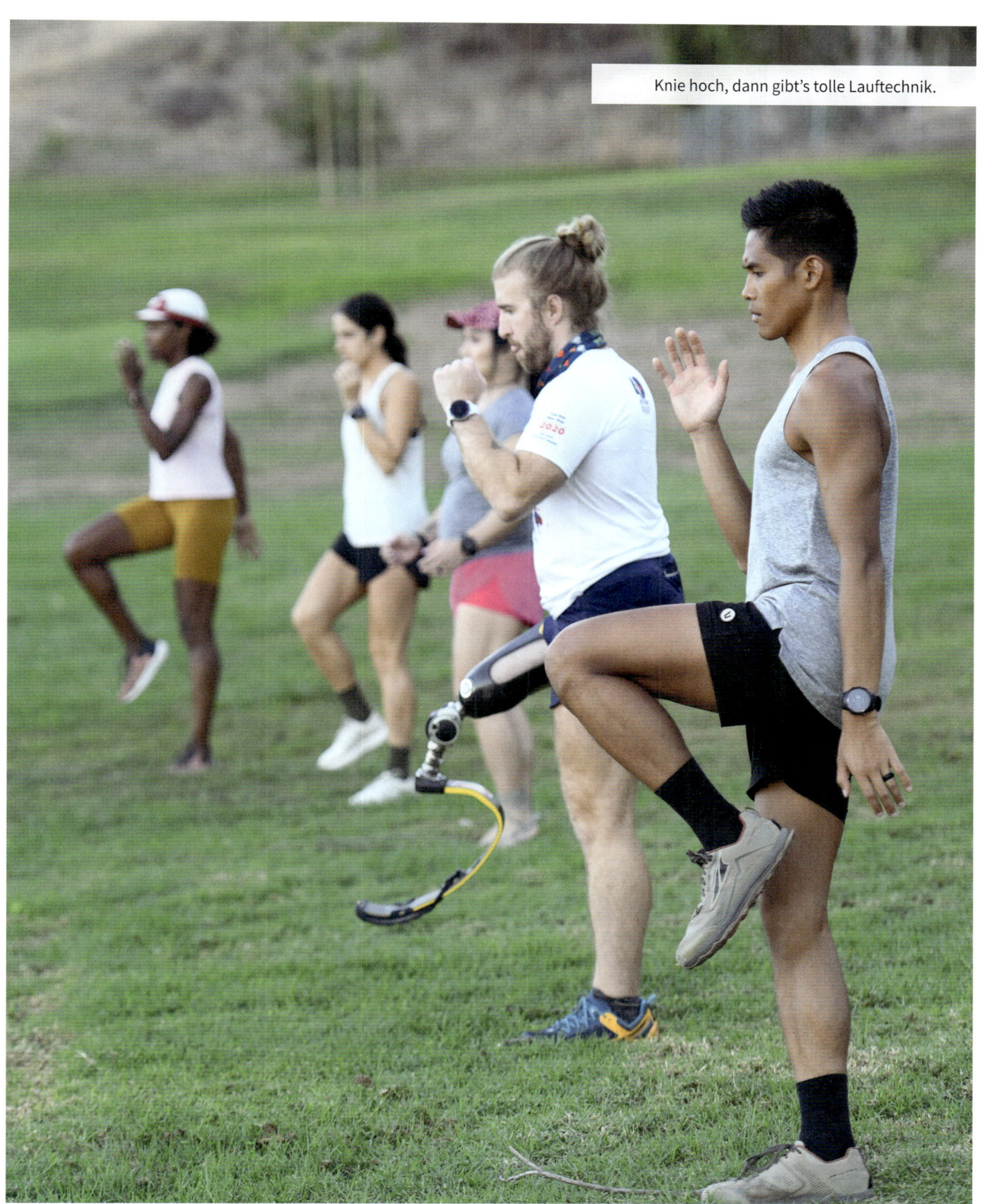
Knie hoch, dann gibt’s tolle Lauftechnik.

7.1 KRAFT IN DIE BEINE

STARKE FÜSSE

Es heißt immer, man soll die tiefe Rumpfmuskulatur trainieren, den *Core*, aber vom Core der Füße hört man nie was, obwohl der wahrscheinlich noch wichtiger ist. Eine kräftige Fußmuskulatur ist unerlässlich für die Gesundheit und Leistungsfähigkeit. Viele sportbezogene Funktionsstörungen lassen sich beheben, indem man einfach die Füße trainiert. Denn die Stabilität unseres Bodenkontakts wirkt sich darauf aus, wie wir andere Muskeln aktivieren.

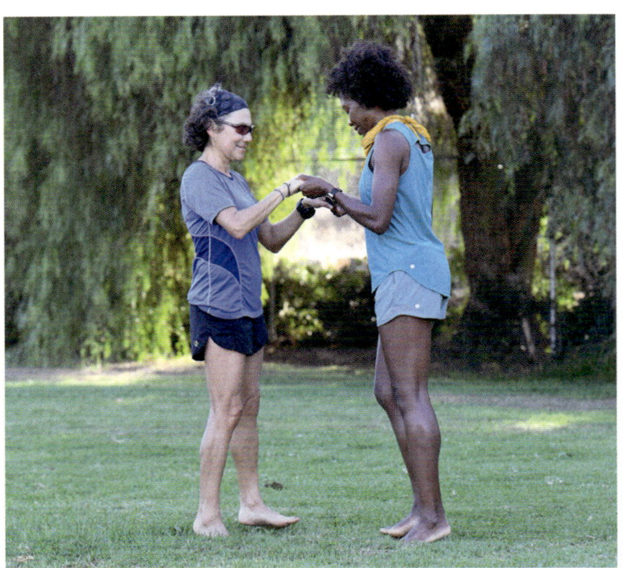

EINBEINIGES BALANCIEREN

- Stelle dich barfuß auf festem Untergrund auf ein Bein und balanciere auf dem Vorderfuß. Die Ferse ist leicht angehoben, damit das Fußgewölbe schön angespannt wird.
- Nutze bei Bedarf eine Wand, einen Stuhl oder eine zweite Person, um sicherer zu stehen.

Hinweis: Dies ist kein Wadenheben mit Auf und Ab. Es gibt keine Bewegung der Ferse, nur Stabilisierung.

So oft: Je Fuß 30 – 90 Sekunden oder bis zur Erschöpfung.
Aufgepasst: Wo spürst du Anstrengung? Bei manchen wird die Kraft in den Füßen knapp, andere haben starke Füße und spüren die größte Ermüdung in den Waden oder Gesäßmuskeln.

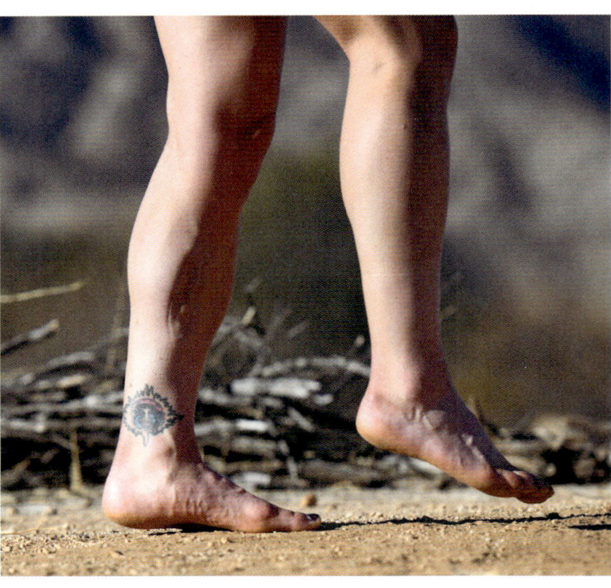

BEIN HEBEN

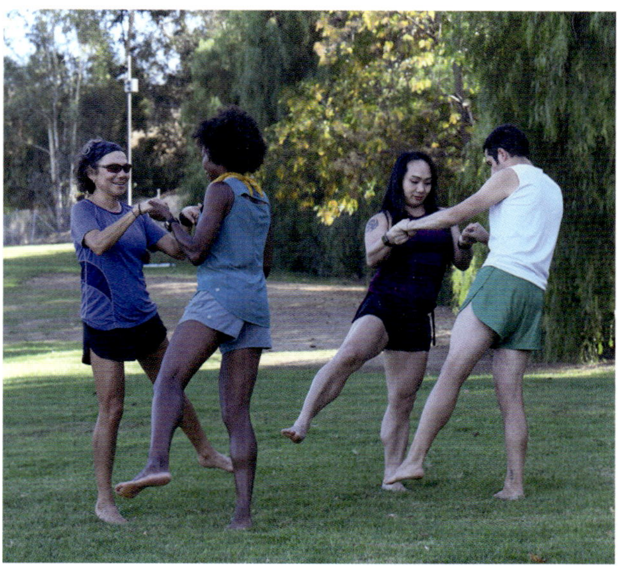

- Balanciere barfuß auf dem rechten Vorderfuß und halte dich an einer Wand, einem Stuhl oder einer zweiten Person fest.
- Hebe das linke Bein zur Seite und halte dabei das rechte Bein gestreckt (wie eine Schere, die zu einer Seite aufklappt).
- Hebe das linke Bein nur so hoch, wie du kannst, ohne das Becken zu kippen. Kehre dann zurück in die Ausgangsposition.

Hinweis: Dies ist eine Stabilisierungsübung für das Standbein, keine Bewegungsübung für das andere Bein.

So oft: 15 – 25 Wiederholungen, dann Seitenwechsel.

KNIE HEBEN

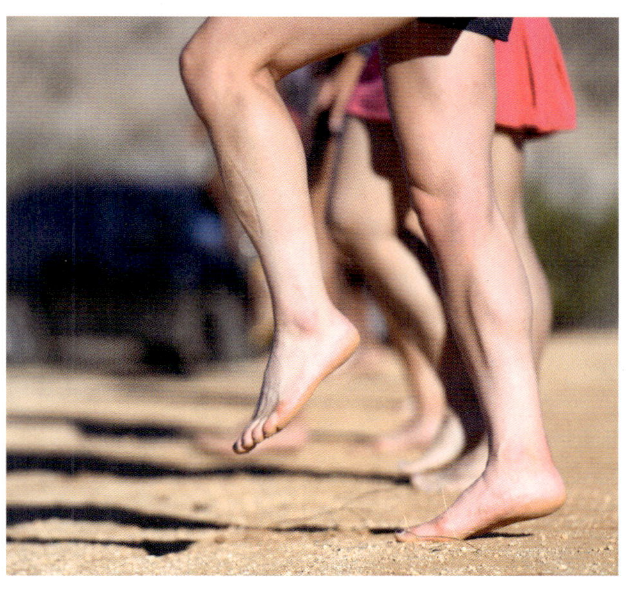

- Balanciere barfuß auf dem rechten Vorderfuß und halte dich an einer Wand, einem Stuhl oder einer zweiten Person fest.
- Halte das rechte Bein gestreckt und hebe die rechte Ferse leicht an.
- Hebe nun das linke Knie so hoch wie möglich vor dem Körper und senke es zurück in die Ausgangsposition. Bewege dich langsam und kontrolliert.
- Achte auf das Standbein, nicht auf das andere.

So oft: 15 – 25 Wiederholungen, dann Seitenwechsel.

STARKE BEINE

Weiche Sohlen klauen Energie. Klar, sie fühlen sich schön weich an, aber genau so arbeiten Betrüger: Sie wiegen dich in Sicherheit und rauben dich aus. Die ganze Dämpfung macht das Laufen nicht einfacher, sondern schwieriger. Je mehr Schwamm du unter den Füßen hast, desto weniger wird die natürliche Elastizität des Körpers genutzt. Statt dich vom Boden zurückzufedern, wird die ganze kinetische Energie vom Schaumgummi absorbiert. Daher musst du mehr Mühe aufwenden, um wieder in die Luft zu kommen.

Dabei möchtest du eigentlich leichtfüßig daherhüpfen. Dazu ist aber Beinsteifigkeit nötig. Steifigkeit in den Beinen bedeutet nicht Steifheit oder Muskelverspannung oder eingeschränkte Beweglichkeit. Gemeint ist eine steife Widerstandskraft, die die Muskeln und Sehnen schnell wie eine Bogensehne zurückfedern lässt. Und je schneller man emporspringt, desto unwahrscheinlicher ist es, dass man sich verletzt. In der Luft ist man sicher, nur der Bodenkontakt ist gefährlich. Solange man zwischen den Schritten schwebt, ist alles gut. Problematisch ist nur die Landung. Die meisten Verletzungen entstehen dadurch, dass man zu viel Zeit auf dem Boden verbringt, während das gesamte Körpergewicht auf einem Bein lastet. Je schneller man von dem Bein abspringt, desto kürzer muss das Knie – oder die Wade, die Plantarfaszie, die Achillessehne – den schwankenden Körper stützen.

Erinnere dich an Caballos Motto. Im Folgenden erfährst du das Geheimnis von »leicht«.

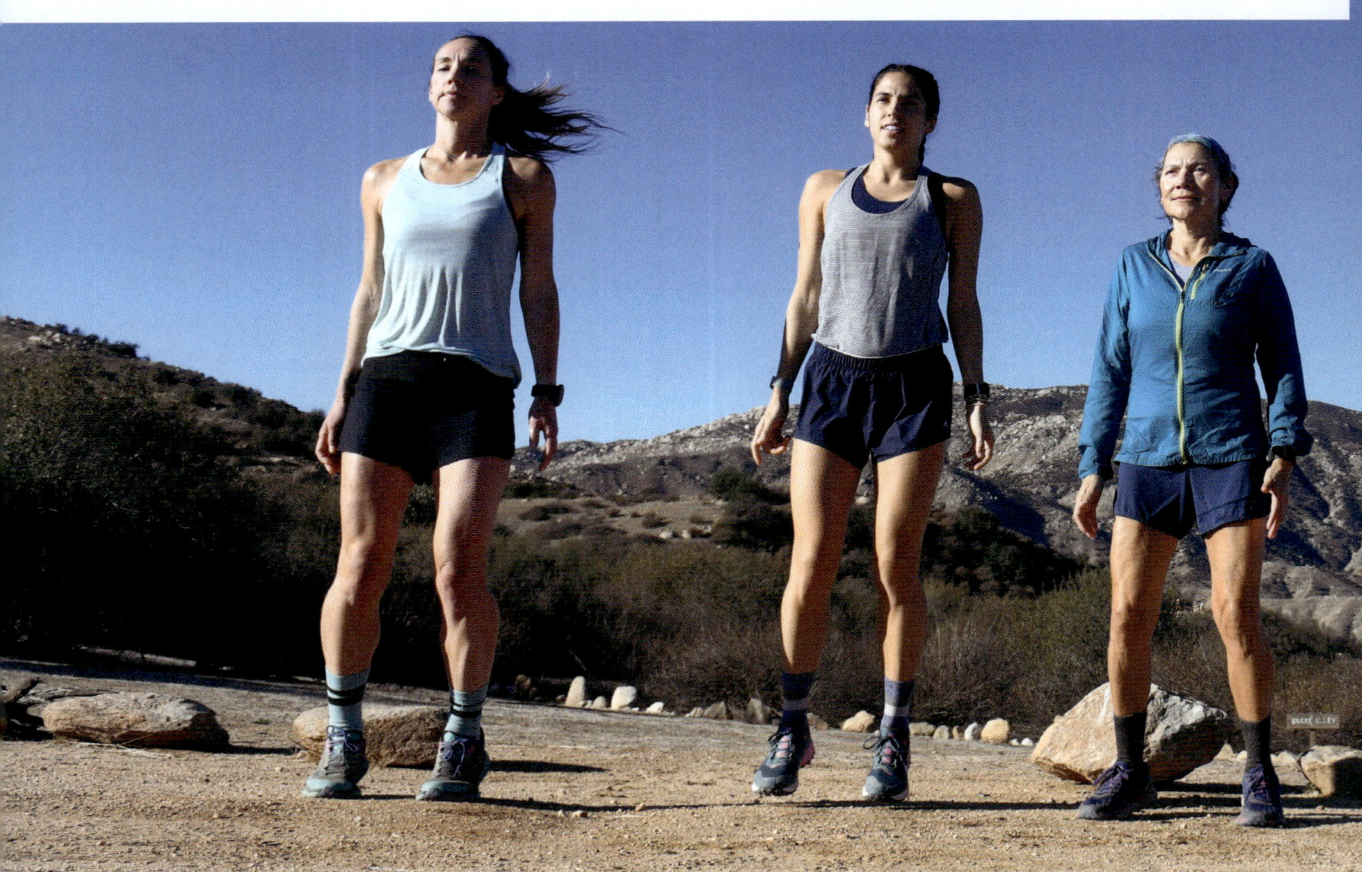

POGO

Sinn der Sache: Aktiviert das Fußgewölbe und die Waden und weckt die natürliche Elastizität der Beine. Du lernst, den Bodenkontakt zu minimieren und die elastische Energie zu maximieren.
Aufgepasst: Schnell weg vom Boden! Kurze, knackige Hüpfer sind das Ziel, nicht hohe Sprünge.

So geht's auf zwei Beinen:

- Am besten barfuß.
- Hüpfe schnell auf und ab. Federe in den Fußgelenken, lasse so wenig Kniebeugung wie möglich zu.
- Stell dir vor, du stehst im Moshpit. Zum Beispiel bei Blondie, 1979.

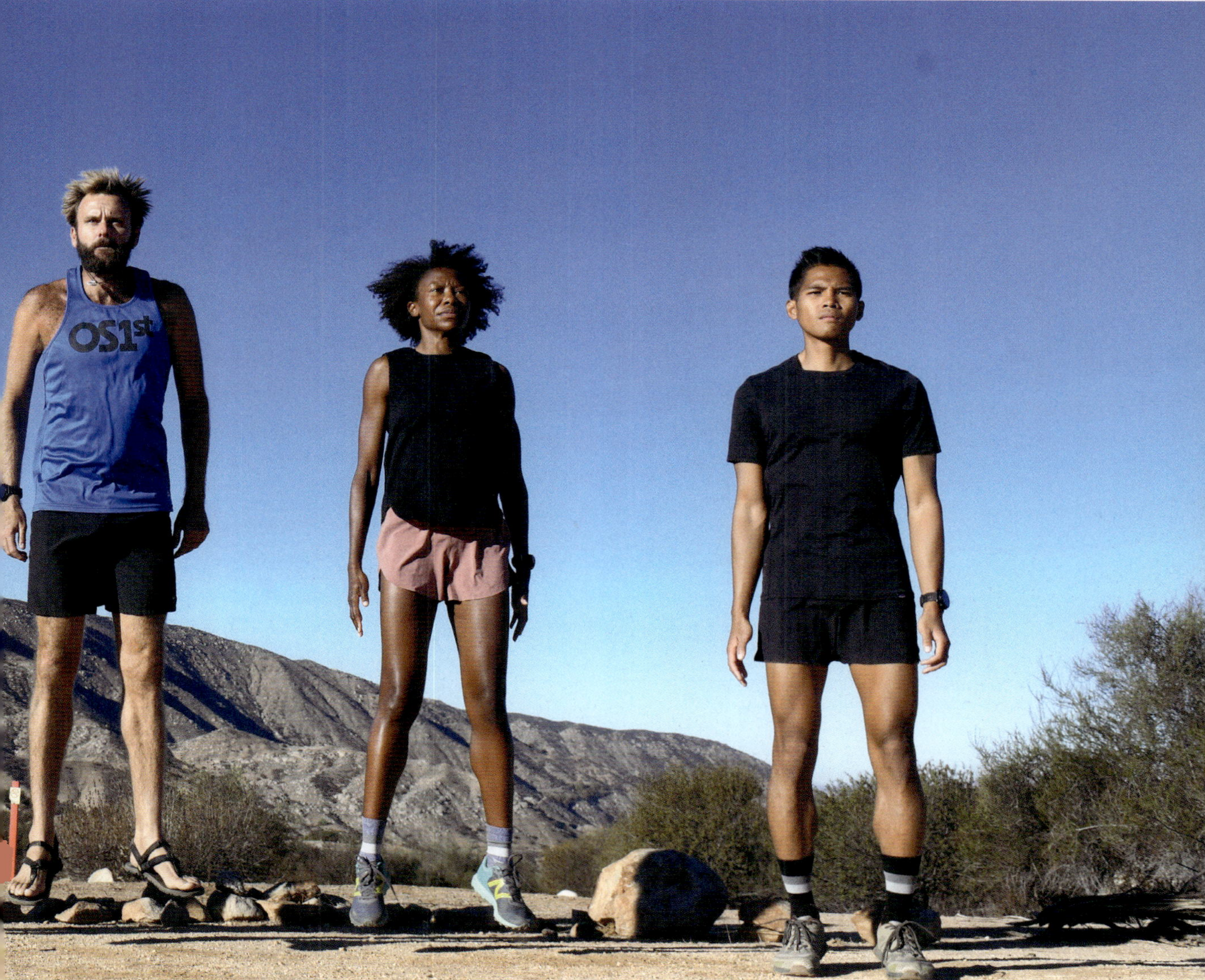

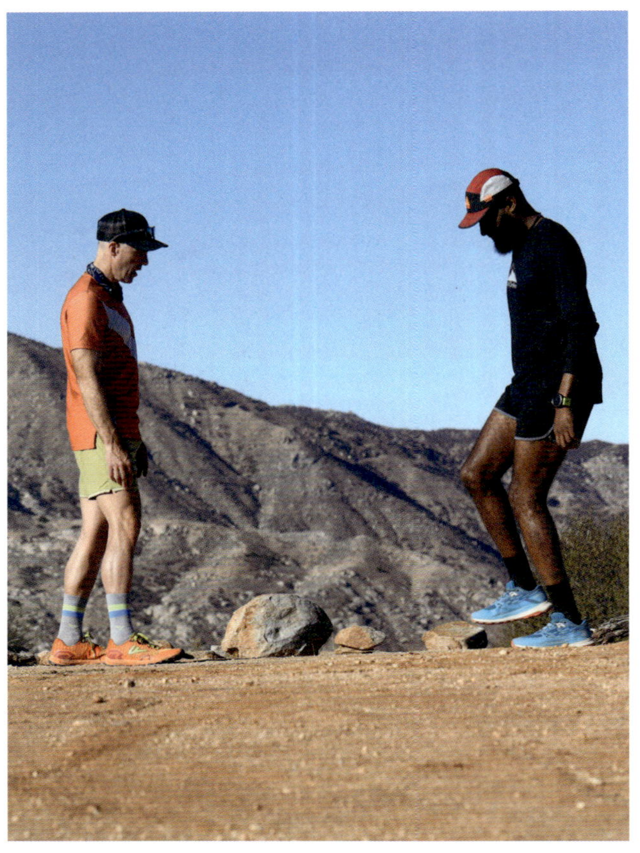

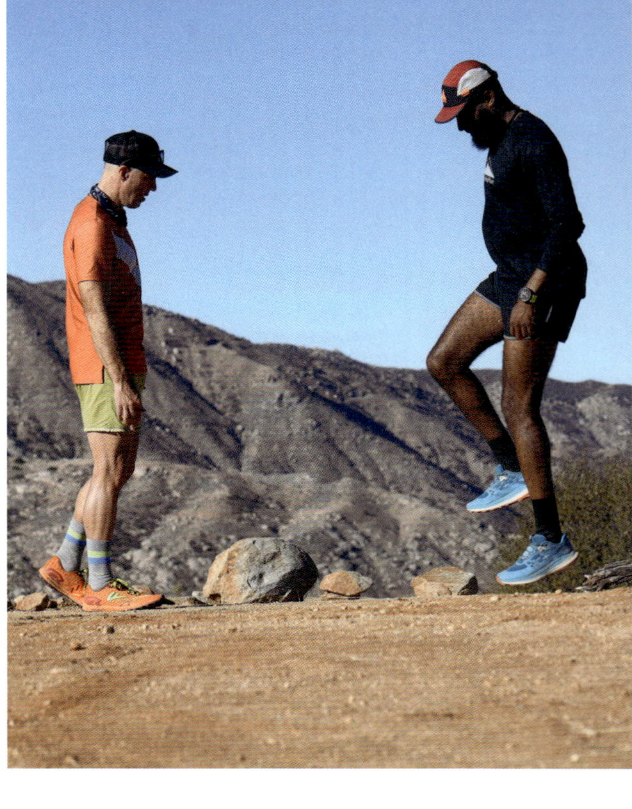

So geht's auf einem Fuß:

- Jetzt bekommt jeder Fuß sein Solo.
- Poge wie zuvor, nur auf einem Bein.
- Sobald der Pogo im Gang ist, kannst du für Abwechslung sorgen: Poge hin und her, vor und zurück, wohin dich der Pogo trägt.

So oft: 10 – 15 Sekunden. Hör auf, bevor du ermüdest, denn bei langsamerem Pogen verlängert sich der Bodenkontakt.

So oft: 30 – 45 lustige Sekunden oder so lange, bis du nicht mehr schnell pogen kannst, denn bei langsamerem Pogen verlängert sich der Bodenkontakt.

GRUNDLEGENDE LAUFBEWEGUNGEN

100 UP

Sinn der Sache: Einüben von Muskelaktivitätsmustern, vor allem Vorfußaufsatz und Kniehub. Bei den 100 Up ist es unmöglich, auf der Ferse zu landen.
Aufgepasst: Aufrecht bleiben, Rücken gerade halten. Du solltest Anstrengung in der Hüftregion und im unteren Rücken spüren. Stemme den Fuß gegen den Boden, bevor du das Knie/Bein hochreißt. Merkst du, wie das die Füße stabil auf ihren Markierungen hält?

So gehen die 100 Up *Minor*:

- Am besten barfuß.
- Markiere zwei Linien in schulterbreitem Abstand auf dem Boden.
- Stelle einen Fuß auf jede Linie.
- Halte den Rücken gerade und hebe das rechte Knie auf Hüfthöhe. Bewege dabei den linken Arm nach vorne.
- Setze den rechten Fuß wieder auf seine Markierung.
- Hebe das linke Knie auf Hüfthöhe und bewege den rechten Arm nach vorne – du marschierst im Grunde genommen auf der Stelle.

So oft: Im Vordergrund steht eine korrekte und präzise Ausführung. Höre auf, sobald du von den Markierungen abweichst oder das Knie nur noch mit Mühe hoch genug bekommst.

So gehen die 100 Up *Major*:

- So wie die Minor, nur dass du vom Marschieren zum Laufen auf der Stelle übergehst.

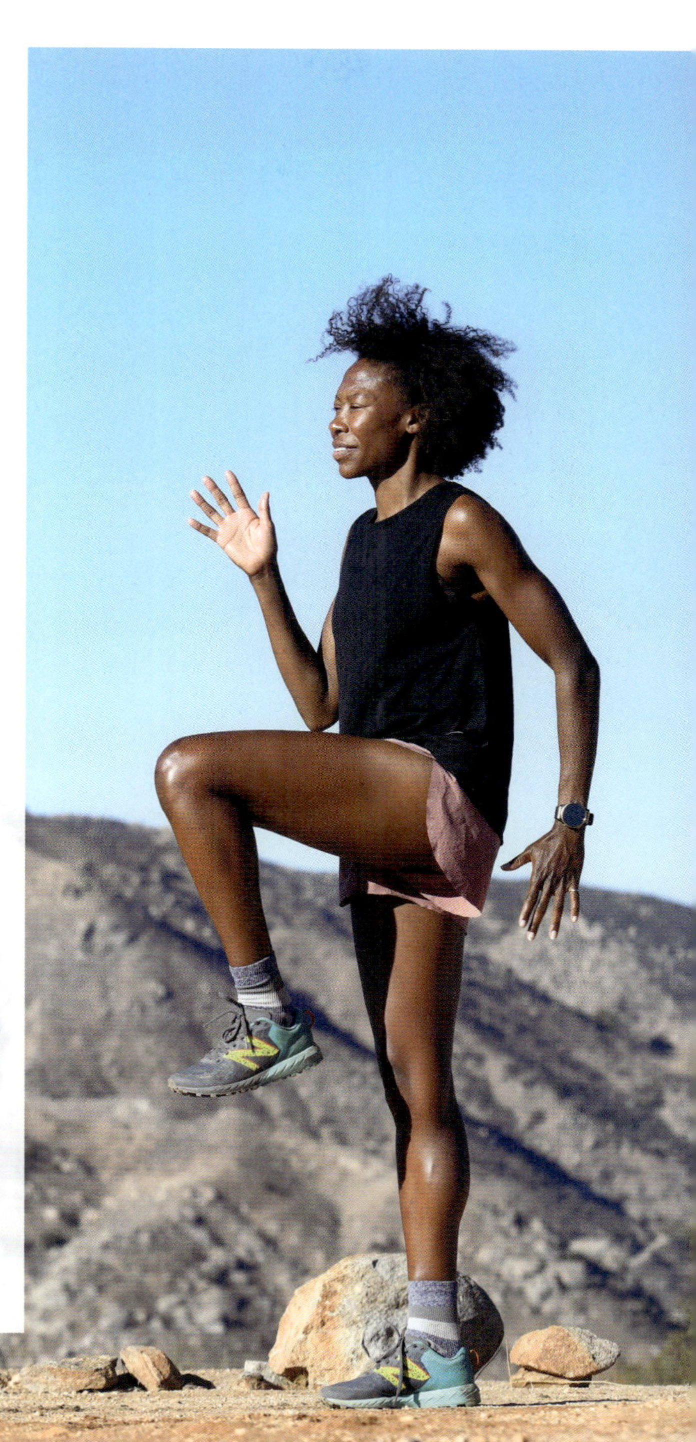

EINBEINIGE KNIEBEUGE

Sinn der Sache: Wiederherstellung des muskulären Gleichgewichts zwischen Quadrizeps und Gesäßmuskulatur. Bei vielen Läufer:innen sind die Quadrizepsmuskeln dominant und die Gesäßmuskeln wenig aktiv. Das kann zu Problemen mit dem IT-Band, zu Läuferknie und schmerzenden Hüftbeugern führen. Muskelverspannungen werden durch muskuläre Dominanzen und Dysbalancen verursacht.
Aufgepasst: Um die Kniebeuge mit aktiver Hüft- und Gesäßmuskulatur einzuleiten, musst du so tun, als würdest du dich auf einen Stuhl setzen, statt die Knie nach vorne über die Zehen hinwegzuschieben.

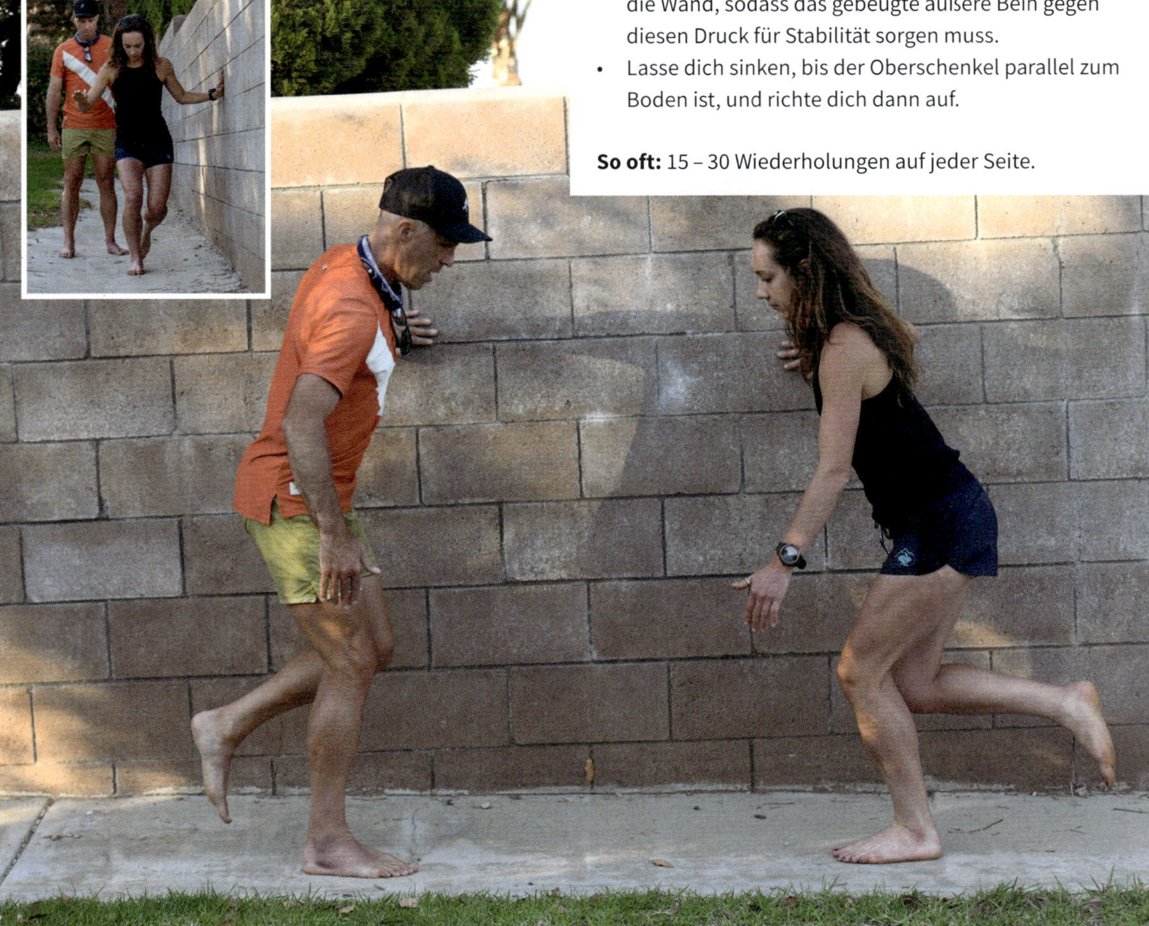

So geht's:

- Am besten barfuß.
- Stelle dich so hin, dass du eine Wand zu deiner Linken hast.
- Positioniere das rechte Bein etwa 60 cm von der Wand entfernt.
- Hebe den linken Fuß vom Boden und führe ihn ein wenig nach hinten.
- Stütze dich an der Wand ab und gehe mit dem rechten Bein in die Kniebeuge.
- Denke daran, im Hüftgelenk zu »knicken«.
- Stemme die stützende Hand fest und stetig gegen die Wand, sodass das gebeugte äußere Bein gegen diesen Druck für Stabilität sorgen muss.
- Lasse dich sinken, bis der Oberschenkel parallel zum Boden ist, und richte dich dann auf.

So oft: 15 – 30 Wiederholungen auf jeder Seite.

AUSFALLSCHRITT

Sinn der Sache: Wenn es eine Technikübung gibt, die Körperbeherrschung und Übung erfordert, dann diese. Sie schult all das, was du brauchst, um ein gesunder, stabiler Läufer zu werden: Kraft, Stabilität, Mobilität und Armkoordination.
Aufgepasst: Beim Ausfallschritt die Arme wie beim Laufen gegenläufig bewegen. Falls dabei Schwierigkeiten auftreten, kann es hilfreich sein, vor dem Spiegel zu üben.

So geht's:

- Am besten barfuß auf festem Untergrund.
- Gehe in einen eher flachen Ausfallschritt, ungefähr eine Viertel-Kniebeuge tief. Der rechte Fuß steht unter der Hüfte, der linke Fuß direkt hinter dir.
- Bringe das linke Knie nach vorne und hebe es so hoch wie möglich vor den Körper.
- Schwinge dabei den rechten Arm wie beim Laufen nach vorne.
- Zurück in den Ausfallschritt. Seitenwechsel.

So oft: Das Ziel ist kontrollierte Bewegung und Stabilität. Mache also nur so viele Wiederholungen, wie du bequem schaffst, aber möglichst 25 oder mehr. Lasse den Körper seine Balancepunkte auf natürliche Weise finden.

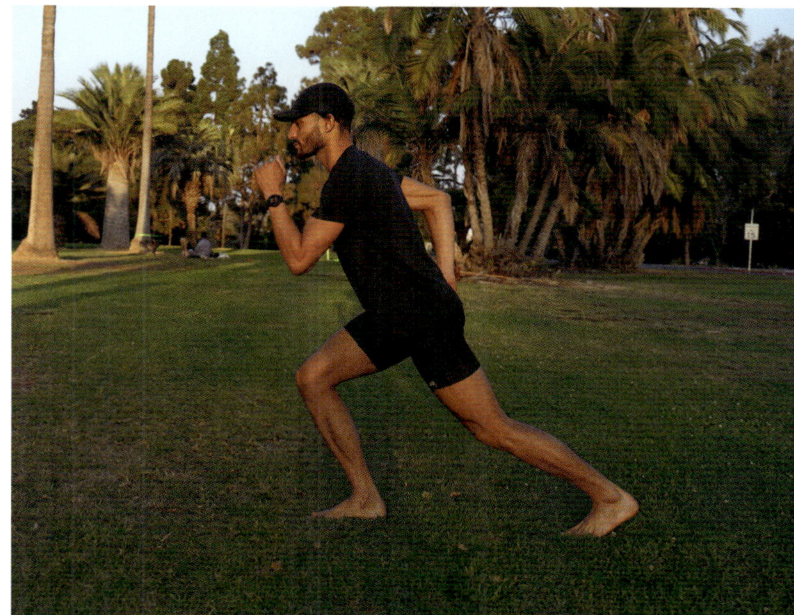

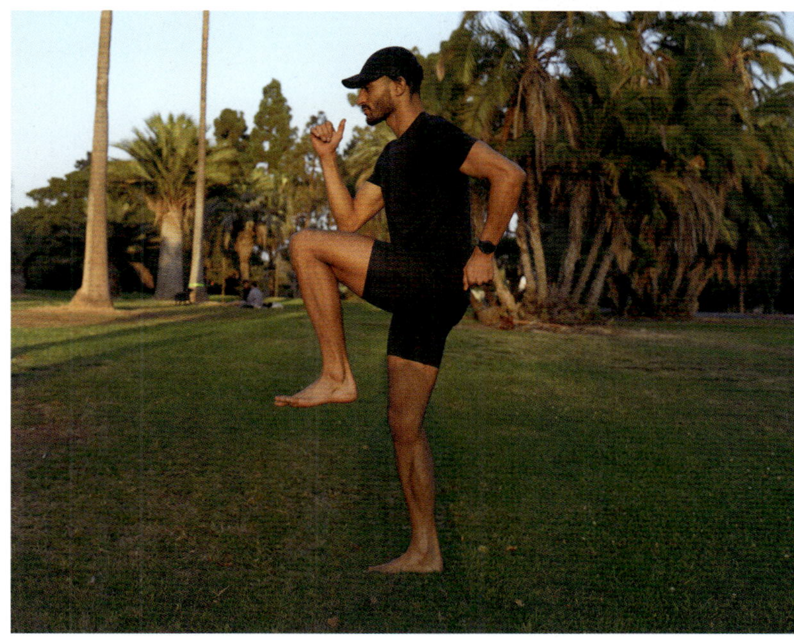

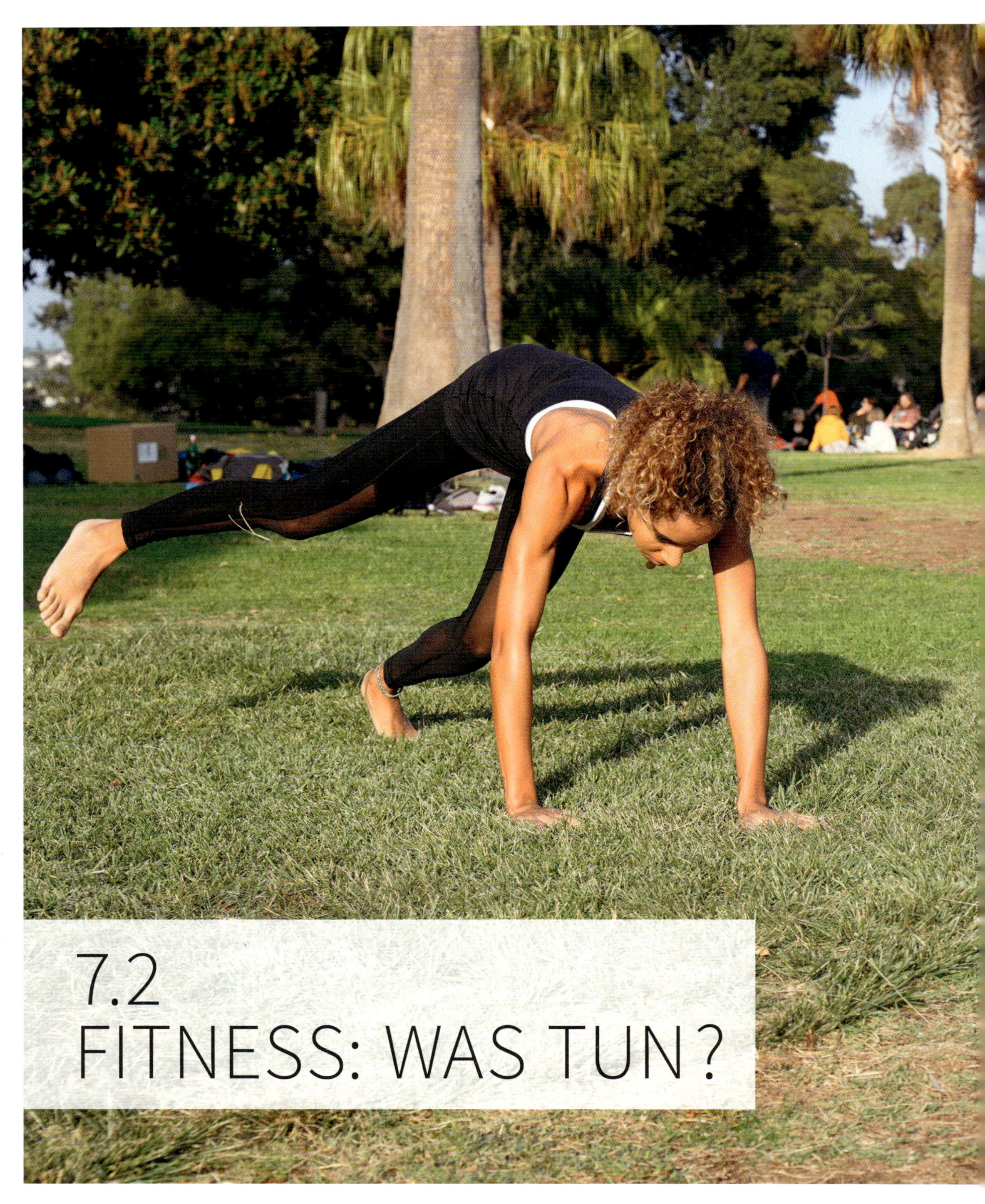

7.2 FITNESS: WAS TUN?

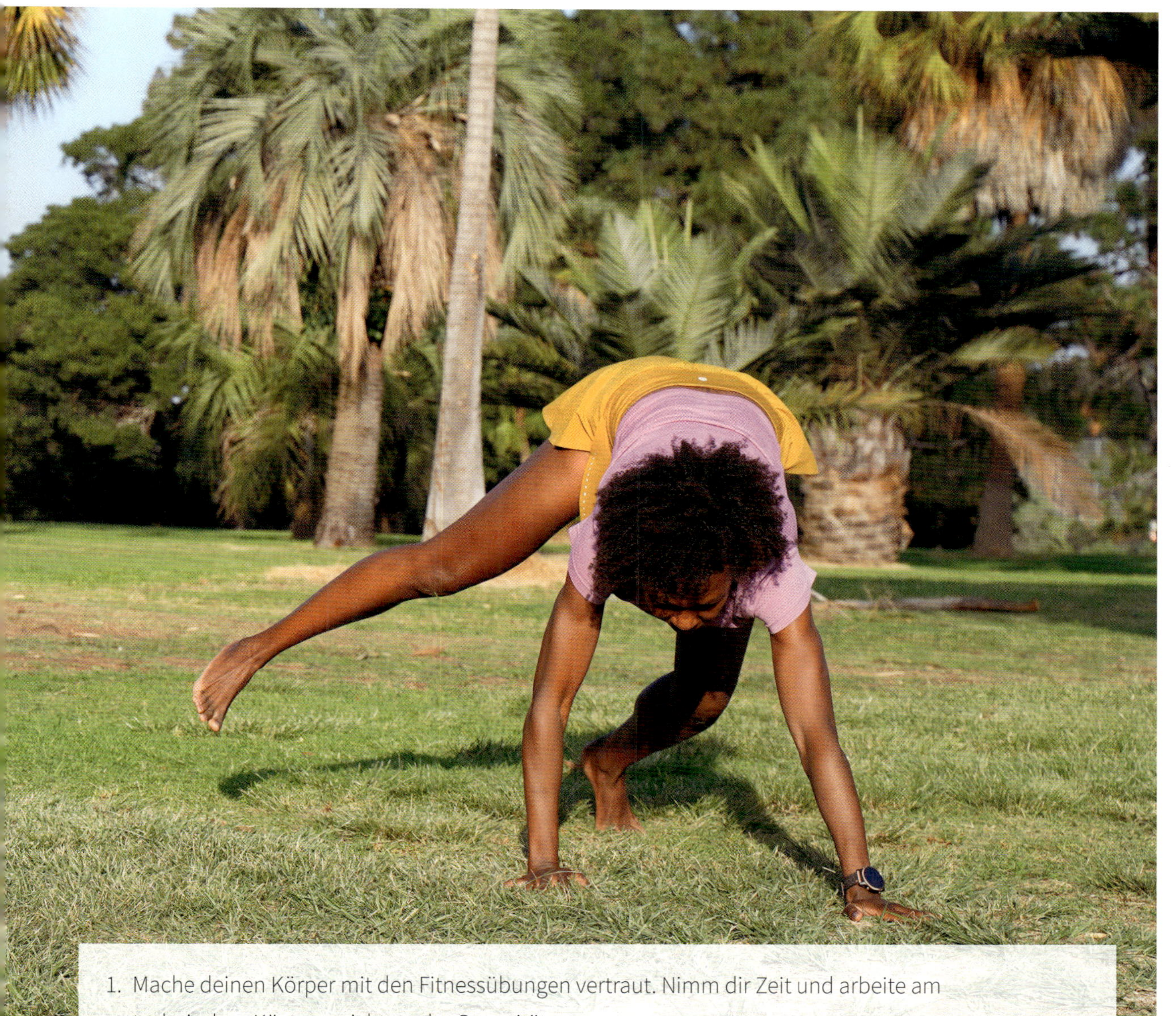

1. Mache deinen Körper mit den Fitnessübungen vertraut. Nimm dir Zeit und arbeite am technischen Können, nicht an der Quantität.
2. Stelle dir aus Movement Snacks und Fitnessübungen einen experimentellen Trainingsplan zusammen. Suche dir deine Lieblingsübungen aus. Das Ziel ist, sie so zu kombinieren, dass sie Spaß machen und sich natürlich anfühlen, damit sie dir vertraut erscheinen, wenn du sie im Rahmen des 90-Tage-Programms wiedersiehst.
3. Stärke dich nach dem Training mit einem Snack mit niedrigem glykämischen Index. Mache es dir zur Gewohnheit, zu gesunder Nahrung zu greifen, wenn du nach dem Training Hunger hast.

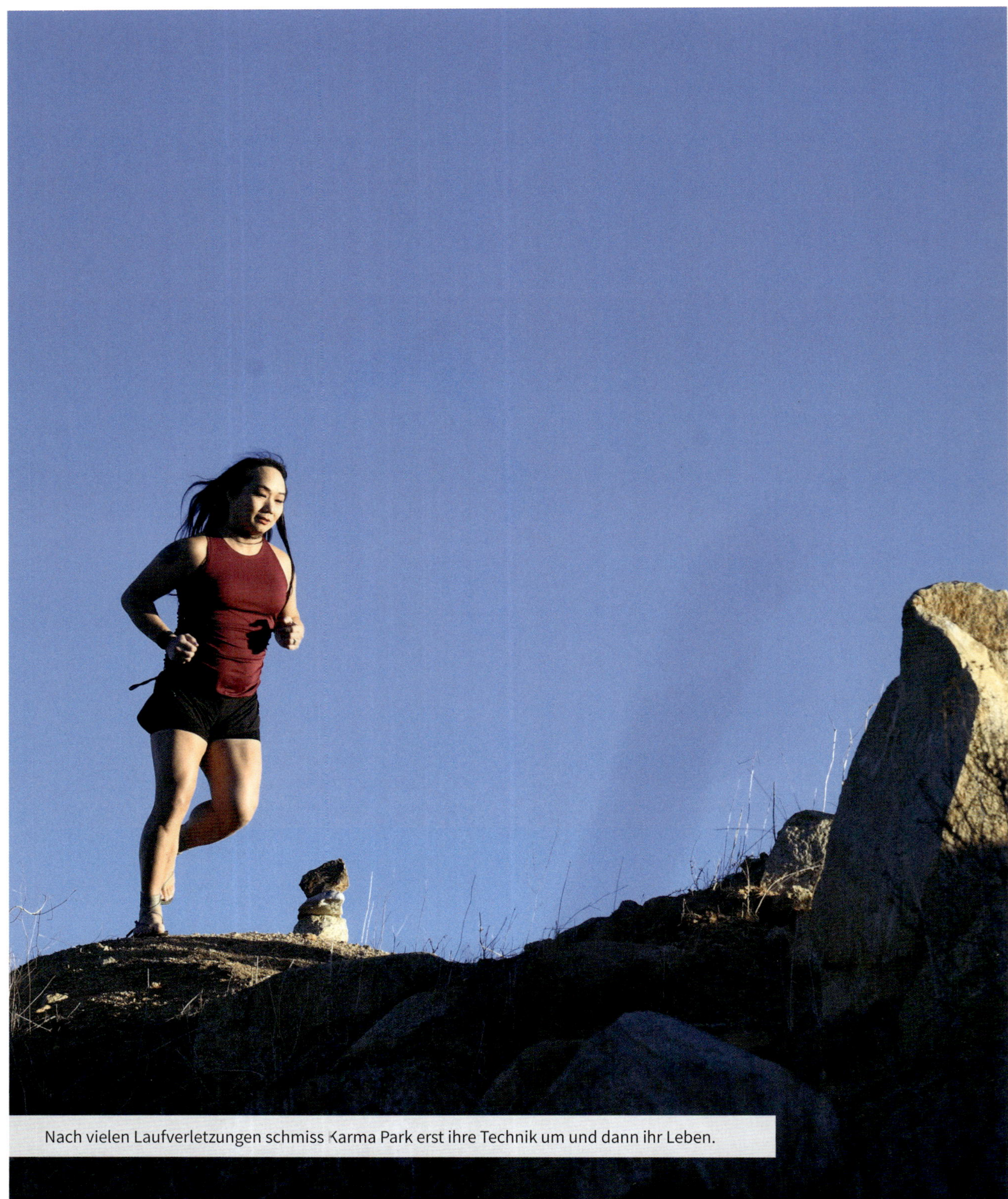

Nach vielen Laufverletzungen schmiss Karma Park erst ihre Technik um und dann ihr Leben.

8.

Technik: Die Kunst der Leichtigkeit

Eric hatte gesagt, er könne mir in zehn Minuten die richtige Lauftechnik beibringen. Nach meiner Schätzung hatte er sich dabei um einen Faktor von mindestens 7000 verrechnet, aber ich unterzog seine Behauptung einem Labortest und probierte es aus:

- Ich rief »Rock Lobster« auf dem Handy auf.
- Ich stellte mich mit einem halben Schritt Abstand rücklings vor eine Wand und drückte auf »Play«.
- Ich fing an, im Takt auf der Stelle zu laufen.

Ich drückte auf »Pause« und sah auf die Uhr. Dann probierte ich es noch mal. Jedes Mal fand ich Erics Schätzung viel zu hoch gegriffen. Es waren nicht einmal annähernd zehn Minuten. Eher fünf.

Ein Lied. Eine Wand. Dreihundert Sekunden. Hätte nur jemand Karma Park dieses Geheimnis verraten, es hätte ihr womöglich einen Haufen Elend erspart.

Karma war in ihrer Zeit als biologischer Mann eine solche Katastrophe, dass man bei der Navy wirklich nicht wusste, ob sie ein grottenschlechter Läufer oder ein großartiger Schauspieler war. Wie sie es überhaupt ins Bootcamp geschafft hatte, war ein Rätsel.

Das Seltsame war, dass das Laufen ihr einziger Schwachpunkt war. Auf hoher See über Bord geschmissen? Kein Problem. Klimmzüge, Liegestütze, Crunches? Kinderkram. Karma war als Jugendliche Wettkampfschwimmer und -ringer gewesen und daher an zweistündige Trainingseinheiten gewöhnt. Training lag ihr im Blut. Aber 2 km laufen, bitte? In unter 13 Minuten? Keine Chance. Immer und immer wieder versuchte sie es, und immer musste sie abbrechen und gehen, sich vor Seitenstechen die Rippen halten und vor Schmerzen in den Beinen zusammenzucken.

»Ich bin mir ziemlich sicher, dass die Musterungsoffizierin bei der Prüfung geschummelt hat, damit sie mich aufnehmen konnte«, glaubt Karma. »Nach dem Lauf dachte ich: *Scheiße, ich war eine Minute zu langsam,* aber sie so: ›Nein, nein, alles gut.‹«

In der Grundausbildung biss Karma die Zähne zusammen und gab ihr Bestes. Die Navy war die Eintrittskarte für ihren Lebenstraum, da kam Aufgeben nicht infrage. Karma war damals 25, ihre Frau studierte Jura, und sie selbst wollte Chirurg werden. Der sicherste Weg zur Finanzierung ihrer beider Zukunft war eine Karriere beim Militär. Außerdem hatte sie noch Schulden zu begleichen. Karma war im Alter von elf Jahren aus Südkorea nach Amerika gekommen, und obwohl Alabama für ein Ausländerkind mit aufkeimendem Gender-Problem vielleicht nicht der behaglichste Ort schien, war Karma zutiefst dankbar für die Existenz, die sich ihre Familie dort aufbauen konnte.

»Ich wollte diesem Land wirklich dienen«, sagt sie. »Aber im Bootcamp musste ich immer wieder auf die Krankenstation.« Karma hatte die Sprüche der Ausbilder im Ohr: »Schmerz ist nur oberflächlich! Abrollen! Von der Ferse zum Vorfuß!« Aber je mehr sie sich anstrengte, desto schwächer wurde sie. »Zuerst haben sie wahrscheinlich getestet, ob ich auch wirklich alles gebe«, erinnert sich Karma. »Ich kann den Verdacht nachvollziehen, weil ich mir vorstellen kann, dass andere Rekruten Schmerzen vortäuschen, um sich vor dem Laufen zu drücken. Aber ich hatte so große Schmerzen, dass sie merkten, dass da was anderes vorlag.«

Schließlich diagnostizierte man bei Karma eine chronische Hüftfehlstellung. Sie wurde dauerhaft auf die Krankenstation beordert und sollte dort so lange bleiben wie nötig – einen Monat, sechs Monate, ein Jahr. Sie sollte entweder geheilt oder entlassen werden. Das waren ihre Alternativen: Besser werden, schneller werden – oder tschüss.

Karma war niedergeschlagen, aber insgeheim fühlte sie sich bestätigt: Seit sie klein war und ihre Mutter die ganze Familie beim örtlichen 5000-Meter-Lauf angemeldet hatte, um sich gut am neuen Wohnort einzufügen, wusste Karma, dass sie nicht laufen konnte. »Mein Dad und ich gingen hinter dem Pulk her, und ich dachte: *Das ist das Albernste, was es je gab. Wir haben doch Autos und Fahrräder, wozu laufen wir?* In allen anderen Sportarten war ich richtig gut, aber das Laufen habe ich immer wieder versucht und bin nie besser geworden.«

Im zivilen Leben hatte es Karma schwer. Sie legte ihre eigene Ausbildung auf Eis und leitete eine Subway-Filiale, damit ihre Frau ihr Jurastudium abschließen konnte. Sie nahm an Gewicht zu, aber sobald sie versuchte, Sport zu treiben, flammten die alten Beinverletzungen wieder auf. Schließlich entdeckte sie, dass die wahre Ursache ihrer Schmerzen Gelenkrheuma war. Die Medikamente machten sie lethargisch und aufgedunsen, und ihr Körper schmerzte so sehr, dass sie am Stock ging. Karma befand sich in einem Teufelskreis, den nichts aufhalten konnte.

Außer dem Liebhaber ihrer Frau. »Meine Frau hatte eine Affäre mit einem Typen, der richtig fit war«, erzählt Karma. »Als ich sie deswegen zur Rede stellte, sagte sie mir, ich sei fett. Das hat mich echt hart getroffen.« So hart, dass Karma nach der Trennung von ihrer Frau beschloss, sich mit dem zu bestrafen, was sie am meisten hasste. »Ich beschloss, meinen emotionalen Schmerz zu ertränken, indem ich mir körperliche Schmerzen zumutete«, sagt sie. »Als ich die Navy verließ, hatte ich mir geschworen, nie wieder zu laufen. *Ich hasse es, hasse es, hasse es, nie wieder laufe ich.* Jetzt beschloss ich, mich ins Grab zu laufen. Weil ich mich selbst hasste und das Laufen hasste, wollte ich genau das tun.«

Diesmal waren Karmas Verletzungen ihre Rettung. Ihre Beine streikten, bevor ihr Herz es tun konnte, und während sie nach einer neuen Möglichkeit der Selbstzerstörung suchte, hatte sie das ungeheure Glück, Sheridan kennenzulernen. Mit dieser tollen Frau an ihrer Seite begannen Teile von Karma zu heilen, von denen sie nicht einmal gewusst hatte, dass sie wund waren. Zum ersten Mal hatte sie die Unterstützung und den Mut, sich ihrer geschlechtlichen Identität zu stellen und mit der Transition zu ihrem lange verschütteten Selbst zu beginnen.

Außerdem nahm sie sich einmal mehr vor, wieder fit zu werden.

Wenn du beim Lesen mitgezählt hast, weißt du, dass Karma sich nun zum dritten Mal ans Laufen wagt. Im Laufe der Jahre habe ich viele solche Geschichten von kaputten Ex-Läufer:innen gehört – ich war ja selbst einer. Aber bei dieser dachte ich zum ersten Mal: *Okay, vielleicht sollte man hier lieber Gnade vor Sportsgeist ergehen lassen und es endgültig drangeben.* Aber trotz aller Widrigkeiten versuchte es Karma erneut. Als Sheridan ihren ersten Sohn zur Welt brachte, gab sich Karma einen Ruck und entschied, dass ihr Kind nicht mit einem Elternteil aufwachsen sollte, das am Stock humpelte oder gar vorzeitig verstarb.

»Und so machte ich mich daran, richtig laufen zu lernen«, sagt sie.

Diesmal ging Karma das Problem aus einer anderen Richtung an: Was, wenn ihr Gehirn das Problem war und nicht ihr Körper? Als ein Mathe-Ass und Spross einer Medizinerfamilie ärgerte sich Karma ein wenig darüber, dass sie immer wieder dieselben Zahlen addiert und sich dennoch gewundert hatte, dass das falsche Ergebnis herauskam. Anstatt mehr zu laufen, dachte sie, sollte sie vielleicht klüger laufen.

Kurz darauf hatte sie ihren Aha-Moment, als sie merkte, dass ihre Beine bergab mehr schmerzten als bergauf. Da kam ihr die Idee: Wie wäre es, wenn sie die ganze Erdoberfläche wie einen Anstieg behandeln würde? Mit anderen Worten:

wenn sie auf dem Vorfuß aufsetzte, anstatt von der Ferse zu den Zehen abzurollen, wie es ihr beigebracht wurde.

»Als ich das einer Freundin gegenüber erwähnte, sagte sie sofort: ›Hast du *Born to Run* nicht gelesen? Da geht's genau darum.‹«

Karma kaufte sich eine Ausgabe und fand auf Seite 181 das Vorbild, das ihr Leben verändern sollte. Nicht Ann Trason, die mutige Lehrerin, die beim Leadville Trail 100 beinahe ein Team von Rarámuri-Läufern überholte. Nicht Scott Jurek, der liebenswürdige und unbezwingbare Held, der nach einer rauen Kindheit in Minnesota zum größten Ultra-Läufer aller Zeiten aufstieg. Karma sah sich nicht einmal in Jenn Shelton, jener Schutzpatronin aller menschlichen Kugelblitze, oder in Caballo Blanco, dem liebeskranken Einzelgänger, der lief, um sein gebrochenes Herz zu heilen.

Nö. Als Karma in den Spiegel schaute, grinste Barefoot Ted zurück.

Heute bin ich nicht stolz darauf, aber als Caballo Blanco und ich zum ersten Mal Ted McDonald trafen, waren wir kurz davor, per Stein-Schere-Papier zu entscheiden, wer von uns ihm eins überziehen und ihn in die Schlucht schmeißen sollte. Ted sagt gern »Mein Leben ist eine kontrollierte Explosion«, was mich nur noch fester glauben lässt, dass er keine Ahnung hat, was »Kontrolle« bedeutet.

Was Jenn und Billy Bonehead und Manuel Luna an Ted mochten, habe ich nur langsam begriffen. Vorher musste ich ein paarmal mit ihm aneinandergeraten, beispielsweise als wir uns mitten im Death Valley anschrien und ich damit drohte, Ted am Wegesrand verrecken zu lassen, während er mir ins Gesicht brüllte: »Mir egal, wie groß du bist! Ich kämpfe gegen dich!« – übrigens genau in dem Moment, als wir eigentlich beim Badwater Ultramarathon als Crew für Luis Escobar antreten sollten.

Trotz all dem entging mir nicht, dass viele andere ihn wirklich mochten. Ted ist schon an normalen Tagen nervig, aber er ist auch ein großzügiger Freund und auf seine Art ein Genie. Als ich Ted darüber in Kenntnis setzte, dass einige meiner amischen Ultrarunning-Freunde auf dem Weg zu einem Staffellauf durch Seattle kommen würden, richtete er ein Matratzenlager in seinem Sandalenladen ein und hieß sie herzlich willkommen.

Fast jedes Jahr reist Ted zurück zu den Barrancas del Cobre und überreicht dem Rarámuri-Schuhmacher Manuel Luna, der ihm einst beigebracht hat, wie man Huarache-Sandalen herstellt, ein Bündel Bargeld. Nicht weil sie Partner sind, sondern weil sie Freunde sind.

Nachdem wir Ted zu unserem Fotoshooting in Colton eingeladen hatten, kam Luis erfreulicherweise genauso viel Dampf aus den Ohren geschossen wie mir. 48 Stunden lang war aus dem Kerl kein Ja oder Nein herauszukitzeln, was in Ordnung gewesen wäre, wenn er einfach geschwiegen hätte. Stattdessen erhielten Luis und ich unentwegt kryptische kleine Teaser-Nachrichten, irgendwelche raffinierten Spezialsmileys,

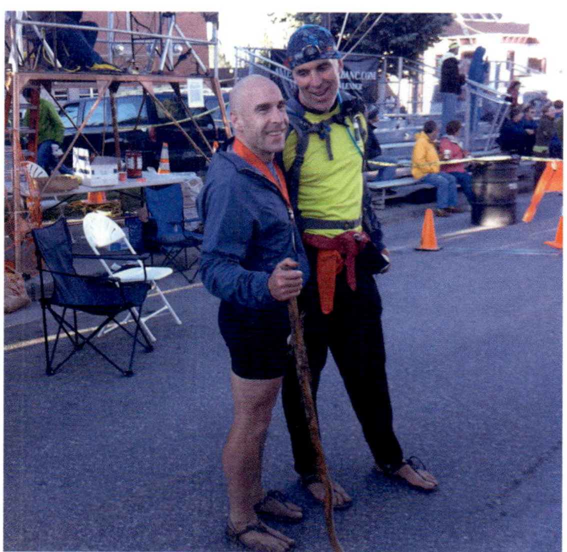

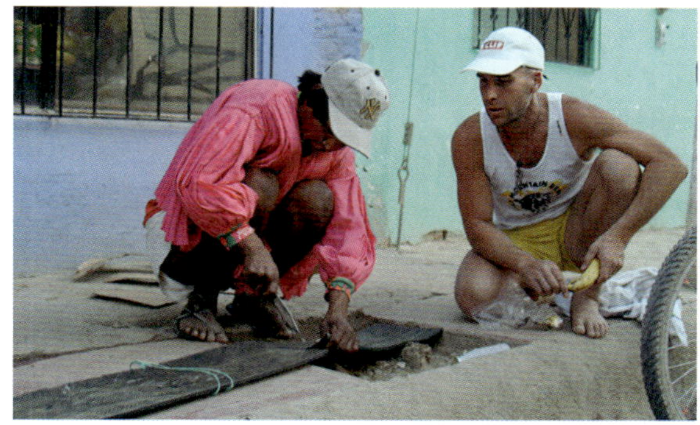

Oben: Ted McDonald am Ziel des Leadville Trail 100 in selbst gemachten Huaraches. Neben ihm sein Schrittmacher Christopher McDougall. *Unten:* 2006 erlernte Barefoot Ted die Kunst des Sandalenmachens von dem Rarámuri-Handwerker Manuel Luna.

die Sekunden nach dem Aufploppen vom Handy verschwanden. Es fühlte sich nicht an, als käme ein Freund zu Besuch (oder auch nicht), sondern eher, als würde man von einem Irren mit Tötungsabsicht verfolgt.

Und siehe da, schon fährt ein Amtrak-Zug in den Bahnhof San Bernardino ein, und heraus tritt Barefoot Ted, über der Schulter einen großen Sack voller Sandalenmaterial. Nach sechs Stunden Fahrt begann er sofort, für jedes unserer ehrenamtlichen Models ein wunderschönes Paar maßzufertigen. Während seine Hände beschäftigt waren, stand auch sein Mundwerk nicht still: Ted lieferte eine 30-minütige Spoken-Word-Performance ab, bei der uns vor Staunen die Kinnlade herunterklappte. Ohne Atempause und irgendwie brillant plapperte er über alles, was ihm während der Zugfahrt durch den Kopf gerasselt war. (»Alles, was man sieht, in Nahrung zu verwandeln, ist eine Superkraft. Besitzt *ihr* sie?«, ist der einzige Ausspruch, an den ich mich erinnere.) Kaum hatte er ein Dutzend Sandalen fertig, verschwand er und fuhr noch am selben Abend per Mitfahrgelegenheit zurück nach Santa Barbara, denn ohne unser Wissen hatte er dort die ganze Zeit einen dringenden Termin gehabt. Was für ein Typ.

Als Läufer war Ted ein echter Revolutionär. In Sachen Minimalismus war er so weit vorne, dass der Rest des Landes Jahre brauchte, um aufzuholen. Dabei hatte er von Anfang an überzeugende Argumente. Allerdings nahm die Geschichte in typischer Ted-Manier einen Verlauf, dem nur jemand folgen konnte, der sich *The Monkey* nennt.

Wie du vielleicht schon weißt, begann Ted überhaupt erst mit dem Laufen, weil er davon träumte, »Amerikas altmodischer Ironman« zu werden. Denn aus Gründen, die nur Ted selbst kannte, wollte er an seinem 40. Geburtstag einen kompletten Triathlon absolvieren (3,86 km Schwimmen im Meer, 180 km Radfahren und 42,2 km Laufen) – aber nur mit Ausrüstung aus den 1890er-Jahren. Wenn Ted eine Eigenschaft hat, die noch markanter ist als seine schiere Athletik, dann ist das sein absolut kugelsicheres Selbstvertrauen. Als er feststellte, dass er mit Schwimmen und Radfahren zurechtkam, aber nicht mit dem Laufen, konnte das unmöglich an ihm und seinem Körper liegen, es musste am Laufen liegen.

Knapp daneben: Es lag an den Laufschuhen. Als Ted das erste Mal barfuß lief, hatte er seinen archimedischen Punkt gefunden: »Ich war total erstaunt, wie viel Spaß das machte«, sagt Ted. »Die Schuhe verursachten so große Schmerzen, aber sobald ich sie auszog, war es, als wären meine Füße gefangen gehaltene Fische, die zurück ins Wasser hüpfen.«

Auf einem Barfuß-Blog fand er die Drei Großen Wahrheiten:

- Sohlen dämpfen nicht die Stöße, nur den Schmerz.
- Der Schmerz lehrt dich, bequem zu laufen.
- Sobald du anfängst, barfuß zu laufen, veränderst du deine Laufweise.

Die Laufweise verändern – das war das Gegenteil von dem, was man Ted über das Laufen beigebracht hatte. Aber das, was man Ted über das Laufen beigebracht hatte, funktionierte nicht. Außerdem war es einleuchtend. Kein anständiger Basketballspieler schleudert einfach den Ball in die Luft und hofft das Beste. Kein ernsthafter Tennisspieler schwingt seinen Schläger wie eine Keule. Ted hatte einige Jahre in Japan als Lehrer gearbeitet und wusste, dass Sushi-Köch:innen und Kampfkünstler:innen die Grundlagen ihres Handwerks über Jahre hinweg perfektionieren. In der Welt der Bewegung geht nichts über Form und Technik.

Da Ted Barfußläufer:innen höchstens online, aber nie persönlich kennengelernt hatte, nahm er die Aufgabe der Neuerfindung selbst in die Hand. Er befand sich in der gleichen misslichen Lage wie jener tschechische Soldat, von dem er gehört hatte, der im Zweiten Weltkriegs während langer Nachtwachen von olympischem Ruhm träumte. Anstatt zitternd dazustehen, lief der Soldat auf der Stelle. Um über die Schneedecke zu kommen, hob er die Knie hoch, und um nicht gehört zu werden, setzte er in seinen schweren Stiefeln so lautlos wie möglich auf.

Als er nach dem Krieg nach Hause kam, ersetzte der Soldat den Schneematsch durch nasse Wäsche: Er wusch seine Kleidung, indem er in einer mit Wasser und Seife gefüllten Badewanne darauf trampelte. (Dagegen sind unsere 100 Up ein Kinderspiel: In der schaumigen Wanne fängt man nach einem schlampig ausgeführten Schritt nicht von vorne an, sondern landet in der Notaufnahme.)

Diese seltsamen hausgemachten Experimente zahlten sich spektakulär aus. Mit seinem Einfallsreichtum als Trainer gelang Emil Zatopek die beeindruckendste Laufleistung in der olympischen Geschichte: Bei den Spielen 1952 gewann er Gold in allen drei Langstreckenrennen, darunter *sein erster Marathon überhaupt*.

Trotz seiner Geschwindigkeit bekam Emil jede Menge Spott über sein Aussehen zu hören. Obenrum sah Zatopek entsetzlich aus. Er verzog das Gesicht zu einer Grimasse, »als wäre ihm gerade ein Messer ins Herz gestochen worden«, wie ein

Sportjournalist bemerkte. Zatopek wackelte mit dem Kopf und krallte sich mit den Händen an die Brust, als würde er ein kleines Alien durch die Rippen gebären. Den Kritiker:innen entging jedoch, dass Zatopek unterhalb der Taille eine Maschine war: rhythmisch, präzise, makellos.

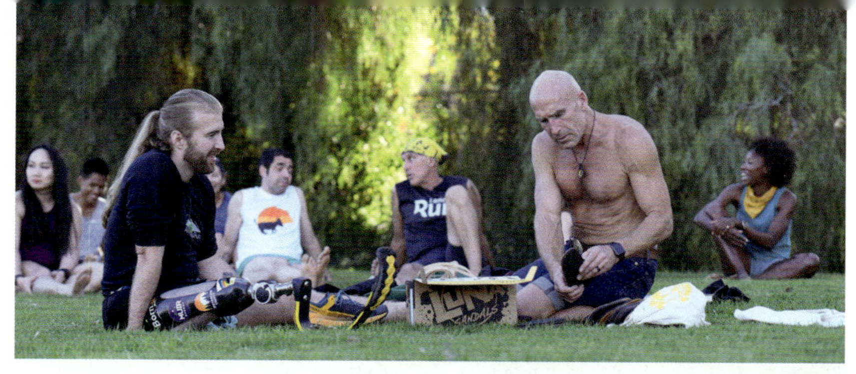

Mehr als ein Jahrzehnt später fertigt Ted immer noch Huaraches für Läufer:innen.

Seinen Steampunk-Ironman ist Ted dann doch nicht gelaufen – bisher jedenfalls. Aber ansonsten war er nicht aufzuhalten. Als ihm klar wurde, dass Laufen keine Strafe ist, die man ertragen muss, sondern eine Fähigkeit, die man meistern kann, machte er das zu seiner neuen Mission.

Es dauerte nicht lange, da hatte er einen Marathon schnell genug geschafft, um sich für den in Boston zu qualifizieren. Dann lief er Boston schnell genug, um sich für den nächsten zu qualifizieren, und von da an ging es immer weiter aufwärts, und zwar im Wortsinn, denn er wechselte bald von Straßenstrecken zu Hochgebirgs-Ultramarathons.

Aber was Karma an Ted am meisten beneidete, war nicht sein bemerkenswertes 25-Stunden-Finish beim Leadville Trail 100 oder sein seltsam beiläufiger Weltrekord im Skateboarden (390 km in 24 Stunden). Ob sie jemals so schnell laufen würde wie Ted, war ihr egal. Sie wollte nur so gesund sein wie er. Sie wollte wie er den Weg vom Leid zum Glück finden.

»Ich entschied ganz bewusst, mich voll und ganz dem Vorfußlauf zu widmen«, sagt Karma.

Vielleicht ist »widmen« ein bisschen untertrieben. Seit dem 3. Mai 2014 ist Karma keinen einzigen Tag nicht gelaufen. Jeden Abend schlüpft Karma in ihre Sandalen und tritt vor die Tür, egal was für ein Sturm durch Birmingham, Alabama, weht, egal ob sie gegen eine Erkältung oder gegen das Chaos in der von ihr geleiteten Arztpraxis ankämpft. Ihr siebenjähriger und immer noch anhaltender Streak begann auf bizarre Weise, ganz im Sinne von Barefoot Ted. Weniger als ein Jahr, nachdem sie ihre Lauftechnik geändert hatte, brachte die Frau, die geschworen hatte, nie wieder zu laufen, ihre erste Marathonmedaille mit nach Hause. Weg war der Gehstock, vergessen das dräuende Rheuma. Karma entdeckte, dass sie ihre Befindlichkeit ändern konnte, indem sie ihre Bewegungsweise änderte. Sie steigerte sich bald von der Marathondistanz auf 50 km, und dann ging es richtig los. Am Tag nach diesem ersten Ultramarathon hatte Karma die Idee, ihren Muskelkater mit drei gemütlichen Kilometern auf die Probe zu stellen. Zu ihrer Überraschung fühlten sich ihre Beine nach dem Joggen besser, also ging sie am nächsten Tag wieder raus … und am übernächsten … und so kam ihr Streak ins Rollen. Um die Serie nicht abreißen zu lassen, legt Karma jeden Tag mindestens eine Meile zurück, aber das ist nur das Minimum. Während des ersten Jahres nahm sie auch drei Ultramarathons in Angriff und begann dann, Streaks innerhalb ihres Streaks zu schaffen: Sie lief ein ganzes Jahr lang 8 km pro Tag, dann zehn Monate lang täglich 10 km und 1300 Tage lang 5 km pro Tag. Trotz dieser großen Zahlen auf dem Tacho hatte Karma das Gefühl, dass sie sich noch einen Hack von Barefoot Ted abgucken musste: Sie läuft immer in einem Paar seiner Lunas, damit sie nie vergisst, *weich* und *leicht* zu bleiben.

Tatsächlich hat Karma Ted erst an jenem Tag persönlich getroffen, als er in San Bernardino aus dem Zug stieg und wie ein grinsender, kahlköpfiger Tornado unser Fotoshooting durcheinanderwirbelte. Ted ist normalerweise schlagfertig, aber als er Karma gegenüberstand, brauchte er ein paar Sekunden, um sich zu orientieren.

Die Person, die sich vor Jahren an ihn gewandt hatte, hatte sich in ihrem Körper nie zu Hause gefühlt und stand vor zwei beängstigenden Veränderungen. Die Karma, die nun vor ihm stand, hatte es bis ans andere Ende des Tunnels geschafft. In der Vergangenheit hatte sich Karma von Ted Ermutigung und Rat erbeten. Jetzt war sie reif für etwas ganz anderes, merkte Ted und gewährte es ihr.

»Wenn ihr irgendwelche Fragen habt, fragt Karma«, sagte Ted an den Kreis der sehr erfahrenen und versierten Ultraläufer:innen gewandt, die jedes seiner Worte über die Kunst des minimalistischen Laufens aufsaugten. »Sie weiß genauso viel wie ich.«

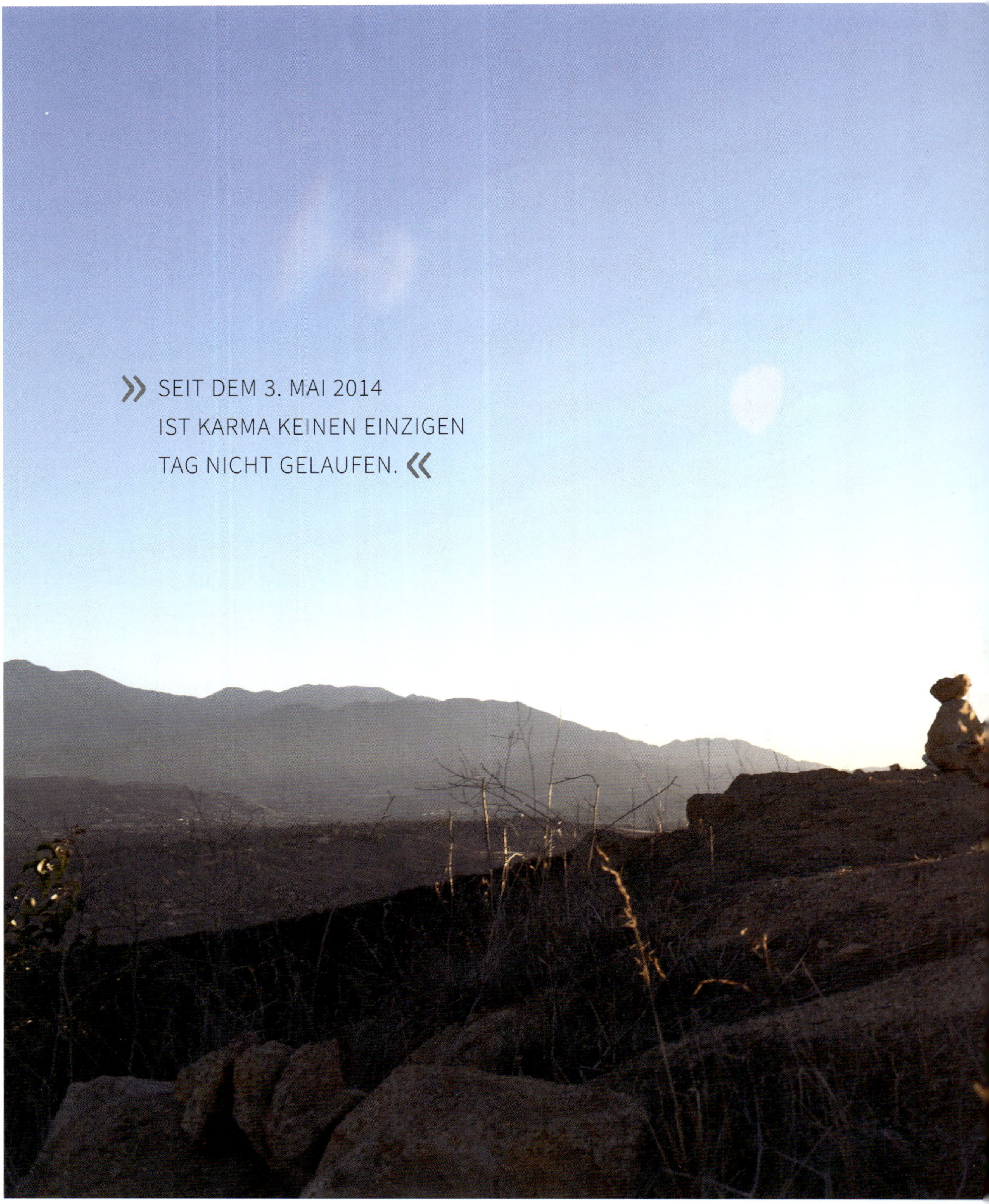

» SEIT DEM 3. MAI 2014
IST KARMA KEINEN EINZIGEN
TAG NICHT GELAUFEN. «

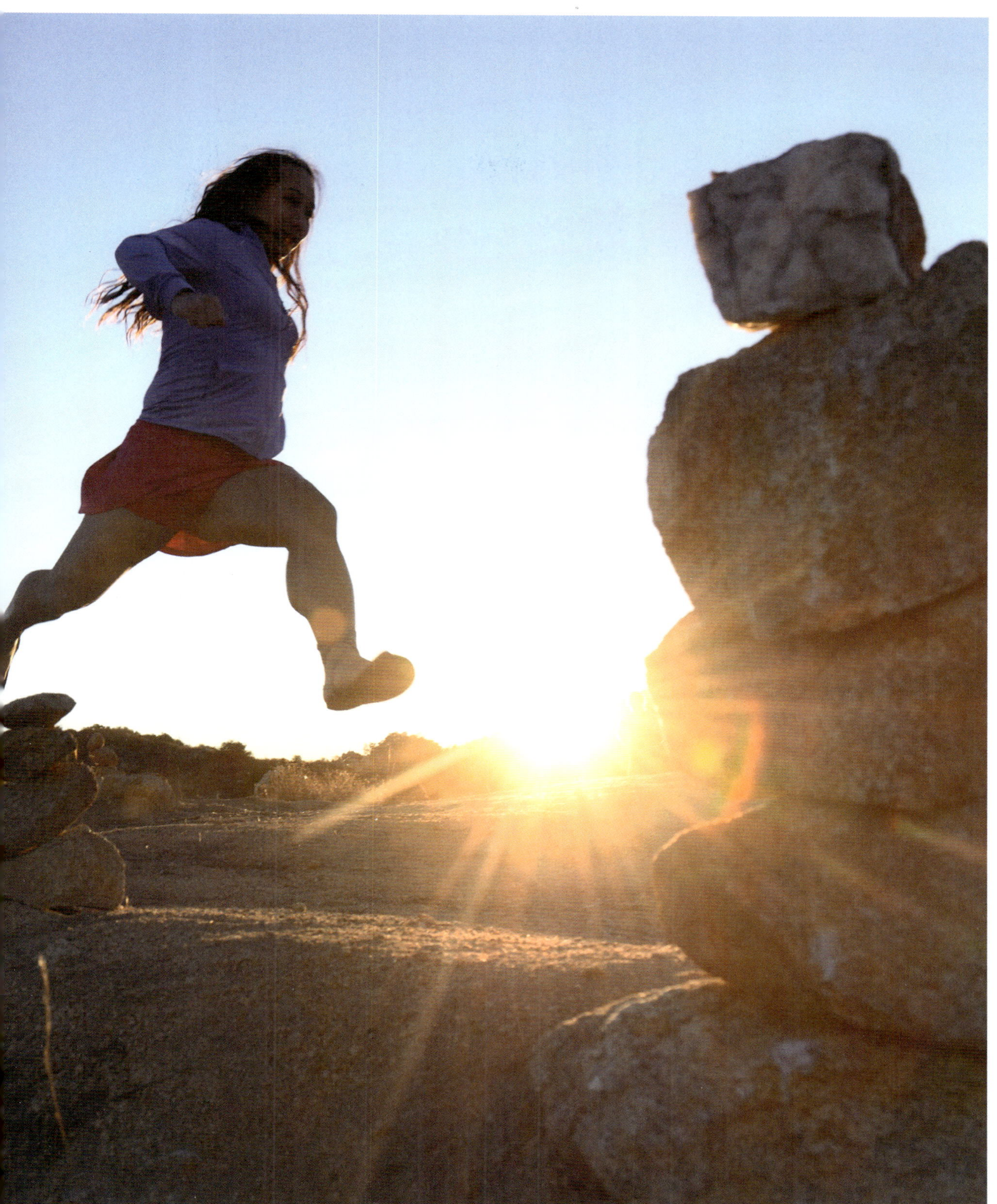

8.1 LAUFTECHNIK IN ~~10~~ 5 MINUTEN

Im Laufen ist eine Zwickmühle eingebaut: Um zu sehen, ob die Technik korrekt ist, muss man nach unten schauen – aber sobald man den Kopf senkt, um die Technik zu überprüfen, vermasselt man sie.

Eric musste eine Alternative für das menschliche Auge finden. Er brauchte irgendein Biofeedback-Gerät, das so präzise wie das Sehen war und bei jedem Fehler sofort Alarm schlug. Endlich fand er das perfekte Gadget:

Eine Wand.

Als Nächstes ging er das Lauftempo an. Genau wie Tanzen ist Laufen mehr als eine Menge Bewegung, es erfordert auch Rhythmus. Die Bewegung ohne den Rhythmus einzustellen, nützt gar nichts. Deswegen brauchte Eric eine idiotensichere Methode, um die richtige Laufbewegung mit der richtigen Kadenz zu verbinden. Welchen Beat er brauchte, wusste er dank einem gewissen Jack Daniels, der nichts mit Whiskey zu tun hatte, genau.

Als in den 1980er-Jahren erstmals erschwingliche Handvideokameras auf den Markt kamen, konnte plötzlich jeder zum Filmemacher werden. Einer dieser Guerilla-Kameramänner war der zweifache Olympiasieger Jack Daniels, der inzwischen an einem College trainierte. Daniels begann, Spitzensportler:innen zu filmen, und ihm fiel etwas Faszinierendes auf: Sie alle neigten dazu, mit etwa 180 Schritten pro Minute zu laufen, 90 je Bein, egal ob sie schnell oder langsam liefen. Um zu beschleunigen, machten sie einfach längere Schritte, ohne den 180er-Takt zu ändern. Dann untersuchte Daniels Laufanfänger:innen und stellte fest, dass sie in der Regel eine viel langsamere Schrittfrequenz hatten, eher um 160. Daniels erkannte, dass diese Neulinge den Fehler machten, *schnell* mit *kräftig* zu verwechseln. Es ist nämlich einfacher, mit einer schnelleren Trittfrequenz zu laufen, weil man dann hoppelt, anstelle … einzelne … Sprünge … zu … machen.

Und je schneller man hoppelt, desto mehr Schwung wird frei.

Aber mal ehrlich: Wer möchte schon beim Laufen jeden Schritt zählen und auf die Uhr starren? Für seine schnelle Techniklektion brauchte Eric eine angenehme Methode, um diesen Rhythmus im Muskelgedächtnis zu verankern. Und hier gebührt unser Dank den B-52s.

Rock Lobster erreicht knackige 92 Beats pro Minute. Wenn Indie-Pop der 80er nicht dein Ding ist, kannst du auch *Listen to My Heart* von den Ramones nehmen oder *ME!* von Taylor Swift. Oder unseren persönlichen Favoriten, *Verrazano* von Lady Southpaw, einer Punkrockerin und Marathonläuferin, die extra ein ganzes Album voller 90-bpm-Stücke aufgenommen hat. (Mehr von Lady Southpaw im 11. Kapitel, da reden wir mit ihr über Laufmusik.)

Wie fügst du nun das alles zusammen?

1. Hüpfe auf der Stelle. Du springst nicht in die Höhe, sondern federst einfach in den Fußgelenken auf und ab. Kümmere dich nicht darum, wie du landest. Setze einfach auf natürliche Weise mit dem Vorfuß auf und lasse die Ferse den Boden küssen.
2. Tanze weiter Pogo, bis es sich weich und leicht anfühlt und du es den ganzen Tag tun könntest. Wie Muhammad Ali im Ring, wie Gwen Stefani beim Riot Fest.
3. Klappt's? Dann stelle dich jetzt so hin, dass du mit dem Rücken fast eine Wand berührst. Laufe leicht auf der Stelle. Jetzt hüpfst du nicht mehr, du läufst. Aber behalte weiterhin das Gefühl des schnellen Hoppelns, das du beim Pogo hattest.
4. Wenn deine Fersen die Wand berühren, trittst du nach hinten aus. Ziehe stattdessen die Füße hoch. Das Knie soll stoßen, nicht einknicken. Das ist

das Schöne am Laufen auf der Stelle: Es ist fast unmöglich, etwas falsch zu machen. Du kannst nicht mit der Ferse aufsetzen, du kannst keine zu langen Schritte machen. Du kannst höchstens nach hinten austreten, und dann läufst du gegen eine Wand.

5. Und jetzt die Krönung: Mit dem Rücken an der Wand bleiben, *Rock Lobster* abspielen und im Rhythmus laufen.
6. Merkst du was? Du hast gerade die perfekte Lauftechnik erlernt.

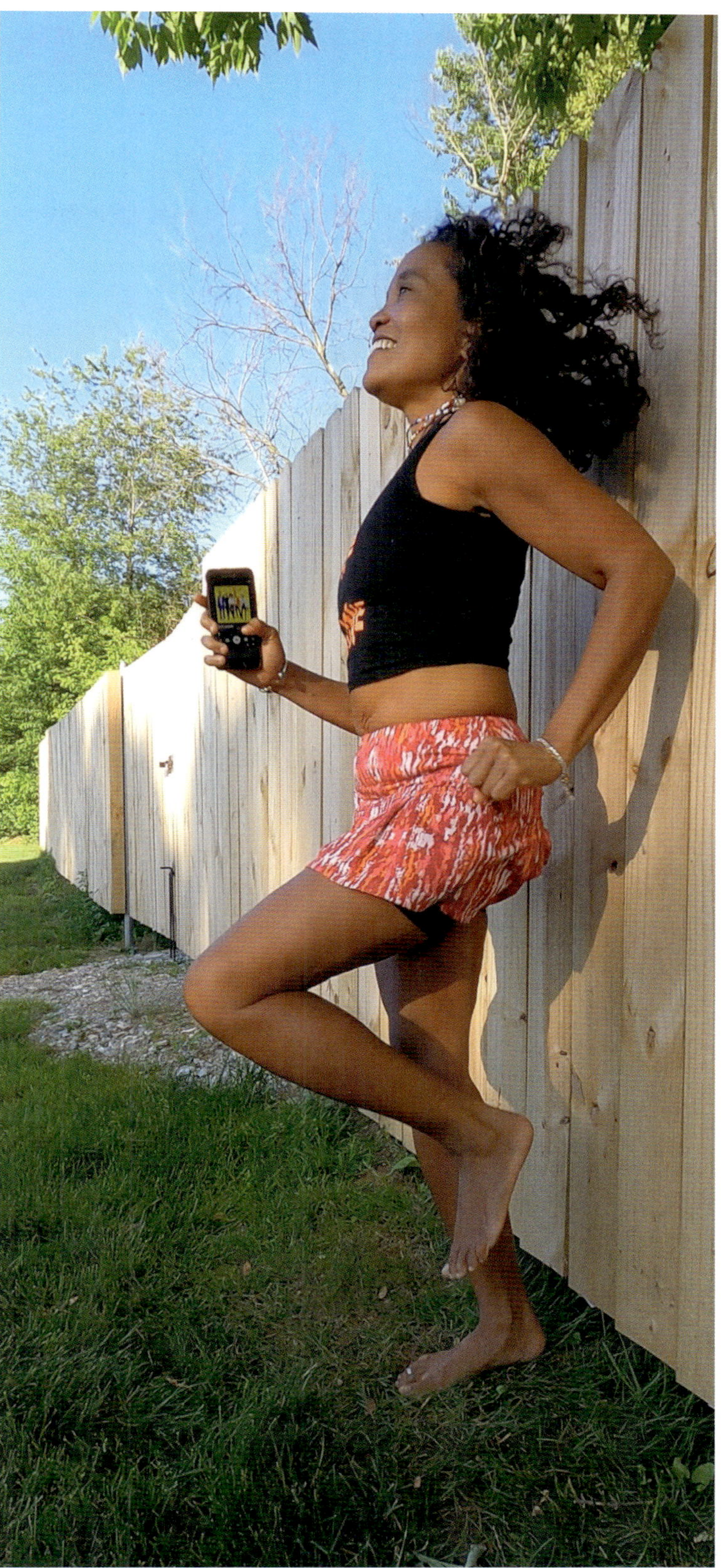

LAUFBEWEGUNGEN

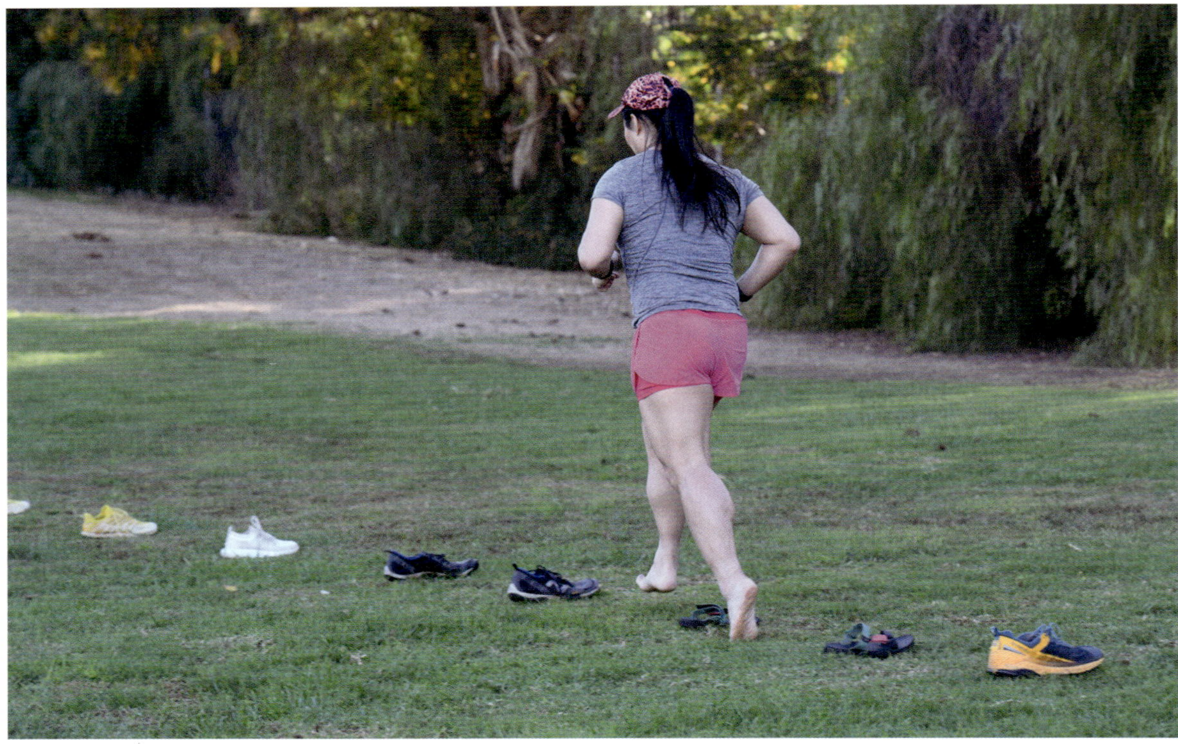

LEITERLAUF, TEIL 1

Sinn der Sache: Eine Allzweck-Übung. Übt die Kadenz und den richtigen Fußaufsatz ein, trainiert das Standbein und das Abstoßen und Überwinden der Hürde. Hilft auch dabei, ein Gefühl für höhere Schrittfrequenzen zu entwickeln, was unerlässlich ist.
Aufgepasst: Hier geht's nicht um Agilität. Man soll die Füße nicht so schnell wie möglich bewegen. Ziel ist es, weich und natürlich über die Hürden zu laufen.

So geht's:

- Lege eine Art Leiter auf dem Boden aus, indem du ein Dutzend Stöcke oder Äste wie Sprossen hintereinanderlegst, mit etwa 90 cm Abstand. Wenn du keine Stöcke hast, kannst du auch zusammengerollte Handtücher verwenden oder einfach mit Kreide Striche auf den Boden zeichnen. In unserem Laufcamp haben wir Schuhe benutzt.
- Laufe so über die »Leiter«, dass du über die Sprossen gleitest und mit den Füßen dazwischen landest.
- Finde ein lockeres Tempo, bei dem sich das Laufen so natürlich wie möglich anfühlt.
- Hebe das Knie nach vorne und überspringe die Stöcke/Schuhe/Kreidestriche, als wären sie 15 cm hoch.

So oft: So oft wie du magst, ohne zu ermüden.

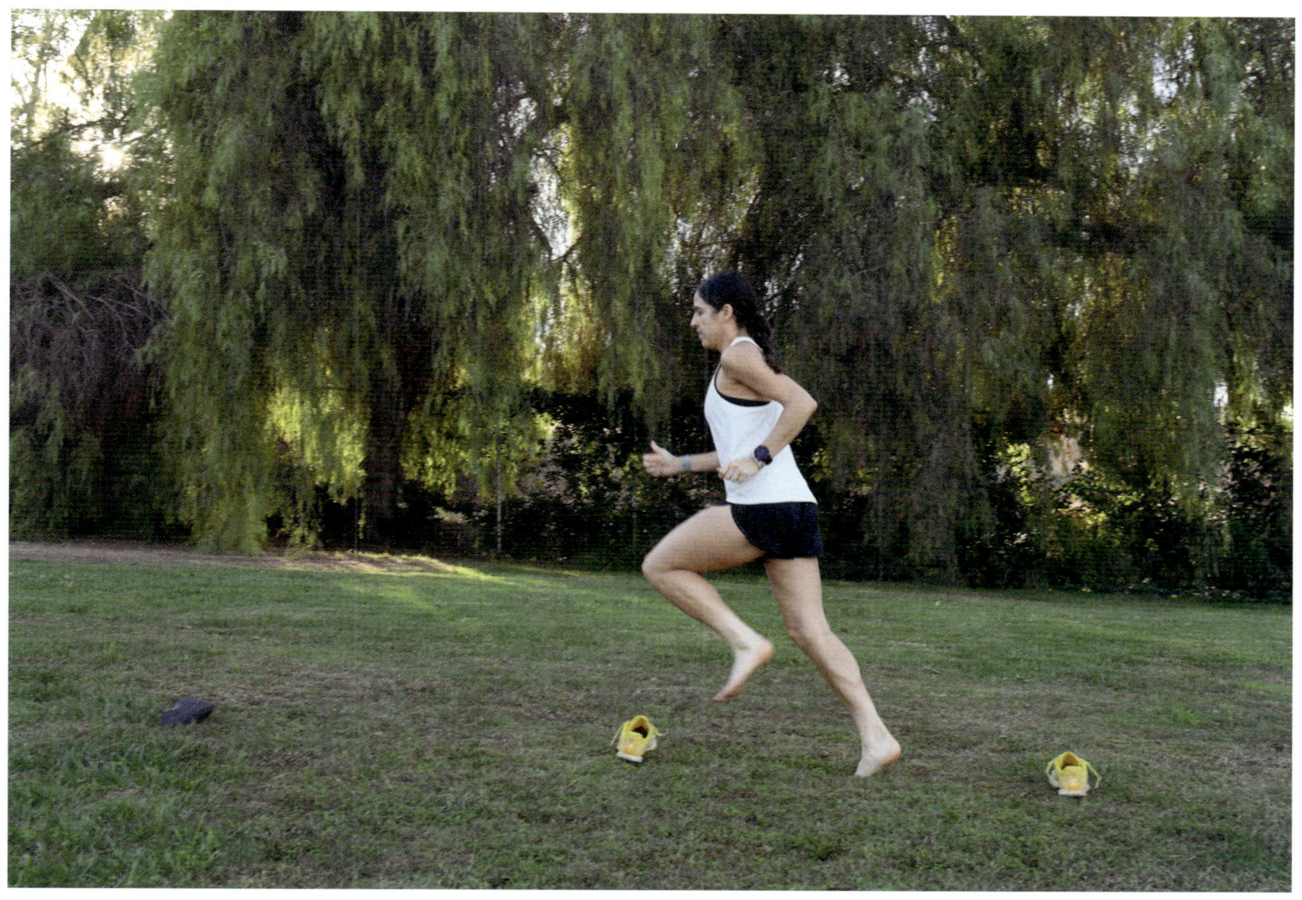

LEITERLAUF, TEIL 2

Sinn der Sache: Der allmählich zunehmende Abstand zwischen den Sprossen lässt uns spüren, wie viel Schub für die länger werdenden Schritte erforderlich ist. Man muss sich stärker vom Boden abdrücken, um die Hürden zu überwinden, und genau das braucht man auch, um Geschwindigkeit zu erzeugen.
Aufgepasst: Größere Schritte gelingen, indem man das Standbein stärker gegen den Boden stemmt, nicht indem man mit dem freien Bein ausgreift.

So geht's:

- Ändere die Leiter so, dass der Abstand zwischen jeder Sprosse etwas breiter ist als der vorige, damit die Schritte beim Darüberlaufen immer länger werden. Du kannst die Abstände nach Augenmaß bestimmen. Füge jedem Zwischenraum 8 bis 12 cm hinzu. Zum Beispiel:
- Sprosse 1 – 2: + 8 cm
- Sprosse 2 – 3: + 9 cm
- Sprosse 3 – 4: + 10 cm
- Passe die Abstände so an, dass du immer noch laufen kannst und nicht springen musst.
- Laufe über die Leiter und achte darauf, mit mehr Kraft gegen den Boden zu drücken, um die größeren Abstände zu überwinden.

So oft: So oft wie du magst, ohne zu ermüden. Mach dir einen Spaß daraus.

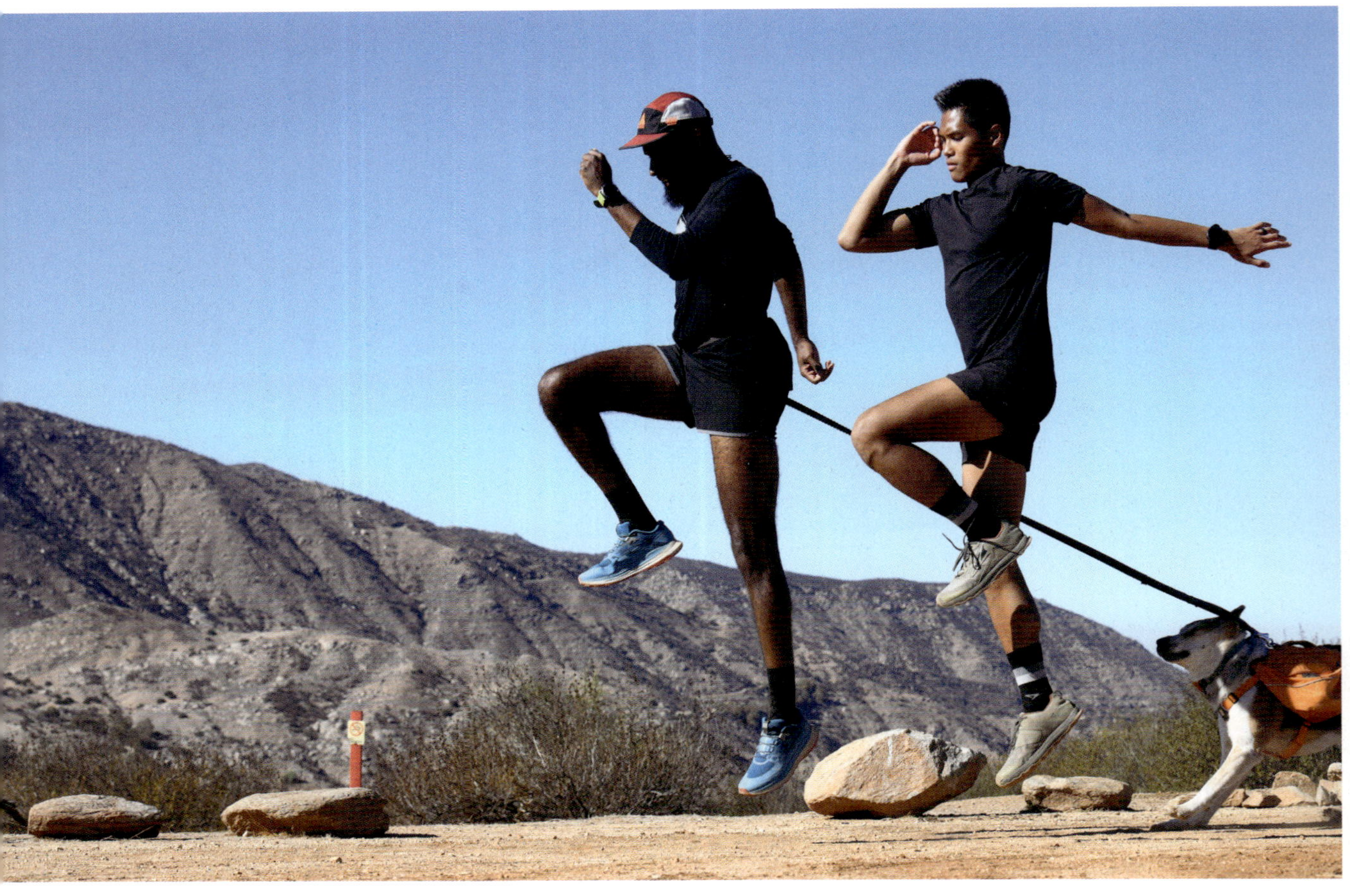

HOPSERLAUF HOCH

Sinn der Sache: Wem das Hopsen schwerfällt, koordiniert beim Laufen generell die Arme nicht gut mit den Beinen. Dadurch gehen Effizienz und Stabilität verloren. Ein schlechter Armschwung bringt die Beine aus dem Tritt, was zu Wacklern und Energieverschwendung führt.
Aufgepasst: Lerne, dich entspannt *und* kraftvoll zu fühlen. Um Höhe zu erreichen, musst du gleichzeitig entspannt bleiben und Kraft aufwenden, gleichzeitig atmen und den Core aktivieren.

So geht's:

- Reiße im normalen Hopserlauf das vordere Knie hoch. Versuche, an Höhe zu gewinnen, nicht an Distanz.
- Bewege die Arme wie beim Laufen, sodass immer der rechte Arm mit dem linken Bein nach vorne kommt und umgekehrt.
- Die Hopser sollten kurz sein, mit viel Abstoß und starkem, übertriebenem Armschwung, um Kraft zu erzeugen.
- Wenn dir die Koordination von Armen und Beinen schwerfällt, dann übe erst einmal den entspannten Hopserlauf und strebe erst dann nach mehr Höhe, wenn du ihn besser kannst.

So oft: 6 – 8 Hopser pro Bein. Nicht auf die Menge der Hopser kommt es an, sondern auf die Höhe und Koordination. Je mehr du hopst, desto müder und unkonzentrierter wirst du.

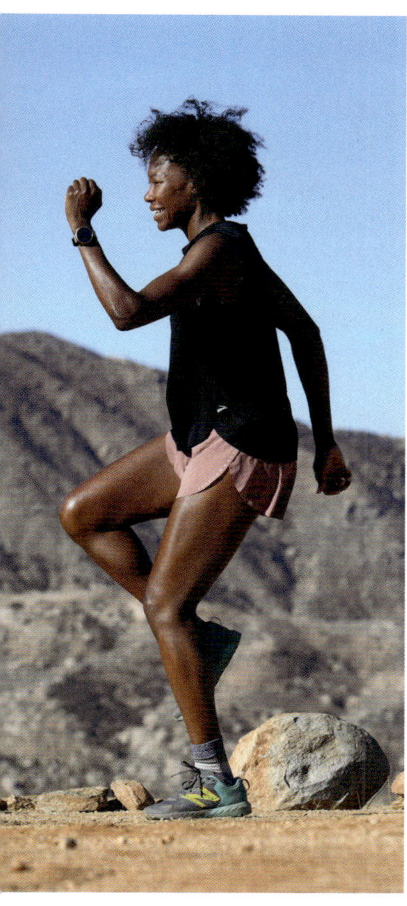
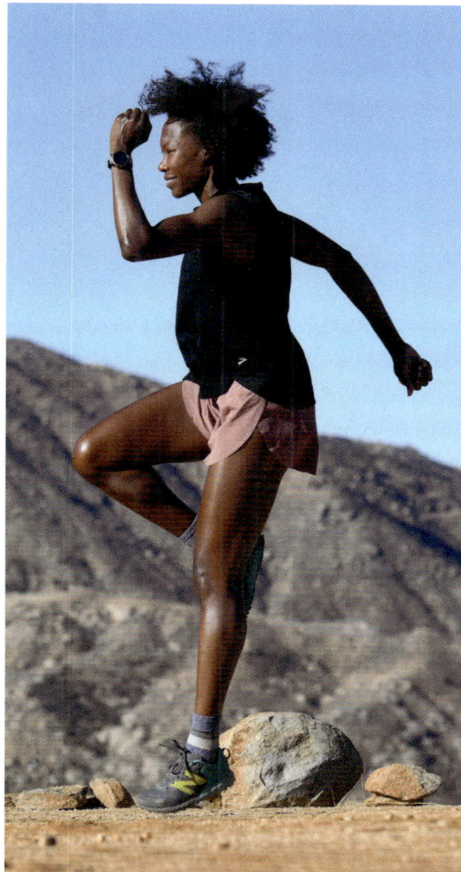
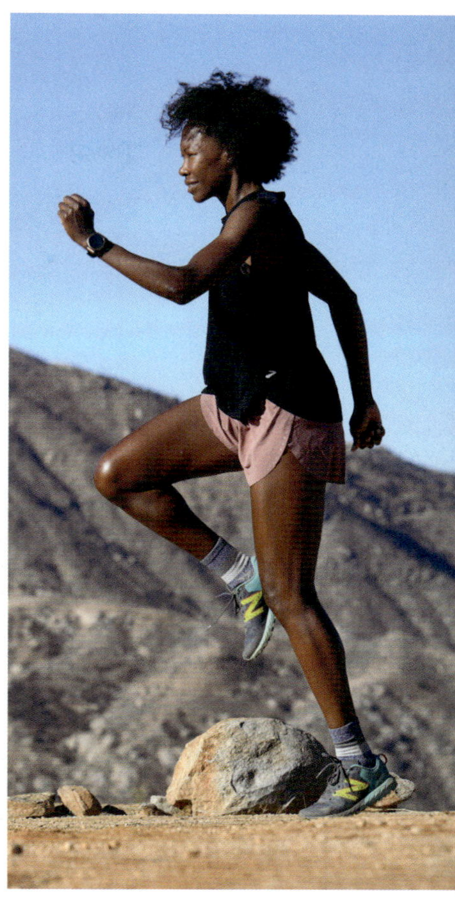

EINBEINIGES HÜPFEN

Sinn der Sache: Schult gezielt die Fähigkeit, den Bodenkontakt zu verkürzen und den Core anzuspannen. **Aufgepasst:** Beuge bei der Landung das Knie nicht mehr als eine viertel Kniebeuge. Halte das Bein steif und hüpfe nicht auf und nieder.

So geht's:

- Stelle dich auf ein Bein, hüpfe vorwärts, lande auf *demselben* Bein und gehe nur wenig in die Hocke. Bleibe stehen und zähle bis 3, dann springe wieder vorwärts. Hüpfe so auf einem Bein weiter.

So geht's schneller:

- Stelle dich auf ein Bein, hüpfe vorwärts, lande auf *demselben* Bein und gehe nur wenig in die Hocke. Hüpfe dann schnell weiter vorwärts und lande wieder auf demselben Bein. Setze dieses schnelle Hüpfmuster fort und springe immer so schnell wie möglich ab.

So oft: 8 – 10 Hüpfer pro Bein.

Hirn in den Beinen

Muskelgedächtnis existiert wirklich.

Und es ist viel stärker, als man glauben mag. Forschungen haben ergeben, dass sich bei Kraftübungen eine Art Regenerationscode in unsere Muskelzellen einprägt. Ein Archiv der ganzen Arbeit, die wir geleistet haben, um stärker zu werden. Selbst wenn wir monate- oder sogar jahrelang mit dem Training pausiert haben, können wir immer noch diesen Erholungsmodus einschalten, wenn wir wollen. Er ist keine Wunderpille, aber eine Abkürzung. Was man sich in der Vergangenheit an Kraft und Agilität antrainiert hat, kehrt viel schneller zurück, als der Aufbau ursprünglich dauerte.

Sportskanonen haben das an sich selbst gemerkt, lange bevor sich die Wissenschaft einmischte. Gewichtheber:innen, die die Hanteln ruhen ließen und weich geworden waren, stellten fest, dass sie in einem Bruchteil der erwarteten Zeit wieder in Form waren, wenn sie wieder mit dem Training begannen. Sie nannten es *greasing the groove* – etwa: »gut geölt bleiben«. Die Idee war, dass der Körper darauf trainiert wird, auf eine bestimmte Widrigkeit zu reagieren. Sobald man ihm dann davon eine Ladung verpasst, reagiert er auf »gut geölten« Bahnen.

Zur Erforschung dieses Effekts hat man an der University of Arkansas und der University of Kentucky ein raffiniertes Experiment erdacht. Man brachte Mäusen bei, auf einem gewichteten Laufrad zu flitzen, also einen Mix aus Kraft- und Cardio-Training zu betreiben. Nach zwei Monaten Training bekamen die Mäuse drei Monate frei. Das entspricht ungefähr einer Unterbrechung von sieben Menschenjahren, denn Labormäuse haben nur eine Lebensdauer von drei Jahren.

Als die ausgeruhten Nager wieder in Dienst genommen wurden und gegen Mäuse antraten, die neu am Start waren, passierte was wohl? Die trainingserfahrenen Mäuse bauten viel schneller Muskeln auf als die Neulinge. Zu Beginn der zweiten Trainingsphase waren alle Mäuse außer Form, aber die, die das Ganze schon einmal hinter sich hatten, übersprangen die Zwischenstadien und waren rasch wieder fit.

Radrennfahrer:innen alter Schule nennen das *deep legs* – »tiefe Beine«. Ihre Muskeln sind von all den Kilometern auf der Straße nicht nur kräftiger geworden, sondern auch klüger. Deshalb holt ein erfahrener Fahrer, der nach einer Verletzung neu anfängt, die Neulinge schnell ein, auch wenn alle gleich viel trainieren. Hat man den Beinen einmal das Geheimnis der Lockerheit beigebracht, vergessen sie es nie.

8.2 DIE PERFEKTE PLAYLIST FÜR PERFEKTE LAUFTECHNIK

Du bist nicht mit *Rock Lobster* verheiratet. Es geht nur darum, dir irgendwelche Songs mit 90 Beats pro Minute im Hippocampus zu verankern. Wenn die B-52s nicht dein Ding sind, kannst du dir aus dieser von Eric Orton kuratierten Run-Free-Playlist etwas aussuchen:

Lady Southpaw:
Why I Run/Verrazano
Hypnotisch! Lady Southpaw hat gleich zwei perfekte Run-Free-Hymnen mit 90 bpm geschaffen.

Ramones: ***Listen to My Heart***
»Take it Dee Dee! One, two, three, four …« Die Drei-Akkord-Urgesteine mit einem perfekten 90-bpm schnellen Track. Schön kurz für Anfänger:innen.

Palace Winter: ***H. W. Running***
Eine freigeistige, lyrische Traumreise bei 90 bpm, die dich hypnotisiert und in den Flow bringt.

Led Zeppelin: ***Rock and Roll***
Mit Rocklegenden an Schlagzeug und Gitarre werden die Beine bei 86 bpm warm. Klassiker!

Taylor Swift: ***ME!***
Zu diesem Pop-Duett bei 91 bpm läufst du am besten mit jemand anderem zusammen. Du wirst die Melodie den ganzen Tag summen und die Kadenz nie wieder vergessen.

The Rolling Stones: ***Everybody Needs Somebody to Love***
Die Stones rocken bis in alle Ewigkeit, und genauso weit trägt dich dieser simple 89-bpm-Bluesrock.

Die Beatles: ***Help!***
Das Timing stimmt und wird im Laufe des Songs noch besser. Ringo ist an deiner Seite. Gerade wenn du Gefahr läufst, den Takt zu verlieren, wird sein Trommeln lauter.

Olivia Rodrigo: ***deja vu***
Nicht der einfachste Beat, um danach zu laufen, aber für diesen Killer-Song lohnt es sich.

Emmylou Harris: ***Born to Run***
Nur ein Tacken unter dem Wunschtempo, aber es musste nun mal ein *Born to Run* her, und das von Springsteen ist viel zu langsam.

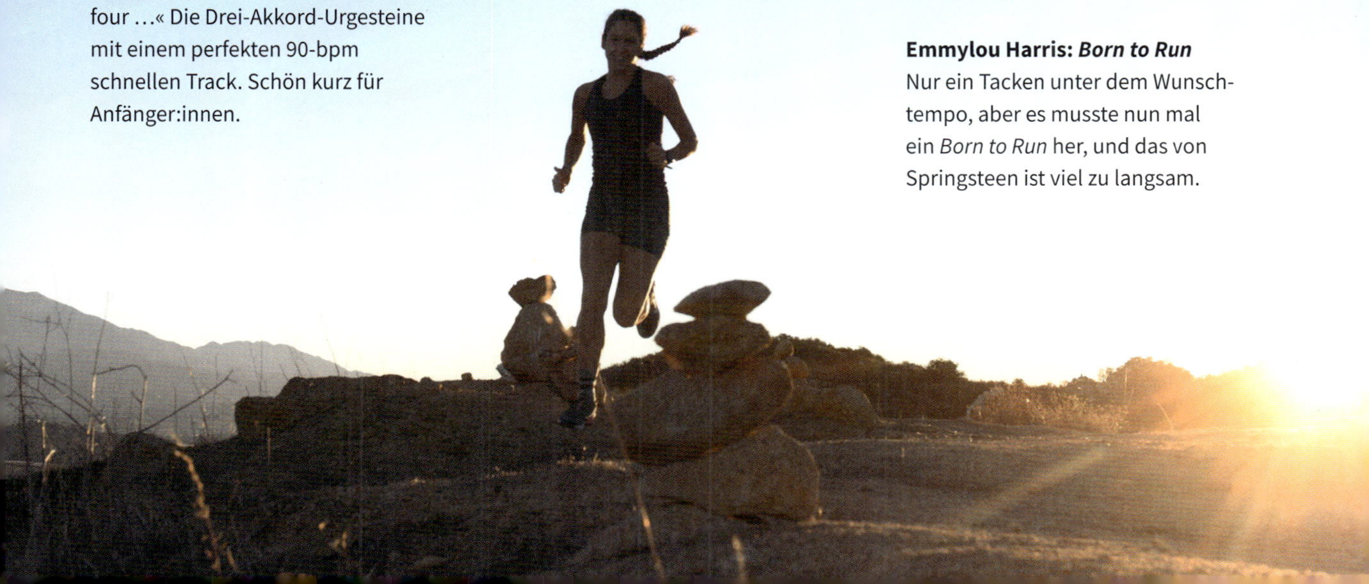

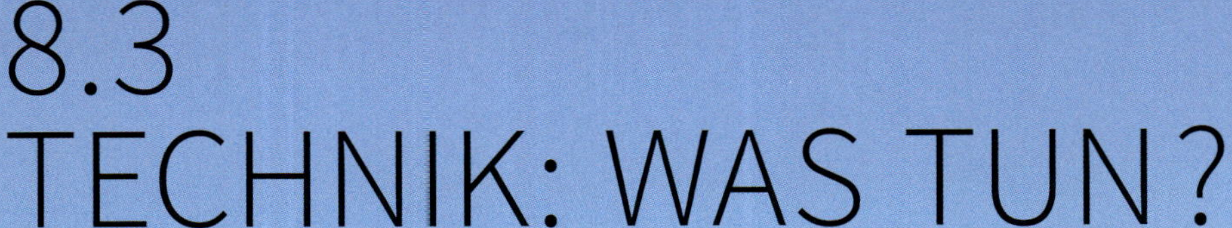

8.3 TECHNIK: WAS TUN?

1. Experimentiere mit dem Leiterlauf und finde heraus, was für dich am praktischsten ist: Schuhe, Kreide oder Handtücher?
2. Übe die 100 Up. Du kannst dabei ruhig fernsehen, aber halte dich an die Regeln: Du musst das Knie bei jedem Schritt bis zur Taille bringen und mit den Füßen auf den Markierungen bleiben.
3. Spiele *Rock Lobster* oder irgendeinen anderen Song mit 90 bpm ab und übe mit dem Rücken zur Wand das Laufen auf der Stelle.
4. Wie leicht und mühelos kannst du im Takt der Musik laufen? Kannst du dich so entspannen, dass du beim Laufen singen kannst?
5. Wenn du den *Rock Lobster* beherrschst, kannst du damit spielen. Hüpfe etwas hin und her oder vor und zurück, aber bleibe im Takt.
6. Übe alle Lauftechnikübungen und mache deinen Körper mit den Bewegungen vertraut, damit sie sich natürlich anfühlen, wenn du mit dem 90-Tage-Programm beginnst.

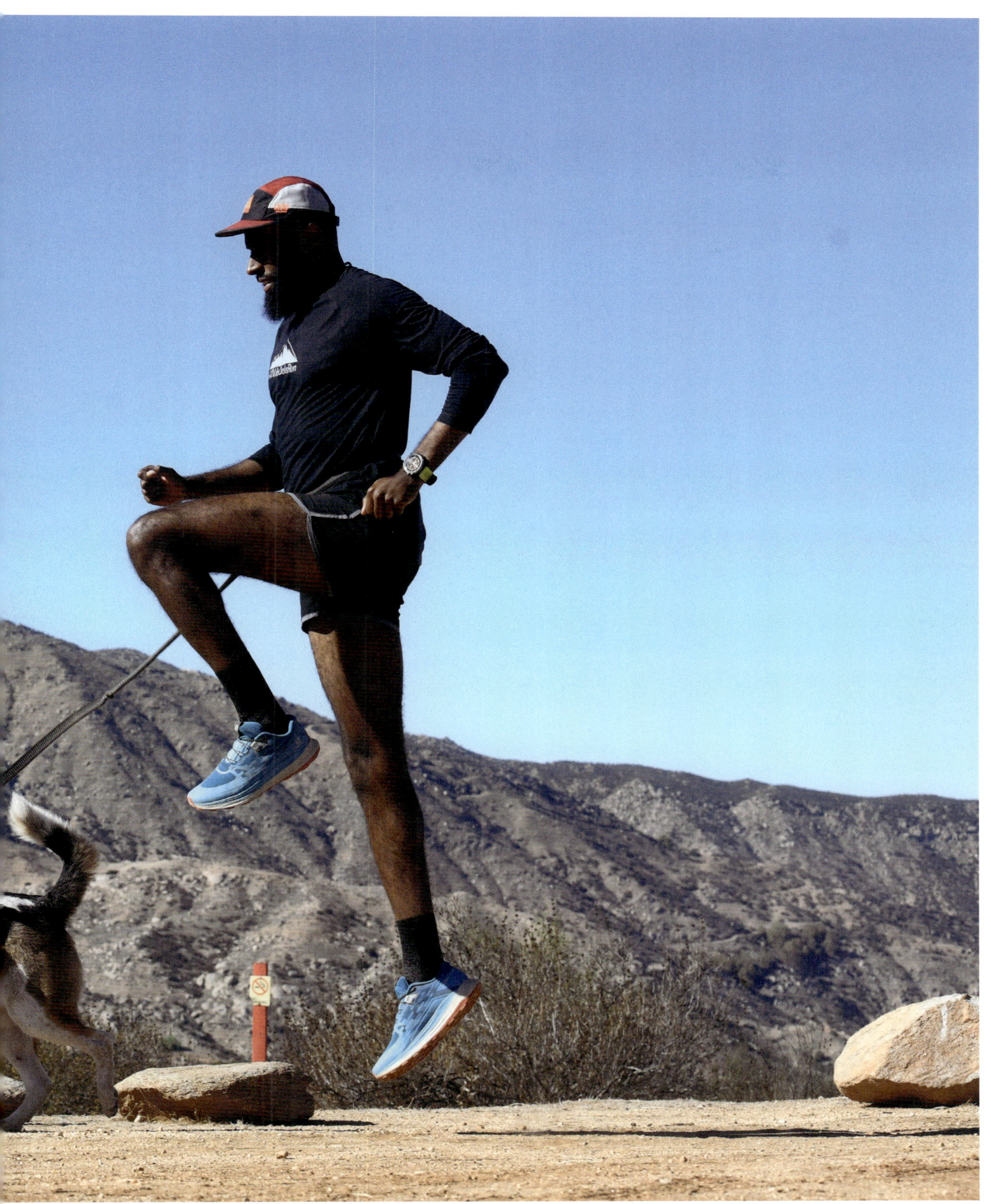

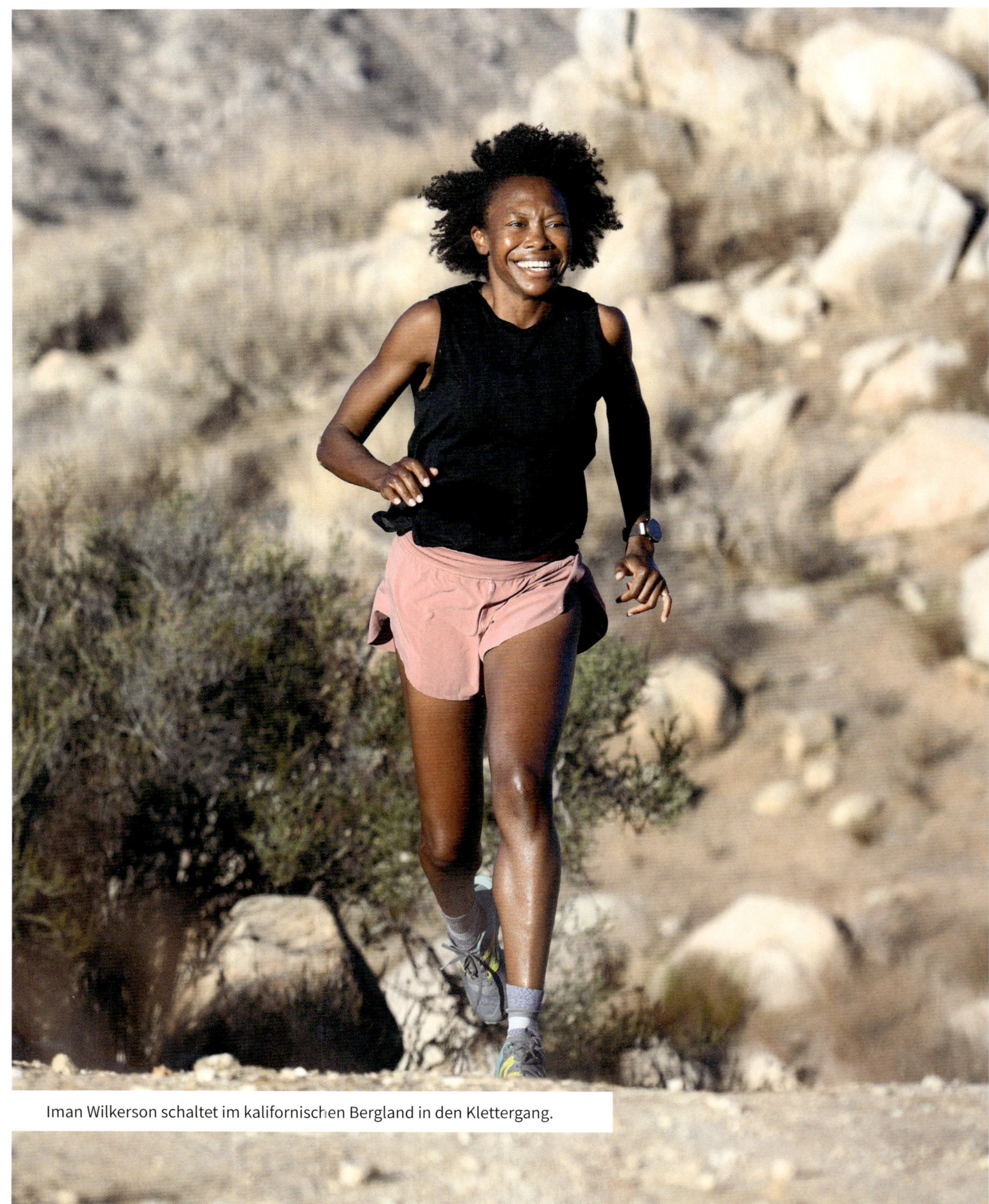

Iman Wilkerson schaltet im kalifornischen Bergland in den Klettergang.

9.

Fokus: Schneller, weiter, immer

Wunderbar! Dank Erics Kraftübungen wird dein Körper zu einem Geländewagen, dessen Fahrgestell sich sowohl für ruppige Anstiege als auch für Autobahnkilometer eignet. Die 100 Up und andere Technikübungen statten dich mit pannensicheren Reifen aus, und dein Tank ist immer voll mit Super, wenn du es Callie Vinson nachtust und deinen Speiseplan säuberst.

Gehirn, Körper, Bauch: Räder, Fahrgestell, Treibstoff. Was fehlt noch?

Der Motor.

Luft ist das entscheidende Element, das dieses Fahrzeug in Gang bringt. Die Art deiner Atmung entscheidet darüber, wie schnell du läufst, wie lange du durchhältst und wie schnell du dich erholst. Wenn Sportwissenschaftler:innen das läuferische Potenzial einer Person messen wollen, fragen sie sich als Erstes: Wie gut atmet sie? Genau wie beim Autokauf kommt es vor allem darauf an, was unter der Motorhaube steckt. Ohne Luft läuft gar nichts.

»Sauerstoff befeuert jede Zelle des Körpers«, erklärt mir Laird Hamilton, der legendäre Big-Wave-Surfer. »Atmung ist das, was zum Scheitern führt. Guck dir Kampfsportler an oder sonstige Sportler: Sobald sie durch den Mund atmen und zu keuchen anfangen, sind sie am Ende. Man kann wochenlang ohne Nahrung auskommen, tagelang ohne Wasser, aber ohne Sauerstoff ist man in wenigen Minuten perdu. Atmen ist Lebenskraft.«

Dass ich mich nicht an einen Lauftrainer, sondern an einen Surf-Gott gewandt habe, um über die Atmung zu sprechen, liegt an einer alten Geschichte: An einem wilden Nachmittag entwischten zwei Menschen einer Tragödie, die sie eigentlich nicht hätten überleben dürfen, und zwar nur, weil Laird die drei wichtigsten Gangarten im Getriebe eines jeden Läufers draufhatte: Vollgas, Schwelle und Dauer.

In sportwissenschaftlichen Lehrbüchern heißen die drei Gänge anaerober Bereich (nach Luft schnappend), Schwellenbereich (gut Luft bekommend) und aerober Bereich (reichlich Luft). Alle drei hast du schon oft erlebt. Du weißt genau, wie sie sich anfühlen. Aber weißt du auch, wie man sie steuert? Hast du eine Ahnung, wie lange du Vollgas durchhalten kannst? Oder wann du von Schwelle auf Dauerlauf umschalten musst, damit du nicht auf halber Strecke ausbrennst?

Denn wenn du diese Grundkenntnisse nicht beherrschst, muss ich dir leider mitteilen, dass du in Julius Cäsars römischen Legionen kein Zenturio werden darfst. Cäsar war einer der größten Heerführer der Geschichte. Da seine Truppen Tausende von Kilometern zu Fuß zurücklegten, können wir davon ausgehen, dass er das eine oder andere über Fitness zu sagen hat. Cäsars Streitkräfte waren berüchtigt für ihre unfuckingglaubliche Geschwindigkeit. Feindliche Kriegsherren rieben sich in der freudigen Gewissheit die Hände, dass sie Cäsar endgültig abgehängt hatten, nur um plötzlich Pfeile von hinten heransausen zu hören und zu merken, dass die Römer über Nacht 50 km am Stück zurückgelegt hatten und ihnen jetzt in den Rücken fielen.

Cäsar musste nicht nach großen Läufern suchen. Er erschuf sie – und sein Zaubertrank hieß Tempo. Neue Rekruten wurden während ihrer ersten vier Monate in der römischen Armee unermüdlich auf Timing gedrillt. Die drei Gangarten wurden ihnen so tief ins Muskelgedächtnis eingemeißelt, dass 10 000 Soldaten selbst mitten in der Nacht auf einen einzigen Befehl sofort vom Marsch in den Trab wechseln konnten, ohne einen Schritt auszulassen.

Wie du dir vorstellen kannst, war der Oberbefehlshaber der mächtigsten Armee der Welt kein Freund von Daumenregeln. Cäsar setzte das Marschtempo seiner Legion auf genau »20 römische Meilen in fünf Sommerstunden« oder 6,4 km/h fest. Der nächstschnellere Gang war der Laufschritt und überwand in fünf Stunden 24 Meilen, was 7,7 km/h entspricht. Bedenkt man das raue Gelände und den 10-Kilo-Rucksack auf dem Rücken jedes Soldaten, kommen wir auf einen Schwierigkeitsgrad, der sich in der Ultrarunning-Liga bewegt.

Der letzte Gang der römischen Legion? Na ja, den wollte man lieber nicht aus frontaler Ansicht erleben. Die Angriffsgeschwindigkeit war ein Sprint mit Vollgas. Dabei rannte jeder Soldat auf einen Feind in bis zu 400 Meter Entfernung zu, allerdings nicht so schnell, dass er seine Kameraden überholte oder auch nur eine Sekunde verschnaufen musste, bevor er das Schwert schwang. Wenn du glaubst, das sei einfach zu berechnen, dann sprinte bei deinem nächsten Lauf auf einen Strommast zu und schau, ob du, wenn du dort ankommst, noch bereit für eine Metzelei bist.

Knifflig, oder? Schnell rennen ist das eine. *Konzentriert* rennen, sodass dein Tempo deinem Vorhaben und deiner Kapazität angepasst ist, das ist ein ganz anderes Level. Laird sagt: »Der Atem bestimmt über das Scheitern«, aber wenn man das umkehrt, ist man plötzlich Cäsar, und der Atem bestimmt über den Erfolg, und man gleitet mit einer Geschwindigkeit dahin, die gefährlich schnell erscheint, aber genau in die Grenzen des eigenen Sauerstoffhaushalts passt.

» DIE ART DEINER ATMUNG ENTSCHEIDET DARÜBER, WIE SCHNELL DU LÄUFST, WIE LANGE DU DURCHHÄLTST UND WIE SCHNELL DU DICH ERHOLST. «

Versetze dich also für eine Weile in Cäsars Sandalen. Pulsmesser und Stoppuhren sind noch nicht erfunden. Von allen Seiten kommen scharenweise verrückte Gallier angestürmt, und das Schicksal des gesamten römischen Reiches hängt von einer kniffligen Rechenaufgabe ab:

Wie zum Teufel findest du das optimale Tempo für jeden Gang? Warum nicht, sagen wir mal, 18 römische Meilen in fünf Sommerstunden? Das ist immer noch ziemlich schnell für einen Marsch. Oder 25 Meilen statt 24 im Laufschritt? Scheint doch machbar. Das Dumme ist nur: Wenn du dich auch nur ein Jota verkalkulierst und deine Truppe ein bisschen zu spät oder ein bisschen zu erschöpft ankommt, reist dein Schädel auf einem Speer nach Hause.

Cäsars Lösung für dieses Problem war so genial, dass sie bis heute verwendet wird: Singsang.

Wenn du die Höchstgeschwindigkeit bestimmen willst, mit der Läufer:innen noch reichlich Luft haben, dann lass sie singen. Um den nächstschnelleren Gang zu kalibrieren, erhöhst du das Tempo, bis sie gerade noch reden können. Und am Ende steigerst du es bis zu dem Punkt, an dem sie nur noch Satzfetzen hervorkeuchen.

Das Praktische: Der Singsang der Soldaten war für die römischen Kommandeure als Prüf- wie auch als Lehrwerkzeug nützlich. Zwar sind die meisten Lieblingshits der römischen Legionen im Laufe der Zeit verlorengegangen, aber die überlieferten Fragmente deuten darauf hin, dass sie perfekt auf die Marschgeschwindigkeiten abgestimmt waren – und derb genug, um die Jungs bei Laune zu halten: Meist drehten sie sich darum, wie Cäsar Sex mit lauter Römerinnen hatte, die nicht Frau Cäsar hießen.

Zweitausend Jahre später verwendet das US-Militär immer noch die Rufe aus Cäsars Repertoire. Heutzutage trotten die Springerstiefel fast im gleichen Takt dahin wie damals die

Nagelsandalen. Sogar der Singsang ist der gleiche geblieben, nur ohne die scharfen Römerinnen.

In Ausbildungslagern in den ganzen USA lernen Rekrut:innen das Marschtempo, indem sie im Chor singen:

We are Alpha
Mighty mighty Alpha
Rough and tumble Alpha
Straight-shooting Alpha
Better than Bravo
Better than Charlie
Chicken chicken Charlie …

Beim Laufschritt lassen die Drill Sergeants einen Teil der Worte weg und ersetzen die durchgehend gesungenen Strophen durch ein *Call-and-Response*-Schema:

Sergeant: *Charlie, Charlie, wie war der Lauf?*
Truppe: *In den Canyon und wieder rauf!*
Sergeant: *Charlie, Charlie, gut zu Fuß?*
Truppe: *Mit* Rock Lobster *von den B-52s!*

Zugegeben, diese Verse gehören nicht zum militärischen Repertoire, aber sie könnten passen.* Denn laut *US Army Training Circular 3-21.5*, Kapitel 4, Sektion II, Abschnitt 4–17 liegt die offizielle Laufschrittkadenz bei den bewährten, von Jack Daniels abgesegneten …

180 Schritten pro Minute.

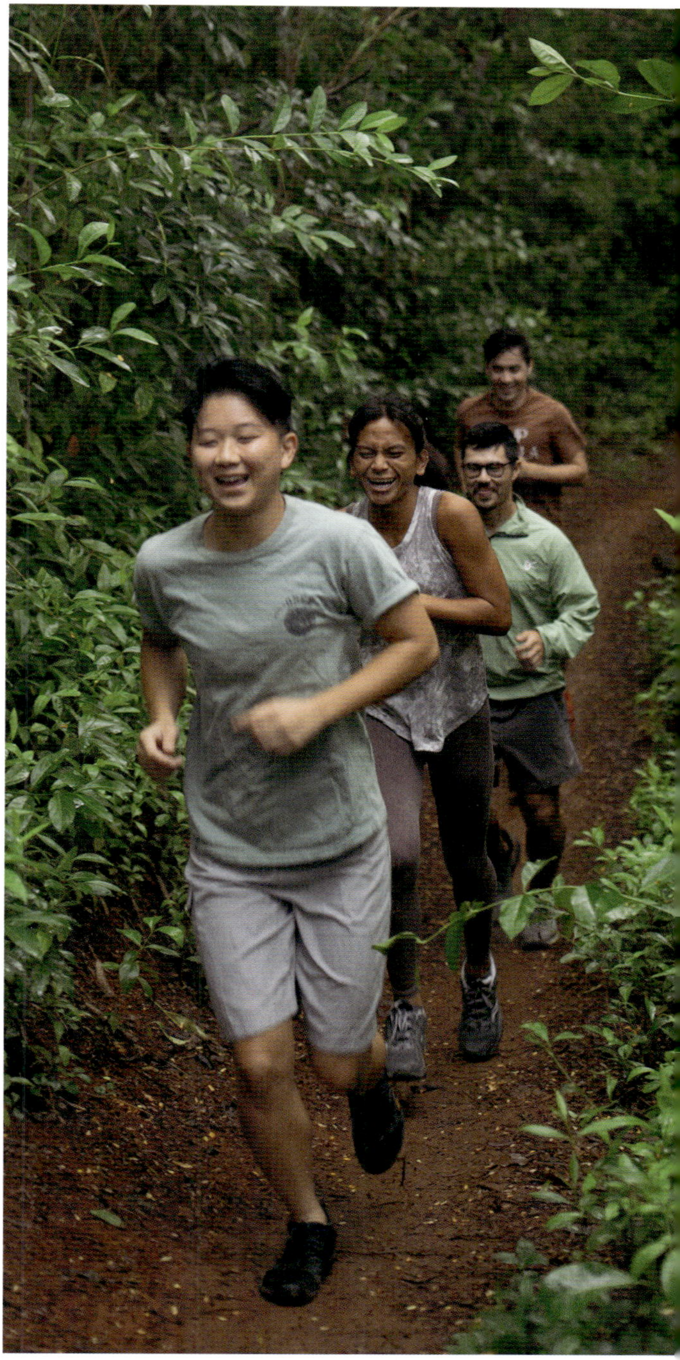

* Die echten Laufschrittparolen klingen eher so:
Sergeant: *Charlie, Charlie, where you been?*
Truppe: *Round the world and back again!*
Sergeant: *Charlie, Charlie, how'd you go?*
Truppe: *In a big ugly RATT rig moving real slow.*

Im Dauer-Gang kommt man ohne große Mühe gut voran.

9.1 SIND DENN DIESE GANGARTEN SO WICHTIG?

Nun ja, ungefähr zwei Meilen vor der Küste von Maui haben die drei Gangarten Laird Hamilton bei seiner eigenen Art von Ultramarathon einmal den Arsch gerettet. Das war im Dezember 2007. Am frühen Morgen erfuhr Laird, dass eine Reihe von Monsterwellen zu erwarten war.

Rasch luden Laird und seine Kumpels ihre Bretter auf die Jetskis und brausten aufs Meer hinaus. Sie steuerten auf einen Break zu, der so weit vor der Küste lag, dass Laird selbst erst vor Kurzem davon erfahren hatte, obwohl er sein ganzes Leben auf Hawaii gelebt hatte. Als sich die Surfer den Wellen näherten, legten sie ehrfürchtig den Kopf in den Nacken. Laird war auf einigen der größten Wellen geritten, auf denen je ein Mensch gesurft war. Diese hier … waren noch eine Nummer größer.

»Die Höllenfahrt der Poseidon«, sagte einer von Lairds Freunden, »mal *zehn*.«

Diese Wellen waren wie ein Genexperiment, das schiefgelaufen war und so gewaltige Mutanten gezeugt hatte, dass sie sich jeder menschlichen Kontrolle entzogen. Anders gesagt, sie waren offensichtlich unsurfbar. Diese Monster sogen so viel Wasser zu ihren Kämmen empor, dass jeder, der an ihrer Front hinuntergleiten wollte, stattdessen nach hinten gezogen werden würde, immer höher, bis die Welle brechen und ihn auf den Meeresboden drücken würde.

Laird legte sich trotzdem auf sein Brett.

Was dann geschah, beschreibt Susan Casey in ihrem großartigen Buch *Monsterwellen* in faszinierenden Details. Es ist der reinste Thriller, aber in meinen Augen auch das beste Lehrstück für *Seht ihr, DESHALB müsst ihr die drei Gangarten lernen, und zwar sofort!* Denn ab dem Moment, als Laird merkte, dass die Riesin, auf der er ritt, zu brechen drohte, hing sein Leben von seiner Dreigangschaltung ab.

Sekunden bevor die Welt explodierte, tauchte Laird in die Welle ein. Er wurde herumgeschleudert, durchgewalkt und weichgeprügelt, aber er kämpfte sich zurück an die Oberfläche, wo es gleichzeitig gute und schlechte Nachrichten für ihn gab. Sein Freund Brett raste auf einem Jetski zur Rettung herbei, aber dicht auf Bretts Fersen war eine weitere Monsterwelle. Laird blieb gerade noch Zeit zum Luftschnappen, bevor er, Brett und der Jetski unter einer Wasserlawine zermalmt wurden. Japsend kamen die beiden Surfer hoch, nur um von einem weiteren Ungeheuer begraben zu werden … und noch einem, das sie hinab in die pechschwarze Tiefe riss.

Laird schaltete in den Dauer-Gang. Da er keine Ahnung hatte, wann der Ansturm nachlassen würde, blieb ihm keine Wahl, als ins surferische Schritttempo zu wechseln und die Tortur so lange wie möglich auszuhalten. Schließlich beruhigte es sich so weit, dass er auftauchen und sich umsehen konnte. Da entdeckte er Brett, der siebzig Meter weiter in einer Blutlache trieb. Laird schwamm mit Vollgas auf Brett zu. Eine der Metallfinnen am Surfbrett hatte Bretts Bein bis auf den Knochen aufgeschlitzt und das Fleisch so stark zerfetzt, dass es auf Laird »wie eine zerquetschte Orange« wirkte. Laird streifte schnell seinen Neoprenanzug ab und knotete ihn zu einem behelfsmäßigen Druckverband um Bretts Bein. Sie mussten schnellstens ans Ufer. Laird suchte die Wasserfläche nach dem Jetski ab und entdeckte ihn in 800 Meter Entfernung, mit der Strömung aufs Meer hinaustreibend.

Laird band Brett auf seine Schwimmweste und kraulte los, um den Jetski einzuholen. Seine einzige Hoffnung bestand darin, sein Schwellentempo zu halten. Im Schritttempo würde er nicht aufholen können. Mit Vollgas würde er es nicht schaffen. Er würde den Jetski nicht mal mehr sehen, denn wenn der Sauerstoff ausgeht, lässt auch das Sehvermögen nach. Noch ein Preis, den man für Sauerstoffschuld zahlt. Für dich ist es nur ein Sprint, aber für dein steinzeitliches Nervensystem sind schneller Puls und kurzer Atem ein Alarmsignal dafür, dass ein Kampf ums Überleben im Gange ist. Alle nicht notwendigen Funktionen werden vorübergehend ausgesetzt. Dein Sehvermögen verengt sich auf einen Tunnelblick, sodass du nur das siehst, was direkt vor dir liegt. Du kannst dich buchstäblich auf nichts anderes fokussieren.

Wenn sich Laird zu sehr anstrengte, würde ihm nicht nur vorzeitig die Puste ausgehen, er würde auch die Fähigkeit verlieren, sowohl den Jetski in der Ferne als auch Brett hinter sich zu erkennen. Er und sein sterbender Freund würden beide ertrinken. Glücklicherweise blieb Laird perfekt im Takt. Nach einer Viertelstunde zügigen Schwimmens bekam er den Jetski zu fassen. Und hier kippt die Geschichte von »Wow!« zu »Was zum Teufel?«.

Denn der Zündschlüssel für den Jetski hing immer noch an Bretts Handgelenk.

Laird kramte im Handschuhfach und fand ein Paar iPod-Kopfhörer. Bedrängt vom Ozean mit seinen menschenfressenden Megawellen und von dem Wissen, dass sein zurückgelassener Freund langsam verblutete, gelang es Laird irgendwie, den Jetski kurzzuschließen und röhrend zur Rettung zurückzukehren. Laird setzte per Funk einen Notruf ab, zerrte seinen sterbenden Freund auf den Jetski und raste ungefähr eine Meile zurück zur Küste.

» DIESE WELLEN WAREN WIE EIN GENEXPERIMENT, DAS SCHIEFGELAUFEN WAR UND SO GEWALTIGE MUTANTEN GEZEUGT HATTE, DASS SIE SICH JEDER MENSCHLICHEN KONTROLLE ENTZOGEN. «

Als Laird auf den Sand glitt, stand schon ein Krankenwagen bereit. Sanitäter umringten Brett und beeilten sich, die Blutung zu stoppen. Schließlich stand Laird auf, immer noch nackt, atmete tief durch und dachte an das Tohuwabohu, das er nur knapp überstanden hatte. Immer noch stiegen und stürzten diese irrwitzigen Wolkenkratzerwellen, und ihr Dröhnen klang wie eine Mahnung, sich bloß fernzuhalten.

Da lieh sich Laird ein Paar Shorts aus, heuerte einen frischen Jetski-Fahrer an, sah kurz nach Brett und machte sich wieder auf den Weg hinaus aufs Meer.

Denn, du weißt schon, die Höllenfahrt der Poseidon passiert nicht alle Tage.

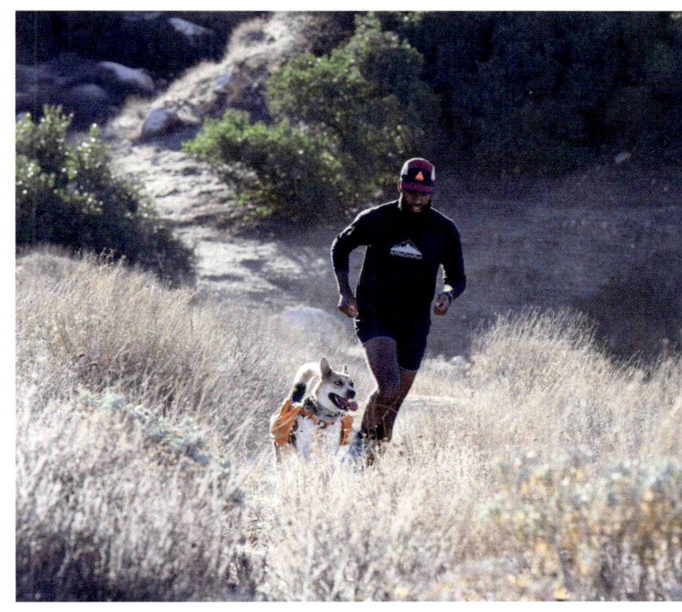

9.2 FOKUS-TRAINING: LEISTUNG = BEWUSSTHEIT

Meine Version von Lairds Höllenfahrt begann an dem Tag, an dem ich im Park in Denver zum ersten Mal Eric Orton traf, um ihn für das *Men's Journal* zu interviewen. Eigentlich sollte ich Erics facettenreiche Methode des Ausdauertrainings beschreiben, aber nach einem Training mit ihm vergaß ich alle Facetten bis auf eine.

Eric erkannte auf einen Blick, dass meine Lauftechnik Schrott war. Ein paar simple Übungen (dieselben, mit denen er später bei unserem Fotoshooting Jenna, Iman und Emmanuel prüfte) offenbarten schnell meine Kraftmängel. Räder und Fahrgestell waren reparaturbedürftig, so viel war klar. Aber das große Rätsel war mein Motor.

Wenn ich irgendeine Chance haben sollte, mit Caballo und den Rarámuri an den Start zu gehen, musste Eric herausfinden, mit welchen Gangarten ich arbeitete, und dementsprechend einen Trainingsplan erstellen. Läufer:innen, erklärte er, haben acht Gänge:

1. Gang = Superlangsam, Tempo für Technikübungen
2. **Gang = Dauer (Marschtempo)**
3. Gang = Trainingstempo Marathon
4. Gang = Trainingstempo Halbmarathon
5. **Gang = Schwelle (10-km-Lauf)**
6. Gang = Trainingstempo 5-km-Lauf
7. **Gang = Vollgas (durchhaltbar)**
8. Gang = Endspurt

Die drei Hauptgangarten – Dauer, Schwelle und Vollgas – sind wie die »D«-Einstellung beim Automatikgetriebe: Sie eignen sich für fast jede Aufgabe, und man wählt sie, ohne groß nachzudenken. Die anderen fünf? Das sind die »S«- und »L«-Optionen auf dem Schalthebel: Man weiß irgendwie, dass es sie gibt, aber man verwendet sie zu selten, um zu wissen, wie sich der spritzige »Sport«-Gang oder der traktorhafte »Low«-Modus anfühlt und wofür man sie eigentlich braucht.

Um die Unterschiede zwischen diesen Gangarten wirklich genau zu bestimmen, braucht man einen Herzfrequenzmesser mit Brustgurt, aber wer möchte schon beim Laufen Knöpfe drücken und auf irgendwelche Zahlen am Handgelenk schielen? Da entwickelt man doch lieber ein natürliches Gefühl für jedes Tempo, damit man sofort merkt, dass man im richtigen Gang ist. Als Eric mir im Park seine Coaching-Methode erklärte, zeigte er mir einen Trick, der für das Tempo dasselbe bewirkt wie der 2-Wochen-Test für die Ernährung. Hat man ihn erst einmal gelernt, sagte Eric, dann weiß man sofort, ob das Tempo stimmt oder nicht.

Eric sagte, ich solle meine Schuhe ausziehen. Gemeinsam joggten wir barfuß durch den Park. Er zeigte nach vorn.

»Wenn wir zu dem Baum da kommen, sprintest du zum nächsten«, sagte er.

»Du meinst, ich soll …«, stammelte ich, seltsam verwirrt von diesen einfachen Anweisungen. Das letzte Mal, als mich jemand zum Sprint aufgefordert hatte, spielte ich Basketball an der Highschool. In den darauffolgenden 40 Jahren hatte ich wahrscheinlich öfter Rad geschlagen als gesprintet, und Rad schlagen kann ich nicht. Wer sich wie ich schon einmal bei einem Wettlauf mit einem 9-Jährigen einen Muskel gerissen hat, weiß, dass es nur eine vernünftige Art zu laufen gibt, und die besteht darin, dass man seinen Rhythmus findet und dabei bleibt. Manchmal läuft man ein bisschen schneller, oft ein bisschen langsamer, aber meistens trabt man in dem Tempo, das einem nach ein paar Kilometern ein akzeptables Maß an Unbehagen beschert. Niemand *sprintet*. Da könnte ja Gott weiß was passieren.

»So schnell du kannst«, beharrte Eric. »Gib etwa 30 Sekunden lang alles. Danach joggst du gemütlich weiter.« Nach

20 Sekunden meines 30-Sekunden-Sprints war ich ausgebrannt und konnte nur noch gehen. Ich war so lange nicht mehr gesprintet, dass ich nicht mehr wusste, wie. Es war gleichermaßen peinlich wie ärgerlich. Was sollte das überhaupt? Musste ich diesem Typen erklären, dass ich auf 100 Kilometer trainierte, nicht auf 100 *Meter*?

Eric ließ mir keine Zeit zum Jammern. Sobald ich mich erholt hatte, ging es von vorne los. Und noch mal. Beim vierten oder fünften Mal verspürte ich ein seltsames Gefühl, wie wenn wieder Leben in die kribbelnde Hand kommt, nachdem man sich den Ellbogen gestoßen hat: Anstatt müder zu werden, fühlten sich meine Beine lockerer, stärker und frischer an als am Anfang. Je schneller ich rannte, desto besser fühlte ich mich. Ich streckte den Rücken, atmete tief aus dem Bauch und stieß die Knie vorwärts.

»Gut, oder?«, fragte Eric. »Fühlt sich lustig an?«

Beim schnellen Laufen kann sich die Biomechanik automatisch korrigieren, erklärte er. Langsames Laufen dagegen begünstigt Schlampigkeit. Das war ein wichtiger Grund, warum ich immer verletzt war: Bei meinem schleppenden Tempo belastete ich jedes Bein zu lange mit meinem schwankenden Körpergewicht, sodass starke Drehkräfte auf die Sehnen und anderes Gewebe einwirkten. Jahrelang war ich wie ein viktorianisches Hochrad immer im selben Gang dahingeholpert.

»Das heißt nicht, dass du die ganze Zeit sprinten sollst«, sagte Eric. »Aber die Technik ist die gleiche wie beim Sprint. Ob du es glaubst oder nicht, schnell laufen ist der beste Weg, um zu lernen, wie man langsam läuft.«

Denn egal wie schnell ich lief, die Schrittfrequenz sollte ich nicht ändern. Ich sollte bei *Rock Lobster* bleiben, zack-zack-zack, bei konstanten 180 Schritten pro Minute. Um schneller zu werden, erklärte mir Eric, musste ich nur etwas größere Schritte machen. Allein diese Veränderung würde viel dazu beitragen, dass meine Verletzungen heilten und meine Kraft und Ausdauer anwüchsen.

Während er sprach, hatte ich plötzlich eine Offenbarung. Das war also der Grund, warum Caballo so sehr auf dem ganzen »Zuerst muss es *locker* sein …« herumritt. Damals dachte ich, das wäre mehr so was wie Hippie-Kiffer-Naturburschen-Philosophie, aber als ich Eric reden hörte, begann ich, es zu verstehen. Caballo hatte mir das Wichtigste offenbart, was er an Läuferweisheit von den Rarámuri gelernt hatte:

»Lockerheit«, hatte er mir gesagt, »ist gar nicht so locker zu schaffen.«

> » BEIM SCHNELLEN LAUFEN KANN SICH DIE BIOMECHANIK AUTOMATISCH KORRIGIEREN. LANGSAMES LAUFEN DAGEGEN BEGÜNSTIGT SCHLAMPIGKEIT. «

Zum Glück erforderte Erics Art, Lockerheit zu lehren, von mir nicht ein 15 Jahre währendes Sabbatical am Grunde einer Schlucht.

Kurz nachdem ich nach Hause kam, sagte er mir, ich solle so schnell wie möglich eine Meile laufen und ihm dann meine Zeit schicken. Da wir nicht in der Nähe eines Sportplatzes wohnten, maß ich auf der flachsten Strecke, die ich finden konnte, mithilfe des Tachometers eine Meile ab.

Dann parkte ich den Truck zu Hause und joggte die Meile zurück zu der Startlinie, die ich mit dem Fuß über den Feldweg gezogen hatte. Ich stellte meine Stoppuhr, holte ein paarmal tief Luft und lief los. Ich genoss das Gefühl meiner schnellen *Rock-Lobster*-Schrittfrequenz und spürte die neue Kraft, die in meinem frisch gestreckten Rücken und den vorantreibenden Knien steckte.

Nach ungefähr der halben Strecke bog ich von dem Feldweg auf einen Bürgersteig ab und beschleunigte wie geplant. Ich hatte mir nämlich vorgenommen, den glatten Asphalt zu nutzen, um richtig loszulegen und mit Schmackes in den Endspu…

Verdammter Mist. 400 Meter vor dem Ziel ging mir die Luft aus, und ich musste ins Gehen wechseln. Ich zog mein Telefon aus der Tasche, denn ich war zu sauer auf mich selbst, um Eric erst später anzurufen.

»Gut!«, erwiderte Mr. Das-Glas-ist-halb-voll. »Lieber zu viel geben und sich verausgaben als ins Ziel kommen und nicht wissen, wie viel noch übrig ist.« Er meinte, ich solle mir einen Tag freinehmen und noch mal neu beginnen.

Diesmal joggte ich die Strecke rückwärts, bevor ich anfing. Ich konzentrierte mich auf die Entfernung, auf mein Tempo, auf meine Atmung.

Sechs Minuten und ein paar Zerquetschte später griff ich lächelnd nach meiner Uhr und drückte auf STOPP.

1-MEILEN-TEST

Warum eine Meile?
Diese Mittelstrecke – rund 1600 Meter – eignet sich gut als Maßstab, um daran die maximale Geschwindigkeit zu berechnen, die man über einen relativ langen Zeitraum durchhalten kann, ohne in Sauerstoffschuld zu geraten. Anhand deiner Meilenzeit legst du das Tempo deiner Gangarten fest. Sie ist auch ein Basiswert für dein 90-Tage-Programm.

Hinweis: Warte, bis dieser Test im 90-Tage-Programm vorkommt.

Strecke:
Der 1-Meilen-Test wird aus Gründen der Genauigkeit und Wiederholbarkeit am besten auf einer Laufbahn durchgeführt, wo die Meile fast genau vier Runden entspricht (vier Runden und 9,34 Metern, um genau zu sein). Sollte dir kein Sportplatz zur Verfügung stehen, suchst du dir eine flache Strecke, die möglichst frei von Autos und Kreuzungen ist.

Warm-up:

- 15 Minuten locker laufen.
- 1 – 2 Technikübungen (Hopserlauf/Pogo/Einbeiniges Hüpfen).
- 5 x 30 Sekunden Beschleunigungslauf. Laufe in 30 Sekunden allmählich schneller, bis du mit einer angenehm hohen Geschwindigkeit endest. Wenn es unangenehm ist, läufst du zu schnell. Zwischendurch 1 – 2 Minuten Pause.

Test:
Laufe die 1609 Meter so schnell und gleichmäßig wie möglich. Verschieß dein Pulver nicht (gilt auch für dich, McDougall).

Cool-down:
Entspanne dich mit 5 – 10 Minuten Joggen oder Laufen.

TEMPO-TRAINING

Wie funktioniert Tempo-Training?
Zu viele Läufer:innen versuchen, ihre Ausdauer zu steigern, indem sie viele langsame Kilometer zurücklegen, anstatt Kraft und Geschwindigkeit aufzubauen. Ein verständlicher Fehler, den Emil Zatopek glücklicherweise vermied. Als Emil für sein Marathon-Debüt bei den Olympischen Spielen 1952 trainierte, wurde er dafür verspottet, dass er Hundert-Meter-Sprints übte, statt Kilometer zu fressen.

»Wie man langsam läuft, weiß ich doch schon«, sagte er schulterzuckend. »Ich dachte, es geht darum, möglichst schnell zu laufen.«

Zatopeks Marathon-Gold ist ein ziemlich guter Beweis dafür, dass er recht hatte. Aber die meisten Läufer:innen trainieren ausschließlich im Zieltempo. Stelle dir folgende Frage: Wenn dein Traum ein 4-Stunden-Marathon ist, brauchst du bei deinen täglichen Läufen um die 9:00 Minuten pro Meile? Wenn ja, dann baust du weder Geschwindigkeit noch Ausdauer auf. Du übst dich nur darin, langsam zu bleiben.

Das Gegenmittel: Trainiere nicht für 42 km beziehungsweise 26 Meilen. Lerne, eine Meile schnell zu laufen, und tu das dann noch 25-mal.

2. GANG: DAUER

Dieser robuste Dauerlaufgang spart nicht nur Sauerstoff. Wenn deine Herzfrequenz im Dauerbereich bleibt, lernt der Körper, Fett als Brennstoff zu nutzen, anstatt schnell verbrennenden Zucker und hochglykämische Kohlenhydrate zu verwenden.

So fühlt es sich an:
Plaudertempo, bei dem du ein Gespräch führen kannst, aber dennoch eine stetige Anstrengung verspürst.

Aufgepasst:
Schnelle Kadenz, Arme entspannt schwingen lassen, locker und rhythmisch bleiben. Finde den richtigen Fußaufsatz, indem du beim Laufen die Übung »Leiterlauf« visualisierst. Halte gelegentlich an und laufe auf der Stelle, um das Gefühl für die Lauftechnik neu zu finden, und fahre dann fort.

5. GANG: SCHWELLE

Dies ist dein Tempo für 10-km-Läufe. Du kannst es mit aller Kraft 45 – 60 Minuten lang halten. Zu viel Lauftraining geschieht weit unterhalb dieser Geschwindigkeit. Das führt zu spärlichen Fortschritten und langen Plateaus. Im Schwellenbereich geschehen Wunder, hier werden die größten Fortschritte in Geschwindigkeit und Distanz gemacht.

So fühlt es sich an:
Du wirst merken, dass du von gleichmäßiger Atmung zu schwerer, aber rhythmischer Atmung übergehst, ohne Geschnaufe und Gekeuche. Du kannst noch einzelne Wörter, aber keine ganzen Sätze mehr sprechen. Diese Anstrengung kannst du über 45 – 60 Minuten aufrechterhalten. Trainingsintervalle in diesem Gang dauern 4 – 20 Minuten.

Aufgepasst:
Drücke dich vom Boden ab, um die Geschwindigkeit zu erreichen. Widerstehe der Versuchung, das Bein vorzustrecken und lange Schritte zu machen. Nach ein paar Minuten Eingewöhnung wird der Atem rhythmisch und nachhaltig. Entspanne dich und spüre, wie die Arme schwingen.

7. GANG: VOLLGAS

Der Wert VO_2 *max* bezeichnet die maximale Menge an Sauerstoff, die jemand bei intensiver Anstrengung aufnehmen und nutzen kann, er ist der Goldstandard der Ausdauerdiagnostik. Wenn Laird Hamilton sagt: »Der Atem bestimmt über das Scheitern«, meint er VO_2 max: Wie viel Gas kannst du geben, bevor dir die Puste ausgeht?

Vollgas ist genauso trainierbar wie Schwelle. Wenn du im Vollgasgang deine Sauerstoffaufnahme verbesserst, überträgt sich dieser Zuwachs auch auf die anderen Gänge. Vollgas ist der erste Schritt zur Leistungssteigerung auf längeren Distanzen und in höheren Geschwindigkeiten. Deshalb lernte Emil Zatopek erst das schnelle und dann das lange Laufen.

So fühlt es sich an:
Du rennst, als hättest du etwas geklaut. Wenn du nach 2 – 4 Minuten immer noch laufen kannst, bist du zu lahm.

Aufgepasst:
Atme möglichst *zweimal* ein und *einmal* aus, statt abwechselnd ein und aus wie gewohnt. Merkst du, wie dir das hilft, dich zu konzentrieren und in den Flow zu kommen? Jeder Atemzug sollte im Timing mit einem Schritt zusammenfallen. Halte den Fußaufsatz gleichbleibend und mache Tempo, indem du dich vom Boden wegdrückst, statt nach vorne auszugreifen.

TEMPO EINFACH UMRECHNEN

Mithilfe der folgenden Tabelle kannst du ganz einfach deine persönliche Bestzeit auf einer Meile in deine Geschwindigkeit auf längeren Strecken umrechnen. Beachte, dass du vor allem lernen sollst, wie sich die einzelnen Gangarten anfühlen, aber dabei kann ein Blick auf die Stoppuhr durchaus helfen. Für jeden Gang ist ein 30-Sekunden-Bereich angegeben (beispielsweise 16:43 bis 16:12 Minuten im 2. Gang, wenn die Meilenbestzeit bei 12 Minuten liegt). Deine optimale Zeit liegt irgendwo dazwischen.

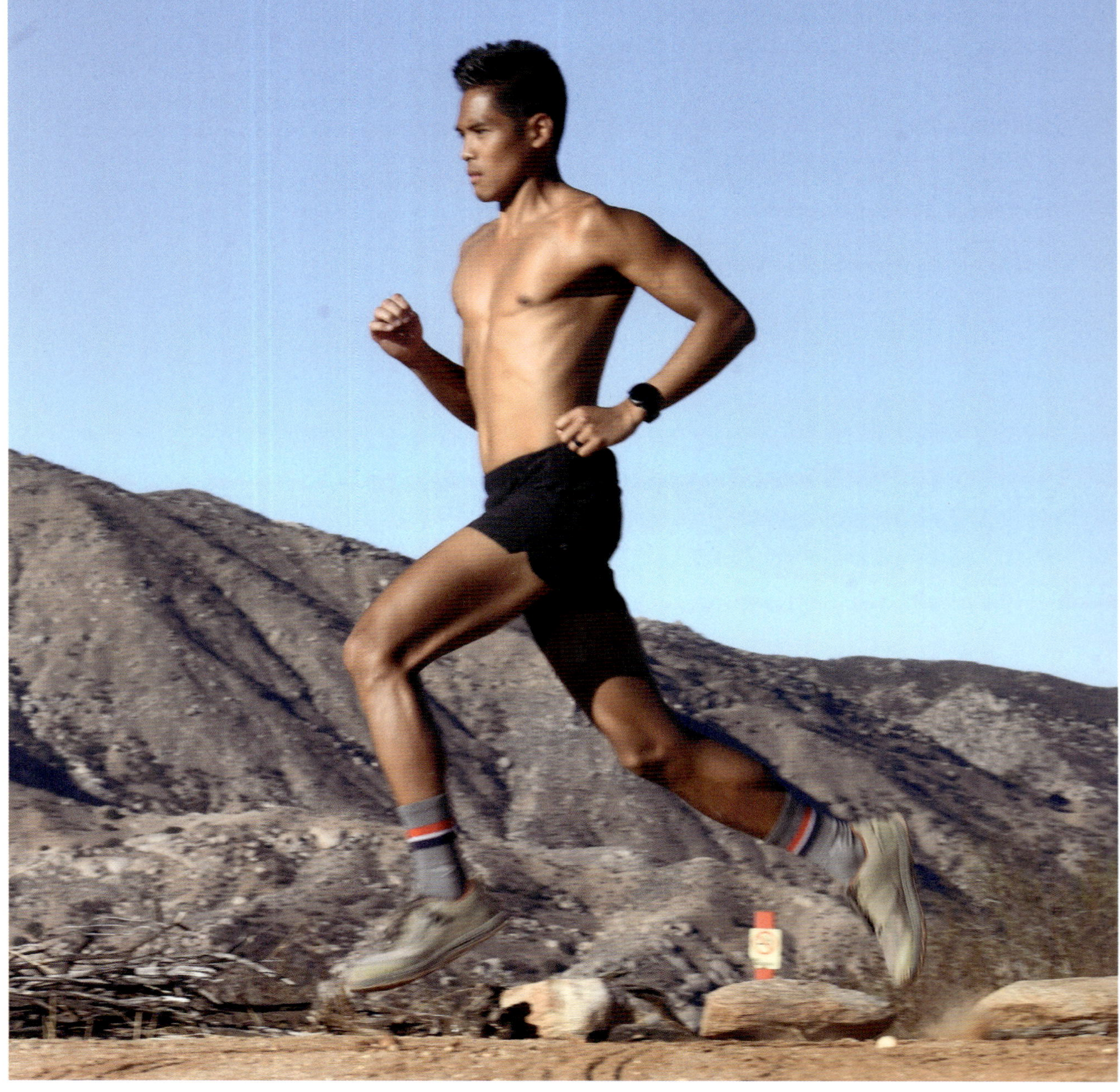

Meilenzeit	1. Gang		**2. Gang**		3. Gang		4. Gang		**5. Gang**		6. Gang		**7. Gang**		8. Gang	
12:00	>	16:43	16:43	16:12	14:55	14:24	14:24	13:48	13:32	13:12	12:51	12:36	12:15	12:00	11:34	11:24
11:55	>	16:36	16:36	16:05	14:49	14:18	14:18	13:42	13:26	13:06	12:46	12:30	12:10	11:55	11:29	11:19
11:50	>	16:30	16:30	15:58	14:43	14:12	14:12	13:36	13:21	13:01	12:41	12:25	12:05	11:50	11:24	11:14
11:45	>	16:23	16:23	15:51	14:37	14:06	14:06	13:30	13:15	12:55	12:36	12:20	12:00	11:45	11:19	11:09
11:40	>	16:16	16:16	15:45	14:31	14:00	14:00	13:25	13:10	12:50	12:30	12:15	11:55	11:40	11:15	11:05
11:35	>	16:09	16:09	15:38	14:25	13:54	13:54	13:19	13:04	12:44	12:25	12:09	11:50	11:35	11:10	11:00
11:30	>	16:03	16:03	15:31	14:19	13:48	13:48	13:13	12:59	12:39	12:20	12:04	11:45	11:30	11:05	10:55
11:25	>	15:56	15:56	15:24	14:13	13:42	13:42	13:07	12:53	12:33	12:15	11:59	11:40	11:25	11:00	10:50
11:20	>	15:49	15:49	15:18	14:07	13:36	13:36	13:02	12:48	12:28	12:09	11:54	11:35	11:20	10:56	10:46
11:15	>	15:42	15:42	15:11	14:01	13:30	13:30	12:56	12:42	12:22	12:04	11:48	11:30	11:15	10:51	10:41
11:10	>	15:36	15:36	15:04	13:55	13:24	13:24	12:50	12:37	12:17	11:59	11:43	11:25	11:10	10:46	10:36
11:05	>	15:29	15:29	14:57	13:49	13:18	13:18	12:44	12:31	12:11	11:54	11:38	11:20	11:05	10:41	10:31
11:00	>	15:22	15:22	14:51	13:43	13:12	13:12	12:39	12:26	12:06	11:48	11:33	11:15	11:00	10:37	10:27
10:55	>	15:15	15:15	14:44	13:37	13:06	13:06	12:33	12:20	12:00	11:43	11:27	11:10	10:55	10:32	10:22
10:50	>	15:09	15:09	14:37	13:31	13:00	13:00	12:27	12:15	11:55	11:38	11:22	11:05	10:50	10:27	10:17
10:45	>	15:02	15:02	14:30	13:25	12:54	12:54	12:21	12:09	11:49	11:33	11:17	11:00	10:45	10:22	10:12
10:40	>	14:55	14:55	14:24	13:19	12:48	12:48	12:16	12:04	11:44	11:27	11:12	10:55	10:40	10:18	10:08
10:35	>	14:48	14:48	14:17	13:13	12:42	12:42	12:10	11:58	11:38	11:22	11:06	10:50	10:35	10:13	10:03
10:30	>	14:42	14:42	14:10	13:07	12:36	12:36	12:04	11:53	11:33	11:17	11:01	10:45	10:30	10:08	9:58
10:25	>	14:35	14:35	14:03	13:01	12:30	12:30	11:58	11:47	11:27	11:12	10:56	10:40	10:25	10:03	9:53
10:20	>	14:28	14:28	13:57	12:55	12:24	12:24	11:53	11:42	11:22	11:06	10:51	10:35	10:20	9:59	9:49
10:15	>	14:21	14:21	13:50	12:49	12:18	12:18	11:47	11:36	11:16	11:01	10:45	10:30	10:15	9:54	9:44
10:10	>	14:15	14:15	13:43	12:43	12:12	12:12	11:41	11:31	11:11	10:56	10:40	10:25	10:10	9:49	9:39
10:05	>	14:08	14:08	13:36	12:37	12:06	12:06	11:35	11:25	11:05	10:51	10:35	10:20	10:05	9:44	9:34
10:00	>	14:01	14:01	13:30	12:31	12:00	12:00	11:30	11:20	11:00	10:45	10:30	10:15	10:00	9:40	9:30
9:55	>	13:54	13:54	13:23	12:25	11:54	11:54	11:24	11:14	10:54	10:40	10:24	10:10	9:55	9:35	9:25
9:50	>	13:48	13:48	13:16	12:19	11:48	11:48	11:18	11:09	10:49	10:35	10:19	10:05	9:50	9:30	9:20
9:45	>	13:41	13:41	13:09	12:13	11:42	11:42	11:12	11:03	10:43	10:30	10:14	10:00	9:45	9:25	9:15
9:40	>	13:34	13:34	13:03	12:07	11:36	11:36	11:07	10:58	10:38	10:24	10:09	9:55	9:40	9:21	9:11
9:35	>	13:27	13:27	12:56	12:01	11:30	11:30	11:01	10:52	10:32	10:19	10:03	9:50	9:35	9:16	9:06
9:30	>	13:21	13:21	12:49	11:55	11:24	11:24	10:55	10:47	10:27	10:14	9:58	9:45	9:30	9:11	9:01
9:25	>	13:14	13:14	12:42	11:49	11:18	11:18	10:49	10:41	10:21	10:09	9:53	9:40	9:25	9:06	8:56
9:20	>	13:07	13:07	12:36	11:43	11:12	11:12	10:44	10:36	10:16	10:03	9:48	9:35	9:20	9:02	8:52
9:15	>	13:00	13:00	12:29	11:37	11:06	11:06	10:38	10:30	10:10	9:58	9:42	9:30	9:15	8:57	8:47
9:10	>	12:54	12:54	12:22	11:31	11:00	11:00	10:32	10:25	10:05	9:53	9:37	9:25	9:10	8:52	8:42
9:05	>	12:47	12:47	12:15	11:25	10:54	10:54	10:26	10:19	9:59	9:48	9:32	9:20	9:05	8:47	8:37
9:00	>	12:40	12:40	12:09	11:19	10:48	10:48	10:21	10:14	9:54	9:42	9:27	9:15	9:00	8:43	8:33

Meilenzeit	1. Gang		**2. Gang**		3. Gang		4. Gang		**5. Gang**		6. Gang		**7. Gang**		8. Gang	
8:55	>	12:33	12:33	12:02	11:13	10:42	10:42	10:15	10:08	9:48	9:37	9:21	9:10	8:55	8:38	8:28
8:50	>	12:27	12:27	11:55	11:07	10:36	10:36	10:09	10:03	9:43	9:32	9:16	9:05	8:50	8:33	8:23
8:45	>	12:20	12:20	11:48	11:01	10:30	10:30	10:03	9:57	9:37	9:27	9:11	9:00	8:45	8:28	8:18
8:40	>	12:13	12:13	11:42	10:55	10:24	10:24	9:58	9:52	9:32	9:21	9:06	8:55	8:40	8:24	8:14
8:35	>	12:06	12:06	11:35	10:49	10:18	10:18	9:52	9:46	9:26	9:16	9:00	8:50	8:35	8:19	8:09
8:30	>	12:00	12:00	11:28	10:43	10:12	10:12	9:46	9:41	9:21	9:11	8:55	8:45	8:30	8:14	8:04
8:25	>	11:53	11:53	11:21	10:37	10:06	10:06	9:40	9:35	9:15	9:06	8:50	8:40	8:25	8:09	7:59
8:20	>	11:46	11:46	11:15	10:31	10:00	10:00	9:35	9:30	9:10	9:00	8:45	8:35	8:20	8:05	7:55
8:15	>	11:39	11:39	11:08	10:25	9:54	9:54	9:29	9:24	9:04	8:55	8:39	8:30	8:15	8:00	7:50
8:10	>	11:33	11:33	11:01	10:19	9:48	9:48	9:23	9:19	8:59	8:50	8:34	8:25	8:10	7:55	7:45
8:05	>	11:26	11:26	10:54	10:13	9:42	9:42	9:17	9:13	8:53	8:45	8:29	8:20	8:05	7:50	7:40
8:00	>	11:19	11:19	10:48	10:07	9:36	9:36	9:12	9:08	8:48	8:39	8:24	8:15	8:00	7:46	7:36
7:55	>	11:12	11:12	10:41	10:01	9:30	9:30	9:06	9:02	8:42	8:34	8:18	8:10	7:55	7:41	7:31
7:50	>	11:06	11:06	10:34	9:55	9:24	9:24	9:00	8:57	8:37	8:29	8:13	8:05	7:50	7:36	7:26
7:45	>	10:59	10:59	10:27	9:49	9:18	9:18	8:54	8:51	8:31	8:24	8:08	8:00	7:45	7:31	7:21
7:40	>	10:52	10:52	10:21	9:43	9:12	9:12	8:49	8:46	8:26	8:18	8:03	7:55	7:40	7:27	7:17
7:35	>	10:45	10:45	10:14	9:37	9:06	9:06	8:43	8:40	8:20	8:13	7:57	7:50	7:35	7:22	7:12
7:30	>	10:39	10:39	10:07	9:31	9:00	9:00	8:37	8:35	8:15	8:08	7:52	7:45	7:30	7:17	7:07
7:25	>	10:32	10:32	10:00	9:25	8:54	8:54	8:31	8:29	8:09	8:03	7:47	7:40	7:25	7:12	7:02
7:20	>	10:25	10:25	9:54	9:19	8:48	8:48	8:26	8:24	8:04	7:57	7:42	7:35	7:20	7:08	6:58
7:15	>	10:18	10:18	9:47	9:13	8:42	8:42	8:20	8:18	7:58	7:52	7:36	7:30	7:15	7:03	6:53
7:10	>	10:12	10:12	9:40	9:07	8:36	8:36	8:14	8:13	7:53	7:47	7:31	7:25	7:10	6:58	6:48
7:05	>	10:05	10:05	9:33	9:01	8:30	8:30	8:08	8:07	7:47	7:42	7:26	7:20	7:05	6:53	6:43
7:00	>	09:58	9:58	9:27	8:55	8:24	8:24	8:03	8:02	7:42	7:36	7:21	7:15	7:00	6:49	6:39
6:58	>	09:55	9:55	9:24	8:53	8:21	8:21	8:00	7:59	7:39	7:34	7:18	7:13	6:58	6:47	6:37
6:55	>	09:51	9:51	9:20	8:49	8:18	8:18	7:57	7:56	7:36	7:31	7:15	7:10	6:55	6:44	6:34
6:53	>	09:49	9:49	9:17	8:47	8:15	8:15	7:54	7:54	7:34	7:29	7:13	7:08	6:53	6:42	6:32
6:50	>	09:45	9:45	9:13	8:43	8:12	8:12	7:51	7:51	7:31	7:26	7:10	7:05	6:50	6:39	6:29
6:48	>	09:42	9:42	9:10	8:41	8:09	8:09	7:49	7:48	7:28	7:24	7:08	7:03	6:48	6:37	6:27
6:45	>	09:38	9:38	9:06	8:37	8:06	8:06	7:45	7:45	7:25	7:21	7:05	7:00	6:45	6:34	6:24
6:43	>	09:35	9:35	9:04	8:35	8:03	8:03	7:43	7:43	7:23	7:18	7:03	6:58	6:43	6:32	6:22
6:40	>	09:31	9:31	9:00	8:31	8:00	8:00	7:40	7:40	7:20	7:15	7:00	6:55	6:40	6:30	6:20
6:38	>	09:28	9:28	8:57	8:29	7:57	7:57	7:37	7:37	7:17	7:13	6:57	6:53	6:38	6:28	6:18
6:35	>	09:24	9:24	8:53	8:25	7:54	7:54	7:34	7:34	7:14	7:10	6:54	6:50	6:35	6:25	6:15
6:33	>	09:22	9:22	8:50	8:23	7:51	7:51	7:31	7:32	7:12	7:08	6:52	6:48	6:33	6:23	6:13
6:30	>	09:18	9:18	8:46	8:19	7:48	7:48	7:28	7:29	7:09	7:05	6:49	6:45	6:30	6:20	6:10
6:28	>	09:15	9:15	8:43	8:17	7:45	7:45	7:26	7:26	7:06	7:03	6:47	6:43	6:28	6:18	6:08

Meilenzeit	1. Gang		**2. Gang**		3. Gang		4. Gang		**5. Gang**		6. Gang		**7. Gang**		8. Gang	
6:25	>	09:11	9:11	8:39	8:13	7:42	7:42	7:22	7:23	7:03	7:00	6:44	6:40	6:25	6:15	6:05
6:23	>	09:08	9:08	8:37	8:11	7:39	7:39	7:20	7:21	7:01	6:57	6:42	6:38	6:23	6:13	6:03
6:20	>	09:04	9:04	8:33	8:07	7:36	7:36	7:17	7:18	6:58	6:54	6:39	6:35	6:20	6:11	6:01
6:18	>	09:01	9:01	8:30	8:05	7:33	7:33	7:14	7:15	6:55	6:52	6:36	6:33	6:18	6:09	5:59
6:15	>	08:57	8:57	8:26	8:01	7:30	7:30	7:11	7:12	6:52	6:49	6:33	6:30	6:15	6:06	5:56
6:13	>	08:55	8:55	8:23	7:59	7:27	7:27	7:08	7:10	6:50	6:47	6:31	6:28	6:13	6:04	5:54
6:10	>	08:51	8:51	8:19	7:55	7:24	7:24	7:05	7:07	6:47	6:44	6:28	6:25	6:10	6:01	5:51
6:08	>	08:48	8:48	8:16	7:53	7:21	7:21	7:03	7:04	6:44	6:42	6:26	6:23	6:08	5:59	5:49
6:05	>	08:44	8:44	8:12	7:49	7:18	7:18	6:59	7:01	6:41	6:39	6:23	6:20	6:05	5:56	5:46
6:03	>	08:41	8:41	8:10	7:47	7:15	7:15	6:57	6:59	6:39	6:36	6:21	6:18	6:03	5:54	5:44
6:00	>	08:37	8:37	8:06	7:43	7:12	7:12	6:54	6:56	6:36	6:33	6:18	6:15	6:00	5:52	5:42
5:58	>	08:34	8:34	8:03	7:41	7:09	7:09	6:51	6:53	6:33	6:31	6:15	6:13	5:58	5:50	5:40
5:55	>	08:30	8:30	7:59	7:37	7:06	7:06	6:48	6:50	6:30	6:28	6:12	6:10	5:55	5:47	5:37
5:53	>	08:28	8:28	7:56	7:35	7:03	7:03	6:45	6:48	6:28	6:26	6:10	6:08	5:53	5:45	5:35
5:50	>	08:24	8:24	7:52	7:31	7:00	7:00	6:42	6:45	6:25	6:23	6:07	6:05	5:50	5:42	5:32
5:48	>	08:21	8:21	7:49	7:29	6:57	6:57	6:40	6:42	6:22	6:21	6:05	6:03	5:48	5:40	5:30
5:45	>	08:17	8:17	7:45	7:25	6:54	6:54	6:36	6:39	6:19	6:18	6:02	6:00	5:45	5:37	5:27
5:43	>	08:14	8:14	7:43	7:23	6:51	6:51	6:34	6:37	6:17	6:15	6:00	5:58	5:43	5:35	5:25
5:40	>	08:10	8:10	7:39	7:19	6:48	6:48	6:31	6:34	6:14	6:12	5:57	5:55	5:40	5:33	5:23
5:38	>	08:07	8:07	7:36	7:17	6:45	6:45	6:28	6:31	6:11	6:10	5:54	5:53	5:38	5:31	5:21
5:35	>	08:03	8:03	7:32	7:13	6:42	6:42	6:25	6:28	6:08	6:07	5:51	5:50	5:35	5:28	5:18
5:33	>	08:01	8:01	7:29	7:11	6:39	6:39	6:22	6:26	6:06	6:05	5:49	5:48	5:33	5:26	5:16
5:30	>	07:57	7:57	7:25	7:07	6:36	6:36	6:19	6:23	6:03	6:02	5:46	5:45	5:30	5:23	5:13
5:28	>	07:54	7:54	7:22	7:05	6:33	6:33	6:17	6:20	6:00	6:00	5:44	5:43	5:28	5:21	5:11
5:25	>	07:50	7:50	7:18	7:01	6:30	6:30	6:13	6:17	5:57	5:57	5:41	5:40	5:25	5:18	5:08
5:23	>	07:47	7:47	7:16	6:59	6:27	6:27	6:11	6:15	5:55	5:54	5:39	5:38	5:23	5:16	5:06
5:20	>	07:43	7:43	7:12	6:55	6:24	6:24	6:08	6:12	5:52	5:51	5:36	5:35	5:20	5:14	5:04
5:18	>	07:40	7:40	7:09	6:53	6:21	6:21	6:05	6:09	5:49	5:49	5:33	5:33	5:18	5:12	5:02
5:15	>	07:36	7:36	7:05	6:49	6:18	6:18	6:02	6:06	5:46	5:46	5:30	5:30	5:15	5:09	4:59
5:13	>	07:34	7:34	7:02	6:47	6:15	6:15	5:59	6:04	5:44	5:44	5:28	5:28	5:13	5:07	4:57
5:10	>	07:30	7:30	6:58	6:43	6:12	6:12	5:56	6:01	5:41	5:41	5:25	5:25	5:10	5:04	4:54
5:08	>	07:27	7:27	6:55	6:41	6:09	6:09	5:54	5:58	5:38	5:39	5:23	5:23	5:08	5:02	4:52
5:05	>	07:23	7:23	6:51	6:37	6:06	6:06	5:50	5:55	5:35	5:36	5:20	5:20	5:05	4:59	4:49
5:03	>	07:20	7:20	6:49	6:35	6:03	6:03	5:48	5:53	5:33	5:33	5:18	5:18	5:03	4:57	4:47
5:00	>	07:16	7:16	6:45	6:31	6:00	6:00	5:45	5:50	5:30	5:30	5:15	5:15	5:00	4:55	4:45

Alle Tempo-Angaben in Minuten pro Meile

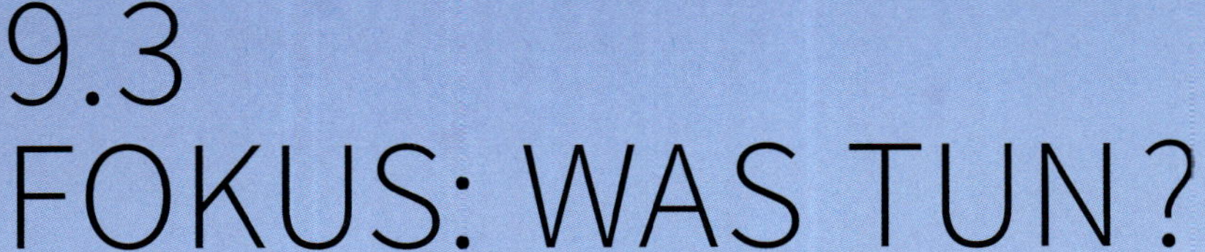

9.3 FOKUS: WAS TUN?

1. Falls du noch nicht mit dem Laufen begonnen hast, ist jetzt ein guter Zeitpunkt, damit anzufangen. Denk dran: Einsteiger:innen laufen drei- oder viermal die Woche sanfte 10 bis 20 Minuten. Hobbyläufer:innen gegebenenfalls etwas länger. Veteran:innen, die ihr euch bereits eine Woche freigenommen habt: Ihr dürft wieder raus!
2. Achte beim Laufen auf Technik und Tempo. Betrachte deine Läufe lieber als Probe, nicht als Training: Dein Ziel ist es, Bewegung und Rhythmus zu meistern, nicht nur Strecke zu machen. Konzentration und Entspannung zu kombinieren, ist nicht einfach, aber das ist das Ziel.
3. Experimentiere mit deinen Gängen. Lauf zunächst langsam genug, um dabei zu singen, und steigere nach und nach das Tempo, bis du nur noch einzelne Wörter herausprusten kannst.
4. Arbeite dich rauf und runter in den Gangarten und mische ein paar kurze Sprints dazwischen, um zu lernen, wie sich Vollgas anfühlt.
5. Deine Stärkung nach dem Laufen solltest du *vor* dem Laufen planen. Gewöhne dir an, im Vorhinein zu entscheiden, was du isst, wenn du vom Laufen kommst, dann führt dich das halbe Marmeladen-Donut, das dein Sohn übrig gelassen hat, nicht in Versuchung.

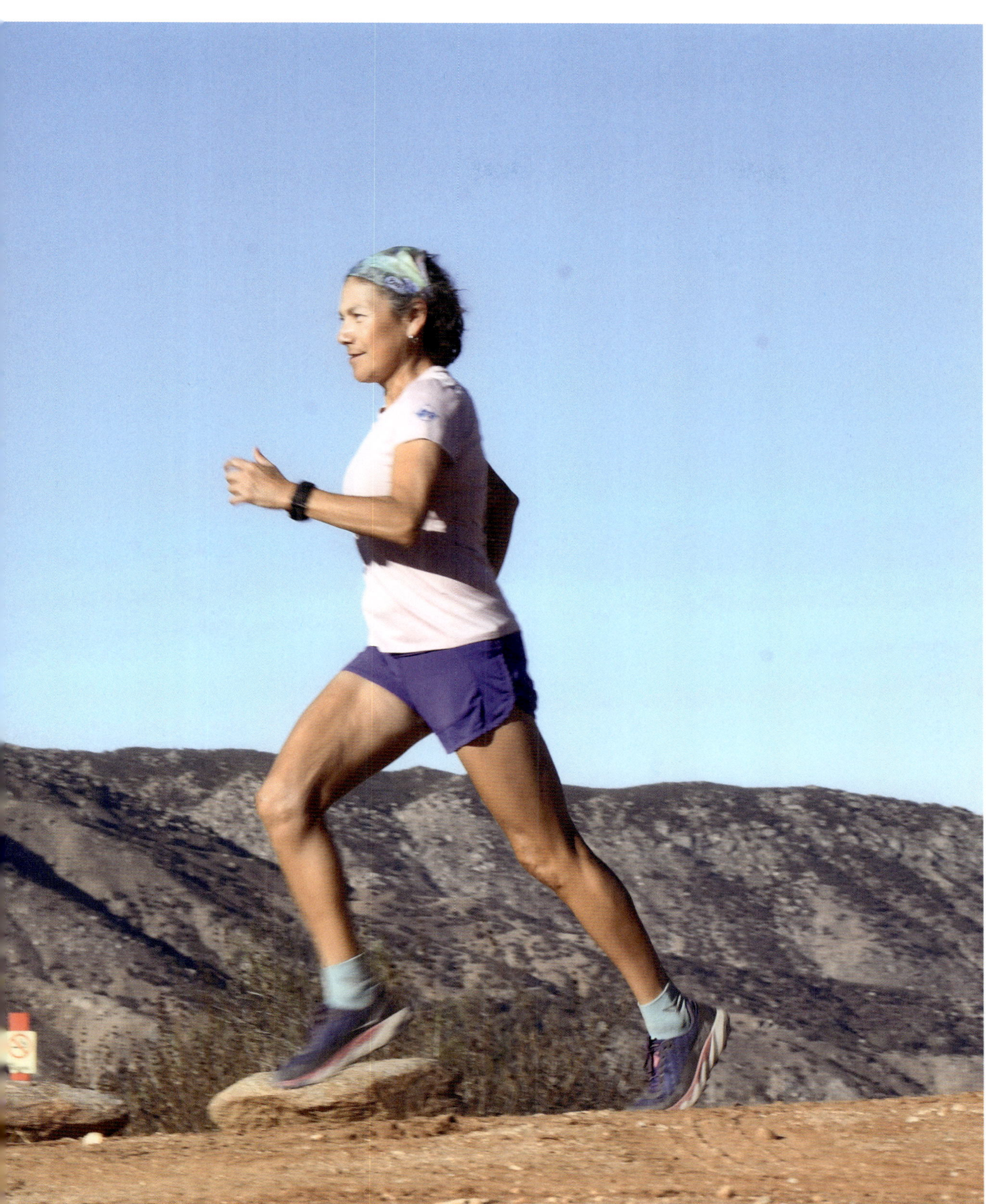

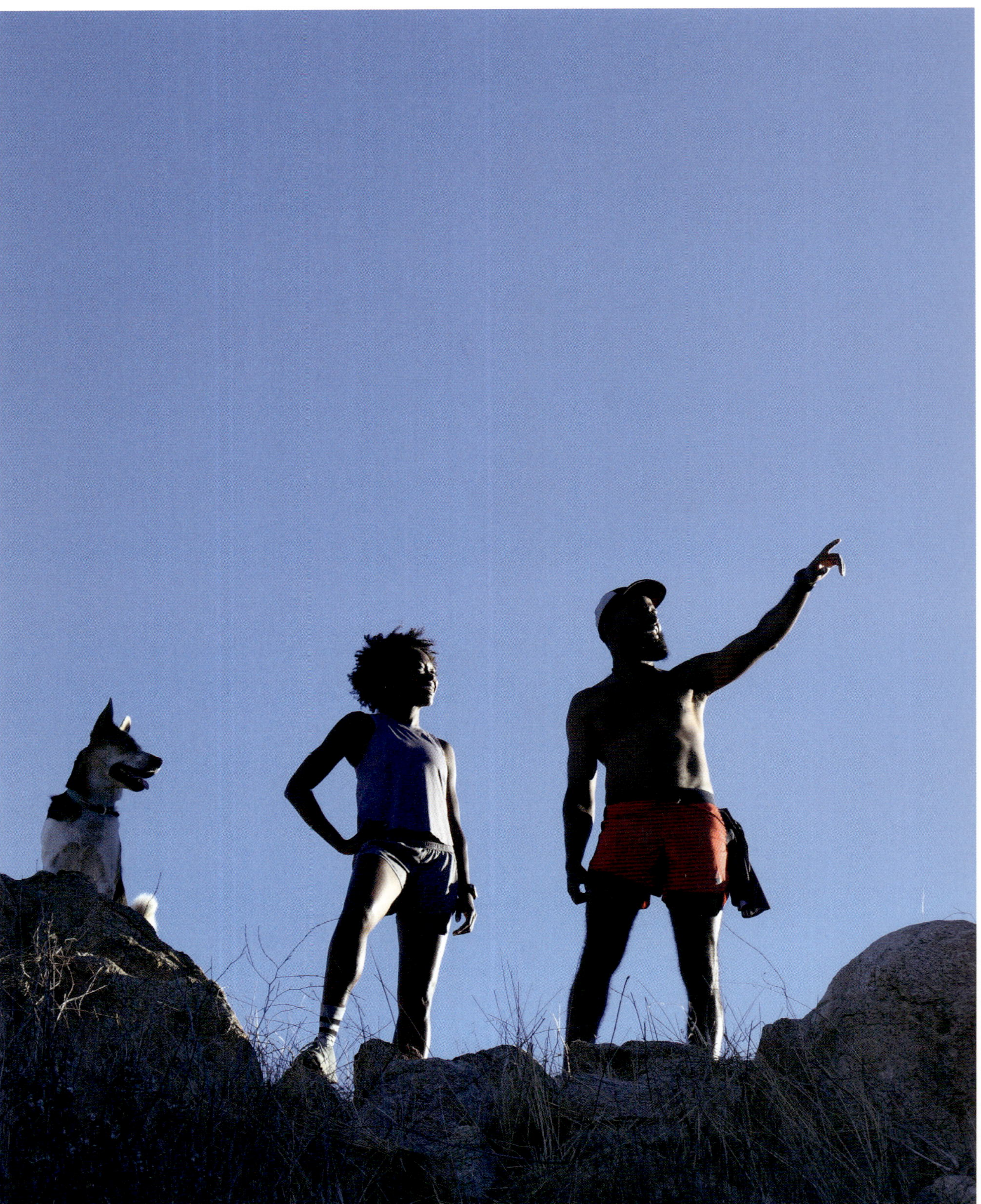

10. Schuhwerk: Lieber minimalinvasiv

Als *Born to Run* herauskam, entfachte ein einziger Satz daraus einen Sturm der Entrüstung: *Laufschuhe sind womöglich das Destruktivste, was dem menschlichen Fuß jemals zugestoßen ist.*

Orthopäd:innen und Laufschuhladeninhaber:innen nannten mich »gefährlich«. Sportwissenschaftler:innen warfen mir vor, die Fakten zu simplifizieren, *gleichzeitig* aber auch zu verkomplizieren. Mein persönlicher Höhepunkt war, dass ein berühmter Olympialäufer und heutiger Marathon-Guru das selbst erfundene Gerücht streute, ich hätte mir beim Barfußlaufen einen Knochenbruch zugezogen und hielte mich nun versteckt, um ihn zu verbergen.

Der Große Laufschuhkrieg hatte begonnen. Und war gerade erst warm geworden.

»Wenn es keine Laufschuhe gäbe«, setzte ich hinzu, »würden mehr Menschen laufen. Und wenn mehr Menschen laufen würden, dann stürben auch weniger an degenerativen Herzkrankheiten, plötzlichem Herzstillstand, Bluthochdruck, verstopften Arterien, Diabetes und den meisten anderen tödlichen Krankheiten der westlichen Welt.«

Die gesamte (2 Milliarden Dollar schwere) Laufschuhindustrie, so mein Standpunkt, fußte auf nichts anderem als Spekulation und Humbug.

Statt selbst zurückzufeuern, taten Nike und Brooks und der restliche sportlich-industrielle Komplex alles, um sich herauszuhalten. Sie wussten, dass sie die Wissenschaft nicht auf ihrer Seite hatten. Im Lauf der Jahrzehnte hatte eine Studie nach der anderen ergeben, dass Laufschuhe *gar nichts* zur Verletzungsvermeidung oder zur Verbesserung der Laufleistung beitragen. Ein besonders vernichtender Bericht hat festgestellt, dass die Verletzungswahrscheinlichkeit umso größer ist, je mehr man für die Schuhe bezahlt hat. Nikes eigener wissenschaftlicher Leiter entdeckte, dass die ganze zusätzliche Dämpfung, die Nike in die Schuhe steckt, den Aufprall gar nicht verringert, sondern tatsächlich verstärkt. Ein australischer Biomechaniker war so irritiert von der Unauffindbarkeit von Studien, die den Einsatz von Schuhen mit stützender und stabilisierender Funktion rechtfertigten, dass er die Schuhfirmen aufforderte, ihre Forschungsergebnisse zu veröffentlichen.

Die Antwort? Schweigen.

Da überraschte es mich nicht, dass die Schuhfirmen auch in meinem Fall lieber die Aussage verweigerten. Was mich überraschte, waren die anderen Stimmen, die sich in den Disput einmischten. Zum Beispiel die von Dr. Irene Davis, einer der besten Biomechanik-Forscherinnen des Landes und Leiterin des Spaulding National Running Center der Harvard Medical School. Irene hat sich über Jahrzehnte mit Bewegung beschäftigt und war fest davon überzeugt, dass stützendes Schuhwerk notwendig ist. Wobei das Wort »war« entscheidend ist.

»Ich selbst bin wegen Verletzungen 30 Jahre lang nicht gelaufen«, sagte Irene nun. »Früher habe ich Einlagen verschrieben. Jetzt laufe ich sage und schreibe 20 Meilen pro Woche, und zwar ohne Verletzung, seit ich barfuß laufe.«

Lass das mal eine Sekunde lang auf dich wirken. Die Koryphäe für Laufverletzungen an der medizinischen Fakultät in Harvard meint, dass Laufschuhe das Destruktivste gewesen sein könnten, was ihren eigenen Füßen zugestoßen ist.

Und auch sie wurde gerade erst warm. Moderne Laufschuhe seien »Blödsinn«, sagte Irene dem Wissenschaftsjournalisten Neil deGrasse Tyson in einem Podcast, der sich um *Born to Run* drehte. »Die ersten Schuhe«, erklärte Irene, »waren nur dazu da, um den Fuß zu schützen, ganz ähnlich wie die meisten anderen Kleidungsstücke, die wir tragen. Das Blöde ist, dass wir dann so viele Konstruktionen eingebaut haben. Wir haben Dämpfung eingebaut, obwohl unsere Muskeln diese Dämpfung leisten können. Wir haben Stabilisierung eingebaut, obwohl wir unsere Füße mit den vorhandenen Muskeln stabilisieren können. Mit diesen ganzen Konstruktionen machen wir unsere Füße tatsächlich schwächer.«

Neil verstand es sofort. »Wir Menschen haben als Spezies viel mehr Zeit damit verbracht, keine Schuhe zu tragen, als Schuhe zu tragen«, stimmte er zu. Neils eigener Vater war ein Läufer von nationalem Rang, der noch lange nach dem College an Wettkämpfen teilnahm, und Neil war beeindruckt von der Einfachheit seiner Schuhe. »Die hatten keine Konstrukte aus Schaumgummi und keinen Absatz«, erklärte Neil. »Die bedeckten gerade mal seinen Fuß.«

Bedenkt man Irenes wissenschaftlichen Hintergrund, war ihre Bekehrung zum Minimalismus erstaunlich. Aber sie habe nun mal, erklärte sie, jahrzehntelang jede mögliche Innovation auf dem Markt miterlebt, und nichts habe funktioniert. Nicht die federnden Stoßdämpfer. Nicht die Keile für die Bogenunterstützung. Und ganz bestimmt nicht die »Menstruationsschuhe« von Asics, von denen ein für das Unternehmen werbender Orthopäde tapfer behauptete, sie seien notwendig, weil die Damen nun mal eine »auf die Hormonlage abgestimmte« Dämpfung bräuchten. Na gut, vielleicht sollten wir Nachsicht walten lassen mit einem besorgten Hormonorthopäden, denn auch Ärzte glaubten früher einen Haufen irres Zeug über den weiblichen Körper. Aber leider war das im Jahre 2010.

Irene wollte wirklich eine wissenschaftliche Erklärung dafür finden, warum Laufschuhe diesen Grad an Blödheit erreicht hatten. Also fragte sie Nikes Top-Designer. Die Antwort erinnerte an die Fabel von dem Komitee, das versuchte, ein Pferd zu konstruieren.

In den 1980er-Jahren bekamen auf einmal viele Laufanfänger:innen Achillessehnenprobleme, weil sich ihre Sehnen nach langer Untätigkeit verkürzt hatten.

»Das ist schnell behoben«, sagten Sportpodolog:innen zu Nike. »Baut einfach den Absatz auf, das entlastet die Achillessehne.«

Cool! Nur, dass durch das Anheben der Ferse der Fuß nach vorne rutschte und das Fußgewölbe kollabierte.

Also musste eine neue Lösung her. Diesmal hoben sie nicht nur die Ferse, sondern verengten auch den Zehenraum und bockten das Fußgewölbe auf, sodass der Fuß fixiert war.

Ach, Mist! Jetzt hatte der Fuß keinen Platz mehr, um sich bei der Landung zu spreizen. Stattdessen rollte er einwärts, aber einwärts rollen ist nicht gut. Vielleicht würden ja in die Zwischensohle eingebaute harte Keile helfen? Die man natürlich mit noch mehr Schaumgummi abdecken müsste.

An diesem Punkt müsste sich im Hinterkopf der Designer:innen eigentlich eine mahnende Stimme gemeldet haben: *Moment mal, warum sagen wir den Läufer:innen nicht einfach, dass sie sich stattdessen ein wenig aufwärmen sollen?* Aber sie bastelten weiter, hoben die Ferse an, verengten die Zehenbox, bockten das Fußgewölbe auf, setzten harte Keile ein, pumpten noch mehr Schaum rein und …

Und so wurde aus dem prächtigen Pferd, das 2 Millionen Jahre lang wunderbar funktioniert hatte, ein 200-Dollar-Kamel, das man alle drei Monate ersetzen musste.

Irene drückte es so aus: »Meiner Ansicht nach setzen die Laufschuhhersteller nicht mehr darauf, dass sich Läufer:innen an ihren Sport anpassen, was früher alle taten. Stattdessen haben sie den Schuh genommen und ihn an die Läufer:innen angepasst. Und damit haben sie ihnen am Ende mehr geschadet als genützt, glaube ich.«

Nun, da die besten Köpfe der Branche bewiesen haben, dass der ganze Quatsch nicht funktioniert – warum wird er immer noch verkauft?

»Die Schuhfirmen haben sehr viel in die Dämpfung und Stabilisierung und Technisierung investiert, mit denen sie ihre Schuhe ausstatten«, sagte Irene unverblümt.

» DIE GESAMTE LAUFSCHUH-INDUSTRIE, SO MEIN STANDPUNKT, FUSSTE AUF NICHTS ANDEREM ALS SPEKULATION UND HUMBUG. «

Anders gesagt, einfaches Schuhwerk bringt kein Geld ein. Aber der Quatsch ist eine Goldmine.

Irene kam zu ihren Schlussfolgerungen, indem sie in ihrem Labor in kontrollierten Studien Läufer:innen mit Elektroden beklebte. Curt Munson musste das Gleiche sockfuß herausfinden.

Curt war der erste Schuhladeninhaber, der mich nach der Veröffentlichung von *Born to Run* anrief. Er wollte mich in seinem Geschäft »Playmakers Performance Footwear« in Okemos, Michigan, persönlich sprechen. Keine Ahnung, warum er dachte, ich sei dumm genug, in den Hinterhalt eines angepissten Turnschuhverkäufers in den finstersten Wäldern von Michigan zu tappen, aber es zeugt von Curts Verkaufstalent, dass er mich nach ein paar Anrufen tatsächlich überredet hatte.

Mein mulmiges Gefühl schwand auch nicht, als ich auf den Parkplatz fuhr und Curt darauf bestand, mich allein in sein Hinterzimmer zu führen. Offenbar wollte er mir seine Meinung in einem Ton geigen, der nicht für Kund:innenohren geeignet war, also machte ich mich auf einen Anschiss nach guter alter Okemos-Art gefasst. Stattdessen knipste Curt das Licht an und zeigte mir sein Mini-Museum alter Laufschuhe. Die Schuhe erzählten ihre eigene Geschichte: Von Jahr zu Jahr wurden sie höher und weicher, bis 1992 das Erscheinen des »Brooks Beast« ein Wettrüsten um immer größere Schuh-Biester lostrat.

»Ich war mein ganzes Leben lang Läufer«, sagte Curt. »Ich habe in 50 Jahren jede Art von Schuhen gesehen. Und jetzt guck, was ich anhabe.« Er deutete auf seine Füße. Zu meinem Erstaunen war mir gar nicht aufgefallen, dass er ein Paar »Vibram FiveFingers« trug.

Curt erzählte mir, dass er mit zunehmendem Alter so sehr mit Verletzungen zu kämpfen hatte, dass er weniger lief und dafür mehr radelte. An einem Wochenende war er bei einem Triathlon und merkte erst kurz vor der letzten Etappe, dass er seine Laufschuhe nicht dabeihatte. Er rannte ohne sie los und nahm in Kauf, dass man nun den bekanntesten Sportschuhhändler Michigans auf Socken durch die Straßen von Lansing traben sah. Als er die Ziellinie erreichte, schwebte Curt.

Irgendetwas an diesem Lauf hatte die Uhr für ihn um 30 Jahre zurückgestellt. Sein Rücken, seine Knie, seine Füße, *alles* fühlte sich besser an. Er rief die Leute von New Balance an, die oft auf Curts Expertise hörten, und machte ihnen ein Angebot: *Wenn ihr einen Schuh im Barfußstil entwerft, bringe ich den Leuten bei, wie man ihn benutzt.*

Aus dieser Verbindung entsprangen zwei wunderschöne Kinder: die fabelhafte Minimus-Linie von New Balance und das »Good Form Running«-Programm von Playmakers. Curt bot nicht nur allen, die seine Geschäfte betraten, egal ob sie etwas kauften oder nicht, kostenlose »Good-Form«-Lektionen an, sondern schulte auch Dutzende von Verkäufer:innen, die in konkurrierenden Geschäften arbeiteten.

»Jeder gewinnt«, sagte er achselzuckend, als ich ihn fragte, warum er:

a) nicht nur die Schuhkäufer:innen befähigt, barfuß zu laufen, sondern
b) die ganze Schuhindustrie davon überzeugt, dass sie es auch tun sollte.

»Gesunde Läufer sind glücklich«, erklärte der Laufschuh-König von Okemos. »Zufriedene Kunden vertrauen dir und kommen immer wieder. Sie werden immer Schuhe brauchen. Aber sie müssen lernen, sie richtig zu verwenden – und richtig auszuwählen.«

Hawk Harper wartete nicht darauf, von irgendjemandem zu einem glücklichen Kunden gemacht zu werden. Hawk zog mich ein paar Monate nach der Veröffentlichung von *Born to Run* auf der Outdoor Retailer Convention beiseite und erzählte mir, dass er seit Jahren auf eigene Faust Schuhe backt. Als 110 Kilo schwerer Verteidiger im College-Football hatte Hawk den gesamten Knorpel in seinen Knien verbraucht. Ärztlicherseits hieß es, dass die Tage des Laufens für ihn vorbei seien, was nach dem Harper'schen Dickschädelgesetz bedeutete, dass die Tage des Laufens gerade erst begannen.

Hawk beendete mehr als 70 Marathons und gewann den von St. George mit brandheißen 2:22. In den 1980ern eröffnete er einen Laufladen in Orem, Utah, und machte dort seinen Dickschädel zum Beruf. Hawks Laden wurde zur Erlöserkirche für Läufer:innen aus dem ganzen Bundesstaat, denen

Ärzt:innen zum Aufgeben geraten hatten. Hawk freute sich, wenn sie mit ihren chronischen Schmerzen und schlimmen Diagnosen hereingehumpelt kamen. Er zeigte ihnen seine eigenen Narben und verriet ihnen dann seine Geheimformel zur Widerlegung der ärztlichen Meinung:

Du musst, gab er preis, *einfach denken wie ein Kenianer.*

So jedenfalls hatte sich Hawk nach seinen Football-Verletzungen erholt. Er hatte den Laufstil der besten Marathonläufer der Welt studiert und einfach ihre Technik und ihr Schuhwerk kopiert. Diese Läuferelite trug nie dicke Sohlen, bemerkte er, nicht einmal im Training, und sie trabte immer leichtfüßig, die Beine unter sich gebeugt, nicht nach vorne ausgestreckt.

Aber selbst als Schuhverkäufer fiel es Hawk immer schwerer, ein Modell zu finden, das nicht mit fetten Absätzen und bewegungsstabilisierenden Einlagen überladen war. Da er keine Schuhe kaufen konnte, beschloss er, sich welche zu backen. Hawk steckte einen Schuh bei 135 Grad in den Minibackofen und wartete, bis der Kleber schmolz. Dann zog er die Außensohle ab, riss den ganzen überflüssigen Schaumstoff-Quatsch raus, den er nicht haben wollte, und klebte die Außensohle wieder an.

Ta-da! Als Hawk seinen Frankenschuh anprobierte, war er begeistert. Endlich waren seine Füße frei genug, um so leicht zu hüpfen wie ein Kenianer. Immer, wenn jemand zu ihm kam und über schmerzende Knie oder Achillessehnen klagte, die kein Schuh lindern konnte, schmiss Hawk nun den Ofen an und machte sich an die Arbeit.

Aber wen ich unbedingt kennenlernen wollte, war Hawks Sohn, der verrückte Wissenschaftler. Golden Harper ist genau wie Hawk, aber mit Vorsprung. Hawk musste erst 30 werden, um herauszufinden, wie man Schuhe auseinanderreißt und wieder zusammenbaut und wie man darin läuft. Golden dagegen hatte bereits eine exquisite Lauftechnik und einen skeptischen Geist, als er die Windeln ablegte.

Mit neun Jahren bediente Golden im Familiengeschäft. Mit zehn lief er Marathons. Mit zwölf stellte er in seiner Altersklasse mit 2:45 einen Weltrekord auf, der bis heute besteht. Aber je mehr Golden über das Laufen lernte, desto mehr zweifelte er an seinen Glaubenssätzen. Als er ans College kam, glaubte Golden nicht mehr an die Erlöserkirche seines Vaters. »Ich habe mein ganzes Leben lang Leute angelogen«, stellte er fest. »Alles, was ich von den Schuhfirmen über Schuhe erzählt bekam und an die Leute weitererzählte, waren aus Sicht der Wissenschaft *Lügen*.«

» HAWK STECKTE EINEN SCHUH BEI 135 GRAD IN DEN MINIBACKOFEN. «

Golden studierte Biomechanik und Trainingswissenschaften an der Brigham Young University in Hawaii und hatte daher Gelegenheit, sich mit den medizinischen und technischen Grundlagen sogenannter Stability-Laufschuhe zu befassen. Was er herausfand, war erschreckend: *Nichts davon war real.* Es war keine Wissenschaft. Es war Marketing, getarnt als Wissenschaft.

»Wir stellen uns vor, dass Ingenieure und Biomechaniker tief in den Nike-Laboren neue Produkte austüfteln. Unsinn!«, sagt Golden. »Die Wahrheit ist, dass die gar keine echten Biomechaniker haben, die Schuhe austüfteln. Das kommt alles von den Marketingleuten.«

Bevor Golden herausfand, wer wirklich hinter den Designentscheidungen steckte, hatte er sich immer gewundert, warum sie nie funktionierten. Alle sechs Monate präsentierten die Schuhfirmen ihr neuestes verblüffendes Gimmick: Hochleistungsschaum! Kohlefaserplatten! Sohlen, auf denen man von der Ferse bis zu den Zehen wiegt! Aber die Verletzungsraten blieben gleich.

»Nike hat die Absätze erhöht, und kein Mensch hat auch nur einen Hauch Nachforschungen angestellt«, schimpft Golden. »Und seitdem haben es einfach alle kopiert. Die Absätze unter den Schuhen zu erhöhen hat den Absatz der Schuhe erhöht, da haben es eben alle genauso gemacht.«

Auch daheim in Utah rang Vater Hawk mit seiner eigenen Seelenkrise. »Wenn mein Vater nicht mit guter Technik läuft, kann er überhaupt nicht laufen«, sagt Golden. »Sein Knie schwillt zu epischen Ausmaßen an. Also hat er sich selbst beigebracht, wie ein Kenianer zu laufen. Und wir wurden wirklich gut darin, das den Kunden zu zeigen, normalerweise in einer nur fünf Minuten langen Lektion.«

Aber wozu das Ganze? »Wir bringen allen bei, wie man den eigenen Körper schützt«, klagt Hawk, »und dann verkaufen wir ihnen ein Paar Schuhe, das alles wieder zunichtemacht.«

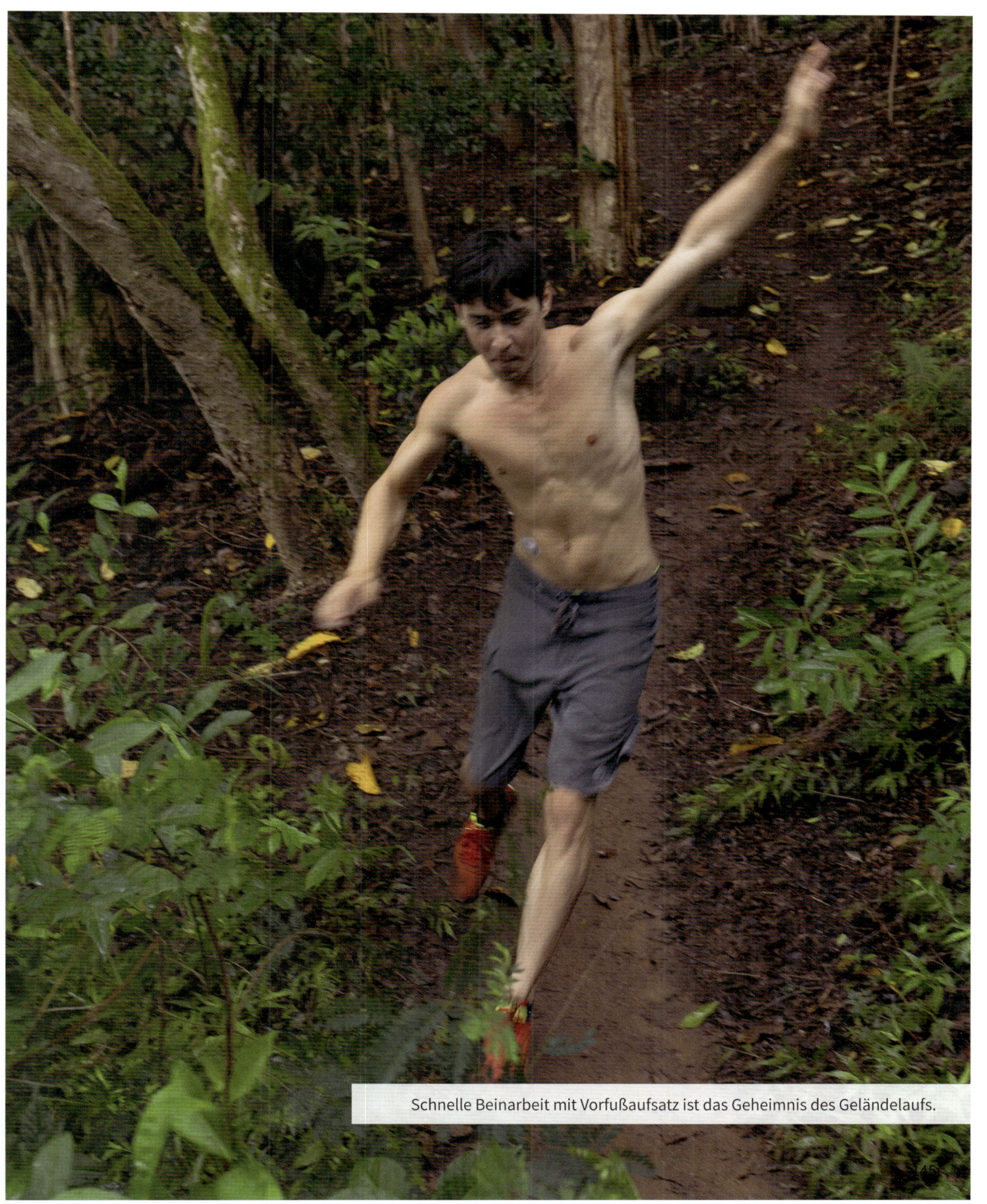
Schnelle Beinarbeit mit Vorfußaufsatz ist das Geheimnis des Geländelaufs.

Es war *Irrsinn!* Sogar der Mann, der den Markt für Stabilitätsschuhe geschaffen hatte, gestand inzwischen, einen großen Fehler gemacht zu haben. Dr. Benno Nigg ist Co-Direktor des renommierten Human Performance Lab an der University of Calgary. Bereits 1985 hatte er angedeutet, dass es möglicherweise schädlich für den Fuß sei, bei der Landung einwärts zu rollen oder zu »pronieren«. Der sportlich-industrielle Komplex griff die Idee auf und flutete den Handel mit »Stabilitätsschuhen«. Aber 2005 widerrief Benno und bezeichnete die Anti-Pronations-Theorie als »völlig falschen Denkansatz«, der zu »Fehlern im Sportschuhbau« geführt habe.

Fehler?

Wenn die Lebensmittelbehörde FDA auch für Laufschuhe zuständig wäre, würde sie einen Rückruf ankündigen und die Treter aus den Regalen holen. Millionen von Menschen haben diesen Geräten ihre Gesundheit anvertraut, weil sie von Spezialist:innen empfohlen und in medizinischem Fachjargon angepriesen wurden. Aber trotz all dem sagte der oberste Stabilitätsprophet jetzt: *Ups, mein Fehler!*

Und das *British Journal of Sports Medicine* schob eine erschütternde Studie hinterher, der zufolge jede der Frauen, die während eines 13 Wochen währenden Versuchs Schuhe mit stark stabilisierender »Bewegungskontrolle« getragen hatte, am Ende verletzt war. Eine *100-prozentige Durchfallquote*, die nahelegte, dass die Schuhe im besten Fall nutzlos und im schlimmsten Fall gefährlich waren.

Nichts davon bewirkte eine Änderung. Stabilitätsschuhe waren immer ein gutes Geschäft – und bleiben es. »Es gibt dieses starke Beharren auf Pronation«, führt Golden aus, »aber es gibt keinen Zusammenhang zwischen Pronation und Verletzungen. Warum beharren wir dann so darauf?« Er macht eine Kunstpause, bevor er sein Urteil fällt: »Weil es eine Möglichkeit ist, mehr Sorten von Schuhen zum Verkauf anzubieten.«

Der Urvater der Stabilität will jedoch nichts mit der Misere zu tun haben, die er losgetreten hat. Fragt man ihn heute, was er Läufer:innen empfiehlt, klingt Benno Nigg sehr nach Barefoot Ted.

»Füße brauchen überhaupt keinen Schutz«, gibt der weltweit renommierteste Sportschuhforscher zu, »außer vor Kälte. Und so spitzen Steinchen.«

Golden hatte nun alles, was er brauchte, um selbst ins Frankenschuh-Geschäft einzusteigen: echte Wissenschaft, einen Minibackofen und eine Reihe menschlicher Versuchskaninchen.

Sein Vorhaben war simpel: Statt den Quatsch aus verbastelten Schuhen zu entfernen, warum nicht gleich einen Schuh ohne Quatsch basteln? Aber zuerst musste er herausfinden, wie dieser Schuh aussehen sollte, und da kamen seine Versuchskaninchen ins Spiel.

Golden begann mit dem einfachsten Trick: die blöde Zehenbox erweitern. Kein Menschenfuß hat die Form eines Laufschuhs. Unsere Füße sind eckig, aber Laufschuhe sind spitz. Vor langer Zeit hatte Hawk herausgefunden, dass er seinen Kund:innen mit Plantarfaszien- und anderen Fußproblemen in 75 Prozent der Fälle weiterhelfen konnte, indem er sie einfach in einen größeren Schuh steckte und die Schnürsenkel löste.

Als Nächstes fuhr Golden schwereres Gerät auf. Er holte sich ein paar »Jazz Originals« von Saucony aus dem Ramschladen und ließ beim Schuster die Absätze abschleifen und die Zwischensohlen so dünn machen, dass die Schuhe völlig flach waren. Er nannte sein Sondermodell »Jazzy Zeroes«, weil es jetzt von der Ferse bis zu den Zehen keinerlei Gefälle mehr gab. Außerdem klang »jazzy« besser als »grottenhässlich«.

»Wir testeten sie an unseren hoffnungslosen Fällen«, erzählt Golden. »An denen, die den am besten gedämpften Schuh, die am besten stützenden Einlagen ausprobiert hatten, aber immer noch die gleichen Verletzungen bekamen.« Golden gab den Hoffnungslosen auch einen Fragebogen mit und versprach ihnen zehn Dollar, wenn sie ihn nach sechs Wochen ausgefüllt zurückgaben.

»Das Verrückte ist: Noch bevor sie die Fragebögen zurückbrachten, kamen ihre Freunde rein und sagten so was wie ›Ihr habt Joe so gefrickelte Schuhe gegeben, und jetzt tut sein Knie nicht mehr so weh. Kann ich auch welche anprobieren?‹«

Innerhalb eines Jahres sammelte Golden Daten von mehr als 1000 Kund:innen, die seine zusammengeklebten, verbreiterten Franken-Zeroes gekauft hatten. »Man verkauft keine 1000 Schuhe, die man vom Schuster hat zerschleifen lassen, wenn sie nicht wirklich gut sind«, sagt Golden. »Und die Ergebnisse waren irre. In den fünf Hauptverletzungsbereichen beim Laufen – Plantarfaszie, Schienbeinkantensyndrom, Läuferknie, IT-Band und unterer Rücken – hatten wir bei der Verletzungs- oder Schmerzreduktion eine 97-prozentige Erfolgsquote.«

Das war bereits mehr, als Golden bewältigen konnte. Sein Schuster konnte jeden Tag nur eine gewisse Anzahl an Jazzys schleifen, und überhaupt waren die Harpers nur ein kleiner Familienbetrieb in den Bergen von Utah. Wie viele verletzte

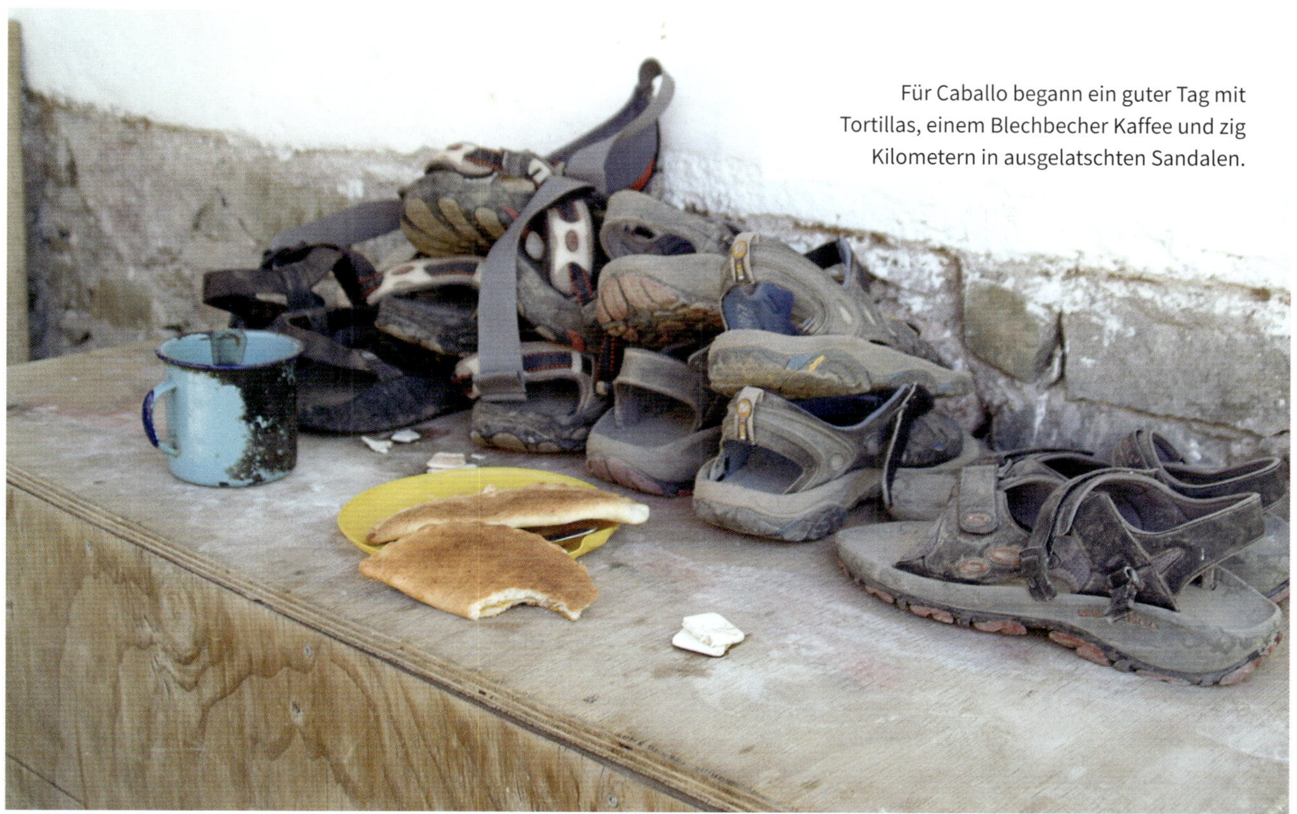

Für Caballo begann ein guter Tag mit Tortillas, einem Blechbecher Kaffee und zig Kilometern in ausgelatschten Sandalen.

Läufer:innen im ganzen Land – auf der ganzen Welt! – würden wohl gerne ihre Füße in einen Schuh stecken, in dem sie endlich die Zehen spreizen könnten? In dem ihre Fußschmerzen verschwinden würden?

Hawk hatte zahlreiche Kontakte in der Schuhindustrie – aber alle tätschelten Golden nur den Kopf und sagten ihm, er solle sich mit seinem bewährten Prototyp und seiner 97-prozentigen Erfolgsquote verpissen. Was natürlich genau nicht das ist, was man einem Harper sagen sollte, wenn man ihn loswerden will.

Golden hatte sein Experiment aus Neugier begonnen, jetzt kam feurige Leidenschaft dazu. »Die kümmern sich einen Dreck darum, ob Leute sich an ihren Schuhen verletzen oder nicht«, schimpft er. »Ich kam mir vor, als wollte ich nicht nur verletzte Menschen, sondern auch eine kaputte Branche wieder heil machen.«

Golden und sein MacGyver-artiger Cousin Jeremy machten sich auf die Suche nach Verbündeten und entdeckten bald eine ganze Szene von brillanten Produktdesigner:innen, die es leid waren, von Marketingfuzzis gegängelt zu werden. »Ich las ihnen Stellen aus *Born to Run* vor, und sie sagten: ›Ja, ja, wissen wir, das stimmt alles. Aber so einen Schuh würden sie uns niemals machen lassen.‹«

»So einen Schuh« zu machen, wurde zu Goldens Obsession. »Wir haben versucht, an das Tarahumara-Gefühl heranzukommen«, sagt Golden. »Was wir darüber in *Born to Run* gelesen hatten, hat unseren ersten Schuh sehr beeinflusst. Wir beschlossen, eine Tarahumara-Sandale herzustellen, dieselbe Dicke, dasselbe Tragegefühl, aber aus modernen Materialien.«

Ein Team hatten sie. Einen Traum auch. Jetzt brauchten sie einen Namen. Weil sich diese Rebellenallianz auf einer Mission befand, nicht auf einem Egotrip, kamen irgendwelche griechische Göttinnen oder römischen Kürzel oder Eigennamen nicht infrage. Stattdessen fanden sie ein einzelnes Wort, das ihre Abscheu darüber, was aus der Laufbranche geworden war, und ihre Hoffnung auf das, was sie werden könnte, zum Ausdruck brachte.

Sie nannten sich *Altra* – abgeleitet vom lateinischen *altera*, »um das zu reparieren, was ruiniert wurde«.

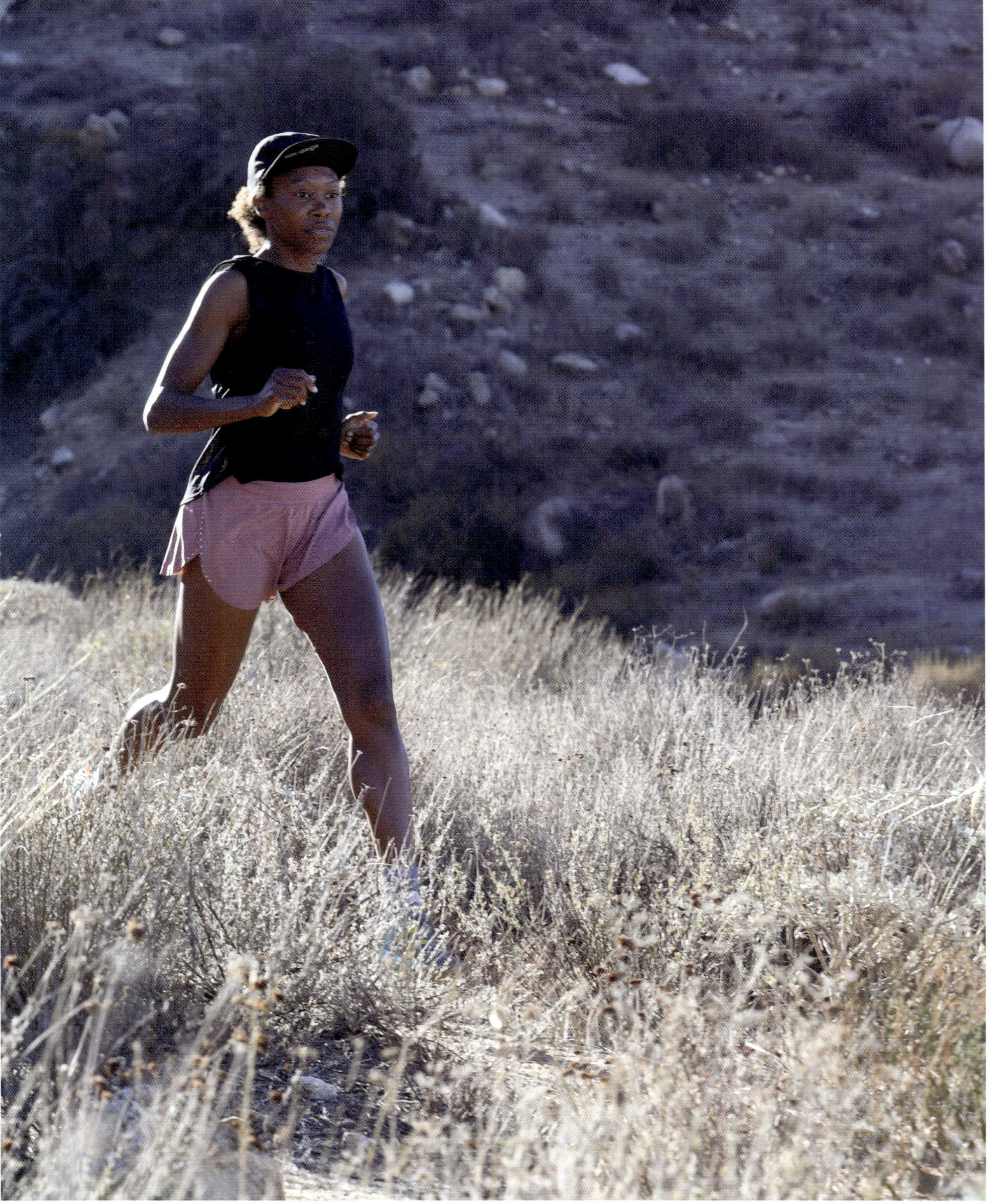

10.1 WÄHLE DEINE WAFFE

Es wird dich nicht überraschen, dass wir dir für das 90-Tage-Programm Schuhe von Altra empfehlen. Wir haben mit erfahrenen Läufer:innen, die wie wir auf eine natürliche Bewegungsweise Wert legen, über eine ganze Reihe von Schuhmodellen gesprochen und uns auf zwei Empfehlungen geeinigt:

Für Trailläufe:
Altra Superior (Nullabsatz, 21 mm Sohlendicke)

Für Straßenläufe:
Altra Escalante (Nullabsatz, 24 mm Sohlendicke)
Altra Escalante Racer (Nullabsatz, 22 mm Sohlendicke)
(Randbemerkung: Eigentlich war der Escalante Racer unsere einstimmige Wahl für die Straße, aber Golden Harper wies darauf hin, dass der normale Escalante im Grunde das gleiche Modell ist wie der Racer, wenn man die Innensohle herausnimmt. So bekommt man zwei Schuhe zum Preis von einem.
Ich habe mich auch tapfer für zwei Modelle von Xero Shoes eingesetzt – Zelen und Mesa. Aber ich wurde überstimmt, weil die Umgewöhnung auf Minimalschuhe oft schwierig ist.)

Warum Altra? Drei Gründe:
1) *Natürliches Laufgefühl:* Mit diesen beiden Kreationen ist es Golden Harper gelungen, aus modernen Materialien Schuhe zu konstruieren, die dennoch das Gefühl eines Rarámuri-Huarache vermitteln. Einige Altra-Modelle haben mehr Dämpfung, als uns lieb ist, weil sie für Ultramarathons durch rauestes Gelände entwickelt wurden.
2) *Flexibilität:* Wir haben uns für den Superior und den Escalante entschieden, weil sie die leichtesten und flexibelsten im Altra-Sortiment sind und genau das richtige Maß an Schutz bieten.
3) *Verlässlichkeit:* Wir wollten keinen Schuh empfehlen, der alle sechs Monate einem großen strukturellen Facelift unterzogen wird wie der Nike Pegasus. Da die Baupläne für den Superior und den Escalante fix sind, bekommst du auch in den kommenden Jahren noch eine Version, die der heutigen gleichkommt.

Aber wenn du dir dein Schuhwerk lieber selber aussuchst, dann tu es. Wir achten dein Rebellentum! Such dir aus, was dir gefällt, solange es die vier Hauptmerkmale von natürlichem Schuhwerk besitzt:

1) Breite Zehenbox: Auf beiden Seiten des Fußes darf es nicht drücken.
2) Ausreichende Länge: knapp 4 cm Platz vor dem längsten Zeh.
3) Geringer Absatz (oder »Sprengung«)
4) Minimale Dämpfung (oder »Sohlendicke«)

Bevor du die ersten beiden Punkte abhakst, solltest du sie lieber noch einmal überprüfen. Nach unseren Erfahrungen ist es wahrscheinlich, dass du sie dein Leben lang falsch gemacht hast.

»Jedes Mal, wenn ein neuer Kunde hereinkommt, kann ich darauf wetten, dass er Schuhe auswählt, die mindestens eine ganze Nummer zu klein sind«, sagt Nathan Leehman, Inhaber der Ultra Running Company in Charlotte, North Carolina. »Das ist die einfachste Lösung für so viele Probleme – *einfach eine Nummer größer nehmen!* Aber du glaubst gar nicht,

» WENN NATHAN KEINEN VERTRAUENSWÜRDIGEN LAUFSPORTLADEN FINDEN KONNTE, DANN WÜRDE ER EBEN SELBST EINEN ERÖFFNEN. «

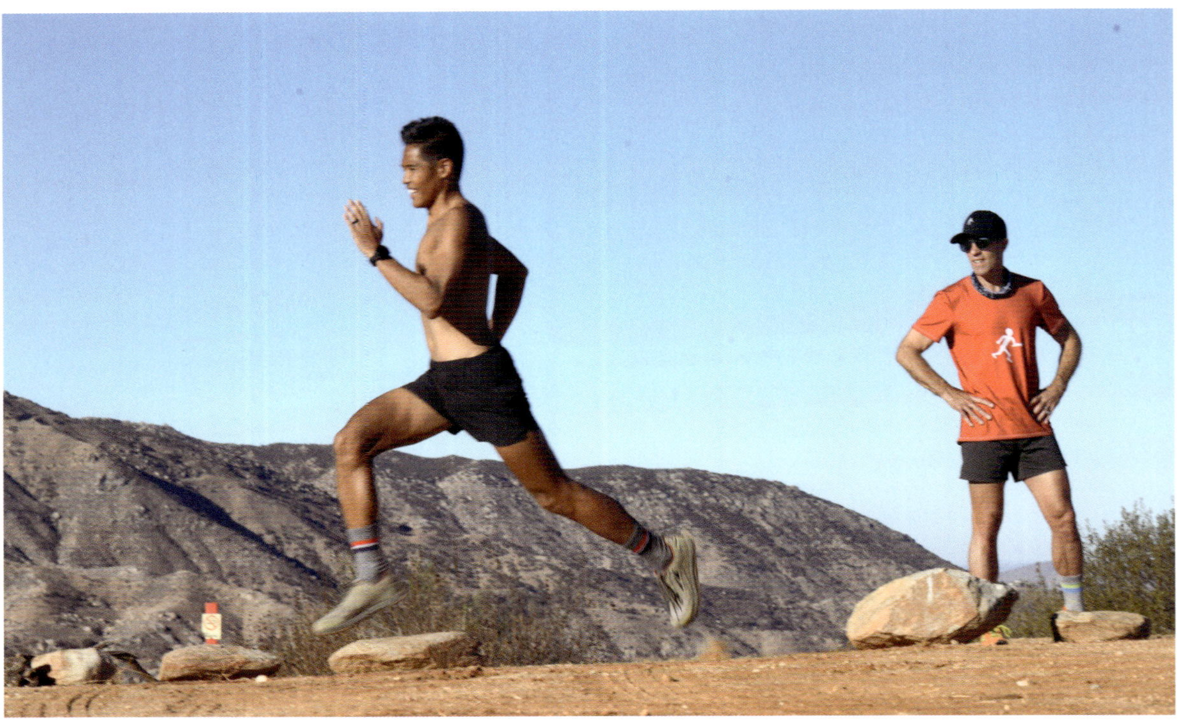

was wir da für Gegenwind bekommen. Wenn man manchen Leuten, die glauben, dass sie Größe 7 haben, sagt, dass sie Größe 8,5 haben, gehen sie einfach.«

Lange Zeit war Nathan sein eigener schlimmster Kunde. Er war ein Michelin-Manager, der nur deshalb mit dem Laufen anfing, weil er zu viel Zeit mit dem Telefon in der einen und einem Keks in der anderen Hand verbrachte. Anfangs lief er jeden zweiten Tag eine Meile, schnaufend und kaum schneller als im Schritttempo. Aber mit zunehmender Ausdauer wuchs auch seine Laufbegeisterung.

»Früher bin ich in Moab und Colorado wandern gegangen und wusste gar nicht, dass man auf den Wanderwegen auch laufen kann«, sagt Nathan. »Aber dann wurde das Laufen zu einer Möglichkeit, zu Fuß Orte zu erreichen, wo sonst niemand hinkommt.«

Weil er ein wissbegieriger Kopf ist, wurde Nathan ein richtiger Laufwissenschaftler und experimentierte mit unterschiedlichen Methoden, um seine Reichweite und Geschwindigkeit zu erhöhen. Es dauerte nicht lange, und der ehemalige Jogger lief immer längere Ultramarathons. Er schaffte 100-Meilen-Läufe in 15 Stunden (ja, das sind vier Trail-Marathons hintereinander in jeweils weniger als vier Stunden) und kam unter die ersten 50 bei der legendären Tour des Géants, einem brutalen 330-km-Rennen durch die Alpen, bei dem dreimal so viel Höhenmeter überwunden werden wie bei einer Everest-Besteigung.

Anfangs kaufte Nathan einfach das, was ihm die *Runner's World* und sein örtlicher Schuhhändler empfahlen. Aber man arbeitet nicht jahrelang im Vertrieb eines Reifenherstellers, ohne einen untrüglichen Spürsinn für Humbug zu entwickeln. Daher dauerte es nicht lange, bis Nathan die ersten unbequemen Fragen stellte.

»Einmal habe ich einen Laufbandtest gemacht, und da sagte der Schuhtyp, ich hätte eine großartige Lauftechnik. Dann gab er mir einen Stabilschuh«, erinnert sich Nathan. »›Moment, wieso soll ich einen Anti-Pronationsschuh tragen, wenn ich gar nicht überproniere?‹ Er konnte mir nicht in einfachen Worten einen Grund dafür nennen, also hakte ich nach. Da sagte er: ›Das ist eben das Beste, was wir in Ihrer Größe haben.‹«

Verstanden. »Das Beste« bedeutete also »das Teuerste«. Nathan hatte gleich eine ganze Reihe von Flashbacks, wie in dem Film *The Sixth Sense*. Plötzlich wurde ihm klar, dass dies hier nichts Neues war, nur die jüngste Abzocke einer langen, von ihm bisher unbemerkten Serie. Wenn er auf jemanden wütend war, dann auf sich selbst, weil er den Betrug nicht früher bemerkt hatte. *Natürlich* glaubten die Verkäufer:innen nicht, dass irgendetwas von dem ganzen Kram wirklich funktionierte. Wie denn auch, wenn sie alle sechs Monate behaupteten, dass alles, was man das letzte Mal gekauft habe, veraltet sei und ersetzt werden müsse? Selbst iPhones wurden nicht so schnell obsolet.

Zur Hölle damit. Wenn Nathan keinen vertrauenswürdigen Laufsportladen finden konnte, dann würde er eben selbst einen eröffnen.

»Wir haben uns den Slogan *Learn to Love to Run* ausgedacht«, sagt Nathan, »weil das Element des Lernens so viel wichtiger ist als das, was man an den Füßen trägt. Wenn ich den Lerninhalt verkaufen und die Schuhe verschenken könnte, würde ich das tun.«

Das war die Idee. Die Ausführung richtete sich nach sechs goldenen Regeln, die er seit der Gründung im Jahr 2013 befolgt:

Nr. 1: Schutz, nicht Korrektur

»Ich sage meinen Lieferanten, wenn sie mir eine Studie zeigen können, der zufolge ein Stabilitätsschuh meine Kunden gesünder macht, nehme ich ihre gesamte Linie ins Sortiment. Niemand kann das. Wir waren einmal der größte Einzelhändler der Marke Hoka an der Ostküste, führten aber keinen einzigen ihrer Stabilitätsschuhe. Wir haben denen gesagt: ›Wir finden euch gut, aber nicht, wenn ihr Quatsch erfindet.‹«

Nr. 2: Keine raffinierten Einlagen

»Ihre einzige Wirkung ist, dass der Laden eine Menge Geld daran verdient. Für die Läufer bewirken sie nichts. Nichts. Wenn du Einlagen verkaufst, ist das für mich ein Zeichen dafür, dass du deinen inneren Kompass verloren hast.«

Nr. 3: Kein Absatz höher als 8 mm

Das mag pingelig klingen, aber es ist nun mal der Goldstandard für Laufschuhe. Der von Golden Harper erfundene Begriff *drop* – zu Deutsch »Sprengung« – bezeichnet den Höhenunterschied zwischen Fersen- und Zehenbereich. Flache Schuhe, wie die Altras und Rarámuri-Sandalen, haben keine Sprengung. Der Brooks Beast dagegen hat kolossale 17 mm. Hoka-Schuhe haben tatsächlich eine relativ geringe Sprengung, etwa 4 – 6 mm, dafür aber eine beträchtliche Dämpfung. »Ich habe bei 8 mm eine willkürliche Linie gezogen«, sagt Nathan. »Alles darüber zwingt einen dazu, schlecht zu laufen und das Bein zu strecken, damit die Ferse nicht über den Boden schleift. Laufen ist schon schwer genug, warum sollte man es noch schwerer machen?«

Nr. 4: Niemand wird kaputt geboren

Nathan glaubt nicht, dass am Körper irgendetwas Defektes ist, das ein Schuh reparieren kann. Aus diesem Grund misst er nicht deine Pronation, wertet nicht deinen *habitual motion path* aus – das neueste Gimmick der Branche – und bestimmt auch nicht deine »individuellen Gelenkbewegungen«. Als Faustregel gilt: Immer, wenn in einem Verkaufsgespräch über Laufschuhe die Wörter »speziell«, »extra« oder »individuell« fallen, steht ein Angriff auf dein Portemonnaie bevor.

Nr. 5: *Rock Lobster* hilft immer

Wie Eric kam auch Nathan auf den Trick, wie man die ideale Lauftechnik in rund fünf Minuten lehrt. Er schnallt dir einen Sensor an den Fuß und lässt dich das Laufband besteigen. Beim Laufen zeigt der Sensor deine Trittfrequenz auf dem Display des Laufbands an. »Die meisten neuen Kunden klingen wie eine Herde Elefanten, machen gigantische Schritte und viel vertikale Ausschläge.« Dann gibt Nathan ihnen zwei simple Anweisungen: Schrittlänge verringern, Schrittfrequenz auf 180 steigern. »Der Unterschied ist wie Tag und Nacht. Plötzlich beugen sie die Knie und setzen leicht auf. Das zu sehen, ist immer elektrisierend.«

Aber manchmal ist der *Rock-Lobster*-Spaß vorbei, sobald das Laufband ausgeht. Manche Leute freuen sich scheckig, eine Zauberformel für stärkeres, gesünderes Laufen entdeckt zu haben, aber andere sind noch nicht in der Stimmung für einen Neustart ihrer Lauftechnik. Dann enthüllt Nathan die Mutter aller Regeln:

Nr. 6: Laufen ist ein Schulhof für Erwachsene

»Mein Ziel ist es, Menschen glücklich, gesund und munter zu machen. Wenn eine Kundin in zwei Monaten einen 10-km-Trail laufen will, dann verpasse ich ihr verdammt nochmal genug Dämpfung. Aber auf lange Sicht ermutigen wir die Leute immer, minimalistisch zu laufen. Ich bin der festen Überzeugung, dass wir alle dafür gebaut sind, lange Strecken barfuß zu laufen. Aber nur sehr wenige von uns investieren genug Zeit und Mühe, um das nötige Können zu entwickeln. Wenn du das verstehst und dieses Ziel verfolgst, dann hast du meine ganze Wand zur Auswahl.«

»Nathan's Footwear Wall« ist ein bizarres Erlebnis, zumindest wenn man an normale Laufsportläden gewöhnt ist. Wenn man sich dort umschaut, überkommt einen das ungewohnte Gefühl der … Nicht-Verwirrung. Es gibt dort keinen Schnickschnack, keinen verwirrenden Fachjargon, keinerlei

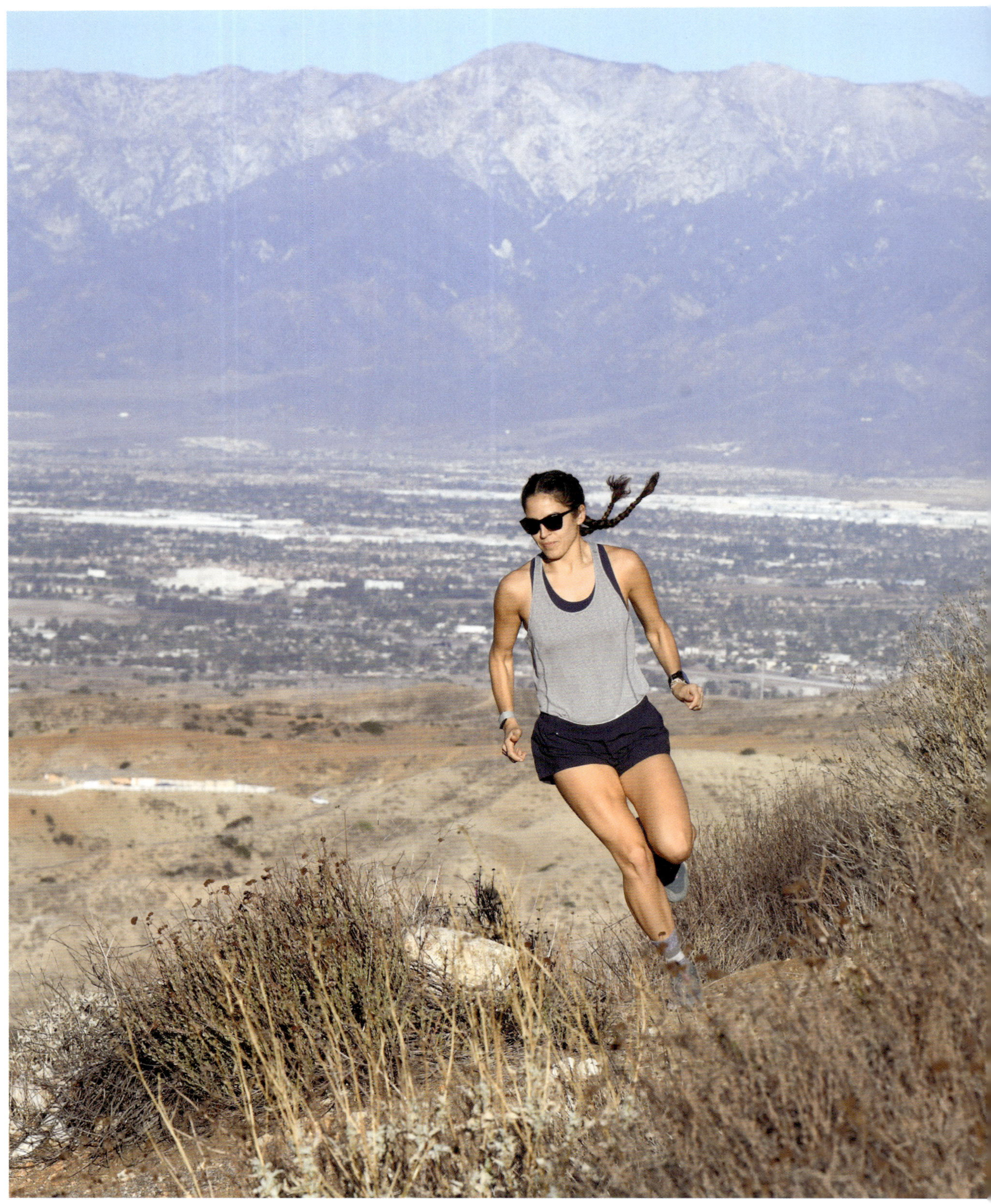

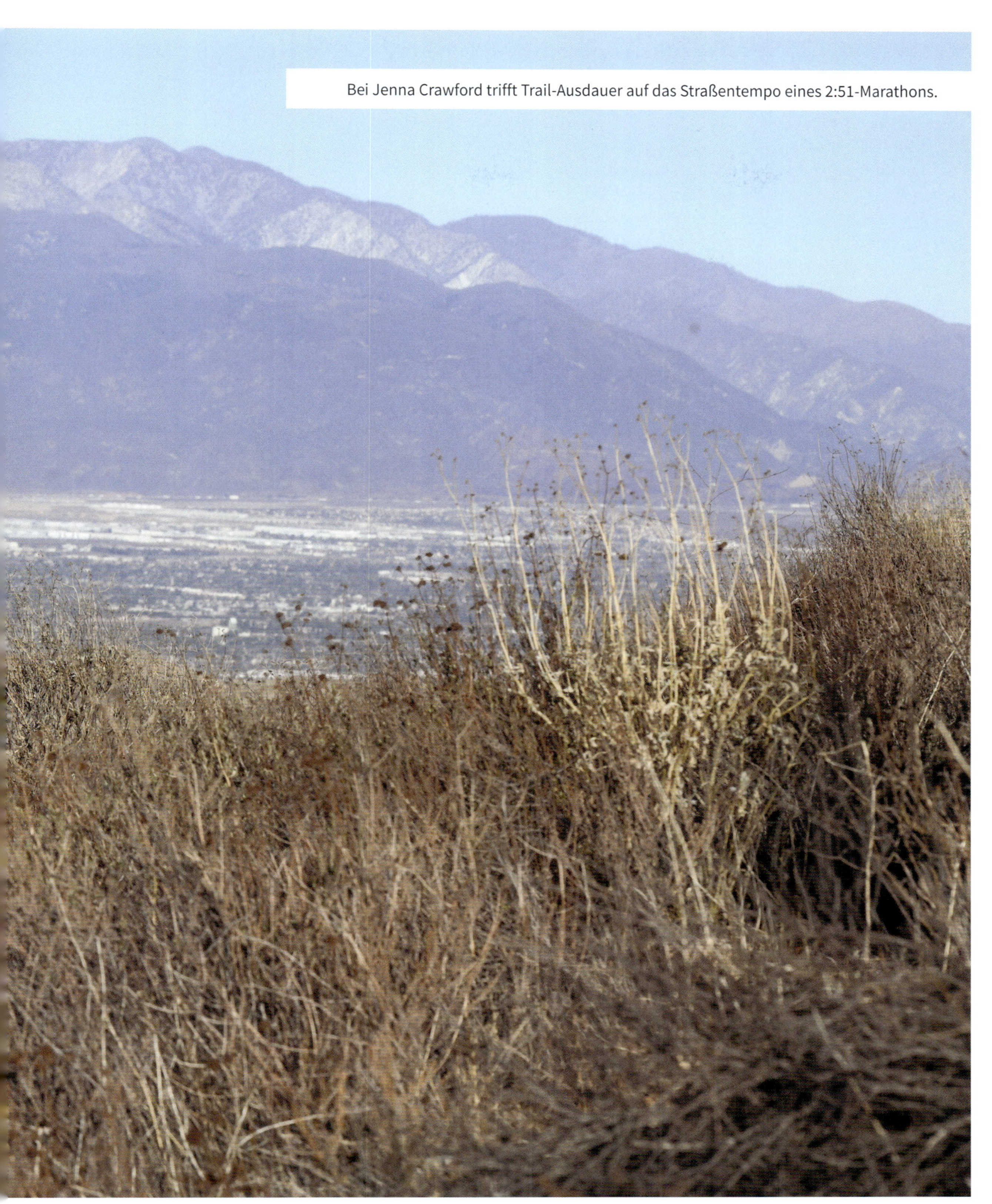
Bei Jenna Crawford trifft Trail-Ausdauer auf das Straßentempo eines 2:51-Marathons.

Märchen über »Bewegungskontrolle« und »Stabilität«. Man muss nur auf die zwei entscheidenden Faktoren achten:

Wie viel Dämpfung darf es sein? Und wie viel Absatz?

»Die meisten Leute bewegen sich genau in der Mitte: mittlere Sprengung, mittlere Dämpfung«, sagt Nathan. Und an seiner Ausstellungswand findet man sie genau dort: mittendrin. Nathan ordnet seine Schuhmodelle von links nach rechts je nach Absatzhöhe und von oben nach unten je nach Dämpfungsgrad. So findet sich die Luna-Sandale oben links (null Sprengung, null Dämpfung), der Hoka Bondi unten rechts (4 mm Sprengung, 33 mm Dämpfung) und alles andere dazwischen.

Ein toller Vorteil von Nathans Schuhwand ist, dass sie auch als Motivationshilfe fungiert. Bei jedem neuen Kauf in seinem Laden kann man die eigenen Fortschritte beim Laufen daran ablesen, ob der Blick ein Stückchen höher oder weiter nach links zur Luna-Ecke wandert. Das System hat noch eine weitere erfrischende Eigenschaft: Auch dann, wenn Schuhmodelle aktualisiert werden und neue Namen und Farben bekommen, erkennt man immer noch auf einen Blick, was jeder einzelne Schuh bietet und wie er sich vom momentan getragenen unterscheidet.

Nathan selbst hat gerne um die drei verschiedene Schuhe im Regal stehen und arbeitet sich im Laufe der Woche auf der Dämpfungsskala nach oben. Er beginnt am Dienstag mit frischen Beinen und minimaler Sohle, wechselt bis Donnerstag, wenn die Ermüdung einsetzt, auf mittlere Dämpfung und gönnt sich dann für seinen langen Samstagslauf etwas Kuscheliges, etwa den Saucony Endorphin Speed, den Nathan »den besten Hoka-Schuh, den Hoka nie gebaut hat« nennt.

»In allem unter 10 mm Absatz kann ich beschwerdefrei laufen, aber ich mache das ja auch beruflich«, sagt Nathan. »Je tiefer man mit der Sprengung geht, desto wahrscheinlicher setzt man unter dem Körperschwerpunkt auf. Das macht es einfach leichter.«

Wenn neue Kund:innen Nathan fragen, was sie tun sollen, sagt er ihnen: »Ich kann dir Minimalschuhe geben, du läufst darin eine Meile, und es wird deine beste Meile aller Zeiten. Eine Befreiung! Aber danach sitzt du eine Woche lang mit schmerzenden Waden auf der Couch, weil du dich überfordert hast. Ich kann dir auch einen Schuh mit Dämpfung geben, und du hast Freude daran, baust aber auch Kraft auf.«

»Aber wir sagen den Leuten: Wichtiger als jeder Schuh an dieser Wand ist das, was wir ihnen über Technik beigebracht haben«, fügt Nathan hinzu und greift zu seiner Lieblingsmetapher, damit sein Standpunkt 100-prozentig deutlich wird: »Konzentriert bleiben. Immer dem inneren Kompass nach.«

» ›ICH FÜHLE MICH … WOW.‹ EINE SEKUNDE LANG KONNTE ICH MICH GAR NICHT ERINNERN, WELCHER FUSS WEHGETAN HATTE. ›EIGENTLICH PERFEKT.‹ «

Eric und ich sind von Nathans Cheatday für weiche Sohlen nicht 100-prozentig überzeugt. Wir sind aber auch nicht 100-prozentig dagegen.

Wir kennen viele extrem fähige Trailrunner, die denselben Ansatz verfolgen wie Nathan, zum Beispiel Karl »Speedgoat« Meltzer und die Triathlon-Legende Bree Wee. Die »Dirt Diva« höchstpersönlich, Catra Corbett, läuft fast ausschließlich in gediegenen Hokas, und das scheint ihr nicht zu schaden: Catra hat mehr als hundert 100-Meilen-Rennen absolviert. Sie läuft immer mit großem Spaß und oft mit Dackel.

Aber in unseren Augen ist Dämpfung eine schiefe Bahn in Richtung schlampiger Technik. Man kann damit eine Weile durchkommen – für eine sehr *lange* Weile, wenn man so technisch versiert und diszipliniert ist wie Nathan. Aber je mehr man an Bodenkontakt verliert, desto leichter, so fürchten wir, fällt man in schlechte Gewohnheiten zurück. Der innere Kompass wird verbogen.

Ich habe diese Lektion am eigenen Leibe gelernt. 2007 war ich mitten in der Arbeit an *Born to Run*, als etwas Seltsames passierte: Mein Fuß fing wieder an zu schmerzen.

Ich nahm damals gerade an einem Workshop über natürliche Bewegung in London teil. Im Mittelpunkt der Veranstaltung stand die Elastizität des menschlichen Gewebes. Im Mittelpunkt meines Buchs stand die Frage, wie man durch Elastizität verletzungsfreies Laufen erreicht.

Warum zum Teufel tat jetzt meine Ferse weh?

Zu diesem Zeitpunkt trainierte ich bereits seit mehr als einem Jahr mit Eric und hatte meinen Laufstil so drastisch verändert, dass ich innerhalb von acht Monaten drei Ultramarathons hatte absolvieren können. Meine Lauftechnik war feinjustiert. Meine Kondition war top. Ich hatte sogar wieder die gleiche Hosengröße wie in meiner Zeit als College-Ruderer. Außerdem hinkte ich.

Es war rätselhaft. Ich hatte mich seit Monaten nicht mehr bei Eric gemeldet, weil es nicht nötig gewesen war. Mein Ziel war die ganze Zeit gewesen zu laufen, wohin ich wollte und so weit ich wollte, ohne mir Gedanken über Wettläufe oder persönliche Bestzeiten zu machen, und bei diesem Vorhaben hatte mich Eric mehr als erfolgreich unterstützt. Eines Abends sprang ich Jenn Shelton bei, als es ihr schwerfiel, den Vermont 100 zu beenden, und lief 20 Meilen mit. Wenig später meldete ich mich kurz vor dem Startschuss für einen 50-km-Lauf in der Nähe an, weil ich gehört hatte, dass auf halber Strecke Pommes frites gereicht würden.

Doch plötzlich biss jener altbekannte Schmerz an meiner rechten Ferse wieder zu. Ich ignorierte ihn ein paar Wochen lang in der Hoffnung, er würde von selbst nachlassen, aber in London wurde der Fußweg zur Konferenz jeden Morgen schmerzhafter. Ein Freund schlug mir vor, mich an Lee Saxby zu wenden, einen ehemaligen Boxer und jetzigen Fitnesstrainer, der im Lauf-Underground einen Ruf als Wundertäter hatte.

Das mit dem Underground stimmte im wahrsten Sinne des Wortes: Lee residierte in einem winzigen Fitnessstudio im Untergeschoss eines unscheinbaren Hotels. »Was sind das denn für Schuhe?«, fragte Lee, kaum dass ich eingetreten war und ihm mein Problem geschildert hatte.

»Ich habe gelernt, barfuß zu laufen«, erklärte ich. Nach dem Copper-Canyon-Rennen war ich fest davon überzeugt, dass Caballo und Barefoot Ted in Bezug auf die üble Wirkung gedämpfter Schuhe *theoretisch* recht hatten. Aber in der Praxis war ich noch nicht bereit dafür. Also hatte ich mit einem Nike-Schuh irgendwo in der Mitte zwischen flach und flauschig einen vermeintlich guten Kompromiss gefunden.

»Deshalb trage ich lieber Minimalschuhe wie die hier«, sagte ich.

»Die hier?« Lee schnaubte. »Das sind Sofakissen.«

Ich musste sie abstreifen. Dann gab Lee mir eine Hantelstange und wies mich an, mit geradem Rücken und den Füßen flach auf dem Boden in eine tiefe Kniebeuge zu gehen.

»Zehn davon«, sagte Lee.

»Noch mal zehn«, befahl er, als ich fertig war. »Du wankst in alle Richtungen. Gib mir ordentliche zehn.« Ich brauchte ungefähr 40 Wiederholungen, um zehn saubere Kniebeugen hintereinander zu schaffen. »In Ordnung«, sagte Lee. »Jetzt nach draußen.« Wir gingen hinaus auf den Bürgersteig.

Lee zeigte zum Ende der Straße und sagte mir, ich solle barfuß zur Ecke und zurück rennen und dabei vor mich hin zählen: »1-2-3-4, 1-2-3-4 …«

Nach meiner vierten Runde sagte Lee: »Okay, so ist gut.«

»Was heißt ›gut‹?«

»Gut. Wieder in Ordnung. Wie fühlst du dich?«

»Ich fühle mich … wow.« Eine Sekunde lang konnte ich mich gar nicht erinnern, welcher Fuß wehgetan hatte. »Eigentlich perfekt.«

»Lauf einfach barfuß zurück zum Hotel. Damit sich das Gefühl festigt.«

»Wirklich? Durch die Londoner Innenstadt?«

»Das geht schon. Du musst deine Füße mal wach machen. Und wenn ich du wäre, würde ich die Dinger da«, er deutete auf meine Nikes, »in die Tonne kloppen.«

Ich brauchte ein bisschen, um das Geschehene zu verarbeiten, und nachdem das geschafft war, trug ich nie wieder einen gepolsterten Schuh. Lees Kniebeugen hatten mein Symptom behoben (eine verspannte Sehne unter der Ferse), aber seine Barfuß-Kadenzübung behob die Ursache: meine degenerierte Lauftechnik. Laufschuhhersteller übertrumpfen einander ständig mit dem neuesten, raffiniertesten und bequemsten Superschuh, aber eigentlich bauen sie nur das nach, was am Ende des Beins längst vorhanden ist.

Eric hatte mir beigebracht, mit schnellem, leichtem Vorfußaufsatz zu laufen, aber ich war nach und nach in alte Gewohnheiten zurückgefallen. In meiner Fantasie lief ich so locker, leicht und geschmeidig wie Caballo – aber in Wirklichkeit war ich wieder ein schwerfälliger Trampel geworden. Dank der Dämpfung in meinen Schuhen hatte ich den Unterschied überhaupt nicht bemerkt.

Ich wollte auf Nummer sicher gehen und meinen Übergang zu Minimalschuhwerk verzögern. Aber im Hinblick auf die Lauftechnik denke ich inzwischen, das ist das Gefährlichste, was man machen kann. Dämpfung ist ein Betäubungsmittel, eine Art Narkose. Je mehr Dämpfung man hat, desto weniger spürt man. Eric und ich können daher nur dazu raten, mit Altras oder ähnlich flachen Schuhen zu trainieren.

Aber falls du auf Nathans Seite bist und gelegentlich einen Schummeltag mit weicher Sohle haben möchtest, hat meine geniale Frau einen schönen Kompromiss für dich. Mika läuft barfuß los, hält aber einen Schuh in jeder Hand. Sobald irgendwelche Beschwerden – müde Waden, spitze Steine auf dem Weg, was auch immer – spürbar werden, zieht sie die Schuhe an und läuft weiter. Die Barfußphase am Anfang ihres Laufs reicht aus, um die richtige Lauftechnik ins Muskelgedächtnis zu holen, sodass es danach egal ist, was sie an den Füßen hat.

10.2 AUF DER JAGD NACH DEM SELTEN GUTEN SCHUH

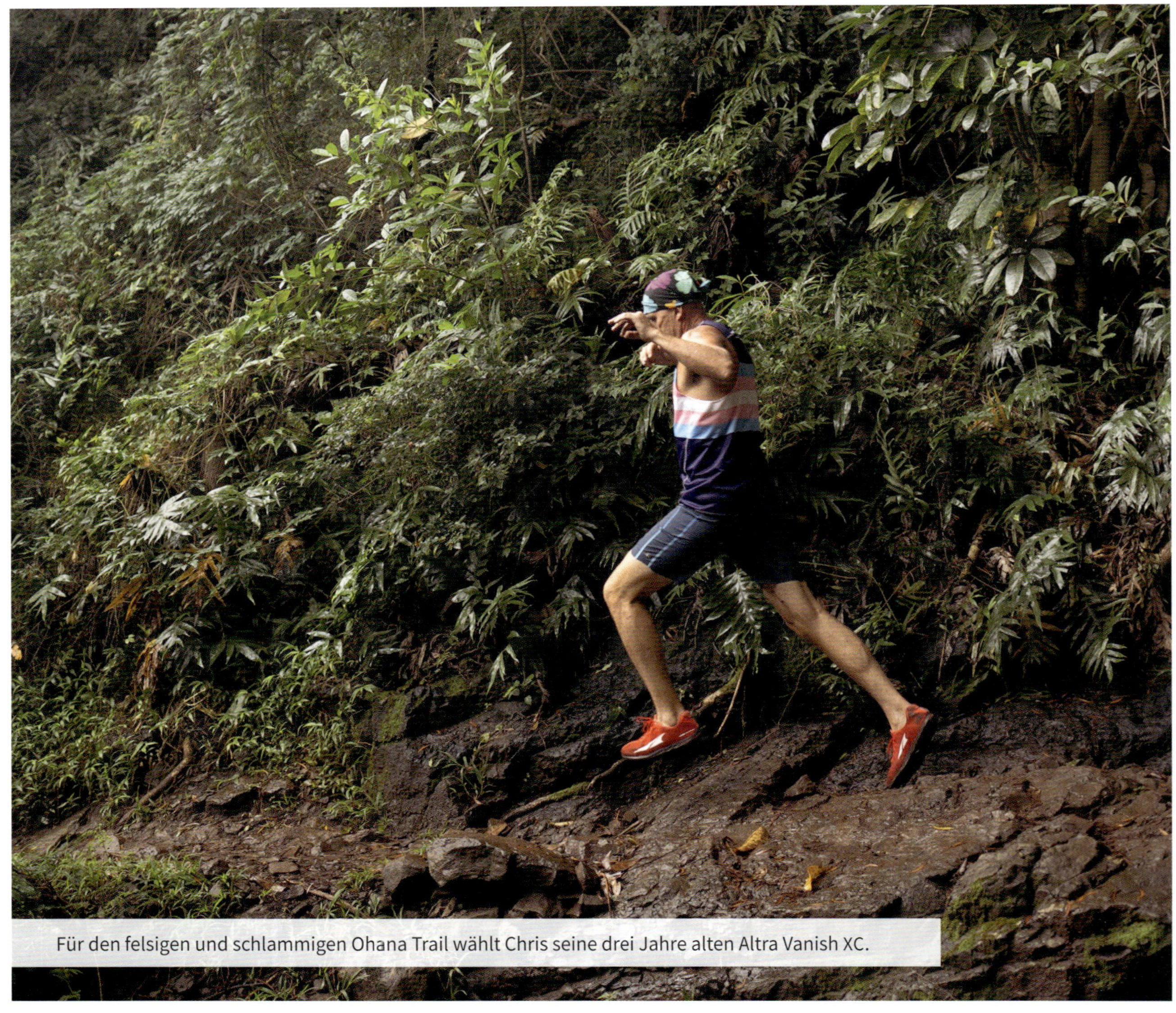

Für den felsigen und schlammigen Ohana Trail wählt Chris seine drei Jahre alten Altra Vanish XC.

Wie alle echten Schätze sind Minimalschuhe schwer zu finden. Aber die Entdeckung ist dann umso schöner.

Die meisten großen Schuhfirmen haben gar keine Minimalschuhe mehr im Programm mehr, aber in gewisser Weise ist das ein Pluspunkt. Denn es macht Platz für unabhängige Innovatoren wie Barefoot Ted und Stave Sashen von Xero Shoes und für puristische Start-ups wie Vivobarefoot und Inov-8, die Schuh-Schönheiten in kleinen Stückzahlen kreieren, an die sie wirklich glauben. Allerdings mag es sein, dass einige unserer Empfehlungen vom Markt verschwunden sind, ehe du diesen Satz zu Ende gelesen hast. Lies daher das Folgende nicht als Einkaufsliste, sondern eher als Einkaufs*hilfe*, die dir zeigt, wonach du suchen musst. Fantastische Laufschuhe sind überall zu haben. Möglicherweise musst du ein wenig recherchieren oder eBay durchsuchen, um sie zu finden, aber wenn du erst durch den Wald fliegst und dich fühlst, als hättest du handgefertigte Mokassins an den Füßen, wirst du es nicht bereuen.

AMY STONE, SCHUHEXPERTIN BEI DER ULTRA RUNNING COMPANY

»Ich habe als Folge eines Autounfalls eine Titanplatte im Bein, deshalb achte ich sehr auf eine gute Technik und eine weiche Landung«, sagt Amy. Sie ist auch Expertin für sämtliche Fehler, die eine Läuferin bei der Schuhauswahl machen kann, und Fehler Nr. 1 ist, eine Größe zu klein zu wählen.

»Viele Leute glauben irrigerweise, dass die Schuhgröße eine universelle Maßeinheit ist, aber wer in einem Schuh Größe 39 hat, hat nicht immer 39 in einem anderen«, sagt sie. »Und wenn man Größe 39 in Pumps oder Stilettos trägt, hat man in Laufschuhen 40 oder 40,5. Und zu kleine Schuhe sind wirklich schädlich für die Fußgesundheit.«

Amy hat einen tollen Trick für Läuferinnen: Wenn ihr euch für einen Schuh entschieden habt, dann kauft stattdessen das Männermodell. »Es ist einfach irre, dass die gesamte Branche entschieden hat, Frauen hätten schmale Füße«, sagt sie. »Warum bekommt eine Frau mit einer ähnlichen Statur wie ein Mann einen schmaleren Schuh? Und bitte«, fleht sie, »kauft keinen Schuh nach dem Aussehen. Glaubt mir, es interessiert niemanden«, sagt sie. »Du bist die Einzige, die darauf achtet, ob du hübsche Turnschuhe anhast.«

AMYS TOP 5

1. Lange Geländeläufe: **Altra Superior**
2. Kürzere Geländeläufe: Sandalen von **Xero Shoes**
3. Straßenläufe: »Der **Altra Solstice** der ersten Generation ist mein Lieblingsschuh, aber dann haben sie daraus einen Fitnessschuh gemacht und ihn ruiniert. Mein Ersatz:
4. Der **Altra Escalante**
5. Und einige **Xero Shoes** sind auch gut für die Straße.«

NATHANS BESTE WAHL

1. Straßenschuhe: **Altra Escalante Racer** für den Wochenanfang, später dann **Saucony Freedom**. »Ich mag ordentlich Dämpfung, wenn mir die Beine langsam wehtun oder bei langen Läufen.«
2. Für außergewöhnlich lange Straßenläufe über 30 km: **Saucony Endorphin Speed**, »der beste Hoka-Schuh, den Hoka nie gebaut hat. Er ist mein erster 8-mm-Schuh seit einem Jahrzehnt.«
3. Trails, bis 20 km: **Altra Superior**.
4. Trails, über 20 km: **Hoka Speedgoat Evo**, »mein Lieblings-Allroundschuh mit hoher Dämpfung«.

MARGOT WATTERS, HOCHGEBIRGS-ULTRALÄUFERIN

Margot ist oft auf extrem schwierigen felsigen Trails unterwegs oder trainiert für Langstrecken auf der Straße. Sie mag eine eher gnädige Dämpfung, achtet aber auf eine geringe Absatzhöhe, die ihre Technik nicht beeinträchtigt.

1. Saucony Peregrine Trail: Margot nutzte ihre Peregrines für einen 200-Meilen-Wettlauf durch die Alpen. Mit ihrer bescheidenen Sprengung von 4 mm liegen sie flach am Boden, schützen aber gut vor Felsen und geben sicheren Halt.
2. Saucony Kinvara Road: Margots Lieblings-Langstrecken-Laufschuh, eine Straßenversion des Peregrine mit 4-mm-Sprengung.
3. Dynafit Feline Up Trail: Ein leichter Bergschuh mit 4-mm-Sprengung und präziser Passform. Margots Schuh der Wahl für kürzere, schnellere Rennen und schnelles Techniktraining.
4. Inov-8 Roclite 290: Optimal für Berge mit trockenem, hartem Gestein, wie die Grand Tetons in Wyoming. Daneben auch ein großartiger Allrounder in gemischtem Gelände.
5. Altra Escalante Road: Wegen der etwas stärkeren Dämpfung als beim Escalante Racer ist dies Margots erste Wahl für Kraft- und Geschwindigkeitstraining auf der Straße.

ERIC ORTONS TOP 5

Weil Eric Orton in den Grand Tetons lebt und viel mit Schnee und Felsen zu kämpfen hat, sind seine Top 5 bissiger und muskulöser.

1. Inov-8 TerraUltra 270: »Für mich einer der besten Allround-Trailschuhe. Er hat die perfekte Kombination aus schützender Sohlendicke mit Nullabsatz und natürlicher Flexibilität. Dieser Schuh ist sehr reaktionsschnell und gibt Energie hervorragend zurück.«
2. VJ Spark: »Hat im Vergleich zum Inov-8 eine präzisere Passform im Mittelfuß, die ich wegen meiner schmalen Füße mag, aber immer noch eine breite Zehenbox. Er ist wendig und nah am Boden und bietet hervorragenden Grip und Schutz. Auf schwierigen Trails ist er ein Ferrari.«
3. Altra Escalante Racer: »Mein definitiver Straßenschuh. Der Escalante eignet sich hervorragend für längere wie für schnellere Läufe und ist perfekt für alle, die auf niedrige Sprengung umsteigen möchten.«
4. Xero Shoes Speed Force: »Super leicht und minimal, mit durchdachtem Design, das den Gelenken im Fuß natürliche Bewegungen ermöglicht. Ein echter Minimalschuh, der sich wie ein Rarámuri-Huarache anfühlt, aber trotzdem genug Schutz für Straße und Trail bietet.«
5. Inov-8 Xtalon 210: »Leicht und minimal, mit aggressiver Stollensohle, die perfekt ist, wenn es auf Trittsicherheit ankommt. Im Schnee sind sie fantastisch, im Sommer glänzen sie auf weichen und matschigen Trails. Wenn die Stollen abgenutzt sind, benutze ich sie auf der Bahn.«

CHRISTOPHER MCDOUGALLS TOP 6

Profi-Tipp: Bei jedem Schuh reiße ich als Erstes die Innensohlen heraus. Du wirst staunen, wie viel besser sich deine Füße ohne diese nutzlose Schaumgummischicht fühlen.

1. **Luna Sandals Leadville:** Die ursprüngliche und in meinen Augen vielseitigste Kreation von Barefoot Ted. Mein erstes Mal in Lunas war, als Ted sie mir an die Füße schnallte, kurz bevor ich ihm über die letzten 20 km des Leadville Trail 100 das Tempo machte. Zwar ist ein Offroad-Halbmarathon nicht die beste Gelegenheit, um mit Huaraches zu experimentieren, aber sie haben wunderbar funktioniert.
2. **Xero Shoes Zelen:** Aus Loyalität zu Barefoot Ted habe ich lange Zeit die Finger von Xero Shoes gelassen, da sie direkte Konkurrenten im Huarache-Bereich waren. Aber als Xero einen Straßenlaufschuh auf den Markt brachte, probierte ich ihn aus. Und wow, bin ich froh, dass ich das gemacht habe. Der Zelen ist ein Traum auf Straßen wie auf Trails, und Xeros sind die einzigen Schuhe mit einer so wohlproportionierten Innensohle, dass ich sie nicht herausreißen muss. Exzellentes Design auf ganzer Linie.
3. **Xero Shoes Mesa Trail:** Meine Wahl, wenn ich nur ein einziges Paar Schuhe auf eine einsame Insel mitnehmen dürfte. Der Mesa ist obenrum wie ein Boulderschuh, untenrum aber ein Geländewagen. Die Sohle ist so griffig, dass sie sich wie ein MTB-Reifen anfühlt. Das Mesh-Obermaterial leitet Wasser so schnell ab, dass man durch Bäche preschen kann, ohne sich durchnässt zu fühlen.
4. **Bedrock Sandals Cairn Pro II Adventure:** Wasser hat auf fast alle Huaraches eine leicht Kryptonit-artige Wirkung, weil es dazu führt, dass die Füße auf dem Fußbett herumrutschen. Allerdings haben die Genies von Bedrock dieses Problem irgendwie gelöst, ohne irgendwas an Flexibilität zu opfern. Ich liebe alles an diesen geländegängigen Schätzchen.
5. **New Balance Minimus (MT00, M10v1, M10v4, MT20):** Ein Hoch auf dieses wahre Meisterwerk, das seiner Zeit weit voraus war. New Balance bot damit ein natürliches Fußgefühl mit nur einem Hauch Dämpfung. Leider wurde diese Linie echter Barfußschuhe eingestellt und kann nur noch bei eBay aufgestöbert werden. Ich habe kürzlich ein Paar MT00 gefunden, ein einmalig schräges Modell, das aussieht wie ein durchscheinender Ballettschuh mit knubbeliger Sohle. Man wird sie mir von meinen kalten, toten Füßen reißen müssen.
6. **Altra Vanish XC:** Jedes Mal, wenn ich diese hauchdünnen Schönheiten trage, frage ich mich, welcher Zauber sie wohl davon abhält auseinanderzufallen. Da das Obermaterial aus offenem Mesh besteht, sind die bei Hitze ein Traum und als Schwimm-Lauf-Schuh vielleicht der beste aller Zeiten.

10.3 VERPFLEGUNGSSTATION: BARFUSS IM KOPF

Als ein Wissenschaftlerpaar aus Florida im Jahr 2016 eine Wanderung durch die schottischen Highlands unternahm, waren die beiden so angetan vom weichen Heidekraut, dass sie die Schuhe auszogen und barfuß gingen. Das machte großen Spaß. Zu ihrer Verwunderung fühlten sich ihre Beine hinterher großartig an, aber geistig waren sie einfach nur erschöpft.

Warum, fragten sie sich, war Barfußlaufen mental so anstrengend?

Als Psycholog:innen entschlossen sie sich zu einem Experiment. Ross und Tracy Alloway taten sich mit Dr. Peter Magyari, einem Sportphysiologen der University of North Florida, zusammen und entwickelten einen Versuchsaufbau. Sie ließen 72 Freiwillige, eine bunte Mischung im Alter von 18 bis 44 Jahren, 16 Minuten lang barfuß und in Schuhen laufen. Vor und nach den Läufen wurde das Arbeitsgedächtnis der Testpersonen getestet und verglichen.

Eine Verbesserung um 5 Prozent wäre großartig, denn je mehr man sich merken kann, desto besser fühlt man sich. Das Arbeitsgedächtnis wirkt sich nicht nur auf die schulische und berufliche Leistung aus, sondern auch auf die geistige Gesundheit, denn schon kleine Denkfehler tragen stark zu Angstgefühlen und zwischenmenschlichen Spannungen bei. Man vergisst nicht nur den Hausschlüssel, man vergisst Namen, kann Anweisungen nicht richtig befolgen, trifft schlechte Entscheidungen, man wird gestresst und nervös.

Eine Erhöhung um 5 Prozent wäre also signifikant. Aber Barfußlaufen, fand man in Florida heraus, brachte einen dreifachen Anstieg. Die Leistung des Arbeitsgedächtnisses verbesserte sich um 16 Prozent. »Beim Laufen mit Schuhen gab es keine signifikante Verbesserung des Arbeitsgedächtnisses«, stellte man fest.

Wieso? Ross Alloway hat eine Theorie: »Möglicherweise erfordert der Barfußzustand aufgrund der zusätzlichen taktilen und propriozeptiven Anforderungen des Barfußlaufens eine intensivere Nutzung des Arbeitsgedächtnisses, was zu einem Zuwachs bei der Gedächtnisleistung führen könnte.«

Mit anderen Worten: Man setzt ein Puzzle zusammen. Wenn man barfuß läuft, betäubt man die Beine nicht mit zwei Schaumgummimatten, um blind voranzustapfen. Man achtet auf den Weg, schätzt schnell jede Trittstelle ein und vergleicht sie im Geiste mit bereits bekannten Bodenbeschaffenheiten: Glatt oder steinig? Spitz oder abgerundet? Matschig oder fest? Das Gedächtnis wird in Dienst genommen und dient als aktives Bindeglied der Gehirn-Körper-Verbindung. All diese Informationen schwirren durch die Frontallappen des Gehirns, wo blitzschnelle Entscheidungen darüber getroffen werden, wo und wie jeder Fuß aufsetzen soll.

Die nackten Füße erhöhen also nicht das Verletzungsrisiko, sondern *senken* es. »Da man beim Barfußlaufen dank des direkteren Bodenkontakts eine bessere Propriozeption hat, liegt es nahe, dass Verletzungen aufgrund von Balanceproblemen und Bodenunebenheiten dabei viel weniger wahrscheinlich sind«, so Dr. David Jenkins, Professor für Podologie und Vorstandsmitglied der American Academy of Podiatric Sports Medicine. »Tatsächlich wurde mehrfach nachgewiesen, dass unbeschuhte Sportler eine signifikant bessere laterale Stabilität hatten und die Inversionsbewegung des Fußgelenkes besser wahrnahmen.«

Kein Wunder, dass das Ehepaar Alloway nach seinem Zug über die schottische Schafweiden so fertig war. Denn bei aller landschaftlicher Schönheit breitete sich zu ihren Füßen ein Minenfeld aus »Schafscheiße« aus, der sie ausweichen mussten. Aber was für manche einfach Kacke ist, ist für Barfußlaufende pures Gehirnjogging. »Wenn wir vor dem Laufen die Schuhe ausziehen«, befindet Ross Alloway, »sind wir nachher klüger als vorher.«

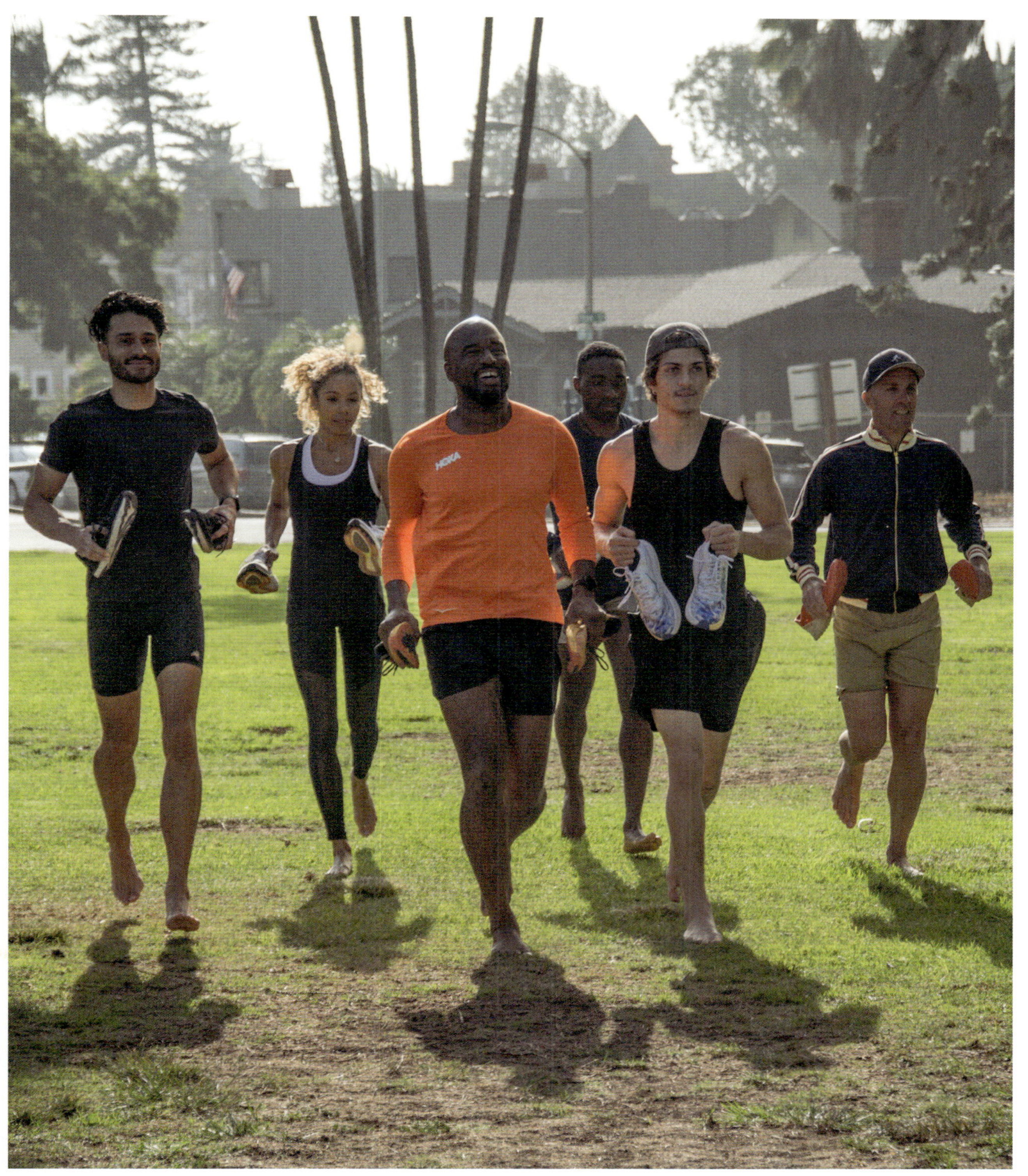
HOKA

10.4 SCHUHWERK: WAS TUN?

1. Nimm deine aktuellen Lieblings-Laufschuhe und ziehe die Innensohlen heraus. Die dünne Polsterschicht mag nach nichts aussehen, aber wenn du die Schuhe wieder anziehst, wirst du dich deutlich standfester und bodennäher fühlen. Laufe einige Tage ohne die Einlegesohlen, um das Tragegefühl von Minimalschuhwerk kennenzulernen.

2. Geh ins nächstgelegene Laufgeschäft und schau dir die Auswahl an neutralen und minimalen Schuhen an. Idealerweise findest du eines der von uns empfohlenen Modelle. Lass dir kein gepolstertes Ungetüm aufschwatzen.

3. Wenn du deine Wahl getroffen hast, dann wähle die richtige Größe. Denk an Go den Harpers Ratschlag und achte darauf, dass du genügend Länge und Breite hast. Zu groß ist nicht schlimm. Zu klein ist eine Katastrophe.

4. Laufe deine neuen Schuhe ein, indem du die Übungen durcharbeitest, die du schon gelernt hast: Trage die Schuhe bei den Movement Snacks, beim *Rock Lobstern* an der Wand und bei den Technik- und Fitnessübungen. Gewöhne dich an das Gefühl des leichten Fußaufsatzes ohne künstliche Stoßdämpfung.

5. Probiere deine neuen Minimalschuhe bei deinem kürzesten Lauf der Woche aus. Denke daran, dich zu entspannen und die Trittfrequenz hoch zu halten. Versuche nicht, den Fuß auf eine bestimmte Art und Weise aufzusetzen. Wenn du *Rock Lobster* und 100 Up geübt hast, brauchst nur mit hoher Kadenz weiterzulaufen, und du bist auf der sicheren Seite. Aber falls deine Beine in irgendeiner Weise aufmucken – verspannte Waden, zitternde Füße –, dann mach Feierabend und wechsle ins Schritttempo. Stelle dir das Ganze wie die Rekonvaleszenzphase nach einer OP vor: Du weckst Muskeln, die lange geschlafen haben.

6. Experimentiere mit dem Barfußlaufen. Probiere es auf Mikas Art: Mach dich mit den Schuhen in den Händen auf den Weg. Sobald du dich unwohl fühlst, ziehst du sie an und läufst auf Sohlen weiter.

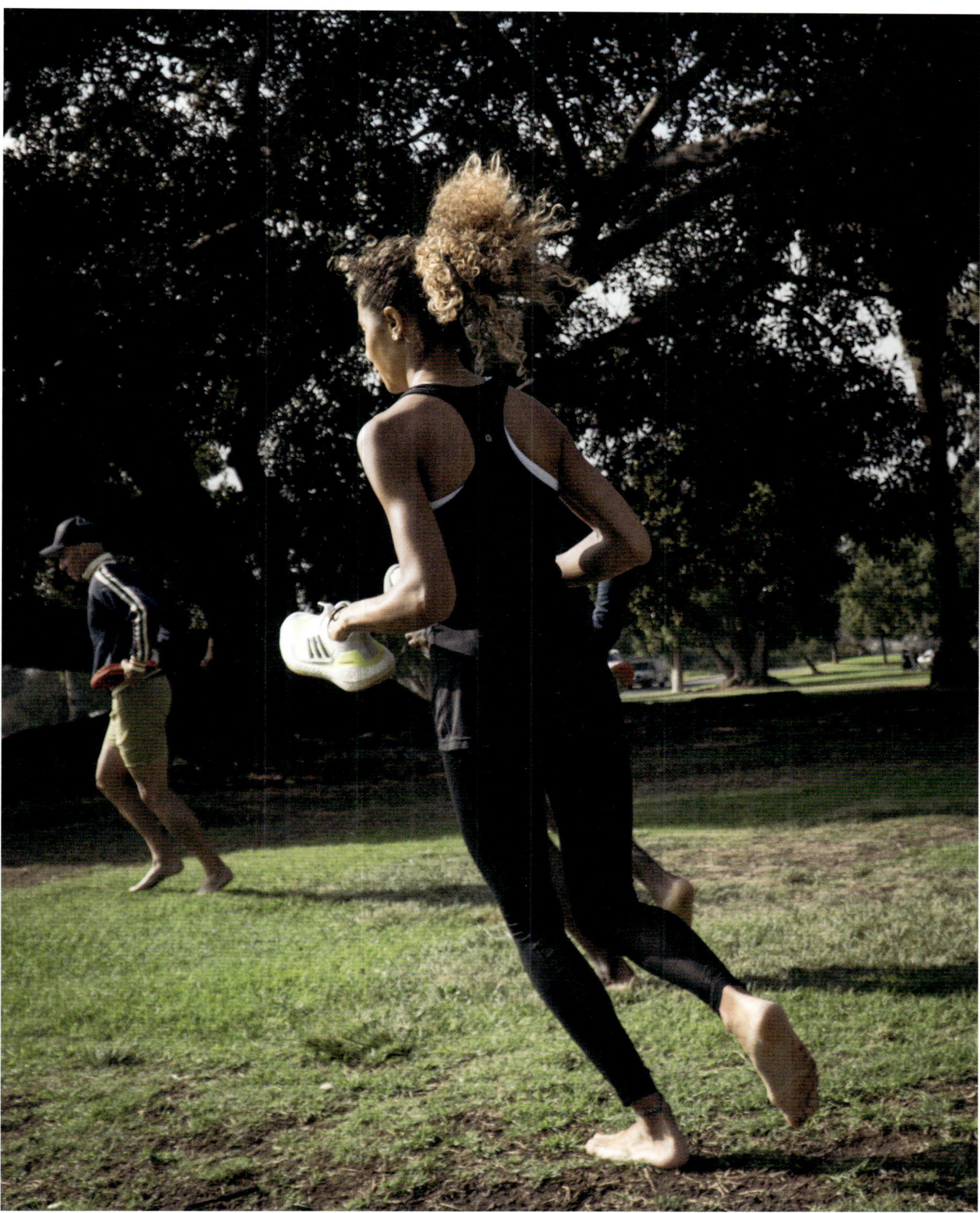

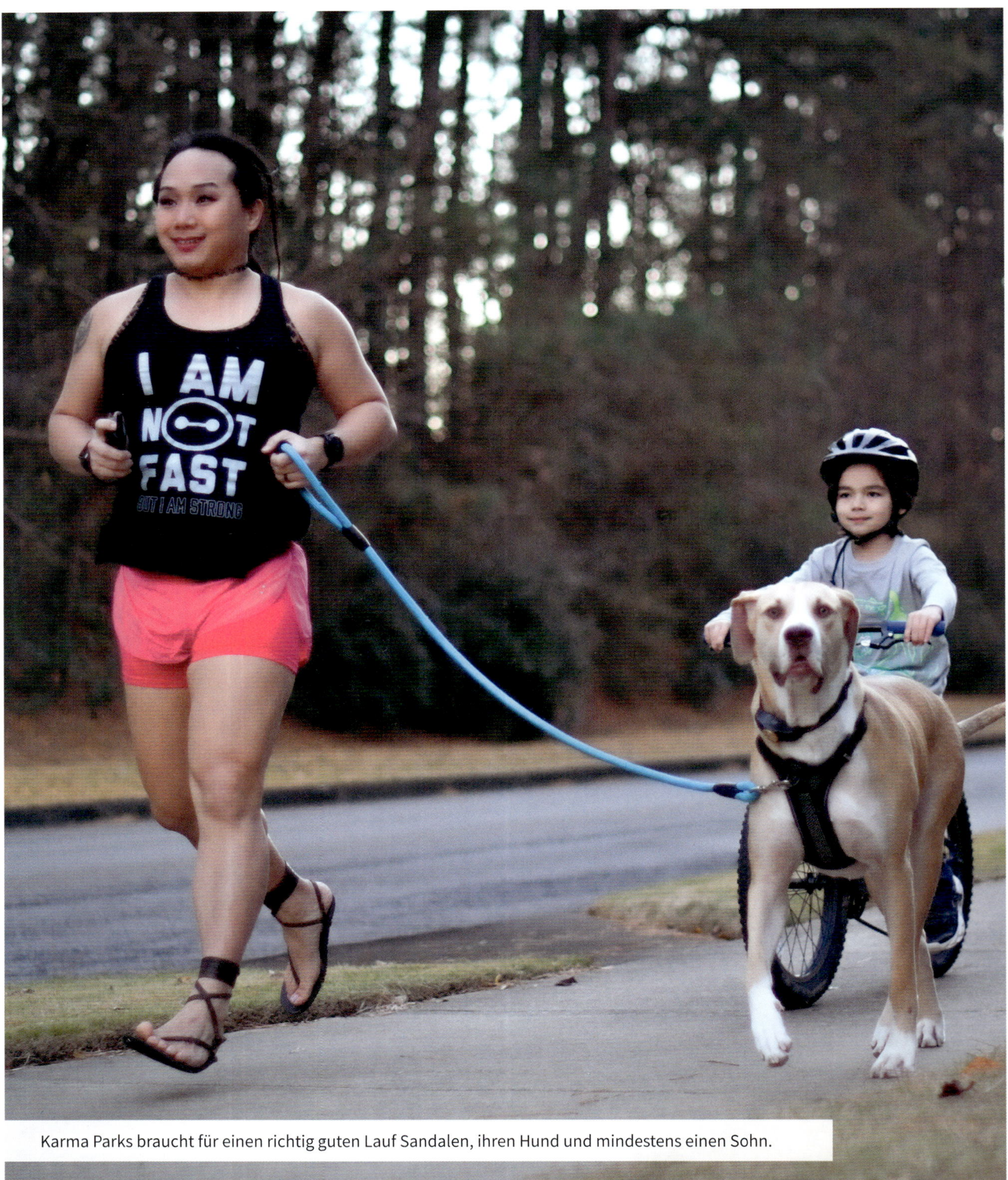

Karma Parks braucht für einen richtig guten Lauf Sandalen, ihren Hund und mindestens einen Sohn.

11.

Spaß: Wenn es Mühe macht, machst du dir zu viel Mühe

»Tolles Tattoo«, sagte ein Freund, als ich das große Pflaster von meinem Arm zog, um zu sehen, ob es noch blutete.

»Ich mag es auch. Danke.«

»Ähm … du weißt schon, dass da ein Zeh fehlt?«

Ich sah es mir noch einmal an. Eins, zwei, drei … Ja, er hatte recht. Das hammerharte *Born-to-Run*-Logo mit dem nackten Fuß, das ich mir gerade für den Rest meines Lebens in die Haut hatte stechen lassen, war tatsächlich ein hammerhartes *Born-to-Run*-Logo mit vier Zehen.

Und damit war es perfekt. Denn wenn man sich schon von einem Biker auf Bewährung tätowieren lässt, in einem ramponierten Wohnmobil, das zwischen einem Verpflegungspunkt mit Tequila-Shots, einem Schlammcatchen-Ring und der Ziellinie eines 200-Meilen-Wettlaufs parkt, welcher von einem Typen im Mariachi-Anzug geleitet wird, der nach seiner (schon wieder) verloren gegangenen Schrotflinte sucht, dann … hey, dann kommt's auf einen Zeh mehr oder weniger nicht an, stimmt's? Oder darauf, dass man »*Born*« eigentlich nicht mit P schreibt?

Ich hätte mir noch einen Zeh holen können, aber die Schlange vor Honest Bobs Wohnmobil wurde immer länger, und ich wollte nicht die Biermeile und die Rarámuri-Ballspiele verpassen und eine Erklärung dafür bekommen, warum alle auf den Typen eindroschen, der mit einer Lucha-Libre-Maske durch die Menge rannte. Es war erst 8:40 Uhr, aber bei Luis Escobars »Born to Run Ultramarathon Extravaganza« hat die Morgenstund deutlich mehr als Gold im Mund.

Das war im Jahr 2010. Luis hatte mich freundlicher- und unnötigerweise angerufen und gefragt, ob es mir recht wäre, wenn er den Markennamen für eine besondere Art von Veranstaltung verwendete. Luis wollte Caballos Vision so zum Leben erwecken, wie es ein mürrischer Canyon-Eigenbrötler niemals hätte tun können. Caballo fand immer, dass die Marathons viel zu kommerziell und einzelkämpferisch geworden seien. Erst werde ein Haufen Fremder durch eine Merchandising-Einkaufsmeile getrieben, dann stolperten sie durch die Straßen, durch Nummern gekennzeichnet wie Gefängnisinsassen.

Caballo wünschte sich Tanz! Wilde Geschichten! Und dann ein erbarmungsloses, lungenzerfetzendes Trail-Rennen! Und dann wieder Feier und Tanz und wilde Geschichten!

Das war der Zauber, den Caballo in den Barrancas del Cobre entdeckt hatte. Deshalb waren die Rarámuri so sensationelle Langstreckenläufer. Chiasamen, natürliche Lauftechnik, Minimalschuhwerk – allesamt wichtig, klar, aber doch nur Mittel zum Zweck. Allesamt nur Werkzeuge, mit denen man das eigentliche Ziel erreicht: dass sich das Laufen wunderschön anfühlt. Und auf dem Gebiet sind die Rarámuri unschlagbar. Wer ein großer Läufer, eine große Läuferin werden will, muss Spaß daran haben – das stellte Trainerlegende Dr. Joe Vigil fest, als er in Leadville zum ersten Mal die Rarámuri sah. Die gleiche Glühbirne leuchtete bei Caballo auf, als er zu seinem ersten *rarájipari*, dem Ballrennen der Rarámuri, eingeladen wurde. Zu seiner großen Freude merkte Caballo, dass die Rarámuri nie vergessen hatten, dass Laufen ein Fest ist und keine Bestrafung sein sollte. Ihre Wettrennen sind anders als unsere, bei denen Tausende von Fremden an der Startlinie ausharren, schweigend ins Leere starren und auf einen Pistolenschuss warten, damit sie in ihre innere Einsiedelei aus Schmerz und Selbstzweifeln stürmen können.

Stattdessen treffen sich hier zwei Dörfer und verbringen die Nacht damit, selbst gebrautes Maisbier zu trinken und Wetten abzuschließen. Am nächsten Morgen stellt jedes Dorf ein Team von etwa acht Läufern auf. Über die nächsten zwölf oder 24 oder manchmal 48 Stunden hinweg rennen die beiden Teams auf einer Strecke von einer Meile hin und her. Jedes Team jagt dabei einer wild umherspringenden Holzkugel hinterher, die von Mitspieler zu Mitspieler gekickt wird.

Wenn das Rennen vorbei ist, geht die Party wieder los. Wettschulden werden beglichen, Maisbier wird ausgeschenkt, Leichtsinn wird begünstigt. Alle Läufer mischen sich in die Festgemeinde, als ob sie von Anfang an im selben Team gewesen wären – und das ist natürlich genau der Grund, warum die Rarámuri dieses Spiel überhaupt erfunden haben.

Caballo hatte so etwas noch nie erlebt. Während die beiden Teams auf der Rennbahn hin- und herstürmten, johlten, jubelten und sangen ihre Familien, Nachbarn und besten Freunde am Streckenrand, boten Iskiate und ermutigende Worte an, entzündeten nachts Fackeln und gaben der gesamten Veranstaltung so viel Party-Flair wie möglich. Nach 48 Stunden auf den Beinen fühlt sich niemand mehr munter. Aber man kann es ja versuchen.

Denn alles andere wäre verrückt. Leid ist nicht der Sinn des Laufens, sondern schlimmstenfalls ein hoffentlich vermeidbarer Kollateralschaden. Wer sich verletzt, kann sich nicht steigern. Würde ich Arnulfo oder Manuel Luna sagen, sie sollten ackern, bis der Arzt kommt, um »der härteste Mann aller Zeiten« zu werden, denn »ohne Fleiß kein Preis«, dann würden sie mir den Krug mit Selbstgebrautem reichen – oder ihn mir wegnehmen.

Warum sollte man den einzigen Körper ruinieren, den man je haben wird? Wieso ist ein Muskelkater, mit dem man nicht mal mehr gehen kann, etwas Gutes? Kein vernünftiges Säugetier würde sich jemals freiwillig Schaden zufügen. Es sei denn, es wurde ihm eingetrichtert, man könne durch Alpha-Gehabe und Rambo-Cosplay zu einem »harten Macker« werden, und nach außen getragene Härte wäre wichtiger als stetiges Besserwerden.

Ich verstehe immer noch nicht, wie Caballo Blanco, der ungeselligste Mensch der Welt, die schrägste, seltsamste Lauf- und Party-Woche auf die Beine stellen konnte, die ich je erlebt habe.

Aber der »Copper Canyon Ultramarathon« blieb immer ein Wunder, das nur wenige Glückliche miterleben konnten. Die Anreise ist schwierig und die Bedrohung durch die örtlichen Narco-Barone so unberechenbar, dass der Wettlauf 2015 abgesagt werden musste, weil zwei Polizisten aus ihrer Wache in der Dorfmitte gezerrt und ermordet wurden.

Also heckte Luis einen neuen Plan aus. Wie wäre es, wenn er den Burning Man der Lauf-Events organisieren würde: ein langes Wochenende auf einer Ranch im wilden Kalifornien, wo man campen, krass abfeiern und noch krasser laufen würde? Luis ließ 2010 die erste »Extravaganza« steigen, und es wurde schnell klar, dass der Veranstaltungstitel eine Untertreibung war.

Um dir einen Eindruck davon zu vermitteln, was Luis auf die Beine gestellt hat, führe ich hier einmal auf, was ich persönlich an nur einem halben von vier Tagen »Extravaganza« miterlebt habe:

Samstag, 5:45 Uhr Mariachi-Trompeten schallen durchs Dunkel. »Läufer!«, ruft jemand. Entweder kommen Vier-Tages-Läufer:innen, die am Mittwoch gestartet sind, auf einer weiteren

Runde durchs Lager, oder es sind die 100-Meilen-Läufer:innen, die letzte Nacht losgelaufen sind. Andere früh Erwachte stimmen in den Ruf ein: »LÄUFER!« Wer lieber noch ein bisschen schlafen möchte, kann es vergessen.

6:00 Barefoot Ted und ich klettern zu Luis auf einen Heuwagen, um mit etwa tausend Läufer:innen und Freund:innen Caballos Wettlauf-Gelöbnis aufzusagen. Rechte Hand aufs Herz, linke Hand in die Luft: »Wenn ich mich verletze, verirre oder sterbe, *dann bin ich verdammt nochmal selbst schuld!*«

6:45 Luis findet die Schrotflinte wieder, die er am Tag zuvor verlegt hat, als er entweder eine Klapperschlange getötet oder den Startschuss für die Biermeile abgegeben hat, er weiß es nicht mehr.

7:00 *PENG!!* Luis feuert aus beiden Läufen, und wir Teilnehmer:innen der »kürzeren« Distanzen – 100 km, 50 km und 10 Meilen – rennen gemeinsam los und erklimmen den ersten Hügel, während die Sonne den Pazifik erhellt.

7:00:01 Unsere Freund:innen, die in Decken gehüllt aus den Zelten gekommen waren, um uns zu winken, drehen sich auf dem Absatz um und streben zum Imbisswagen, wo Luis' Schwester und ihr Mann zum Frühstück Tacos servieren, die so köstlich riechen, dass ich fast einen Rückzieher mache.

7:20 Hey, da kommt ja Pat Sweeney auf mich zu. Er ist mitten im Vier-Tage-Rennen, und als er über der Hügelkuppe auftaucht, erkenne ich zu meiner Freude, dass er Shorts trägt. Pat ist Nudist und ehemaliger Frisbee-Profi. Einmal hat er den Chicagoer Marathon bestritten, nur um in Sandalen den ganzen Weg nach New York zu laufen und beim dortigen anzutreten. Pat ist sowohl beim Nackt-Bier-Meilenlauf als auch beim Bier-Halbmarathon (13 Meilen, 13 Biere) unangefochtener Champion, denn wer sonst würde da mitmachen? Pat leitet auch die beliebtesten Seminare der »Extravaganza«, darunter:

Geschichte der kalifornischen Missionen. Vier Bier mitbringen.
Flora und Fauna Kaliforniens für Trailrunner. Vier Bier mitbringen.
Stille Reflexion mit Patrick Sweeney. Vier Bier mitbringen.

8:40 Als ich mich dem 10-Meilen-Ziel nähere, macht mir das Laufen so viel Spaß, dass ich versucht bin, auf die 50 km zu

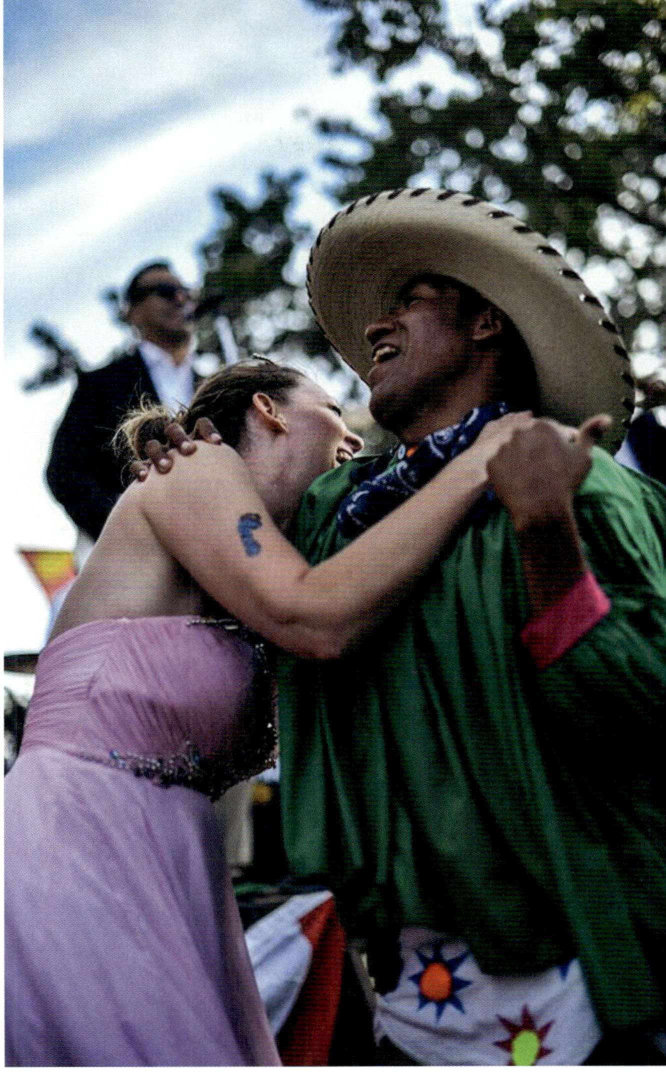

wechseln und weiterzumachen. Aber ich will sehen, was sonst noch passiert, also lasse ich mir von Pat Sweeney, der mich irgendwie überrundet hat, obwohl ihm noch weitere 30 Stunden Laufen bevorstehen, die handgefertigte Finisher-Halskette um den Hals legen.

8:50 Honest Bobs Tätowiermobil hat geöffnet, also schlüpfe ich hinein und ziehe mein Hemd aus. Da Honest Bob bei der Arbeit die Tür offen lässt, kommen immer wieder Freund:innen rein, um »Hi!« zu sagen, und lassen das Wohnmobil schau-

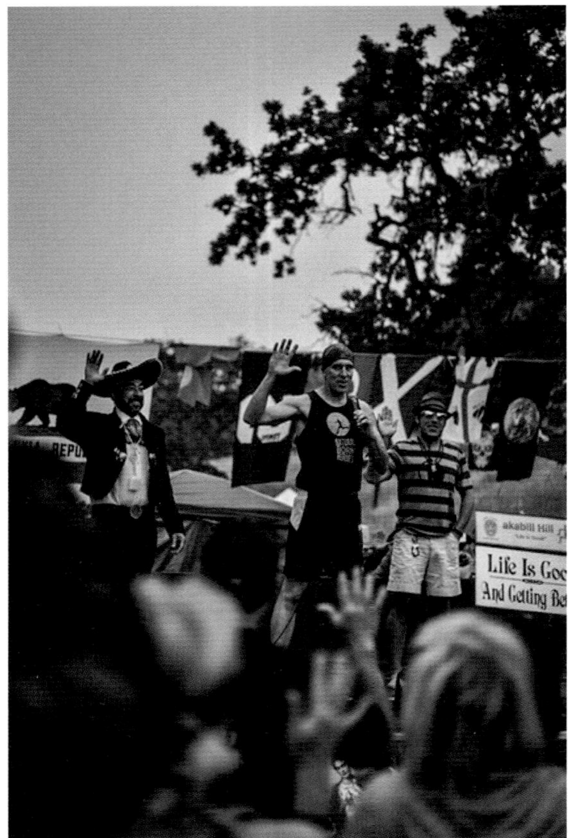

Caballos Gelöbnis bei der »Born to Run Extravaganza«.
Im Bild: Luis Escobar, McDougall und Barefoot Ted.

keln, sodass er schnell die Nadel von meinem Arm nehmen muss. Seine Fähigkeit, Wackler vorherzusehen, ist beeindruckend.

9:30 Frisch gestochen hole ich mir am Imbisswagen von Luis' Schwester eine satte Schüssel mit hausgemachtem *menudo* und merke nun, dass meinem hammerharten Tattoo ein hammerharter Zeh fehlt.

10:00 »AUF DIE PLÄTZE!« Gerade noch rechtzeitig schaffe ich es an die Startlinie des 0.0-Rennens.

»FERTIG …«

Luis lässt die Schrotflinte krachen.

»NICHTSTUN!«

Alle Wettkämpfer:innen gratulieren einander dazu, dass sie null Kilometer in null Minuten zurückgelegt haben.

»Das ist die Einstiegsdroge ins Ultralaufen«, erklärt Luis.

10:01 Als Kris Brown aus Oakland und Brian Gillis aus Seattle, die sich nicht kennen, den Endspurt um den 1. Platz des 50-km-Laufs gegeneinander ausfechten, fassen sie sich auf einmal spontan an der Hand und überqueren gemeinsam die Ziellinie. Die sportliche Geste bekommt Applaus, aber Luis ist empört.

»Nein, verdammt!«, ruft er. »Ihr seid hier nicht auf dem Standesamt. Ihr seid in einem Wettlauf.« Die »Extravaganza« macht Spaß, und sie ist ein Lauf, aber sie ist kein Spaßlauf.

Luis gibt ihnen die Wahl: Um den ersten Platz zu bestimmen, müssen sie entweder ringen oder Bier exen. Sie entscheiden sich für das Bier. Kris und Brian kippen je ein Bier und halten sich die leeren Flaschen über den Kopf. Luis erkennt noch ein Tröpfeln; ungültig. Im zweiten Versuch siegt Kris mit zwei Schlucken Vorsprung und wird zum 50-km-Champion erklärt. Er legt die Lucha-Libre-Maske und den Umhang an und rennt, wie es bei der »Extravaganza« Brauch ist, durch ein Spalier aus Zuschauer:innen, die ihm auf den Hintern schlagen, damit er demütig bleibt.

10:30 Ich gehe hinüber zum Zelt von Barefoot Teds Firma Luna Sandal. Ted hängt dort mit der Rarámuri-Legende Arnulfo Quimare ab. Ted hat Arnulfo einen Stapel Huarache-Materialien bereitgestellt, also setze ich mich hin, während der Meister mir ein Paar Sandalen fertigt. Arnulfo ist zu einem Stammgast der »Extravaganza« geworden, ebenso wie sein *Born-to-Run*-Rivale Scott Jurek. In einem Jahr ließ Luis einen Hut herumgehen und mit Bargeld füllen und stachelte dann Arnulfo und Scott zu einem 100-Meter-Rennen um das ganze Geld an.

»Arnulfo gab alles«, erinnert sich Luis. »Scott hatte keine Chance.«

11:00 »Der Typ hier will unbedingt gegen dich kämpfen«, sagt Luis. »Machst du's?«

Professor John Vanderpot unterrichtet an der San Diego State University einen Kurs über *Born to Run*. Jedes Jahr veranstaltet die »Extravaganza« ein offenes Amateur-Ringturnier zugunsten von Kriegsveteranen. Dieses Jahr will sich Dr. Vanderpot mit mir anlegen.

»Er ist mitten in den 100 km«, sagt Luis. »Er legt extra eine Pause ein, um mit dir zu ringen.« Letztes Jahr landete ein

Läufer im Krankenhaus, weil er vergaß, dass man abklopfen darf. Luis gibt außerdem zu, dass der Literaturprofessor, gegen den ich antrete, als Student gerungen hatte. Aber gegen einen 52-jährigen Akademiker, der gerade 50 km gelaufen ist und weitere 50 vor sich hat, rechne ich mir gute Chancen aus. Wie sehr man sich irren kann!

12:00 Auf dem Heuwagen stimmen die Musiker:innen ihre Banjos und Gitarren für den abendlichen Ball, der nach dem Ende des 100-Meilen-Laufs und zwischen zwei Etappen des Vier-Tage-Rennens stattfinden soll, damit dessen Teilnehmer:innen mittanzen können.

Viele kommen in abgefahrenen Kleidern und Outfits zum Ball. Nicht wenige tanzen am Ende ohne. Nacktbaden ist üblich, obwohl die Ranch kein stehendes Wasser hat. »Viele Beziehungen haben bei der ›Extravaganza‹ begonnen und geendet«, sagt Luis. »Eine Hochzeit hat es gegeben. Mehr Heiratsanträge, als man zählen kann. Ein paar Scheidungen. Mindestens eine bestätigte Zeugung. Das Kind ist jetzt sechs Jahre alt.«

Zach Friedley war nur zum Kaffeekochen gekommen. Er interessierte sich nicht für den Ball oder den Rollstuhl-Tjost oder den vorbestraften Tätowierer, und ganz sicher war er nicht zum Laufen bei der Extravaganza. Einbeinige laufen keine Trails.

Zach wurde ohne einen rechten Unterschenkel und mit drei fehlenden Fingern an der rechten Hand geboren. Er ging als Kind zum Ringen – der einzige Sport, für den er hervorragend trainieren konnte, indem er auf allen vieren durchs Haus krabbelte. Aber in der Highschool merkten seine Gegner, dass sie seinen Vorteil neutralisieren konnten, indem sie Zach auf Abstand hielten. Von da an verlor er gegen Ringer, die er zuvor dominiert hatte, und im Abschlussjahr waren seine Hoffnungen auf ein College-Stipendium dahin.

Zur gleichen Zeit erfuhr Zach auch etwas über Prothesen, das einem als Jugendlicher niemand erzählt: Sobald man erwachsen ist, steht man allein da.

Die Zeit der kostenfreien Behandlung im Kinderkrankenhaus war vorbei. Nun lag es an Zach, sich seine eigenen Beinprothesen zu beschaffen – und zu bezahlen. Also denk dran, wenn du das nächste Mal Paralympionik:innen in Aktion siehst: Noch bevor sie überhaupt an den Start gehen, haben sie bereits die außerordentliche Hürde überwunden, sich eine maßangefertigte Prothese zu suchen, zu finanzieren und anpassen zu lassen.

»Die gehen auch kaputt«, sagt Zach. »Und können höllisch wehtun.«

Bis Mitte zwanzig humpelte Zach, weil sein Spezialist ihm versicherte, Schmerz sei nun mal die Realität bei Prothesen für Erwachsene. Schließlich fuhr Zach auf gut Glück zum Hauptquartier einer Herstellerfirma in Indianapolis. Auf der Suche nach jemandem, der ihm helfen könnte, hinkte er durch die Flure, bis sein athletischer Körperbau einem Designer von Sportprothesen auffiel. Zach durfte eine Sprintprothese anprobieren.

Der Sprint ist die Disziplin der Sportler:innen mit Behinderung: sehr kurze Rennen auf sehr glatter Bahn. Zach probierte es aus und war so gut, dass er die Sprintprothese behalten durfte. Aber Sprinten war irgendwie eine Sackgasse: Wenn man nicht Weltklasse war, gab es kaum Wettkämpfe.

Immerhin hatte er ein neues Bein, das ihm zugutekam, als er den Ruf des Cannabis vernahm.

Seine Schulfreundin Teresa Shiflett brauchte starke Arme für ihren Cannabisanbau in den Bergen Nordkaliforniens. Sie warnte Zach, das Gelände sei viel zu schroff, aber er überzeugte sie davon, dass es ihm mit etwas Klebeband und einem alten Laufschuh gelingen würde, seine schmale Sprinterklinge für das Gekraxel im Hinterland umzurüsten.

»Anfangs hielten mich alle für untauglich, aber ich arbeitete härter und schneller als alle anderen«, sagt Zach. Cannabisanbau ist kein Kiffer-Paradies. Zach war jeden Morgen um 4:30 Uhr auf den Beinen, zog bis 5:00 Uhr Planen von den Pflanzen und schleppte bis zum Sonnenuntergang Wasser in 20-Liter-Eimern 360 Höhenmeter vom Bach hinauf. Die steilen Anstiege waren so brutal, wie Teresa es gesagt hatte, aber Zach entdeckte, dass er sich auf eine Weise bewegen konnte, die er noch nie zuvor versucht hatte.

Dass er mit seinem bekloppten angeklebten Turnschuh über Felsklippen kraxelte, fanden seine Freunde irre, in Zachs Augen aber war Teresa die Oberverrückte. Neben der ganzen Plackerei trainierte sie nämlich für ein 100-Meilen-Rennen. Zach verstand einfach nicht, wie sich ein Mensch aus eigener Kraft so weit fortbewegen konnte, ganz gleich in welcher Fortbewegungsart. Als Teresa ihn einlud, mit ihr die »Extravaganza« zu erkunden, konnte er nicht widerstehen.

Zach kam mit dem Kofferraum voller Kaffeebohnen und einer Profi-Mühle zum Event. Mit Unterstützung einer sozial engagierten Rösterei wollte er Geld für Kinder mit Behinderung sammeln. »Ich hatte vor, den ganzen Tag richtig guten Kaffee an diese tollen Läufer auszuteilen, aber vor Ort musste ich feststellen, dass sie gar nicht so toll waren«, sagt Zach. »Ich sah diese Leute, und ehrlich gesagt waren es gar keine oberkrassen Supersportler. Sie waren völlig normal, aber vollbrachten etwas scheinbar Unfassbares.«

»Und wieso läufst du nicht mit?«, fragte Luis.

»Ist das denn möglich?«, fragte Zach. Seine längste Strecke war ein 5-km-Lauf auf ebenem Asphalt gewesen, den er ätzend gefunden hatte. »Schafft meine Prothese diese Trails?«

Luis zuckte mit den Schultern. Hinter ihnen veranstaltete eine Gruppe »Extravaganza«-Läufer ein Stockcar-Rennen in Kinderautos aus Plastik. Sie rasten einen hohen Abhang hinab und krachten gegeneinander. Die Hälfte der Rennfahrer war aus den Autos geflogen und lag bäuchlings auf dem Boden.

»Hier passiert jede Menge verrückter Scheiß«, sagte Luis. »So was hätte ich nicht erwartet. Aber was muss, das muss.«

Vielleicht war Luis die Inspiration, vielleicht auch die leichtsinnige Karambolage auf dem Mt. Car Crash, jedenfalls hob Zach bei Anbruch des nächsten Tages die rechte Hand, schwor, dass sein Tod seine eigene verdammte Schuld sein würde, und stürmte als menschlich-technisches Experiment in die Gebirgspfade. Er beendete den Tag mit Tränen in den Augen – und mit einem 10-Meilen-Finisher-Medaillon um den Hals.

»Ich kam als Kaffeeverkäufer«, sagt er, »und ging als Geländeläufer.«

Als er nach Mendocino zurückkehrte, stieß Zach im Supermarkt auf den Profi-Ultraläufer Kris Brown – den, der bei der »Extravaganza« vor meinen Augen zwei Bier geext hatte, um den 50-km-Lauf zu entscheiden. Zach ließ sofort den Fanboy raus. (»Er ist ein Tier!«, schwärmt Zach.) Er konnte nicht anders, als den Profi mit Anfängerfragen zu löchern, bis Kris ihn unterbrach. »Lass uns mal laufen gehen«, bot er an.

Kris führte Zach über die Bergpfade und ermutigte ihn, seine Reichweite von 10 auf 100 Meilen zu steigern. »Man muss Sprünge wagen«, sagte Kris immer wieder, und Zach wollte ungern vor seinem neuen Helden als Feigling dastehen, aber wenn irgendwas schieflief, wären er und sein eines Bein womöglich mitten in der Nacht im tiefen, tiefen Wald, ohne einen Kris Brown, der ihn da rausholte.

Dann erfuhr Zach von dem Plan zweier anderer Laufpioniere mit Behinderung und kam zu der Überzeugung, dass er die ganze Zeit über falsche Vorstellungen vom Laufen gehabt hatte. Dave Mackey war zweifacher *Ultrarunner of the Year*, bevor ihm 2016 nach einem beinahe tödlichen Sturz im Gelände das linke Bein unterhalb des Knies amputiert

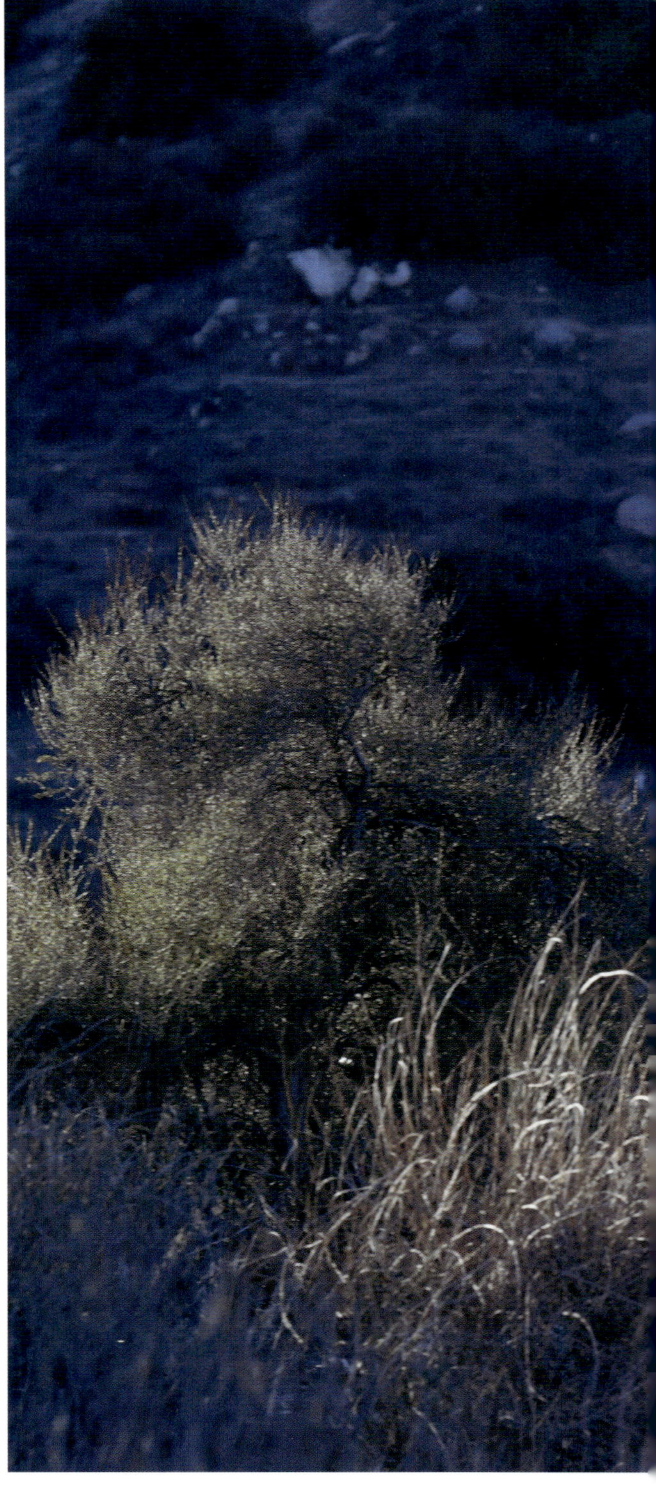

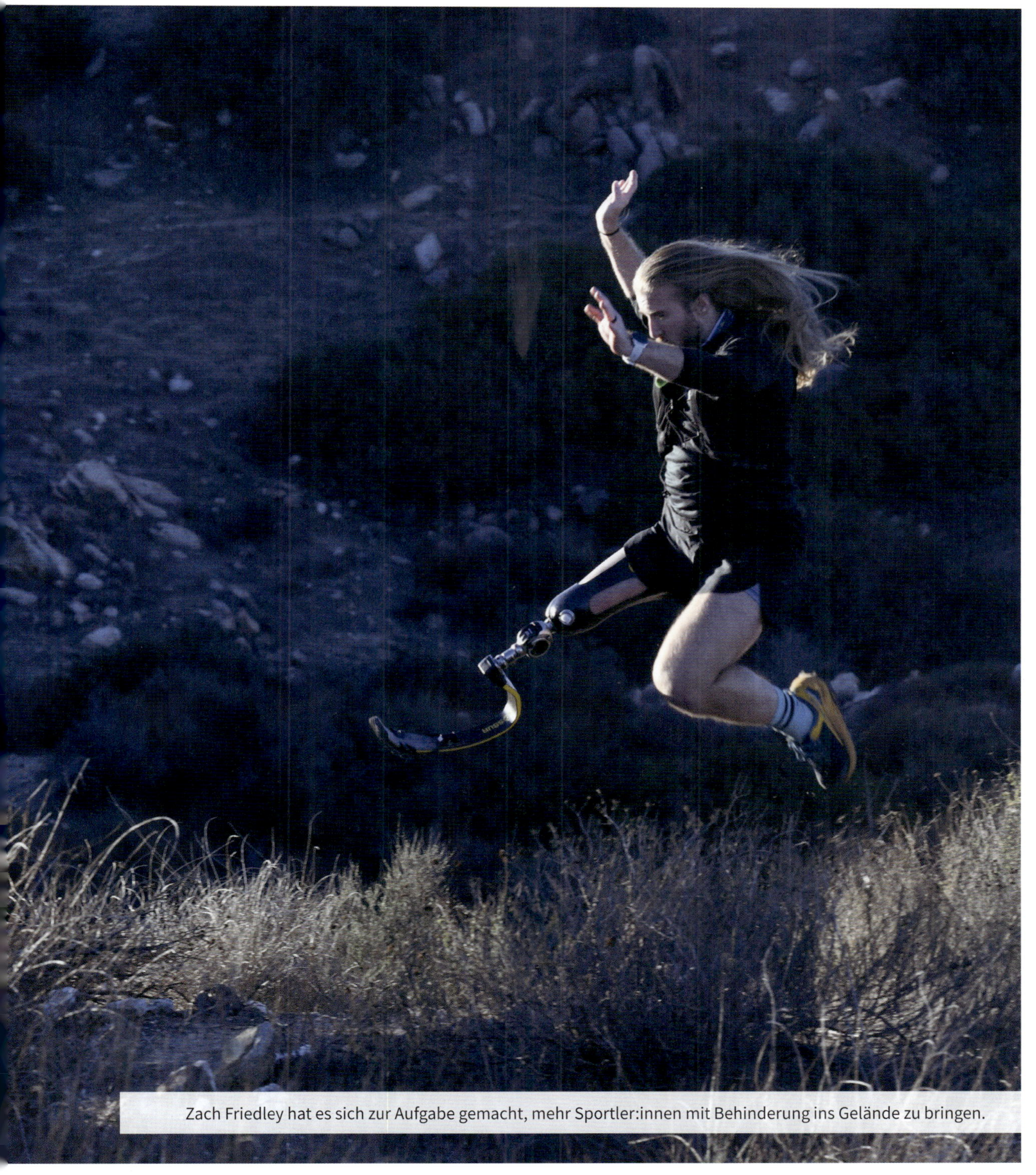

Zach Friedley hat es sich zur Aufgabe gemacht, mehr Sportler:innen mit Behinderung ins Gelände zu bringen.

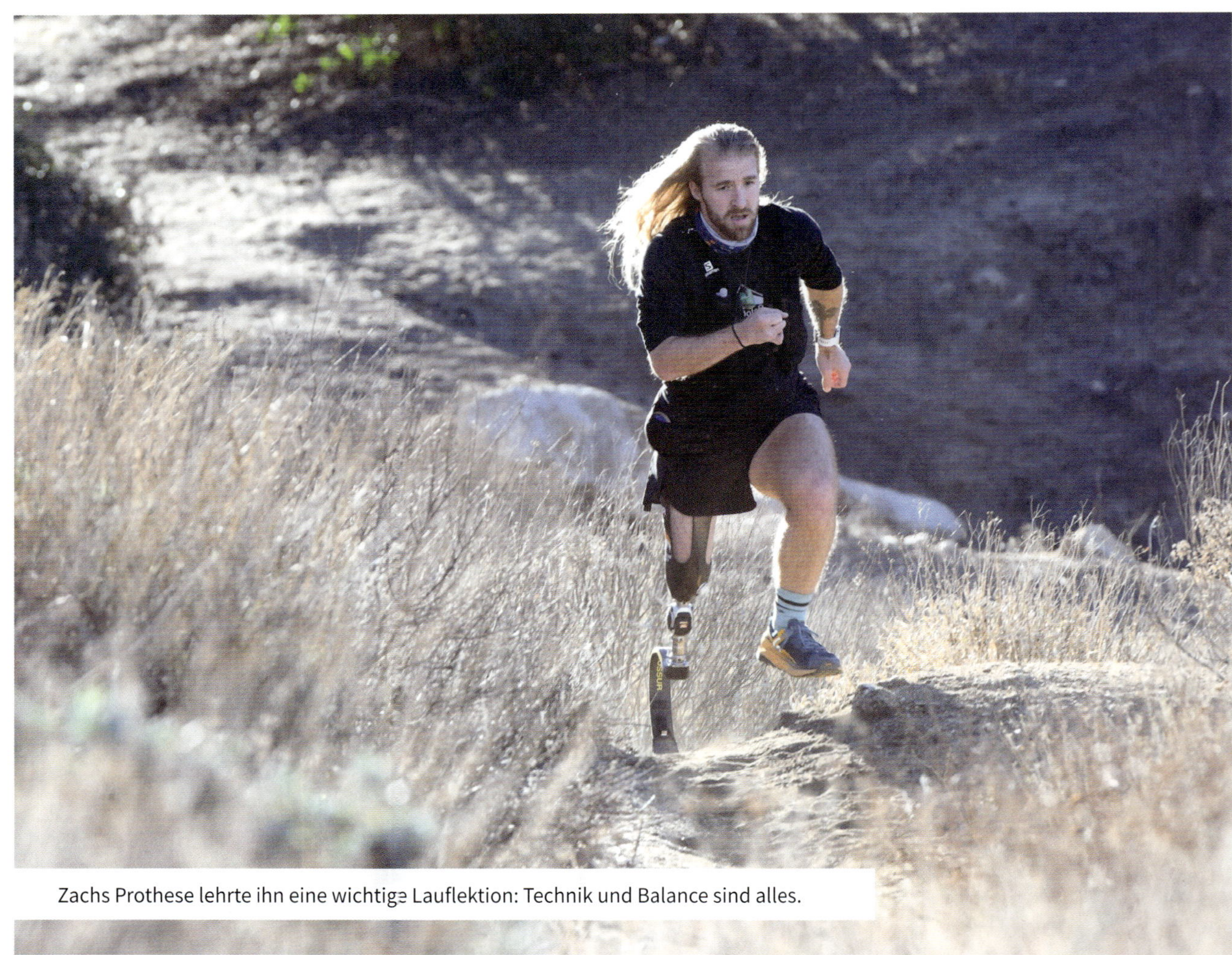

Zachs Prothese lehrte ihn eine wichtige Lauflektion: Technik und Balance sind alles.

wurde. Seitdem ist er zweimal den Leadville Trail 100 gelaufen und hat den R2R2R bewältigt – durch den Grand Canyon und wieder zurück (also *rim to rim to rim*): 67 km mit mehr als 3000 Höhenmetern. Jacky Hunt-Broersma war noch gar keine Läuferin, als sie 2001 ihr Bein an den Krebs verlor. Ans Laufen kam sie hauptsächlich deshalb, weil es ganz oben auf der Liste dessen stand, was sie angeblich nicht mehr konnte. »Natürlich sagten alle, nein, Amputierte laufen nicht im Gelände!«, sagt Jacky im Interview mit der Zeitschrift *Canadian Running*. Sie fand schnell heraus, warum: Prothesen brechen oder verlieren ihr Gummiprofil, blutige Blasen und Scheuerstellen gehören zur Grundausstattung, und dort, wo es matschig und steil wird, darf Jacky auf dem Po bergab schlittern.

»Das Gehirn erkennt die Prothese nicht als Teil des Körpers. Darum muss man dem Gehirn erst beibringen, diesem Fremdkörper am Bein zu vertrauen«, sagte Jacky. Stell dir vor, du gehst mit geschlossenen Augen und weißt nie genau, worauf du den Fuß setzt und ob er dort Halt findet, abrutscht oder festklemmt – so ungefähr fühlt sich das Laufen auf einem künstlichen Glied an.

Und natürlich mag Jacky es genau deswegen. Wie jede Geländeläuferin und jeder 6-Jährige bestätigen kann, macht Draußenspielen ohne Schlamm und Schrammen keinen Spaß. In fünf furiosen Jahren hat sich Jacky von 5 auf 60 km gesteigert und schließlich auf alle 193 km des TransRockies Six-Day Stage Race. Im Mai 2022 stellte sie einen Weltrekord auf, indem sie in 104 Tagen 104 Marathons lief, die längste ununterbrochene Marathon-Serie die *irgendjemand* je gelaufen ist, ob männlich oder weiblich, mit oder ohne Prothese. (Nebenbei liegt der Männerrekord für tägliches Marathonlaufen laut Guinness bei 59.)

Aber was Zachs Augen funkeln ließ, waren nicht die vielen Triumphe von Mackey und Jacky. Es waren ihre Rückzieher. Etwa 2019, als Dave Mackey in die größte Arena der Ultrarunning-Szene stieg, das Western States 100, und das Rennen mit *did not finish* beendete. Oder als Jacky einmal das Moab 240 wagte, nur um festzustellen, dass sie es wegen nasser Felsen nicht zum Verpflegungspunkt schaffte. Noch ein DNF.

DNF – *did not finish* – diese drei Buchstaben lassen Zach erschauern. Nur eines hasst er mehr, als »der Typ da« zu sein – der behinderte Sportler, mit dem alle ein Selfie haben wollen, weil sie noch nie zuvor einen gesehen haben –, und das ist: »der DNF-Typ da« zu sein. Jedes DNF bestätigt Zachs größte Angst: dass er nicht so gut ist wie alle anderen und eigentlich gar nicht antreten dürfte.

Und so schämte sich Zach sehr, als er bei einem 30-Meilen-Lauf aufgab, nur 5 Meilen vor dem Ziel. Er beschloss, diese Erinnerung hinter sich zu lassen, trainierte wie verrückt für ein noch längeres Rennen – einen 50-Meilen-Lauf – und scheiterte noch früher, auf nicht einmal halber Strecke, erschöpft von der Hitze und von Prothesenproblemen. Am Boden zerstört rief er noch vom Wegesrand aus seine Trainerin an, um mit ihrem Segen das Laufen dranzugeben.

»Ich bin so stolz auf dich!«, sagte Chris Palmquist.

»Du bist nicht enttäuscht?«

»Nein!«, antwortete sie. »Zieh den Stecker, bevor du Schaden anrichtest.«

Ein Rennen zu starten, sei mutig, erklärte sie. Aber es zu beenden, wenn man verletzt sei, sei Ego. »Wenn dich das drei Tage lang aus dem Training wirft«, sagte sie zu Zach, »dann heißt das: Feierabend.« Die Drei-Tage-Regel war Chris' Maßstab: Wenn du weiterläufst, obwohl du weißt, dass du die nächsten 72 Stunden keinen Schritt gehen kannst, musst du dich dringend fragen, warum du überhaupt läufst. Wenn der Grund ist, dass du etwas zu beweisen hast, dann ist es nur eine Frage der Zeit, bis du dich ernsthaft verletzt oder endgültig aufhörst. Der außerordentlich erfolgreiche Highschool-Lauftrainer Tony Holler nennt dieses Prinzip *Don't burn the steak* – »das Steak nicht anbrennen lassen«. »Wenn Kinder etwas mögen, machen sie es gut. Wenn sie etwas lieben, geben sie alles«, erklärt er. Setzt man sie heute zu sehr unter Druck, kommen sie morgen nicht wieder und übermorgen auch nicht.

»Mir ist jedes *Did not finish* lieber als ein *Did not start*«, formuliert es Zachs Trainerin.

Aber so weise wie Mackey und Jacky wird man nicht von alleine, davon kann Zach ein Lied singen. Daher begannen er und Luis Escobar, Pläne zu schmieden. Wie bringt man mehr Menschen – mit oder ohne Behinderung – dazu, das Geländelaufen auszuprobieren? Wie bringt man ihnen Kris Browns Rat nahe, mehr Sprünge zu wagen?

Ganz einfach! Indem man es ihnen unmöglich macht zu scheitern.

Bei der diesjährigen »Extravaganza« durchschneiden Zach und Luis das Band für »Born to Adapt«, das allererste Trail-Rennen für Sportler:innen mit Behinderung. »Jede Form des Laufens ist willkommen, ob auf Prothesen, Krücken, Rollstühlen oder allen vieren«, sagt Zach. »Mein Ziel ist es, dass auch Leute, die noch nie eine Meile gelaufen sind oder vielleicht nur ein paar Runden um den Sportplatz, beim Geländelauf willkommen sind.«

Gemeinsam kamen Zach und Luis auf die entscheidende Idee: Born to Adapt ist ein Rennen auf Zeit, bei dem in drei Stunden möglichst viele 5-km-Runden zurückgelegt werden sollen. Die Läufer überrunden einander ständig und ermutigen sich gegenseitig. Alle können so viel pausieren und so ehrgeizig rennen, wie sie möchten.

Du kannst siegen, du kannst dich bis zur letzten Sekunde auspowern, du kannst nur eine Meile schaffen und darauf stolz sein. Das Einzige, was du nicht kannst, ist DNF. Egal wo du mit dem Laufen aufhörst, du hast die Ziellinie erreicht. Dein Rennen ist gelaufen, sobald du genug Spaß gehabt hast.

Und irgendwo verneigt sich natürlich Caballo Blanco vor dir.

Kein Wettlauf in seinem Leben hat ihm je mehr bedeutet als sein erster Ultramarathon im Copper Canyon. Caballo hatte lange davon geträumt, die Rarámuri dazu zu bringen, sich an den besten Sportler:innen der Außenwelt zu messen. Aber dann, mitten in dem Lauf, der gar nicht hätte stattfinden sollen und womöglich nie wieder stattfinden würde, direkt vor den Augen der Einwohner von Urique, die alle gekommen waren, um zuzusehen, schied Caballo plötzlich aus seinem eigenen Rennen aus.

Die Entscheidung fiel ihm nicht einmal schwer. Er merkte, dass es mehr Spaß machen würde, die Freude auf den Gesichtern aller anderen zu sehen, als selber ins Ziel zu kommen.

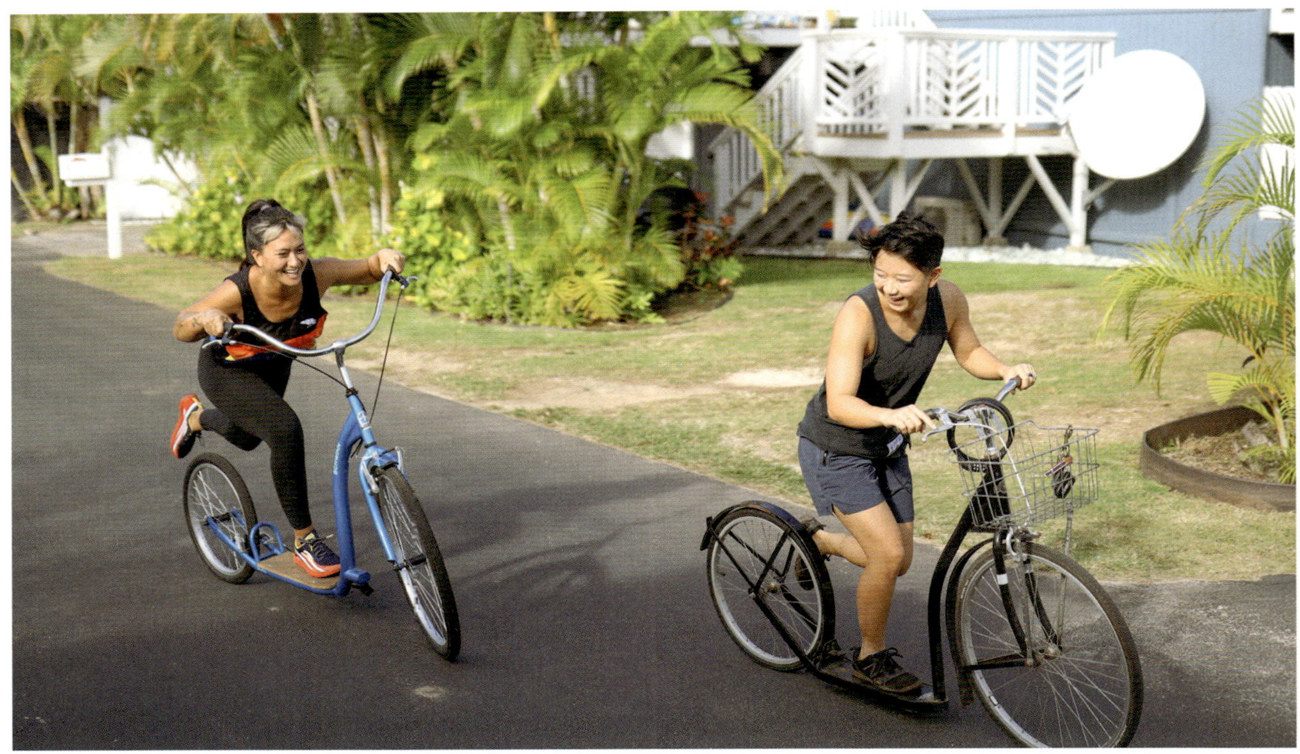

11.1 ROLLER RAUS

Im Jahr 2005 flitzte Matt Carpenter im Alter von 41 Jahren hundert Meilen querfeldein, schneller, als ein Mensch je geflitzt war. Sein Streckenrekord beim Leadville Trail 100 steht bis heute. Als ich ihn frage, wie das möglich war, führt er mich in seine Garage.

Zuerst zeigt er mir sein Laufband, auf dem er genau ausrechnete, wie viele Schlucke Wasser er brauchte, um hydriert zu bleiben: 18 pro Stunde. Wir gehen zum Schuhregal neben der Tür, wo er sich den Straffheitsgrad der Schnürsenkel exakt so zurechtgefrickelt hat, dass die Laufschuhe am Fuß bleiben, sich aber auch schnell wechseln lassen. Dann erst geht er zur Geheimwaffe über.

Das Schlimmste, sagt er, was man beim Laufen tun könne, sei, es zu erzwingen. Manchmal ist der Körper zerschlagen, an anderen Tagen ist der Kopf nicht bei der Sache, aber man fürchtet die Konsequenzen einer ausgelassenen Trainingseinheit. »Man kann nicht immer beliebig viel laufen«, sagt ausgerechnet der, der *zweimal* an aufeinanderfolgenden Tagen einen Bergmarathon und einen Halbmarathon gewonnen hat. »Dann muss man variieren, sonst hat man mehr Schaden als Nutzen.«

Die Lösung? Wie bei jeder guten Liebesbeziehung: Spaß muss sein. Abwechslung muss sein. Vor allem aber Ehrlichkeit.

Und das ist das Schöne an einem Roller. Oder, im Fall von Matt Carpenter, an einem Kickbike, der leistungsfähigeren skandinavischen Luxusversion eines Rollers. Du musst dich nicht grämen, weil du hinter deinem Trainingsplan zurück-

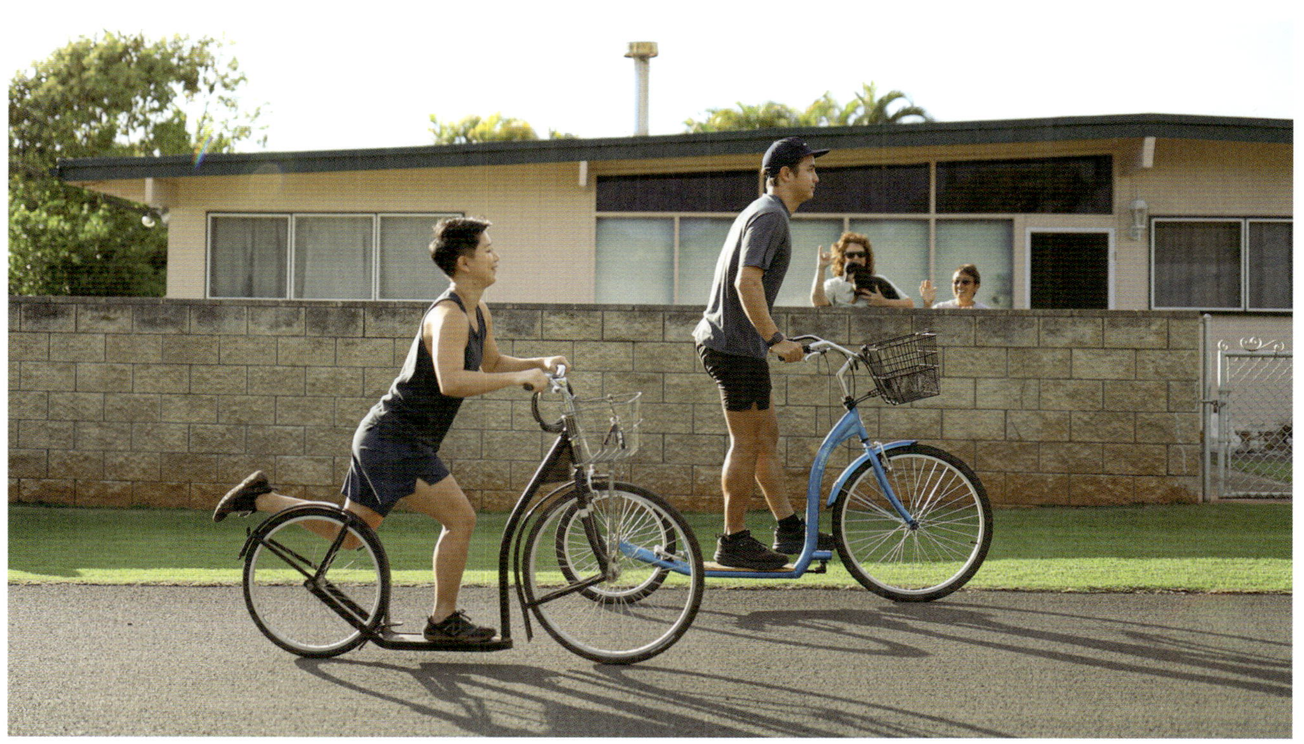

bleibst, denn bei allem Spaß sind Roller auch fantastische Lauftechnik-Lehrmeister. Du gleitest dahin wie Tony Hawk, aber tief in deinem Muskelgedächtnis geschehen allerlei Rekonditionierungen.

»Ich treffe oft auf hartnäckige ›Fersenknaller‹, die einfach nicht von ihrem gewohnten Fersenaufsatz lassen können. Da hilft nur ein Roller«, erklärt Tom Miller, Doktor der Physiologie in Utah und Spezialist im Coaching von Spitzensportlern. Seit Jahrzehnten hat Tom mit Läufer:innen zu tun, die sich trotz jahrelanger chronischer Rückschläge gegen Veränderungen sträuben. Irgendwann sparte sich Tom die Überzeugungsarbeit, stellte seine Schützlinge auf den Roller und sagte: Gute Fahrt. Innerhalb einer Minute konnten die Dickköpfe alles, was sie vorher angeblich nicht hinbekamen.

»Beim Rollerfahren erleben Fersenknaller, wie es sich anfühlt, sich schön unterhalb des Körperschwerpunkts abzustoßen«, erläutert Tom.* »Wer auf dem Roller mit der Ferse zuerst aufsetzt, spürt den Aufprall sofort im ganzen ausgestreckten Bein und kommt nur unbeholfen ruckelnd voran. Innerhalb weniger Minuten stellt sich der Trittkontakt um und fühlt sich natürlich an.«

»Sobald ich das merke, lasse ich sie sofort laufen und dabei die Beinbewegung vom Rollerfahren nachmachen«, fährt Tom fort. »Die Veränderung ist oft spektakulär.«

Als ich mit dem Rollern anfing, hielt ich es noch für einen Spaß. Meine amischen Nachbarn in Peach Bottom, Pennsylvania, bevorzugen Fahrzeuge, die ihnen die Nähe zur Erde und zur Heimat lassen. Deshalb mögen sie Kutschen lieber als Autos und Roller lieber als Fahrräder. Die Roller aus amischer Herstellung sehen so schlicht aus, dass ich die Genialität ihrer Bauweise erst begriff, als sich meine Tochter einen zum achten Geburtstag wünschte und ich ihn ausprobierte.**

Nach circa drei Sekunden merkte ich, dass Rollerfahren gute Balance und Biomechanik unmittelbar belohnt. Ein gelungener Tritt, und du segelst dahin; ein Patzer, und du brauchst die doppelte Kraft für die halbe Strecke. »Das ist beim Laufen nicht anders«, sagt Eric. »Der Roller verlangt Be-

* Eine bahnbrechende Untersuchung der Verbindung zwischen der Biomechanik des Rollerfahrens und des Laufens findet sich in *Programmed to Run* von Thomas S. Miller.

** Wer wissen möchte, was sie sich zum zehnten wünschte, muss mein Buch *Das Glück ist grau* lesen.

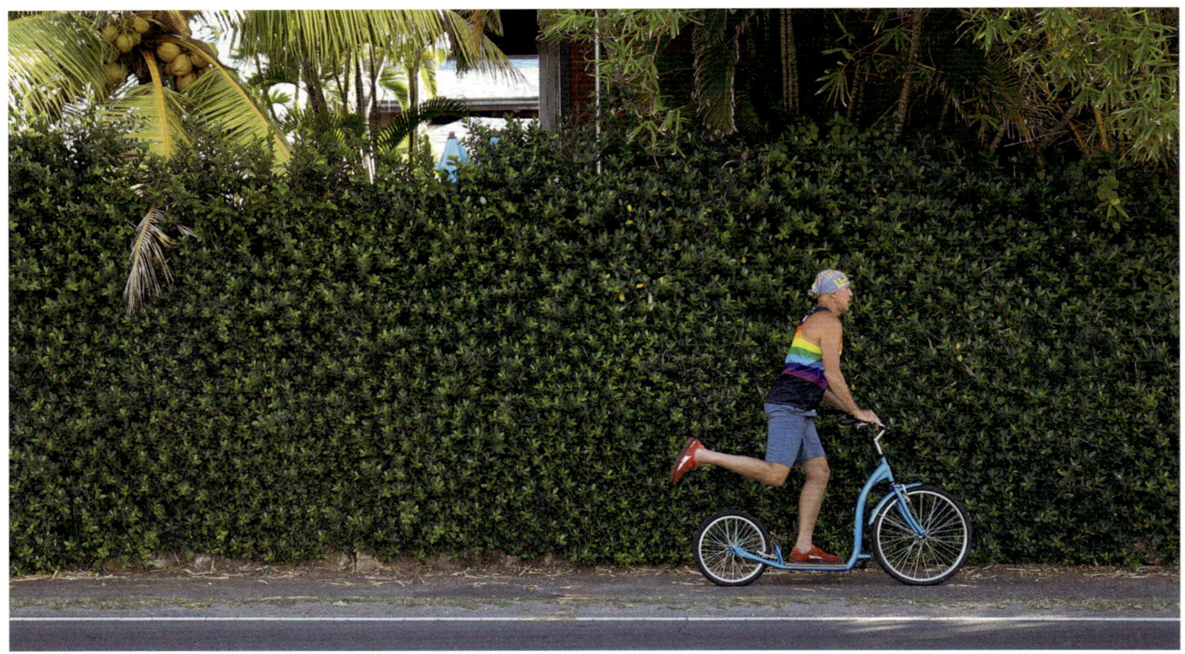

ständigkeit. Nach dem Abstoßen kehrt das Bein zum nächsten Fußstoß in die Ausgangsposition zurück, ohne nach vorne auszugreifen. Man lernt dabei einen guten Vortrieb mit gebeugten Knien, wie beim Auf-der-Stelle-Laufen. Auf dem Roller bekommt man ein gutes Gefühl dafür.«

Mein Gefühl dabei ist pure Freude. In den zehn Jahren, seit ich einer 8-Jährigen ihren Roller klaute, habe ich fast jeden Tag einen benutzt. Unser Postamt und der Kaufladen befinden sich am oberen Ende eines zwei Meilen langen Anstiegs, und es ist so herrlich, den langen, gewundenen Rückweg nach Hause hinabzukacheln, dass ich mir angewöhnt habe, statt des Autos den Rucksack zu nehmen und den Einkauf fürs Abendessen mit der Vier-Meilen-Rollerfahrt zu verbinden.

Selbst wenn sich meine Beine völlig kaputt anfühlen, werden sie durch eine halbe Stunde Rollern merkwürdigerweise so wiederbelebt, dass ich frischer nach Hause komme, als ich aufgebrochen bin. Ich kann diese Zauberei nicht vollständig erklären, ich kann nur vermuten, dass die beiden Hauptbewegungen beim Rollern – das Pumpen des Standbeins in Viertelkniebeugen und das gleichzeitige Ausstrecken des Schwungbeins nach hinten – wie eine Sportmassage wirken und Blut und Milchsäure aus den laufmüden Beinen ausschwemmen.

Inzwischen habe ich zwei: mein zehn Jahre altes amisches Modell mit dem 24-Zoll-Vorderreifen und einen neuen 26er Schwinn Shuffle. Beide kosten dasselbe (rund 200 Dollar), aber überraschenderweise bevorzuge ich das altmodische Amischenvehikel. Die Amischen wollen schnell fahren und nicht hübsch aussehen. Deshalb ist das Bodenbrett angenehm niedrig, um leicht treten zu können, und der Lenker ist eine Spezialanfertigung und nicht der eines Cruiser-Fahrrads. Außerdem lassen sich die Reifen gegen Vollgummi-Rollstuhlreifen austauschen, sodass man nie mehr eine Reifenpanne hat. Ich hätte auch Lust, ein Kickbike auszuprobieren. Besonders das Sport G4 mit verstellbarem Lenker und 28er-Vorderrad sieht stark aus, aber 500 Dollar könnte ich nicht vor mir rechtfertigen, da man für den gleichen Preis zwei echte Amische bekommt.

Als ich letzten November an einem eiskalten Morgen einen langen Hügel hinabrollte, verspürte ich den Drang, mein Telefon mit einer Hand aus der Tasche zu angeln und mit der anderen das Gleichgewicht zu halten, um Eric anzurufen. »Ich glaub, ich hab einen Durchbruch zu etwas Neuem«, rief ich gegen den Fahrtwind an. »Ich bin richtig euphorisch. Ich glaube, ich bin in der besten Form meines Lebens.«

»*Könnte* sein«, begann Eric in dem Tonfall, den man einem Kumpel gegenüber wählt, der glaubt, er könne vom Schornsteinsims aus in Nachbars Pool hüpfen. »Könnte *auch* sein, dass es dir einfach Spaß macht … Könnte beides sein. Wahrscheinlich ist es Spaß.«

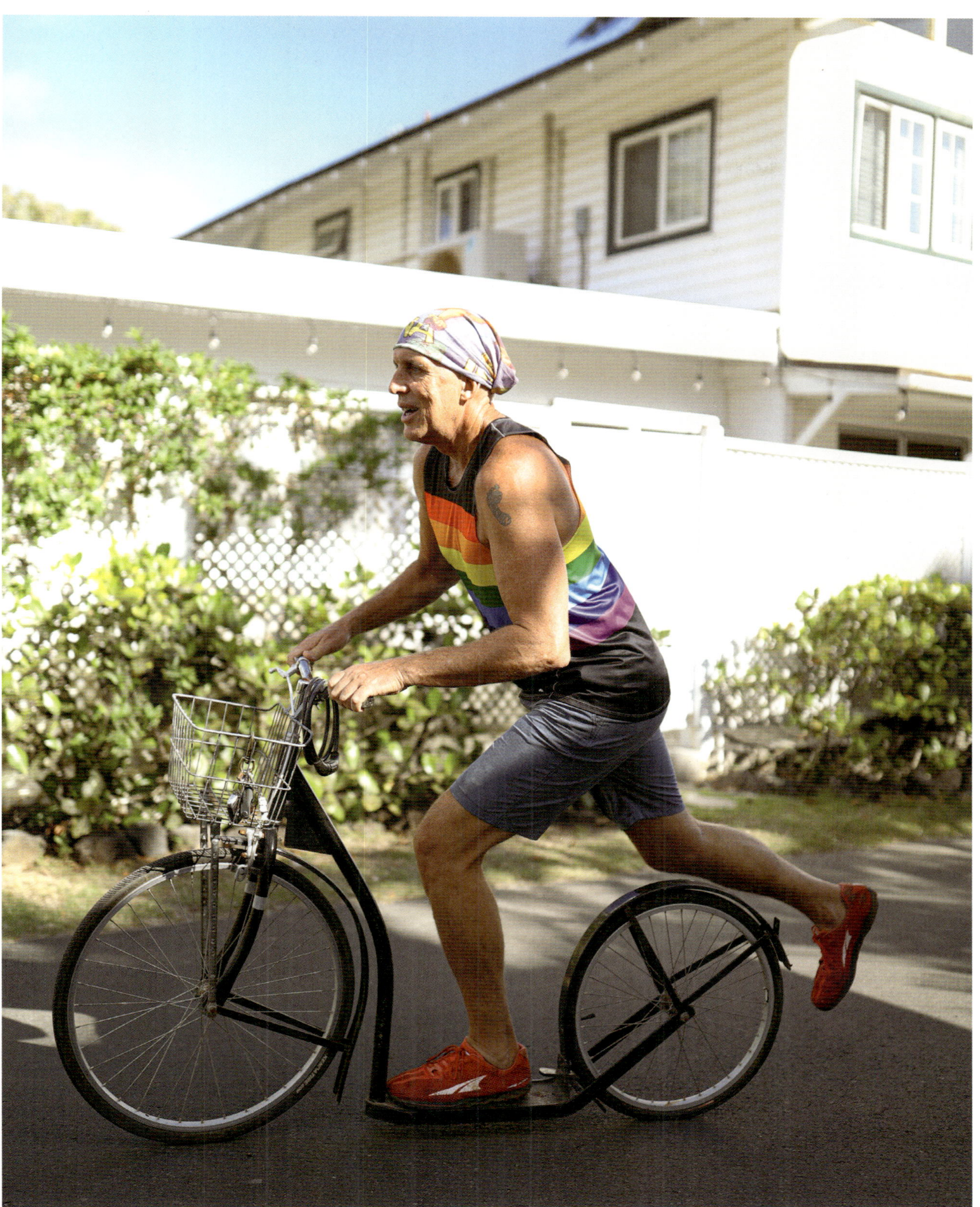

11.2
LAUFEN MIT MUSIK IM OHR

Wir müssen über diese Knöpfe in deinen Ohren reden.

Hier ist das Dilemma: Eric und ich sind einziges großes, kopfschüttelndes Nein, wenn man uns fragt, ob es in Ordnung ist, mit Geräusch in den Ohren zu laufen. Wenn du nicht gerade im Wohnzimmer zu *Rock Lobster* hüpfst, bist du ohne Ohrhörer besser dran. Aber unsere Meinung mag von persönlichen Vorlieben gefärbt sein, was sich schon darin zeigt, dass ich soeben nicht anders konnte, als von »Geräusch« zu sprechen statt von »emotional erhebenden Melodien, die nachweislich stimmungsaufhellende Hormone freisetzen und anhaltende Glücksgefühle und Wohlbefinden erzeugen«.

Wir sind nicht gegen Glück und Wohlbefinden und können unmöglich abstreiten, dass niemand jemals wegen Gloria Gaynor schlechter gelaufen ist. Aber wer zum Laufen unbedingt Gaynor braucht, hat nach unserer Überzeugung bereits verloren.

Für uns ist Musik Audio-Ibuprofen, ein Betäubungsmittel, mit dem wahrscheinlich ein größeres Problem verdeckt wird, das man lieber direkt angehen sollte. Sobald man lernt, sich auf den Atemrhythmus, die *Rock-Lobster*-Kadenz und die Eleganz der eigenen Schritte zu konzentrieren, wird Musik zu einem Ärgernis und einer Ablenkung, und von dieser Meinung werden wir nie auch nur einen Deut abrücken.

Es sei denn, wir liegen völlig falsch. Die New Yorker Punkmusikerin Lady Southpaw findet das, und als Beweis dafür hat sie ein ganzes Album aufgenommen.

» GLÜCKLICHERWEISE KONNTEN WIR EINE WAHRE LEGENDE DAZU BEWEGEN, IN DIE ARENA ZU TRETEN. «

Als langlaufende Musikerin tritt Lady Southpaw in die Fußstapfen von Alanis Morissette (4:28 beim New York Marathon), Flea von den Red Hot Chili Peppers (3:42, L.A.), Joe Strummer (4:13, London, plus angebliche 3:20 als anonymer Außenseiter beim Pariser Marathon nach fünf Litern Bier am Vorabend) und Eminem (der zwar noch nie an einem Wettlauf teilgenommen hat, aber wegen seiner täglichen 17 Meilen eine Ehrennennung für schiere Beharrlichkeit verdient*).

Lady Southpaw meinte, ein guter Backbeat könne ihre Trittfrequenz stabilisieren, also sang sie einen ein. Genauer gesagt gleich 18 Stück: Ihr Album *Marathoners Rocking New York* ist ein 45-minütiger Soundtrack aus 18 Eigenkompositionen, allesamt mit 180 Beats pro Minute und einem Sound direkt aus der Ramones-Ära – denn in jene Ära fiel auch die Geburtsstunde des New Yorker Volksmarathons.

In Lady Southpaws Augen ist die Musikbegleitung beim Laufen so etwas wie ins Kino geschmuggeltes Essen oder Kiffen in Texas: Egal, was man sagt, es machen eh alle. »Vielleicht wäre es sinnvoller, offen darüber zu sprechen, wie man es gefahrlos und verantwortungsvoll macht«, schrieb sie mir. »Wie im Sexualkundeunterricht ;).«

Da hatte sie recht. Es war an der Zeit, dass wir uns zusammensetzten und *darüber* redeten.

Flea vertrat die eine Seite, Lady Southpaw konnte sich auf der anderen mehr als behaupten. Als sich der Staub legte, hatten wir eine tolle Debatte, aber keinen klaren Sieger. Wir brauchten ein Zünglein an der Waage: jemanden, dem alle vertrauten und der die Seinsaspekte Bewegung und Musik wirklich verstand. Glücklicherweise konnten wir eine wahre

* »Ich wurde zu einem Scheiß-Hamster«, berichtet Eminem der Zeitschrift *Men's Journal*. »Siebzehn Meilen pro Tag auf dem Laufband. Ich bin morgens aufgestanden, und bevor ich ins Studio fuhr, bin ich in etwa einer Stunde achteinhalb Meilen gelaufen. Nachher kam ich nach Hause und lief noch mal achteinhalb.«

Legende dazu bewegen, in die Arena zu treten: Rick Rubin, letzte Instanz in allem Musikalischen und engagierter Biohacker und Fitnessforscher.

So lief es ab:

Runner's World: *Wie bist du zum Laufen gekommen?*
Flea: Also, ich war noch nie ein großer Läufer – vielleicht hier und da ein bisschen gejoggt, wahrscheinlich in meinem ganzen Leben nie mehr als eine Meile. Letztes Jahr habe ich *Born to Run* gelesen, und es hat mich tief berührt – die Idee, dass der Körper beim Laufen seinen eigentlichen Zweck erfüllt. Ich dachte, scheiß drauf. Ich laufe einen Marathon und sammle Geld für das Silverlake Conservatory of Music. Als Musiker will ich ausdrücken, was in mir steckt. Ich glaube, jeder Mensch hat einen Song in sich, den er hervorbringen muss, auf welcher Bühne auch immer. Und mit dem Laufen hat mein Körper eine andere Möglichkeit, sich auszudrücken.
RW: *Hörst du beim Laufen Musik?*
Flea: Niemals. Hab ich noch nie gemacht, will ich auch nicht. Wenn ich laufe, sind meine Sinne ganz lebendig und erfüllt. Ich höre auf meinen Körper, ich höre auf meinen Atem, ich höre auf die Natur um mich herum, ich höre auf meine Schritte und achte auf das, was vor sich geht. Ich versuche, in dieser Energie zu bleiben und ins Laufen einzutauchen. Wenn ich Musik höre, konzentriere ich mich ausschließlich auf das, was ich höre, und das will ich beim Laufen einfach nicht. Ich möchte mich auf das Laufen selbst und alles, was dazugehört, konzentrieren, und ich habe das Gefühl, dass das genug ist.*

Aber warum sich mit »genug« begnügen, fragt sich Lady Southpaw, wenn man *mehr* haben kann?

Wenn ich in meinen Lieblingsabschnitten von *Born to Run* blättere, werde ich an das erinnert, was mich dazu inspirierte, Musik fürs Laufen zu machen. Beides, Musik und Laufen, hat die Macht, höhere Erfahrungsebenen zu eröffnen. Man kann es Flow nennen, *the zone* oder das »Läuferhoch«. Das Gefühl kann von beiden einzeln kommen, aber die Kombination ist pure Magie.

Alle Läufer kennen das Gefühl, wenn sich während eines fantastischen Laufs alle Kräfte bündeln, wenn man das Gefühl hat, das Universum und den eigenen Platz darin zu verstehen. Um diese hart erkämpfte Euphorie geht es. Ein ähnliches Flow-Erlebnis tritt ein, wenn man einen großartigen Song spielt oder auch hört, besonders wenn man dazu tanzen kann, am besten in einer großen Menge von Menschen, die alle denselben Song lieben.

Ich glaube, dass Musik zu diesem Hochgefühl hinführen kann (besonders wenn einem das Laufen noch relativ neu ist und man noch nicht ins Laufen verliebt ist). Sie kann Körper und Geist so organisieren, dass man nicht so viel Energie verschwendet. Da das Laufen ohnehin viel Energie kostet, bringt größtmögliche Effizienz große Vorteile. Gut getimte Musik ist dabei eine große Hilfe. Musik unterstützt auch auf mentaler Ebene, indem sie positive Emotionen weckt und zum Laufen motiviert.

Ich hüte mich davor, so laut Musik zu hören, dass sie alles und jedes in meiner Umgebung übertönt. Ich weiß nämlich, dass das für meine Mitmenschen auf der Straße störend sein kann, aber auch gefährlich (ja, sogar tödlich), wenn auf der Straße auch noch Autos und Fahrräder unterwegs sind. Ich würde in jeder Situation, in der es Autoverkehr jeglicher Art gibt (was in New York praktisch immer der Fall ist), immer zu äußerster Vorsicht raten. Man kann immer einen Pegel finden, bei dem auch die Umgebung hörbar und der Körper spürbar bleibt. Gelegentliche Krachorgien kann man sich für das Laufband, die Laufbahn oder andere sichere und abgelegene Wege aufsparen.

Als ich mich ernsthafter mit dem Laufen beschäftigte und mit dem Training für einen Benefiz-Marathon begann, kam mir die Idee, einen Song für das Laufen zu schreiben und für meine Spendenaktion einzusetzen. Das gab mir die Motivation, mich in das Thema zu vertiefen und herauszufinden, was einen Song zu einem Laufsong macht. So kam ich auf die legendären 180 *beats per minute*, und das war die Erleuchtung! Der Lauftrainer Jack Daniels hatte Olympialäufer studiert und entdeckt, dass die überwiegende Mehrheit um die 180 Schritte pro Minute lief. Umgekehrt war der häufigste Anfängerfehler, dass sie lange, federnde Schritte machten, die oft zu Verletzungen führten. Wenn sie aber lernten, ihre Schritte zu verkürzen und ihr Schritttempo zu erhöhen, wurde ihre Gangart auf einmal viel effizienter. Als universelles Trainingsmittel sind 180 Schritte pro Minute erstaunlich wirksam! Das habe ich herausgefunden, indem ich in

* Auszug aus Monique Savin, »I'm a Runner: Flea«, *Runner's World*, 29. Juli 2011.

meinem Wohnzimmer zu einem 180-bpm-Song auf der Stelle gelaufen bin und mich dann nach und nach vorwärtsbewegt habe. Sobald man das draufhat, kann man diese Kadenz bei jedem Tempo verwenden.

Also suchte ich mir Songs heraus, die bereits 180 bpm hatten, und stellte sie zu Playlists für den Eigengebrauch zusammen. Zum Ausprobieren nahm ich sie mit aufs Laufband im Fitnessstudio und war hin und weg. Nachdem ich mich bei meinem gewohnten Tempo in diesen Schrittrhythmus eingefühlt hatte, vergingen die dreißig Minuten wie im Flug, und ich fühlte mich nicht erschöpft, sondern energiegeladen! Ich hatte das Gefühl, das Geheimnis des Lebens entdeckt zu haben!

Ich spürte allmählich, dass es eine tiefe Verbindung zwischen Musik und Laufen gibt. Wie du in *Born to Run* sagst: »Erholung hat ihre Gründe.« Der Herzschlag, die Atmung, die sich wiederholenden rhythmischen Körperbewegungen – es würde mich nicht wundern, wenn in den Köpfen unserer Urahnen beim Laufen eine Art Ur-Musik auftauchte, damit die Zeit besser verging und das Laufen bei langen Expeditionen leichter fiel. Ich bin wirklich inspiriert von der Idee, dass die erste Musik, die wir alle hören, der Stimmklang unserer Mutter ist, ihr Herzschlag und ihre Schaukelbewegungen, erst im Mutterleib und dann in der Säuglingszeit.

All das weckte in mir die leidenschaftliche Überzeugung, dass es ein riesiges, ungenutztes Potenzial für das Genre Laufmusik gibt. Musik, die eine mit Blick auf die Erfahrung des Laufens geschriebene emotionale Geschichte erzählen könnte. Wo der Beat immer gleichmäßig und leicht rauszuhören ist und bei perfekten 180 bpm oder nahebei liegt. Die Vorstellung, dass es ein Tempo gibt, das die meisten Menschen verwenden können und das sie womöglich zu besseren Läufern macht, hat etwas Schönes. Das war die Inspiration hinter *Marathoners Rocking NY*. Bei welcher anderen Sportart kann schon jemand Normales wie ich beim gleichen Wettkampf antreten wie die besten Profis? Welcher Sport ist inklusiver als der Laufsport?

Man braucht nicht für jeden einzelnen Lauf unbedingt Musik, besonders wenn man draußen im Kontakt mit der Natur läuft. Die Lautstärke sollte immer so niedrig eingestellt sein, dass man hört, was um einen herum vor sich geht. Und Wettkämpfe laufe ich immer unplugged. Aber wenn man auf einem sicheren Weg leichte Meilen sammelt oder vor der Arbeit eine Runde auf dem Laufband einschiebt, warum sollte man sich das Laufen dann schwerer machen als nötig? Seit es Menschen auf der Erde gibt, gibt es den Beat. Nutze ihn.

– Erin, alias Lady Southpaw

Coach Eric prüfte Lady Southpaws Plädoyer von allen Seiten, und abgesehen von unserer grundsätzlichen Überzeugung, dass Musikhören ein Feind des Körperbewusstseins ist, fand er nicht viel Anlass für neue Einwände.

»Im Gelände sind meine Ohren meine Augen«, betonte er. Das klingt nach einem schlagenden Argument, allerdings meint er damit, dass er im Gebirge nach Berglöwen und Grizzlys lauschen muss, also eher eine sehr spezielle Sorge. Außerdem empfiehlt die Lady ja, die Lautstärke niedrig zu halten, damit man die Stimme von Mutter Natur hört und sich ihr gegebenenfalls unterwirft.

Rick Rubin erwog beide Seiten und warf dann das entscheidende Argument ein, das wir alle übersehen hatten. Denn so tickt Rick Rubin.

Wer mit Ricks Arbeit nicht vertraut ist, war entweder seit 1984 in einem Eisklotz eingefroren oder hat mitbekommen, dass Rick seine Arbeit niemals »Arbeit« nennen würde. Er bevorzugt den Titel »Musik-Enthusiast« – maximal bescheiden für einen, der LL Cool J und den Beastie Boys *aus seiner Studentenbude heraus* zu Ruhm verhalf und danach eine ganze Galaxie von Superstars produzierte, von Jay-Z über Kanye West bis hin zu Adele, Metallica, den Red Hot Chili Peppers und Eminem (Rick ist der, der in *Berzerk* an Eminems Seite mit dem Kopf nickt).

Kein Schwein kümmerte sich um den abgehalfterten Johnny Cash, bis Rick ihn aus der Vergessenheit holte und zu einer Reihe von Grammys führte. Johnny Cash wusste seinerseits nicht, was an *Hurt* von den Nine Inch Nails so toll war, bis Rick ihn dazu überredete – noch ein Grammy. Barbra Streisand kapierte nicht, warum Rick mit ihr eine Bossa-Nova-Version des *Lovesong* von The Cure aufnehmen wollte, aber dann landete Adele damit einen Riesenhit. Dass Run-DMC ihr *Walk This Way* mit Aerosmith aufnahmen, war nicht nur Ricks Idee, sondern lag auch an Ricks Überredungskunst.

In den letzten zehn Jahren hat sich Rick nebenbei der Aufgabe verschrieben, ebenso viel über seinen Körper zu lernen wie über Musik. Er ist klug im Umgang mit Ernährung und

Stress und unterzieht sich regelmäßig Unterwasser-Workouts mit Sauerstoffknappheit und Eisbädern mit dem Kaltwasserspezialisten Laird Hamilton. Bereits vor der Lektüre von *Born to Run* war er ein überzeugter Barfußläufer, liegt also in Sachen Minimalismus genau auf unserer Linie.

Aber als Rick und ich über das Musikhören beim Laufen sprachen, sah er darin Aspekte, die ich gar nicht berücksichtigt hatte. »Die Frage ist doch«, sagte er, »wann will man der Musik ausgeliefert sein?«

Auf dem Laufband ist man der Maschine ausgeliefert. Das Einzige, was man sieht, ist die Umgebung der Maschine, und das Einzige, was man hört, ist das Geräusch, das die Maschine macht. Anstatt stimuliert zu werden, werden die Sinne durch das Motorgeräusch betäubt – es sei denn, man wehrt sich mit eigener Musik dagegen.

»Wenn ich auf dem Crosstrainer bin, spiele ich psychedelische Musik aus den 60ern und bewege mich im Rhythmus«, sagt Rick. »Und wenn mich die Musik dazu bringt, langsamer zu werden, als das Gerät es verlangt, kann ich es so einstellen, dass die Aktivität zur Musik passt.«

Aber sobald man ins Freie geht, tauscht man das Vorhersehbare gegen das Chaotische ein. Die Außenwelt ist der Ort, an dem Musik geboren wird. Sie ist die Quelle all unserer Rhythmen und Melodien und Emotionen, sei es ein trällernd-schwebendes Gelächter oder dieser gottverdammte Autoalarm auf dem Supermarktparkplatz. Der dreckige 70er-Punk, den Lady Southpaw liebt? Der entsprang dem Krachen und Knallen auf den Straßen von New York. Ohne scheppernde Müllwagen kein *Blitzkrieg Bop*, sorry.

Man muss die Unberechenbarkeit der Außenwelt absorbieren, findet Rick, denn sonst verliert man die Inspirationsquelle. Es sind nicht immer Singvögel und rauschende Kiefern, aber wer den Kopf freibekommt und die Ohren aufmacht, kommt mit Gedanken nach Hause, die vorher nicht da waren. Die Musik der Außenwelt sollte man nicht mit Musik aus der Jackentasche übertönen.

Gerade als ich denke, Rick hätte die Frage entschieden – drinnen gut, draußen schlecht –, schlägt er einen Haken. »Manchmal«, sinniert er, »höre ich Musik aus einem bestimmten Grund. Letzten Sommer war ich in Kauai und habe im Auto ein DJ-Set gehört. Das war so toll, dass ich es weiterhören wollte.« Obwohl er eigentlich in Ruhe an der Pazifikküste spazieren gehen wollte, ließ Rick den DJ die Brandung übertönen. »Ich erinnere mich, dass das ein großartiges Erlebnis war.«

» DURCH INSTINKT UND EIGENSINN STIESS RICK AUF DIESELBE URZEITLICHE VERBINDUNG ZWISCHEN BEWEGUNG UND MEDITATION. «

Wir waren wieder an unserem Ausgangspunkt angelangt, einem fetten, achselzuckenden »Wie du willst« – aber Rick hatte noch etwas zu sagen. »Darum geht es«, fuhr er fort, *»eine bestimmte Absicht.«* Beim Workout sagt Rick gerne das *Metta Sutta* auf, eine buddhistische Fürbitte um Gesundheit und Mitgefühl. Das Gebet besteht im Kern aus nur vier kurzen Sätzen, und je öfter man sie wiederholt, desto mehr Liebe und Mitgefühl schafft man: zuerst für sich selbst und nach und nach für die Familie, die Gemeinschaft und schließlich die ganze Welt.

»Ich konnte mir die Sätze nur schwer merken, weil sie nicht von sich aus musikalisch sind«, erklärt Rick. »Dann wurde mir klar, dass ich ihnen ein Metrum zuweisen und sie mit jeder Aktivität verbinden konnte. Ich suche immer nach Möglichkeiten, Dinge zu verknüpfen, damit ich mehr davon tun kann. Wenn man Dinge nicht verknüpft, plant man sie auch nicht ein.«

Gut möglich, dass Rick vergisst, seine Fürbitten aufzusagen. Gut möglich, dass er keine Lust auf Kniebeugen hat. Aber sobald er beides miteinander verknüpft, hat er sofort einen neuen mentalen Fokus. Er hat die Motivation verdoppelt und die Monotonie zerschlagen.

»Wenn ich eine Meile schwimme, ist das eine sich immer und immer wieder wiederholende Bewegung, ohne jede Abwechslung. Indem ich etwas Größeres damit verbinde, bekommt das Training einen höheren Zweck«, sagt er. »Und es fühlt sich vollkommen natürlich an. Ich sage mir mit jedem Schwimmzug:

Möge ich erfüllt sein – Zug!
Von Liebe und Güte – Zug!
Möge ich gesund sein – Zug!
Möge ich friedvoll sein – Zug!
Und gelassen – Zug!
Möge ich glücklich sein – Zug!

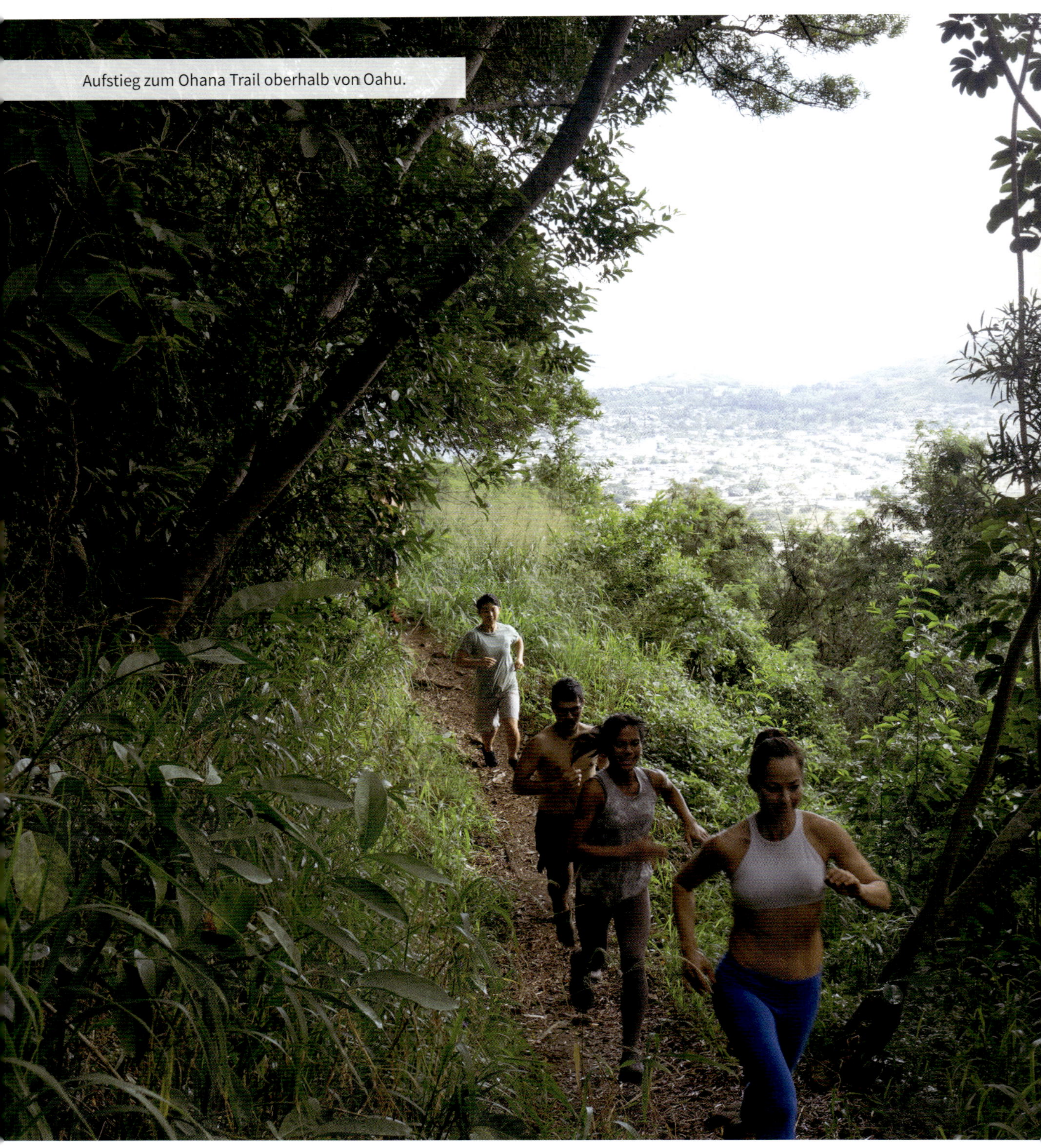
Aufstieg zum Ohana Trail oberhalb von Oahu.

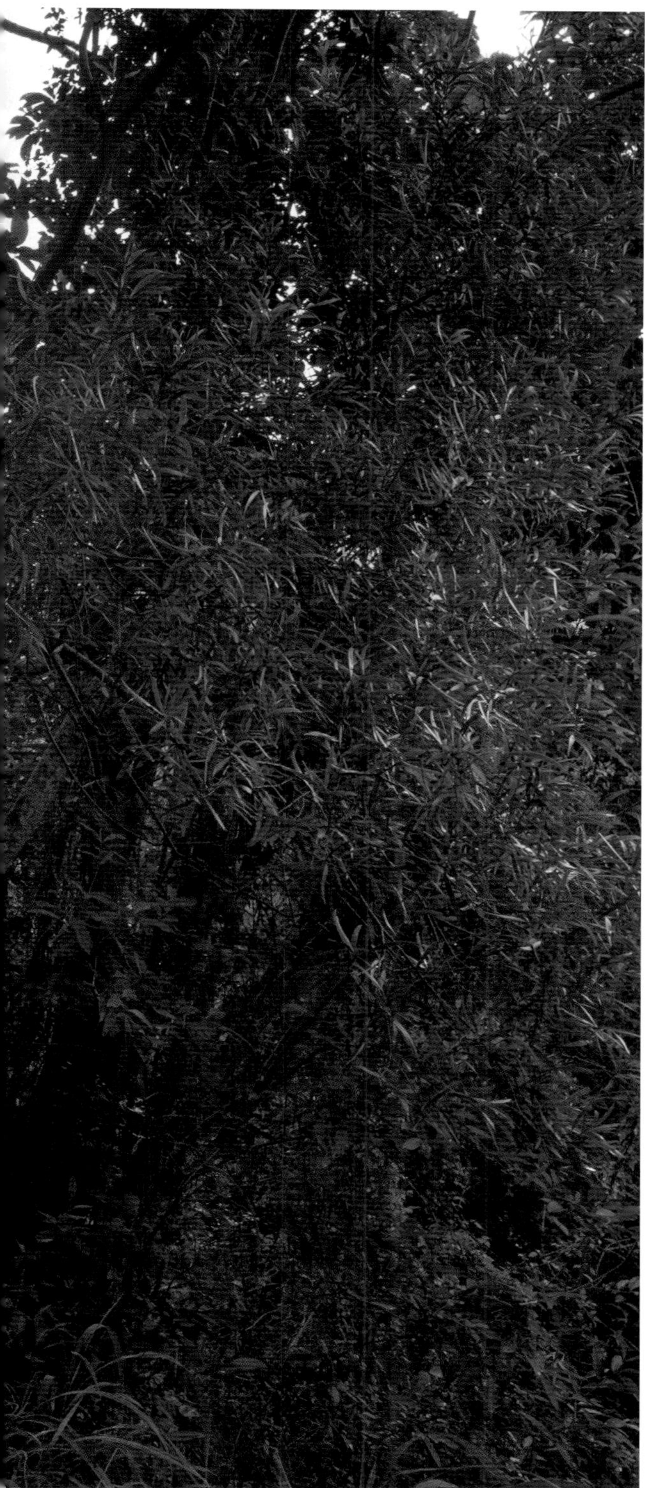

Und dann ist es mir ein Vergnügen«, schließt Rick, »den Kreis nach außen hin zu erweitern und mehr Menschen mit aufzunehmen:

> Möge mein *Partner* erfüllt sein
> Von Liebe und Güte …
>
> Möge meine *Familie* erfüllt sein
> von Liebe und Güte …
>
> Möge die *Welt* erfüllt sein
> von Liebe und Güte …«

Anders ausgedrückt: Ohne je eines gesehen zu haben, hat Rick zufällig einen Felsblock zu einem perfekten Rad gemeißelt. Anders als Callie Vinson wusste er nichts von Gebetsläufen, jener schönen Tradition der amerikanischen Ureinwohner, bei der die Mühen jedes Dauerlaufs einem geliebten Menschen in Not gewidmet sind. Aber durch Instinkt und Eigensinn stieß Rick auf dieselbe urzeitliche Verbindung zwischen Bewegung und Meditation – und auf die perfekte Antwort auf unsere Frage.

Solltest du dich also fragen, ob es in Ordnung ist, mit Musik im Ohr zu laufen, dann denk darüber genauso nach wie über deine Ernährung, deine Schuhe und deine Lauftechnik:

- Macht es dich stärker, oder überdeckt es eine Schwäche?
- Hilft es dir, besser zu werden oder es hinter dich zu bringen?

Denn vielleicht bist du ein Rick Rubin und weißt selbst am besten, wann du die Stöpsel reinsteckst und wann du sie lieber draußen lässt. Vielleicht bist du eine Lady Southpaw und hast herausgefunden, dass ein (ungefährlich!) wummernder Beat deine Stimmung hebt und deine Kadenz auf dem Punkt hält.

Vielleicht ist es auch so ein blöder Mittwoch, und du brauchst etwas House in den Hirnwindungen.

Nur heute.

11.3 VERPFLEGUNGSSTATION: SPASSLAUF AUF AMISCHE ART

»Guten Morgen, Freunde!«, beginnt die Rundmail meines amischen Freundes Amos King.

»Ich würde gerne wissen, was das Wichtigste ist, das ihr dieses Jahr auf den Weg gebracht hat, um den Lauf eures Lebens zu verändern?«, fährt er fort. »Hier ist der Plan: 5 bis 7 Meilen mit Gefährten. Zeitpunkt: morgen früh um 6:30 Uhr.«

Innerhalb von Sekunden kam eine Antwort aus dem Verteiler: »Auweia, das ist ganz schön tiefschürfend für so früh am Morgen.«

Aber bevor an diesem Samstag die Sonne aufging, waren in der eiskalten Dunkelheit in der Nähe des Ausgangspunkts in Lancaster, Pennsylvania, bereits acht Läufer ins Gespräch vertieft. Die meisten waren Mitglieder von *Vella Shpringa* (»Lasst uns alle laufen« auf Pennsylvania-Deutsch), dem wohl einzigen amischen Ultralaufclub der Welt.

Amos gründete die Gruppe, nachdem er sich vor etwa zehn Jahren mit dem Lauffieber angesteckt hatte. Kollegen aus seinem Dachdeckertrupp hatten ihn eingeladen, bei einem 5-km-Lauf mitzumachen. Seitdem hat Amos mehrere 50-Meilen-Läufe absolviert und seine persönliche Bestzeit beim Boston Marathon auf rasante 2:54 getrimmt.

Jetzt macht er sich an jedem zweiten Wochenende bei jedem Wetter mit unterschiedlichen Leuten aus seinem Freundeskreis noch im Dunkeln auf den Weg durch die Wälder. Es ist nicht einfach, einen Laufclub zusammenzuhalten, erst recht wenn die meisten Mitglieder die ganze Woche körperlich schuften und auf ihren Höfen die Arbeit liegen lassen müssen, aber Amos hat einen Trick gefunden, der gleichzeitig innovativ und uralt ist: Er hat sich sein eigenes Jagdrudel geschaffen.

Erstens stimmt Amos die Gruppe vor jedem Lauf per Rundmail auf das Thema ein, das sich in dieser Woche in seinem Kopf festgesetzt hat. (Mein Lieblingsbeispiel: »Würdest du lieber alles verlieren, was du verdient hast, und alles behalten, was du gelernt hast, oder alles verlieren, was du gelernt hast, und das behalten, was du verdient hast?«)

Zweitens meint er es ernst mit dem »alle« in »Lasst uns alle laufen«. Alle sind willkommen – ob amisch oder nicht, schnell oder weniger schnell. Und so trifft man an solchen Samstagen womöglich auf Amos' Frau Liz in ihrem traditionellen langen Kleid mit Schürze oder auf den Eliteläufer Zach Miller, der in der Nähe aufgewachsen ist und Vella Shpringa so sehr mag, dass er, wenn er nicht auf Wettkampftour im Ausland ist, an diesen Plaudertreffs im Morgengrauen teilnimmt.

Das Laufen mit der Plauderei zu verknüpfen, war ein Geniestreich. Ob durch Zufall oder Inspiration, Amos hat damit eine idiotensichere Methode gefunden, um ohne Uhr oder Herzfrequenzmesser das perfekte Langlauftempo festzulegen. Man kann nicht reden, wenn man außer Atem ist. Man findet kein Gehör, wenn man vorprescht. Wer also schön im Idealbereich direkt unterhalb der Gefahrenzone bleiben möchte, muss nur Amos gegenüber hinwerfen, Sigmund Freud wisse im Vergleich zu Viktor Frankl einen Scheißdreck über das Wesen des Menschen, und bekommt eine Debatte um die Ohren, die garantiert nicht vorbei ist, ehe alle wieder auf dem Parkplatz sind.*

* Genau das Thema bringt Vella-Shpringa-Mitglied Jake Beiler an diesem Morgen aufs Tapet, weil er sich über Freuds Behauptung ärgert, Menschen seien in ihren biologischen Trieben gefangen und hätten wenig Kapazität für freien Willen.

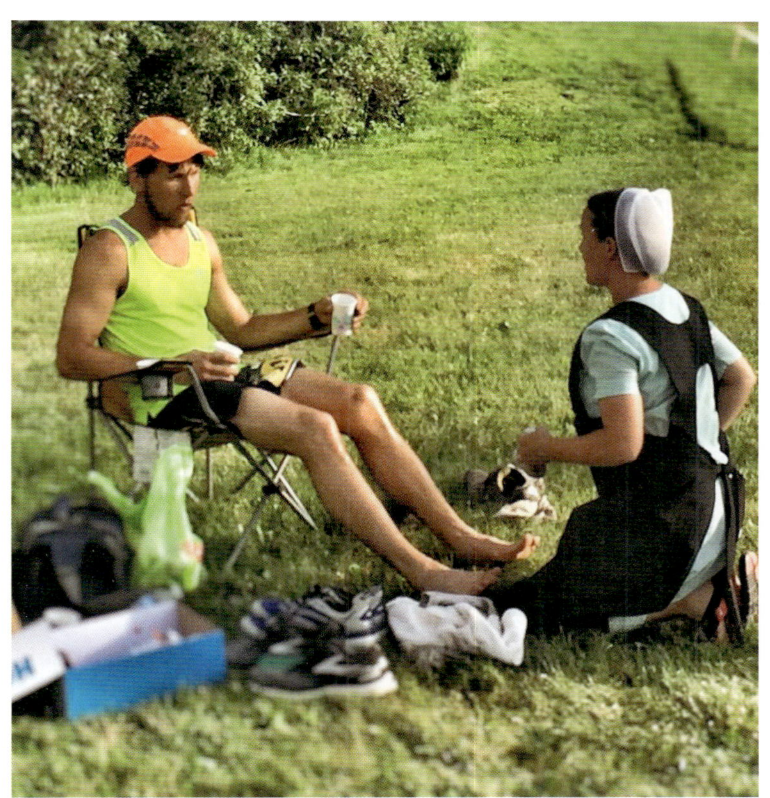

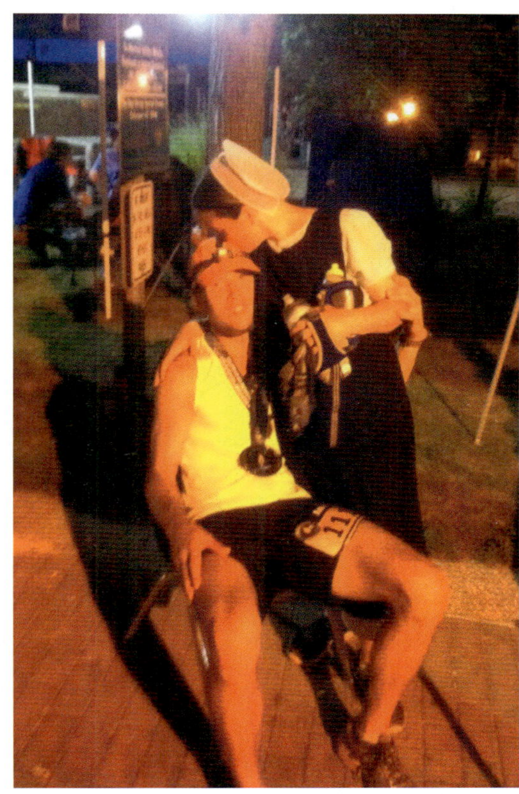

Mit seiner Frau Liz als Crew lief Amos King seinen ersten 100-Meilen-Lauf in 23 Stunden. Liz King gewinnt regelmäßig 5-km-Läufe und qualifizierte sich gleich mit ihrem ersten Marathon für Boston.

11.4 SPASS: WAS TUN?

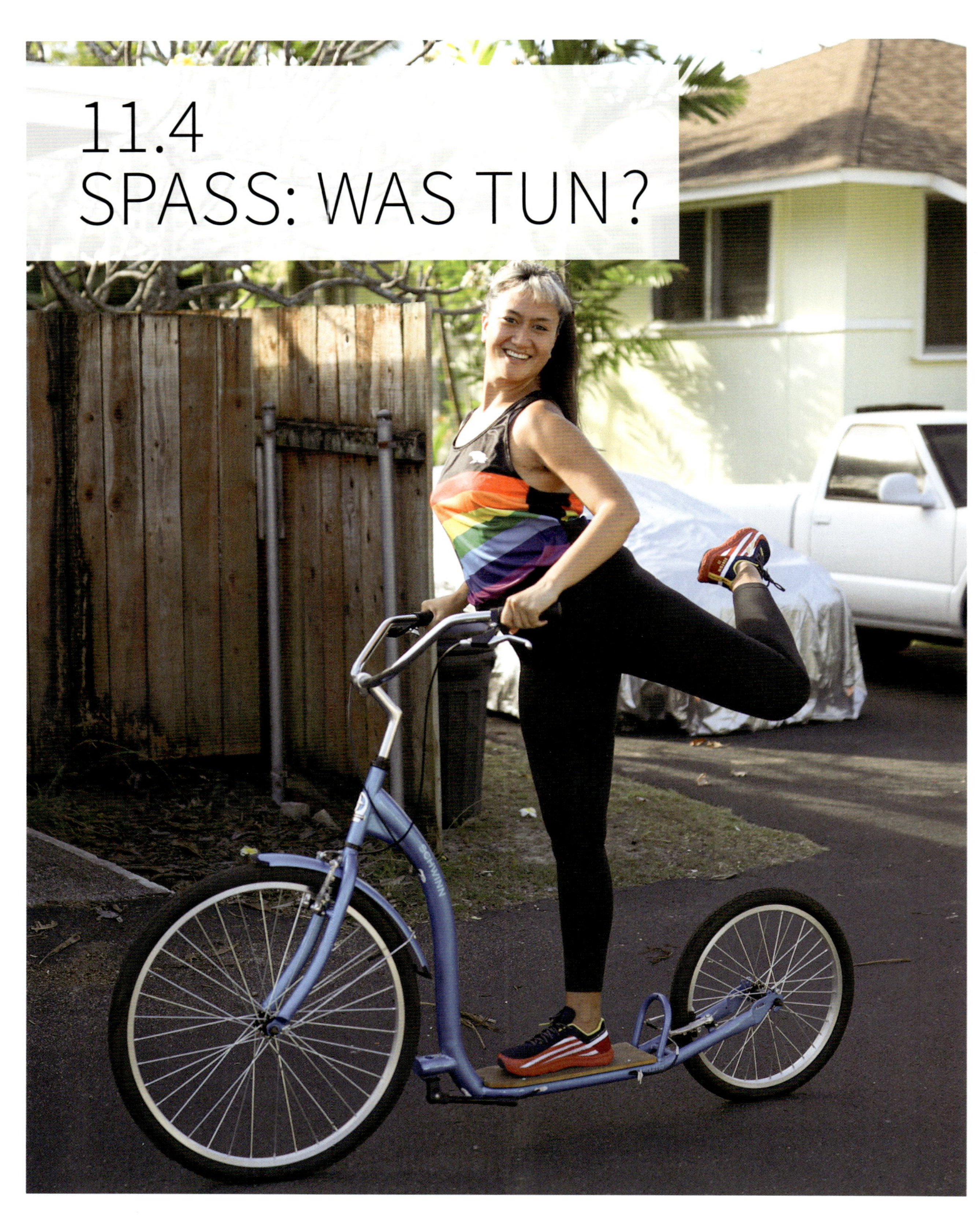

- **Mikas Bücherrunde** – Nichts macht eine Langlaufstrecke leichter, als sie in ein paar Mini-Etappen aufzuteilen. Meine Frau und ihre Freundinnen haben festgestellt, dass im Umkreis ihrer Nachbarschaft mindestens vier Büchertauschregale stehen. Also packen sie sich ungefähr jede Woche den Rucksack voll mit fertig gelesenen Büchern und laufen die Bücherrunde, geben die alten Bücher ab und holen sich neue. Mit einem Lauf verschaffen sie sich die Befriedigung des Verschenkens, die Freude am Beschenktwerden und den Nervenkitzel des Jagens und Sammelns. Mein Freund Dennis Poolheco hat seinerzeit für Ultramarathons trainiert, indem er eine große Runde durch das Stammesland der Hopi in Arizona lief und alle seine Verwandten besuchte. Seine jungen Cousins rannten ihm entgegen, sobald er in Sicht kam, und machten aus jedem Zwischenstopp ein fröhliches Wiedersehen.

- **Movement Snacks!** – Neben der Auswahl in diesem Buch haben Julie und Jared noch viele weitere Movement Snacks auf ihrer Website. Falls du dich mal ein bisschen daneben fühlst und keine Lust aufs Laufen hast, dann hol ein paar Freund:innen zusammen und arbeite dich durch eine Reihe von Movement Snacks (S. 43). Julie nennt sie »hinterhältig schwer«, aber meistens machen sie hinterhältig Spaß: Nachher stehst du auf und merkst, dass deine Laune besser ist und sich der ganze Körper leichter, lockerer und entspannter anfühlt.

- **Adrenalin ist ein Superfood** – Kinderkrankenschwester Rory Bosio ist zum zweifachen Champion des Ultra-Trail du Mont Blanc emporgeschossen, einem wilden alpinen Ultramarathon, und einen Großteil der Ehre schreibt sie einem quietschenden Cruiser-Fahrrad namens Alejandro zu: Auf ihm radelt sie etwa einmal pro Woche zu einem Bergpass hinauf und rast wieder nach unten. Im Winter trainiert Rory den Anstieg, indem sie schneebedeckte Gipfel hinaufstürmt und auf dem Schlitten hinunterrodelt. Hindernislauf-Superstar Amelia Boone ist ein Fan von langen, hügeligen Anstiegen und schweißtreibenden Abfahrten auf ihrem ElliptiGO (einer Art Stepper auf Rädern). Diese beiden Champions haben erkannt, dass der beste Workout oft derjenige ist, den man selbst im Alter von acht Jahren erfunden hat.

- **Get Weird** – Meine alte Heimat Philadelphia war schon immer ein Brutkasten für Sonderlinge, angefangen mit Benjamin Franklin und seinen unbekleideten »Luftbädern«. Heute ist die Stadt eine Brutstätte urbaner Underground-Abenteuer. Nehmen wir Rebecca Barbour: Sie stellte fest, dass Rocky Balboas Morgenlauf, wenn man alle im Film gezeigten Orte miteinander verbinden würde, in Wirklichkeit 50 km lang wäre. Prompt rief sie den »Rocky 50k« ins Leben, einen jährlichen Ultramarathon, der Hunderte von Läufer:innen in grauen Sweatshirts und schwarzen Converse All Stars anzieht. Ein anderer Bürger Philadelphias überredete ein paar Leute (unter anderem mich), im Rahmen einer Spendensammlung 24 Stunden lang die aus *Rocky* berühmte Freitreppe des Kunstmuseums hinauf- und hinabzurennen. Ein hiesiger Bewährungshelfer namens Gags sah ein Satellitenfoto von Philly und hatte die Idee, die 120 km lange Stadtgrenze abzulaufen und sich unterwegs in Supermärkten zu versorgen. »Die besten Wettläufe«, sagte mir einmal ein weiser alter Geländeläufer, »starten dort, wo man mit dem Fuß eine Linie in den Sand kratzt.«

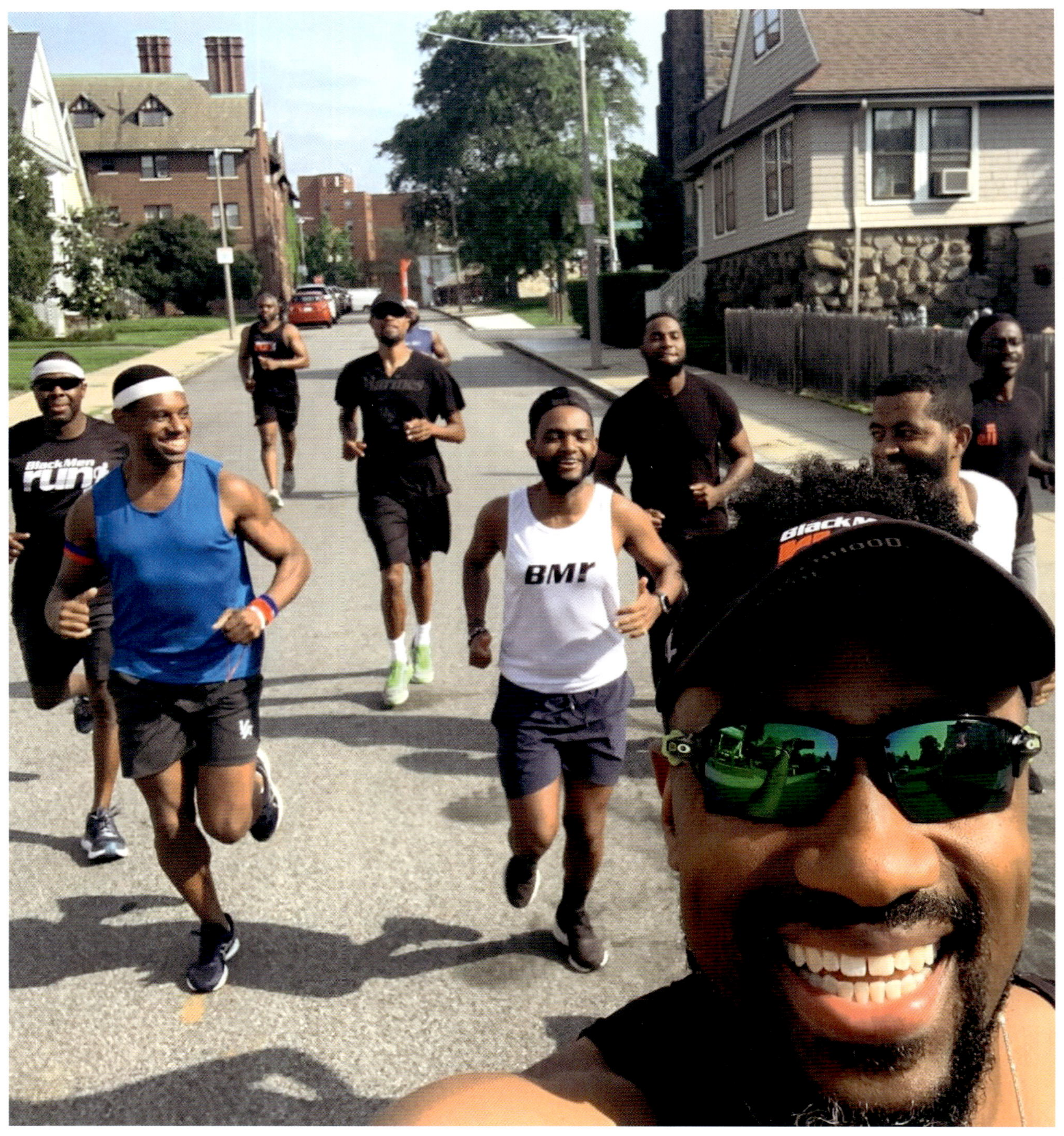

Der Laufclub Black Men Run Boston auf seiner Samstagmorgen-Strecke durch die Straßen von Dorchester.
Vorneweg: Jeff Davis. 2. Reihe: Carlos Nobles, Serghino René, Chernet Sisay, Amannuel Abate.
3. Reihe: Khalil Saddiq, Ray Antoine, Kyle Ofori. 4. Reihe: Jeff Joseph, Abiodun Otu.

12.

Familie: Gemeinsam schwitzen, gemeinsam schweben

An der Startlinie des Big Island International Marathon auf Hawaii erschien im März 2010 ein verwegen aussehender Fremder so, wie die meisten Menschen zum Hotelfrühstück kommen: kaum bekleidet, unangemeldet und in letzter Minute. Sein langes Haar hing ihm ins Gesicht, und obwohl es nass und windig war, trug er nur Shorts und Laufschuhe.

Zwei Stunden später fuhr ein Van mit Wettkampfhelfern vor ihm her, die hektisch den Verkehr anhielten und Leitkegel aufstellten, während er auf die Ziellinie zuraste. Üblicherweise werden die Straßen erst gesperrt, wenn die Spitzenreiter auf der letzten Etappe sind, aber niemand hatte auf diesen Tarzan geachtet, bis man plötzlich merkte, dass er nicht ausbrannte, sondern noch schneller wurde. Trotz des heftigen Gegenwinds kam er nach 2 Stunden 50 Minuten als Erster ins Ziel. Der Sportreporter des *Hawaii Tribune-Herald* wollte unbedingt mehr über diesen unbekannten Jüngling erfahren, der aus dem Nichts aufgetaucht war und die Rennleitung aus ihrem Schlummer gerissen hatte. Aber als der Reporter den Ort der Siegerehrung erreichte, war der Fremde verschwunden.

»Wer war das?«, fragte der Reporter.

Die Helfer:innen zuckten mit den Schultern. Sein Name und sein Alter standen auf der Liste, aber ansonsten war er ein Rätsel. »Keine Ahnung«, sagten sie. »Der Typ ist ein Gespenst.«

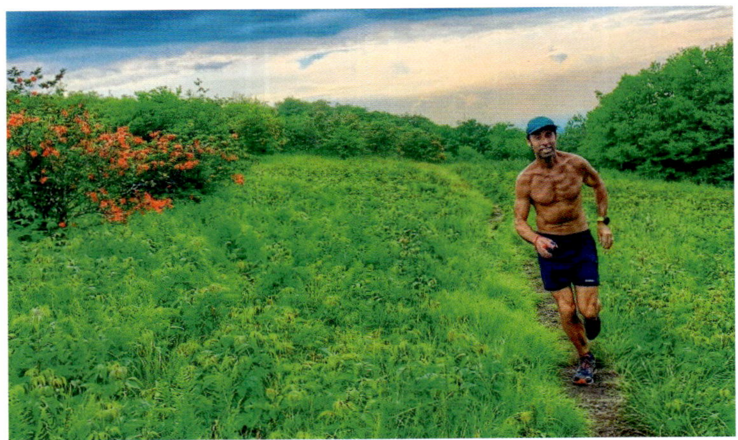

punkt, als ein Auto vorfuhr und Billy mit nacktem Oberkörper heraussprang, gefolgt von einer Rauchwolke. Er verabschiedete sich von seinen neuen Kiffer-Freund:innen, die ihn per Anhalter vom Flughafen hergebracht hatten, dann jagte er dem Auto hinterher, weil er sein Gepäck – ein T-Shirt – auf dem Rücksitz liegen gelassen hatte.

Wir hatten einen Riesenspaß zusammen und folgten einem uralten Pfad bergab zu einem Wasserfall. Die Strecke betrug etwa 15 km für Menschen und 30 für Drachenwelpen, denn Billy verbrachte die halbe Zeit damit, loszustürmen und irgendwelche Abzweigungen zu erkunden und auf tropische Obstbäume zu klettern. Als wir aus dem Wald kamen, hatten wir einen Mordshunger, also holten uns meine Frau und meine Kinder ab und fuhren uns direkt in ein Restaurant. Obwohl Billys Beine schlammverkrustet waren und er das verschwitzte T-Shirt trug, das den ganzen Nachmittag in seinem Hosenbund gesteckt hatte, durchfuhr bei seinem Eintreten ein elektrisches Kribbeln das ganze Restaurant. So etwas hatte ich zuvor nur erlebt, als Jake Gyllenhaal einmal um fünf Uhr morgens in einem Café in Leadville, Colorado, erschien. Kellnerinnen, die gar nicht für unseren Tisch zuständig waren, füllten Billy ständig Wasser nach und fragten dreimal nach, ob es denn schmecke. Sogar meine Töchter bemerkten das ungewöhnliche Maß an Aufmerksamkeit, die unser Tisch erhielt, obschon sie im Grundschulalter waren. Aber das Gespenst selbst war sich des rohen Sex-Appeals, den es ausstrahlte, nicht bewusst. Als ich ihn am nächsten Morgen am Flughafen absetzte, waren seine Beine und sein T-Shirt immer noch voller Dreck. Eine Dusche und ein frisches Shirt hatte er abgelehnt, weil es die Mühe nicht wert war.

Die nächsten zehn Jahre lebte Billy als Gespenst: Er lief Riesenstrecken, surfte Monsterwellen und war mit diesem Eigensinn so zufrieden, dass selbst Seife eine zu große soziale Bürde darstellte. Seine Affäre mit Jenn Shelton war vorbei, aber sie blieben jeweils das Krafttier des anderen. Jenn schien entschlossen zu sein, Billy zu überrunden, indem sie das Gespensterleben auf die ganze Welt ausdehnte: Sie leitete Flussexpeditionen in Oregon, bevor sie nach Texas ging, um Lance Armstrongs Laufpartnerin zu werden, zog dann nach Italien und versuchte sich im Skibergsteigen, brach sich

Der Name blieb hängen. Für den Rest des Jahres gewann das Gespenst Wettläufe auf ganz Hawaii. Er brach bei einem 50-km-Lauf den Streckenrekord, schlug sogar die Staffelläufer und verschwand, ehe die meisten anderen eintrudelten. Dabei war er ein durchaus freundliches Gespenst. Alle, die Gelegenheit hatten, mit ihm zu plaudern, beschrieben ihn als den reinsten Casper, so nett wie nur möglich. Es war nur so, dass er immer ganz dringend frühstücken oder surfen gehen musste und sich so wenig um die Ergebnisse scherte, dass er von seinen sieben Siegen in Folge erst erfuhr, als ein Konkurrent es ihm sagte.

Ende 2010 befiel jedoch immer mehr hawaiianische Läufer die nagende Ahnung, dass sie das Gespenst schon einmal gesehen hatten. Zu Hause schauten sie im Bücherregal nach. Und da war er, mitten auf dem Cover von *Born to Run*: Billy »Bonehead« Barnett.

Billy war nach Hawaii gereist, um seinen Bruder bei der Navy zu besuchen, und es gefiel ihm dort so gut, dass er den Besitzer einer Luxusherberge, der einen erfahrenen Wirt suchte, irgendwie dazu überredete, stattdessen ihn, Bonehead, anzuheuern. Billy auf Hawaii loszulassen, war, als würde man einen Drachenwelpen im Stadtpark aussetzen. Wohin er auch kam, drehten sich alle Köpfe, und er kam überall hin. Wenn Billy nicht lief, surfte er, und wenn er nicht surfte, lief er. Er legte an die 200 km pro Woche auf Trails zurück, die er noch nie zuvor gesehen hatte, und nahm an jedem beliebigen Rennen teil, egal ob 5 km auf Asphalt oder 100 auf Bergpfaden.

Als ich im selben Jahr nach Oahu reiste, flog Billy von Big Island herüber, um mit mir zu laufen. Ich wartete am Start-

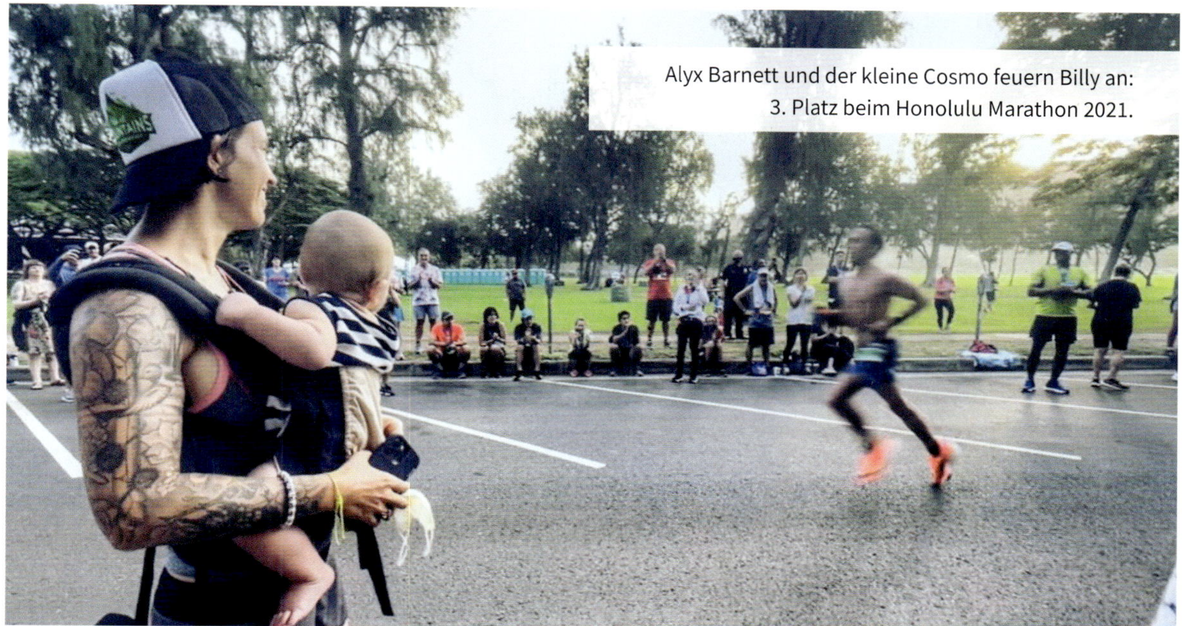

Alyx Barnett und der kleine Cosmo feuern Billy an: 3. Platz beim Honolulu Marathon 2021.

jedoch das Bein und fand auf einem Fischkutter auf der Beringsee zu neuer Kraft, bis sie in Utah ein Baby gebar und nach Alaska auf einen Selbstversorgerhof zog. Wie man das halt so macht.

Billy blieb unterdessen auf Big Island und machte einen Master in Sonderpädagogik, damit er emotional behinderte Jugendliche unterrichten konnte. Wie sich herausstellte, war das der perfekte Beruf für einen Mann, der jeden Morgen aufwacht und ein neues Abenteuer wittert. Jeder Tag im Klassenzimmer stellt seine Zähigkeit erneut auf die Probe; jeder tobende Schüler erinnert ihn daran, dass das Geheimnis der Stärke darin besteht, cool zu bleiben; und jeden Nachmittag um 15:01 Uhr kann er zur Tür raus und in die Berge.

Bis das Leben als einsames Gespenst plötzlich zu Ende ging: 2019 lernte Billy Alyx Luck kennen, die einzige Frau auf dem Planeten, die Jenn Shelton vielleicht noch übertraf.

Alyx begann ihre Laufbahn als Trainerin während einer dreijährigen Haftstrafe in einem Hochsicherheitsgefängnis. Sie war mit einem Freund, der ein paar Kreditkarten gestohlen hatte, durch Wyoming gereist. Alyx fand es unfair, dass der Männertrakt ein besseres Fitnessstudio hatte als der Frauentrakt. Also überredete sie die Gefängnisleitung dazu, die Geräte aufzurüsten, und brachte ihren Mitinsassinnen Fitnesstraining bei. Ihr Vater war Lauftrainer, und Alyx selbst war als Jugendliche Rugbyspielerin und australische Meisterin im Distanzreiten gewesen, also kannte sie sich in einem Kraftraum aus. Als Alyx freigelassen wurde, schuldete sie immer noch ein Vermögen an Wiedergutmachung. Die besten finanziellen Chancen für sie als Ex-Sträfling lagen ihrer Meinung nach in ihren Gefängnismuskeln.

»Ich arbeitete als Kellnerin und Barkeeperin und in zwei Fitnessstudios, da bot mir jemand tausend Dollar für einen MMA-Kampf, und ich war dabei«, sagt Alyx. »Ich habe es geliebt! Echt lustig. Kaum war meine Bewährung vorbei, verließ ich Wyoming und kämpfte im ganzen Land.« Alyx kämpfte sich in den Semiprofi-Bereich empor, aber nach einer Weile bemerkte sie einen beunruhigenden Trend unter ihren Mitkämpferinnen: Viele von ihnen gingen zurück in den Knast. »Sie dealten mit Drogen, blieben im Drama stecken. Ich sah, worauf das hinauslief. Da stieg ich aus.«

Mit ihren Ersparnissen zog Alyx nach Kalifornien und eröffnete ihr eigenes Fitnessstudio. Sie wurde Triathletin, dann professionelle Bodybuilderin, dann Cover-Model für Fitness-Zeitschriften. So eignete sie sich eine Fülle von Trainingswissen an. Das Einzige, was sie nicht erreichte, war der Abschied vom Drama: Als Instagram-Influencerin mit 400 000 Followern geriet sie in einen turbulenten Skandal, als man ihr vorwarf, beim Decaman USA, einem Wettrennen aus zehn Ironmans in zehn Tagen, eine Abkürzung genommen zu haben. Etwa zur gleichen Zeit beschloss sie, ihre Ehe mit einem Ex-Elitesoldaten und jetzigen Fitness-Model zu beenden. Der beste Weg bestand in ihren Augen darin zu verschwinden: Sie packte heimlich eine Tasche, sagte ihrem Mann, sie wolle zu einem Rennen, und flog heimlich in den Oman, um dort den nächsten Schritt zu planen.

So kam sie schließlich in persönlichen, ja hautnahen Kontakt mit dem Gespenst. Während sie sich vor ihrem zukünftigen Ex versteckte, bat Alyx Billy online um Rat wegen eines Geländelaufs auf Big Island, das sie gerade anpeilte. Aus E-Mails wurden Telefongespräche, die in einer Herausforderung gipfelten: »Wenn dir gefällt, was du siehst«, sagte Alyx zu Billy, als er ihr anbot, sie vom Flughafen abzuholen, »dann küss mich.«

Und so kam es zur Kollision der zwei einsamen Satelliten.

Billy, der das Gespenstsein als Berufung angenommen hatte, verliebte sich in Alyx, die es zum Beruf gemacht hatte. Nur wenige Sportarten sind solitärer als Ultralauf und Surfen, denn beide erfordern Eigenständigkeit und endlose Stunden mit sich allein. Alyx hatte beides gewählt. Triathlon mag der ultimative Zeitfresser sein, aber Bodybuilding ist buchstäblich ein Belohnungssystem für Selbstbezogenheit: Man siegt nur, wenn man die ganze Zeit an sich selbst denkt. In der Sekunde, in der man aufhört, den eigenen Körper im Spiegel zu inspizieren und an die stündliche Kalorienzufuhr zu denken, gibt man sich mit dem zweiten Platz zufrieden. »Man muss sich einfach bis zur makellosen Perfektion mit Essen und Ernährung beschäftigen«, sagt Alyx. »Da darf kein Fehler passieren.«

Als sie Billy kennenlernte, spürte Alyx, dass in ihrem Leben eine weitere Kurskorrektur anstand. Nach der Haftentlassung war sie aus purer Notwendigkeit in die Fitnessbranche eingestiegen, aber nach einem Jahrzehnt als Trainerin und Wettkämpferin hatte sie nur noch Verachtung dafür übrig. »Als Fitness-Model wurde ich oft und gerne von Zeitschriften gebucht, aber das war so destruktiv«, sagt sie. »Den Leuten wird eingeredet, dass sie aussehen sollen wie wir, und gleichzeitig bekomme ich mit, wie die ganzen Models Koks ziehen und Steroide spritzen, damit sie diese 10-Minuten-Knackarsch-Workouts verkaufen können.«

Alyx' Karriere ging steil bergauf, steuerte aber, so fürchtete sie, auf eine Klippe zu. »Ich sah so gut aus wie nie, musste aber die Rolltreppe nehmen, weil Treppensteigen zu sehr wehtat«, erinnert sie sich. »Meine Gelenke schmerzten so sehr, dass ich weinen musste. Und das mit einem Körper, der auf Zeitschriften prangt.«

Sie hatte bereits begonnen, sich mit gesunder Ernährung und natürlicher Fitness zu befassen, und führte ihre Coaching-Klient:innen weg von Extremen und hin zu einem Ansatz, der viel Erholung vorsieht und täglich aufs Wohlbefinden schaut (»Denk nicht dran, wie du aussiehst. Wie fühlst du dich?«). In derselben Woche, in der sie auf der Arnold Fitness Expo in Las Vegas auftrat, einer Leistungsschau zu Ehren des anabolen Kaisers, erhielt sie auch ihre Online-Zertifizierung in Naturheil- und Ernährungskunde. Ein kruder Scherz in Sachen Timing, aber für Alyx war der Moment gekommen, auf ihren eigenen Rat zu hören.

Alyx lebte nun mit Billy auf Hawaii und stürzte sich in die Ultralaufszene. Sie absolvierte den berüchtigten HURT 100: fünf grausame Runden durch den Regenwald auf dem Mount Tantalus auf Oahu. Sie gründete ein eigenes regelmäßiges Rennen auf Big Island: Hawaii Mountain Running. Gemeinsam trainierten Alyx und Billy richtig, aßen gesund und liefen Bestzeiten.

Bis sie 2021 den größten Durchbruch ihres Sportlerlebens hatten: Sie bekamen ein Kind.

Billys 200-km-Wochen fanden ein jähes Ende. Alyx' Kraft- und Ausdauertraining wurde zunächst vorgeburtlich abgebremst und dann nach der Geburt durch allmähliche Regeneration für sie und ihr Neugeborenes ersetzt. Selbst als Cosmo alt genug für den Kinderwagen war, dauerten Alyx' Ausflüge nur so lang wie sein Schläfchen. »Ich lief kurze Runden ums Haus herum, je nachdem, wie Cosmo mitmachte«, sagt Billy. »Man lernt ziemlich schnell, nicht mehr aufs Ergebnis zu schauen. Wenn ich rausgehe und er weint, drehen wir um.«

Weil Alyx für Cosmo sorgte, während Billy unterrichtete, war sein Lauf am Nachmittag ihre erste Freizeit des Tages. »Mein Lifehack für das Joggen mit Kind ist«, sagt Alyx, »dass ich es meinen Mann machen lasse.« Und so richtete sich Billys ganzer Trainingsplan nach der Laune seines Babys: Wenn Cosmo zufrieden war, lief Billy länger. Wenn Cosmo keinen Bock hatte, spielten sie eben auf dem Boden. An einem Tag in der Woche machte Billy ganz alleine einen knallharten Lauf. An den sechs anderen Tagen war sanftes Babyjogging dran.

Billys Laufleistung sank von 30 km pro Tag auf 40 km pro Woche und blieb dort sieben Monate lang hängen, bis er ein paar Tage vor dem Honolulu-Marathon beschloss, spaßeshalber dort mitzulaufen. Im Alter von 37 riss Billy ohne Aufbautraining, ohne Vorbereitung und ohne Tapering den schnellsten Marathon seines Lebens runter. Ganze drei Minuten säbelte er von seiner persönlichen Bestleistung ab und errang mit 2:36:48 den dritten Platz der Gesamtwertung.

»Ich hatte keine Ahnung, dass ich eine Bestzeit laufen konnte, schon gar nicht auf gesunde Art«, erzählte mir Billy hinterher, immer noch leicht benommen von dem Erlebnis. »Persönliche Bestzeiten vermutet man eigentlich haarscharf neben der Verletzung, aber ich war total entspannt. Mein einziges Ziel dieses Jahr war, so viel Zeit wie möglich mit Cosmo und Alyx zu verbringen.«

Einen Monat später erfuhr Alyx, dass sie über die Warteliste einen Startplatz beim HURT 100 ergattert und nun ganze zwei Wochen Zeit hatte, um sich auf einen 100-Meilen-Geländelauf vorzubereiten. Sie zuckte mit den Achseln, gab Billy und Cosmo einen Abschiedskuss und lief wie nie zuvor. Alyx unterbot nicht nur ihre eigene persönliche Bestzeit um zwei Stunden, sondern kappte auch Billys bisherigen Rekord, den er sieben Jahre zuvor auf dem Höhepunkt seines Gespensterlebens aufgestellt hatte, um 45 Minuten.

»Weil ich nicht wusste, was mein Körper zu bieten hatte, beschloss ich: *Hey, bleib einfach im Augenblick.* Das Wetter war schön, und ich konnte Zeit mit meiner Freundin Anna verbringen«, erinnert sich Alyx. »Von jetzt bis in alle Ewigkeit kann ich auch behaupten, dass ich Billy Barnett geschlagen habe. Ich brauchte nur hundert Meilen dafür.«

Wie konnten zwei extrem erfahrene Laufsportler:innen ihr schlechtestes Trainingsjahr in die besten Wettläufe ihres Lebens verwandeln? Was war ihr Geheimnis?

Es war natürlich ein leistungssteigerndes Mittel. Und das lag im Babybett.

Eric hat es sofort begriffen. »Besser werden ist ganz anders, als die meisten Leute denken«, sagt er. Wir sind hängen dem Glauben an, Laufen sei ein solitäres Unterfangen, aber das ist ein sehr moderner – und unnatürlicher – Ansatz. Und wie üblich zahlen wir einen Preis, wenn wir glauben, Mutter Natur überlisten zu können. Menschen sind die besten Teamplayer der Welt. Seit Anbeginn der Zeit arbeiten wir zusammen, und das hat wunderbar funktioniert. Seit Millionen von Jahren meistern wir jeden Aufgabe als Team. Wir haben zusammen gejagt, Fischernetze eingeholt, Felder beackert und gemeinsam Häuser gebaut. Wenn man sieht, wie die Amischen eine Scheune errichten, blickt man nicht nur in die Vergangenheit, sondern erlebt unser gegenwärtiges Genom in seinem natürlichen Lebensraum. Über Jahrmillionen konnte sich niemand in eine Arbeit vertiefen, ohne dass jemand anderes Wache stand, und solange Raubtiere drohten, ließen Eltern ihre Kinder nie allein. Einzelne Menschen waren Beute, vereinte Menschen waren eine unaufhaltsame Macht.

Unser Durchbruch als Spezies kam an dem Tag, an dem wir Laufkumpan:innen wurden. Unsere Superkraft war, dass wir uns in der Savanne ohne angeborene Waffen behaupten konnten, nur mit der Fähigkeit, jedes Lebewesen bis zu dessen Hitzeerschöpfung vor uns her zu treiben. Alleine war das natürlich nicht zu schaffen. Man brauchte kundige Alte, die auf einen Blick Spuren lesen konnten, dahinter eine Gruppe von Männern und Frauen in körperlicher Topform, die voranstürmen und kurzen Prozess machen konnten, und zum Schluss die Jugendlichen, die das Handwerk lernten. Nur ein bunt gemischtes und eingespieltes Team hatte eine Chance, eine gesunde Antilope mürbe zu rennen.

Solidarität war überlebenswichtig. Wir liefen irrwitzige Strecken und hielten zusammen, denn das war alles, was wir an Vorteilen hatten. Das bedeutet, so verquer es auch klingen mag, dass gemeinsames Laufen für dich die bestmögliche eigennützige Maßnahme sein könnte.

Sportwissenschaftler winken schon so lange mit diesem Zaunpfahl, dass sie inzwischen ein bisschen sauer sind. »Interdisziplinär arbeitende Wissenschaftler:innen kennen diese Ergebnisse seit Jahrzehnten«, meckert das American College of Sports Medicine in einer Studie über Gruppentraining aus dem Jahr 2019, »aber diese Arbeit und die daraus zu ziehenden Schlüsse fließen erst seit Kurzem in den Diskurs der großen Gesundheitsorganisationen ein.«

Mein Lieblingsstück Wissenschaftsliteratur ist eine Studie namens *Football Fans in Training* aus dem Jahr 2015, für die ein Haufen trinkfester, übergewichtiger Sessel-Fußballfans in Großbritannien irgendwie dazu gebracht wurde, zeitweise Gewichte statt Pints zu stemmen. Die Studie »untersuchte explizit Männer mittleren Alters, die übergewichtig oder fettleibig waren und ein hohes Gesundheitsrisiko hatten«. Die Fans wurden gebeten, drei Monate lang nur einen Tag pro Woche gemeinsam zu trainieren und danach entweder als Team oder alleine weiterzumachen. Nach Ablauf eines Jahres stellte man fest, dass die Fans nicht nur größtenteils am Gruppentraining festhielten, sondern auch einen »signifikant größeren Gewichtsverlust« aufwiesen als andere Probanden. Man hatte ein Team gebildet, und innerhalb von zwölf Tagen waren aus Leuten, die nie zum Training gehen würden, Leute geworden, die nie eines ausließen.

Menschen, die gemeinsam schwitzen, steigern sich gemeinsam, und zwar auf jedem erdenklichen Stellenwert – Geschwindigkeit, Ausdauer, persönliche Zufriedenheit, Langlebigkeit, Beständigkeit, was auch immer. Alle großen Laufkulturen, von indigenen amerikanischen Stämmen bis hin zu finnischen Dauerlauflegenden, sind durch die Nachahmung von Jagdrudeln stark geworden. Das Ballspiel der Rarámuri ist so nah dran an einer echten Jagd, wie es ohne Hirsch nur geht. Und die kenianische Langstreckenlaufelite schwört so sehr auf das Training in familiärer Atmosphäre, dass selbst längst erfolgreiche Superstars weiterhin die gemeinschaftlichen Trainingslager aufsuchen.

Heute zittert man bei Olympia nicht mehr vor den Namen Paavo Nurmi und Hannes Kolehmainen, aber Anfang des 20. Jahrhunderts führten diese absoluten Killer eine kleine Armee finnischer Läufer an, die jede Mittel- und Langstreckendisziplin bei den Spielen über mehr als ein Jahrzehnt dominierte. Und die Geheimwaffe der Fliegenden Finnen?

Picknicks.

In den langen skandinavischen Wintern packten Paavo und seine Freunde ihre Rucksäcke voll mit Fischpasteten und Würstchen und brachen zu ganztägigen Ausflügen durch den Wald auf. Sie erklommen einen Berg, nahmen ein großes Mittagessen zu sich und machten ein Nickerchen, dann stapften sie wieder zurück und legten dabei oft 30 Meilen zurück. Ihr Tempo war flott, aber gesellig, und oft schnallten sie sich zur Abwechslung Langlaufskier an. Wenn die Wettkampfsaison kam, hatten die Finnen nicht nur eine beeindruckende Grundausdauer aufgebaut, sondern auch Kadenz und Lauftechnik so tief im Muskelgedächtnis verankert, dass es instinktiv abrufbar war, wenn die Ermüdung am Ende des Rennens die Gedanken trübte. *Ihre Körper lernten voneinander.*

Ein solches Gefühl erlebte ich zum ersten Mal an dem Morgen, als mich Caballo Blanco auf jenen lebensverändernden Lauf über die hohe Mesa in den Barrancas del Cobre mitnahm. Ohne dass ich mich darum bemühte, spürte ich, wie sich mein Rücken aufrichtete und meine Schritte kürzer wurden, um sich seinen anzupassen. Später sah ich das Phänomen mit eigenen Augen, als Barefoot Ted in Palo Alto einen Barfuß-Laufkurs gab. Ungefähr 20 Läufer:innen waren links und rechts von Ted aufgereiht und trabten im Stadtpark hin und her. Die beiden direkt neben Ted spiegelten sofort seine Lauftechnik wider … und dann nahmen die beiden nächsten es auf … und so weiter durch beide Reihen, bis die ganze Gruppe gleich lief. Ted sagte ausnahmsweise nicht mal ein Wort.

Erst viel später wurde mir klar, dass Caballo seit seiner Ankunft in den Barrancas del Cobre von derselben zwischenmenschlichen Energie profitiert hatte. Sie war der Grund, warum er seinen Ultramarathon überhaupt gestartet hatte. Er hatte sich als Neuling erst mit einer Handvoll Rarámuri angefreundet, als er sie überredete, mit ihm durch die Berge nach Urique und wieder zurück zu laufen. Da Caballo diese Unternehmung immer als ein »Rennen« beschrieb, nahm ich es für bare Münze und ging davon aus, dass er diesen Begriff so benutzte wie wir: Ich gegen dich, jeder Läufer für sich und auf sich selbst gestellt, tief im Bergwerk des eigenen Schmerzes. Aber dann dachte ich darüber nach, wie Caballo seine erworbenen Fähigkeiten auf mich übertrug, indem er den eigenen Körper als schweigendes Lehrmittel benutzte. Und da verstand ich, dass für ihn – und für die Rarámuri – das Wettrennen etwas Einendes ist, nichts Trennendes. Ein Wettrennen ist eine Gelegenheit, Stunde um Stunde Seite an Seite bei jemandem zu sein, der oder die so gut wie oder noch besser ist als man selbst. Zwei oder drei oder zehn Menschen, die ihre Füße und Lungen in Einklang bringen, in einen seit Ewigkeiten bewährten Takt.

»Dass wir um die Wette laufen, tun wir nicht so sehr, um übereinander zu siegen, sondern um beieinander zu sein« – so habe ich es in *Born to Run* ausgedrückt, und es ist die am häufigsten zitierte Passage im Buch. Sie erscheint auf inspirierenden Postern und in Lauftagebüchern, und jedes Jahr während der Marathonsaison wird sie bei den wichtigsten Rennen der Welt herausposaunt.

Heutzutage geschehen viele unserer Läufe zwangsläufig solo. Aber Möglichkeiten gibt es. Du kannst mit einem Hund aus dem Tierheim laufen. Du kannst mit deinem Ehepartner laufen. Du kannst einer Freundin, die Angst vor dem Laufen hat, eine Chance verschaffen. Lass dein Jagdrudel anwachsen. Du selbst wirst mitwachsen.

Okay. Aber ist irgendetwas davon eine Erklärung dafür, dass Billy und Alyx mit ihrem elterlichen Schlafdefizit und ihrem dezimierten Laufpensum so irre schnell gerannt sind?

Tja, da ist die schiere Physik: Ein mitgeführtes Baby ergibt an die 20 Kilo zusätzlichen Widerstand, entweder gezogen oder geschoben, je nachdem, ob man den Buggy oder den Bollerwagen benutzt. So wurden die beiden unmerklich kräftiger.

Dann ist da die Biomechanik: Das Laufen mit Kinderwagen ist ein selbst korrigierender Lauftechniktrainer, denn es gibt Anreize für einen geraden Rücken, ein stabiles Becken, eine stetige Schrittfrequenz und kurze, gleichmäßige Schritte. Beim Schieben (oder Ziehen) eines Kinderwagens lernt man, Trippelschritte zu machen und mit der Körpermitte zu führen.

Und die Physiologie: Läuft man mit einem Kinderwagen zu langsam, wird er träge; läuft man zu schnell, wird er schwer zu steuern. Man gerät ganz von selbst in einen Flow-Zustand, der meilenweit anhalten kann. Und sobald Wackler auftreten, reagiert der Wagen und alarmiert die Aufmerksamkeit.

Alle diese Faktoren haben möglicherweise zu Billys und Alyx' Erfolgen beigetragen, aber die beiden behaupten das gar nicht. Beide sind Experten für den eigenen Körper und sportwissenschaftlich hoch qualifiziert (Sportwissenschaft war Billys College-Hauptfach und ist nach wie vor Alyx' Tagewerk). Aber als ich sie separat nach ihrer eigenen Erklärung frage, antworten sie so:

Alyx: »Vielleicht sind wir so gut gelaufen, weil es uns einfach egal war.«

Billy: »Unsere einzige Priorität in diesem Jahr war, zusammen zu sein.«

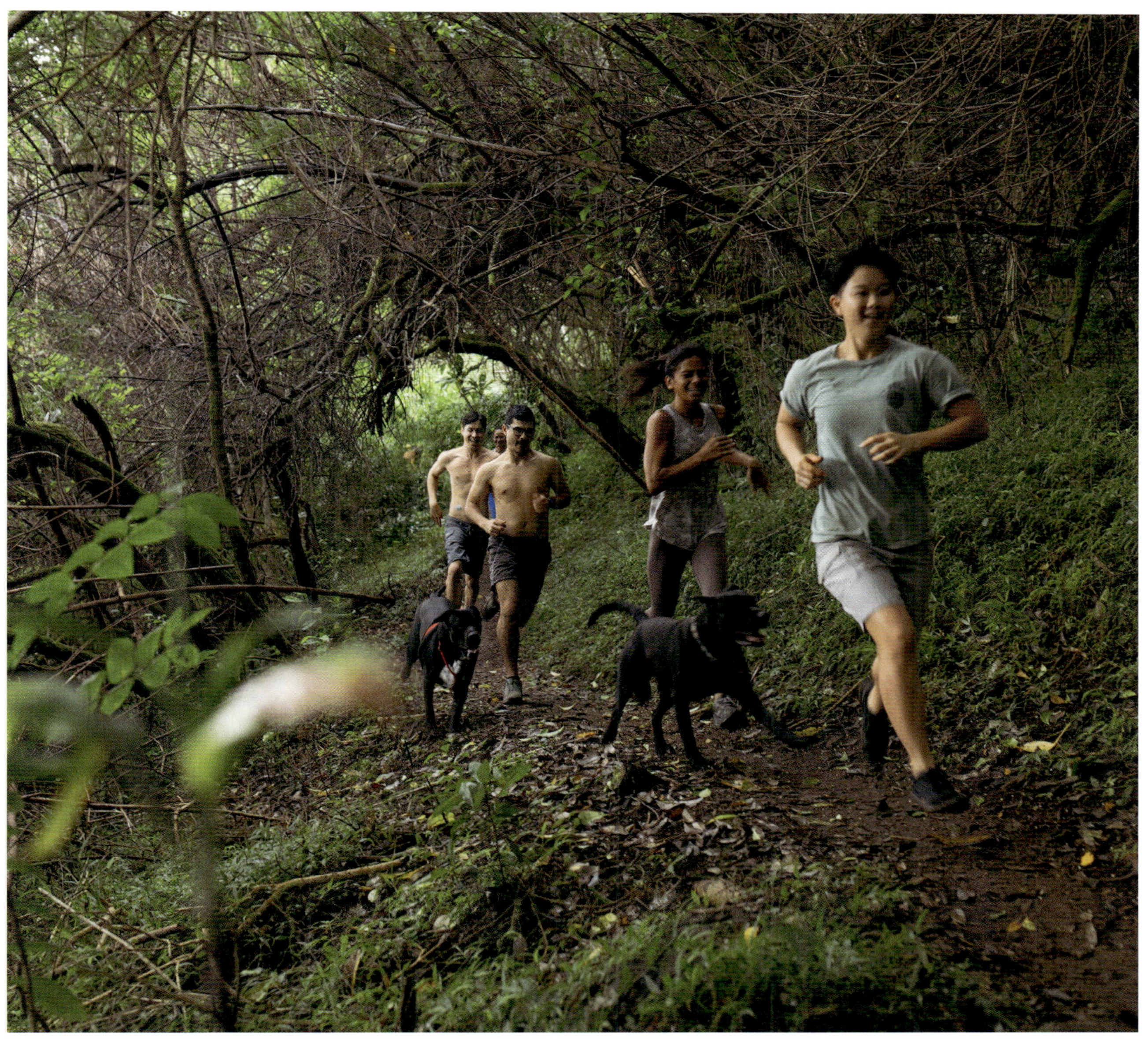

12.1 MEISTERSCHAFT IM BUGGY-SCHIEBEN

Als Ellen Ortis merkte, dass sie schwanger war, trainierte Eric sie gerade intensiv – »auf Elite-Niveau, also richtig krass«, sagt Ellen. Mit neun schnellen Marathons auf dem Kerbholz und der Qualifikation für Boston in Reichweite hatte sie sich nun nicht mehr nach den Möglichkeiten ihres eigenen Körpers zu richten, sondern nach den Bedürfnissen eines anderen. Kein leichter Übergang.

Hinweis: Ärztlicherseits wird meist empfohlen, mit dem Joggen mit Kinderwagen zu warten, bis das Baby im Alter von sechs Monaten genug Kraft im Hals hat, um den eigenen Kopf zu halten. Aber wie die Chefbloggerin bei The Mother Runners, *Whitney Heins, betont, verwenden viele Eltern schon früher einen Kinderwagen mit Babyschale, die den Hals des Babys stützt und Blickkontakt ermöglicht.*

Wähle unbedingt einen Kinderwagen, der speziell zum Laufen entwickelt wurde. Buggys zum Gehen haben in der Regel einen höheren Schwerpunkt und eignen sich weniger für schnelle Fortbewegung. Hochwertige Jogging-Buggys sind teuer (mit rund 500 Euro muss man rechnen), aber für so was hat man Freund:innen: Deine Laufkumpan:innen mit Kindern haben wahrscheinlich einen tollen Buggy im Keller, den du dir ausleihen kannst, bevor du dich selbst für einen Neuwagen entscheidest.

Aufwärmen im Gehen: Während der Schwangerschaft fand Ellen heraus, dass ein langer Spaziergang vor dem Laufen ihrem Körper half, sich in die neuen Gegebenheiten einzufinden. »Dehydrierung ist ein absolutes No-Go in der Schwangerschaft«, betont sie. Bei ihren Spaziergängen gab es immer reichlich Gelegenheit zum Trinken und zur Selbstreflexion. »Man muss mehr denn je auf den eigenen Körper hören.« Nach der Geburt kam Ellen diese Routine bei der Regeneration zugute. »Wenn ich mich nach der ersten Meile gut fühle, versuche ich, ein paar 100 Meter zu laufen, als Test für meinen Körper. Wenn er mitmacht, mache ich weiter, bis ich spüre, dass meine Herzfrequenz hochgeht. Dann gehe ich wieder ins Schritttempo und mache spontane Laufintervalle, zu 100 Prozent nach Gefühl. Wenn mein Körper nicht mitmacht, gehe ich wieder und versuche es erneut bei Meile zwei. Wenn bei Meile zwei nichts daraus wird, forciere ich auch nichts.«

Fahrradklingel anschaffen: Je früher man andere davor warnt, dass man von hinten kommt, desto unwahrscheinlicher ist es, dass sie zur Seite springen und versehentlich das Baby erschrecken.

Babyschale anschaffen: »Das lohnt sich absolut«, verspricht Ellen. »Eine lauferfahrene Mutter ist wieder bereit zum Laufen oder wenigstens zum Gehen, lange bevor das Baby mit etwa sechs Monaten aufrecht sitzen kann.« Ein Adapter für die Babyschale ermöglicht beiden kräftigende Ausflüge und die erste Gewöhnung an den Kinderwagen.

Schwarz auf weiß: Ellens Ehemann wusste: Um seine Basketball-Freundschaftsspiele mit Ellens Lauferei unter einen Hut zu bringen, wäre einiges an Diplomatie nötig. Darum handelten sie noch vor der Ankunft von Baby McCauley einen Zeitplan aus. »Dreimal die Woche pumpe ich Milch ab, und er passt auf Mac auf, während ich laufe. Zweimal die Woche benutze ich den Buggy für meine Dreiviertelstundenläufe.«

Deine drei besten Freunde: Du wirst sie hassen, denn sie heißen Mach, Lang & Sam. Wenn du während der Stillzeit trainierst, belastest du die Muskulatur und den Stoffwechsel und entziehst dem Körper ständig Energie. »Wenn du lange daran gearbeitet hast, schnell zu werden, musst du viel aufgeben«, räumt Ellen ein. »Ich hatte nur *Boston, Boston, Boston* im Kopf, bevor Mac geboren wurde, und war auch mehrmals nah dran. Aber das ist ein langfristiges Ziel. Jetzt kümmere ich mich darum, gesund zu bleiben und wieder fit zu werden.«

Knie zum Buggy: »Weil direkt vor deinen Knien so ein großes Objekt ist, wenn du den Buggy schiebst, lehnst du dich schnell nach vorne und treibst nicht richtig mit den Knien voran«, erklärt Ellen. »Also sage ich mir: *Aufrecht bleiben und mit den Knien von hinten gegen den Buggy stoßen.* Das tue ich natürlich nie, aber es ist eine großartige Hilfe für gute Lauftechnik.«

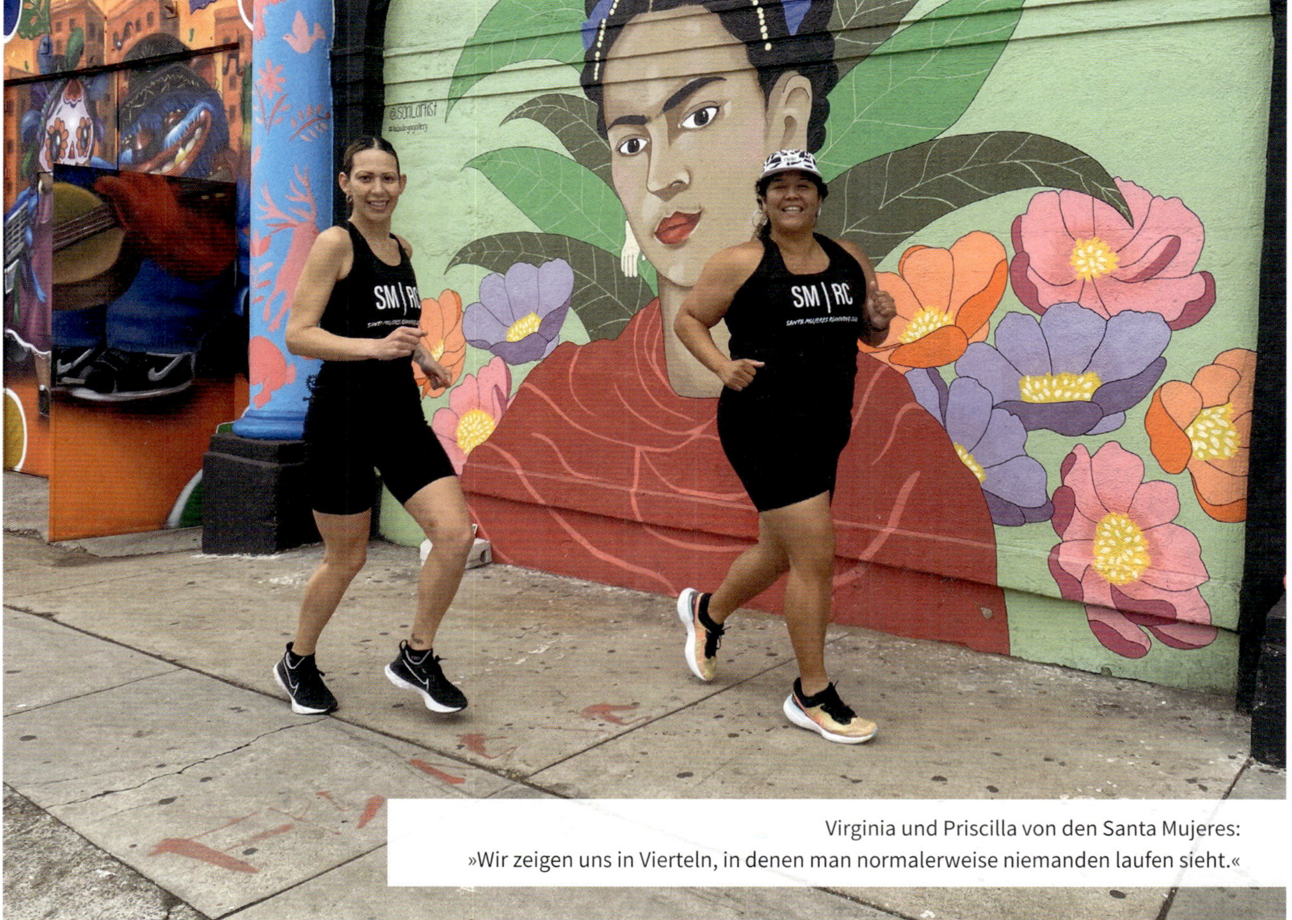

Virginia und Priscilla von den Santa Mujeres:
»Wir zeigen uns in Vierteln, in denen man normalerweise niemanden laufen sieht.«

12.2 EIN RUDEL WIE DIE SANTA MUJERES

»Wir sind beide sehr mutig«, sagt Priscilla Rojas, »aber wir wurden schon verfolgt, fast angefahren, von Fremden angepöbelt.«

Wenn du weiblich bist, gehören solche Bedrohungen zur Realität, sobald du zum Laufen vor die Tür trittst. Wenn du eine nichtweiße Person bist, kommen noch Argwohn und polizeiliche Schikane hinzu, abgesehen von dem höheren Risiko, umgebracht zu werden. »Als Schwarze Männer mussten wir schon lange vor Covid Masken tragen«, erklärt Jeff Davis, Gründer der Bostoner Niederlassung von Black Men Run. »Allein wegen meiner Hautfarbe werde ich als Bedrohung wahrgenommen. Ich kann an irgendeinem Dienstag joggen gehen und möglicherweise nicht nach Hause kommen, weil ich Schwarz bin.«

Für die USA ist es beschämend, dass diese Nationalkrankheit noch nicht geheilt ist. Aber bis es so weit ist, gibt es mindestens einen kleinen Schritt, den du zur Unterstützung deiner Mitläufer:innen tun kannst: dich ihnen anschließen.

»Wir wollten einen geschützten Raum schaffen«, sagt Priscilla. »Also haben wir den Santa Mujeres Running Club gegründet. Im Club knüpfen Frauen Freundschaften, damit keine mehr allein laufen muss.«

Damit liegen sie auch im neuesten Lauftrend. Große Lauf-Events sind im Schwinden, kleinere lokale Gruppen werden immer mehr. »Die Laufwettkämpfe hatten ihren Höhepunkt vor zehn Jahren. Heute suchen die Leute mehr Gemeinschaftsgefühl und Verbundenheit beim Lauf miteinander statt gegeneinander«, sagt Iman Wilkerson, Schöpferin der Laufdatenbank The Run Down. »Es entstehen viele Laufgruppen mit eigener Identität. Ich kenne das Gefühl, die einzige anwesende Schwarze Frau zu sein, und wenn man kein Spiegelbild von sich selbst sieht, fühlt man sich wie ein Marsmensch. Aus diesem Grund haben Menschen beschlossen, diesen Bedarf selbst zu decken, und es gab einen enormen Anstieg an Identitätsclubs.«

Bevor Priscilla und Virginia Lucia Camacho die Santa Mujeres gründeten, gehörte keine von ihnen einem Laufclub an. Nicht einmal Laufkumpaninnen hatten sie gehabt, was sie wirklich ärgert, wenn sie an all die Meilen in Gesellschaft denken, die sie verpasst haben.

»Wir kannten uns aus der Underground-Musikszene«, erinnert sich Virginia.

»Aus der Kava Lounge, der Roots Factory«, fügt Priscilla hinzu.

»San Diego hatte tolle Clubs. Das Konzert von Adrian Younge! Da haben wir uns angefreundet.«

»Vor zehn Jahren«, stimmt Priscilla zu. »So eine großartige Zeit in unserem Leben …«

»Jedenfalls«, kommt Virginia wieder zum Thema, »habe ich 2013 mit dem Laufen begonnen, um abzunehmen. Priscilla bekam es mit und hat mir Mut gemacht.«

Priscilla selbst probierte es erst vier Jahre später aus, aber als sie es tat, war sie gleich zu 120 Prozent dabei: Noch bevor sie ihren ersten Kilometer lief, nahm sie sich 63 vor. Sie meldete sich für den Triple Crown an: drei Halbmarathons in einem Jahr. Sie suchte sich im Internet einen Trainingsplan und lernte auf eigene Faust zu laufen.

»Carlsbad war mein erstes Rennen«, erzählt Priscilla. »Ich war ganz allein, mein Pace lag bei 14, 15 Minuten pro Meile, aber ich habe mein Ding durchgezogen. Am Ziel habe ich geweint, ich konnte nicht glauben, dass ich es geschafft hatte.« Drei Monate später dann La Jolla. »Total hügelig, aber es stellte sich heraus, dass mir das sehr lag, und ich dachte: *Krass, das schaffe ich.*«

Priscilla war so euphorisch, dass sie Virginia anrief und ihr sagte, sie solle sich auch anmelden. Die beiden erzählten sich Geschichten über ihre Laufabenteuer und fragten sich, warum sie einander nie um Hilfe gebeten hatten. Wie viele ihrer Freundinnen saßen im selben Boot: Voller Angst vor der Startlinie und nicht ahnend, wie viele Schwestern da draußen nur darauf warteten, sich mit ihnen zu verbünden.

»Ich wollte schon seit Jahren in einem Club sein, aber wenn ich mir die Clubs ansah, sah ich mich einfach nicht darin«, sagt Virginia. »Entweder sie waren nicht divers, oder sie kosteten Aufnahmegebühr, oder sie liefen zu schnell. Wir wollten einen Club, in dem sich besonders Frauen wohlfühlen können.«

Im August 2020 wurde Santa Mujeres geboren. Ganze zwei Freundinnen joggten mit ihnen eine Runde durch den Balboa Park in San Diego. Seitdem ist die Teilnahme sprunghaft angestiegen. An jedem Donnerstag bevölkern jetzt bis zu 50 Läufer:innen den Park.

»Wir haben Buggys dabei, Kinder, Teenager, ältere Leute. Es sind Väter dabei, die sich mit ihren Töchtern treffen. Der Vater lebt am einen Rand der Stadt, die Tochter am anderen, also treffen sie sich hier«, sagt Virginia.

»Es ist ein Ort für Verbündete, für Mütter und Schwestern und Cousinen«, sagt Priscilla. »Ein Ort, wo sich alle wohlfühlen.«

»Alle unsere Träume werden wahr«, sagt Virginia.

Aber das ist kein Zufall. »Wir haben unsere Hausaufgaben gemacht«, erklärt Priscilla. Die beiden haben viele kluge Entscheidungen getroffen und alle möglichen unscheinbaren Details beachtet, die aus zwei Freundinnen mit Vision ein Graswurzel-Kraftzentrum machen.

1) Kleine Zielgruppe: »In San Diego sind viele Laufclubs weiß, da fühlen sich Latina-Frauen möglicherweise nicht so wohl«, sagt Virginia. Also richteten sich die Mujeres absichtlich an eine derart kleine demografische Gruppe, dass sie riskierten, ohne Mitglieder dazustehen. Es stellte sich heraus, dass die Wissenschaft auf ihrer Seite ist. »Es scheint einige wichtige Einschränkungen zu geben, die die Wirksamkeit von Gruppenarbeit betreffen, besonders im Zusammenhang mit Sport. Es gilt also: ›Gruppentraining ist nicht gleich Gruppentraining‹«, rät eine Studie der University of British Columbia aus dem Jahr 2019. Der Hauptgrund, warum Leute einer Gruppe beitreten und regelmäßig teilnehmen, ist »Selbstkategorisierung« – dass man Gesichter sieht, die wie das eigene aussehen.

»Wir sind beide Amerikanerinnen der ersten Generation, unsere Eltern stammen aus Mexiko. Also haben wir einen spanischen Namen gefunden, der das repräsentiert«, sagt Priscilla. »Mit anderen Latinas können wir spanglish quatschen. Unsere Neuen sagen ihren Freundinnen: ›Du wirst es lieben. Die sind genau wie du.‹«

2) Auffindbarkeit: Als Iman Wilkerson von Chicago nach Kalifornien zog, fand sie alle möglichen Angebote für Läufer:innen, die meisten jedoch nur halb versteckt. »Wenn man nicht bereits von einem Gruppenlauf wusste, bekam man unmöglich raus, dass er stattfand«, sagt sie. Deshalb hat sie eine App namens The Run Down entwickelt, die eine atemberaubende Menge an Informationen enthält: nicht nur die Namen und Orte von Laufclubs und Lauftreffs, sondern auch deren Flair und Durchschnittstempo, dazu Beschreibungen der Gegend mit solchen Details wie Trinkbrunnen und öffentlichen Toiletten.

»Iman war entscheidend für unsere Sichtbarmachung«, sagt Virginia. »Ich habe zu Beginn der Pandemie The Run Down gefunden. Alles war geschlossen, alle Parks waren geschlossen, Toiletten waren geschlossen. The Run Down ist wirklich ein erstaunliches Tool. Es verrät dir sogar, wo es Straßenbeleuchtung gibt, wegen der Sicherheit.« Als die Mujeres loslegten, tat The Run Down das kund. »Dank Iman konnten Interessierte alles über uns erfahren, bevor sie zu uns kamen«, sagt Virginia. »Das war gigantisch.«

Falls es The Run Down in eurer Stadt noch nicht gibt, müsst ihr euch online so sichtbar machen wie möglich. Postet nicht nur fröhliche Bilder von lächelnden Gesichtern, sondern beschreibt die Ziele und Zusammensetzung eurer Gruppe so genau wie möglich. In Neuseeland berichtet die WoRM (Wellington Running Meetup Group) in ihren Online-Postings fast schon aufdringlich darüber, wo in dieser Woche gelaufen wird, wer dabei ist und ob am Ziel der Mandelkuchen der Mutter eines gewissen Mitglieds aufgeteilt wird. In London organisiert die legendäre Run Dem Crew von Charlie Dark nicht nur Läufe, sondern auch Tanzpartys, Poetry-Slams und Mentoring für Jugendliche. Die Crew hat für jedes Lauftempo eine eigene Gruppe. Schon bevor man hingeht, kann man auf der Website entscheiden, ob man sich beim »Party Pace«, den »Hasen« oder den »Windhunden« am wohlsten fühlt. Je mehr man als Interessent:in im Voraus über eine Gruppe erfahren kann, desto wahrscheinlicher taucht man dort auf.

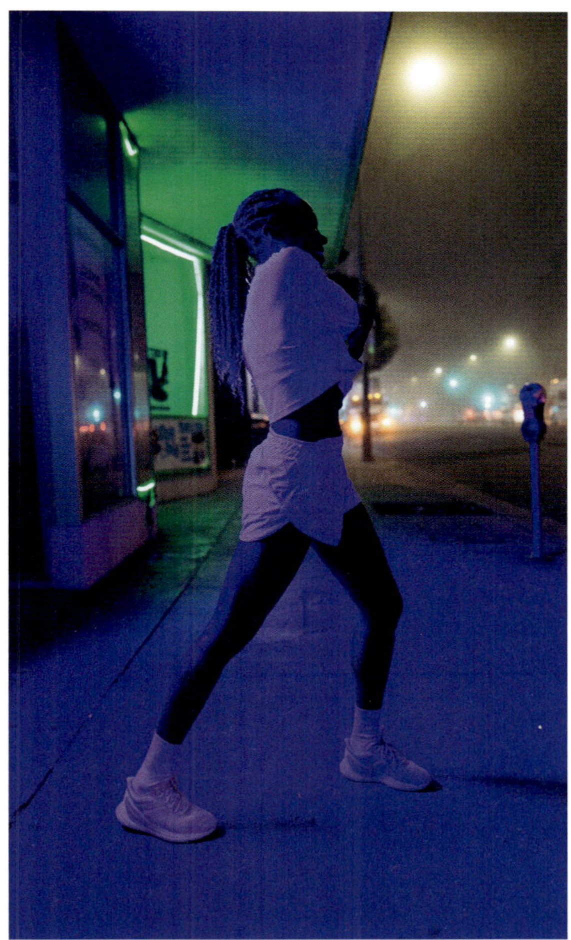

Iman Wilkerson bereitet sich für das Team Lululemon auf The Speed Project 2022 vor, einen Staffellauf von L.A. nach Las Vegas.

3) Dein Club ist nicht *dein* Club: »Man darf nicht egoistisch sein«, betont Priscilla. »Du hast die Gemeinschaft zu unterstützen und ihre Bedürfnisse zu erfüllen. Sie hat nicht deine zu erfüllen. Auch wenn du als Läuferin besser wirst, darfst du nicht vergessen, wie es für dich als Anfängerin war.«

Deshalb bieten die Mujeres jede Woche zwei Distanzen an – eine Meile und drei Meilen. Jede Gruppe wird von einer

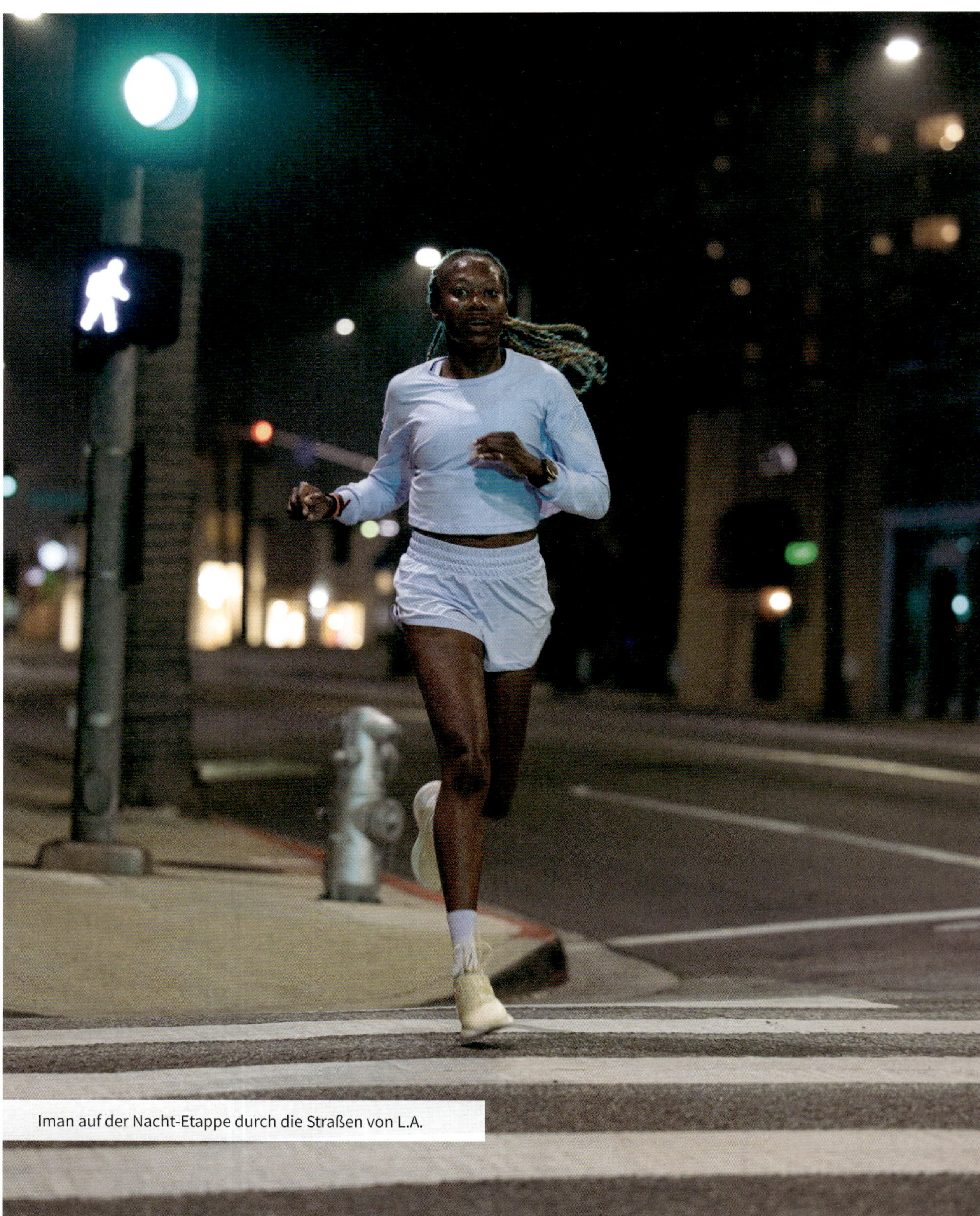

Iman auf der Nacht-Etappe durch die Straßen von L.A.

Frau angeführt. Es gilt auch die Regel *No Woman Left Behind*, daher schauen erfahrene Mujeres immer in der Nachhut vorbei, damit Zurückfallende nicht allein bleiben. »Wir merken uns die Namen aller und ermutigen alle, über ihren bisherigen Weg zu sprechen«, sagt Virginia. »Wir können Physiotherapeuten empfehlen, und wenn eine einen längeren Lauf vorhat, verbinden wir sie mit anderen, die vielleicht mitmachen möchten.«

»Wenn am Ziel nicht alle lachen, haben wir etwas falsch gemacht«, schließt Priscilla. »Aber das ist noch nie passiert.«

4) Sich selbst feiern: Die Mujeres haben viel von Brogan Graham und Bojan Mandaric gelernt, den erstaunlich innovativen Gründern eines für alle kostenlosen, für alle offenen, auch bei übelstem Wetter aktiven Lauftreffs namens November Project (NP). Brogan und Bojan hatten im College gerudert und beschlossen eines Novembers, wieder fit zu werden, aber anstatt zu sagen: »Wir treffen uns morgen zum Joggen«, umgaben sie sich mit dem Zauber des Geheimnisses, so als würden sie heimlich eine Atombombe bauen. Beide sind sehr diszipliniert und ehrgeizig, wissen aber auch, dass ein Boot nur so schnell ist wie das schwächste Ruder. *Alle*, die zu einem kostenlosen NP-Training kommen, werden umarmt und abgeklatscht. Alle laufen durch ein Jubelspalier und werden gefragt, ob sie Wasser brauchen oder nach Hause gefahren werden wollen. NP verkauft keine Vereinstrikots, aber die Gruppenleiter markieren dir dein Laufshirt gerne mit Schablone und Sprühfarbe.

»Unsere Damen dürfen uns gerne ihre Bestzeiten nennen«, sagt Priscilla. »Dann freuen wir uns mit! Ihre Medaillen sollen sie bloß mitbringen! Wir lassen sie spüren, wie stolz wir sind.« Und wie NP verkaufen auch die Santa Mujeres nichts: Wer das Vereins-T-Shirt möchte, muss einfach nur fünfmal dabei sein.

»Das ist für uns was Besonderes. Du hast uns fünf Stunden deiner Zeit geschenkt«, fügt Priscilla hinzu. »Und das spüren sie: *Oh, das habe ich mir verdient!*«

5) Andere Clubs unterstützen: »Wir machen Freundschaftsläufe mit anderen Clubs aus der ganzen Stadt«, sagt Virginia. »Wir haben Lauffreundschaften mit Black Men Run, Black Girls Run, mit allen möglichen Gruppen und Bewegungen. Wir machen beim Run for Justice mit, feiern Schwarze Frauen …«

»Freundschaftsläufe bedeuten uns viel«, wirft Priscilla ein. »Ein Grund ist, dass unsere Mitglieder dort erfahren können, wen es sonst noch so gibt. Andere Clubs laufen an anderen Tagen in anderen Stadtteilen. Man knüpft neue Freundschaften, neue Verbindungen, sodass nie jemand alleine laufen muss.« Zum ersten Mal alleine bei einem neuen Club aufzutauchen, kann Angst machen, besonders wenn man einer Minderheit angehört. Aber wenn man mit 14 weiteren Mujeres anrückt, ist das eine ganz andere Geschichte. »Iman hat großen Anteil daran«, sagt Virginia. »Sie sorgt dafür, dass alle in der Stadt wissen, was los ist.«

In Boston befand die Pioneers Run Crew, es sei endlich Zeit für einen Marathon, der wirklich die Stadt feiert und nicht nur die wohlhabenden Vororte. Also hielten sie am Tag vor dem offiziellen Boston Marathon 2022 ihren eigenen True Marathon ab, der sich 42,2 km durch die Innenstadtviertel schlängelte. Am Straßenrand standen andere Clubs Spalier – TrailblazHers, Black Men Run und Black Girls Run – und spendeten Jubel, Liebe und Straßenpräsenz.

6) Immer da sein: Priscilla und Virginia wurden zum jährlichen November Project Summit eingeladen, wo Brogan und Bojan kostenlos verraten, wie sie aus ihrem Zwei-Mann-Wintertraining einen regelrechtes Laufphänomen gemacht haben, das sich auf 53 Städte in neun Ländern ausgebreitet hat. Wichtig ist, dass es kostenfrei bleibt, dass man Rituale festlegt und eine eigene Sprache erfindet. »Hätten wir uns ›November Project Running Club‹ genannt, wäre es nicht so gewachsen«, sagt Brogan. »Der Name ist so verwirrend, dass ich nicht auf die Schnelle erklären kann, worum es geht, ich kann nur sagen: ›Du musst das selbst ausprobieren.‹«

Aber nichts davon hätte funktioniert, wenn NP sich nicht den Ruf pathologisch perfekter Verlässlichkeit erworben hätte. »Wir konnten erst wachsen, als sich die richtigen Leute meldeten«, sagt Brogan. »Wenn jemand sagte: ›Ich möchte in Austin damit anfangen‹, haben wir gesagt: ›Nein, das wird nichts. Das ist zu schwer.‹ Wir brauchen 52 Wochen am Stück.« Als Gruppenleiter:in kann man nicht einfach hinkommen, man muss *da sein*. Man muss für die Gruppe bereitstehen, egal, was noch an Arbeit wartet oder was vom Himmel fällt.

»Unsere Beständigkeit war ein wichtiger Faktor«, sagt Virginia. »In der Umgebung gibt es einige Laufclubs, aber was uns auffällt, ist, dass sie aus allen möglichen Gründen absagen. Vielleicht weil es regnet, vielleicht weil jemand krank ist. Aber wir haben 2020 keinen Lauf abgesagt. Unsere Leute wissen, dass wir auf jeden Fall da sind.«

12.3 VERPFLEGUNGSSTATION: AUF DEN PROFESSOR!

Im Jahr 2007 erfuhr David April von dem Typen, der ihm den Keller seines Reihenhauses im Norden Philadelphias ausbaute, dass Davids Frau mit Sack und Pack ausgezogen war, während er bei der Arbeit gewesen war. David reagierte … gar nicht gut.

Der Hall in dem fast ganz unmöblierten Haus trieb ihn fast in eine Panikattacke. Er stürmte aus der Tür und rannte blindlings und wild, so weit er konnte. Und er konnte nur bis zur Straßenecke. Es waren nur 70 Meter, aber diese 70 Meter waren 70 mehr, als er seit Jahren gelaufen war. Als er vielleicht jemals gelaufen war. Nachdem er sich gefasst hatte und nach Hause gegangen war, spürte David, dass er sich nach seinem wahnhaften Gerenne ein bisschen besser fühlte.

David war immer noch nicht ganz überzeugt von der Lauferei, als sein Freund Eric ihn eines Nachmittags zum Joggen mitnahm und ihm von einer obskuren Studie eines wenig bekannten Wissenschaftlers in Südspanien erzählte. So wie Eric es verstand, hatte die Studie ergeben, dass Bier nach einem Lauf genauso gesund sei wie Wasser.

Eric erwähnte das nur, weil er und David gerade zufällig an einer Bar vorbeiliefen. Sofort brachen die beiden Freunde ihren Lauf ab und kehrten ein, um sich der feuchtfröhlichen Wissenschaft zu widmen. »Und es dämmerte uns, dass wir gar nicht wussten, welches Bier wir bestellen sollten«, erinnert sich David. »Was empfahl die Studie? War es ein Lager? War es ein Ale? Ein Bier? Oder zwei Bier? Wir stellten fest, dass die Studie viel mehr Fragen offen ließ, als sie beantwortete.«

Was nicht stimmt. Etwaige Fragen blieben nur aus folgenden Gründen offen: a) Eric und David hatten die Studie gar nicht gelesen; denn b) wenn sie es getan hätten, hätten sie die Antworten direkt auf der ersten Seite der englischen Version gefunden, die man nach circa neun Sekunden Suche im Internet findet.*

»Wir sind an was ganz Großem dran«, beharrte David gegenüber Eric. »Die Menschheit muss das erfahren.«

Was auch nicht stimmte. Und die Menschheit musste gar nichts. Aber etwas Großes kam am Ende dennoch heraus, nämlich folgende Erkenntnis:

Solange es keine Party war, hatte David kein Interesse.

»Das ist eben das Besondere an David«, meint Eric achselzuckend.

»Tja, wenn ich schon ein Läufer werde, soll es auch Spaß machen«, gibt David zurück.

So wurde in typischer Philadelphia-Manier aus purer Ignoranz eine beliebte Institution geboren.

»Willkommen bei den Fishtown Beer Runners, beim maßvollen Laufen und Trinken im Sinne der Wissenschaft!«, proklamiert David von der Veranda seines Reihenhauses. Auf dem Bürgersteig und auf der anderen Straßenseite drängt sich eine Meute zusammen, deren Zahl von Woche zu Woche zwischen einigen Dutzend und einigen Hundert schwankt.

»Heute Abend geht's zu Tattooed Mom in der South Street«, fährt David fort. Das ist der Plan: Jeden Donnerstag um sieben Uhr wählt David eine Kneipe aus, und alle machen sich auf den Weg dorthin, egal ob es stürmt oder hagelt (ist beides schon vorgekommen).

Für ihren ersten Beer Run am 20. Dezember 2007 konnten David und Eric nur zwei weitere Freunde gewinnen, durchaus erwartbar am kürzesten Tag, im kältesten Monat, so kurz vor Weihnachten. Seit diesem düsteren Debüt sind die Beer Runners erst zu einem Club angewachsen, dann zu einem Dorf und inzwischen zu einer internationalen Gemeinde. Es gibt weltweit mehr als 4000 Beer Runners und fast 100 Ortsgruppen, ganz zu schweigen von den zwölf Ehen (einschließlich Davids) und zehn Babys. Beer Runners standen David bei, als bei ihm Nierenkrebs diagnostiziert wurde. Und sie freuten sich närrisch, als er nach seiner Gesundung auf die Veranda zurückkehrte.

* Falls du es wissen willst: Die Studie verordnet 60 Minuten Laufband, gefolgt von 650 ml »handelsüblichem Lager« mit 4,5 Prozent Alkohol. Kurz gesagt: Zwei Pils, bitte.

Merkwürdigerweise waren es anfangs Nicht-Läufer:innen, die sich für die rund 8 km langen Ausflüge durch Philadelphia anmeldeten. »Ich bin nie zuvor in meinem Leben gelaufen«, sagt der eingefleischte Beer Runner Mike Xander. »David hat mich eines Abends angesprochen, und ich dachte: *Na, ich mag Bier. Da werde ich mich mit dem Laufen schon anfreunden.*«

»Die Bars hielten uns für bescheuert, die Laufclubs hielten uns nicht für echte Läufer«, fügt David hinzu. »Immer wird gefragt: ›Ist das ernst gemeint? Ist das was Ernstes?‹ Ich weiß noch, wie unser erster Marathonläufer dazukam, und ich dachte: *Ja! Jetzt sind wir was Ernstes!*«

Ein paar Kneipen machten ebenfalls mit, als sie merkten, dass Dutzende von lärmenden, stinkenden Läufer:innen im Schankraum ein gutes Geschäft waren, auch wenn dann vor dem Eingang eine improvisierte Wäscheleine mit verschwitzten Laufshirts hing.

»Falls jemand neu hier ist: Jemand anderes wird dich entdecken und bei dir bleiben«, ruft David von der obersten Verandastufe und setzt seine wöchentliche Begrüßung fort. »Irgendjemand neu hier? Haben wir neue Beer Runners?«

Ein paar Hände heben sich. Die Menge bricht in Jubel aus, und eine interessante Bewegung setzt ein: Während die Hände noch in der Luft sind, rücken erfahrene Beer Runner näher und umgeben die Neuankömmlinge wie schützende Moleküle.

»Kommt einfach zur Bar«, ruft David. »Im Gehen, im Laufen, im Taxi, uns ist das egal. In der Bar stoßen wir nach altem Brauch auf den Professor an. Falls ihr nicht wisst, wer der Professor ist …«

Tatsächlich hat es eine ganze Weile gedauert, bis der Professor selbst wusste, wer der Professor ist. Aber seit Anbeginn beendete David den Abend immer damit, dass er für diesen speziellen Trinkspruch auf einen Stuhl stieg.

»Gemäß der Tradition der Fishtown Beer Runners«, hatte er damals gesagt und seinen Traditionsbegriff um ein Ritual erweitert, das nicht älter war als die Milch in seinem Kühlschrank, »die an maßvolles Laufen und Trinken im Sinne der Wissenschaft glauben, erweisen wir dem Manne, der uns hier zusammenbrachte, unsere Ehrerbietung.«

Er hob sein Glas. »Auf den Professor!«

»AUF DEN PROFESSOOOOORRR«, brüllten die Beer Runners zurück.

Eines Tages erhielt ein überraschter Mediziner in Spanien eine seltsame E-Mail aus den Vereinigten Staaten. Dr. Manuel Castillo Garzon hatte nicht mal seine eigenen Kollegen an der medizinischen Fakultät der Universität von Granada dazu bringen können, sein Lob des Biertrinkens ernst zu nehmen, ganz zu schweigen von der restlichen Fachwelt. Und jetzt aus heiterem Himmel ein Huldigungsschreiben von einem Fremden in 7000 km Entfernung? Der behauptet, jede Woche würden ihn Dutzende anderer Fremder als Helden feiern?

»David schickte diese E-Mail wie ein Kind, das an den Weihnachtsmann schreibt«, erinnert sich Eric. »Ich war völlig baff, als der Professor zurückgeschrieben hat.«

Dabei betrieb der Professor Forschungen, von denen sie gar nichts wussten. Bier war nur eine Unterkategorie seines Forschungsgebiets. Dr. Castillo Garzon war generell fasziniert von der fast schon magischen Heilkraft des Glücks. Wusstest du, dass glückliche Menschen bis zu sieben Jahre länger leben und nur halb so häufig an Herz-Kreislauf-Erkrankungen leiden wie unglückliche Menschen? Vielen Forscher:innen sind solche Fakten unangenehm, weil sie Gefühlslagen betreffen, keine organischen Sachlagen. Aber es sind Fakten. Und Dr. Castillo Garzon gehört nicht zu diesen Forscher:innen.

Wieso und warum auch immer, aber Glück wirkt. Glück ist Medizin. Und David April hatte herausgefunden, wie man an kalten, nassen Wintertagen viele Menschen sehr glücklich macht.

Die E-Mail brachte Dr. Castillo Garzon ins Grübeln. Zum ersten Mal zweifelte er an seiner eigenen Arbeit. Nicht an den Daten – die Daten waren felsenfest. Er zweifelte an seiner Deutung. Er hatte richtig gerechnet, aber die falsche Antwort bekommen. Plötzlich begriff er, dass von allen Getränken, die er hätte untersuchen können, Bier etwas Besonderes war. Es war nicht nur ein Getränk. Es war ein Sakrament. Beim Bier geht es im Gegensatz zu allem anderen um Freundschaft und Freude. Wein ist besinnlich, Champagner ist feierlich, aber Bier – nur Bier ist eine Party im Glas.

»Mir wurde klar, dass allein dieser Toast, der der Anlass dafür ist, dass Menschen zusammenkommen, zusammen laufen, zusammen Spaß haben, die ganze Forschung wert ist«, sagt Dr. Castillo Garzon. Und darum schrieb er David natürlich nicht nur eine Antwort-Mail. Der Professor lud den Beer Runner nach Granada ein, stellte ihn vor einen vollbesetzten Hörsaal und ließ sich von ihm den Sinn seiner eigenen Studie erklären.

Denn David und Eric waren wirklich an etwas Großem dran. Und die Welt musste es erfahren. Sie hatten nicht das Laufen neu erfunden, aber sie waren auf seine Kraftquelle gestoßen.

12.4 MIT HUNDEN LAUFEN

Meistens geht Luis Escobar in einer Wolke aus Liebe durchs Leben. An den meisten Tagen bewegt er sich inmitten von Dankbarkeit und Gelächter, umgeben von Kindern, die er inspiriert, und Läufer:innen, denen er hilft. Aber heute ist das anders. Heute ist der Tag, nachdem er ein paar Teenager zu einem Lauf mit einem Rudel Pitbull-Terrier mitgenommen hat.

»O Mann, sind manche Leute *angepasst*«, sagt er mir, nachdem ich von der Gegenreaktion Wind bekommen habe. »Du müsstest die Facebook-Kommentare sehen: ›Da ist ja ein Blutbad vorprogrammiert! Wegen dir werden die armen Jugendlichen sterben – UND die Hunde!‹«

Folgendes ist passiert. Luis betreibt nicht nur eine Fotofirma und veranstaltet eigene Geländeläufe, sondern trainiert auch das Cross-Country-Team der St. Joseph High School in Santa Maria, Kalifornien. Normalerweise ist er genau der Mensch, dem man sein Kind gerne anvertraut. Er ist streng genug, um sich den Spitznamen »Sheriff« zu verdienen, und doch so freundlich, dass er einem Jungen mit Autismus, der in Tränen ausbrach, als man ihm sagte, er könne nicht Football spielen, ein Paar Laufschuhe kaufte und ihn zu einem geliebten und respektierten Mitglied seines Teams machte.

Aber Luis hatte immer ein Problem, und das hieß August. Santa Maria ist im Sommer ein Hochofen. Selbst dem Sheriff fiel es schwer, seine Teenager zum Vorsaison-Training zu motivieren, wo sie unter der prallen Sonne Bergstrecken laufen müssten. Da hatte er einen Geistesblitz: Anstatt zu trainieren, würde er seine Schützlinge zum Tierheim bringen und sie mit verwaisten Hunden laufen lassen.

Die Lunte brannte:
Eingepferchte Tiere.
Jugendliche mit schwer kontrollierbaren Impulsen.
Null Anleitung.
Eine Begleitperson.
Los geht's.

Aus persönlichem Interesse, aber auch aus Recherchegründen konnte ich es kaum erwarten, den Ausgang dieser Unternehmung zu erfahren.

Damals führte ich nämlich mein eigenes fragwürdiges Experiment in Sachen Tierpartnerschaft durch und hoffte, dass Luis mehr Glück hatte als ich. Dank einer zufälligen Begegnung in den Wäldern von Pennsylvania in jenem Sommer und dank meiner leichtsinnigen Frage an meine fantasievolle 9-jährige Tochter, was sie sich denn zum Geburtstag wünsche, hatten wir letzten Endes einen sehr kranken Esel in unserem Garten stehen. Unsere Freundin Tanya, eine Tiertrainerin, mahnte an, dass das Leben dieses Esels nur zu retten wäre, wenn man ihm eine Arbeit gäbe, irgendeine tägliche körperliche Herausforderung, die ihm wieder Freude an der Bewegung vermitteln könnte. Da ich kein Goldgräber und auch kein biblischer Prophet bin, fiel mir nichts Besseres – oder Schlimmeres – ein, als Sherman zu meinem Laufpartner zu machen.

Weil ich keine Ahnung von Tieren hatte, holte ich mir aus allen Ecken Hilfe. Und was ich dabei entdeckte, war faszinierend. Ich sprach mit dem Hundeflüsterer Cesar Millan und mit Alexandra Horowitz, Professorin für Kognitionswissenschaft am Barnard College, die Lehrbücher über das Verhalten von Hunden geschrieben hat. Ich freundete mich mit Timianne Sebright an, die auf ihrer Farm in Michigan Reit-Zebras ausbildet, und fuhr eine bitterkalte Nacht lang mit den Eheleuten Quince Mountain und Blair Braverman auf einem Hundeschlitten durchs nördliche Wisconsin. Hin und wieder stoppte Blair den Schlitten, um die Aufzäumung zu ändern. Er wechselte die Hunde anhand von sekundenschnellen Verhaltenssignalen, die für mich unsichtbar, für Blair und Quince jedoch unübersehbar waren.

»Warum jodelt der Hund da die ganze Zeit?«, fragte ich.

»Das ist Refried«, antwortete Blair. »Wenn es gut läuft, ist sie so glücklich, dass sie gar nicht aufhören kann zu singen.«

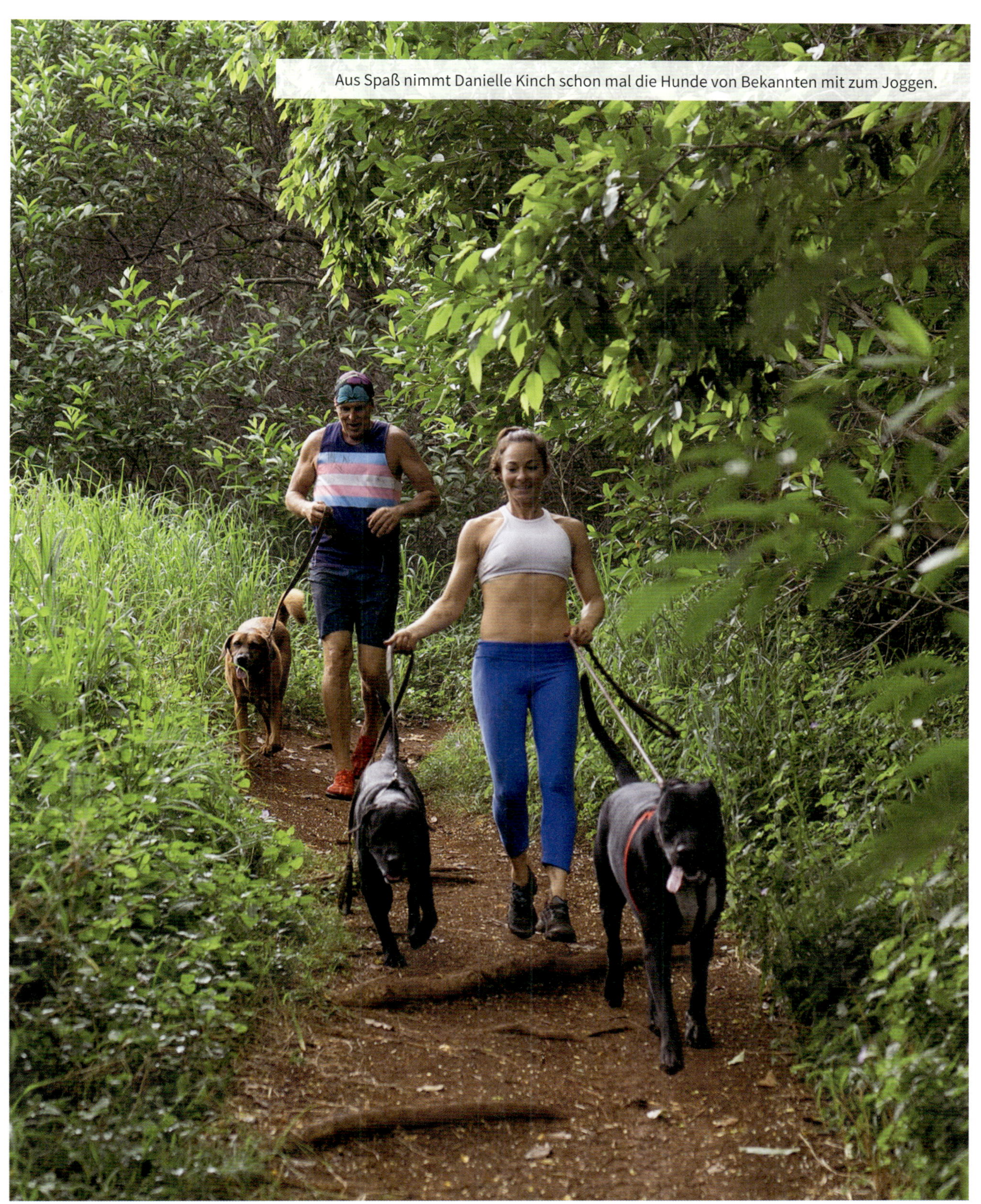

Aus Spaß nimmt Danielle Kinch schon mal die Hunde von Bekannten mit zum Joggen.

All diese winzigen, intuitiv wahrgenommenen Botschaften, die Blair, Timianne und Alexandra lesen gelernt hatten, waren einst unser aller Muttersprache. Während des größten Teils der Menschheitsgeschichte waren Tierpartnerschaften nicht nur nützlich, sondern auch überlebensnotwendig. Unsere Vorfahren mussten Tiere unmittelbar und intuitiv verstehen, um nicht auszusterben.

Die besten Freunde, die wir als Spezies gefunden haben, waren die Wölfe, die wir zunächst bestahlen. Unsere Vorfahren lernten, hinter Wolfsrudeln herzulaufen und die Reste aufzulesen, nachdem die Wölfe ihre Beute erlegt und sich satt gefressen hatten. Und dann kam eines Tages der Durchbruch: Die Wölfe akzeptierten uns als Partner, statt uns als Diebe zu betrachten. Sehr wahrscheinlich waren es die Wölfe, die in dieser neuen Liebesgeschichte den ersten Schritt machten. Wölfe sind sehr neugierig, und dank ihrer Fähigkeit, die Furcht der Menschen zu riechen, konnten sie den sichersten Moment für eine Annäherung erschnüffeln.

Es war ein Augenblick, der unsere Zukunft verändern würde: Unsere ängstlich zusammengekauerten Vorfahren sahen diese Raubtiere näher kommen und wussten nicht, ob sie angreifen oder Kontakt aufnehmen sollten. Auf beiden Seiten schwand allmählich der Argwohn, weil Wölfe uns wirklich verstehen, besser als alle anderen Tiere. Sie begreifen unsere Denkweise, weil ihre Gehirne mit ähnlichen Wahrnehmungsfähigkeiten ausgestattet sind wie die unseren. Naturforscher wie Carl Safina bescheinigen ihnen »menschenähnliche soziale Kognition«.

Nach dem Kennenlernen wurden wir ein fantastisches Team. Mit Hunden an der Seite wurden wir zu Herrschern über die Natur. Die neuen Gefährten waren unsere Nachtwächter, unser Navi, unsere erste Angriffslinie. Von da an konnten wir gar nicht genug Bündnisse mit der Tierwelt eingehen. Wir brachten Pferde und Elefanten dazu, uns in die Schlacht zu tragen, wir dressierten Falken und Frettchen dazu, Kaninchen zu erlegen und sie uns vor die Füße zu werfen. Wildkatzen wurden zahm und schützten unser Getreide vor Nagetieren.

Warum ist es wohl so unwiderstehlich, mit einer Katze zu kuscheln? Das ist unser innerer Höhlenmensch, der am Schnurren des Kätzchens erkennt, dass ihn gerade nichts angreift. Unsere prähistorischen Tierpartner waren Ergänzungen für unsere eigenen Augen und Ohren. Mit ihrer scharfen Nachtsicht und ihrem weitreichenden Gehör warnten sie uns vor Gefahren. Wenn sich heute so eine Mieze auf deinem Schoß zusammenrollt, ja sogar wenn du im Trickfilm Snoopy auf dem Dach seiner Hundehütte schlafen siehst, stupst dich ein uralter Instinkt an und beruhigt dich: *Entspann dich – du bist vorerst in Sicherheit.*

» WARUM IST ES WOHL SO UNWIDERSTEHLICH, MIT EINER KATZE ZU KUSCHELN? DAS IST UNSER INNERER HÖHLENMENSCH. «

Die Partnerschaft hat sich sogar in unsere Gehirnchemie eingeschlichen. Studien haben ergeben, dass das Streicheln eines Hundes nach ein paar Minuten die gleiche Wirkung hat wie ein Beruhigungsmittel: Die Atmung wird langsamer, der Blutdruck sinkt, und die Muskeln entspannen sich. Menschen, die einen Hund besitzen, erholen sich mit doppelter Wahrscheinlichkeit von einem schweren Herzanfall, und Krebspatient:innen mit Kontakt zu Tieren leiden während der Chemotherapie nur halb so häufig unter Angstzuständen und Depressionen. Mein Herz erwärmt vor allem die Magie, die zwischen Haustieren und Kindern mit ADHS passiert: Die Tiere verhelfen den Kindern nicht nur zu besseren Schulleistungen, sondern machen sie auch ruhiger, glücklicher, aufmerksamer und mitteilsamer. Die beste erhältliche Wundermedizin ist offenbar 100 000 Jahre alt und pelzig.

Warum das so ist? Niemand weiß es wirklich.

Aber müssen wir es wissen? Die eigentliche Frage ist nicht, was uns Tiere geben. Die Frage ist, was wir ohne sie verlieren. Wenn die Tier-Mensch-Bindung unser Leben in so vielen Aspekten verbessert, wenn sie Kranke stärkt, Traumatisierte ermutigt, Kinder schneller lernen lässt und Gefängnisse sicherer macht, dann gilt auch das Gegenteil: Ohne Tiere sind wir schwächer, sind wir kränker, sind wir wütender, gewalttätiger, ängstlicher. Dann sind wir zurückgeworfen in jene unglücklichen Zeit, als wir allein auf dem Planeten waren, als wir Wölfe, Falken und Wildkatzen aus der Ferne beäugten und uns wünschten, wir könnten irgendwie mit ihnen in Kontakt treten.

Erst als sie unsere Verbündeten geworden waren, ging es uns gut – so lange, bis wir uns von den Tieren abwendeten und der besten Freundschaft, die wir je hatten, den Rücken kehrten.

Diesen Missstand versuchte ein Mann in Philadelphia wieder zu beheben, und zwar einen Waisenhund nach dem anderen.

Ein Jobwechsel brachte Guillermo Torres und sein kleinen Corgi Patas im Jahr 2015 von Mexiko in die USA. Als Einkaufsplaner eines Kreditkartenunternehmens verbrachte Guillermo lange Tage allein vor dem Bildschirm und durchforstete Preislisten und Versandbedingungen. Er sprach oft den ganzen Tag mit keinem Menschen und ging voller Heimweh und Schwermut nach Hause.

»Aber beim Nachhausekommen änderte sich zwangsläufig meine Laune, weil Patas sich so sehr freute, mich wiederzusehen«, sagt Guillermo. »Ich musste so tun, als wäre ich glücklich, musste eine Weile lang Bälle werfen. Dass ich für ihn gute Stimmung machte, änderte meine Stimmung tatsächlich.«

Aber mit Guillermo war es so: Er ist so ein guter Kerl, dass er ein schlechtes Gewissen hatte, weil er so viel Liebe von Patas bekam. Womit hatte er eine solche Güte verdient? »Da dachte ich: Vielleicht kann ich es jemand anderem vergelten. Es gibt doch bestimmt noch andere einsame Menschen in dieser Stadt, oder? Das Glück, das er mir geschenkt hat, kann ein anderer Hund jemand anderem schenken.«

So fand Guillermo zu den Monster Milers, einer Gruppe von Ehrenamtlichen aus Philadelphia, die dazu ausgebildet sind, mit Hunden aus dem Tierheim Gassi zu laufen. Sobald er den Dreh raushatte, schmiedete Guillermo einen Plan von teuflischer Schläue, der allerdings nur dem guten Zwecke diente, seine moralische Schuld bei Patas zu begleichen: Er tauchte regelmäßig bei Volksläufen in der Stadt auf, immer mit einem äußerst annehmbaren Hund im Schlepptau.

Anfangs hatte Guillermo die Sorge, dass die ihm zugeteilten Pitbulls angesichts so vieler Fremder durchdrehen könnten, aber zu seiner Überraschung stellte er fest, dass sich die Hunde umso besser benahmen, je größer die Gruppe war. »Sie sind konzentrierter«, sagt er. »Sehr interessant, was für ein Wandel sie überkommt. Wir hatten noch nie ein Problem.«

Sogar ein Chihuahua namens Legs bekam seine Chance. »Ich dachte, ich müsste ihn tragen, aber er war der Beste!«, lacht Guillermo. »Er wetzte *kratz-kratz-kratz* wie ein kleines Huhn über den Bürgersteig und brachte die ganzen vier Meilen hinter sich. Er wollte weiterlaufen.« Legs machte einen solchen Eindruck, dass er innerhalb von zwei Wochen aus dem Tierheim geholt wurde. Guillermo kam der Gedanke, dass die Hunde nicht nur das Laufen liebten, sondern auch die Laufgruppe.

»Im Tierheim geht es manchmal verrückt zu, rund um die Uhr Gebell«, erklärt er. »Aber wenn man Hunde zusammen mit vielen Menschen ausführt, spüren sie die gesellige Atmosphäre und fügen sich ein.«

Als Vermittlungsstrategie waren die Lauftreffs todsicher. Immer wenn Guillermo einem Laufclub einen Hund aus dem Tierheim vorstellte, meldeten sich Interessenten, die ihn aufnehmen wollten. »Die Leute sahen, wie leicht ein Hund lernt, was zu tun ist, und wie viel Spaß es macht, zusammen mit einem zu laufen«, erklärt er mir. »Ich hatte einen armen Hund, den 180 Tage lang niemand nehmen wollte. Er war blind und nicht unproblematisch. Aber wir sind immer wieder zusammen laufen gegangen, bis ihn eine wundervolle junge Frau von der Temple University mit nach Hause nahm.«

Inzwischen hatten Guillermo und sein Schützling aber eine so enge Bindung, dass Guillermo, als die Studentin schließlich nach Arizona zog, an einem Wochenende hinflog, um zu überprüfen, ob sich sein alter Freund dort gut einlebte.

Das also war Luis Escobars Plan – soweit er überhaupt einen hatte: Die Jugendlichen zum Tierheim bringen, ein bisschen Zeit zum Kuscheln lassen, dann Leinen an und los. Für beide Seiten war der Plan ein sofortiger Erfolg.

»Ich weiß gar nicht, wer sich mehr freute, die Kids oder die Hunde«, erzählt mir Luis. Sie bildeten Paare und machten sich auf den Weg, ein Team aus plötzlich hoch motivierten Geländeläufer:innen, umtanzt von einer jaulenden Meute aus Chihuahuas, Pitbulls und Straßenmischungen. Als ein Welpe namens Fred müde wurde und nicht mehr mitkam, nahm ihn der 16-jährige Josh Menusa auf den Arm. Noch am selben Abend wurde Fred ein Mitglied der Familie Menusa.

Einen Videoschnipsel, in dem Josh den Hund in den Armen hält, stellte Luis online, hauptsächlich damit die Jugendlichen eine Erinnerung an den Tag hatten. Zwei Tage später stellte er schockiert fest, dass die Anzahl der Aufrufe schon über 20 Millionen lagen.

»Er war ein zitterndes Hündchen in einem Metallkäfig – und ein paar Tage später eine weltweite Kultfigur«, sagt Luis. Seine Trainerkollegen waren von der Idee begeistert und fragten Luis nach Tipps. Die Starköchin Rachael Ray ließ Luis sogar nach New York einfliegen, um ihm in ihrer Fernsehsendung eine Spende für das Team zu überreichen.

Dann kam der Backlash.

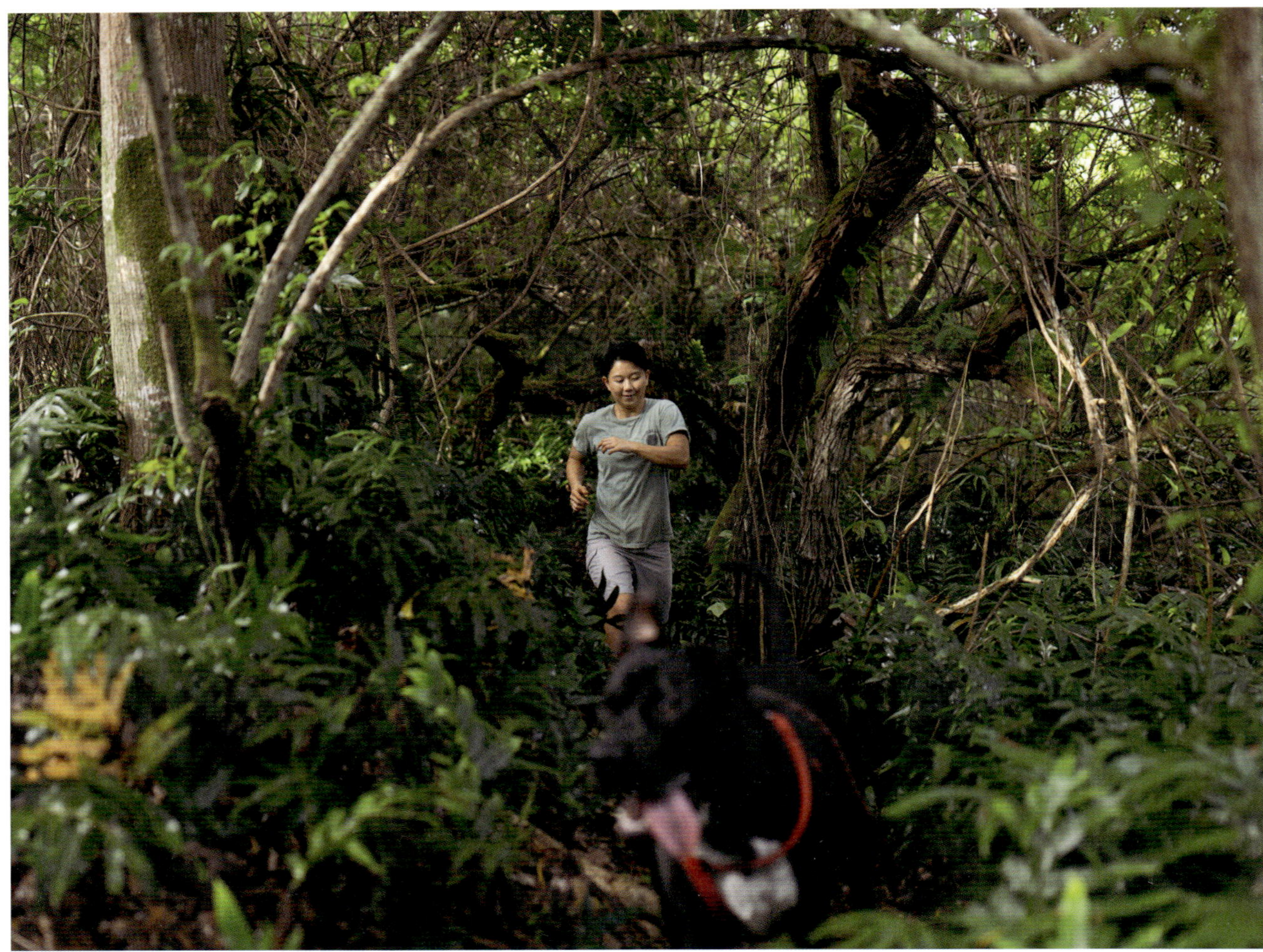

Auf Facebook und YouTube ließen sich die Tastaturritter:innen über ihn aus:

BIST DU BEKLOPPT? Die Tiere sind traumatisiert und unberechenbar … Was, wenn eins durchdreht? Was, wenn ein Kind stolpert und einen Beißreflex auslöst? Was, wenn …?

Luis hätte diese Irren abtun können, zumal ihn Tausende andere und eine Starköchin einen Helden nannten. Aber das Gefühl in seiner Magengrube sagte, dass die Irren recht hatten. *Ich habe 15 verrückte Teenager und 14 verrückte Hunde,* dachte er. *Das ist ganz schön verrückt.*

Noch jemand fand, dass Luis Hilfe brauchte: Hundeflüsterer Cesar Millan persönlich. Als Cesar das Video von Luis sah, war er ebenso bezaubert wie entsetzt.

»Du hast da eine fantastische Idee, aber keine Strategie, Coach«, sagte Cesar zu Luis, als wir beide in seinem Dog Psychology Center in Santa Clarita, Kalifornien, ankamen. Wir waren aus zwei Gründen hergekommen: Luis gefiel die Idee, sein Laufprogramm für Teenager auf Tierheime im ganzen Land auszudehnen, aber konnte das gefahrlos umgesetzt werden? Und ich hoffte, dass alles, was Luis über Problemhunde wusste, auch auf einen schadhaften Esel anwendbar sein könnte.

»Mein Läufe sind also potenziell gefährlich?«, fragte Luis.

»Supergefährlich«, sagte Cesar. »Wenn zwei kleine Chihuahuas einander angreifen, reagieren alle Hunde. Und wenn sie sich einmischen, helfen sie nicht dem Schwächeren. Das ist dann ein Rudelangriff.«

Cesar zählte noch weitere Worst-Case-Szenarien auf, konnte aus dem Kopf zahlreiche Einzelheiten aus dem Video benennen. Die Gruppe sei zu eng, sagte er, und das könne dazu führen, dass sich ein Hund bedroht fühle. Die Teenager ließen die Hunde voranhetzen, anstatt sie folgen zu lassen, und die »Energien« seien völlig durcheinander: Draufgängerische Teenager seien mit ängstlichen Hunden gepaart, scheue Menschen mit forschen Tieren.

Als Cesar fertig war, kam es uns wie ein Wunder vor, dass der Lauf nicht in einem Gemenge aus Reißzähnen und fliegenden Haarbüscheln geendet hatte. Diese Art der Analyse, erklärte Cesar, sei das eigentliche Geheimnis seines Erfolgs. Das war schon in seiner Jugend in Mexiko so gewesen, wo er wegen seines Talents, streunende Hunde zu zähmen, als *El Perrero* bekannt war – »der Hundejunge«. Nachdem er mit 21 durch ein Loch im Grenzzaun geschlüpft und unentdeckt in die Vereinigten Staaten gekommen war, hielt sich Cesar in Los Angeles über Wasser, indem er an Türen klopfte und darum bat, Hunde ausführen zu dürfen.

»Ich bin von acht Uhr morgens bis neun Uhr abends Gassi gegangen, und weil ich keine Papiere hatte, nahm ich dafür sehr wenig Geld, nur zehn Dollar je Hund«, erzählte er uns. Der bitterarme junge Mann leinte bis zu zehn Hunde gleichzeitig an und fiel dadurch einem Straßenfotografen auf, der den mittellosen Perrero berühmt machte.

»Die *L.A. Times* brachte in der Sonntagsausgabe einen Artikel über mich«, sagte Cesar. »Am Montag drängelten sich die Fernsehsender um ein Treffen mit mir.« Seitdem ist er berühmt dafür geworden, Prominenten wie Oprah Winfrey, Tony Robbins, Deepak Chopra, Jerry Seinfeld und sogar John Grogan von *Marley & Me* zu erklären, warum sie bei Menschen millionenfache Zuneigung und Ehrfurcht erregen, aber nicht bei ihren eigenen Haustieren.

Vielleicht ist unsere schlimmste Sünde als Haustierhalter:innen, so Cesar, dass wir aus geborenen Rudeltieren Einzelgänger:innen machen. Wir reißen sie aus ihrem Wurf heraus und ziehen sie dann allein in einem Haus voller Menschen auf, ohne dass ihnen jemand beibringt, ein Hund zu sein. Am besten ändert man nach Cesars Meinung gefährliches Verhalten oft zuerst dadurch, dass man Hunde zusammentut, damit einer vom anderen lernt, wie man sich verhält.

»Na los, Coach!«, lud Cesar Luis ein. »Wird Zeit, dich zu coachen.«

Er bat einen Assistenten, sein Rudel zusammenzustellen, und gab Luis die Leinen von acht Hunden unterschiedlicher Rassen und Größen in die Hand. Aber nach nur ein paar Metern nahm Cesar ihm die Hunde wieder ab. »Du bist zu ängstlich«, sagte er.

Cesar reichte die Leinen meiner Tochter Sophie, die noch nie einen Hund besessen hatte. Er gab ihr ein paar Anweisungen (Kopf hoch, Arme entspannt, vorne bleiben, zielstrebig gehen), und wir stiegen einen steilen Pfad hinauf. Die Hunde folgten still, bis sich Sophie umblickte und die Leinen etwas straffer zog. Sofort liefen die Hunde auseinander.

»Haltung, Mädchen«, sagte Cesar. Sophie reckte sich und ließ die Arme sinken. Die Hunde nahmen sofort wieder Formation an. »Hast du gesehen, dass die Kleine es besser macht als du?«, sagte Cesar zu Luis. »Sie folgen alle der Leithündin.«

Wir setzten uns neben dem kleinen Wasserfall, den Cesar im Garten für seinen verstorbenen Lieblings-Pitbull Daddy angelegt hatte, in den Schatten, während er sich überlegte, wie man Luis' »verrückte Teenager« zu Leittieren machen könnte. Während er sprach, fiel mir etwas ein, das mir die Hundepsychologin Alexandra Horowitz erzählt hatte.

»Alle Lebewesen haben einen biologischen Imperativ: *Die Sonne geht auf, womit verbringe ich meinen Tag?*«, so Alexandra. »Indem wir Tiere domestizieren, nehmen wir ihnen ihre evolutionäre Bestimmung, und das kann Probleme hervorrufen.« Wer schon einmal nach Hause gekommen ist und feststellen musste, dass der Spaniel die guten Schuhe zur Strecke gebracht und zerkaut hat, den wird das nicht überraschen. »Die Unterschiede zwischen Mensch und Hund sind unerheblich im Vergleich zu den Gemeinsamkeiten«, erklärte Alexandra. Du und ich, wir brauchen Herausforderungen, wir brauchen Aufgaben, die erledigt sein wollen und perfekt zu unseren Fähigkeiten passen. Warum sollte das bei einem anderen Lebewesen anders sein? »Am besten ist es, wenn man die Ziele miteinander koordiniert.«

Und die Persönlichkeiten, riet Cesar. Als Erstes schlug er vor, anfangs nur mit ein paar Teenagern zu laufen. Am besten nimmt man ruhige, selbstsichere wie Josh und teilt ihnen Hunde zu, die nicht zu scheu und nicht zu forsch sind. Dann macht man erst mal einen flotten Spaziergang mit dem Blick nach vorn und gutem Abstand zueinander.

»Im Tierreich gibt es nur eine Sprache, und die heißt Energie«, sagte Cesar. Deshalb müsse man die eigene Stimmung ins Lot bringen, bevor man beginnt: Alles, was man fühlt, wandert die Leine hinab. Auf jeden Fall muss man zielstrebig führen und die Wegrandschnüffelei erst später zulassen, erklärt Cesar: Das Gassigehen sollte sich wie Arbeit anfühlen, nicht wie ein Spaziergang.

»Was du da machst, ist wirklich wichtig«, sagte er. »Du musst es nur richtig machen.«

12.5
MIT HUNDEN LAUFEN, ABER RICHTIG

Charles Darwin hatte einen Nachbarn namens Sir John Lubbock, der sich weniger für den Ursprung der Arten interessierte als vielmehr dafür, was man gegenwärtig mit ihnen anfangen kann. Als Sir John einmal in den Pyrenäen eine Wespe fing, brachte er ihr bei, ihm aus der Hand zu fressen, und die beiden lebten glücklich zusammen als Herrchen und

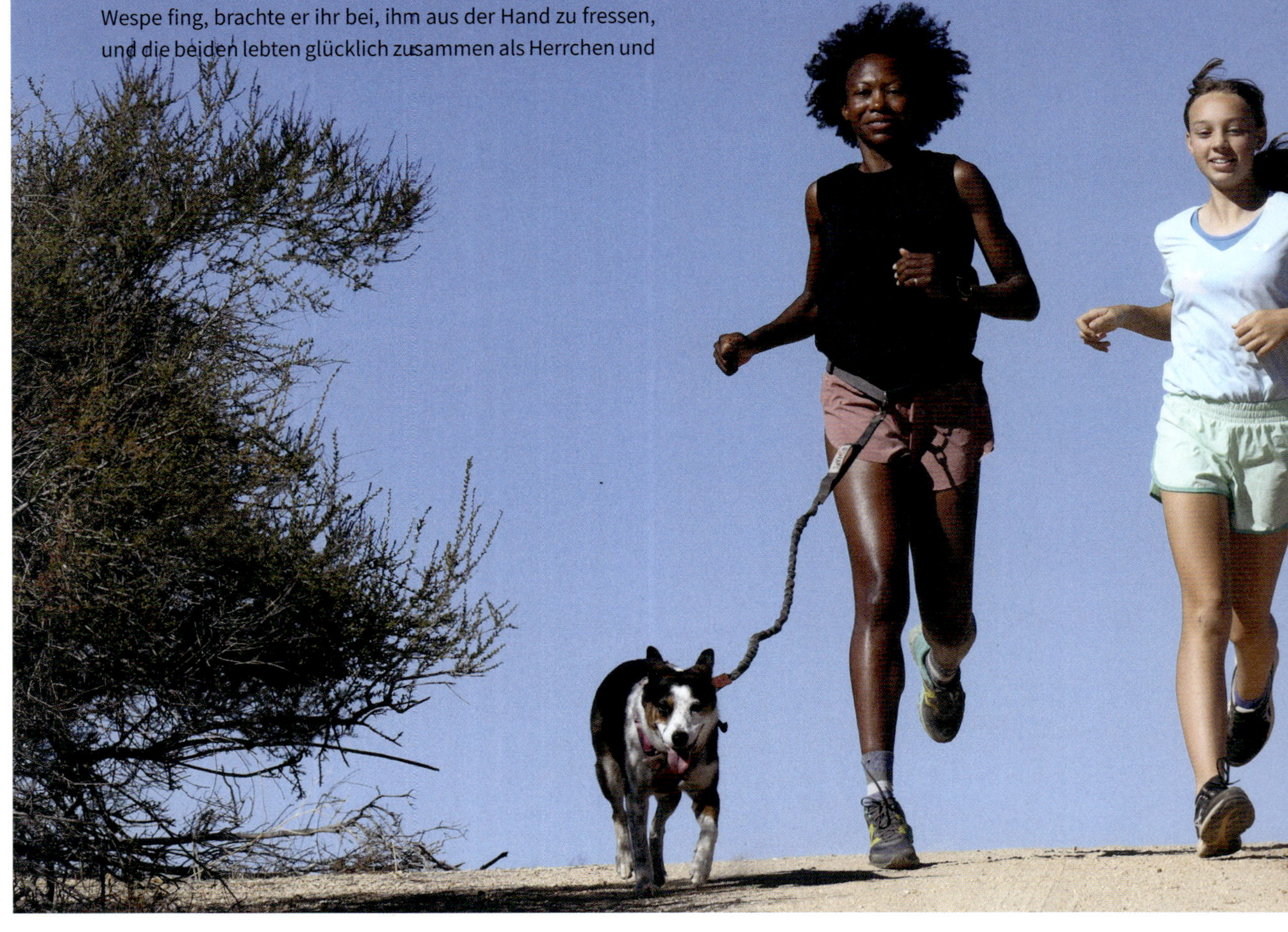

Haustier, bis die Wespe im hohen Alter von neun Monaten dahinschied.

Als Nächstes beschloss Sir John, seinem schwarzen Terrier Van das Lesen beizubringen. Einfach war es nicht: Sir John brauchte ganze zehn Tage, um es durchzuziehen. Er lud Freunde ein, damit sie bezeugten, dass Van auf den Zuruf »Essen« oder »Knochen« hin durchs Zimmer trottete, aus einer Reihe von Karten die richtige heraussuchte und im Maul apportierte. Das eigentlich Erstaunliche geschah, als Sir John und seine Kameraden ins Gespräch vertieft waren und Van vergessen hatten. Der Hund unterbrach sie und zeigte die Karte »Wasser«, um Bescheid zu geben, dass er Durst hatte.

Van war nicht perfekt. Er wählte nicht immer die richtige Karte, und Sir John gab freimütig zu, dass er nicht rechnen konnte und ums Verrecken keine Farben erkannte. Aber das war in Ordnung, denn Sir John ging es wirklich nur um die Sprache: Er wollte, dass sein Hund *kommunizierte*. Van war der lebende Beweis dafür, dass sich die 10 000 Jahre Arbeit, die wir in die Erschaffung der einzigen menschengemachten Spezies gesteckt hatten, auszahlten. Seit der Steinzeit haben wir Hunde sorgfältig selektiert und gezüchtet, damit sie nur eines tun: das, was wir sagen.

Also keine Sorge! Egal wie frech dein Welpe gerade ist, nimm Van, Patas und Legs, den fröhlichen Chihuahua als Beispiel. Jedes Gen im Erbgut deines Hundes steht bereit, um deine Befehle entgegenzunehmen. Er wird dir nie die Steuererklärung machen oder die richtigen Vorhänge auswählen, aber alles, was mit Zuhören und Gehorchen zu tun hat, ist seine wahre Be-

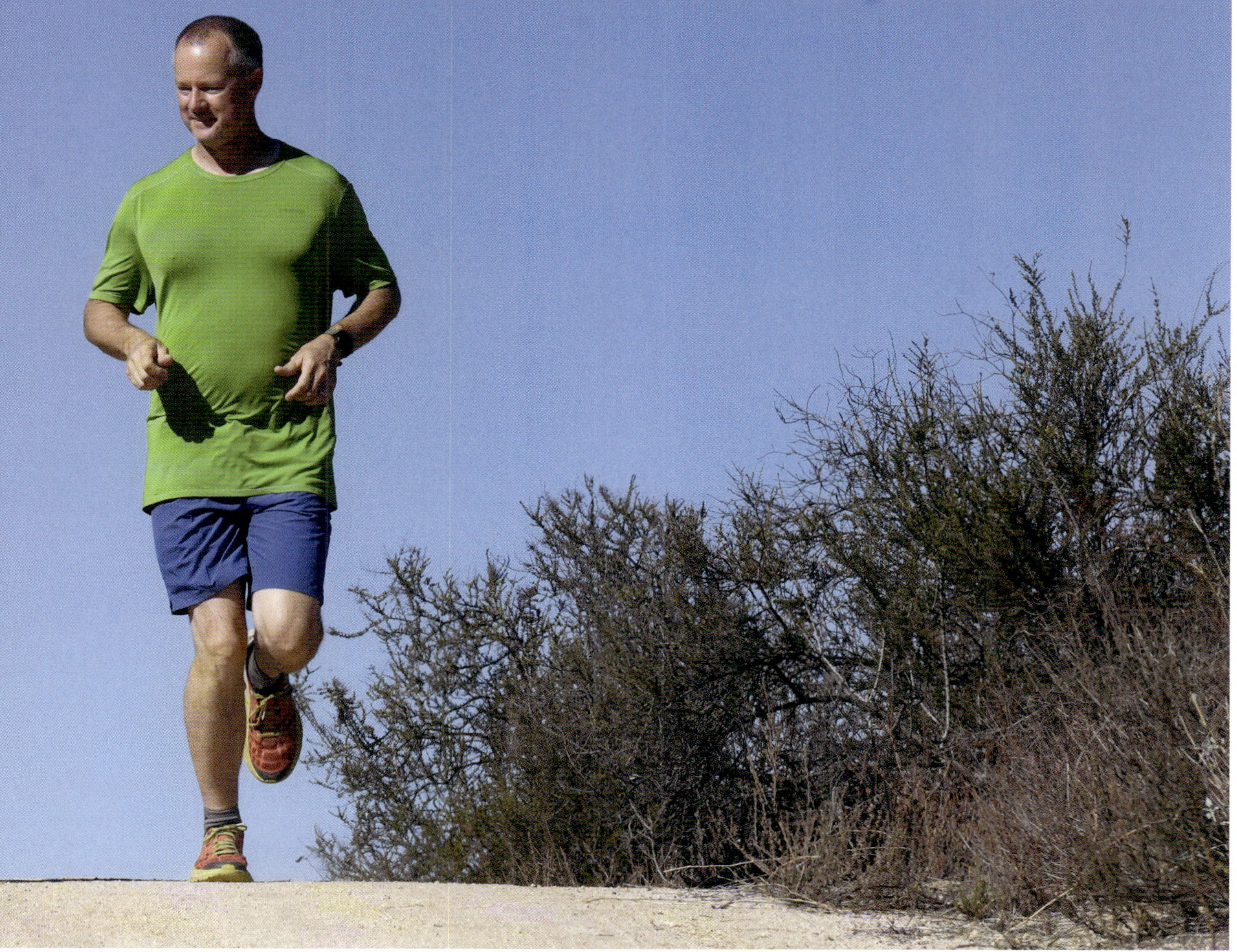

rufung. Nimm dir genug Zeit und halte dich an die folgenden Tipps, und du wirst keinen besseren Laufpartner finden.

1) Denke an die 3/3/3-Regel: Jedes Mal, wenn du dir einen neuen Hund ins Haus holst, kommt er auf einen fremden Planeten voller verwirrender Gerüche, Anblicke und unsichtbarer Gefahren an. Es ist möglicherweise gar nicht der Hund, den du dir ausgesucht hast, als er so fröhlich in seinem ursprünglichen Zuhause herumtollte. In der Eingewöhnungsphase kannst du mit folgenden Zeiträumen rechnen:

- **3 Tage zum Fremdeln:** Nervös, zurückgezogen, nicht ansprechbar, testet Grenzen aus.
- **3 Wochen zum Auftauen:** Findet Lieblingsplatz in der Wohnung, zeigt mehr Energie. Eventuelle Verhaltensprobleme treten auf.
- **3 Monate zum Ankommen:** Baut Bindung, Zutrauen und Zugehörigkeit auf, neigt zu spontanem Spiel und Zuneigung.

2) Achte auf die Rasse: Alaskan Huskies sind laut Blair »schnell, arbeitsam, loyal, haben robuste Füße, fressen viel, kommen gut in Rudeln aus und *lieben* es, Schlitten zu ziehen«. Aber obwohl sie nicht so pelzig sind wie ihre sibirischen Verwandten, heizen sie sich schnell auf. Aus diesem Grund trainieren Blair und Quince im Herbst nur spätnachts – und mit spät meine ich mitten in der Nacht, wenn die Temperaturen in Wisconsin unter –40 °C sinken.

Bevor du also deinen Hund zum Laufen dressierst, musst du wissen, welche Einschränkungen er möglicherweise hat.

Kurznasige Rassen wie Bulldoggen und Mastiffs können weniger Luft einatmen, und weil Hunde sich durch Hecheln abkühlen, sind solche Hunde anfällig für Überhitzung. Unabhängig von der Rasse kann sich dein Hund als absoluter Star erweisen. Catra Corbett, die »Dirt Diva« des Trailrunning, legt mit ihren beiden Dackeln regelmäßig lange Strecken zurück. Aber sie achtet immer peinlich genau darauf, ob sie irgendwelche Anzeichen von Erschöpfung zeigen.

3) Nur Geschirr, kein Würgehalsband: Wenn du deinen Job machst, gibt es keinen Grund, warum dein Hund nicht lernen sollte, sich sicher und ruhig an deiner Seite zu bewegen. Wenn der erste Lauftermin näher rückt, wird es Zeit, in eine gute Leine und ein hochwertiges Hundegeschirr zu investieren. Marcus Rentie rüstet seine Hündin Batman mit der Marke Ruffwear aus, die auch für Top-Ultraläuferinnen wie Krissy Moehl und Cat Bradley erste Wahl ist. Der Ruffwear Roamer ist ein Traumgespann: Es besteht aus einer Leine und einem Hüftgurt mit elastischen Einsätzen und Staufächern für Müllbeutel und Leckerlis.

4) Übe im Gehen: Hundeverhaltensforscher haben Cesar Millan kritisiert und darauf hingewiesen, dass sein Ansatz »Sei der Leitwolf« auf der falschen Vorstellung basiert, Wolfsrudel würden in freier Wildbahn einem einzelnen dominanten Alphatier folgen. Cesars Antwort lautet im Wesentlichen: *Egal, mein Ansatz funktioniert.* Er weist auch darauf hin, dass seine Praxis einem gut beobachtbaren Verhalten von Hunden nachempfunden ist: Wenn die Welpen nicht dicht hinter der Hündin bleiben, sorgt sie schnell dafür, dass sie es tun.

»Führungsstärke ist nichts Schlechtes«, sagt Cesar. »Sie beruht nicht auf Strafen, sondern auf Disziplin, besonders wenn sie mit einer ruhigen, konsequenten Energie verbunden ist. Dann werden Hunde nicht ängstlich oder nervös oder angespannt. Sie werden ruhig.«

Wenn du also einen jungen Hund hast, solltest du diese frühe Entwicklungsphase nutzen, um das Bei-Fuß-Gehen zu üben:

Entscheide dich für eine Seite und bleibe dabei. Wenn du den Hund an deiner linken Seite haben willst, dann sei damit konsequent.

Wenn der Hund zieht, bleibst du stehen. Warte einen Moment, bis das Signal wirklich angekommen ist, dass du stehen bleibst, wenn der Hund vorläuft und zieht.

Wenn der Hund an deiner Seite läuft, dann halte alle paar Meter an und belohne ihn mit einem Leckerli.

Bleibe bei den ersten paar Spaziergängen immer in derselben Gegend, um Ablenkungen und seltsame Gerüche zu minimieren.

Wenn du bereit bist, deinen Hund auf die ersten Läufe mitzunehmen, lass es langsam angehen. Beginne im Schritttempo und werde nach und nach zügiger. Lege weiterhin Leckerli-Stopps ein, wenn der Hund an deiner Seite bleibt. Wechsle zwischen Gehen und Joggen, bis du merkst, dass dein Hund gelernt hat, was seine Aufgabe ist.

5) Löse das Problem durch mehr Leute: Mit dem Eselchen Sherman, das mein Laufpartner werden sollte, gelang uns der große Durchbruch, als wir die Dressur aufgaben und einfach mehr Esel dazuholten. Wir stellten fest, dass Sherman liebend gerne *allem und jedem* hinterherlief: meinen Töchtern, einer Ziege, unserem Kätzchen und vor allem anderen

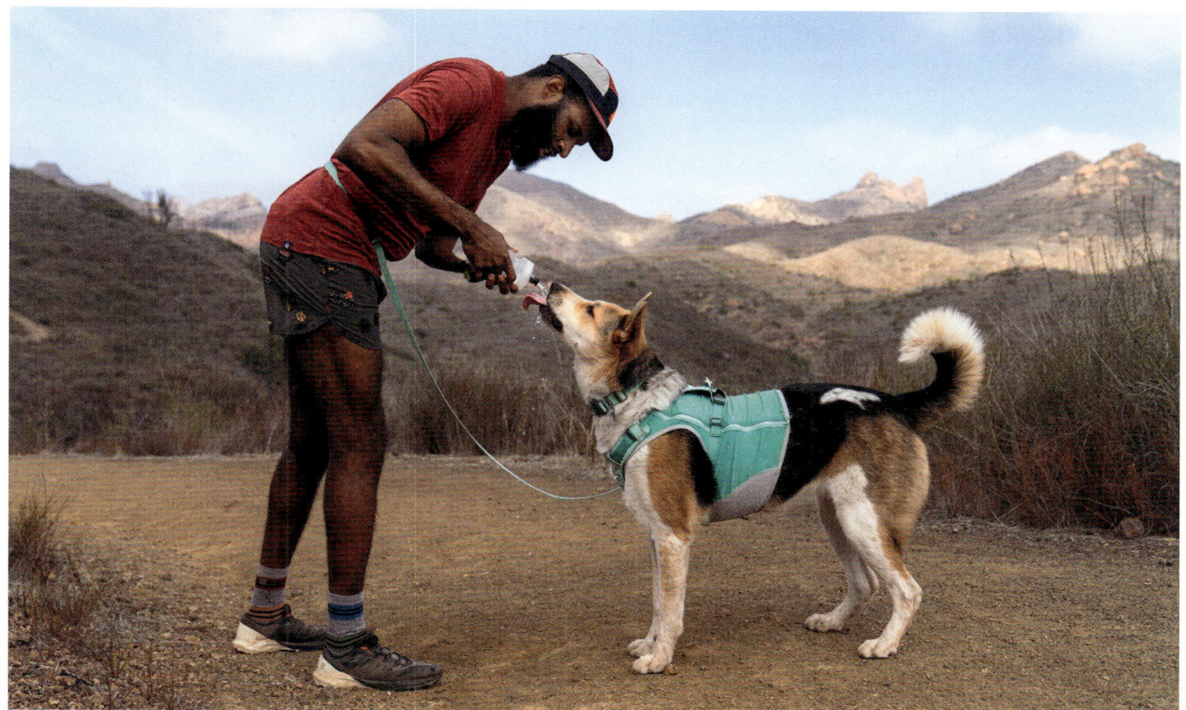

Eseln. Als sich meine Frau und unser Freund Zeke mit ihren eigenen Eseln zu uns gesellten, ging es richtig ab.

Eine weitere Gelegenheit, diesen Ansatz zu erproben, kam lange Zeit später, als ich mit Nathan Leehman, dem Inhaber der Ultra Running Company, in Charlotte, North Carolina, auf einem Geländelauf war. Wir trafen im Wald auf eine Läuferin, die mit ihrem Hund laufen wollte und nicht vorankam. »Dürfen wir etwas ausprobieren?«, schlug ich vor. Wir positionierten Nathan vor dem Hund, die Besitzerin an seiner Seite und mich als Schlusslicht. Als wir zu laufen begannen, verstand der Hund es sofort. Die ganze Meile zurück zum Ausgangspunkt des Trails trabte der Hund wunderbar an der Seite seines Frauchens entlang.

Sicherlich ist das der Grund, warum Guillermos Läufe mit Tierheimhunden immer so erfolgreich waren: Weil er seine Hunde mit einer großen Laufmeute umgab, wusste der Hund schnell, wo es langgeht.

6) Nimm reichlich Wasser mit: Als meine Freundin Danielle drei Hunde für einen Lauf auf Oahu mitbrachte, wunderte ich mich darüber, dass sie mit einem zünftigen Rucksack auftauchte. Den Grund dafür erfuhr ich bei unserer ersten Ruhepause, wo sie eine große Wasserflasche und faltbare Hundenäpfe auspackte und dafür sorgte, dass alle ihre Kerls ordentlich zu trinken bekamen. Hunde können Wärme nur loswerden, indem sie hecheln und die Zunge herausstrecken, und das kann dazu führen, dass sie schnell dehydrieren. Wenn du Wasser für dich selbst einpackst, dann packe entweder die gleiche Menge für deinen Hund ein oder lege die Laufroute so, dass ihr an Orten mit Trinkwasser vorbeikommt.

7) Kontrolliere die Pfoten: Selbst wenn du nur Minimalschuhwerk trägst, hast du immer noch deutlich mehr Schutzschicht zwischen dir und dem heißen Asphalt als dein Hund. Behalte an heißen Tagen und auf felsigen Wegen die Bodenbeschaffenheit im Auge und untersuche die Pfoten deines Hundes auf wunde Stellen oder Abschürfungen.

8) Leckerlis zur Selbstverteidigung: Dein Hund mag ein Engel sein, aber bei fremden Tieren kannst du dir nicht sicher sein. Packe für den Fall, dass ihr auf Hunde stoßt, die Streit suchen, immer einige zusätzliche Handvoll Leckerlis ein. Lass die Leckerlis auf den Boden fallen (nicht werfen, denn die Wurfbewegung kann den Hund so erschrecken, dass er dich anspringt) und mach dich vom Acker, solange der fremde Hund durch die Leckerlis abgelenkt ist.

12.6 FAMILIE: WAS TUN?

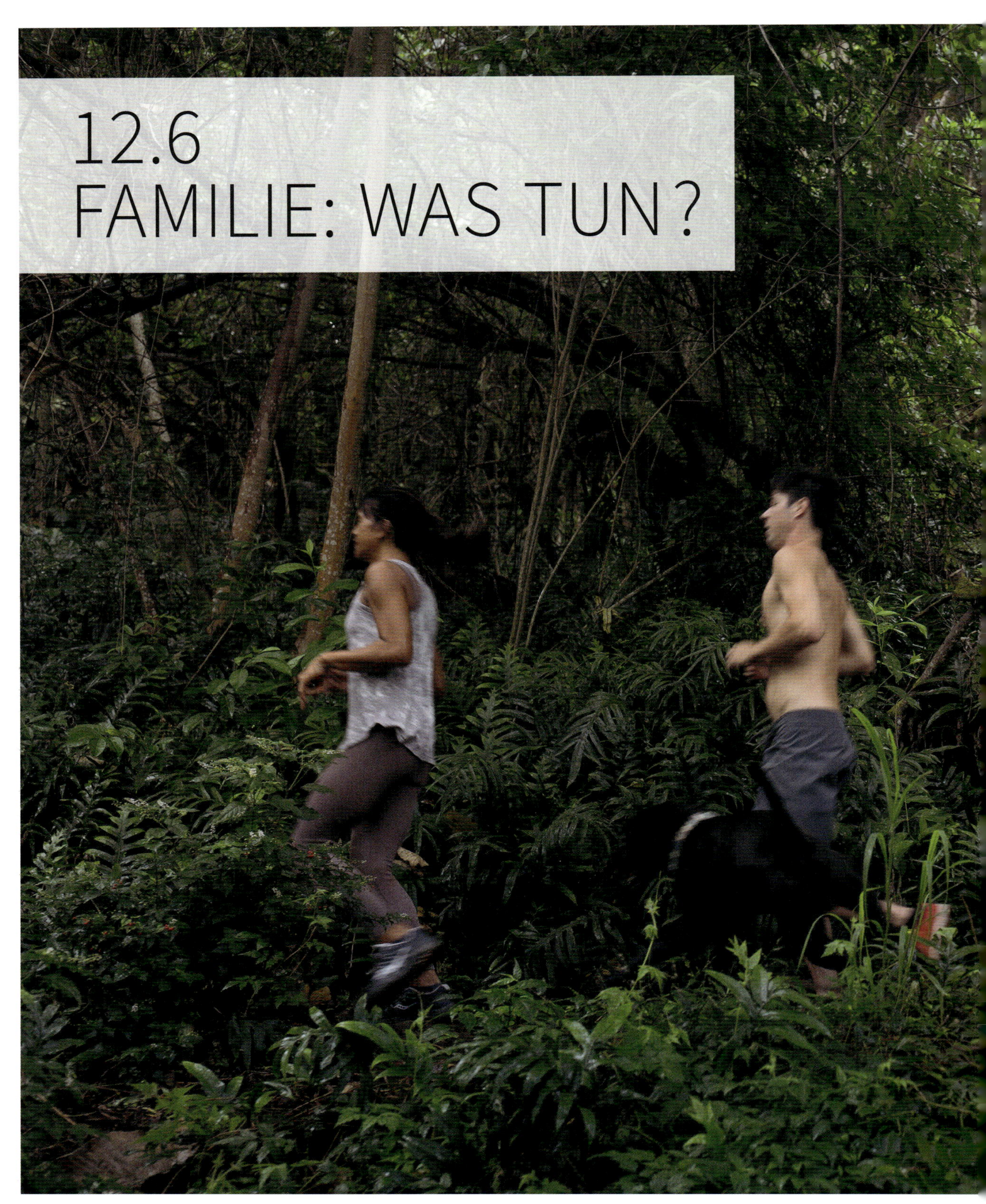

Mikes Runde: Beim 30-jährigen Klassentreffen traf Eric Orton einen alten Schulkameraden, der ihm anvertraute, dass er als alleinerziehender Vater überarbeitet und außer Form war und sich allgemein niedergeschlagen fühlte. Da sagte Eric: »Fang am besten mit etwas Leichtem an. Wie wär's, wenn du auf Zucker verzichtest und jeden Abend einmal um den Block läufst? Mehr nicht. Nur eine Runde.« Eric schickte dann allen ihren gemeinsamen Freunden eine Nachricht und lud sie dazu ein, jeden Mittwoch mit Mike eine Runde zu laufen. »Aufs Wochenende freuen sich eh alle. Ich wollte, dass sie sich auf den Wochenteiler freuen«, sagt Eric. Mikes Runde wurde zum Lauffeuer. Mike begann, über seine Fortschritte zu bloggen, und fand so viele Follower, dass ein Leser aus Australien bei seinem USA-Besuch extra einen Abstecher nach New Jersey machte, um mit Mike zu laufen. Seitdem hat sich Mike von einer Runde pro Tag auf 80 km am Stück gesteigert. Als bei einem Freund Krebs diagnostiziert wurde, verwandelte sich Mikes Runde in Kevins Runde: Jeden Mittwoch liefen Mike und seine Freunde zu Kevin nach Hause, um während seiner Behandlung Zeit mit ihm zu verbringen. Wenn du also keinem Laufclub angehörst, brauchst du nur einen Freund in Not, und schon bist du auf dem richtigen Weg.

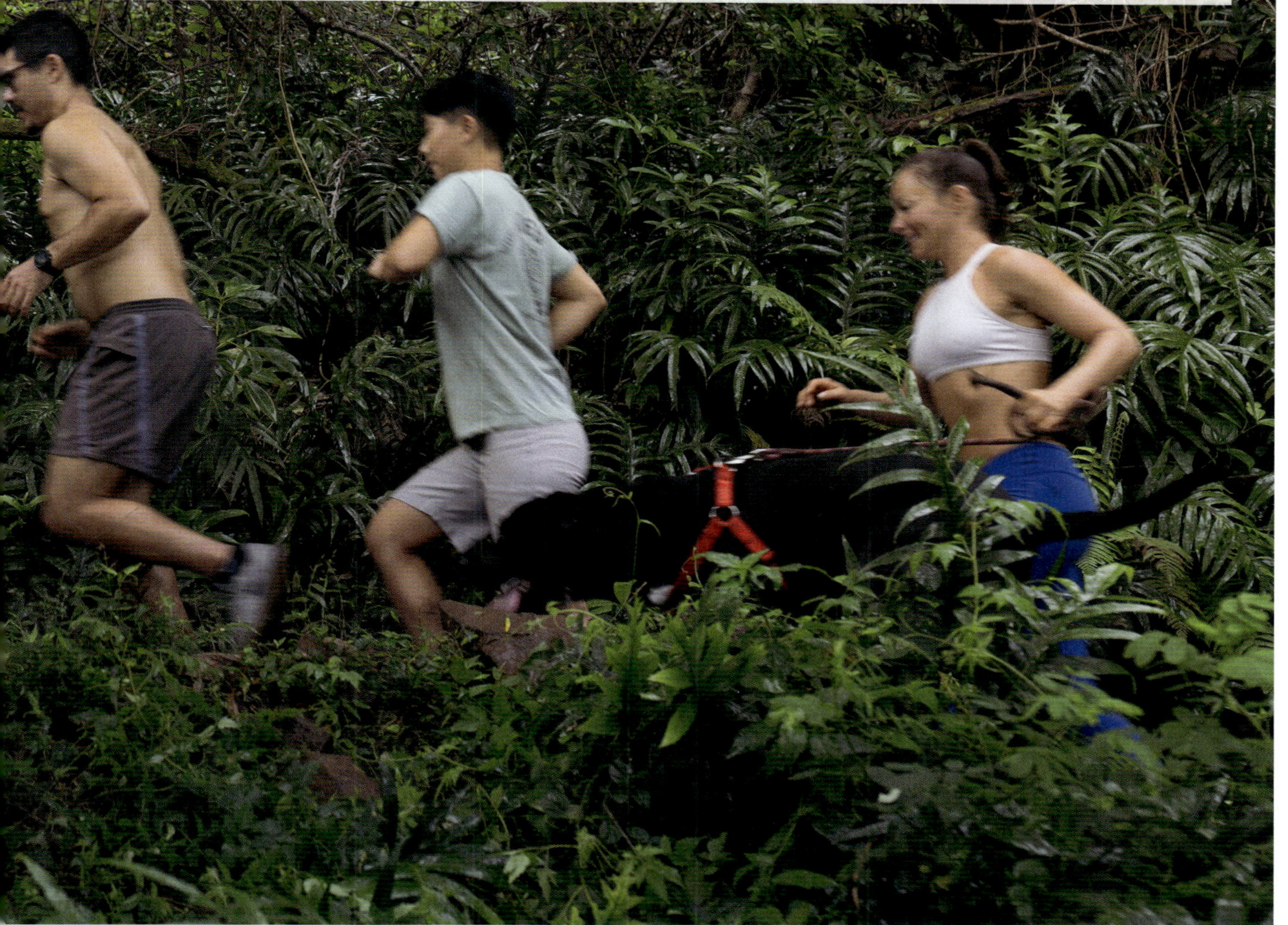

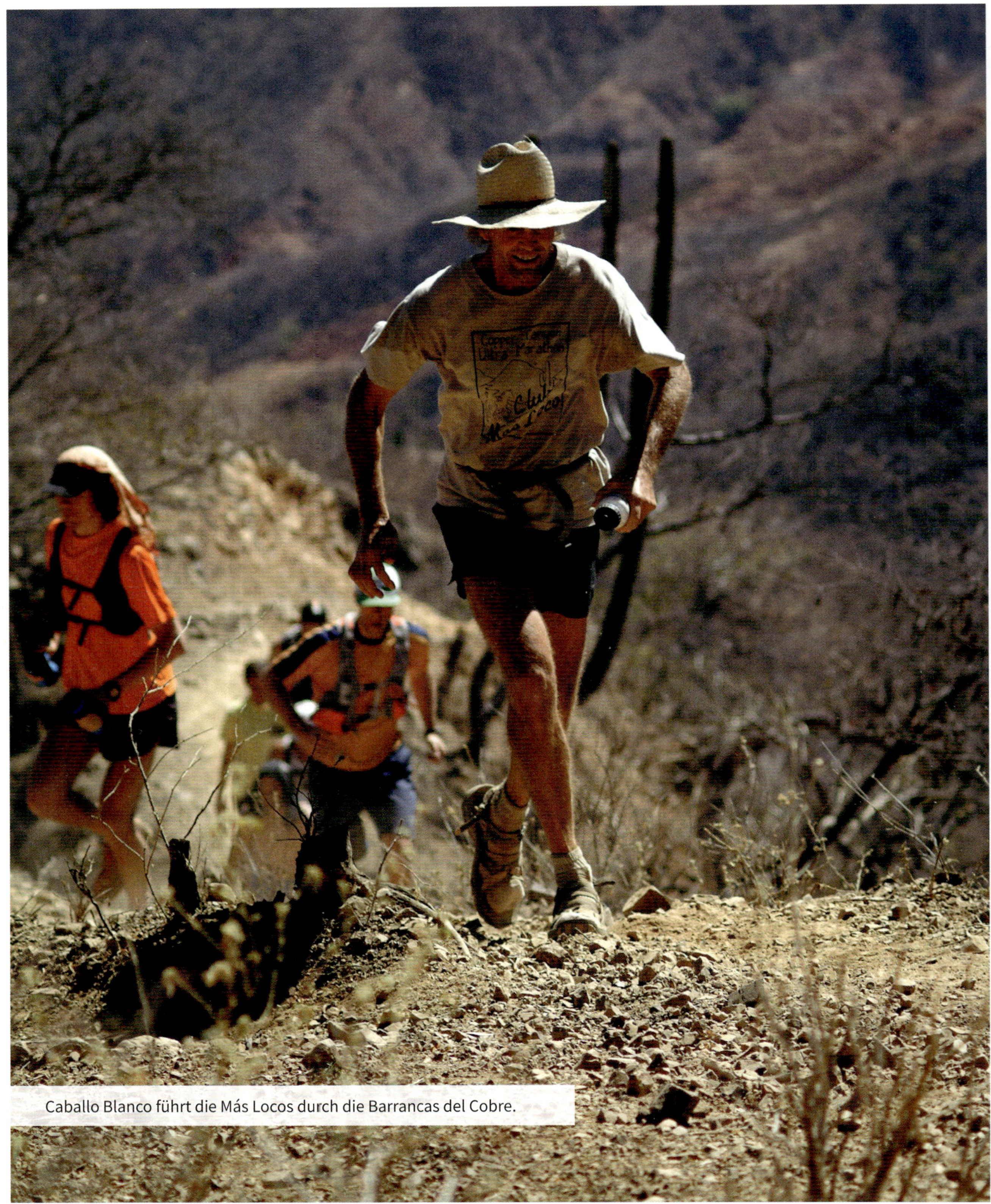

Caballo Blanco führt die Más Locos durch die Barrancas del Cobre.

13.

Die letzte Lektion vom Weißen Pferd: Run free, Caballo

Ich war leicht irritiert, als ich an einem Donnerstagabend im März 2012 zu einem Vortrag in der Stadtbibliothek von Agoura Hills, Kalifornien, eintraf und auf dem Parkplatz ein Fremder auf mich zuhastete.

»Gott sei Dank sind Sie hier!«, sagte er. »Maria hat versucht, Sie zu erreichen.«

Ich hatte keine Ahnung, von wem oder was er sprach. »Bin ich zu spät oder so?«, fragte ich.

»Nein, das nicht«, sagte er. »Wir haben dringende Anrufe von Ihrer Freundin Maria bekommen. Sie klang sehr aufgebracht.«

Immer noch keinen Schimmer. Mein Handyakku hatte irgendwann seit meiner Landung am Flughafen an diesem Morgen schlappgemacht, vielleicht während der langen Autofahrt durch die Schluchten von Los Angeles. Deshalb hatte ich eine Weile keine Benachrichtigungen bekommen. Soweit ich mich erinnerte, hatte ich keinen dringenden Anruf von einer Maria erhalten, seit an Thanksgiving 1998 einer befreundeten griechischen Journalistin beim Zubereiten des Festmahls der Koriander ausgegangen war.

Der Fremde, der sich als Bibliotheksleiter entpuppte, drückte auf RÜCKRUF und gab mir sein Handy. Die Frau am anderen Ende begann sofort, von irgendjemandes Hund und von New Mexico zu reden, bis ich ihr ins Wort fiel. »Tut mir leid«, unterbrach ich sie. »Wer sind Sie?«

»Maria.«

»Maria …?«

»Mariposa.«

Plötzlich ballte sich in meinem Bauch eine kleine Faust aus Angst. Ich wusste nicht, was los war, aber als ich diesen Namen hörte, wusste ich, um wen es ging und dass es etwas Schlimmes war. Maria – *La Mariposa* – war die Freundin von Micah True. Wir hatten nie zuvor miteinander telefoniert, und dass sie mich nicht nur aus heiterem Himmel anrief, sondern sogar die Handynummer eines kalifornischen Bibliotheksleiters ausfindig gemacht hatte, bedeutete, dass etwas sehr, sehr Seltsames passiert war.

Zwei Tage zuvor, berichtete mir Maria, sei Micah zu einem Lauf im Naturschutzgebiet Gila in New Mexico aufgebrochen und seitdem nicht mehr gesehen worden. Jetzt war Donnerstag, und ich hörte die Verzweiflung in Marias Stimme, aber die geballte Panik in meinem Bauch ließ allmählich locker. Schließlich war es Caballo Blanco, von dem wir sprachen, das streunende Weiße Pferd aus der mexikanischen Kupferschlucht. Seit Jahrzehnten durchstreifte Caballo die rauesten und unwirtlichsten Landstriche Nordamerikas, und egal in welche Nöte ihn sein rastloser Eigensinn brachte, seine Beine brachten ihn immer wieder heraus. Wenn Caballo sich nicht verirrte, fühlte er sich nicht ganz wohl.

Tatsächlich hatte er sich an dem Tag, als ich ihn 2005 traf, gerade verlaufen. Er war an diesem Morgen von Creel, einer mexikanischen Stadt am Rande der Barrancas, zu einer leichten Wanderung aufgebrochen, stieß aber auf einen verlockenden Trail, fing an zu laufen und musste sich am Ende durchs Gebüsch schlagen, bis er kurz vor Einbruch der Dunkelheit die Orientierung wiederfand. »Ich verirre mich immer und muss Felswände hochklettern, die Wasserflasche zwischen den Zähnen, über mir kreisen die Geier«, erzählte mir Caballo. »Das ist was Wunderbares.«

So hat er es sein Leben lang gehalten, seit er in seiner Zeit als Hinterhofboxer in den 1980er-Jahren das Laufen für sich entdeckt hatte. Damals zeigte ihm auch ein Wanderkumpan namens Smitty bei einem Streifzug durch den hawaiianischen Regenwald eine geheime Höhle, in der er sich einnisten konnte. Noch kürzlich hatte er tief im Canyon einen Banditen namens Jorge so verärgert, dass er sich einen neuen Laufpfad entlang einer Klippe bahnen musste, um dem Verbrecher nicht zu begegnen.

Ich vermutete, dass Caballo diesmal Lust bekommen hatte, ein paar Nächte in den Höhlenbauten von Gila zu verbringen. Oder dass er aus der Wildnis auf den Highway geraten war und gerade per Anhalter zurück zur Herberge fuhr. Oder dass er hinter Gittern saß, weil er sich mit einem Wildhüter angelegt hatte und zu stur war, um Hilfe herbeizutelefonieren. Alles das wollte ich Maria sagen, als sie sagte: »Ich wünschte nur, Guadajuko wäre bei ihm.«

Oje.

»Er hat ihn am Verandageländer angebunden zurückgelassen.«

> » NOCH WÄHREND ER SICH MIT DEN KNIEN AM STEUER DURCH DEN BERUFSVERKEHR KÄMPFTE, SCHRIEB ER EINE SMS AN ALLE. «

Mir wurde flau. Guadajuko, der »Geisterhund«, war ein halbwilder mexikanischer Mischlingshund, den Caballo vor drei Jahren tief in einer Schlucht zu sich genommen hatte, nachdem er ihn aus einem Fluss gerettet hatte. Seitdem waren sie unzertrennlich gewesen. Als ich Caballo das letzte Mal in Boulder, Colorado, traf, hatte Guadajuko einen Gips am Bein, weil er von einem Bus angefahren worden war. Caballo trug ihn durch die Gegend wie ein Baby, auch in das feine Brauereigasthaus, wo Guadajuko knurrend versuchte, Caballo den Burger aus der Hand zu schnappen. Keinesfalls würde Caballo in der Pampa herumtrödeln, solange Guadajuko auf ihn wartete.

»Hast du mit Luis gesprochen?«, fragte ich.

»Ja. Er wartet auf deinen Anruf.«

»Was hat der Irre denn jetzt angestellt?«, rief Luis, als ich ihn ans Telefon bekam.

Dass Luis jetzt so entspannt und unbeschwert klang, war erstaunlich und fast beruhigend, denn wie er mir berichtete, war seine erste Reaktion nach Marias Anruf, dass er sich den Schlüssel des SUVs seiner Frau schnappte, »Ich bin weg« sagte und seine Rettungsmission begann, indem er vom kalifornischen Santa Barbara aus 1100 km südwärts raste. Noch während er sich mit den Knien am Steuer durch den Berufsverkehr kämpfte, schrieb er mit den Daumen eine SMS an alle.

Ich rechnete seine Fahrzeit aus und stellte fest, dass ich gerade genug Zeit hatte, um nach meinem Vortrag zum Flughafen zu fahren, meinen Flug zu stornieren und meinen Mietwagen abzugeben. Als Luis mich drei Stunden später am Flughafen abholte, saßen bereits zwei weitere Freiwillige im Wagen, und ein dritter – Bierliebhaber Pat Sweeney – war abholbereit.

Bald mussten wir Luis vom Fahrersitz nehmen und ihn nach hinten setzen, weil sein Handy den ganzen Abend mit neuen Hilfsangeboten pingte. Kyle Skaggs – der den Streckenrekord beim Hardrock 100 hielt und Micah kaum kannte –

war bereits von seiner Farm in New Mexico losgefahren. Als wir gegen Mitternacht irgendwo in Arizona zum Tanken anhielten, brauchten wir nicht zu bezahlen, denn eine Frau aus Colorado hatte darauf bestanden, uns per PayPal Benzingeld zu schicken.

»Ich kann mir vorstellen, dass wir ihn irgendwo friedlich im Wald finden, und er wirft uns sein Grinsen zu«, sagte Luis, während wir durch die Nacht fuhren. »Dieses Grinsen, wo man merkt, dass er einen für einen Esel hält.«

Aber Luis war trotzdem angespannt, horchte auf Handynachrichten und ließ seinen SUV über den Highway in Richtung Gila brettern.

Seit ich und die Läufer:innen aus *Born to Run* zum ersten Mal in einem Hotel in El Paso zusammenfanden und zum Lauf unseres Lebens weiterreisten, haben wir uns Jojo-artig immer mal wiedergesehen, wobei Caballo oft das verbindende Element war. Caballo und Guadajuko quartierten sich bei ihren Streifzügen durch Kalifornien bei Luis ein, während Jenn, Billy, Barefoot Ted und ich beim Ultralauf von Badwater Luis' Crew bildeten. Barefoot Ted und ich wurden an jenem magischen Abend Freunde fürs Leben, als ich ihn in den Sandalen, die er mir gemacht hatte, als Tempomacher zum Ziel des Leadville Trail 100 geleitete.

Davor hatte Caballo mit mir und Eric Orton eine Woche in Leadville verbracht. Wir liefen den ganzen Tag Trails und erzählten uns abends bei Bier und Jalapeño-Pizza Geschichten. Dort erlebten wir eine warme und lebenslustige Seite von Caballo, die uns im Trubel des Copper-Canyon-Rennens verborgen geblieben war.

Daher war es nicht verwunderlich, dass wir Freunde blieben. Der eigentliche Schock kam, als quasi über Nacht aus dem eingefleischten Einzelgänger der Feldmarschall einer internationalen Armee von Online-Amigos wurde. Jahrzehntelang hatte er wie ein Gesetzloser gelebt. Ein paar Monate rackerte er sich als vagabundierender Möbelpacker in Boulder ab. Sobald er genug Geld hatte, um sich den Rest des Jahres von Frijoles zu ernähren, verschwand er im guatemaltekischen Hochland oder in den Schluchten Mexikos. Dort ging er dann ins Grüne und ließ den Beinen und den Gedanken freien Lauf. Fast bis zu seinem 60. Lebensjahr schlief Caballo entweder in seiner winzigen Hütte auf Rarámuri-Territorium oder auf einer Isomatte auf der Pritsche eines Pick-ups in Boulder. Die Rarámuri waren ihm ideale Gefährten: Sie liefen viel, sprachen wenig und sagten nie Nein zu einem Trinkgelage.

Aber nach *Born to Run* war Caballo plötzlich ein gefragter Mann. Plötzlich jettete er zu Vorträgen nach London und Stockholm und gab Autogramme bei ausverkauften Veranstaltungen. Er wurde unfreiwillig zur Ikone, und ich bewunderte ihn dafür, dass es ihm nichts von seiner Kantigkeit nahm. Die Barfuß-Bewegung? Der Minimalschuh-Trend? Die waren ihm völlig egal, obwohl er schon seit 40 Jahren minimal beschuht war und von den Rarámuri die Vorliebe für zehenfreie Sandalen übernommen hatte, als man beim Stichwort *FiveFingers* noch an Ladendiebstahl dachte.

Er blieb ein Sucher und Zweifler, mürrisch trotz sonnigem Gemüt, ein echter Cowboy, der sich seinen eigenen Namen machte, seinen eigenen Weg ging und sein eigenes Pferd war. Als 2007 The North Face den Copper Canyon Ultramarathon, den Caballo kaum aus eigenen Mitteln finanziert bekam, sponsern wollte, lehnte er ab, weil er fürchtete, sein dreckiges Festival mitten im Nirgendwo könnte zu einem seelenlosen Riesending mit Firmenbannern und Verkaufsständen werden. In seiner Absage fasste er sein ganzes Leben zusammen und prägte sein öffentliches Image: »Run Free.«

Aber gerade als der Rest von uns aufzuholen begann, verschwand Caballo.

Je mehr der Rettungsdienst über seine letzten bekannten Aufenthaltsorte herausfand, desto verwirrender wurde es.

Caballo verließ Mexiko am 23. März und fuhr in seinem alten Pick-up nordwärts in Richtung Phoenix, Arizona, um Maria zu besuchen. Unterwegs legte er noch eine Pause bei Freunden ein und entspannte sich ein wenig in der Gila Wilderness Lodge, einer Herberge, in der er schon oft abgestiegen war. Caballo hatte Erholung nötig. Erst kürzlich hatte er ein Prachtstück von einem Lauf-Event auf die Beine gestellt: den jüngsten Ultra Maratón Caballo Blanco. Er hatte für ein Feld von mehr als 400 Rarámuri und etwa 80 US-amerikanischen und internationalen Läufer:innen die Logistik organi-

» AUS DEM EINGEFLEISCHTEN EINZELGÄNGER WURDE DER FELDMARSCHALL EINER INTERNATIONALEN ARMEE VON ONLINE-AMIGOS. «

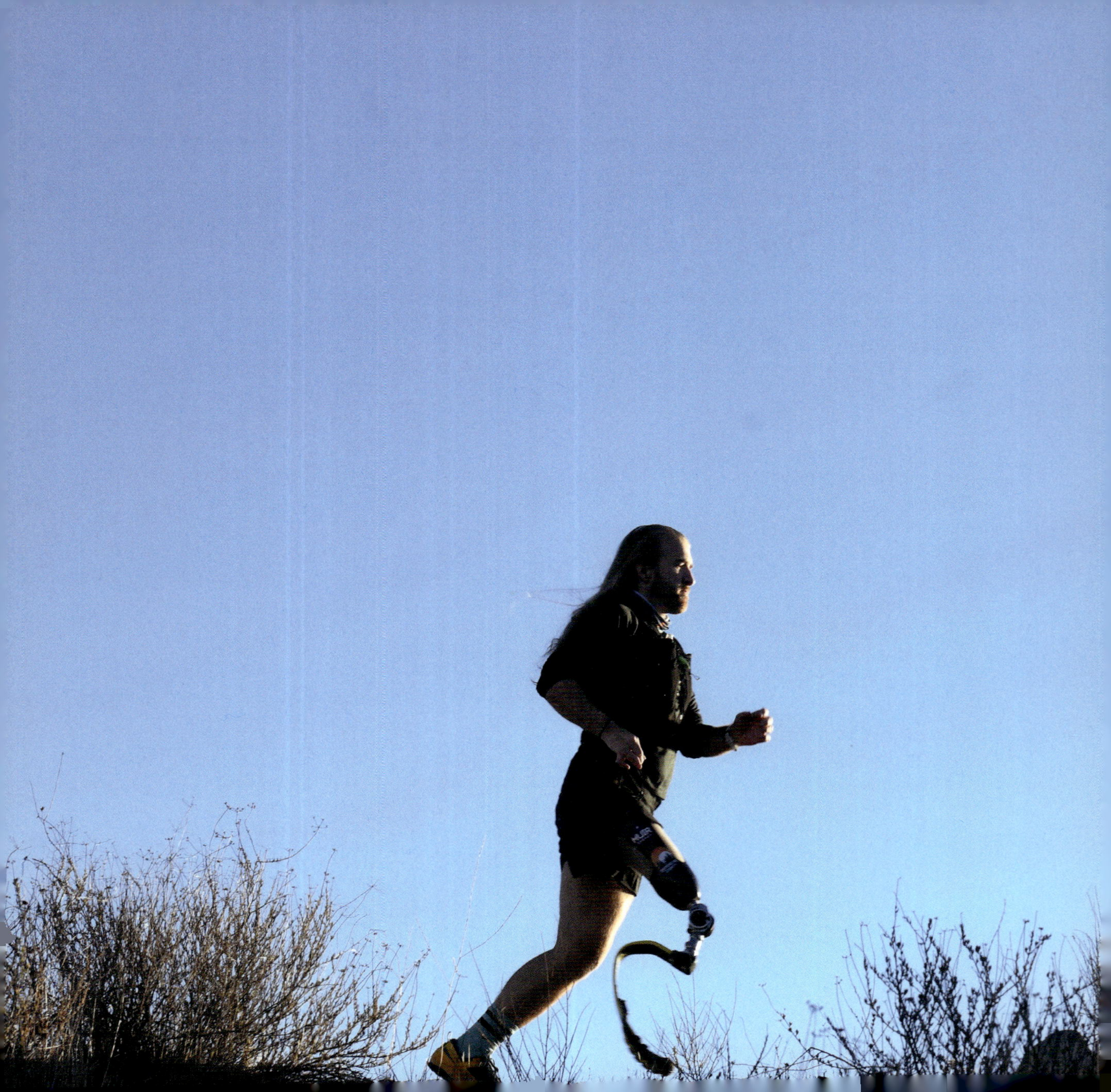

siert. Nach dem Rennen reisten sie alle ab, aber Caballo rannte noch zwei Wochen durch die Canyons, damit die Säcke voll Mais, die die Rarámuri-Sieger als Preis gewonnen hatten, auch ja in deren Dörfern ankamen.

An seinem ersten Morgen in der Herberge brach Caballo zu einem seiner epischen, sechs Stunden währenden Geländeläufe auf. Am nächsten Tag – Dienstag – teilte er seinen Bekannten in der Herberge mit, er habe nur noch Zeit für gemütliche zwölf Meilen, ehe er nach Phoenix müsse. Weil Guadajukos Pfoten vom Vortag wund waren, band Caballo ihn am Verandageländer an und sagte, er sei in ein paar Stunden zurück.

Der Rettungsdienst wusste, dass er dann drei Meilen mitten auf der Route 15 in Richtung Besucherzentrum gelaufen war, weil sich Autofahrer daran erinnerten, dass sie ihm ausweichen mussten. Das war die gute Nachricht: Höchstens drei Meilen weiter musste er umgekehrt sein, um seine zwölf Meilen hin und zurück voll zu machen. Die schlechte Nachricht: Sie hatten den drei Meilen weiten Umkreis am Tag mit Spürhunden, zu Pferd und per Helikopter abgesucht und in der Nacht mit Infrarotkameras aus der Luft überwacht und nichts gefunden. »Es ist, als wäre Ihr Freund einfach vom Erdboden verschwunden«, sagte mir ein freiwilliger Helfer. »Das ist die intensivste Suchaktion, die ich je erlebt habe, und wir finden gar nichts. Nicht mal eine Witterung.« Während wir eingewiesen wurden, hielt einer der Suchtruppleiter inne und starrte auf meine Füße. Weil ich eigentlich nur zwei Tage in L.A. eingeplant hatte, trug ich nur ein Paar Huaraches von Barefoot Ted. »Okay, da gucke ich lieber nicht hin«, sagte er. »Macht euch auf den Weg, bevor mir die Vorschriften einfallen.«

Wir schnappten uns leichte Rucksäcke und Wasserflaschen und wurden einem Team zugeteilt. Zwei erfahrene Retter aus Roswell, New Mexico, nahmen mich, Luis und Pat Sweeney mit. Kyle Skaggs war bereits mit einem Team unterwegs, dem auch Nick und Jamil Coury angehörten, ein Trailrunning-Brüderpaar aus Arizona, das seit 2009 jedes Jahr zu Caballos Wettlauf kam. Unsere beiden Teams starteten aus entgegengesetzten Richtungen und trafen sich in der Mitte, um dieselbe 10-Meilen-Schleife doppelt und in beiden Richtungen abzulaufen. Wir krochen durch Felsspalten und Wacholdergestrüpp, erklommen eine 2400 Meter hohe Mesa und brüllten und jodelten.

»CABAAAY-YOOOO!«

»MICAH TRUUUUUUEEEE!«

»CA-BAAAAA-YOOO, du altes Arschloooch! Wo zum Teufel steckst du?«

Jetzt, da ihm leichtfüßige Läufer wie Sweeney, Skaggs und die Courys auf der Spur waren, würden wir Caballo bis zum Abend finden, da waren wir sicher. Als wir ihn dann doch nicht gefunden hatten und niedergeschlagen zurückstapften, waren wir so irritiert und entmutigt, dass die seltsamsten Mutmaßungen auf einmal plausibel klangen. Einer der

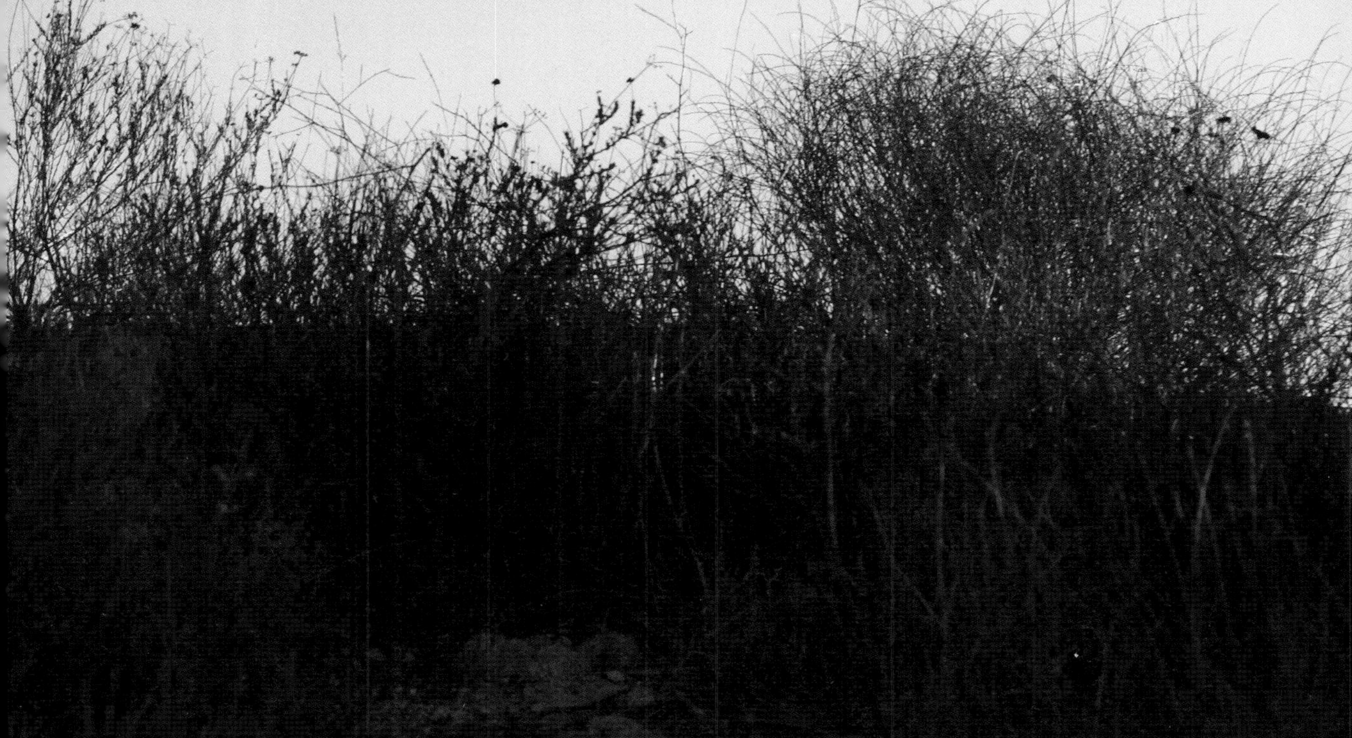

Fahnder fragte sich, ob vielleicht ein Drogenkartell Caballo hatte ermorden lassen und sein gewohntes Laufrevier als Tatort gewählt hatte, um keinen Verdacht zu erregen. Barefoot Ted hinterließ mir eine Nachricht mit der Theorie, dass es vielleicht gar kein Unfall war; schließlich war Gila ein Zufluchtsort Geronimos gewesen, und Caballo hatte immer schon sein Leben nach Art der Apachen mit einem letzten Gang in die Wildnis beenden wollen. Irgendein Unbekannter mailte mich an, um mich an den Spruch am Anfang von *Born to Run* zu erinnern: »Der beste Läufer hinterlässt keine Spuren.«

Na toll. Luis wollte Taten sehen, kein Melodrama. Kaum hatten wir das Basislager erreicht, ging er zum Leiter der Suchaktion. »Hören Sie, Sie haben hier einige der besten Geländeläufer des Landes vor der Tür stehen«, sagte er. »Die sind eine unglaubliche Ressource. Sie sollten sich anhören, was sie zu sagen haben.«

Zu seiner großen Anerkennung schnappte sich der Direktor ein Klemmbrett und stand bald in einem Kreis von Ultrarunnern, die Vorschläge einreichten.

»Haben Sie Caballos Hund laufen lassen?«, fragte Luis.

»Ja.«

»Sind Sie mit ihm gegangen oder gelaufen?«

»Gegangen. Er hat etwas gewittert, aber das war dann die Spur eines Hirschs.«

»Das liegt daran, dass Sie mit ihm gegangen sind«, sagte Luis. »Hunde verhalten sich anders, wenn sie laufen. Dann kommen sie zu schnell voran, um sich ablenken zu lassen. Wenn er läuft, läuft er aus Gewohnheit dort entlang, wo sein Daddy hin ist.«

»Okay«, sagte der Suchleiter. »Wie weit konnte Micah denn laufen?«

»Er hatte eine riesige Reichweite«, sagte Luis. »Wenn er Bock hatte, konnten aus zwölf Meilen schnell 30 werden.«

Warum liefen wir dann ein Raster ab, um Caballo irgendwo zu finden, statt die Pfade abzulaufen, auf denen er sein *musste*? Im steilen, schroffen Gelände der Gila konnten Kyle und Pat Sweeney an einem Tag mehr Strecke machen als ein Reiter. Der Suchleiter versprach, es sich noch einmal zu überlegen, aber am nächsten Morgen hatten Luis und Kyle eigene Pläne ausgeheckt.

Es war Samstag, und noch mehr Freunde und Fans von Caballo waren eingetroffen. Die Zahl der Freiwilligen bei der Einweisung vor Beginn der Suche betrug nun etwa 50. Simon Donato, ein kanadischer Geologe, der bei der Suche nach dem vermissten Ballonfahrer Steve Fossett geholfen hatte, war aus Calgary angereist. Bei ihm waren Caleb Wilson und Tim Pitts, zwei andere Ultraläufer, die er bei Caballos Wettlauf kennengelernt hatte.

Angesichts so vieler Helfer fand Luis, dass wir uns unbemerkt davonschleichen könnten. Er wollte zurück zur Herberge gehen, Guadajuko an die Leine nehmen und, so gut es ging, Caballos Laufstil nachahmen, um zu sehen, wohin Guadajuko ihn führen würde. In der Zwischenzeit bedeutete Kyle mir und einem anderen Läufer, ihm leise zu folgen.

»Danach könnten sie uns von der Suchaktion ausschließen«, mahnte jemand.

»Heute ist der fünfte Tag«, sagte Kyle. Nachts war es unter dem Gefrierpunkt und tagsüber sengend heiß. Ohne Wärme oder Wasser hätte Caballo womöglich keinen sechsten Tag.

Unser kleiner geheimer Einsatztrupp begann kurz nach Tagesanbruch einen 20 Meilen weiten Rundweg, der den Little Bear Canyon emporführte und entlang des Flusses wieder abstieg. Kyle konnte sich nur zwei Szenarien vorstellen: Entweder war Caballo auf dem Weg zum Wasser schwer gestürzt, oder er war in einer Serpentine falsch aufgetreten und eine Klippe hinabgefallen. Nichts anderes schien denkbar. Wir begannen im schnellen Wandertempo, gingen dann in den Dauerlauf über, teilten uns an jeder Weggabelung in Zweierteams auf und fanden durch Rufe und Pfiffe wieder zusammen.

Gegen Mittag waren wir doppelt so weit gekommen, wie es zu Caballos Umkehrpunkt weit war, und wir hatten nichts gefunden: keinen Fußabdruck, keinen Blutfleck, keine verborgenen Pfade oder Schluchten. Wir waren an einem heißen Tag unerbittlich vorgeprescht und stetig bis auf 2400 Meter aufgestiegen. Also hielten wir an, um uns abzukühlen und aufzutanken. Wir ließen Beutel mit Datteln und Nüssen herumgehen und rasteten im spärlichen Schatten der Wacholderbüsche. Wir suchten vergebens den Himmel ab: Für Geier war es noch zu früh im Jahr.

»Und, wie läuft es sich in den neuen Tretern?«, fragte mich jemand. An diesem Morgen war ein junger Rettungsdienstler aus Albuquerque mit einem Extrapaar Trail-Schuhe in meiner nicht allzu gewöhnlichen Größe 48,5 aufgetaucht. So konnte ich meine Sandalen auswechseln, die ich an den zwei Tagen davor getragen hatte.

»Deutlich mehr Schuh, als ich es gewohnt bin, aber nicht schlecht«, antwortete ich.

Rückblickend war das *der* Augenblick, in dem ich merkte, dass die Suche vorbei war. Wir ließen nicht nach, waren bald wieder auf den Wegen und durchkämmten weiter das Ge-

» UNSER KLEINER GEHEIMER EINSATZTRUPP BEGANN KURZ NACH TAGESANBRUCH EINEN 20 MEILEN WEITEN RUNDWEG. «

büsch, bis das Tageslicht dahinschied. Aber der Adrenalinrausch, der uns drei Tage lang angetrieben hatte, speiste sich inzwischen weniger aus Rettungswillen als aus Leistungsdrang. Niemand sprach es aus, aber wir begannen, das Laufen zu genießen, bis es sich bald kaum noch wie eine Rettung anfühlte, vielmehr wie eine Ehrerbietung. Ich ertappte mich immer wieder bei dem Gedanken: »Ohne Caballo hätte ich diese Leute nie kennengelernt. Bevor ich ihn traf, hätte ich mir so einen Lauf nie zugetraut.«

Wir hatten Caballo verloren – das spürten wir –, aber das Caballo-Gefühl gefunden.

Simon Donato und seine Freunde müssen es auch gespürt haben, denn an diesem Abend taten sie genau das, was Caballo getan hätte. Sie hatten ihren Suchauftrag erfüllt, und es wurde dunkel. Also war das einzig Kluge, in den Schlafsack zu schlüpfen und sich auszuruhen, um nicht selbst in die Irre zu gehen.

Aber Caballo musste irgendwo im Norden sein – sicherlich tot, daran bestand kein Zweifel. Also liefen sie erneut los und wandten sich diesmal südwärts. Bald trafen sie auf Ray Molina, der Caballo noch länger kannte als wir alle. Ray und seine Helfer waren noch weiter in die falsche Richtung gelaufen … und da lag Caballo am Ufer eines Baches, die Beine immer noch im Wasser, und sah ganz friedlich aus.

Ray schrie sofort »MICAH!« und dachte, er könne ihn noch aufwecken. Aber dafür war es viel zu spät.

Sie machten ein Feuer und verbrachten eine letzte Nacht mit ihrem Freund in der Wildnis. Am frühen Morgen gelang es dem Rettungsdienst, mit einem Pferd – einem weißen – in die Schlucht hinabzusteigen, um Caballos Leiche zu bergen. Schürfwunden an Händen und Knien ließen vermuten, dass er gestürzt war, als er dem Bachlauf folgte, um aus dem Wald zu finden.

Donato möchte, dass das bekannt wird. »Der Bach hätte ihn zurückgeführt«, sagt Donato. »Er wusste, was er tat.«

Bis heute weiß niemand wirklich, woran Caballo gestorben ist.

Die glaubhafteste Erklärung, die ich gehört habe, lautet: Chagas-Krankheit. Das ist ein parasitärer Tropeninfekt, der das Herz allmählich schwächt. Caballo hatte mir von merkwürdigen Ohnmachtsanfällen erzählt, die er hin und wieder gehabt hatte, und vor einiger Zeit hatte er sich so antriebslos und fiebrig gefühlt, dass er dachte, er hätte sich mit dem West-Nil-Virus angesteckt. Beide Symptome können auch Anzeichen von Chagas sein, und es ist denkbar, dass der Stress der Wettkampforganisation und die vielen schweren, heißen Kilometer, die er seinem Körper zugemutet hatte, zu viel waren für sein unbemerkt schwächelndes Herz. Aber allein schon diese Worte hinzuschreiben, kommt mir überkandidelt und dämlich vor, denn genau so etwas würde Caballo sicherlich jenes abfällige Grinsen ins Gesicht zaubern.

»McOso, wen interessiert es, wie Geronimo gestorben ist?«, würde er sagen. »Reden wir lieber darüber, wie er gelebt hat.«

Das werde ich tun.

Micah True war ein starker, kluger, äußerst zäher Mann aus dem reichsten Land der Welt, der beschloss, all dem den Rücken zu kehren und stattdessen dem Beispiel der friedlichsten, freigiebigsten Menschen des ganzen Kontinents zu folgen.

Indem er das tat, setzte er die vielleicht größte Laufrevolution unserer Epoche in Bewegung. Es verwirrte – und empörte – ihn, dass der Rest der Welt nicht erkannte, was für ihn in aller Pracht offensichtlich war: Die Rarámuri waren Hüter eines uralten Könnens, das alle Menschen der Welt stärker und glücklicher machen konnte, gesünder und freundlicher.

Aber Können kann man nicht kaufen. Es ist kein Lifehack und keine Abkürzung. Können mit noch so viel Geld und noch so guter Ausrüstung ersetzen zu wollen, ist reine Verschwendung. Kein Wunder, dass ein Rebell wie Caballo das Laufen so liebte. Wer demütig genug ist, um zu den Grundlagen zurückzukehren und von den leisesten Lehrern der Welt zu lernen, lernt fliegen.

Micah True hat mir und allen, die von *Born to Run* inspiriert wurden, diese Tür geöffnet. Deshalb ist dieses Buch seinem Andenken gewidmet. Aber es gibt noch eine bessere Möglichkeit, sein Vermächtnis zu ehren:

Tritt in seine Fußstapfen.

Run free.

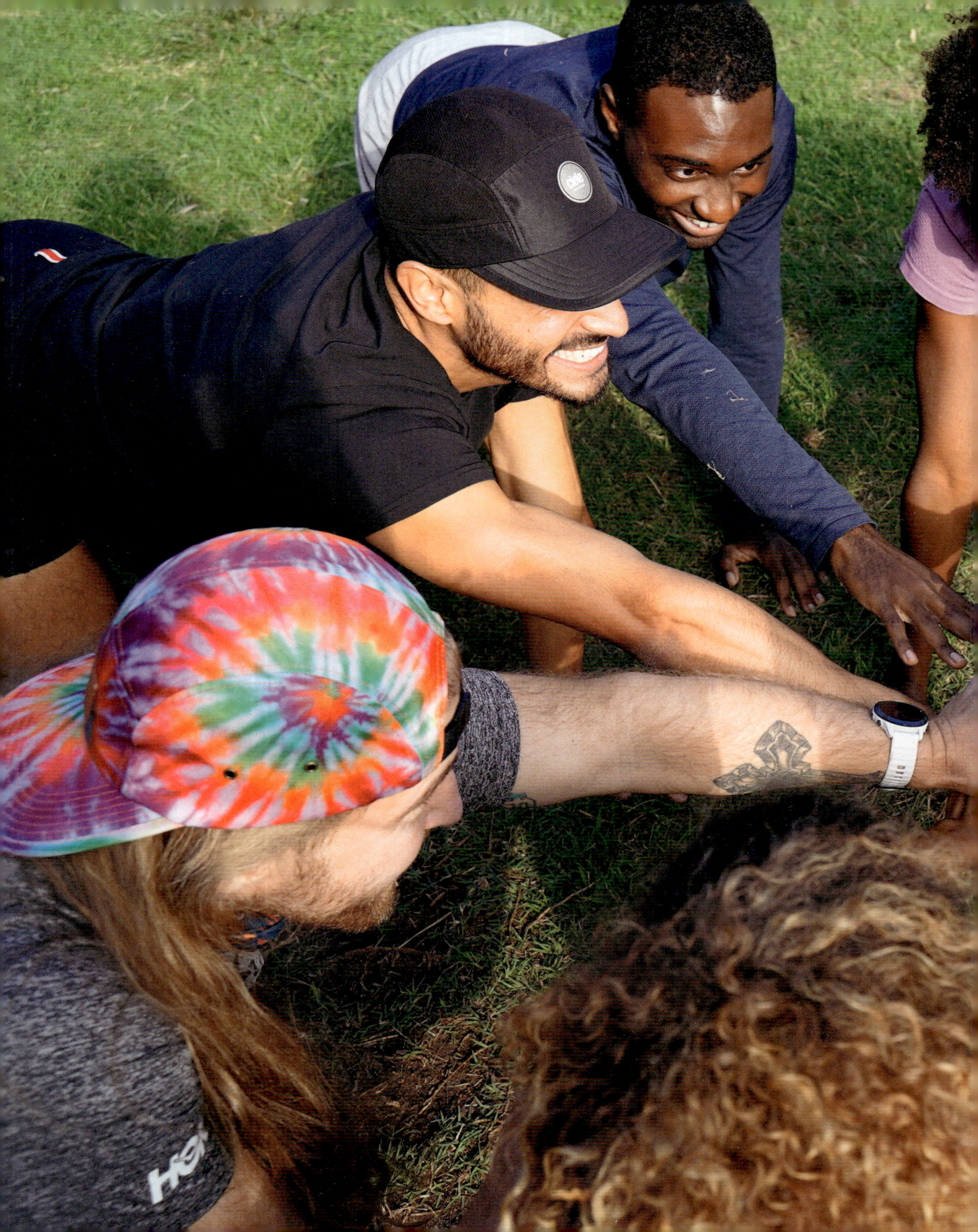

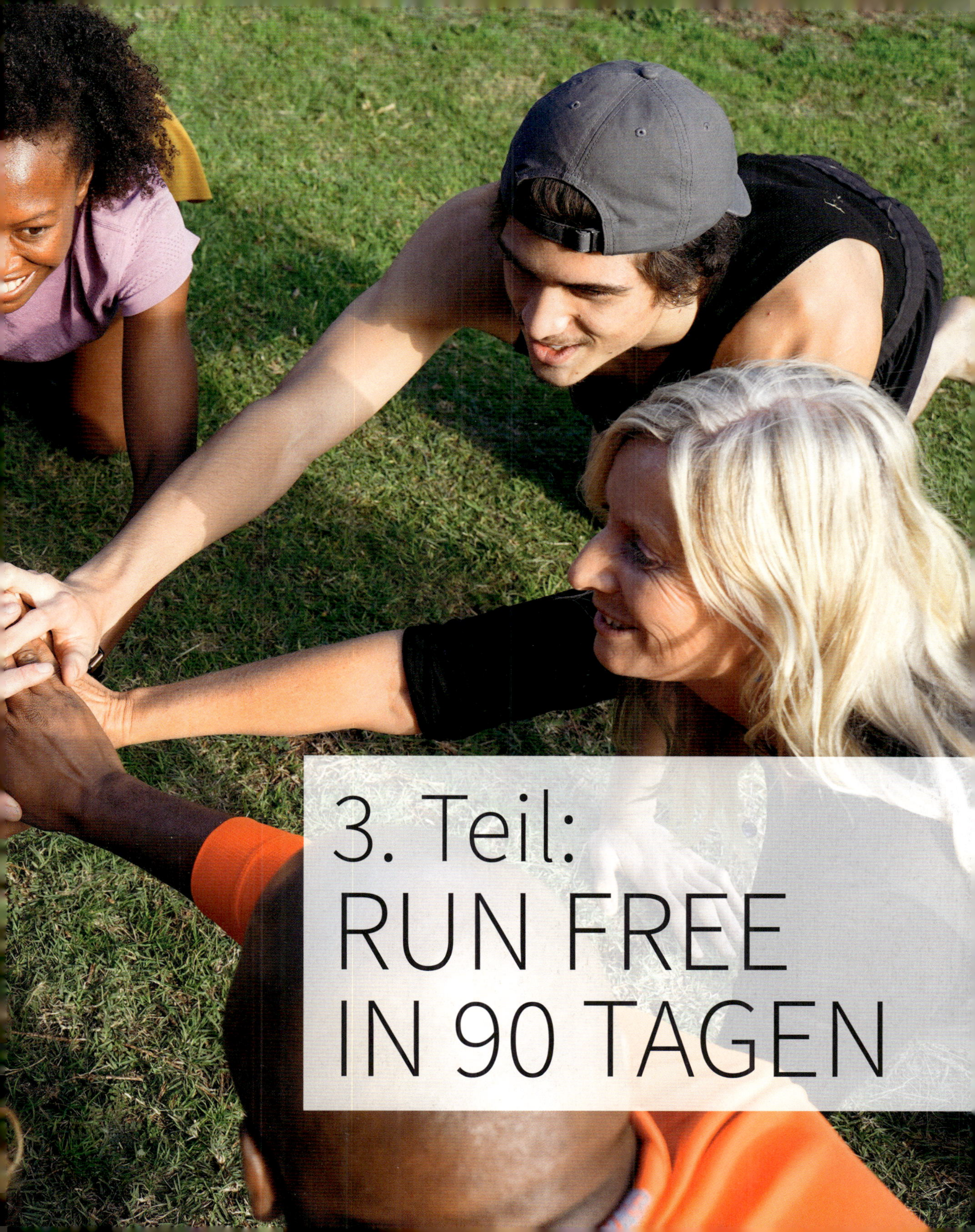

3. Teil: RUN FREE IN 90 TAGEN

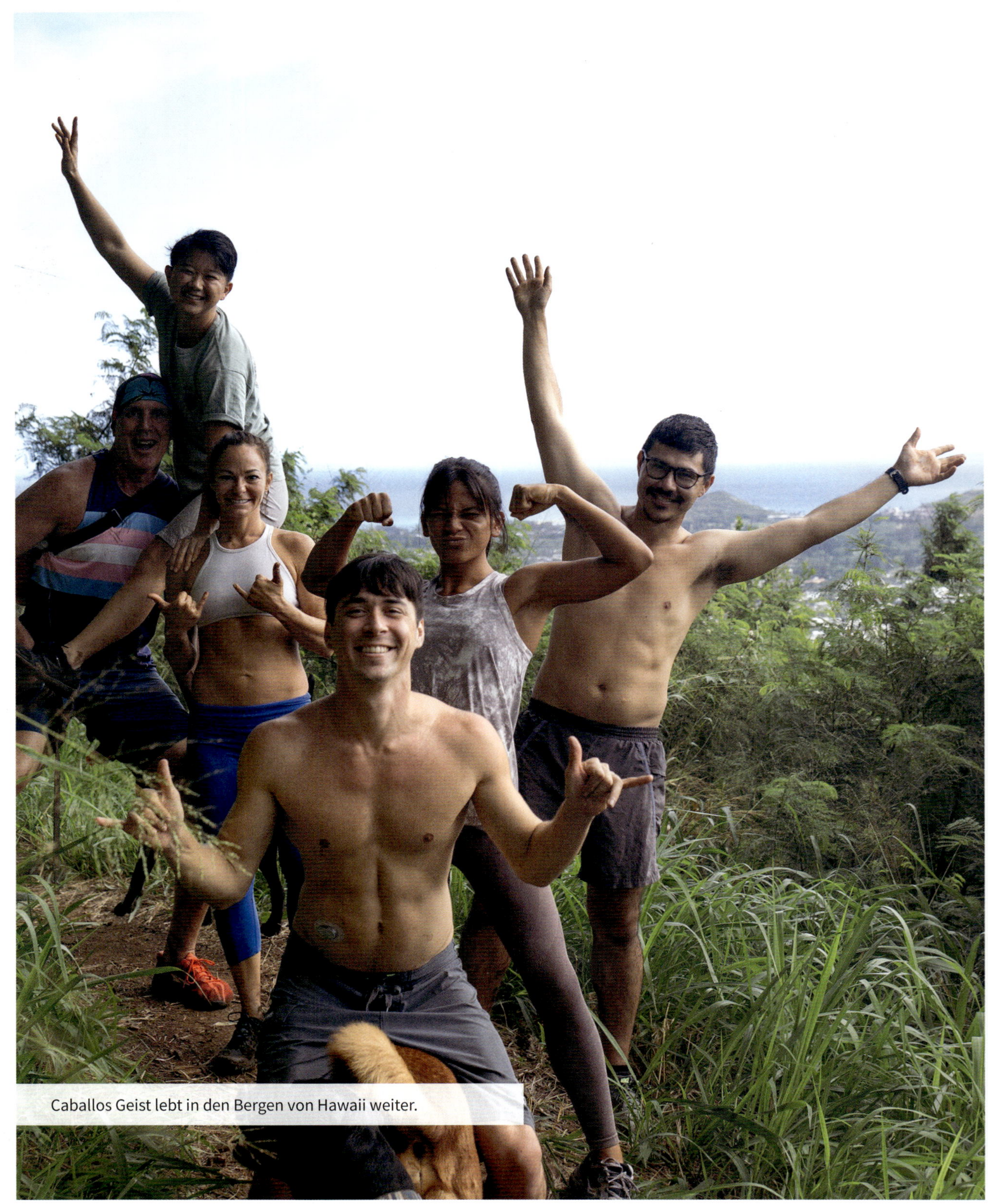

Caballos Geist lebt in den Bergen von Hawaii weiter.

14. Der Plan

»Sobald ihr diese Brücke überquert,
gibt es kein Zurück mehr.
Darum muss, wer mitkommen will,
diesen Schwur ablegen. Hebt die rechte Hand:
Wenn ich mich verletze, verirre oder sterbe,
dann bin ich verdammt nochmal selbst schuld.«

– *Caballos Gelöbnis des Abenteuers*

WIE DU DAS 90-TAGE-PROGRAMM DURCHFÜHRST

Lade die kostenlose Born-to-Run-App herunter, indem du mit dem Smartphone den QR-Code am Ende des Buchs scannst. Die App zeichnet deinen Fortschritt auf und zeigt dir automatisch das Training für jeden Tag an. Außerdem findest du Anleitungsvideos und Trainingstipps von Coach Eric, die dich daran erinnern, wie alle Run-Free-Übungen richtig ausgeführt werden.

DIE TÄGLICHE ÜBUNGSFOLGE:

- Führe die Übungen immer in der richtigen Reihenfolge aus. Die Kraft- und Technikübungen bauen aufeinander auf und dienen auch als Aufwärmtraining für den Lauf. Der Lauf kommt immer zuletzt.
- Jeder Workout hat einen bestimmten Zweck. Halte dich daher möglichst an die wöchentliche Abfolge. Dann bekommst du auch die nötigen Ruhepausen und kannst stetig Fortschritte machen. Wenn du mal einen Workout auslässt, dann hole ihn nicht nach, sondern springe lieber zum nächsten, damit du die wöchentliche Abfolge einhältst.

DER TÄGLICHE LAUF:

- Die Läufe sind entweder nach Dauer oder nach Intervallzahl ausgewiesen. Mach dabei keine Dummheiten! Steigere deine Reichweite nicht, bevor du dich dafür bereit fühlst. *Beständigkeit* ist unser Goldstandard, also hab Geduld. Es ist besser, heute ein bisschen weniger zu schaffen und morgen wieder voll dabei zu sein.

DEINE »GANZE MENGE« BERECHNEN:

- Du wirst deinem Körper beibringen, Unterschiede in Kadenz, Tempo und Anstrengung zu spüren. Dasselbe gilt für die Distanz. Anstatt dieselbe lange Strecke wie alle anderen zugewiesen zu bekommen, findest du die für dich passende Distanz. Dazu reicht eine einfache Faustformel: *Was ist für dich eine ganze Menge?*
- Stell dir vor, jemand fragt: »Lust auf 25 km morgen früh?« Wie reagierst du spontan? »Bin dabei!« oder »Wow, das ist 'ne *ganze Menge*«? Wenn du es gewohnt bist, jeden Samstag in geselliger Runde lockere 13 km zu joggen und auf einmal 20 laufen sollst, ist das eine *ganze Menge*. Wenn dein längster Wettlauf ein Halbmarathon war, fühlen sich 30 km nach viel an.
- Stimmt, das ist ein sehr subjektiver Maßstab, der von deiner Lauflaune und deinem Fitnessstand abhängt – *aber das ist ja der Punkt*. Du baust nur dann Stärke und Selbstbewusstsein auf, wenn du deinen Körper nicht in irgendwelche Schablonen zwingst. Du gewinnst nur dann an Leistung und Selbstvertrauen, wenn du deinen internen Kilometerzähler nutzt und auf deine eigene Idealdistanz einstellst.
- Jede Woche bestimmst du deinen langen Lauf anhand eines Prozentsatzes deiner Ganze-Menge-Distanz.

TEMPO/INTENSITÄT:

- Mithilfe des 1-Meilen-Tests berechnest du deine »Gänge«, also deine persönlichen Trainingsgeschwindigkeiten.
- Alles, was du machst, richtet sich nach *deinen* individuellen Fähigkeiten. Daher ist es wichtig, dass du dich an die für dich passenden Vorgaben hältst.
- Das Ziel ist, ein stärkeres Fundament zu schaffen. Darum kann es sich anfühlen, als ob du schneller oder langsamer laufen würdest, als du es gewohnt bist. Lass die Veränderung zu, denn das ist das erste Zeichen dafür, dass du deine Fitness breiter aufstellst.

GELÄNDELAUF:

- Weil ebene Straßen leichter sind als Pfade, läufst du im Wald natürlich langsamer. Deshalb solltest du dir keine Gedanken über das genaue Lauftempo machen. Achte lieber darauf, wie sich jeder Gang anfühlt.
- Behalte die Leichtigkeit des Langstreckenlaufs bei und gehe auf hügeligem Gelände bei Bedarf ins Wandertempo über.
- Das Laufen auf Waldwegen und Bergpfaden ist toll, um Kraft aufzubauen, aber nicht, um Schnelligkeit zu trainieren. Daher solltest du die Läufe mit dem Schwerpunkt Kraft/Technik sowie einige deiner wöchentlichen langen Läufe lieber auf ebener Strecke absolvieren.

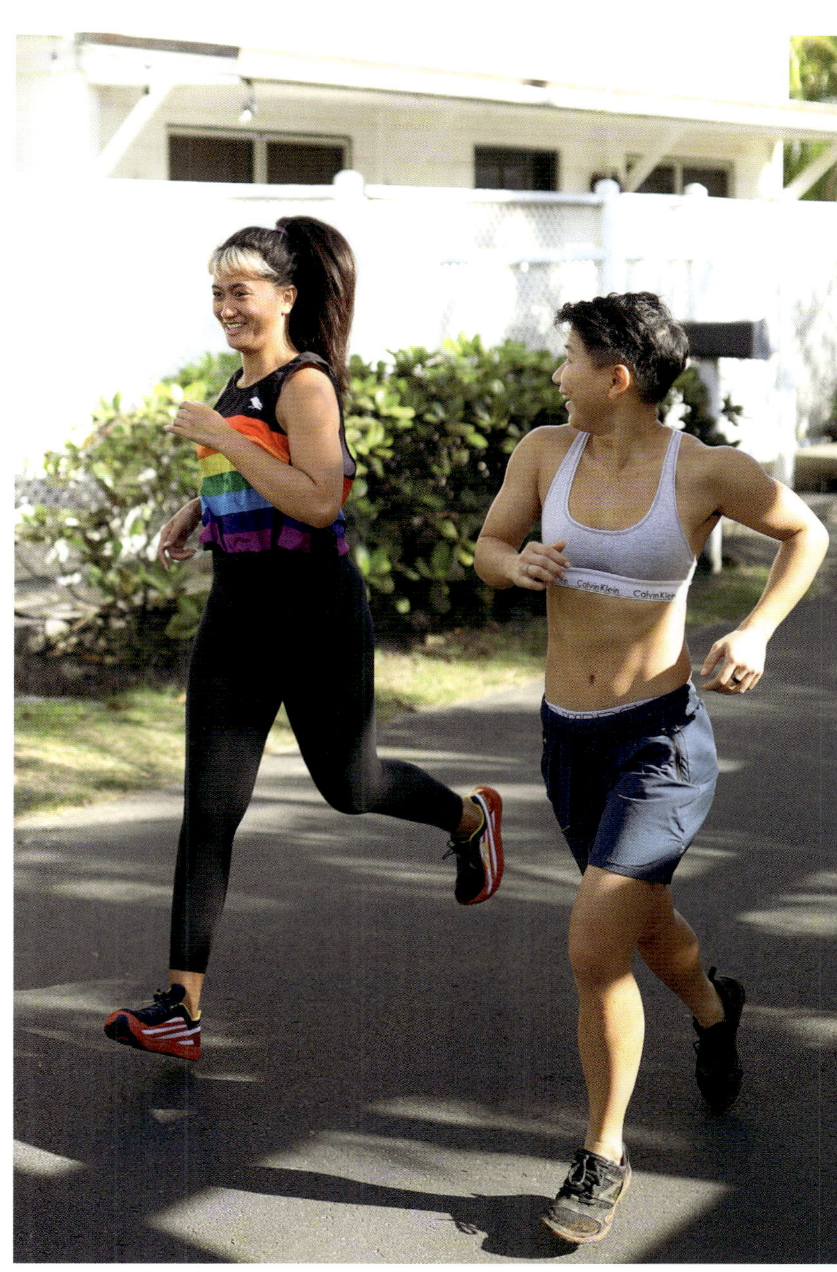

Das 90-Tage-Programm

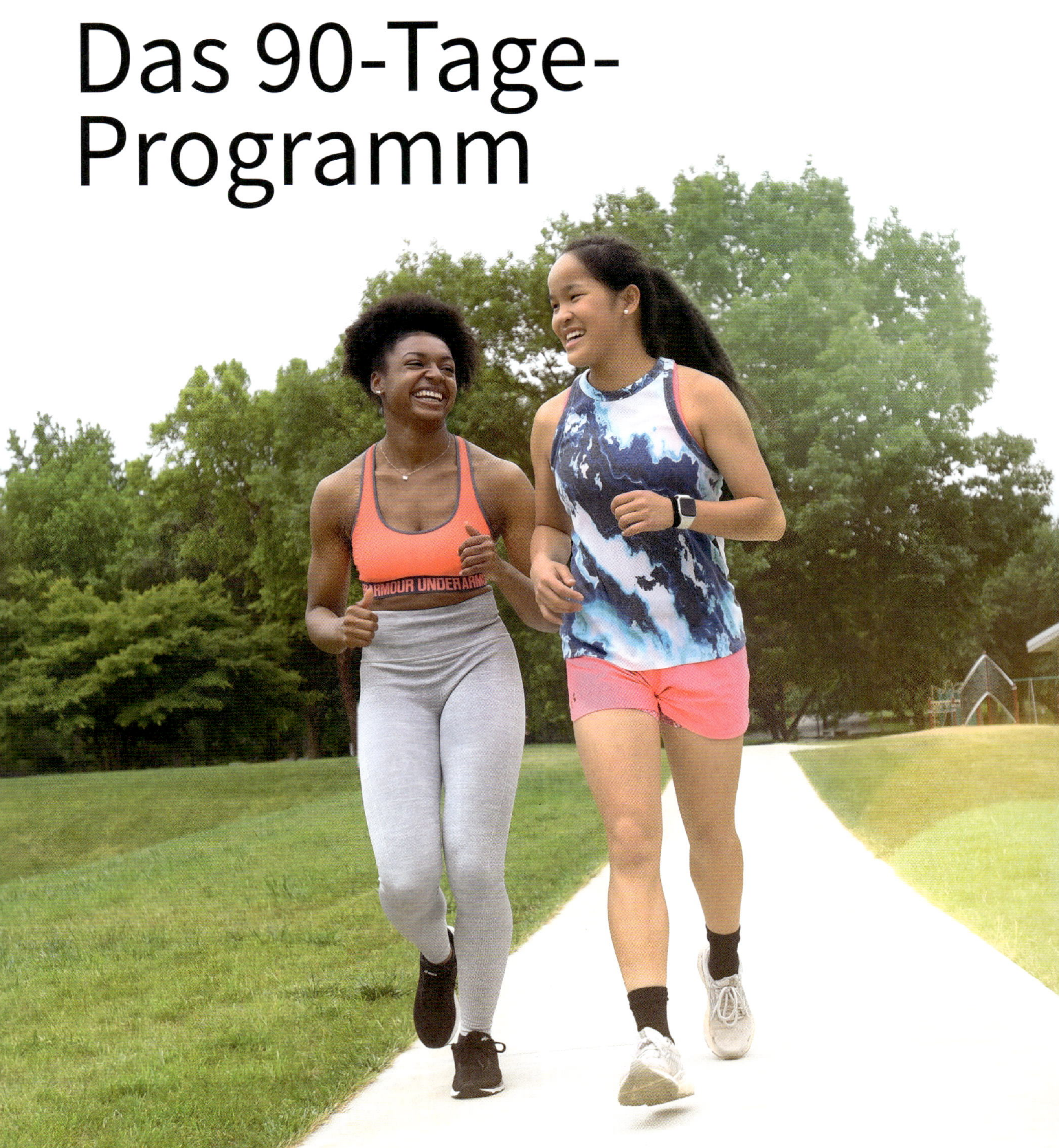

Lenaiya Flowers und Stella Woy sind überrascht, wie viel Spaß die ersten Run-Free-Technikübungen machen.

ABKÜRZUNGEN
WH = Wiederholungen
RI = Ruheintervall

1. WOCHE

Work-out	Tag 1	Tag 2	Tag 3	Tag 4	Tag 5	Tag 6	Tag 7
Essen	2-Wochen-Test	2-Wochen-Test	2-Wochen-Test	2-Wochen-Test	2-Wochen-Test	2-Wochen-Test	2-Wochen-Test
Fitness	2 Sätze aus »Starke Füße«	FREI	1 Satz 100 Up Minor 3 Sätze Einbeinige Kniebeuge	2 Sätze aus »Starke Füße«	FREI	1 Satz 100 Up Minor 3 Sätze Einbeinige Kniebeuge	2 Sätze aus »Starke Füße«
Technik	Rock Lobster zur Festigung der Lauftechnik	Leiterlauf 1	FREI	Leiterlauf 1	FREI	Leiterlauf 1 5 × Hopserlauf (je 6 – 8 Hopser)	3 × 2 min zu 90-bpm-Musik barfuß auf der Stelle laufen
Laufen	10 – 30 min im 1. Gang. Mit Geduld und ohne Anstrengung. Fußaufsatz beachten. Dies ist Krafttraining.	20 – 40 min im 2. Gang. Dabei Leiterlauf visualisieren.	20 – 40 min im 2. Gang.	FREI	10 – 30 min im 1. Gang. Mit Geduld und ohne Anstrengung. Fußaufsatz beachten. Dies ist Krafttraining.	65 % deiner Ganze-Menge-Distanz/Zeit im 1. – 2. Gang. Geduldig bleiben und darauf achten, dass es sich gut anfühlt. Fordern, nicht überfordern.	FREI

2. WOCHE

Work-out	Tag 8	Tag 9	Tag 10	Tag 11	Tag 12	Tag 13	Tag 14
Essen	2-Wochen-Test	2-Wochen-Test	2-Wochen-Test	2-Wochen-Test	2-Wochen-Test	2-Wochen-Test	2-Wochen-Test
Fitness	2 Sätze aus »Starke Füße«	FREI	1 Satz 100 Up Minor, 3 Sätze Einbeinige Kniebeuge	3 Sätze aus »Starke Füße«	FREI	1 Satz 100 Up Minor, 3 Sätze Einbeinige Kniebeuge	FREI
Technik	FREI	Leiterlauf 1 5 × Hopserlauf (je 6 – 8 Hopser)	FREI	4 × 2 min zu 90-bpm-Musik barfuß auf der Stelle laufen	FREI	FREI	Leiterlauf 1 5 × Hopserlauf (je 6 – 8 Hopser)
Laufen	20 – 40 min im 1. Gang. Mit Geduld und ohne Anstrengung. Fußaufsatz beachten. Dies ist Krafttraining.	20 – 40 min im 2. Gang. Dabei Leiterlauf visualisieren.	20 – 40 min im 2. Gang 5 × 30 s Steigerung bis 7. Gang mit 1 min RI.	FREI	20 – 40 min im 1. Gang. Mit Geduld und ohne Anstrengung. Fußaufsatz beachten. Dies ist Krafttraining.	70 % deiner Ganze-Menge-Distanz/Zeit im 1. – 2. Gang. Geduldig bleiben und darauf achten, dass es sich gut anfühlt. Fordern, nicht überfordern.	FREI

3. WOCHE

Work-out	Tag 15	Tag 16	Tag 17	Tag 18	Tag 19	Tag 20	Tag 21
Fitness	3 Sätze aus »Starke Füße«	3 Sätze aus »Starke Beine«	2 Sätze 100 Up Minor 4 Sätze Einbeinige Kniebeuge	3 Sätze aus »Starke Füße«	FREI	1 Satz 100 Up Minor 3 Sätze Einbeinige Kniebeuge (mehr WH)	2 Sätze aus »Starke Füße«
Technik	FREI	Leiterlauf 1 5 × Hopserlauf (je 6 – 8 Hopser)	FREI	4 × 2 min zu 90-bpm-Musik barfuß auf der Stelle laufen	5 × 30 s auf der Stelle laufen 5 × Hopserlauf (je 6 – 8 Hopser)	FREI	5 × 1 min zu 90-bpm-Musik barfuß auf der Stelle laufen
Laufen	20 – 40 min Kraft/Technik-Lauf im 1. Gang. Fußaufsatz beachten. Geduld mit dem Tempo.	30 min im 2. Gang. 5 × 30 s im 6. Gang mit 90 s RI.	20 – 40 min im 2. Gang. Dabei Leiterlauf visualisieren.	FREI	20 – 40 min Kraft/Technik-Lauf im 1. Gang. Fußaufsatz beachten. Geduld mit dem Tempo.	75 % deiner Ganze-Menge-Distanz/Zeit im 1. – 2. Gang. Geduldig bleiben und darauf achten, dass es sich gut anfühlt. Fordern, nicht überfordern.	FREI

4. WOCHE

Work-out	Tag 22	Tag 23	Tag 24	Tag 25	Tag 26	Tag 27	Tag 28
Fitness	2 Sätze aus »Starke Füße«. Zur Intensivierung entweder Dauer/WH steigern oder weniger festhalten.	2 – 3 Sätze aus »Starke Beine« 3 Sätze Kniebeugen	FREI	FREIER TAG Nicht vergessen: Stärker wird man in der Erholungsphase.	2 Sätze aus »Starke Füße«	2 Sätze 100 Up Minor, 3 Sätze Einbeinige Kniebeuge	FREIER TAG Nicht vergessen: Stärker wird man in der Erholungsphase.
Technik	FREI	4 × 6 – 8 Hopserlauf. Ziel ist mehr Kraftentfaltung.	Leiterlauf 2. Bei den weiteren Abständen die Kraftübertragung im Bodenkontakt spüren.	FREI	Rock Lobster zur Festigung der Lauftechnik	FREI	FREI
Laufen	20 – 40 min Kraft/Technik-Lauf im 1. Gang. Auf Fußaufsatz und Kadenz achten. Geduld mit dem Tempo.	30 min im 2. Gang 7 × 30 s im 6. Gang mit 90 s RI.	20 – 40 min im 2. Gang. Dabei die Kraftübertragung im Bodenkontakt spüren.	FREI	30 – 50 min im 2. Gang 4- bis 6-mal 20 s bergauf mit Händen hinterm Kopf, Ellenbogen abgespreizt. 3- bis 4-mal 20 s bergauf mit normaler Armhaltung.		FREI

5. WOCHE

Work-out	Tag 29	Tag 30	Tag 31	Tag 32	Tag 33	Tag 34	Tag 35
Fitness	3 Sätze aus »Starke Füße« 2 Sätze Ausfallschritt	1 Satz 100 Up Major & 4 Sätze aus »Starke Beine«	FREI	3 Sätze Einbeinige Kniebeuge 2 Sätze Ausfallschritt	3 Sätze aus »Starke Füße«	FREI	3 Sätze Einbeinige Kniebeuge 2 Sätze Ausfallschritt
Technik	FREI	3 × 6 – 8 Hopserlauf 2 Sätze Einbeiniges Hüpfen	FREI	FREI	3 × 3 min zu 90-bpm-Musik barfuß auf der Stelle laufen	Leiterlauf 1 & 2	FREI
Laufen	30 – 50 min im 2. Gang. Geduld mit dem Tempo. Auf Technik und stetigen Rhythmus achten.	10 – 20 min im 2. Gang 3 × 1 min im 7. Gang mit 90 s RI 3 × 4 – 5 min im 5. Gang mit 2 min RI.	15 – 30 min Kraft/Technik-Lauf im 1. Gang. Auf Fußaufsatz und Kadenz achten. Dabei Leiterlauf visualisieren.	20 – 30 min im 2. Gang 6- bis 8-mal 20 s bergauf mit Händen hinterm Kopf, Ellenbogen abgespreizt. 4- bis 6-mal 10 s bergauf mit normaler Armhaltung.	FREI	75 % deiner Ganze-Menge-Distanz/Zeit im 1. – 2. Gang 6 × 30 s Steigerung bis 7. Gang auf flacher Strecke mit 90 s RI.	25 – 45 min Kraft/Technik-Lauf im 1. Gang. Auf Fußaufsatz und Kadenz achten. Ziel ist Kraftaufbau und Entwicklung des Muskelgedächtnisses. Geduld mit dem Tempo.

6. WOCHE

Work-out	Tag 36	Tag 37	Tag 38	Tag 39	Tag 40	Tag 41	Tag 42
Fitness	3 Sätze aus »Starke Füße« 3 Sätze Einbeinige Kniebeuge	1 Satz 100 Up Major 3 Sätze aus »Starke Beine«	FREI	2 Sätze Einbeinige Kniebeuge 3 Sätze Ausfallschritt	3 Sätze aus »Starke Füße«	FREI	3 Sätze Einbeinige Kniebeuge 2 Sätze Ausfallschritt
Technik	FREI	3 × 6 – 8 Hopserlauf 4 Sätze Einbeiniges Hüpfen	FREI	FREI	5 × 2 min zu 90-bpm-Musik barfuß auf der Stelle laufen	Leiterlauf 1 & 2 2 Sätze Einbeiniges Hüpfen.	FREI
Laufen	30 – 50 min im 2. Gang. Geduld mit dem Tempo. Auf Technik und stetigen Rhythmus achten.	10 – 20 min im 2. Gang 4 × 1 min im 7. Gang mit 90 s RI 4 × 4 – 5 min im 5. Gang mit 2 min RI.	15 – 30 min Kraft/Technik-Lauf im 1. Gang. Auf Fußaufsatz und Kadenz achten. Dabei Leiterlauf visualisieren.	20 – 30 min im 2. Gang 6 × 30 s bergauf mit Händen hinterm Kopf, Ellenbogen abgespreizt. 5 × 30 s bergauf mit normaler Armhaltung.	FREI	80 % deiner Ganze-Menge-Distanz/Zeit im 1. – 2. Gang 7 × 30 s Steigerung bis 7. Gang auf flacher Strecke mit 90 s RI.	25 – 45 min gleichmäßig im 2. Gang mit entspannter Technik. Gefühl für gute und schlechte Technik entwickeln und beim Laufen korrigieren.

7. WOCHE

Work-out	Tag 43	Tag 44	Tag 45	Tag 46	Tag 47	Tag 48	Tag 49
Fitness	3 Sätze aus »Starke Füße« 3 Sets Ausfallschritt	1 Satz 100 Up Major 3 Sätze aus »Starke Beine«	FREI	3 Sätze Einbeinige Kniebeuge 2 Sätze Ausfallschritt (mehr WH)	3 Sätze aus »Starke Füße«. Zur Intensivierung entweder Dauer/WH steigern oder weniger festhalten.	FREI	2 Sätze 100 Up Minor 3 Sätze Ausfallschritt
Technik	FREI	3 × 6 – 8 Hopserlauf 4 Sätze Einbeiniges Hüpfen	FREI	FREI	3 × 3 min zu 90-bpm-Musik barfuß auf der Stelle laufen	Leiterlauf 1 & 2 2 Sätze Einbeiniges Hüpfen	FREI
Laufen	30 – 50 min im 2. Gang. Geduld mit dem Tempo. Auf Technik und stetigen Rhythmus achten.	10 – 20 min im 2. Gang 5 × 30 s Steigerung bis 7. Gang mit 90 s RI 3 × 6 min im 5. Gang mit 2 – 3 min RI.	15 – 30 min Kraft/Technik-Lauf im 1. Gang. Auf Fußaufsatz und Kadenz achten. Dabei Leiterlauf visualisieren.	20 – 30 min im 2. Gang 4 × 20 s bergauf mit Händen hinterm Kopf, Ellenbogen abgespreizt. 8 × 30 s bergauf mit normaler Armhaltung.	FREI	85 % deiner Ganze-Menge-Distanz/Zeit im 1. – 2. Gang 8 × 30 s Steigerung bis 7. Gang auf flacher Strecke mit 90 s RI.	25 – 45 min gleichmäßig im 2. Gang mit entspannter Technik. Gefühl für gute und schlechte Technik entwickeln und beim Laufen korrigieren.

8. WOCHE

Work-out	Tag 50	Tag 51	Tag 52	Tag 53	Tag 54	Tag 55	Tag 56
Fitness	FREIER TAG. Nicht vergessen: Stärker wird man in der Regenerationsphase.	2 Sätze aus »Starke Füße« 2 Sätze Ausfallschritt	FREI	FREI	2 Sätze aus »Starke Füße« 2 Sets Ausfallschritt	3 Sätze Einbeinige Kniebeuge	FREIER TAG. Nicht vergessen: Stärker wird man in der Regenerationsphase.
Technik	FREI	FREI	Leiterlauf 1 4 × 6 – 8 Hopserlauf. Entspannt bleiben, um Höhe zu gewinnen.	FREI	3 × 2 min zu 90-bpm-Musik barfuß auf der Stelle laufen	Leiterlauf 1 & 2 3 Sätze Einbeiniges Hüpfen	FREI
Laufen	FREI	30 – 50 min im 2. Gang. Geduld mit dem Tempo. Auf Technik und stetigen Rhythmus achten.	FREI	20 – 30 min im 2. Gang 5 × 20 s bergauf 3 × 1 min auf flacher Strecke im 7. Gang mit 2 min RI	FREI	40 – 60 min im 2. Gang. Gute Regeneration!	FREI

9. WOCHE

Work-out	Tag 57	Tag 58	Tag 59	Tag 60	Tag 61	Tag 62	Tag 63
Fitness	2 Sätze aus »Starke Füße« 4 Sets Ausfallschritt	1 Satz 100 Up Major 2 Sätze aus »Starke Beine«	FREI	4 Sätze Einbeinige Kniebeuge 2 Sätze Ausfallschritt	3 Sätze aus »Starke Füße« 2 Sätze aus »Starke Beine«	FREI	2 Sätze aus »Starke Füße«
Technik	FREI	4 – 5 Sätze Einbeiniges Hüpfen 2 Sätze Hopserlauf	5 × 1 min zu 90-bpm-Musik barfuß auf der Stelle laufen	FREI	3 × 3 min zu 90-bpm-Musik barfuß auf der Stelle laufen	4 Sätze Einbeiniges Hüpfen	FREI
Laufen	35 – 60 min im 2. Gang. Geduld mit dem Tempo. Auf Technik und stetigen Rhythmus achten.	15 – 30 min im 2. Gang 4- bis 5-mal 3 min im 7. Gang mit 3 min RI. RI ausnutzen!	20 – 45 min Kraft/Technik-Lauf im 1. Gang. Auf Fußaufsatz und Kadenz achten. Dabei Leiterlauf visualisieren.	20 – 30 min im 2. Gang 3- bis 4-mal 6 min im 5. Gang mit 2 min RI.	FREI	85 % deiner Ganze-Menge-Distanz/Zeit im 1. – 2. Gang. Lange bei stetigem Tempo im 2. Gang bleiben. 5- bis 7-mal 20 s in mittlerem Tempo bergab. Auf Fußaufsatz achten. So langsam, dass die Ferse nicht aufsetzt.	20 – 45 min Kraft/Technik-Lauf im 1. Gang. Auf Fußaufsatz und Kadenz achten. Dabei Leiterlauf visualisieren.

10. WOCHE

Work-out	Tag 64	Tag 65	Tag 66	Tag 67	Tag 68	Tag 69	Tag 70
Fitness	2 Sätze aus »Starke Füße« 4 Sets Ausfallschritt	1 Satz 100 Up Major & 2 Sätze aus »Starke Beine«	FREI	2 Sätze Einbeinige Kniebeuge (mehr WH) 4 Sätze Ausfallschritt	3 Sätze aus »Starke Füße« 2 Sätze aus »Starke Beine«	FREI	2 Sätze aus »Starke Füße«
Technik	FREI	4 – 5 Sätze Einbeiniges Hüpfen 2 Sätze Hopserlauf	5 × 1 min zu 90-bpm-Musik barfuß auf der Stelle laufen	FREI	3 × 4 min zu 90-bpm-Musik barfuß auf der Stelle laufen	5 Sätze Einbeiniges Hüpfen	FREI
Laufen	35 – 60 min im 2. Gang. Geduld mit dem Tempo. Auf Technik und stetigen Rhythmus achten.	30 min im 2. Gang 4- bis 5-mal 3,5 min im 7. Gang mit 3 min RI. RI ausnutzen!	20 – 45 min Kraft/Technik-Lauf im 1. Gang. Auf Fußaufsatz und Kadenz achten. Dabei Leiterlauf visualisieren.	15 – 30 min im 2. Gang 8 min/6 min/ 4 min im 5. Gang mit 2 min RI.	FREI	90 % deiner Ganze-Menge-Distanz/Zeit im 1. – 2. Gang 7 × 20 s in mittlerem Tempo bergab. Auf Fußaufsatz achten. So langsam, dass die Ferse nicht aufsetzt.	FREI

11. WOCHE

Work-out	Tag 71	Tag 72	Tag 73	Tag 74	Tag 75	Tag 76	Tag 77
Fitness	2 Sätze aus »Starke Füße« 3 Sätze Einbeinige Kniebeuge	3 Sätze aus »Starke Beine«	FREI	1 Satz Einbeinige Kniebeuge (mehr WH) 5 Sätze Ausfall-schritt	3 Sätze aus »Starke Füße« 2 Sätze aus »Starke Beine«	FREI	2 Sätze aus »Starke Füße«
Technik	FREI	2 Sätze Einbeiniges Hüpfen 2 Sätze Hopserlauf	FREI	FREI	4 × 2 min zu 90-bpm-Musik barfuß auf der Stelle laufen	Leiterlauf 1 & 2 3 Sätze Einbeiniges Hüpfen	FREI
Laufen	35 – 60 min im 2. Gang. Geduld mit dem Tempo. Auf Technik und stetigen Rhythmus achten.	30 min im 2. Gang 4- bis 5-mal 4 min im 7. Gang mit 4 min RI. RI ausnutzen!	20 – 40 min Kraft/Technik-Lauf im 1. Gang. Auf Fußaufsatz und Kadenz achten. Dabei Leiterlauf visu-alisieren.	35 – 60 min im 2. Gang. Geduld mit dem Tempo. Auf Technik und stetigen Rhythmus achten.	FREI	20 – 30 min im 2. Gang 3 × 8 min im 5. Gang mit 2 min RI	40 – 70 min im 2. Gang

12. WOCHE

Work-out	Tag 78	Tag 79	Tag 80	Tag 81	Tag 82	Tag 83	Tag 84
Fitness	FREIER TAG. Nicht ver-gessen: Stärker wird man in der Regenera-tionsphase.	1 Satz aus »Starke Beine«	2 Sätze aus »Starke Füße«	2 Sätze Einbeinige Kniebeuge (mehr WH) 2 Sätze Ausfall-schritt	FREIER TAG. Nicht ver-gessen: Stärker wird man in der Regenera-tionsphase.	FREI	FREIER TAG. Nicht ver-gessen: Stärker wird man in der Regenera-tionsphase.
Technik	FREI	3 Sätze Hopserlauf	FREI	2 Sätze Einbeiniges Hüpfen	FREI	3 Sätze Hopserlauf 2 Sätze Einbeiniges Hüpfen	FREI
Laufen	FREI	30 min im 2. Gang 3 × 3 min im 7. Gang mit 3 min RI. Zum Schluss 8 min im 4.–5. Gang (4. Gang nach Gefühl schätzen).	20 – 40 min Kraft/Technik-Lauf im 1. Gang. Auf Fußaufsatz und Kadenz achten. Dabei Leiterlauf visu-alisieren.	35 – 60 min im 2. Gang	FREI	100 % deiner Ganze-Menge-Distanz im 1./2. Gang.	FREI

13. WOCHE

Work-out	Tag 85	Tag 86	Tag 87	Tag 88	Tag 89	Tag 90
Fitness	2 Sätze aus »Starke Füße« 3 Sätze Einbeinige Kniebeuge	FREI	2 Sätze Einbeinige Kniebeuge 3 Sätze Ausfallschritt	2 Sätze aus »Starke Füße«	FREI	FREI
Technik	FREI	2 Sätze Hopserlauf 2 Sätze Einbeiniges Hüpfen	FREI	2 Sätze Einbeiniges Hüpfen	FREI	2 Sätze Hopserlauf 2 Sätze Einbeiniges Hüpfen
Laufen	20 – 30 min Kraft/Technik-Lauf im 1. Gang. Auf Fußaufsatz und Kadenz achten. Dabei Leiterlauf visualisieren.	30 min im 2. Gang 3 × 2 min im 7. Gang mit 4 min RI. Aufs Tempogefühl achten, um den Test an Tag 90 besser pacen zu können.	20 – 40 min im 2. Gang. Kräfte sparen für den Test.	FREI	20 – 30 min Kraft/Technik-Lauf im 1. Gang	1-Meilen-Test auf derselben Strecke wie zu Beginn des Programms

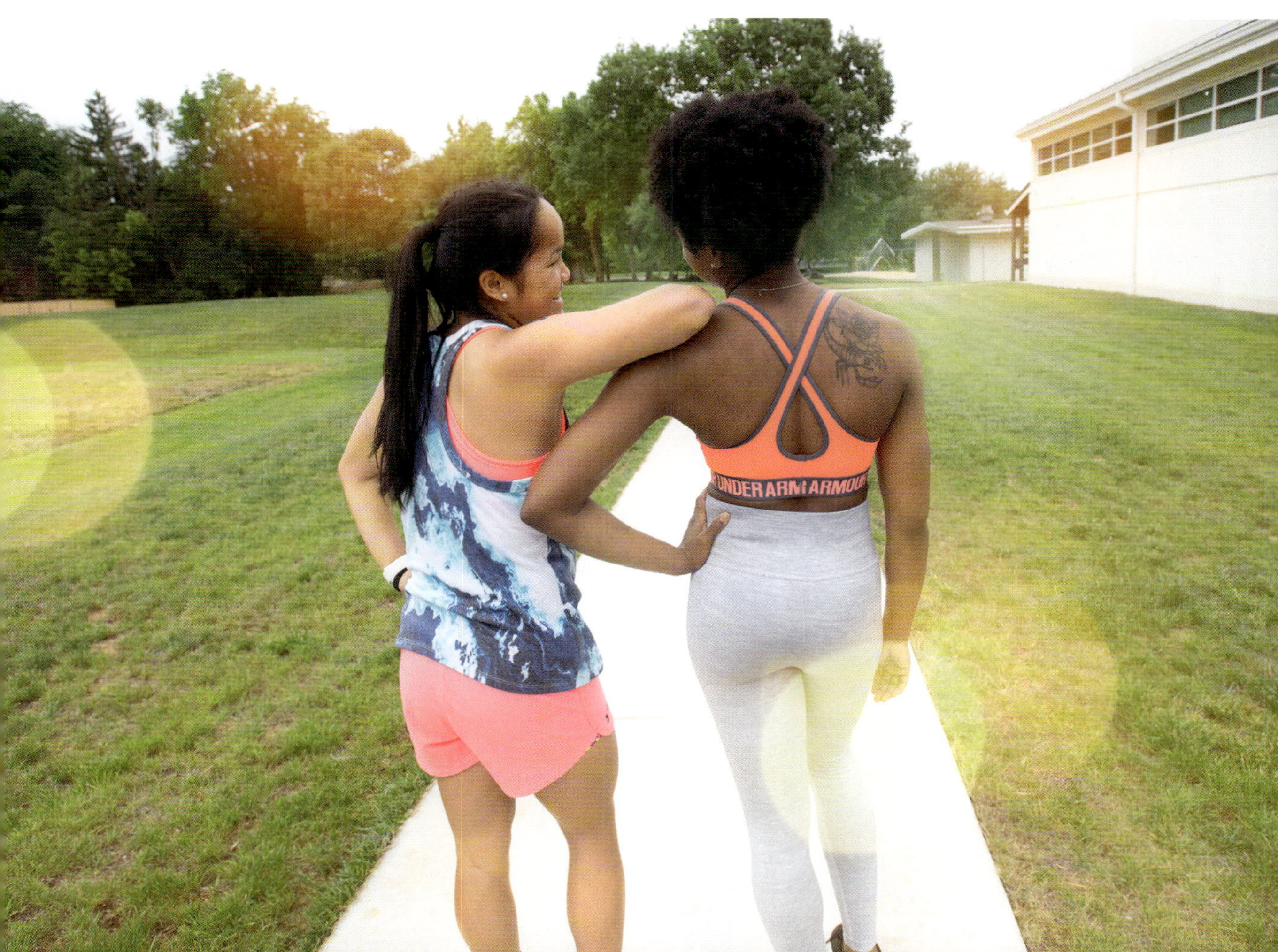

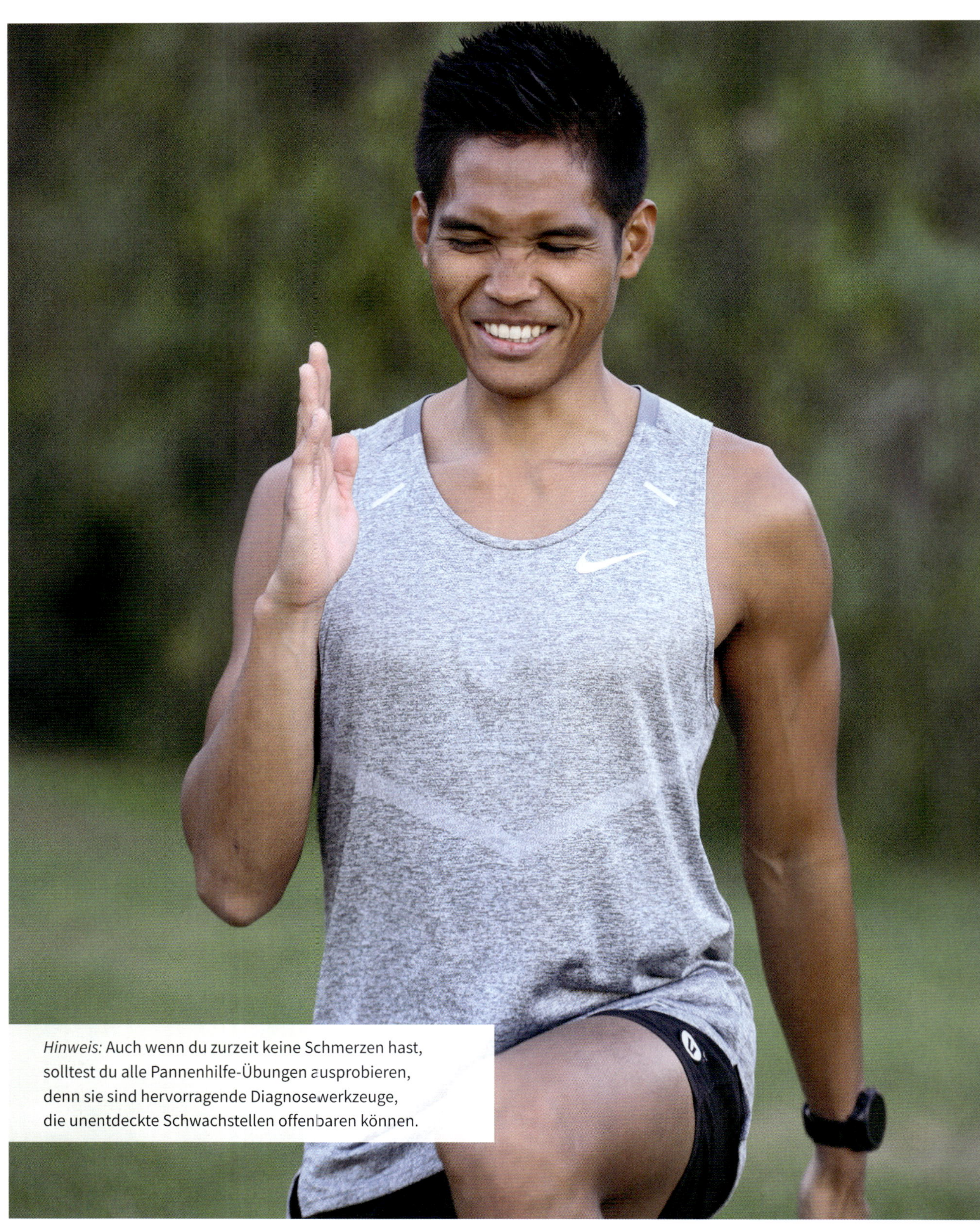

Hinweis: Auch wenn du zurzeit keine Schmerzen hast, solltest du alle Pannenhilfe-Übungen ausprobieren, denn sie sind hervorragende Diagnosewerkzeuge, die unentdeckte Schwachstellen offenbaren können.

15. Verletzungen: Pannenhilfe

Falls du eine Verletzung hast, haben wir gute Nachrichten: Du wirst nicht mehr lange verletzt sein. Und du wirst dich vielleicht nie wieder verletzen.

Die Ursache von Laufverletzungen ist nicht dein Körperbau. Die Ursache ist dein Verhalten. Laufverletzungen haben nichts mit deinem Alter oder Gewicht, deinem »Pronationsmuster« oder »Beinlängenunterschied« zu tun. Bei üblichen Verdächtigen wie Plantarfasziitis oder Achillessehnenentzündung ist an deinem Körper nichts falsch, was nicht durch eine Änderung deiner Bewegungsweise behoben werden kann. Als Läufer:innen sollten wir uns ein Beispiel an den Schwimmer:innen und Kampfsportler:innen nehmen, die ihre Bewegungsabläufe immer wieder üben, bis sie jede falsche Bewegung sofort spüren und korrigieren können. Unausgewogenheit ist das Problem. Üben ist die Lösung.

Coach Eric verwendet nicht einmal das Wort »Verletzung«. Er sagt hartnäckig »Funktionsstörung«, denn: Du bist nicht kaputt. Du bist nicht einmal wirklich verletzt. Dein Körper beschwert sich, weil er in einer unangenehmen Haltung arbeiten sollte. Du würdest dich auch beschweren, wenn du die ganze Nacht mit schiefem Hals schlafen müsstest. Korrigiere deine Lauftechnik, und das Problem ist in fast allen Fällen damit behoben.

»Alle glauben, sie wären ein Sonderfall, dabei sind wir uns funktionell alle sehr ähnlich«, erklärt Eric. »Wenn man von den Extremen auf beiden Seiten absieht, bewegen sich die meisten von uns in der Mitte. Unsere Körper sind dazu gebaut, sich ganz ähnlich zu bewegen.«

Deshalb wirken die Standardbehandlungen – Ruhe, Eis, Ibuprofen, statisches Dehnen und Einlagen – nicht. Man verschafft sich kurzfristig Linderung, indem man die Symptome abschwächt, aber langfristig wird man dadurch zurückgeworfen, weil man die eigentliche Funktionsstörung ignoriert. Man kann ein gebrochenes Bein betäuben, aber das lässt die Knochen nicht zusammenwachsen. Aber sobald du richtig laufen lernst, zahlt es sich doppelt aus: Jeder technisch saubere Schritt wirkt wie eine Kräftigungsübung. Du korrigierst nicht nur deine Dysbalancen, sondern baust gleichzeitig die Muskeln auf, die das Laufen leichter machen.

Indem du den Teufelskreis **Schlechte Technik ▶ Schwäche ▶ Verspannung ▶ Schmerz** umkehrst, wird er zu einer sich endlos aufladenden Batterie: **Gute Technik ▶ mehr Kraft ▶ Längere Läufe in guter Technik ▶ noch mehr Kraft.**

Na, hast du wieder Hoffnung? Das Beste hast du noch gar nicht gehört:

Alles, was du brauchst, hast du bereits.

Die Movement Snacks und die Fitness- und Technikübungen, die du gelernt hast, sind ein vollständiges Instrumentarium für die Schmerzlinderung und Ursachenbeseitigung. Sie sind auch ein großartiges diagnostisches Werkzeug: Keine der Übungen wird dazu führen, dass du dich schlechter fühlst, und wenn du dich dadurch nicht besser fühlst, ist das ein Zeichen dafür, dass womöglich eine andere Ursache vorliegt und dass du dir vielleicht professionelle Hilfe suchen solltest. Leider ist uns eingeredet worden, Schmerzen und Verspannungen beim Laufen seien normal, dabei sind sie eigentlich Warnsignale für Funktionsstörungen. Die meisten von uns wissen gar nicht, wie toll sich Laufen anfühlen kann, wenn wir nur die Kadenz beschleunigen, den Fußauftritt flacher und uns Erics Übungen zur Gewohnheit machen.

Verspannung ist keine mangelnde Flexibilität! »Viele Läufer gehen mit Stretching und Yoga gegen ihre Verspannungen an, dabei liegt die Ursache in muskulärem Ungleichgewicht«, sagt Eric. »Stretching hilft da nicht. Aber Technik und Kraft ändern alles.« Du magst dich selbst nicht für verletzt halten, aber die Verspannung, die du als normal empfindest, ist vielleicht ein winziges Loch im Reifen, das dir irgendwann eine richtige Panne beschert.

Die Übungen sind auch eine großartige Gelegenheit, sich mit dem eigenen Körper vertraut zu machen. Meistens befinden sich unsere unteren Extremitäten so lange außerhalb des Radars, bis sie anfangen, Probleme zu verursachen. Wann hast du dir das letzte Mal deine Fußgewölbe genauer angeschaut? Hast du jemals mit den Fingern über die Achillessehne oder die Waden gestrichen und überrascht festgestellt, dass sie irgendwie knotig sind? Kannst du hier und jetzt mit dem Finger den Verlauf deiner Plantarfaszie einigermaßen sicher nachverfolgen? Normalerweise sind die Körperteile unterhalb des Knies entfernte Verwandte, die wir nur selten besuchen, bis sie sich eines Tages über die Vernachlässigung beschweren.

Kürzlich hat Eric mit einer Profisportlerin gearbeitet, die Schmerzen auf dem Fußrücken hatte. Immer wenn sie laufen wollte, schoss ein feuriges Stechen vom Fußgelenk bis zum großen Zeh. Eric kümmerte sich nicht um den Fußrücken und arbeitete sich von unten bis zum Fußgewölbe vor. Wie er vermutet hatte, »ging sie fast durch die Decke«. Es war nicht schwer herauszufinden, was los war. Selten findet sich an der schmerzenden Stelle auch die Ursache des Problems. Häufiger ist der Schmerz die Folge eines schwachen Glieds weiter oben in der Kette. »Der Körper erzählt die Geschichte. Man muss ihr nur folgen«, sagt Eric. Der Fuß ist eigentlich ein ziemlich einfacher Apparat, erklärt er. Er ist ein Stoßdämpfungssystem, das entwickelt wurde, um die Landung abzufedern und zu stabilisieren. Wenn nun die Landung wehtut, sollte man als Erstes die Stoßdämpfer überprüfen. Als Zweites findet man dann heraus, warum sie nicht funktionieren. Eric schaute sich die Schuhe der Sportlerin an und stellte fest, dass es sich um Spitzenmodelle mit einer »stabilitätskorrigierenden« Einlage und einer Laufsohle aus Hartgummi handelte. Da es mitten im Winter war, versteifte die Eiseskälte die Schuhe mehr als sonst und verwandelte sie in harte Bremsklötze mit null Spielraum für die Fußgewölbe der Sportlerin. Eric zeigte ihr ein paar Übungen zur schnellen Linderung und zur Stabilisierung, mit denen sie arbeiten sollte, und sie verließ ihn schmerzfrei.

Aber hier ist der Punkt: Diese Profisportlerin war bereits bei Ärzt:innen und Physiotherapeut:innen gewesen. Niemand von ihnen hatte gesagt: »Nehmen wir an, Ihrem Fuß geht es gut. Wie wäre es, wenn wir einfach den Lichtschalter umlegen, um zu sehen, ob der Strom an ist?« Der Lichtschalter für die Beweglichkeit des Fußes ist das Fußgewölbe. Anstatt es zu befreien, besteht die häufigste therapeutische Intervention darin, es zu lahmzulegen. Der Sportlerin waren ihre eigenen Füße so fremd, dass sie gar keine Ahnung von der Deaktivierung ihrer Fußgewölbe hatte, bis Eric darauf drückte.

Bei der Behebung solcher Funktionsstörungen geht Eric in zwei Schritten vor:

- Als Erstes kommt »schnelle Hilfe«, um die Beschwerden zu lindern.
- Zweitens erfolgt die »langfristige Linderung«, um an der Ursache des Problems zu arbeiten. Dazu müssen bestimmte Übungen mehrmals pro Woche durchgeführt werden, bis die volle Beweglichkeit wiederhergestellt ist. Danach sind diese Übungen immer dann zu wiederholen, wenn ein Stechen oder Spannungsgefühl auftritt.

Nimm die folgenden Seiten also als Benutzerhandbuch. Du bist dabei, zum Feinmechaniker deines eigenen Körpers zu werden.

SCHMERZ UNTER DER FERSE (PLANTARFASZIITIS)

SO FÜHLT ES SICH AN

Die Fußsohle im Fersenbereich schmerzt besonders am Morgen und nach dem Gehen oder Laufen.

DAS SIND DIE URSACHEN

- Die Plantarfaszie ist die dicke Sehnenplatte, die unter dem Fuß verläuft und die Ferse mit den Zehen verbindet. Plantarfasziitis entsteht normalerweise durch Verspannungen der Wade, die die Beweglichkeit im Unterschenkel einschränken. Da sich die Wade nicht dehnen kann, zieht sie immer stärker an der Plantarfaszie.
- Verstärkend wirkt alles, was die Waden belastet, wie z. B. bergauf laufen, zu lange Schritte, unbewegliche Hüftbeuger oder schlechte Gewichtsverlagerung aufgrund von zu langsamer Kadenz.
- Jede drastische Änderung des Schuhwerks kann dazu führen, dass sich die Waden schützend anspannen. Aus diesem Grund bereuen viele Läufer:innen den Umstieg auf Barfußschuhe, wenn sie ihre Laufleistung nicht verringern und allmählich umsteigen.

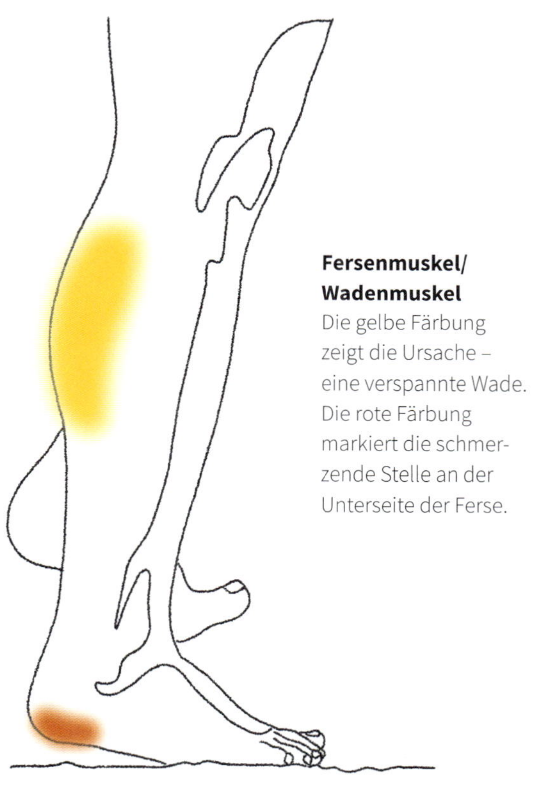

Fersenmuskel/ Wadenmuskel
Die gelbe Färbung zeigt die Ursache – eine verspannte Wade. Die rote Färbung markiert die schmerzende Stelle an der Unterseite der Ferse.

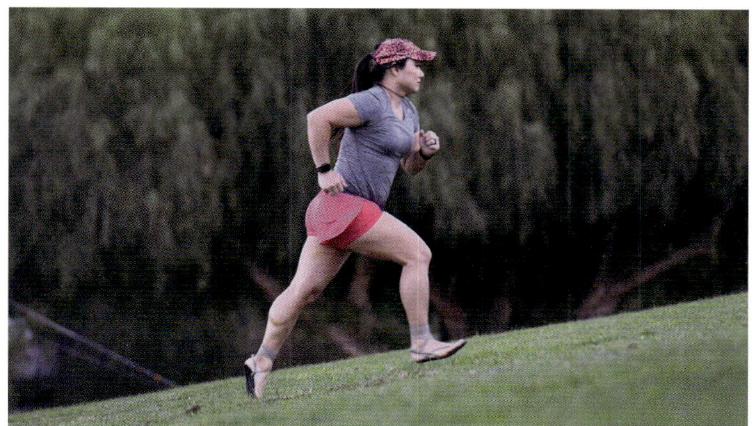

Hier siehst du, dass Karma sich nach vorne lehnen muss, weil ihre Hüftbeuger zu fest sind. Sie ist gezwungen, sich aus den Sprunggelenken heraus abzustoßen und nach vorne zu schieben. Das überlastet ihre Wade. Sehr häufig bei Läufern, die jeden Tag das gleiche langsame Tempo beibehalten.

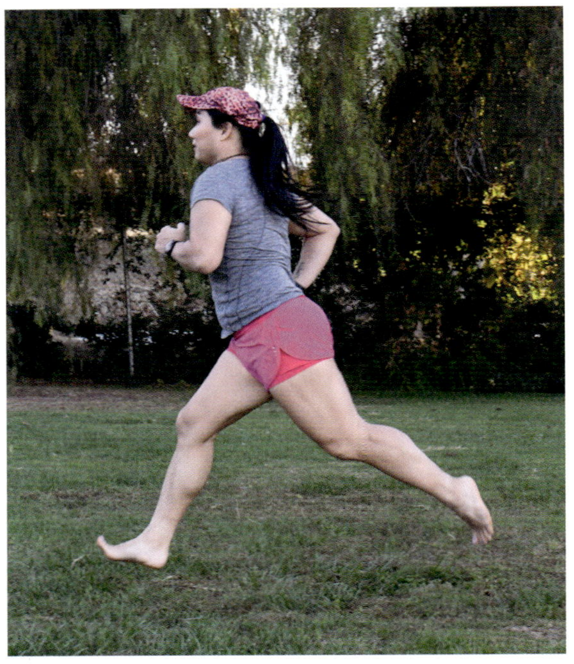

Hier macht Karma zu lange Schritte und greift mit dem Bein nach vorne. Das belastet ihre Waden übermäßig, da der Bodenkontakt verlängert wird. Erkennbar ist auch, dass Karma fast keinen Knievortrieb hat.

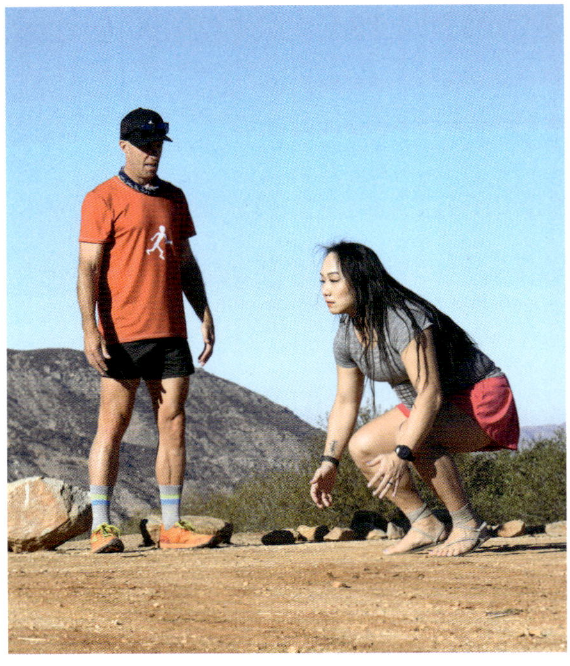

Zwei Schnelltests für die Anfälligkeit gegenüber Plantarfasziitis sind Ninja-Sprung und Tiefe Kniebeuge. Dass Karma kaum in die Hocke gehen kann, weist auf eine eingeschränkte Beweglichkeit der Waden hin.

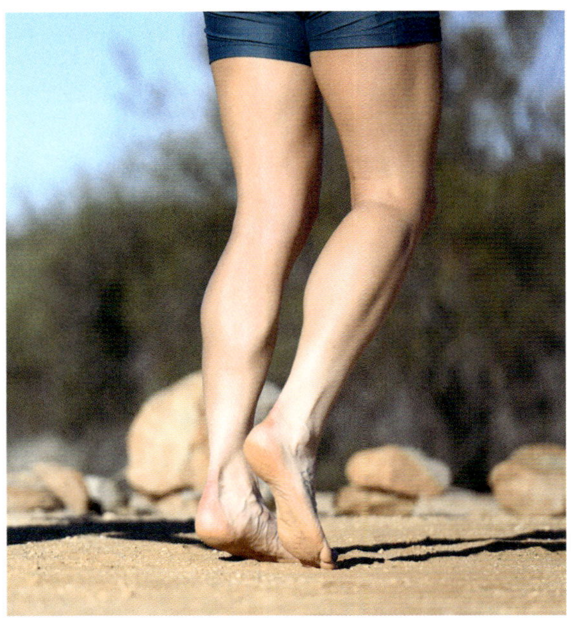

Verschlimmbesserung: Läufer:innen, die mit dem Fersenlaufen aufhören wollen, überkorrigieren manchmal in die andere Richtung. Anstatt die Füße bei der Landung auf natürliche Weise abflachen zu lassen, zwingen sie sich, auf den Ballen zu bleiben. Frischgebackene Barfußläufer:innen laufen auch gerne langsam und mit wenig Beinbewegung. Beides belastet die Waden.

SCHNELLE HILFE

Um verklebtes Gewebe in der Wade zu lösen und eine Muskellängung zu ermöglichen, kombinierst du eine Massage mit einer anschließenden Dehnübung und machst das nach Möglichkeit 2- bis 3-mal täglich. Das Ziel ist es, die Verspannung in der Wade zu überwinden, sodass du ein brennendes Dehngefühl in der Ferse spürst. Wenn du bis dorthin vorgedrungen bist, dehnst und längst du die schmerzhafte Faszie, die den Kern des Problems bildet.

Bleib geduldig. Bis du die Wadenverspannung überwunden hast und zur Ferse vordringst, können sieben bis zehn Tage mit Massage- und Dehnungskombi vergehen. Wenn du diesen Punkt erreichst – und du wirst spüren, wenn es so weit ist –, dürfte eine sofortige Schmerzlinderung eintreten.

1) Laufen

- Eine Auszeit vom Laufen lindert normalerweise die Schmerzen, behebt aber nicht das Problem.
- Je mehr du während der Behandlung läufst, desto mehr zögerst du durch die Anspannung der Wade den Prozess heraus. Deshalb reduzierst du am besten deine Laufleistung und meidest Auf- und Abstiege.

2) Massage

- Lege dich bäuchlings auf den Boden und lasse dir von einem Partner die Wadenmuskulatur durchmassieren. Die massierende Person sollte mit seinen Fingern und Daumen nach Knoten tasten. Wenn empfindliche Knoten erkannt werden, sollte sie diese Bereiche bearbeiten, indem sie fest hineindrückt und ausschließlich und ohne Bewegung auf die verspannte Stelle einwirkt.
- Du kannst dich auch selbst massieren, indem du dich auf einen Stuhl setzt und mit den Händen die Wade von oben nach unten bearbeitest.

3) Wadendehnung

- Nach der Massage stehst du für diese Dehnübung auf. Immer zuerst massieren und danach dehnen, damit du die Verklebung in der Wade löst und eine Längung ermöglichst.
- Stütze die Arme gegen eine Wand und strecke das betroffene Bein hinter dir aus.
- Senke die Ferse langsam auf den Boden, bis du in der Wade einen guten, straffen Widerstand spürst.
- Dehne die Wade *maßvoll*, nur bis zu dem Punkt, an dem du die Dehnung 2 – 5 Minuten lang aushalten kannst.
- Wenn du die Dehnung nicht so lange aushältst, dehnst du zu stark. Lasse etwas nach und bleib geduldig.
- Führe diese Übung 2- bis 3-mal am Tag durch, wenn du kannst.
- Das Ziel ist es, die Verspannung in der Wade zu überwinden, sodass du ein brennendes Dehngefühl in der Ferse spürst.
- Wenn du den Punkt erreichst, an dem du die Dehnung in der Ferse spürst, dehnst und längst du die schmerzhafte Faszie, die den Kern des Problems bildet.

LANGFRISTIGE LINDERUNG

- Übungen aus den Bereichen Starke Füße und Lauftechnik, die den Fußaufsatz bzw. zu lange Schritte betreffen (S. 96).
- Barfuß auf der Stelle zu *Rock Lobster* oder anderer 90-bpm-Musik laufen.
- Leichtes Laufen mit guter Technik und kurzen Schritten.
- Wenn du schmerzfrei bist, kannst du mit der Pogo-Übung beginnen (S. 99).
- Die traditionelle Zehen-berühren-Dehnübung: Aufrecht stehen, Beine gerade. Vorbeugen und mit den Händen nach den Zehen greifen. Knie gestreckt lassen (oder leicht beugen, wenn du viel Widerstand spürst). Nicht zu weit gehen, das Ziel ist es, den Spannungspunkt zu finden und dort einige Momente zu verweilen. Je weiter du mit den Händen vor die Füße greifst, desto mehr dehnst du die Waden.
- Einbeinige Kniebeuge und Ausfallschritt (S. 102/103).

VERSPANNTE ODER SCHMERZENDE WADEN

SO FÜHLT ES SICH AN

Wadenschmerzen sind entweder *akut* oder *chronisch*.

Wenn du beim Laufen Schmerzen verspürst und damit aufhören musst oder wenn die Waden nach einem Anstieg oder schnellem Laufen schmerzen, hast du eine **akute** Funktionsstörung.

Schmerzen, die im Laufe der Zeit allmählich entstehen, den ganzen Tag über anhalten und nicht durch akute Ereignisse wie Läufe durch bergiges Gelände ausgelöst werden, sind **chronisch**.

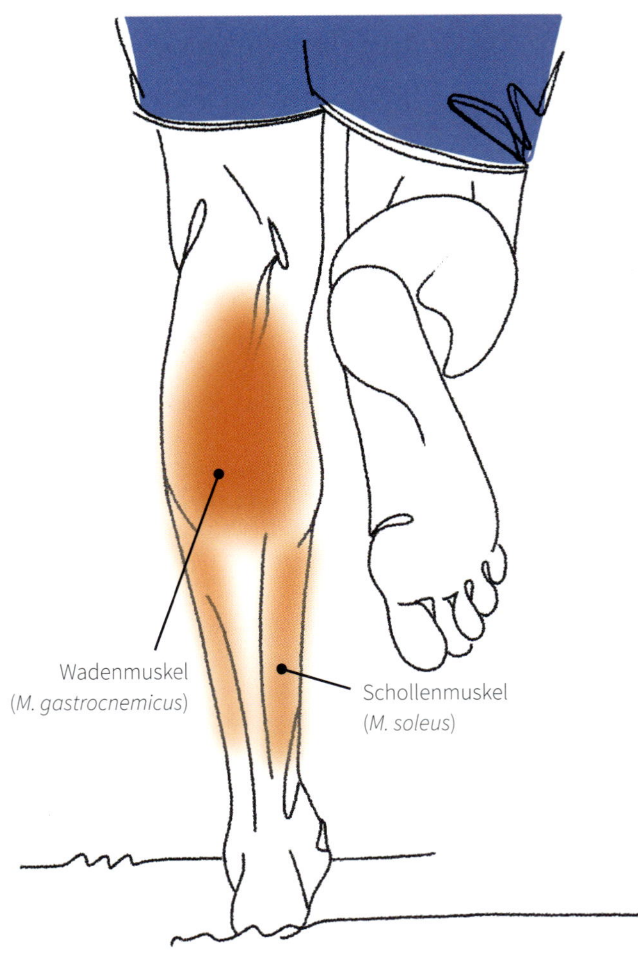

DAS SIND DIE URSACHEN

Akute Wadenschmerzen entstehen oft durch:

- Eine Änderung der Lauftechnik oder des Fußaufsatzes beim Wechsel zu minimalerem Schuhwerk.
- Steigerung der Laufleistung, des Tempos oder des Streckengefälles.

Chronische Wadenschmerzen kommen von:

- Schlechter Technik/Kraft.
- Training, in dem es zu schnell und zu viel bergauf geht.
- Schlechte/niedrige Kadenz und bei anhaltend niedrigem Tempo.

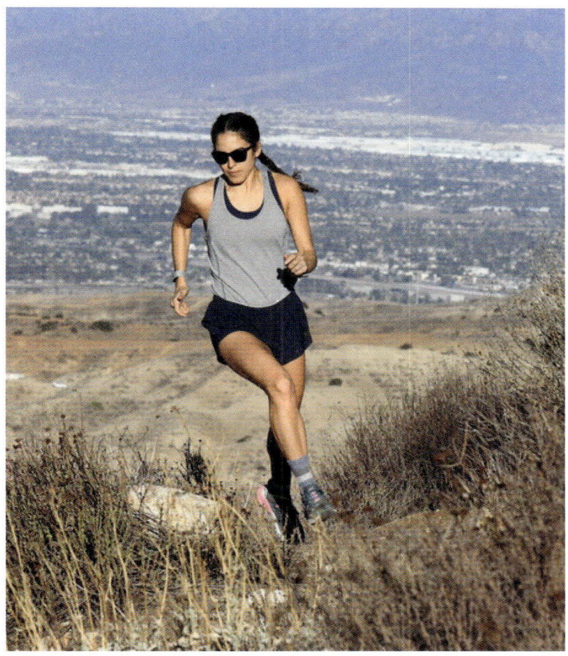

Mehr Auf- und Abstiege oder mehr Laufvolumen können sowohl akute als auch chronische Schmerzen verursachen, ebenso wie das Anheben der Ferse beim Laufen.

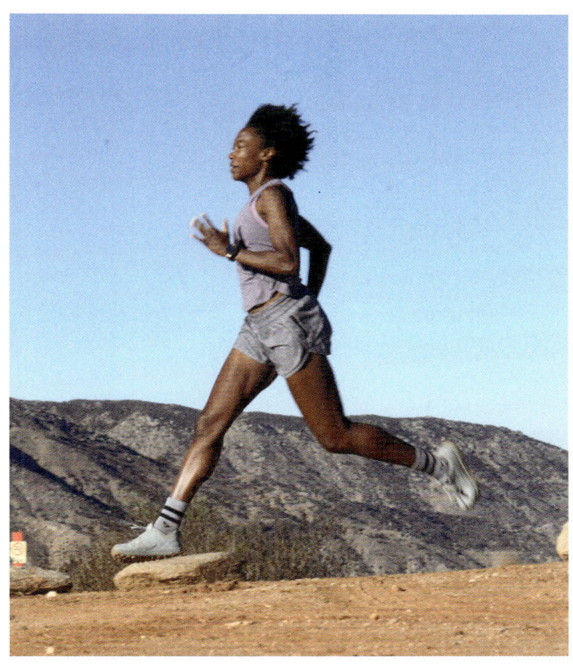

Manchmal achten Läufer:innen auf den Vorfußaufsatz, schreiten aber immer noch zu sehr nach vorne aus, was dazu führt, dass sie bei der Landung den Fuß spitzen und dadurch die Wade überlasten.

SCHNELLE HILFE

- Bei akutem Muskelkater hilft aktives Ausruhen: sanftes Spazierengehen, während der Schmerz nachlässt.
- Bei akutem und chronischem Schmerz: Wadenmassage. Verwende keine Massagerolle, die die Wahrnehmung von Knoten in den Muskeln verhindert. Suche beim Massieren nach empfindlichen Stellen und bearbeite sie mit den Fingern, um Muskelverklebungen und -verspannungen zu lösen. Mache *nach* der Massage eine leichte Wadendehnübung.
- Akut: Mach mit sanftem, schmerzfreiem Laufen weiter, aber reduziere das Trainingsvolumen und gewöhne die Waden langsam an das Tragen von Lasten.

LANGFRISTIGE LINDERUNG

- Tägliche Wadenmassage und Wadendehnung.
- Gehen und nicht weiterlaufen, wenn du hinkst.
- Darüber nachdenken, was neu oder zu viel oder technisch falsch sein könnte.
- Movement Snacks: Langbeiniger Bärengang (S. 51).
- Traditionelles Zehen-Berühren: 2 – 3 Sätze à 30 – 45 Sekunden.
- Fitnessübungen: Starke Füße (S. 96) und, falls schmerzfrei, Starke Beine (S. 98).

SCHMERZEN AM SCHIENBEIN (SHIN SPLINTS ODER SCHIENBEINKANTENSYNDROM)

SO FÜHLT ES SICH AN

Schmerzen entlang des Schienbeins (oder Schienbeinmuskels), die der Vorderseite des Beins entlang vom Knie bis zum Fußgelenk verlaufen.

DAS SIND DIE URSACHEN

- Fersenaufsatz, zu große Schritte, geringe Kraft und Stabilität stehen allesamt bei Schienbeinkantenschmerzen unter Verdacht.
- Ergänzend oder unabhängig kann auch zu langer Bodenkontakt bei niedriger Kadenz eine Ursache sein.
- Häufig bei jungen Läufer:innen im Schulalter, die nicht das ganze Jahr über regelmäßig laufen, aber plötzlich in sehr kurzer Zeit für Wettkämpfe trainieren.

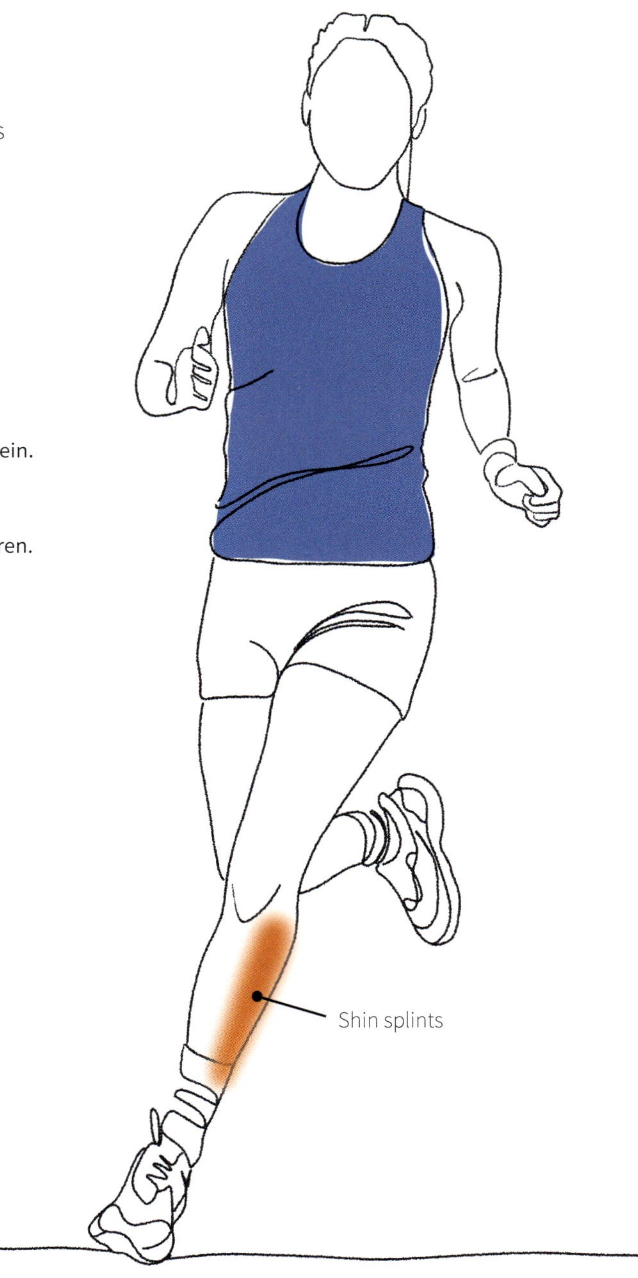

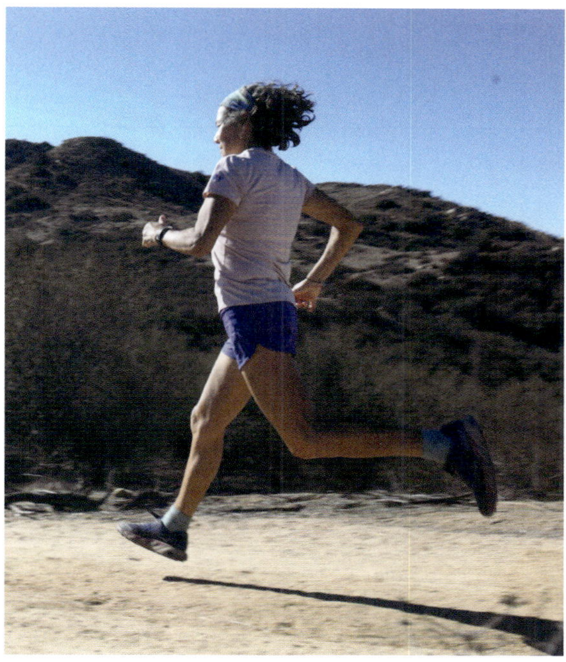

Zu lange Schritte verlängern den Bodenkontakt.

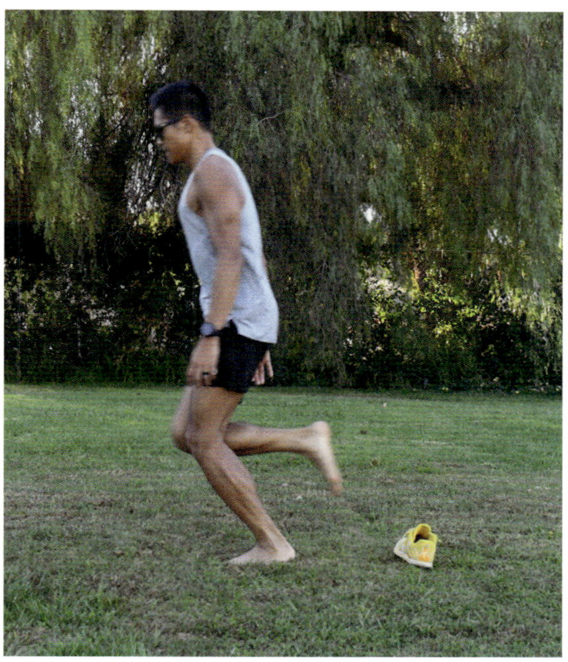

Beachte die Position des Knies über den Zehen und die übermäßige Dorsiflexion des Fußgelenks. Dies führt zu längerem Bodenkontakt und damit zu einer höheren Belastung der Schienbeine.

SCHNELLE HILFE

- Probiere zunächst die Linderungsmaßnahmen bei Wadenverspannung aus. Eine Lockerung der Wadenmuskeln kann sofortige Linderung und langfristige Abhilfe schaffen.
- Wenn der Schienbeinschmerz trotz Wadenbehandlung anhält, ist eine Auszeit vom Laufen ratsam, damit sich alles beruhigen kann.
- Übe während der Laufpause die Starke-Füße-Übungen (S. 96).

LANGFRISTIGE LINDERUNG

- Fitness: Starke Füße, Einbeinige Kniebeuge und Ausfallschritt (S. 96, 102/103).
- Technik: Übungen für Fußaufsatz und Schrittlänge.
- Barfuß zu 90-bpm-Musik (Vorschläge auf S. 121) auf der Stelle laufen: 5 x 1 – 2 Minuten.
- Tempo: Locker mit kurzem Schritt und guter Technik im 1. Gang laufen.
- Falls schmerzfrei: Starke Beine (S. 98).
- Traditionelles Zehen-Berühren mit gestreckten Beinen: 2 – 3 Sätze à 30 – 45 Sekunden.

SCHMERZ IN ACHILLESSEHNE UND SCHOLLENMUSKEL

SO FÜHLT ES SICH AN

Du spürst Schmerzen in der Achillessehne, die an der Rückseite der Ferse am Fersenbein ansetzt, oder im Schollenmuskel, der entlang der Rückseite des Unterschenkels verläuft. Manchmal spürst du die eine oder andere Stelle, manchmal treten die Schmerzen an beiden Stellen auf.

DAS SIND DIE URSACHEN

- Zu langer Bodenkontakt aufgrund von langsamer Kadenz. Der lange Bodenkontakt lässt das Bein wackeln, sodass die Achillessehne und/oder der Schollenmuskel überlastet wird.
- Vermehrt bergige Strecken.

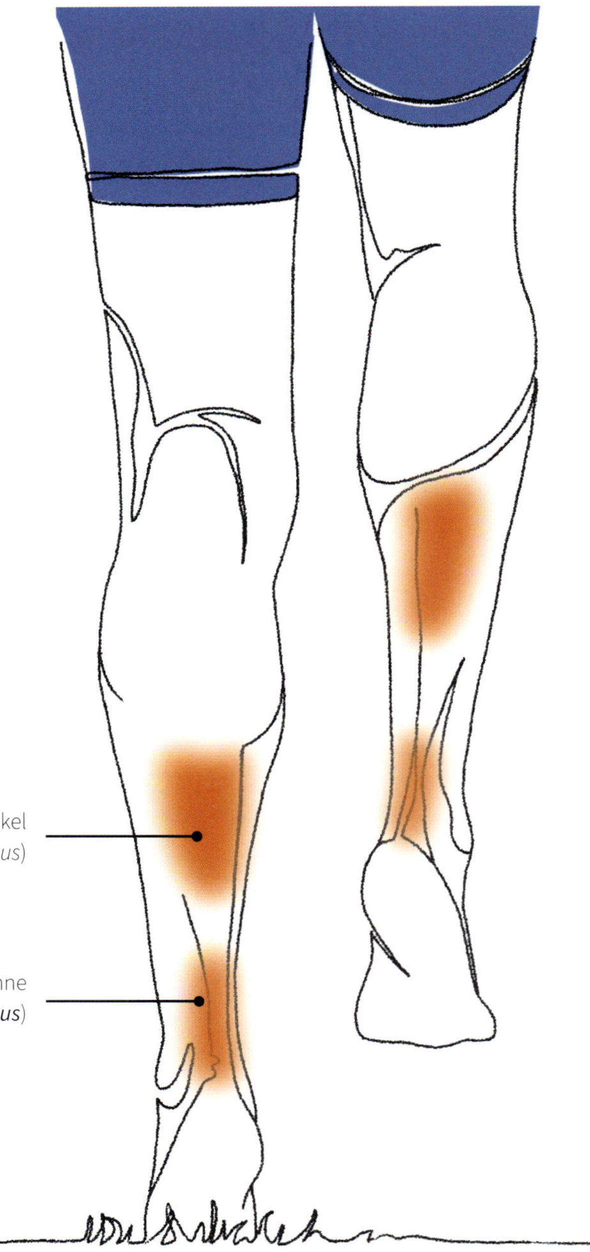

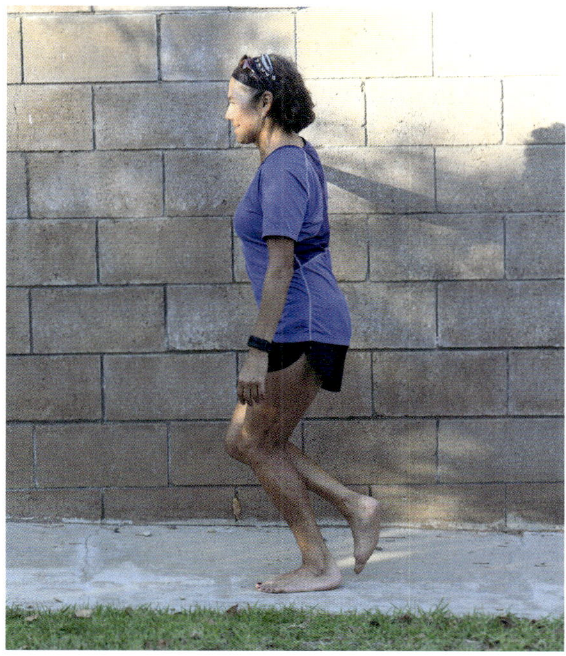

Jedes Mal, wenn sich das Knie zu weit über die Zehen beugt, sei es aufgrund von schlechter Technik, langsamer Kadenz oder muskulärer Dysbalance, wird die Achillessehne überlastet. Dabei drohen auch andere Verletzungen, weil der Oberschenkel zu viel Last trägt und die Gesäßmuskeln nicht beansprucht werden.

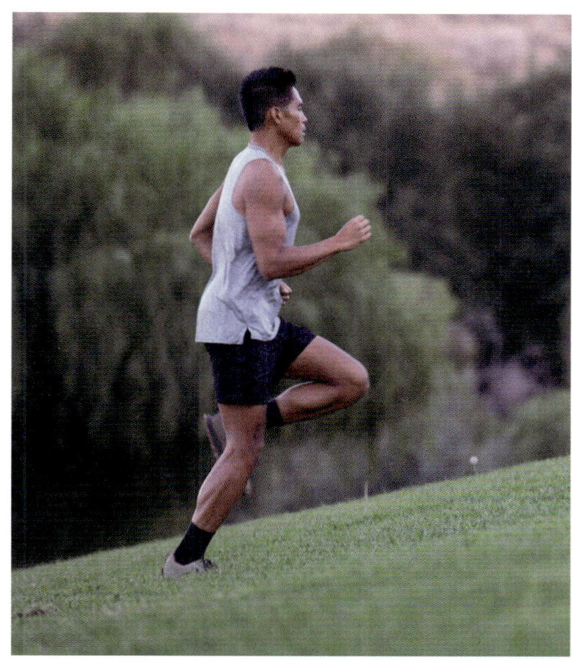

Bergauf laufen kann mit schmerzender Achillessehne die Hölle sein.

SCHNELLE HILFE

- Ausruhen, bis die Schmerzen vergehen.
- Die betroffenen Stellen massieren, um das Ausmaß der Schmerzen einzuschätzen und zu spüren, wie es heilt.

LANGFRISTIGE LINDERUNG

Falls schmerzfrei:

- Movement Snacks: Langbeiniger Bärengang (S. 51).
- Traditionelles Zehen-Berühren mit gestreckten Beinen: 2 – 3 Sätze à 30 – 45 Sekunden. Diese einfache Dehnübung wirkt wie ein Reset und ist so wichtig wie die tägliche Zahnseide.
- Fitness: Foot Core, Starke Beine, Einbeinige Kniebeuge und Ausfallschritt.
- Technikübungen (S. 114 ff.).
- Schnelleres Lauftempo und Steigerungsläufe können dazu beitragen, Bodenkontaktzeit und Kniebeugung zu reduzieren. Probiere 4 – 5 Sprints à 10 – 20 Sekunden.
- Barfuß zu 90-bpm-Musik auf der Stelle laufen: 3- bis 5-mal 1 – 2 Minuten.

FERSENSCHMERZ

SO FÜHLT ES SICH AN

Schmerz an der Rückseite des Fersenbeins (nicht in der Achillessehne oder an der Unterseite der Ferse). Er ist zart und direkt am Knochen spürbar und fühlt sich nach Prellung an, nicht nach Hautreizung oder Abschürfung wie bei einer Druckstelle.

DAS SIND DIE URSACHEN

- Zu lange Schritte, bei denen oft mit der Außenseite des Fußes aufgesetzt und einwärts abgerollt wird, wodurch ein Drehmoment auf die Ferse ausgeübt wird.
- Zu kurze oder zu enge Schuhe, die die Bewegung des Fußes behindern.
- Schuhwerk mit sehr hoher Sprengung und schwammiger Dämpfung, welches dazu führt, dass der Fuß beim Aufsetzen viel seitliche Verdrehung/ Bewegung erfährt.

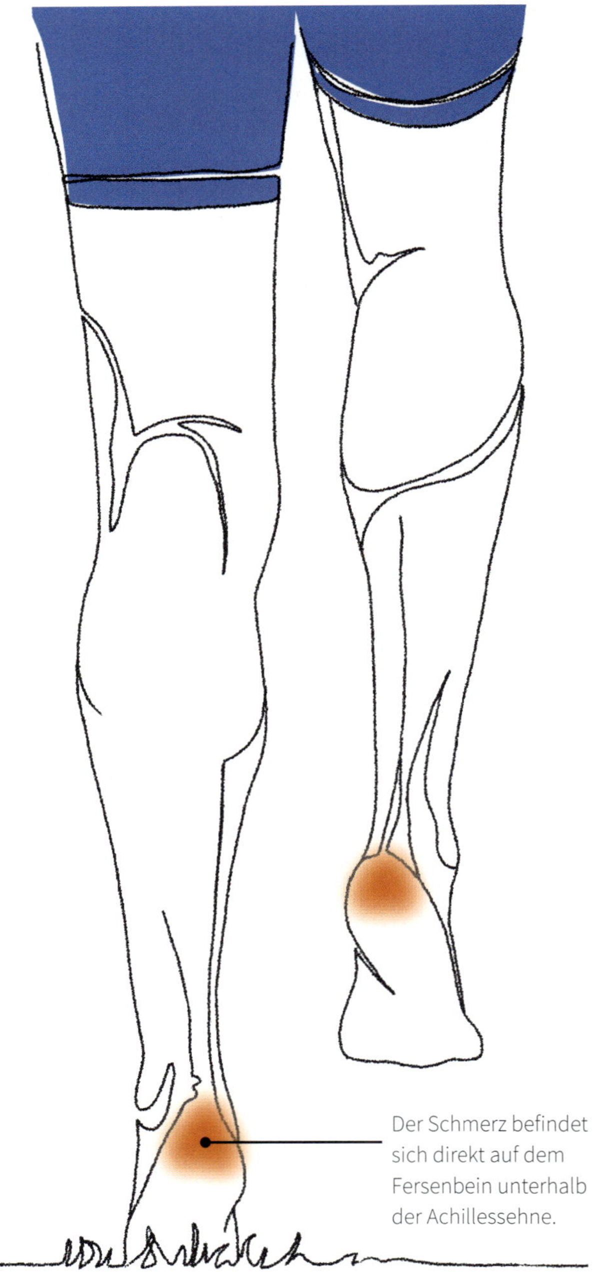

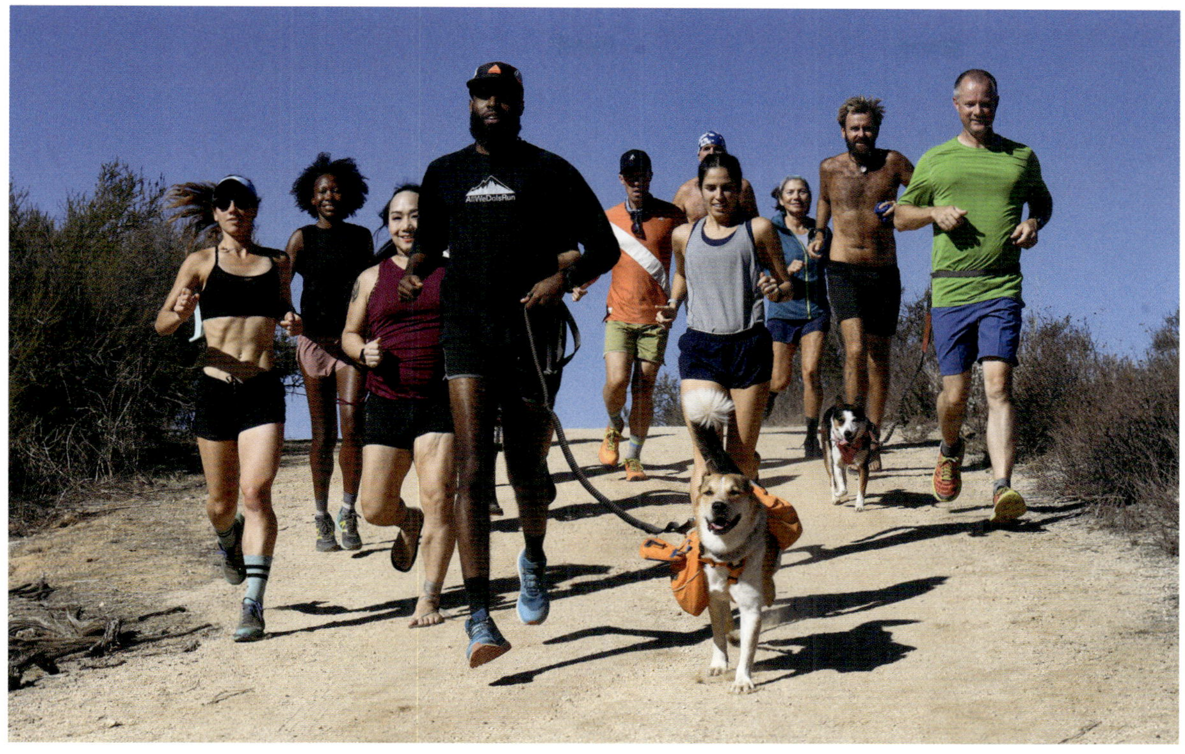

Hier streckt der führende Läufer den rechten Fuß weit vor und landet auf der Außenkante, um dann einwärts abzurollen. Dieses Drehmoment belastet die Ferse enorm und verursacht Schmerzen.

SCHNELLE HILFE

- Prüfe, ob deine Schuhe zu eng sind und deinen Zehen nicht genug Freiraum lassen. Falls das der Fall ist, solltest du ein längeres Modell mit größerer Zehenbox anprobieren.
- Hole die Innensohlen deiner Schuhe heraus und mache einen leichten Lauf. Schon dieses bisschen mehr Platz kann schnelle Linderung bringen.
- Probiere einen Schuh mit flacherer Sohle aus, damit du mehr Stabilität beim Bodenkontakt hast.
- Versuche, die Füße näher am Körper aufzusetzen, anstatt mit dem führenden Bein nach vorne auszugreifen. Dadurch bleibt der Fußaufsatz stabiler.
- Wenn nichts davon hilft, kannst du die Maßnehmen für Waden-/Achillessehnenprobleme ausprobieren (S. 244/248).

LANGFRISTIGE LINDERUNG

- Traditionelles Zehen-Berühren mit gestreckten Beinen: 2 – 3 Sätze à 30 – 45 Sekunden.
- Fitness: Starke Füße (S. 96).
- Technikübungen (S. 114 ff.).
- Barfuß zu 90-bpm-Musik auf der Stelle laufen: 3- bis 5-mal 1 – 2 Minuten.

PLATTFUSS

SO FÜHLT ES SICH AN

Das Fußgewölbe ist so niedrig, dass der Fuß flach aufzuliegen scheint.

DAS SIND DIE URSACHEN

- Plattfüße sind keine Funktionsstörung, aber durch Training kann man dem Fußgewölbe etwas mehr Höhe verschaffen und an Kraft und Stoßdämpfung gewinnen.
- Wie alle Muskeln reagieren Plattfüße auf Krafttraining.
- Da die Füße die erste stabilisierende Schicht zwischen dir und dem Boden sind, reduziert man durch Kräftigung des Fußgewölbes auch die Last auf Gesäß- und Wadenmuskulatur.

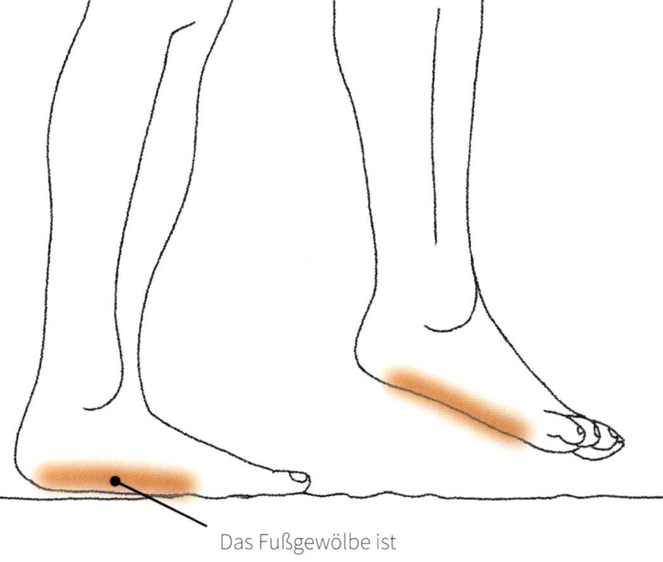

Das Fußgewölbe ist eingesunken und »platt«.

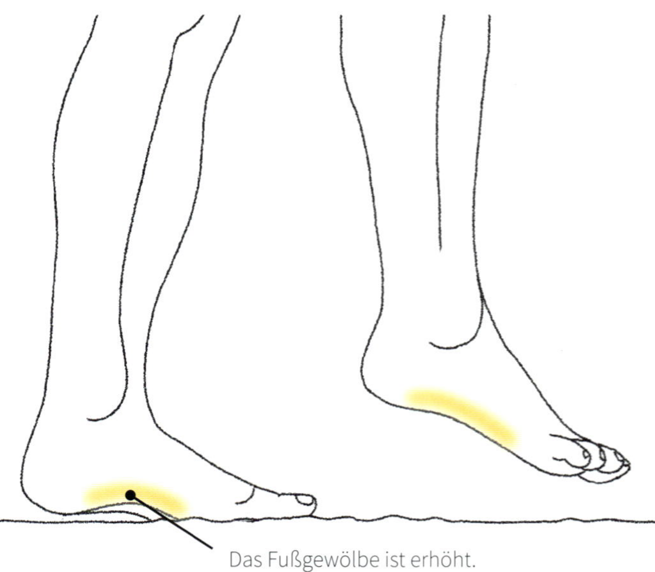

Das Fußgewölbe ist erhöht.

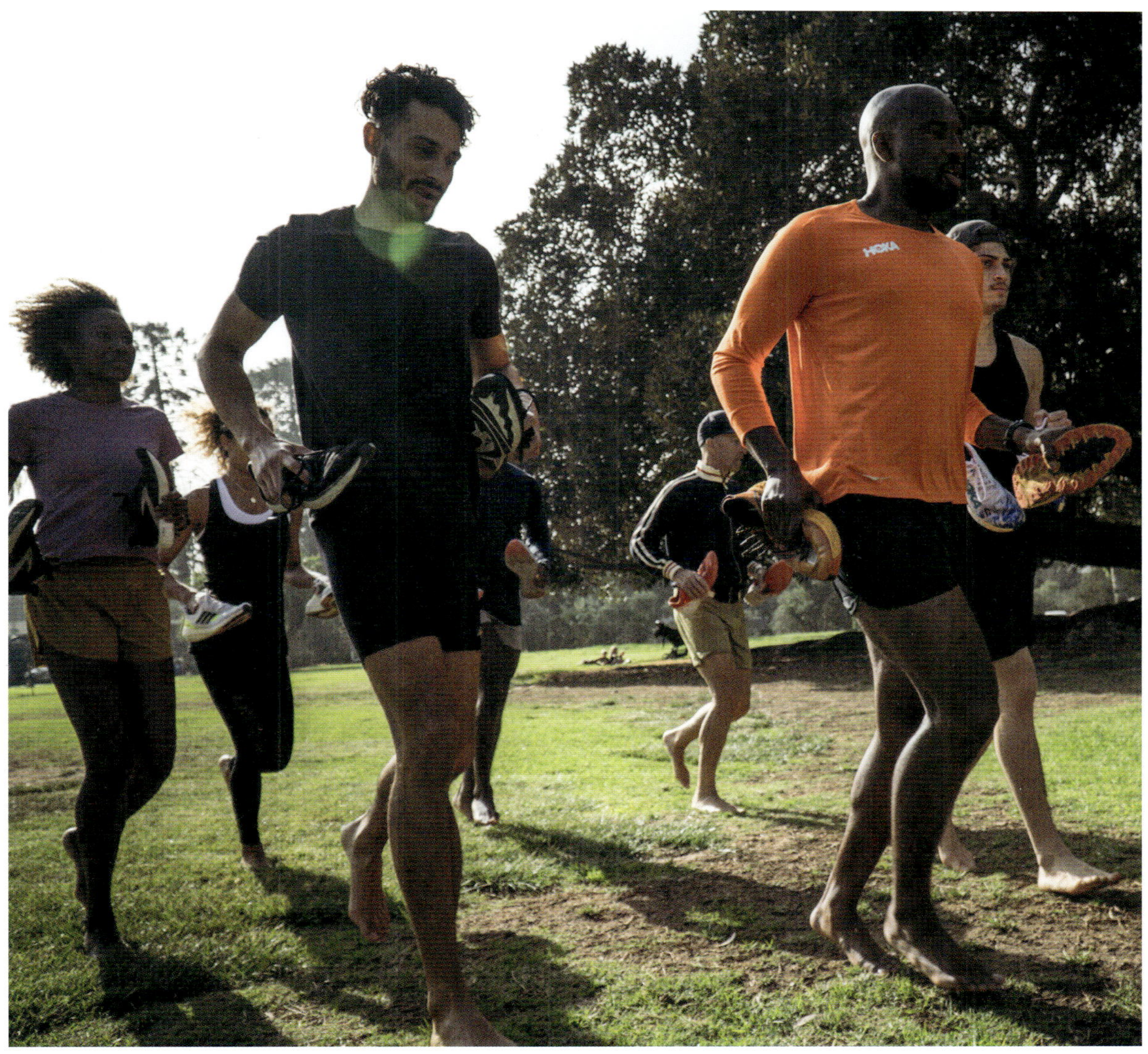

SCHNELLE HILFE

- Gehe im Alltag so viel wie möglich barfuß.
- Kräftigungsläufe in Minimalschuhen.

LANGFRISTIGE LINDERUNG

- Fitness: Foot Core und Starke Beine.
- Technik: Vorlauffuß.
- Barfuß zu 90-bpm-Musik auf der Stelle laufen: 3- bis 5-mal 1 – 2 Minuten.

SCHMERZEN AN DER KNIE- ODER BEINAUSSENSEITE (ILIOTIBIALBAND)

SO FÜHLT ES SICH AN

Reizung und Schmerz an der Außenseite des Knies, je nach Schweregrad im Allgemeinen etwa zehn Minuten nach dem Laufen.

DAS SIND DIE URSACHEN

- Das Iliotibialband (IT-Band) ist ein Band aus dicken Fasern, das von der Hüfte bis zur Außenseite des Knies verläuft. Reibung zwischen IT-Band und Knie kann Reizungen und Schmerzen an der Außenseite des Knies verursachen.
- Die schmerzende Stelle ist normalerweise nicht der wahre Ursprung des Problems. Die Schmerzen treten am Knie auf, werden aber weiter oben in der Kette verursacht, nämlich durch Schwäche der Hüft- und Gesäßmuskulatur.
- Fersenaufsatz und zu lange Schritte sind die Hauptschuldigen. Wenn wir mit der Ferse aufsetzen, nutzen wir unsere Füße nicht als ersten Stabilisator. Das löst eine Reaktion entlang der Stabilisierungskette aus und betrifft IT-Band, Quadrizeps und Hüftbeuger.
- Die Hüftbeuger verspannen sich, weil sie aufgrund von schlechter Gesäßstabilität überlastet werden. Sie ziehen am Bein und verursachen weitere Verspannungen im Quad- und ITB-Bereich.
- Das Aufsetzen mit der Ferse lässt auch den Quadrizeps mehr arbeiten und schaltet die Gesäßmuskeln aus.
- Schuhe mit hoher Sprengung und schwammiger Dämpfung tragen zum Stabilitätsverlust und zur Schwächung der Füße bei.

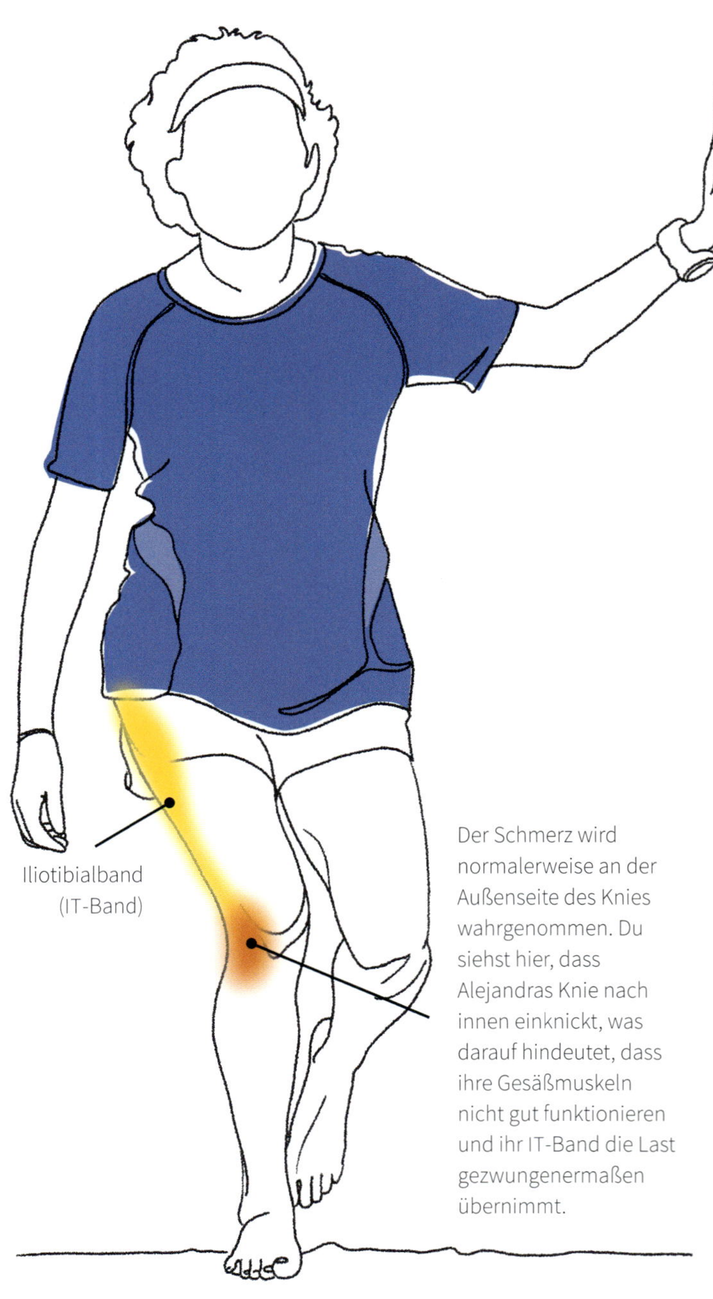

Der Schmerz wird normalerweise an der Außenseite des Knies wahrgenommen. Du siehst hier, dass Alejandras Knie nach innen einknickt, was darauf hindeutet, dass ihre Gesäßmuskeln nicht gut funktionieren und ihr IT-Band die Last gezwungenermaßen übernimmt.

SCHNELLE HILFE

- Das IT-Band sollte *lieber nicht* mit der Massagerolle bearbeitet oder gedehnt werden. Das IT-Band ist ein sehr dickes Faszienband, das sich nicht sehr gut dehnen lässt. Durch die Massagerolle wird es nur gereizt. Es mag sich unmittelbar danach gut anfühlen, aber da der Ursprung des Problems nicht behandelt wurde, ist dies flüchtige »Wellness« ohne nachhaltige Wirkung, genau wie die meisten Dehnungsübungen.
- Stattdessen sollte der Quadrizeps so massiert werden, dass Verklebungen und empfindliche Stellen gelöst werden.
- Anschließend können Movement Snacks wie 90/90-Sitz und Dreibeinige Krabbe dabei helfen, die Hüftbeuger und die am IT-Band hängenden Muskeln zu dehnen.

LANGFRISTIGE LINDERUNG

- Das Aufsetzen mit der Ferse ist ein primärer Technikfehler, der IT-Band-Schmerzen verursachen kann. Daher ist Arbeit an der Lauftechnik entscheidend.
- Eine starke Fußmuskulatur bietet ebenfalls einen enormen Vorteil, denn sie schafft ein natürlich stabilisierendes Fußgewölbe, das wiederum das Knie stabiler macht und die Gesäßmuskulatur aktiviert.
- Der Aufbau von Kraft im Gesäß und die muskuläre Ausbalancierung mit Einbeinige Kniebeuge und Ausfallschritt entlastet die Hüftbeuger.
- Technikübungen (S. 114 ff.).
- Fitness: Foot Core, Starke Beine, Einbeinige Kniebeuge und Ausfallschritt.
- Tempo: 5- bis 6-mal 20 – 30 Sekunden Steigerungsläufe bis 7. – 8. Gang.
- Movement Snacks: Shin Box, Crab Reach und Deep Squats.
- Traditionelles Zehen-Berühren: 2 – 3 Sätze à 30 – 45 Sekunden.

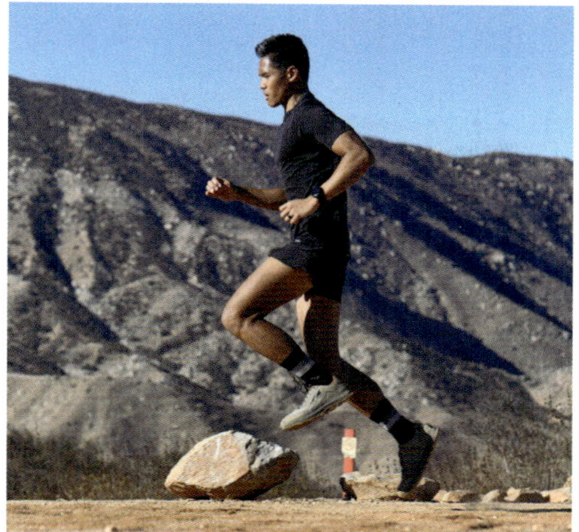

Manny hält sein Standbein beim Abdrücken zu sehr gebeugt, was den Quadrizeps zu stark beansprucht und die Gesäßmuskeln ausschaltet.

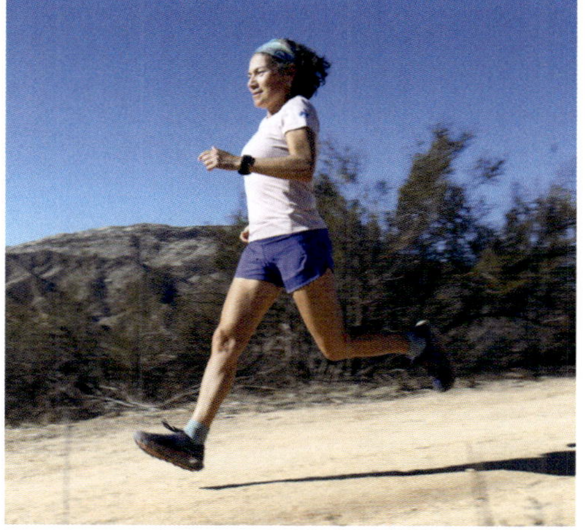

Das Aufsetzen mit der Ferse belastet den Quadrizeps zu stark und die Gesäßmuskeln zu wenig, was das IT-Band unter starken Zug setzt.

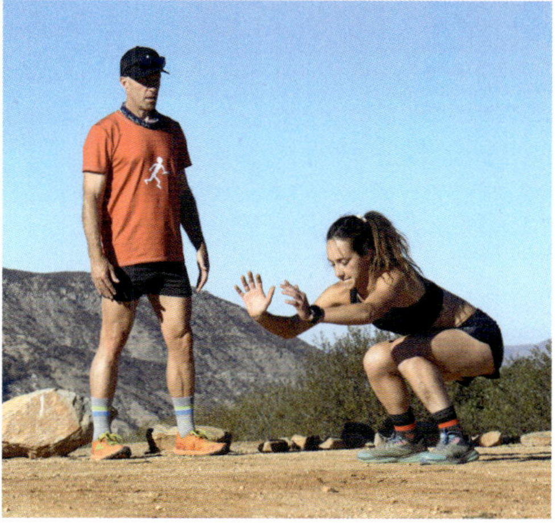

Dass die Knie in der tiefen Kniebeuge einwärts knicken, deutet auf eine Quadrizeps-Dominanz und wenig Stabilisierung durch die Gesäßmuskeln hin. So können Knieschmerzen entstehen.

SCHMERZENDE ODER VERSPANNTE HÜFTBEUGER

SO FÜHLT ES SICH AN

Schmerz oder Verspanntheit in den Hüftbeugermuskeln, die sich auf der Vorderseite des Quadrizeps in der Beckenregion befinden.

Die Hüftbeuger haben ordentlich zu tun, wenn das Bein bei jedem Schritt angehoben wird. Wenn sie verspannt sind, ist das nicht nur in den Hüft- und Gesäßmuskeln zu spüren, sondern macht sich auch unangenehm im unteren Rücken und in der Oberschenkelrückseite bemerkbar.

Kannst du in der 100-Up-Position mit gestrecktem Standbein und erhobenem Knie stehen? Wenn nicht, dann sind deine Hüftbeuger verspannt.

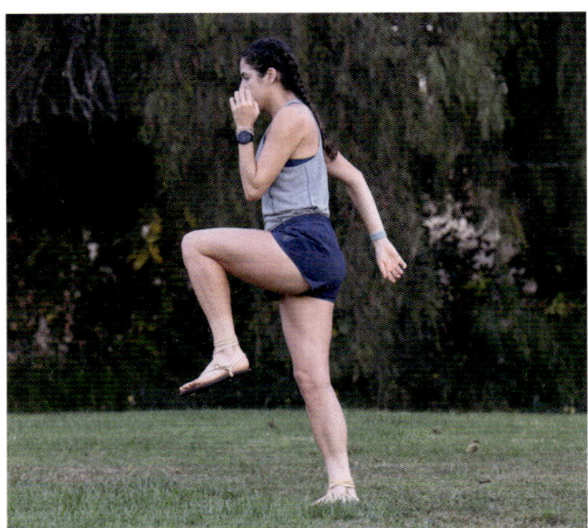

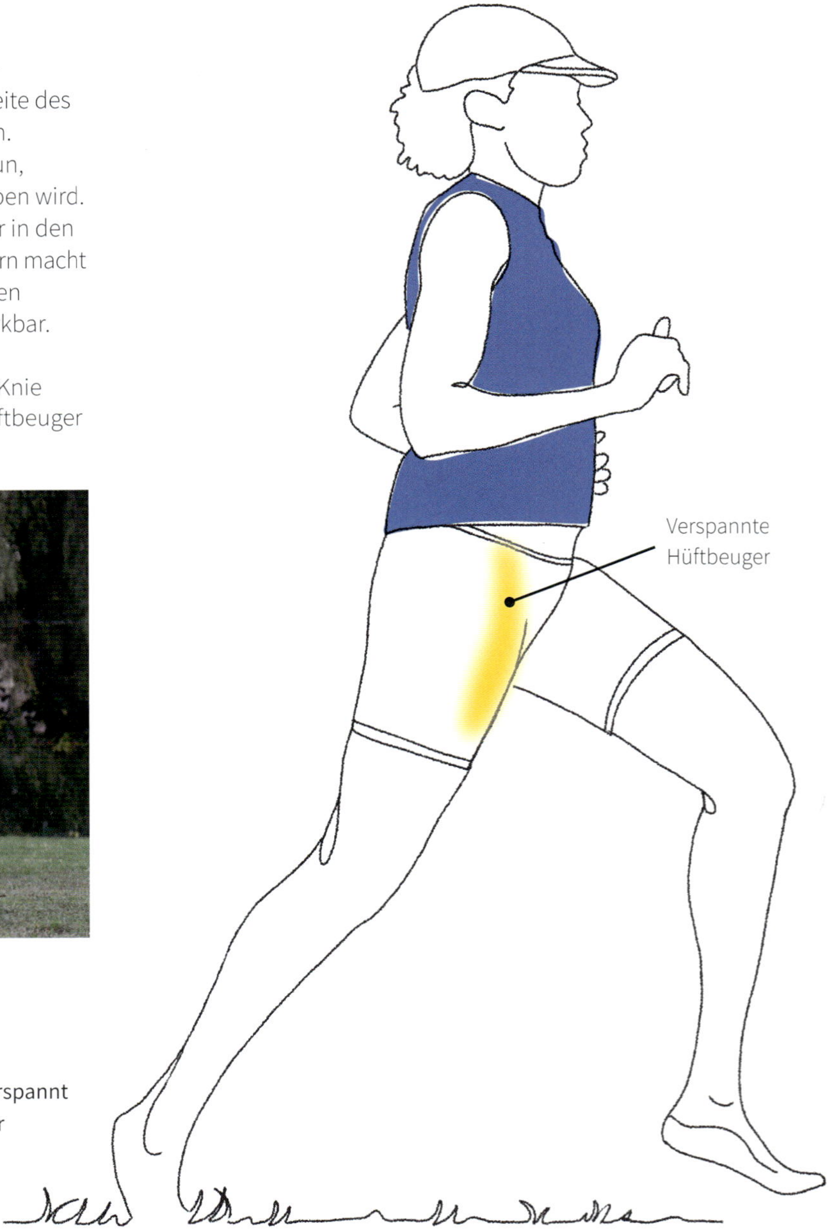

Verspannte Hüftbeuger

DAS SIND DIE URSACHEN

- Übermäßiges Sitzen, das die Muskeln verspannt oder schwächt und die Gesäßmuskulatur ausschaltet.
- Schwache Gesäßmuskulatur.
- Schlechte Lauftechnik.

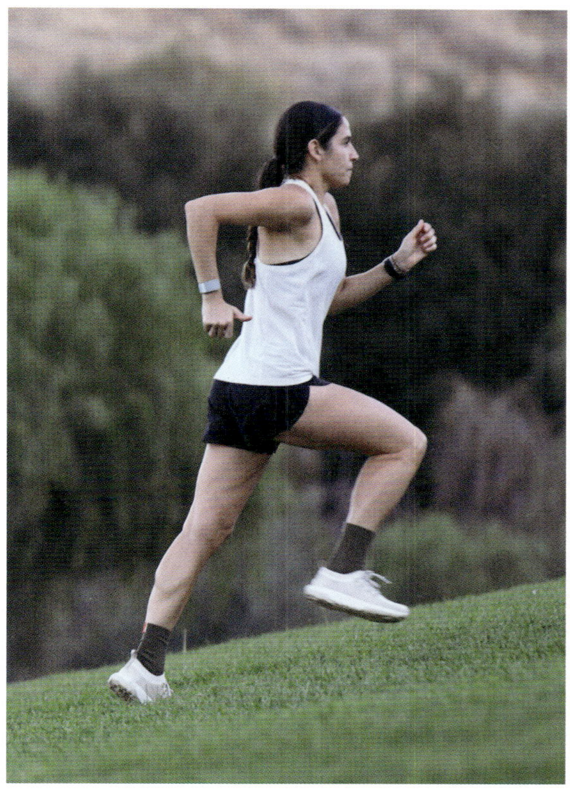

Gesunde Hüftbeuger ermöglichen »aufrechtes Laufen« mit aufrechtem Oberkörper und einem gestreckteren Bein beim Abdrücken. Die Hüftbeuger sind gedehnt wie ein Gummiband und bereit, wieder nach vorne zu schnellen.

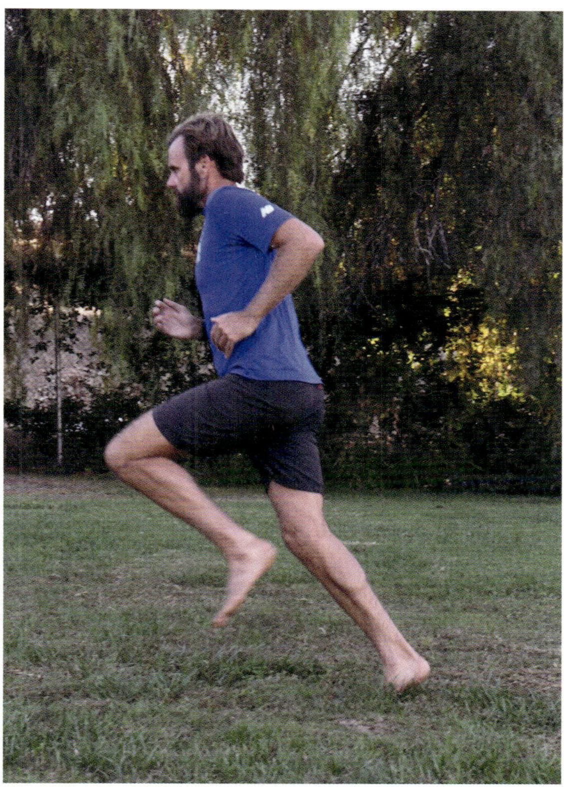

Verspannte Hüftbeuger halten das Bein zu sehr gebeugt und/oder hemmen die Hüftbeugung, was dazu führt, dass sich dieser Läufer in der Taille nach vorne lehnt.

SCHNELLE HILFE

- Teste deine Hüftbeweglichkeit mithilfe der 100 Up. Wenn du Schwierigkeiten hast, das Knie hochzuheben und das Standbein gestreckt zu halten, kannst du etwas Lockerung gebrauchen.

LANGFRISTIGE LINDERUNG

- Fitness: Starke Füße, Einbeinige Kniebeuge und Ausfallschritt zur Aktivierung der Gesäßmuskulatur.
- Technikübungen (S. 114 ff.).
- Hopserlauf, um die Hüftbeuger zu längen.
- Movement Snacks: 90/90-Sitz und Dreibeinige Krabbe zur Längung von Hüftbeugern und Quadrizeps.
- Mit den Händen hinter dem Kopf bergauf laufen, um Bein- und Hüftstreckung zu üben: 5- bis 8-mal 10 – 20 Sekunden.
- Schnelle Steigerungsläufe bis 7. – 8. Gang, um eine gute Streckung der Hüftbeugers zu erreichen: 5- bis 8-mal 20 – 30 Sekunden.

LÄUFERKNIE

SO FÜHLT ES SICH AN

Schmerzen im Kniebereich, besonders an der Innenseite des Knies, oben auf der Kniescheibe oder unterhalb der Kniescheibe.

DAS SIND DIE URSACHEN

- Ein Läuferknie wird meist durch eine Verspannung im Quadrizeps verursacht, die die Stellung des Knies verschlechtert und zu Reizungen rund ums Knie führt.
- Der Hauptschuldige ist in der Regel der Sartorius-Muskel, der vom Hüftbeugeransatz am oberen Ende des Quadrizeps bis zur Innenseite des Knies verläuft. Er ist ein sehr langer Muskel, der sich verspannen kann und dann am Knie zieht, was zu Fehlstellungen und Schmerzen führen kann.

SCHNELLE HILFE

- Um sofort gegen die Beschwerden und Schmerzen vorzugehen, massierst du den ganzen Quadrizeps mit den Fingern/Daumen und einem Massagestab, aber *nicht* mit der Massagerolle.
- Halte Ausschau nach einer empfindlichen Stelle oder einem Knoten in der Mitte des Sartoriusmuskels, etwa auf halber Höhe des Oberschenkels leicht einwärts, wo sich der Sartorius zur Innenseite des Knies hinbiegt. Massiere diesem Verlauf folgend von der Oberseite des Oberschenkels bis zur Innenseite des Knies, um empfindliche Stellen zu finden.
- Wenn dieser Bereich empfindlich ist, dann massiere ihn. Übe mit dem Daumen anhaltend Druck aus und atme 20 Sekunden lang tief ein und aus, um die Verspannung zu lösen. Während du diesen Druck ausübst, kannst du auch das Knie ein wenig beugen und strecken.

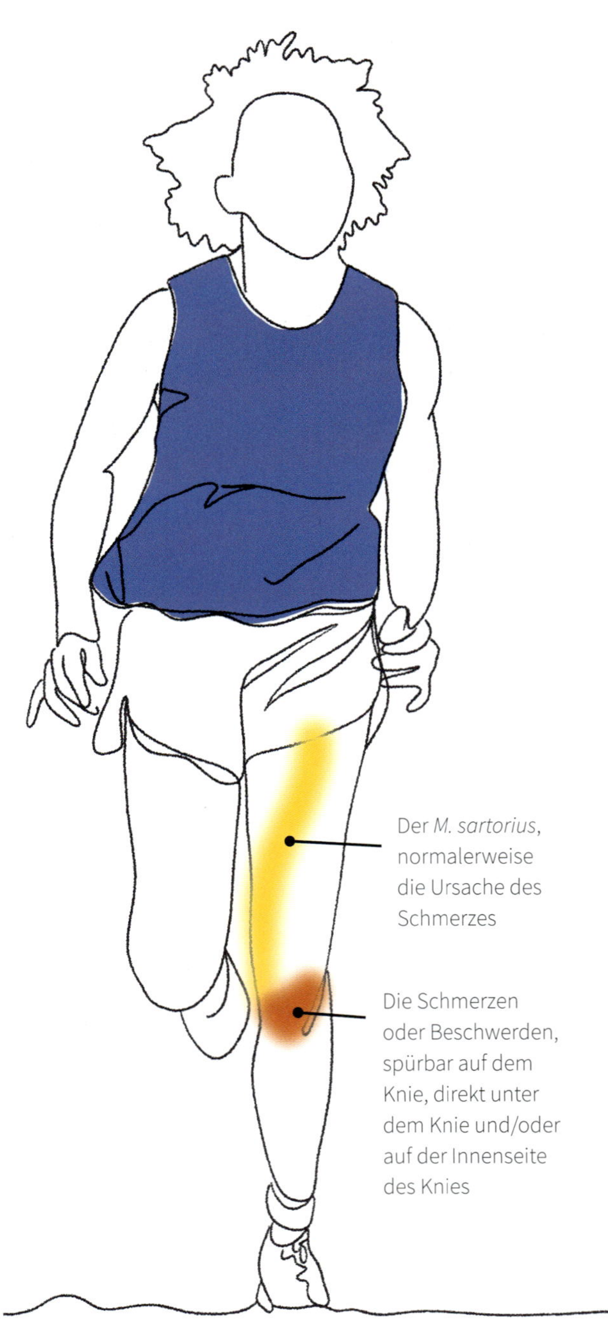

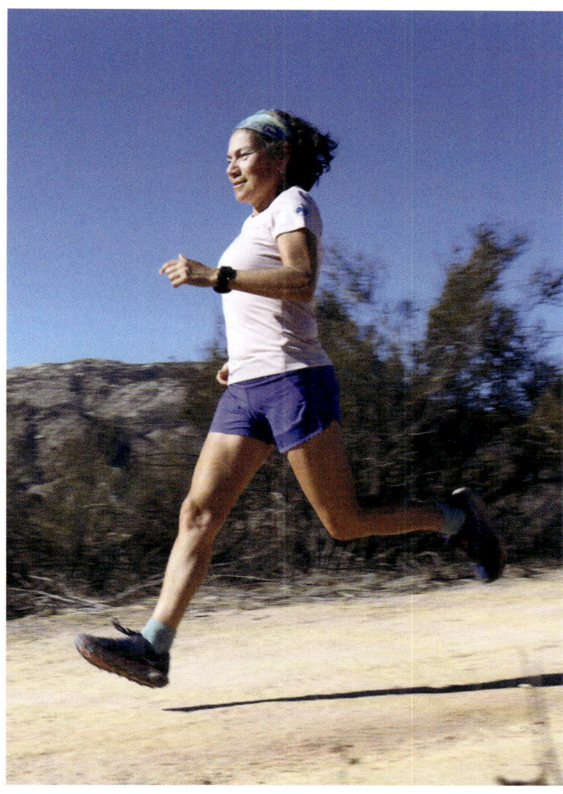

Fersenaufsatz und zu weites Ausschreiten überlasten den Quadrizeps und beeinträchtigen allgemein die Stabilität, was zu Verspannungen und in der Folge zu Knieschmerzen führt.

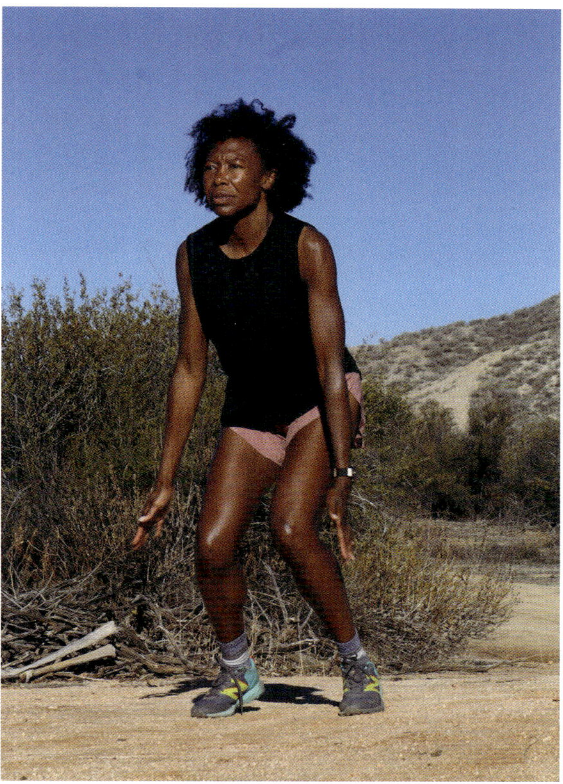

Zu viel Kniebewegung mit Einknicken nach vorne und innen belastet den Quadrizeps und destabilisiert die Gesäßmuskulatur. Dies trägt auch zu einer geringeren Kadenz und längerem Bodenkontakt bei. Das zeigt sich auch beim Ninja-Sprung oder der Tiefen Kniebeuge.

- Führe nach der Massagesitzung die unten aufgeführten Movement Snacks durch, um die Längung des Quadrizeps noch zu verstärken.
- Quadrizeps-Dehnung: Auf die Seite legen, den Fuß des oberen Beins ergreifen und das Bein nach hinten ziehen, um eine sanfte Dehnung im Quadrizeps zu spüren. Die sanfte Dehnung jeweils etwa 60 Sekunden lang halten.
- Diese Kombi aus Massage und Dehnung müsste die Quadrizepsverspannung beheben und die Knieschmerzen sofort lindern, sodass du laufen kannst.
- Wenn sich dein Knie beim Laufen beschwert, dann halte an, massiere dich oberhalb des Knies und mache eine Quadrizeps-Dehnübung.

LANGFRISTIGE LINDERUNG

- Technik: Übungen zur Beinstreckung und zum Fußaufsatz, Leiterlauf.
- Fitness: Starke Füße, Starke Beine, Einbeinige Kniebeuge und Ausfallschritt.
- Movement Snacks: 90/90-Sitz und Dreibeinige Krabbe.
- Intervalltraining im 7. – 8. Gang auf flacher Strecke und bergauf: 5- bis 8-mal 10 – 20 Sekunden.

VERSPANNUNG ODER SCHMERZ IN DER OBERSCHENKELRÜCKSEITE

SO FÜHLT ES SICH AN

Verspanntheit und ein Ziehen im oberen Bereich der Oberschenkelrückseite, direkt unterhalb des Übergangs zwischen Gesäß- und Beinmuskulatur. Es kann die Bewegungsfreiheit beim Laufen beeinträchtigen, besonders bei höheren Geschwindigkeiten.

DAS SIND DIE URSACHEN

- Auch wenn es sich wie ein Problem der Oberschenkelmuskulatur anfühlt, liegt die Ursache in einer Verspannung der Gesäßmuskeln, die am Ansatz der hinteren Oberschenkelmuskulatur ziehen.
- Ein Hauptschuldiger ist zu langes Sitzen oder Autofahren, was auf die Dauer die Gesäßmuskeln verspannt.

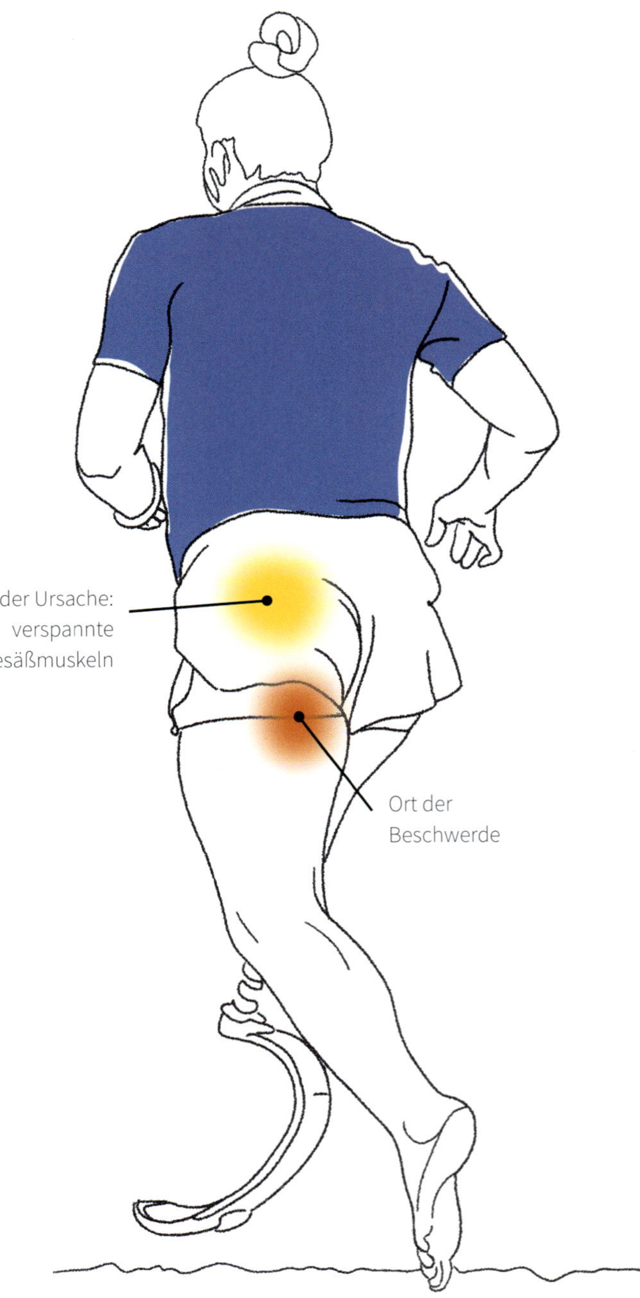

SCHNELLE HILFE

- Entscheidend ist, zuerst die Verklebung und Verspanntheit zu lösen und dann Kraft und Beweglichkeit aufzubauen.
- Massiere die Gesäßmuskulatur, indem du mit einem harten Massageball in der Größe eines Tennisballs darüberrollst, um die Verspannungen zu lösen.
- Führe dann die Einbeinige Kniebeuge (S. 102) durch, um Kraft und Stabilisierung über eine breite Bewegungsspanne hinweg zu erhöhen.

Hinweis: Das Dehnen der Oberschenkelrückseite selbst hilft nicht und kann das Problem verschlimmern.

LANGFRISTIGE LINDERUNG

- Fitness: Einbeinige Kniebeuge und Ausfallschritt (S. 102/103).
- Traditionelles Zehen-Berühren: 3- bis 5-mal 1 – 2 Minuten.
- Movement Snack: 90/90-Sitz und Tiefe Kniebeuge (S. 49/48).

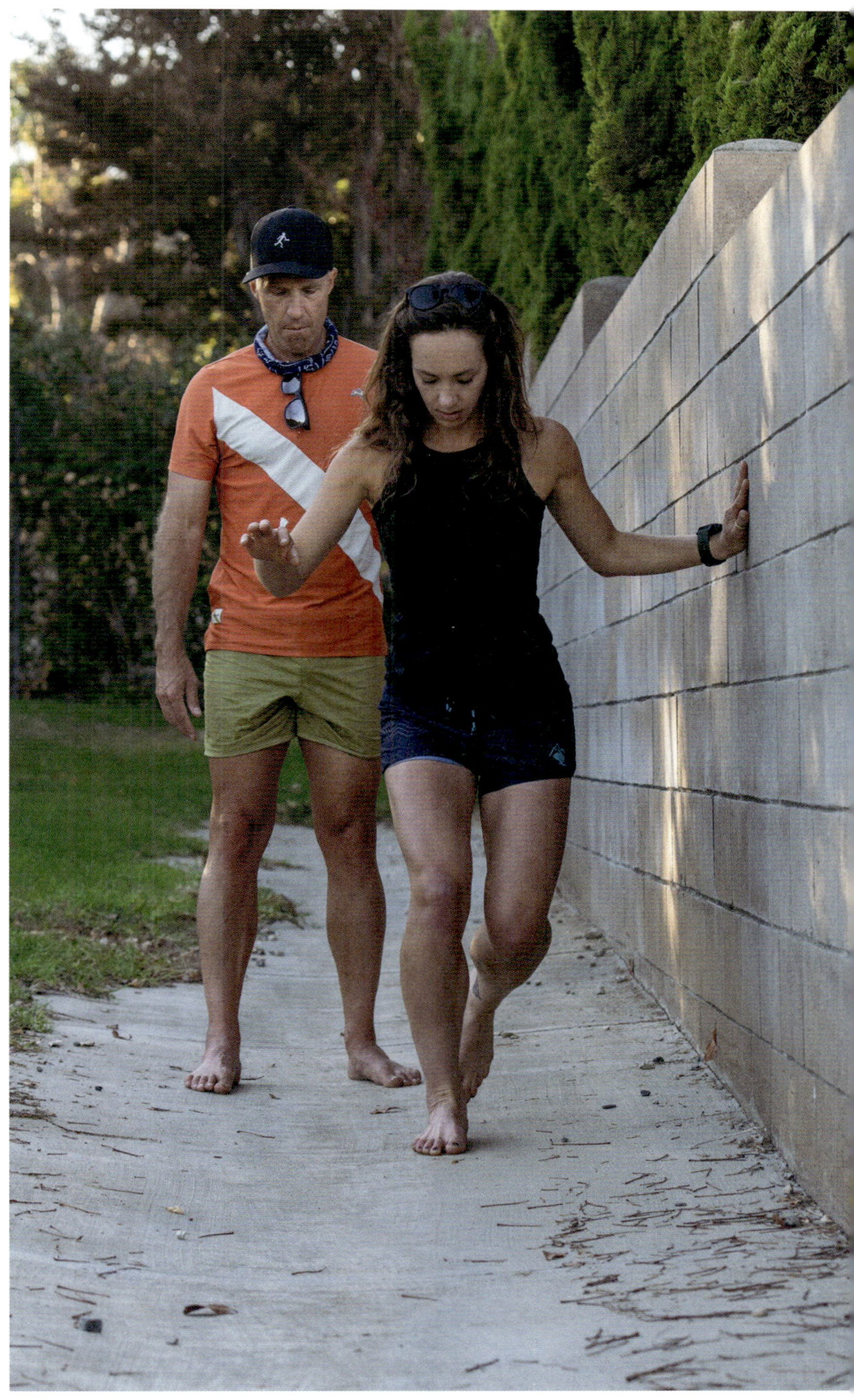

DIE ENTSTEHUNG DIESES BUCHS

(ODER: UNSERE DANKSAGUNGEN)

Man wird kein Video-Coach hoch oben in den Tetons oder, wie in meinem Fall, Farmbewohner mit mehr Ziegen als Nachbarn, es sei denn, man hat sich mit dem Rest der Welt darauf geeinigt, dass man am besten alleine arbeitet. Eric und ich möchten daher gleich zu Beginn das kleine Wunder würdigen, dass wir trotz beiderseitigem »Spielt nicht gerne mit den anderen Kindern« seit mehr als einem Jahrzehnt gute Freunde und Arbeitspartner geblieben sind. Eric war ein Traumpartner für dieses Buch, nicht zuletzt, weil es ohne ihn gar kein Buch geben würde. Das ganze schlaue Trainingswissen, die ganzen Aha-Momente über die Sportlichkeit unserer Vorfahren – alles von Eric. Aber bei aller Hirntätigkeit ist Eric Orton auch noch cool. Er kommt nie ins Schlingern. Selbst als wir merkten, dass die einzige Chance, mitten in einer Pandemie ein Fotoshooting zu machen, wohl darin bestand, lauter uns unbekannte Läufer:innen auf einer von wilden Eseln bevölkerten FKK-Ranch irgendwo in der Wüste zusammenzutrommeln, beruhigte Eric meine Nerven, indem er einfach nicht daran zweifelte, dass wir es schaffen würden.

Glücklicherweise standen uns auch ansonsten Menschen zur Seite, die uns vor unseren schlimmsten Impulsen schützten. Zum ersten Mal in meiner Karriere habe ich mich mitten in der Arbeit an einem Buch beim Verlag gemeldet, um mich für die mir zugewiesene Lektorin zu bedanken. Cindy Chan von Profile Books ist in Wahrheit die dritte Urheberin dieses Projekts. Ihr Input bestimmte auf entscheidende Weise den Tonfall und die Stoßrichtung, und sie koordinierte die wunderschöne Grafik und das Layout auf eine Weise, die unsere Hoffnungen übertraf. Edward Kastenmeier von Knopf ist jetzt seit vierzehn Jahren und vier Büchern mein Lektor, und ich könnte mir für die Außenwelt keinen besseren Fürsprecher wünschen und für mich selbst keinen besseren Antreiber. Richard Pine von der Inkwell Management Literary Agency ist die allerbeste Art von Freund. Er feuert uns an und drängt uns dazu, besser zu werden. Als Korrektor verstand Patrick Taylor unsere Gedanken irgendwie besser als wir selbst und überraschte uns immer wieder damit, dass er uns zeigte, was wir wirklich sagen wollten. Und Louise Leffler hat als Designerin unsere Vorstellungskraft übertroffen und aus diesem Buchprojekt ein schwindelerregend schönes Kunstwerk gemacht.

Eine unserer ersten besten Entscheidungen war, gleich zu Anfang unseren alten *Born-to-Run*-Compadre Luis Escobar zu kontaktieren, um uns bei der Organisation eines Fotoshootings zu helfen. Wir wollten, dass alle Leser:innen, die dieses Buch aufschlagen, jemanden sehen, der oder die genauso aussieht wie sie selbst. Darum haben wir Luis gebeten, nicht nur Sportler:innen aller Altersgruppen, Geschlechtsidentitäten und ethnischen Hintergründe zu finden, sondern sie auch dazu zu überreden, für einen Wochenendkurs mit Lauftechniktraining in ein kalifornisches Kaff zu reisen (sogar aus Alabama).

Uns war diese Aufgabe zu groß. Luis brauchte dafür etwa eine Stunde. Die Truppe, die er zusammenstellte, war so famos, freundlich und faszinierend, dass wir seitdem rätseln, ob wir einfach Glück hatten oder ob Menschen, die Geländelauf betreiben, notwendigerweise ein großes Herz haben müssen. Luis' Models haben das Buch schließlich so tiefgreifend beeinflusst, dass wir sie immer als die geliebte »Originalbesetzung« dieses Buchs betrachten werden:

Iman Wilkerson, Emmanuel Runes, Karma Park, Zachary Friedley, Alejandra Santos, Jenna Crawford, Patrick Sweeney, das hervorragende Hundetrainerteam Geoff Clinton und Tochter Olivia sowie das langlaufende Duo Marcus Rentie und Abenteuerhündin Batman.

Aber so großartig Luis auch ist, unsere hawaiianische Fotografin Mahinahokukauikamoana Choy-Ellis hat ihn noch übertroffen, indem sie die Kamera aus der Hand gab und selbst vor die Linse sprang. Wir wollten den Rest der Welt daran erinnern, dass die Bewohner der pazifischen Inseln eine Trailrunning-Tradition haben, die für ihre Geschichte noch wichtiger ist als das Surfen. Dies schaffte Mahina auf Hawaii, indem sie als Erstes ein großartiges Team rekrutierte, dann Locations suchte, indem sie in

Flip-Flops (sie wollte es so) durch Schlamm stapfte und sowohl als Model als auch als leitende Fotografin unserer Born to Run Hawaiian Island All-Stars fungierte:

Sienna »Big Sienna Energy« Akimo, Sky Kikuchi, Kaimana Ramos, Daniel Gutowski und Danielle Kinch.

Barefoot Ted McDonald hatte dringende Familienangelegenheiten zu erledigen, als ich ihn zu unserem Shooting einlud, aber das erwähnte er erst, nachdem er sechs Stunden im Zug gesessen hatte, um dorthin zu gelangen, und jedem Mitglied der »Originalbesetzung« ein individuelles Paar Luna-Sandalen angefertigt hatte. Ich komme nie wirklich mit Teds sprunghaftem Hirn mit, aber ich habe vollstes Vertrauen in sein übergroßes Herz. Dasselbe gilt für Billy Barnett und seine Frau Alyx. Bonehead lebt im Takt seiner eigenen wilden Trommeln, aber als ich ihn und Alyx um Rezepte für unterwegs und Trainingstipps für frischgebackene Eltern bat, waren sie schnell bei der Sache und steuerten ihr Wissen bei, ebenso wie die frischgebackene Mama Ellen Ortis, deren Baby-Jogging-Wissen einen eigenen YouTube-Kanal verdient hätte.

Unten in den Barrancas del Cobre hatten wir das Glück, von Arnulfo Quimare, Silvino Cubesare, Manuel Luna und Caballos anderen Rarámuri-Kumpels zu lernen. Aber das war erst der Anfang unserer Ausbildung. Bucky Preston und Dennis Poolheco nahmen mich eines Abends mit zu einem langen Lauf über die hohen Mesas des Hopi-Stammeslandes, und während der Mond aufging und Kojoten in der Ferne bellten, führten sie mich in die alte Tradition der Gebetsläufe ein, die das Laufen zu einem Akt der Nächstenliebe machen. Damit änderten sie ganz plötzlich und dauerhaft mein Denken. Dennis Poolheco war ein warmherziger und rein autodidaktischer Laufchampion, und nicht lange nach dieser Nacht starb er viel zu früh. Nach seinem Tod durften wir zum Glück weiterhin von Jordan Marie Brings Three White Horses Daniel lernen (die, noch als sie kurz vor der Geburt stand, meine Fragen beantwortete), außerdem von dem Forscherteam Chelsey Luger und Thosh Collins. Sie waren so freundlich, mir vorab die Lektüre ihres eigenen großartigen Buches über indigene Wellness zu ermöglichen: *The Seven Circles: Indigenous Teaching for Living Well.*

Dr. Irene Davis ist seit Jahren unsere Heldin, und das nicht nur, weil sie in Neil deGrasse Tysons Fernsehsendung Eindruck gemacht hat. Irene hatte den Mut und die professionelle Integrität, Jahrzehnte ihrer eigenen Arbeit in der Biomechanik zu überdenken, als sie Wind von den Vorteilen des Barfußlaufens bekam. Seitdem führt sie den rebellischen Widerstand gegen die Massenhypnose des Laufschuhmarketings an. Ihre Forschung hat unser Verständnis von Schuhen und Lauftechnik ebenso nachhaltig geprägt wie die Genialität und die Selbstversuche von Golden Harper, Curt Munson, Kelly und Juliet Starrett, Nathan Leehman und Amy Stone.

Ähnliches gilt für Dr. Phil Maffetone. Trotz seines außergewöhnlichen Wissens und seines Erfolgs hat Phil Maffetone nie das innere Licht eines ewigen Hippies verloren. Zu unserer großen Freude fuhren Phil und seine Frau auf einem ihrer Streifzüge durchs Land mit ihrem Wohnmobil spontan bei uns in Peach Bottom vor, eroberten unsere Küche und beglückten uns nicht nur mit ihrer Freundschaft und Weisheit, sondern auch mit herrlichen Speisen. Phil war auch derjenige, der mich ursprünglich mit Rick Rubin in Verbindung gebracht hatte. Das geplante Frühstücksinterview mit Rick musste ich allerdings kurz vorher absagen, weil ich von Caballos Verschwinden erfahren hatte. Es dauerte fast zehn Jahre, bis Rick und ich einen neuen Termin vereinbarten, und als es passierte – wow. Alles, was du über Rick Rubin und über seine Kühnheit, Großzügigkeit und atemberaubende Intelligenzbestialität gehört hast, ist um 50 Prozent untertrieben.

Bei aller gebotenen Ehrfurcht vor Rick Rubin hatte unsere neue Freundin Lady Southpaw (alias Erin Molloy) keine Scheu, ihm beim Thema Laufen mit Musik zu widersprechen (indirekt, aber immerhin! Es ist Rick Rubin!). Lady Southpaw setzte ihr Plädoyer in die Tat um, indem sie den Song *Born to Run Too* schrieb und aufnahm – *unsere eigene Rockhymne!*

Callie Vinson, Margot Watters (mit Unterstützung von Ehemann Tim) und Lucy Bartholomew verwandelten ihre Küchen nicht nur in Testlabore für *Born to Run*, sondern brachten auch den Mut auf, persönliche Geschichten über ihre eigenen Schwierigkeiten mit Verletzungen und psychischer Gesundheit beizutragen. Seit ich Lucy einmal bei einer Veranstaltung in Frankreich sprechen hörte, habe ich mir geschworen, jedes Wort zu lesen, das sie schreibt. Ihr Ruhm als Ultraläuferin ist das Uninteressanteste an ihr, denn sie ist auch eine begabte Geschichtenerzählerin mit enormem Mut und Witz.

Julie Angel hat sich als Filmemacherin einen Namen gemacht und drei der besten Parkour-Kurzfilme gedreht, die ich je gesehen habe. Aber inzwischen hat sie sich von der Beobachterin zur Lehrerin weiterentwickelt, indem sie sich mit Jared Tavasolian zusammentat, um die Movement Snacks zu kreieren. Movement Snacks sind so perfekt für Läufer:innen, dass ich einen leichten Herzinfarkt hatte, bevor ich Julie fragte, ob wir sie in *Born to Run* aufnehmen könnten – solche Angst hatte ich, sie könnte Nein sagen. Aber Julie ist Julie: Sie stimmte nicht nur sofort zu, sondern nahm Jared mit, um gemeinsam mit ihr die Movement Snacks unserer Truppe in San Diego beizubringen: Jonathan Milnes, Zach Friedley, Iman Wilkerson, Steven Henriquez, Sonia Ludon, Todd Barnett und Lesford Duncan.

Für unsere *Born-to-Run*-App versuchte ich mich selbst als Filmer. Also mussten meine mutigen Freiwilligen endlose Wiederholungen von *Rock Lobster* und Einbeiniger Kniebeuge machen, während ich an einer GoPro herumfummelte. Erstaunlicherweise sind die Videos großartig geworden, und das verdanke ich der unermüdlichen guten Laune des *Born-to-Run*-Teams in Lancaster:

Lenaiya Ivan Flowers, Elias Destin Aviles, Stelle Woy, Christine Le, Ashton Clatterbuck, Geordonn Robinson und Ruby Rublesky.

Zwischen den Videoaufnahmen konnte ich auch ins Gelände gehen und mich mit Vella Shpringa treffen, meinen Laufkumpanen aus dem Land der Amischen, die neben David April und den Fishtown Beer Runners für mich das personifizieren, worum es bei einem lokalen Laufclub geht. Wir sind auch Justin Wirtalla zu Dank verpflichtet, dessen Film *Beer Runners* der beste Film über die transformative Kraft des Laufens ist, der jemals gedreht wurde. *Die Stunde des Siegers* kann dagegen Staub fressen.

Iman Wilkerson, die Gründerin von der App The Run Down, hat mir die Augen für eine Revolution geöffnet, die das Laufen still und leise verändert. Anstatt darauf zu warten, dass die Branche aufhört, sie zu ignorieren, bilden queere und nichtweiße Läufer:innen ihre eigenen solidarischen Netzwerke und gehen auf die Straße. Wir sind überwältigt von der Freude und Hingabe, die wir bei Clubs wie Santa Mujeres, Run Dem Crew, FrontRunners, TrailblazHers, Pioneers, Black Men Run, Latinos Run, Swaggahouse, Riot Squad und Eight Six Go erlebt haben, die jede Woche bei jedem Wetter am Start sind, um Anfänger:innen herzlich aufzunehmen und zu zeigen, dass Gemeinschaft wichtiger ist als Konkurrenz.

Das ist die wahre runner's world.

Und es ist längst überfällig.

Willst du deine Familie auf die Probe stellen, dann schreibe ein Buch. Das können wir bezeugen. Deine Lieben werden monatelangem Jammern und Selbstmitleid ausgesetzt sein, und kein Snack im Haus wird zu keiner Stunde sicher sein. Ich mache keine Witze: Wir sind unerträglich. Deshalb sind wir unseren lebenslangen Weggefährt:innen unbeschreiblich dankbar, dass sie sich erneut mit uns auf dieses Abenteuer begeben haben. Michelle Rooks und Angel Rooks Orton, Mika und Maya und Sophie McDougall, vielen Dank dafür, dass ihr jeden Moment, jede Erinnerung, jeden Schritt auf dem Weg zu einer Wonne gemacht habt.

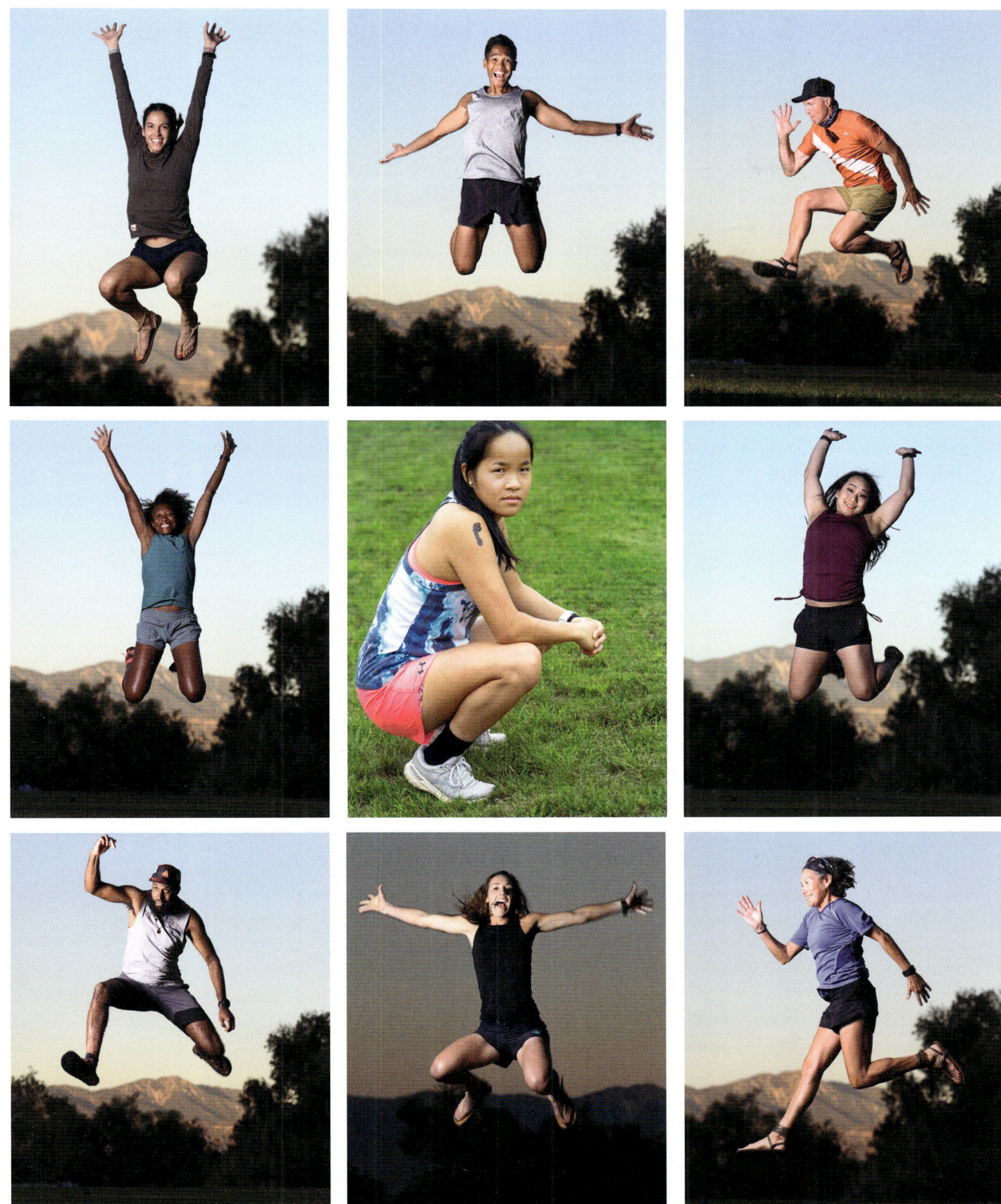

INDEX

F

G

H

I

J

K

L

M

N

O

P

R

S

T

U

V

W

X

Z

FOTOCREDITS

Umschlag Vorder- und Rückseite, 6–7, 10, 13, 15, 16, 17, 18, 23, 24–5, 31, 37, 38, 41, 45, 48, 53, 54–5, 83, 91, 92, 95, 96, 97, 98–9, 100, 101, 102, 106, 109 unten, 111, 112–13, 116, 117, 118, 119, 121, 122–3, 124, 129, 134, 138–9, 140, 147, 148, 150, 152–3, 167, 171, 172, 183, 210–11, 216, 220–1, 238, 241, 242, 245, 247, 249, 251, 255, 256, 257, 259, 261, 265 Luis Escobar
8, 56, 59, 65, 89, 127, 145, 156, 174, 175, 176, 177, 182, 195, 205, 208, 214–15, 226, 270–1 Mahinahokukauikamoana Choy-Ellis
20, 27, 213 Jo Savage
28, 32, 33, 42, 46, 47, 49, 50, 51, 52, 103, 104–5, 161, 163, 253 Julie Angel
35 Künstlerin: Griselda Madrigal/Foto: Devin Whetstone
67 Callie Vinson
71 oben Brittany Gilbert
71 unten Mikey Brown
73, 190 Alyx Barnett
75, 224–5 Eric Orton
76 Joshua Lynotte
77 Mit freundlicher Genehmigung von Lucy Bartholomew
79 Max Romey
85, 115 Christopher McDougall
109 oben Mit freundlicher Genehmigung von Ted McDonald
164 Sheridan Marie Park
168 Tyler Tomasello

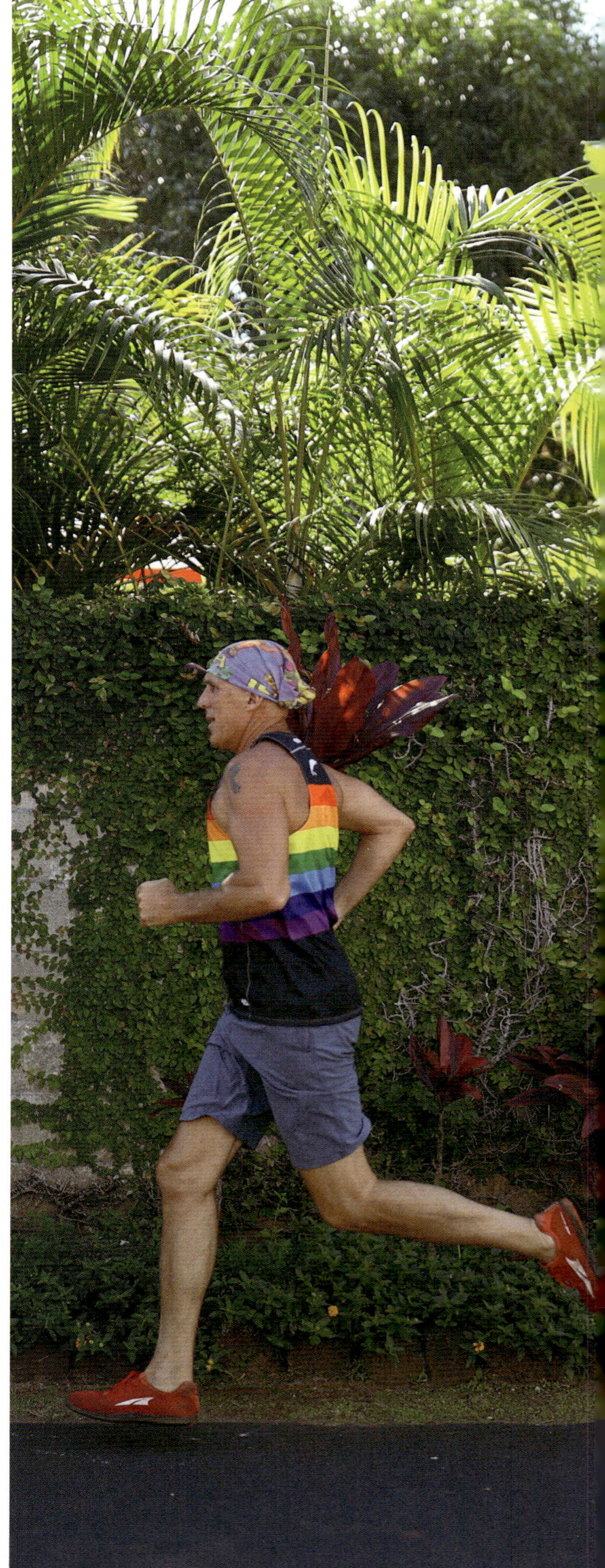

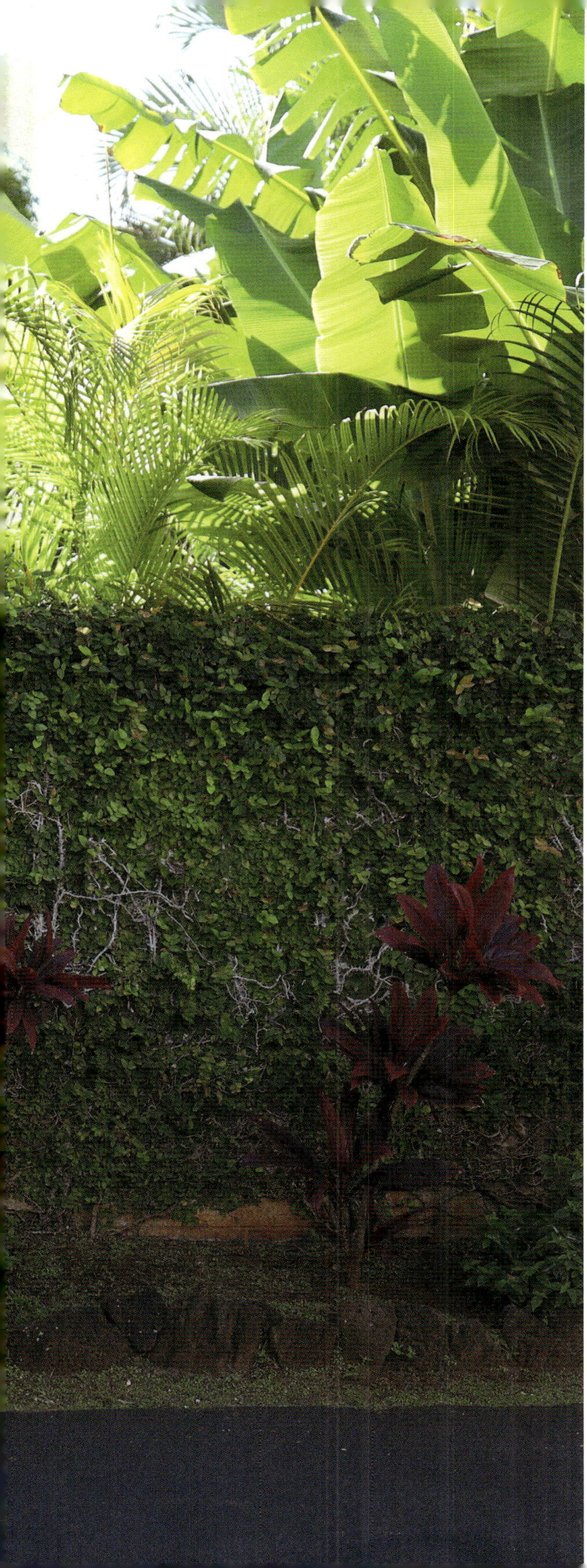

Die Originalausgabe erschien 2022 unter dem Titel
Born to Run 2 – The Ultimate Training Guide
bei Souvenir Press, Profile Books Ltd., London.

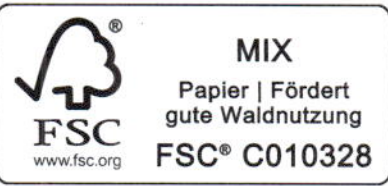

Penguin Random House Verlagsgruppe FSC® N001967

Deutsche Erstausgabe 2023

Verlag und Übersetzer bedanken sich
für die laufende Beratung bei: Mario Waschull
Illustrationen in Kapitel 15: Sarah Leuzzi
Umschlaggestaltung: SERIFA, München,
unter Verwendung eines Designs
von Tony Lyons / Estuary English
Satz: Schaber Datentechnik, Austria,
unter Verwendung des Original-Layouts von Louise Leffler
Druck und Bindung: Alföldi, Debrecen
Printed in Hungary

ISBN: 978-3-453-21852-9

www.heyne.de

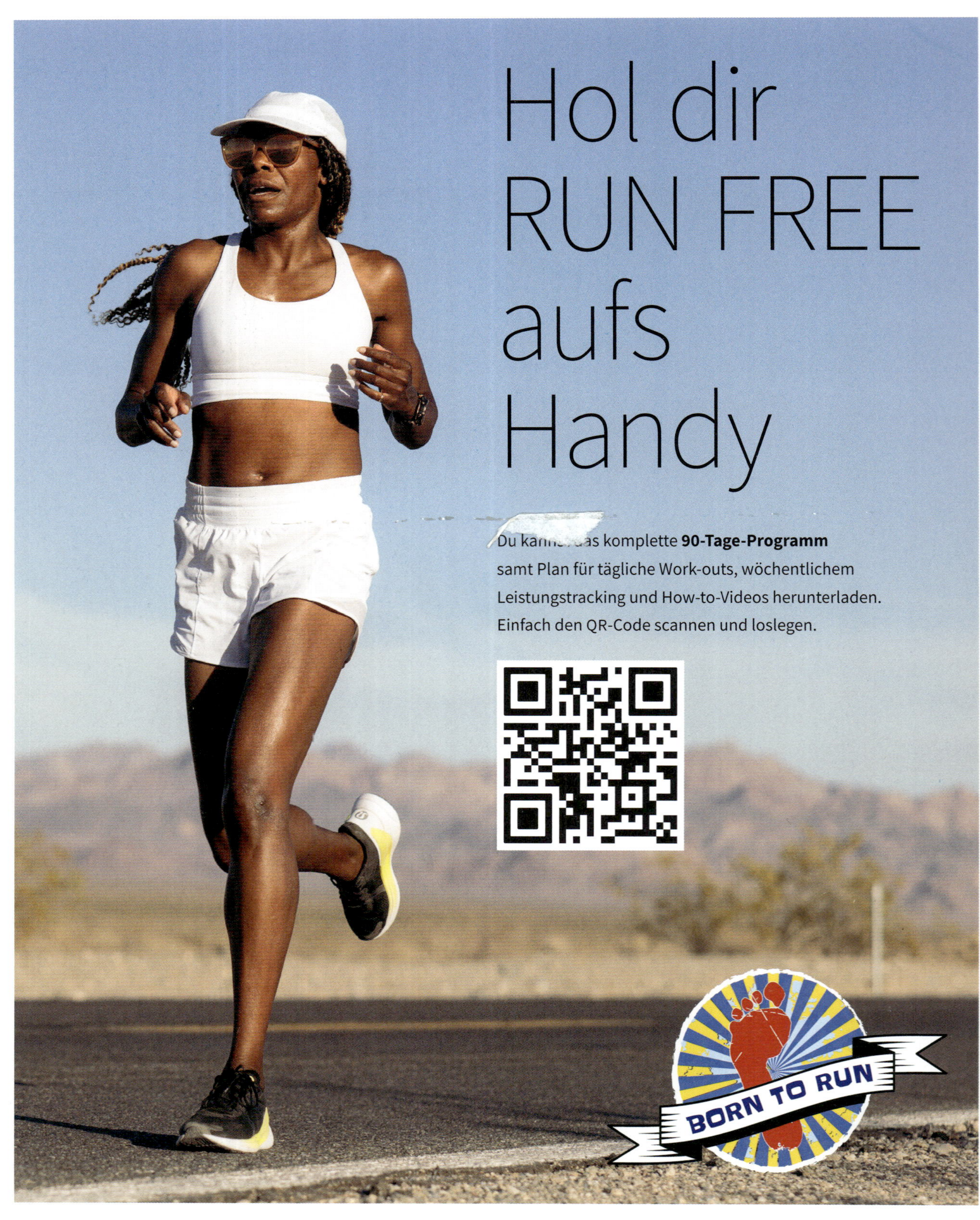
Hol dir
RUN FREE
aufs
Handy
Du kannst das komplette 90-Tage-Programm
samt Plan für tägliche Work-outs, wöchentlichem
Leistungstracking und How-to-Videos herunterladen.
Einfach den QR-Code scannen und loslegen.
BORN TO RUN